샌드아트 쉽게 배우기

샌드아트 쉽게 배우기

초판 1쇄 인쇄   2016년 5월 31일
초판 1쇄 펴냄   2016년 6월 15일

지은이 | 샌드아티스트 지수
펴낸이 | 김동중

디자인 | design t-tree

펴낸곳 | 즐거운家
출판등록 | 2015년 7월 23일 제25100-2015-20호
주소 | 서울 중랑구 동일로 569-55 신우 101-1307
전화 | 070-7542-3673
팩스 | 02-6005-9431
전자우편 | merrydiy@naver.com

ⓒ지수 2016
ISBN : 979-11-957114-1-3 13680

정가 18,000원

이 도서의 국립중앙도서관 출판예정도서목록(CIP)은 서지정보유통지원시스템 홈페이지
(http://seoji.nl.go.kr)와 국가자료 공동목록시스템(http://www.nl.go.kr/kolisnet)에
서 이용하실 수 있습니다. (CIP제어번호: CIP2016013182)

today sandart

재미있는 모래 놀이 힐링! 샌드아트

샌드아트 쉽게 배우기

샌드아티스트 지수 지음

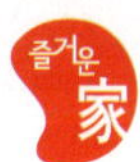

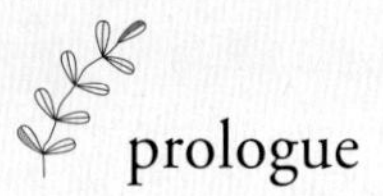

prologue

샌드아트는 빛과 모래만으로 아름답고 감성적인 메시지를 전달하는 모래예술이다. 샌드아트 공연을 관람한 사람은 모래만의 매력에 빠져 오랫동안 감동의 여운에서 헤어나지 못한다. 공연 후 샌드아트 체험행사를 진행하면 아이들은 샌드테이블에 낙서하며 모래 놀이를 신나게 즐긴다. 반면, 어른들은 그림을 전공하지 않았거나, 미술 실력이 그리 좋지 않아서인지 모래 위에 손가락 하나를 대고는 긴장과 설렘으로 무엇부터 해야 할지 몰라 머뭇거린다. 이 모습은 샌드아트를 처음 접하는 사람들의 공통된 모습이기도 하다. 하지만 샌드아트는 놀이처럼 누구나 즐길 수 있는 대중적인 예술이다. 샌드아트는 누가 시키지 않았는데도 그림을 그렸던 어린 시절로 돌아가는 것에서부터 출발한다. 필자 역시 어린 시절 커다란 달력 뒷면에 무작정 낙서를 했던 기억이 있다.

샌드아트 공연이나 작품을 접한 후 취미나 전문작가로 샌드아트를 배우고자 하는 사람들이 많이 늘어나고 있다. 샌드아트 교육을 이런저런 방식으로 진행할 때마다 매번 지난 말과 내용을 반복해야 하는 어려움이 있었고, 책이나 동영상을 이용한 좀 더 체계화된 교육방법이 있어야겠다고 고심하고 있었다. 그런 차에 출판사로부터 제의를 받고 기쁜 마음으로 샌드아트 입문서를 집필하기로 했다. 하지만 그와 동시에 무엇인지 모를 부담감과 샌드아트 입문자에게 꼭 도움이 되는 책이어야 한다는 걱정과 고민만이 머릿속에 가득했다. 교육장에서 직접 보여주며 설명할 때는 쉬웠던 것들이 글과 사진으로만 설명하기가 얼마나 어려운지 새삼 느꼈다. 막막함에 시간은 점점 흐르고 이대로는 안 되겠다 싶어 가장 기본적인 기술부터 체계적으로 설명하기로 마음먹고 입문자의 마음으로 돌아가 자세하게 설명해 가며 집필한 결과 지금의 책이 완성되었다.

집필과정을 통해 책이란 것이 얼마나 수고로운 결과물인지, 얼마나 많은 생각 속에서 만들어지는지 알게 되었다. 단락을 나눌 때 무엇을 유념해야 하는지, 어떻게 설명하는 것이 더 독자들에게 쉽게 전달될 수 있을지 수없이 되읽고 고치기를 반복했다. 과정의 고단함을 알기에 먼저 출판사 관계자분께 고마움을 전한다. 또한, 이 책을 위해 도움을 주신 많은 분께 인사를 전하고 싶다. 자료 수집에 큰 도움을 준 비주얼아트연구소 허창용대표님, 이미지 사용에 도움을 준 이봄작가님, 이미지들을 예쁘게 포토샵 처리해준 정형진 영상감독님, 수차례에 걸친 요청에도 흔쾌히 사진촬영을 도와준 포토그래퍼 새벽님, 바쁜 일정 속에서도 부족한 글을 교정봐준 김희영 작가님 등 모두 지면으로나마 다시 한 번 감사의 인사를 전한다. 이하 묵묵히 응원해주신 여러 예술가님과 샌드아트에 관심 가져주신 모든 분께도 감사의 인사를 전한다.

아직도 샌드아트는 작가와 관객이 직접 소통할 기회가 적다. 그 아쉬움에 이렇게 책으로 대신해 샌드아트를 알리고, 샌드아트에 관심 있는 분과 만날 수 있음에 벅찬 감동마저 느낀다. 수없이 많은 공연 속에서 시대의 비전과 가치를 샌드아트로 표현하고 역사 속 인물의 삶을 그리는 동안 나도 모르게 신념 하나가 생겨났다. 그것은 샌드아트를 예술을 넘어 소통의 매개로 이어가야 한다는 예술가의 사명감이다. 앞으로 샌드아트가 더욱 발전할 수 있도록 꾸준히 노력하는 작가가 되고자 다시 한 번 더 각오를 다진다.

2016년 5월
샌드아티스트 지수

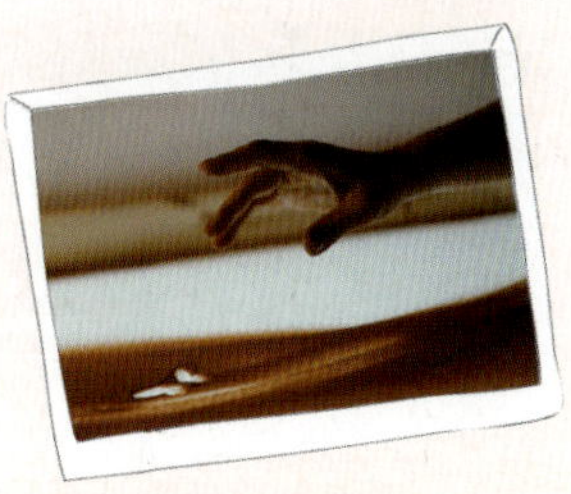

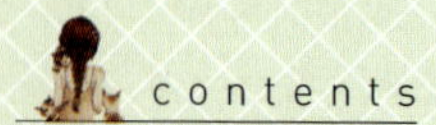

contents

Section 03 샌드아트 도구와 용어 44

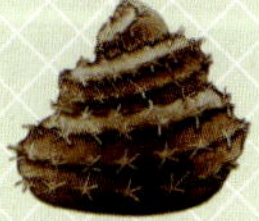

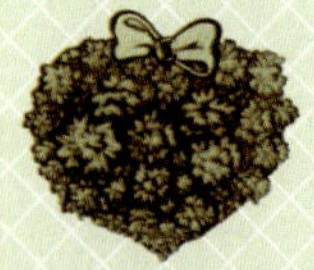

Section 03 선 긋기 86

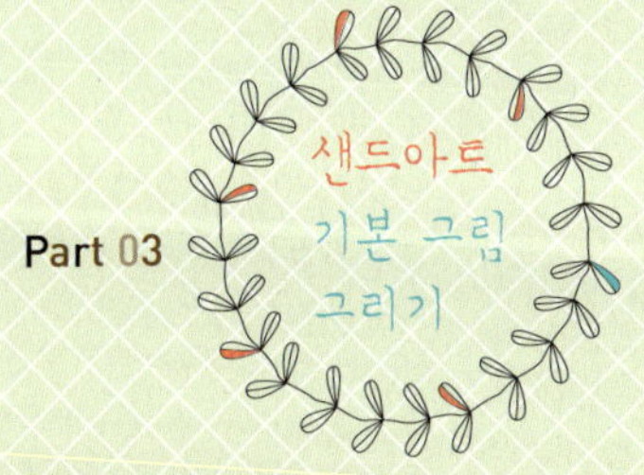

Part 03

Section 01 오브제 표현 98

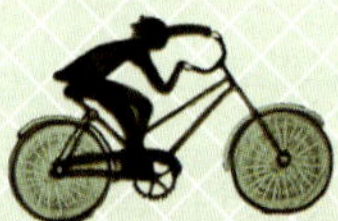

Section 02 배경 만들기와 활용 144

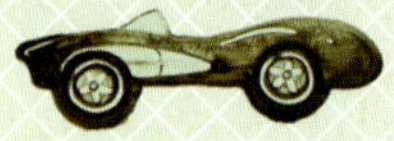

샌드아트의 일반적인 그림체는 동화나 일러스트 같은 느낌이 많다. 한국 대표로 공연하는 자리인 만큼 한국적인 그림을 선사하고 싶어 이어지는 라이브공연에서도 여백을 살린 산수화를 그렸다.

이제는 많은 국가행사나 기업공연에서 샌드아트가 오프닝공연으로 자주 등장하여 한국에서는 많은 사랑을 받고 있다. 그러나 외국에서는 아직 샌드아트가 익숙하지 않은 곳이 많다. 새롭고 낯선 샌드아트를 보면서 공연 중에 여기저기서 샌드아트를 외치며 환호해 주는 관객이 많다. 간혹 해외 초청 공연을 하다 보면 언어 소통과 바쁜 일정으로 피곤하지만, 그림으로 하나 되는 의미 있는 순간을 만드는 샌드아트는 작가에게나 관객에게나 예술로 소통하고 따뜻한 위로가 되는 힐링의 시간이 된다.

손 그림 샌드아트

샌드아트의 묘미는 손 그림이다. 요즘은 컴퓨터나 스마트폰 등의 프로그램 발달로 쉽고 간단하게 그림을 그리고 수정할 수 있지만 손 그림은 쉽게 고칠 수 없는 개성 있는 그림이다. 같은 개체를 그리더라도 각자의 감각이 달라 다양한 그림들을 엿볼 수 있다.

샌드아트 최고의 묘미는 단순함이지만, 아래 작품은 그러데이션과 여백을 살린 그림이다.

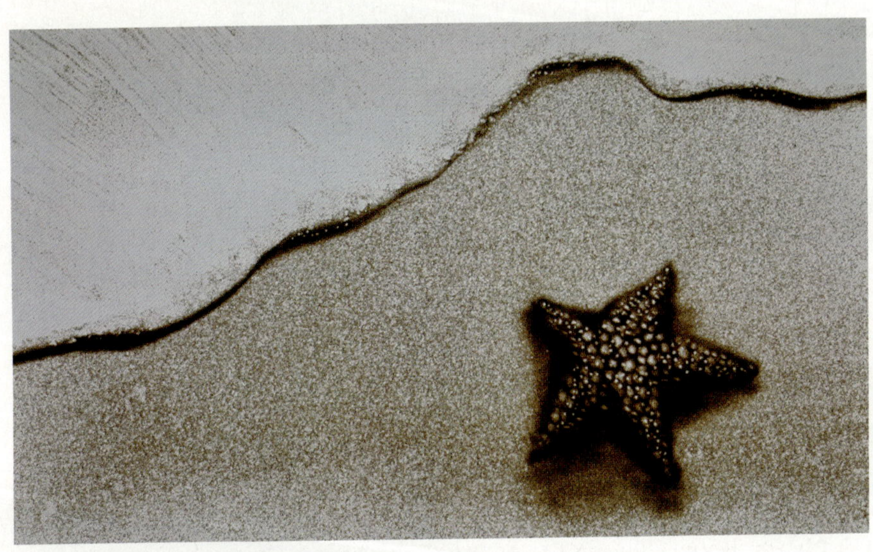

모래사장에서 흔히 볼 수 있는 '불가사리'

사람들은 불가사리를 조개껍질만큼 선호하지 않기에 이 그림을 '떠돌이 불가사리'라고 이름 지었다. 그림을 보면 모래 입자가 잘 보인다. 샌드아트일러스트는 과정 컷이 없어 모래로 그린 그림인지 일반적인 그림인지 구분이 어렵다. 샌드아트 작품답게 모래 알갱이가 어느 정도 보이는 것이 좋다.

손으로 불가사리를 잡는 모습을 연출하였다. 그림과 실사가 만나면 자연스러운 실루엣이 생겨 새로운 그림이 된다.

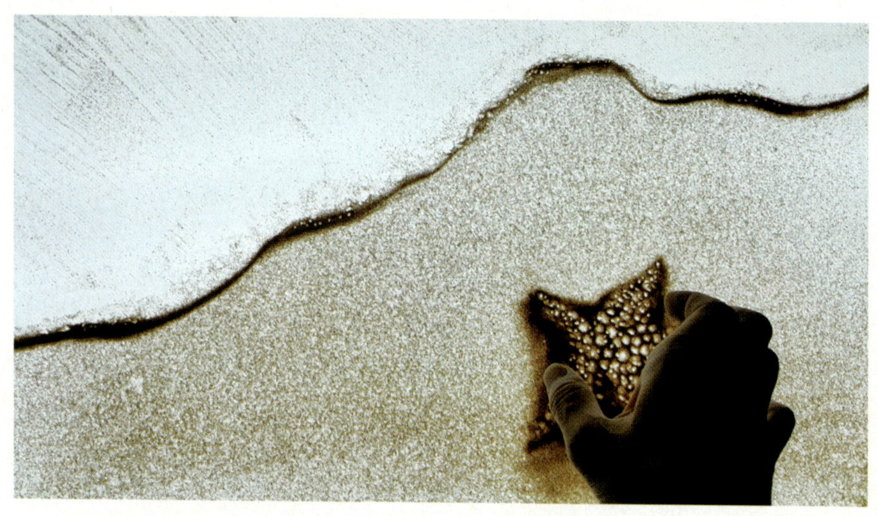

추억을 그리는 샌드아트

샌드아트의 또 다른 묘미는 그림일기 같은 회상 장면과 아주 잘 어울린다는 것이다. 방송국에서 재연이 어려운 역사 속 인물을 표현할 때 샌드아트 영상을 많이 활용하는 것이 이런 이유이다.

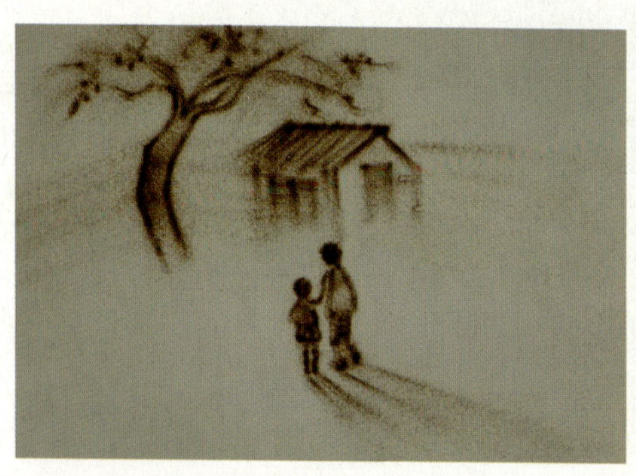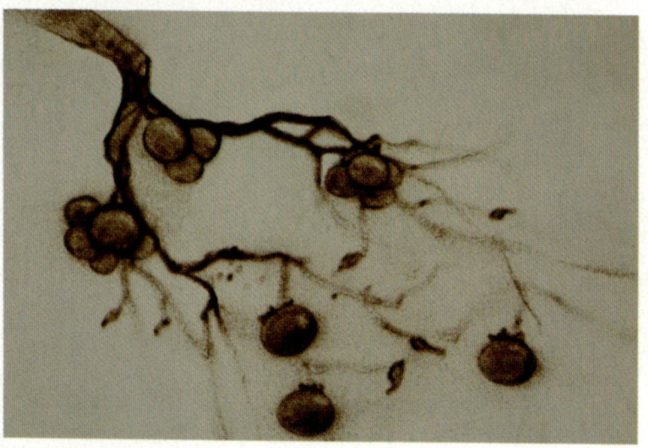

어릴 적, 엄마와 함께 시골집에 갔던 기억을 떠올리며 그린 '감나무'

어릴 적 나는 감나무에 주렁주렁 열린 감을 물끄러미 올려다보았다. 엄마는 주저 없이 감을 따 줬다. 엄마의 모습은 사랑이었다. 욕심이 생긴 나는 엄마가 따준 감을 주워 담으면서도 졸랐다. 빨갛게 잘 익은 저 감도 따 달라고, 하지만, 엄마는 어린 딸을 달랬다. '우리가 다 따 가면 까치는 굶어 죽으라고?' 딸에게 나눔을 가르쳐 주신 것이다. 감나무의 추억을 일기 쓰 듯 몇 컷 그리다가 엄마와의 소중한 추억이 새록새록 떠올랐다. 샌드아트는 옛 추억을 그리 는 힐링이다.

소리를 담는 샌드아트

그림을 보면 모래사장에 서 있는 소녀의 머리카락이 바람에 날리는 것이 보인다. 파도 소리, 바람 소리, 아이들 소리, 갈매기 소리, 발걸음 소리, 날리는 머리카락이 귀에 스치는 소리까 지 모래로 보이지 않는 소리까지 느끼도록 표현할 수 있는 예술이 바로 샌드아트이다.

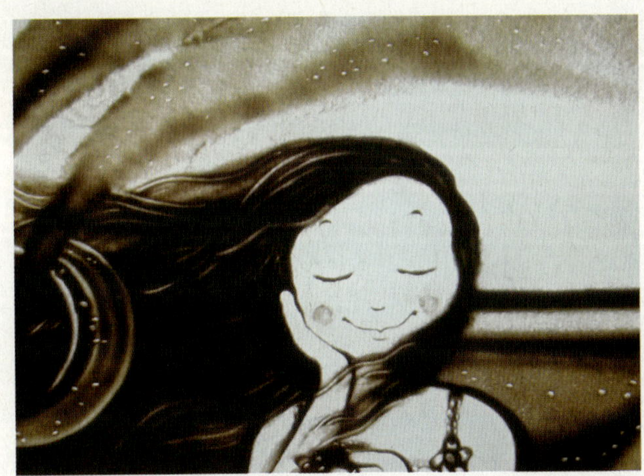

태안을 주제로 한 영상 '신두리' 중 한 컷으로 바닷소리에 귀를 기울이 고 있는 소녀의 모습

모래는 태초의 산물이다. 수없이 갈고 닦음을 거친 숭고함이 있다. 그 의미심장한 모래알들 이 모였다 흩어지기를 반복하며 그림이 되고 이야기가 된다. 무언의 감성커뮤니케이션으로 벅찬 감동을 선사하는 손 그림 샌드아트, 이제 더 넓은 세상과의 소통을 위해 여러분 모두를 샌드아트의 세계로 초대합니다.

힐링~ 모래로 하자!

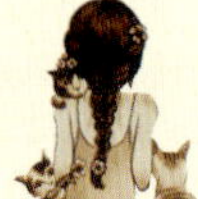

Part 01

샌드아트
시작하기
전에

샌드아트란 무엇인가?
샌드아트 시작은 모래 놀이
샌드아트 도구와 용어

어린 시절 놀이터나 바닷가에서 모래를 가지고 놀았던 추억이 있을 것이다. 모래를 가지고 낙서하듯이 글씨를 쓰고, 도형, 얼굴, 동물 등을 그리며 놀았던 것이 오늘날 샌드아트의 기원 이다. 다시 말해 샌드아트는 모래만 있으면 누구나 쉽게 할 수 있는 놀이이다. 이렇게 친숙한 모래 놀이가 어떻게 샌드아트라는 한 장르가 되었는지 지금부터 알아본다.

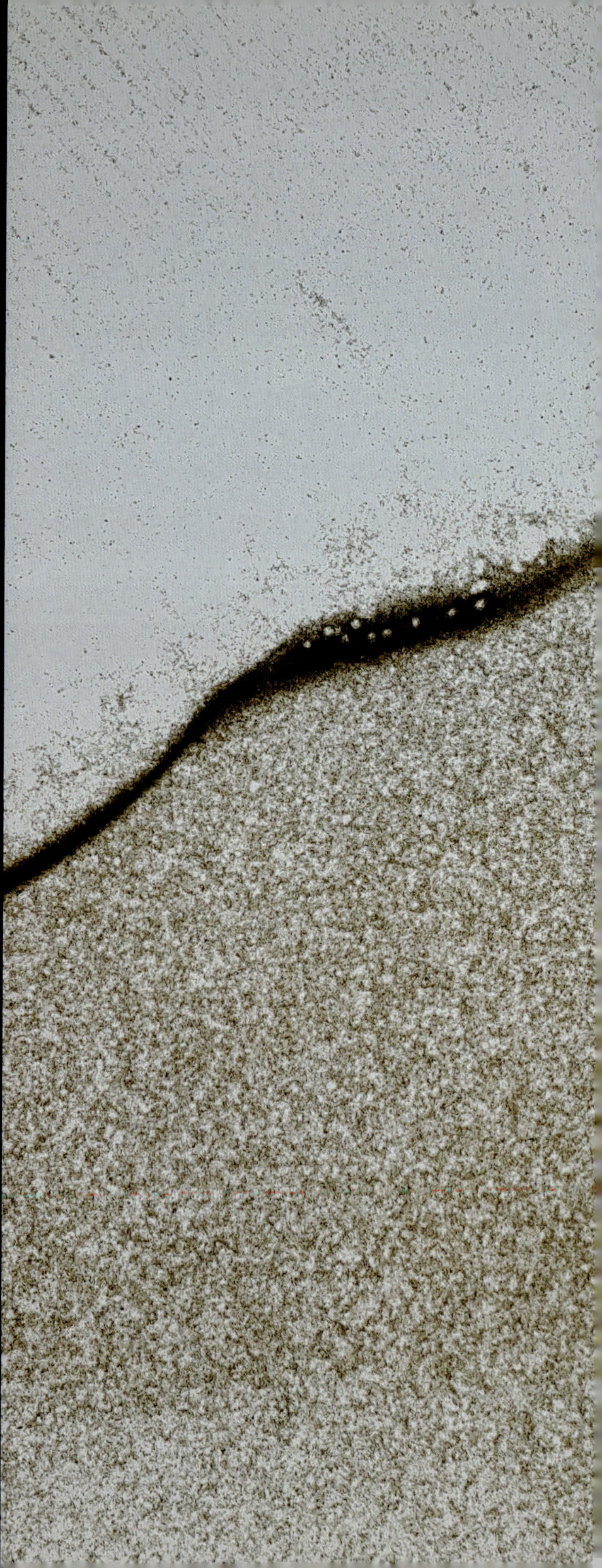

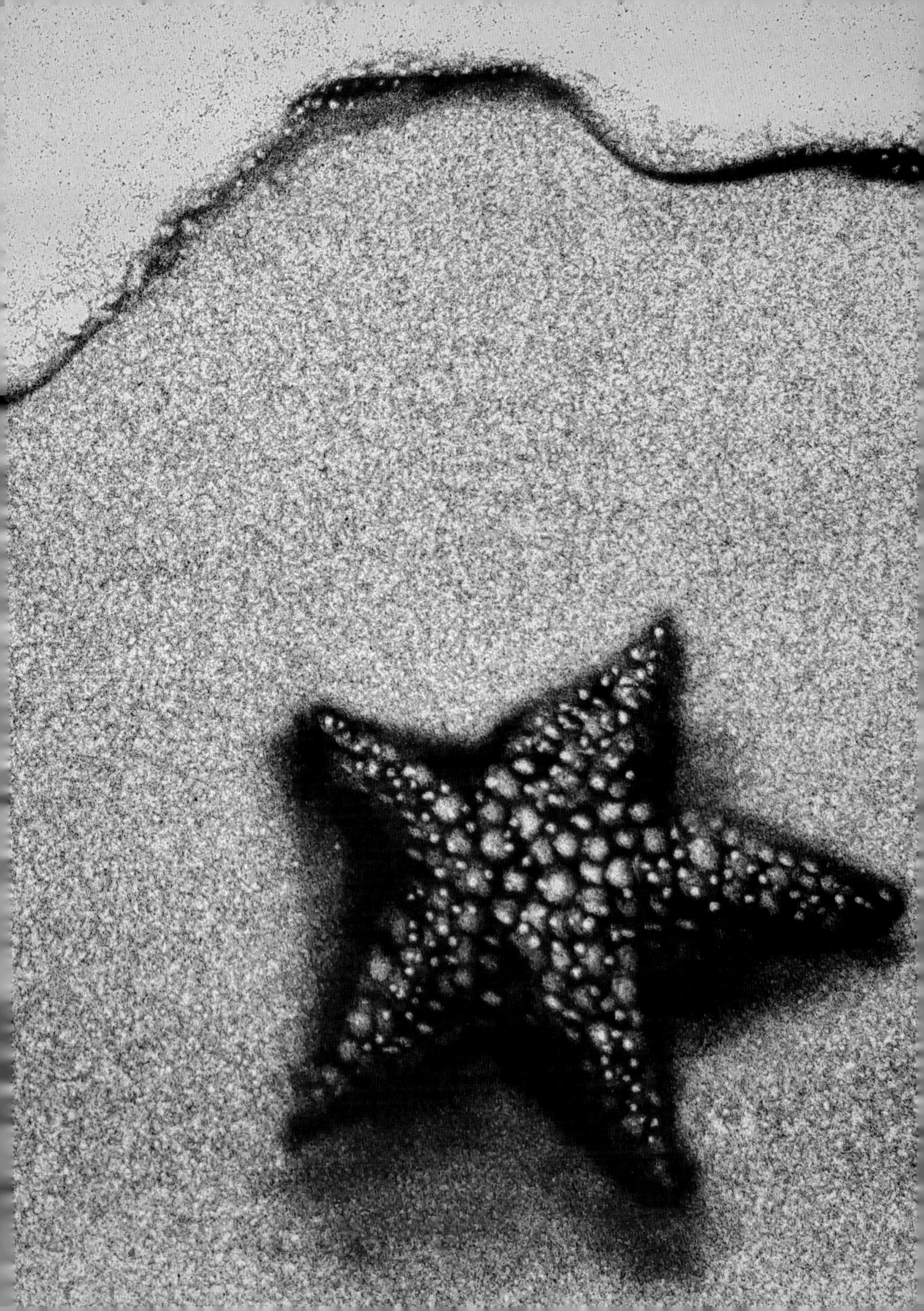

샌드아트란 무엇인가?

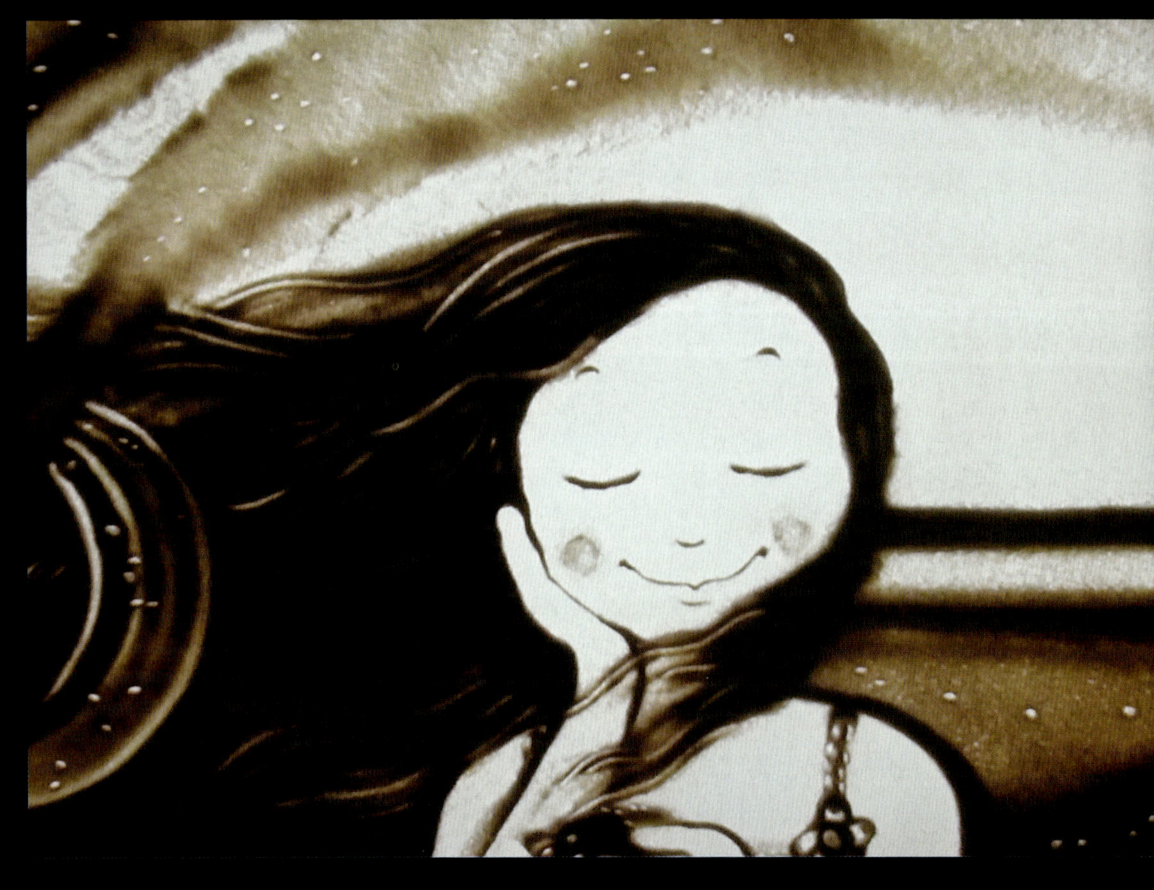

우리는 흙과 함께 살아간다. 모래를 생각하면 먼저 해변의 백사장, 놀이터 모래, 사막 모래가 머릿속에 떠오른다. 샌트아트는 모래를 이용하는 예술이자 취미 활동이다. 샌드아트 장르에는 여러 종류가 있다. 그 중에 우리가 이야기하고 싶은 샌드아트가 무엇인지, 모래를 이용한 예술과 취미인 샌드아트에는 어떠한 것이 있는지 알아본다.

1. 일반적인 샌드아트

샌드아트(Sand Art)를 단어 그대로 해석하면 '모래 예술'이다. 해변에서 볼 수 있는 모래조각, 유리병에 색 모래를 쌓은 병조림, 항공 촬영한 초대형 패턴 그리고 앞으로 배우게 될 샌드테이블(라이트박스) 위에 빛과 모래로 그림을 그리는 것 까지 모든 예술 활동을 샌드아트라고 한다.

해변 모래 조각

해변 모래 조각은 국내 모래 조각 축제에서도 쉽게 만나 볼 수 있다. 해변 모래 조각은 전시가 끝나면 사라져 버리기에 작품이 더 애틋하다.

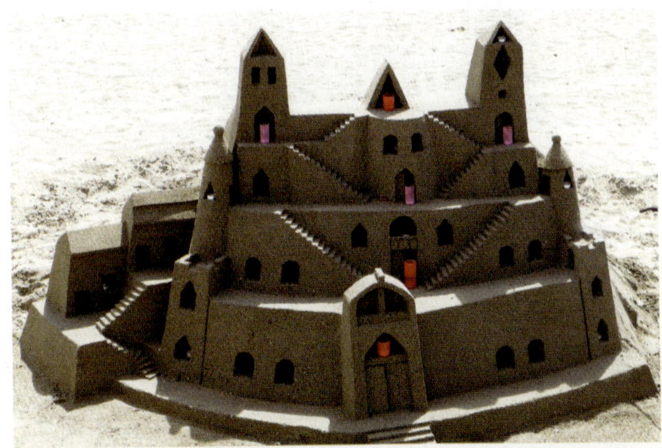

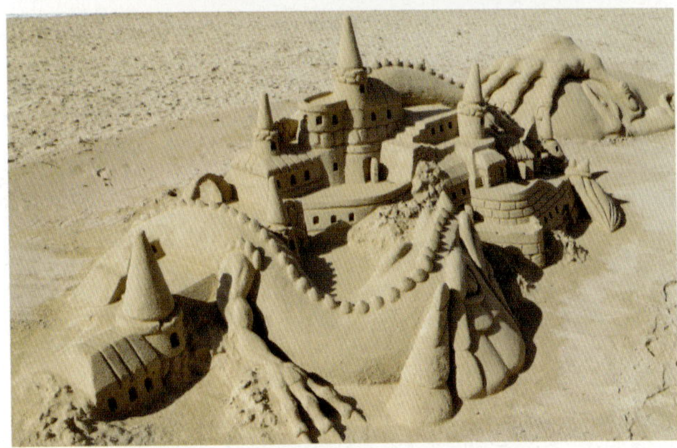

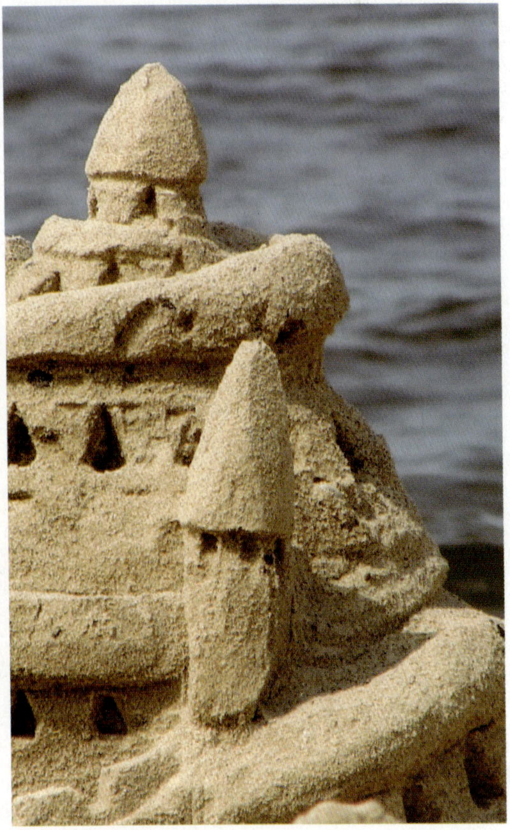

색 모래 병조림

색 모래 병조림은 모래알을 층층이 쌓아 완성하는 그림
으로 고난도의 작업이다. 병이 다 채워지면 그림이라기
보다는 조각에 가까운 작품이 된다. 병조림 작품은 아트
상품처럼 소장할 수 있다.

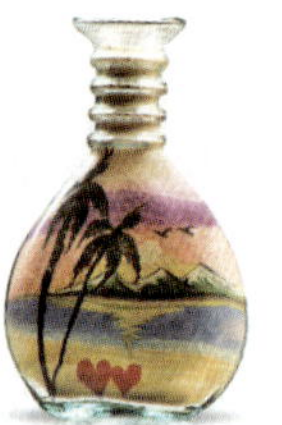

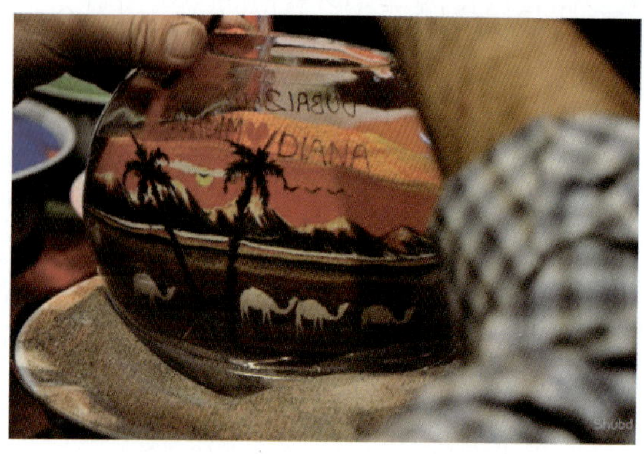

초대형 패턴(항공사진)

샌드아트 초대형 패턴 작품은 전문 작가에서 일반인까지 모래사장에서 쉽게 할 수 있는 놀이 중 하나이다.
큰 패턴을 반복적으로 넓게 그려가며 초대형 작품을 만든다. 야외 작품의 특성상 날씨, 파도에 의해 사라지
는 초대형 작품은 높은 곳에서 촬영하거나 항공기 또는 드론으로 촬영하여 기록한다. 멋진 문구를 그려 색
다른 프러포즈나 이벤트로 활용할 수도 있다.

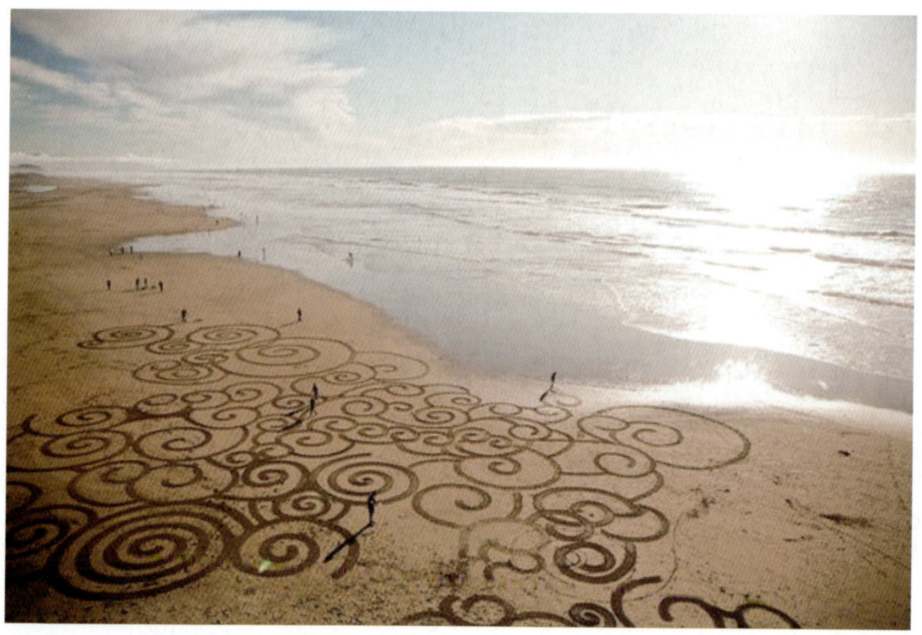

2. 샌드테이블 위에 그리는 샌드아트(Sand Art)

샌드아트가 뭐냐고 물어본다면 한 마디로 백라이트 드로잉이라고 설명할 수 있다. 빛을 밝힌 샌드테이블(라이트박스) 위에 모래를 뿌리거나 지우면서 음영의 효과가 나타나도록 하여 모래와 빛으로 그림을 그리기 때문에 백라이트 드로잉이라고 말할 수 있다. 처음 샌드아트를 보는 사람은 모래와 빛의 두 요소가 주는 다양한 변화에 감동하게 된다. 샌드테이블를 이용한 샌드아트는 라이브공연, 영상, 퍼포먼스, 교육 등 다양한 분야에서 활용된다.

샌드아트 라이브

샌드아트 라이브는 스크린에 그림이 그려지는 과정을 캠코더와 프로젝터로 실시간 송출하는 방식의 공연이다. 작가의 그림을 실시간으로 볼 수 있는 샌드아트 매력 중 하나로 그림과 작가의 무대 퍼포먼스를 함께 연출 할 수 있는 공연이다.

샌드아트 라이브 공연

샌드아트 라이브 작품인 '덩크슛'을 감상해 보자.
'덩크슛'은 덩크슛을 꿈꾸는 키 작은 소년이 멋진 농구선수가 되어 꿈에 그리던 덩크슛을 쏜다는 내용이다.

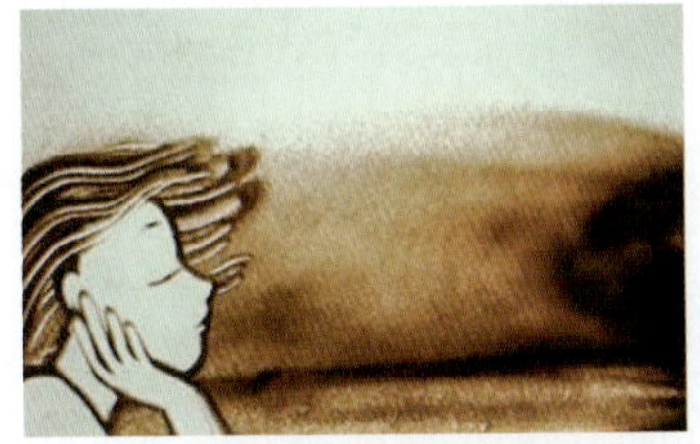

잘하고 싶은데 생각처럼 쉽지 않동아.

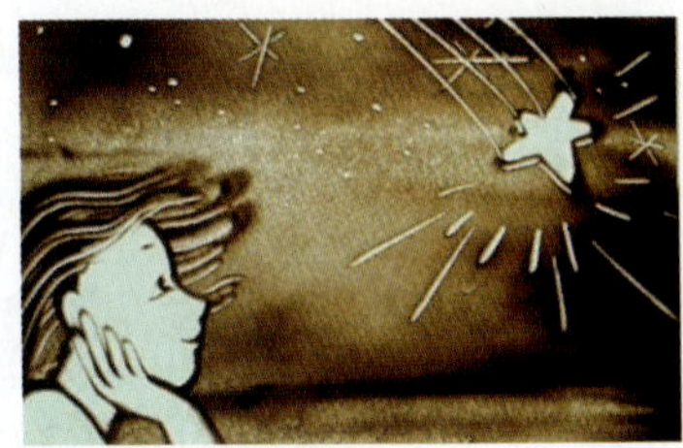

그래도 내게는 꿈이 있어

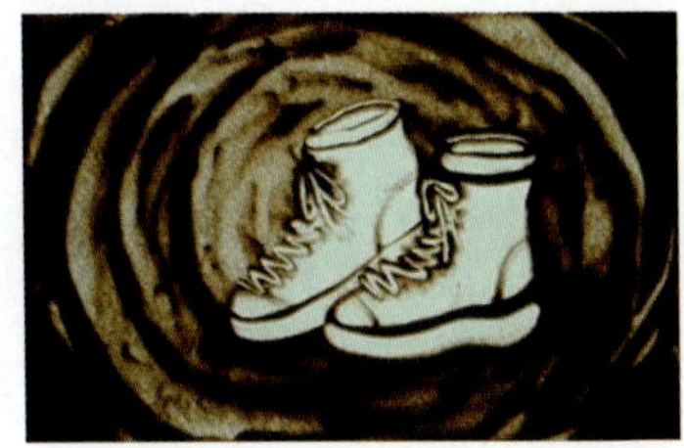

낡은 운동화처럼 힘껏게 달려온 길

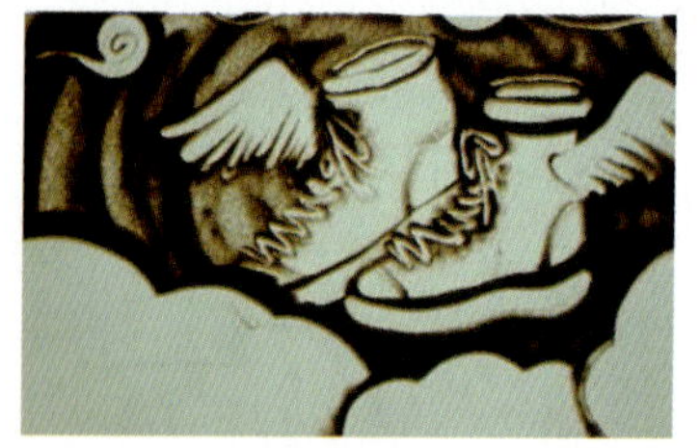

이제 날개를 펼칠 때야

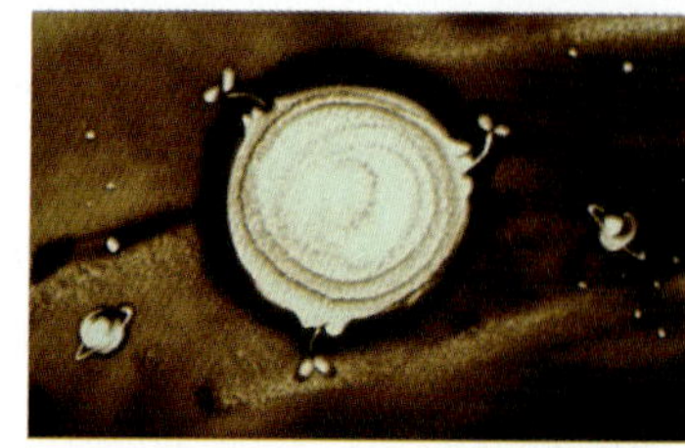

아무도 알아주지 않았지만

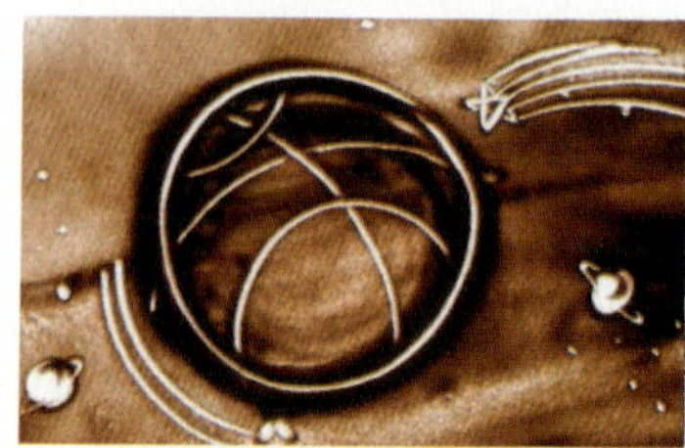

난 다시 시작해

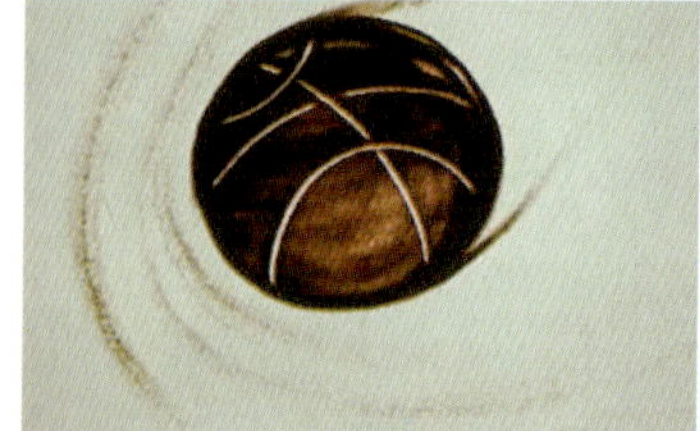

지치고 쓰러져도

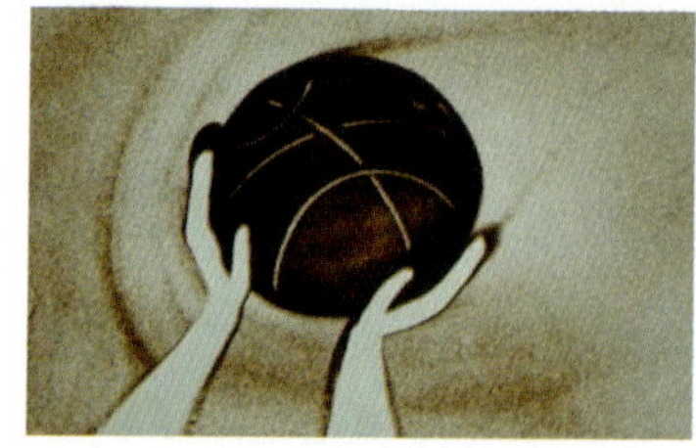

끝까지 놓지 말자.

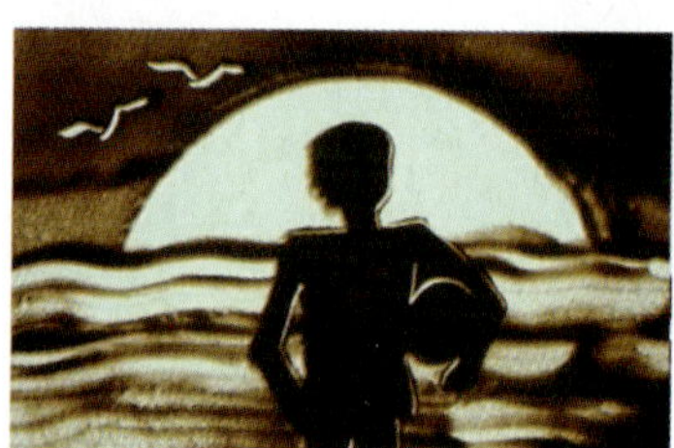

난 다짐했지.

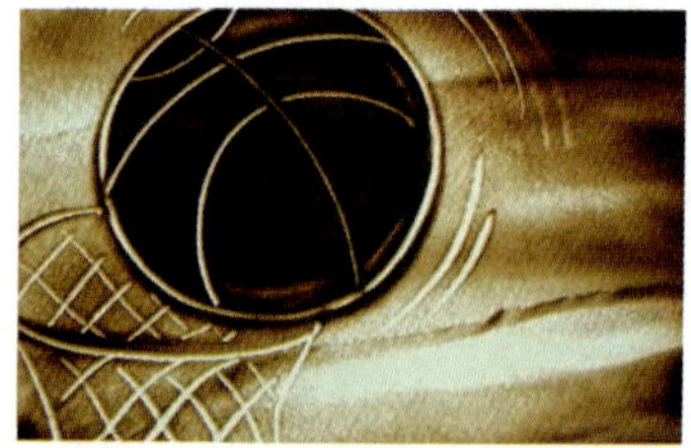

덩크슛을 쏠 거라고

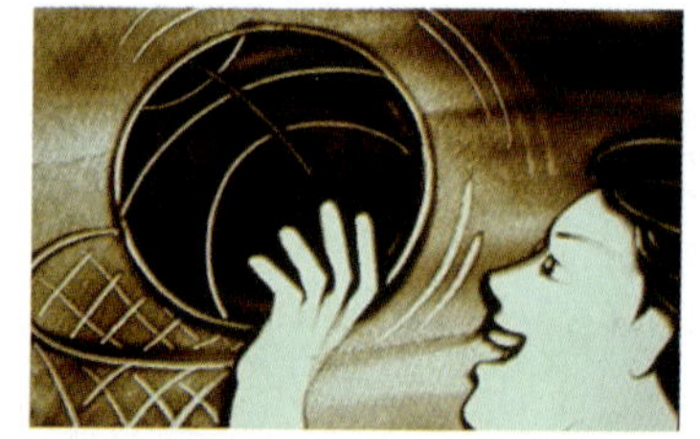

내 한계의 극복

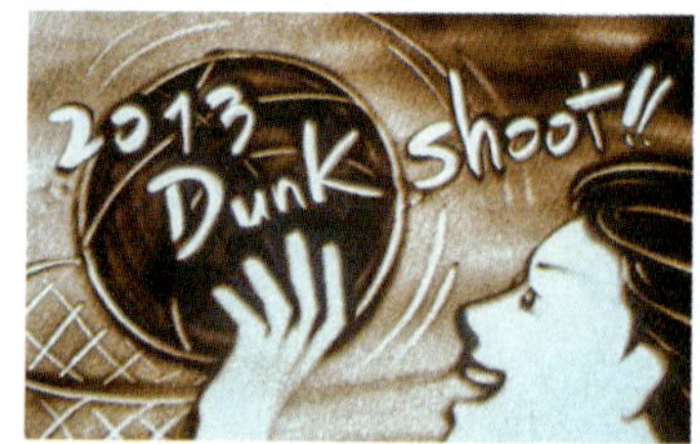

덩크슛!

샌드아트 라이브 컬래버레이션

라이브 공연은 미리 완성된 작품을 감상하는 것이 아니라 현장에서 만드는 작품을 바로 스크린에 송출하여 관객과 함께 호흡하는 현재 진행형 작품이다.

라이브 공연은 미술, 음악, 무용 등 다양한 예술 장르와 협업을 하기도 한다. 이러한 협업을 컬래버레이션이라고 한다. 샌드아트 컬래버레이션 공연은 타 장르와의 결합으로 더 풍부한 볼거리와 완성도 높은 창작물이 나온다.

지구에 불시착한 우주인들이 소리를 찾아 떠나는 여정을 샌드아트와 함께 음악으로 만들어가는 컬래버레이션 공연이다.

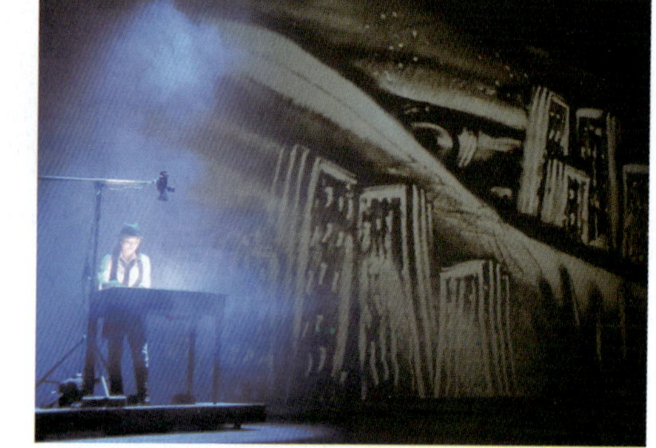

타악 퍼포먼스 '더 굿' 중 샌드아트 라이브 작품

샌드아트 라이브에 무용수가 춤을 추는 장면이다. 무용수가 춤을 출 때마다 샌드아트 그림이 무용수 의상에 묻어나 한층 입체감이 느껴지는 공연이다.

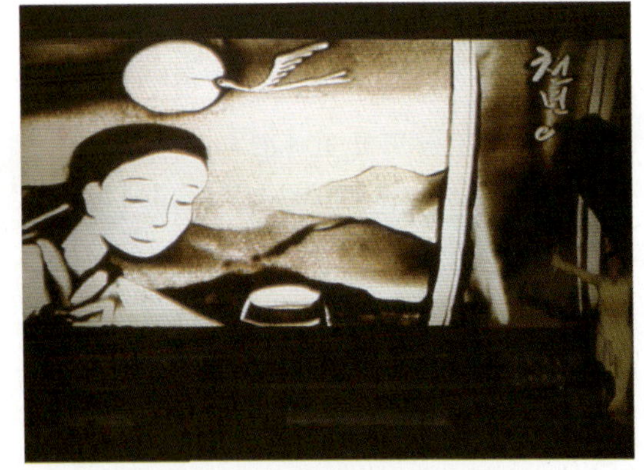

'순창 장류축제' 중 샌드아트와 한국무용 협업 작품

가야금 곽수은 선생님의 연주곡 'Remembrance of Greenland'에 맞춘 즉흥 퍼포먼스 공연이다.

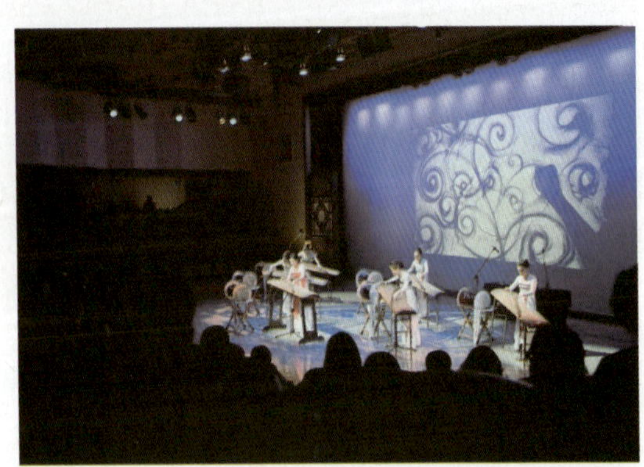

'라온G 가야금 콘서트' 중 샌드아트와 가야금 협업 작품

기획공연으로 신체 부위 손과 입을 통해 그림과 소리의 화합을 나타낸 퍼포먼스 공연이다.

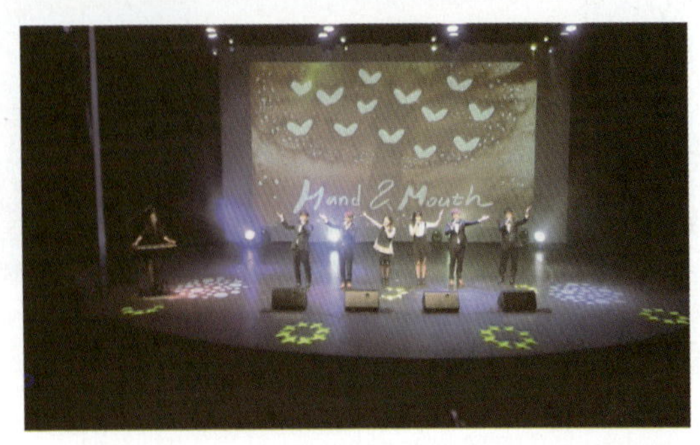

'핸드 앤 마우스' 공연 중 샌드아트와 아카펠라 협업 작품

샌드아트 영상

샌드아트 영상은 라이브공연과 달리 그리는 과정을 영상장비로 녹화하고 필요한 영상을 편집하여 만드는 작품이다. 작가가 직접 공연장에 가지 않아도 관객이 작품을 감상할 수 있는 방법이다.

샌드아트 영상은 기업광고나 공익광고에 활용된다. 그리고 역사적인 내용을 재연하기 어려울 때 매우 유용하게 쓰인다. 또한, 편집을 통해 시간 조절을 할 수 있어서 표현의 한계가 없다는 장점이 있다. 긴 시간 영상 작업으로 이야기 흐름이 이어지지 않을 때는 순간의 포즈와 시차를 찾아내 주요 장면에 편집 효과 주어 이야기를 이어가면 된다.

극장에서 영화 상영 전에 볼 수 있도록 제작된 홍보용 샌드아트 영상이다.

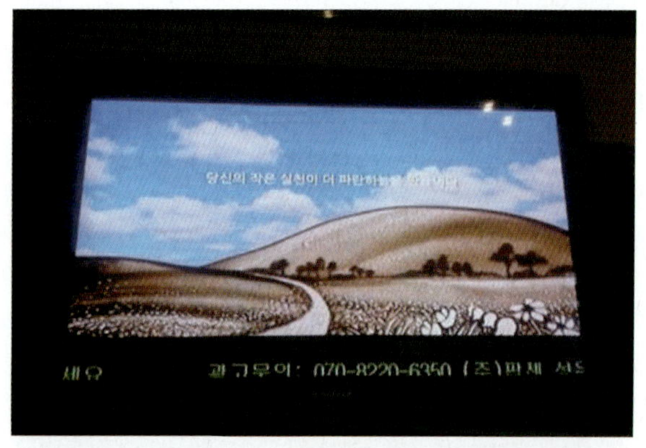

수도권대기환경청의 홍보용 샌드아트 영상
'미래의 서울, 맑은 하늘을 원한다.' 작품 중

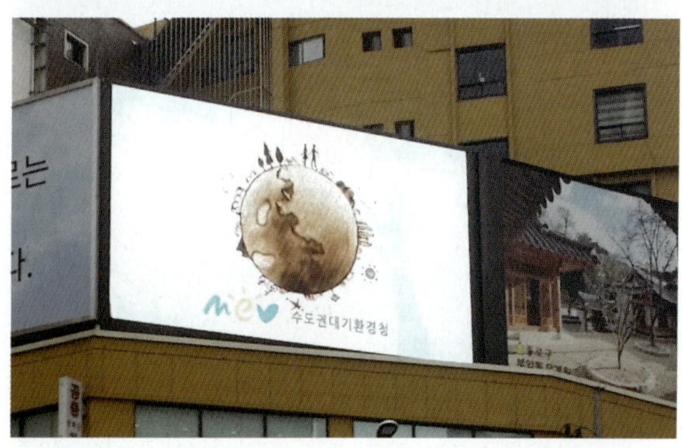

빌딩 전광판의 샌드아트 영상

간단한 그림으로 표현되는 영상도 있지만 대부분 영상은 라이브 공연에서 보이는 그림보다 훨씬 심도 있는 표현을 할 때가 많다. 샌드아트 영상은 퍼포먼스를 하는 작가가 등장하지 않고 영상 속 손 움직임만 있으므로 그려지는 과정이 너무 길면 그림을 감상하는 동안 지루해질 수 있기 때문에 며칠씩 작업한 많은 분량의 영상을 1~3분 정도의 짧은 시간으로 편집하는 것이 일반적이다.

샌드아트 영상 '혁신 DNA'의 디테일 컷 중 일부를 감상해 본다.

세계 속에 우뚝 선 한국인의 기상은 고난과 역경을 딛고 일어서면서 역사와 함께 다져진 한국인 고유의 DNA에 있다는 내용을 샌드아트 영상 작품이다.

http://blog.naver.com/sandmedia/220713112431

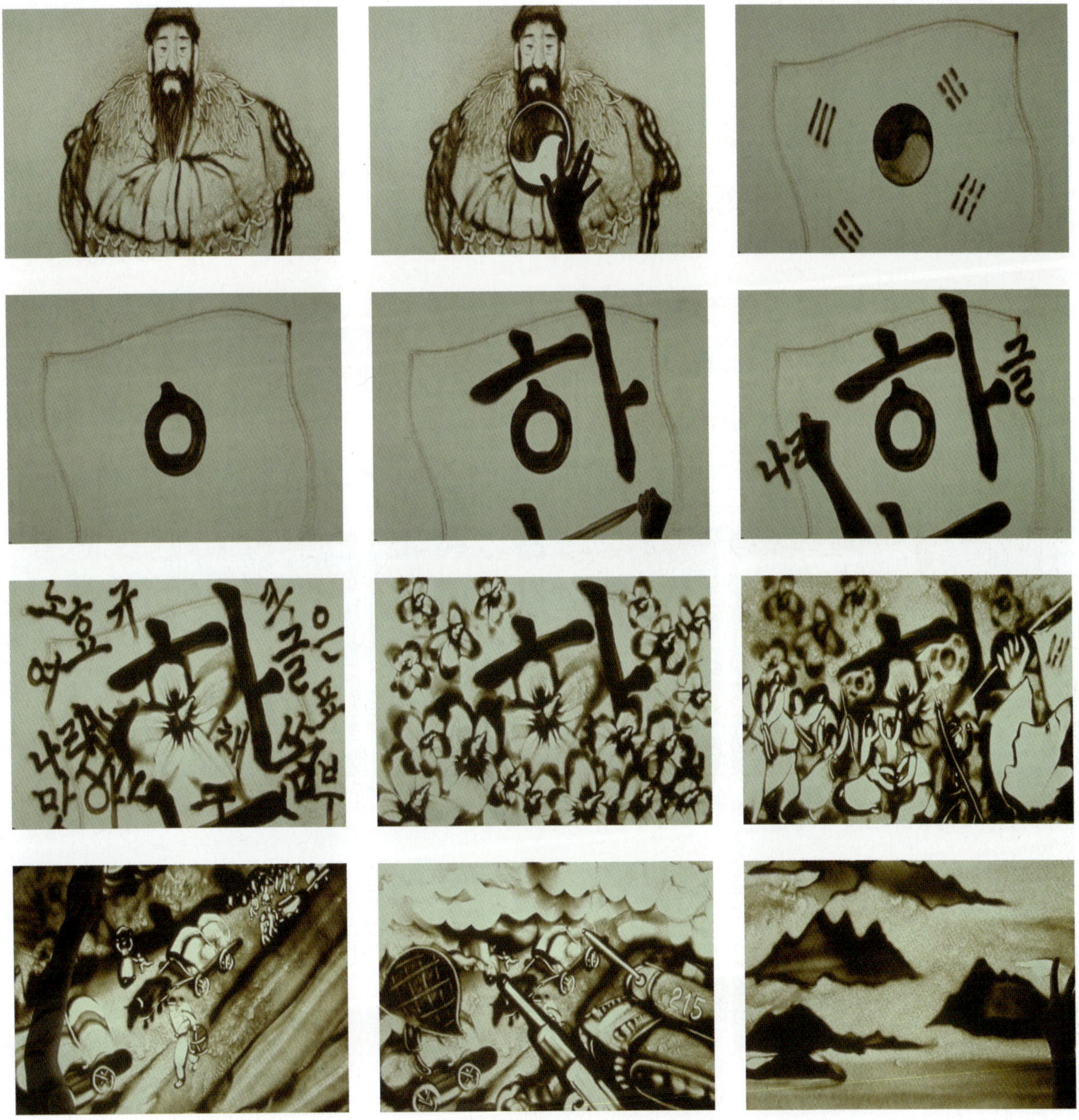

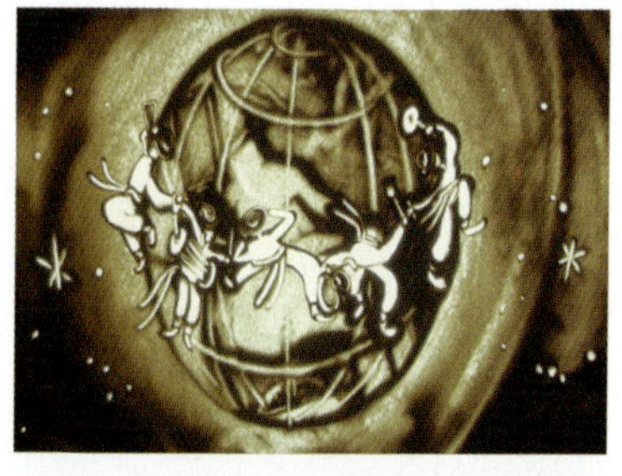 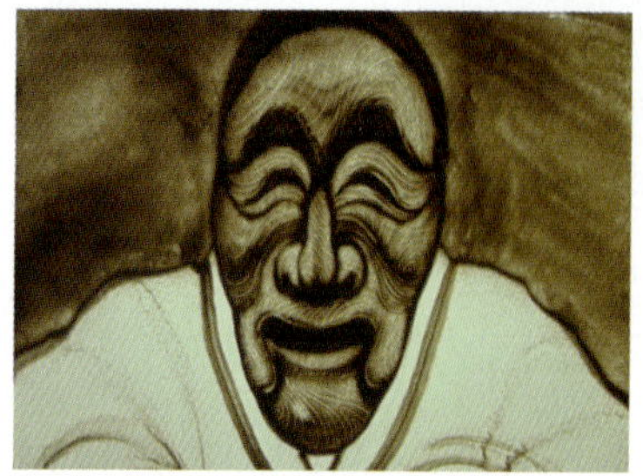 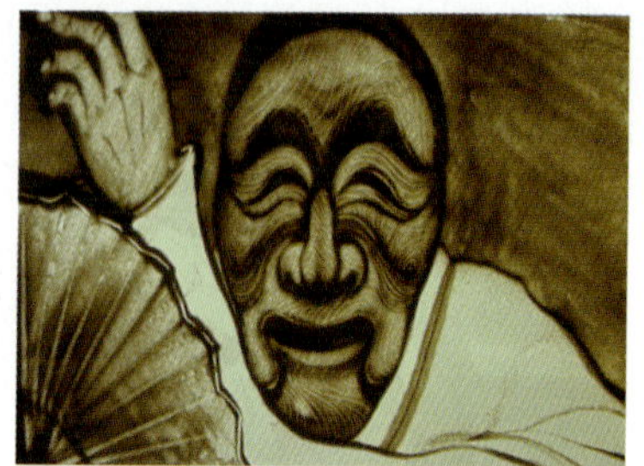

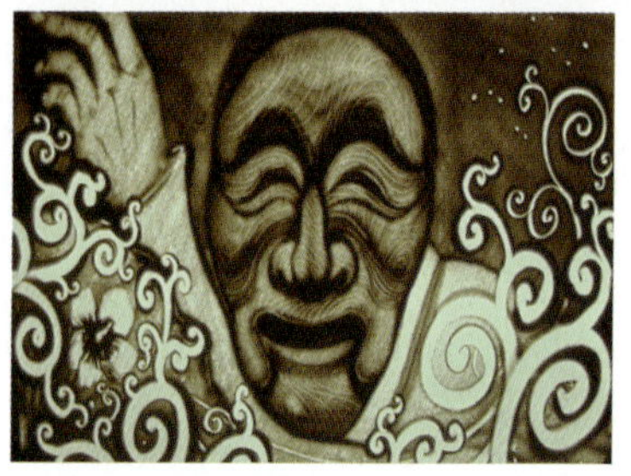

자막이나 포토샵을 활용한 편집

대안학교에 관한 영상으로 학교 폭력 문제를 해결하고 학교 분위기를 바꿔보자는 취지로 제작한 캠페인 영상이다. 샌드아트에서 흔히 사용되는 편집기법으로 인물의 감정에 맞춰 해설이나 자막을 삽입하는 경우, 감정이 증폭되는 효과가 있다.

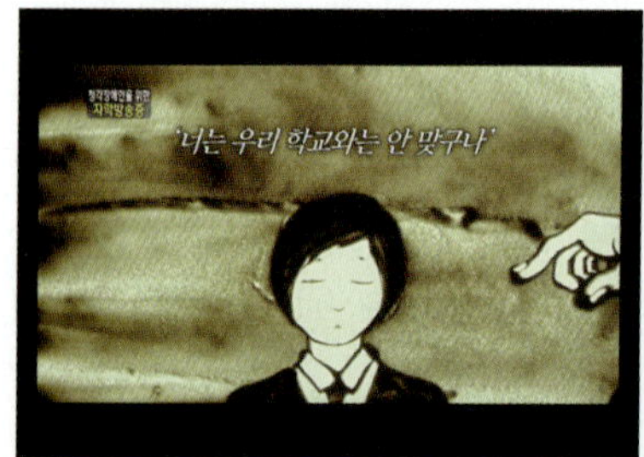

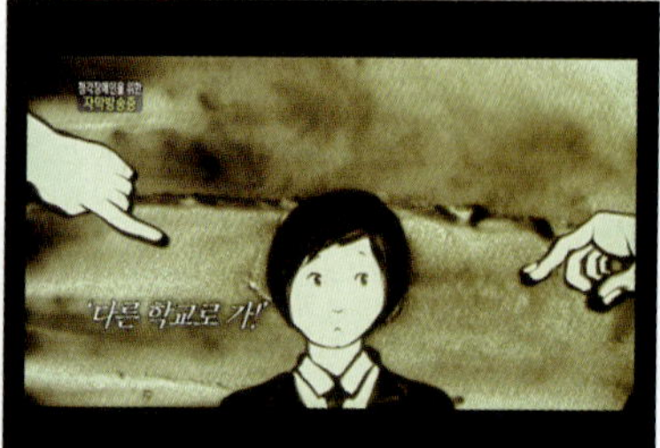

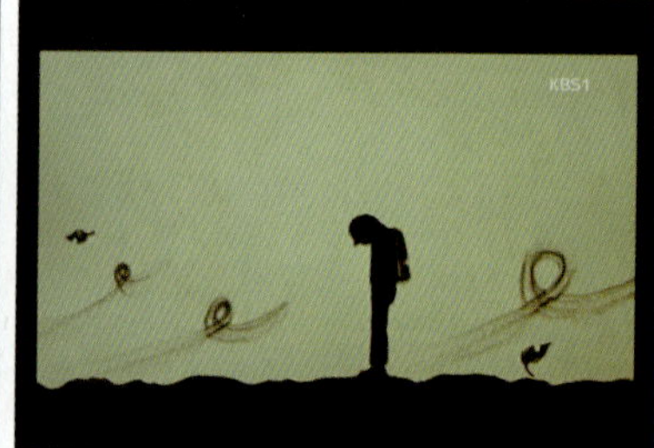

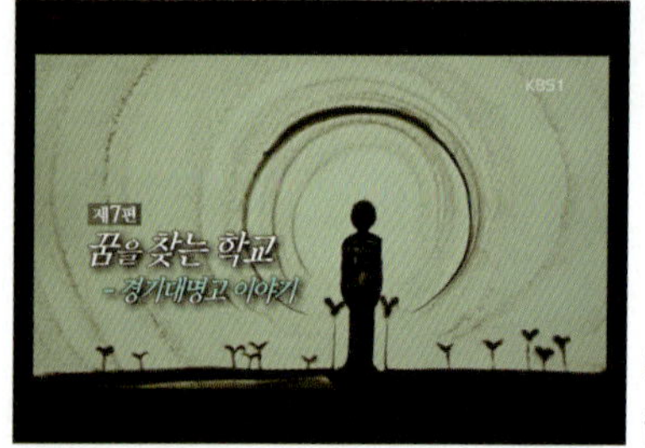

KBS 다큐멘터리 '학교 폭력 그 후'
꿈을 찾는 학교 편의 일부

샌드아트 타이틀과 뮤직비디오

샌드아트 영상의 활용은 다양하다. 영화와 뮤직비디오에서도 샌드아트 이미지나 영상을 활용한다.

영화에 적용한 샌드아트 영상으로 남녀주인공의 상상 속 판타지를 샌드아트로 그려낸 사랑영화이다.

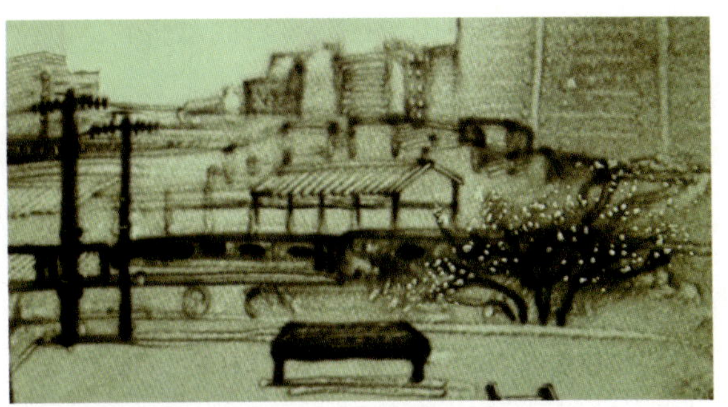

조은성 감독의 영화 '션샤인 러브' 중 타이틀 컷이다.

샌드아트 영상은 일반 애니메이션과는 또 다른 매력이 있다.

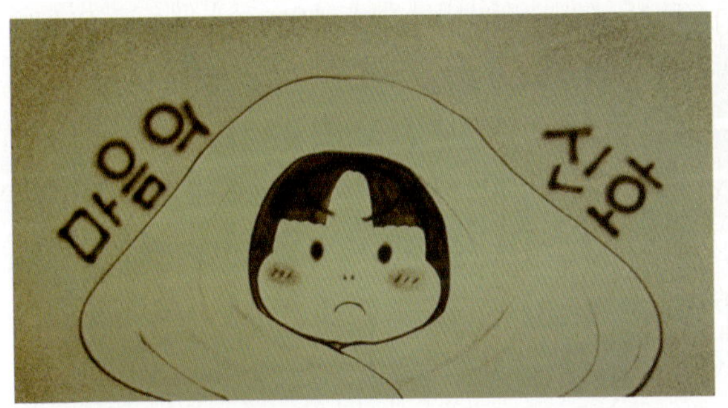

SBS 애니메이션 '매일 엄마'의 샌드아트 버전 중 타이틀 컷

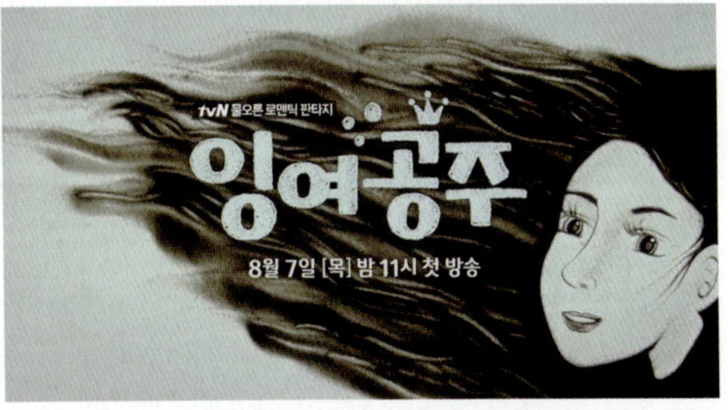

tvN 드라마 '잉여공주'의 샌드아트 타이틀 영상 중 엔딩 컷

뮤직비디오에 적용한 샌드아트로 가수 에릭남의 노래 'Dream'에 샌드아트 그림이 더해지고, 뮤직비디오 이사강 감독의 편집으로 완성한 영상이다.

이처럼 뮤직비디오와 영화 등 다양한 영역에서 샌드아트 영상이 활용된다.

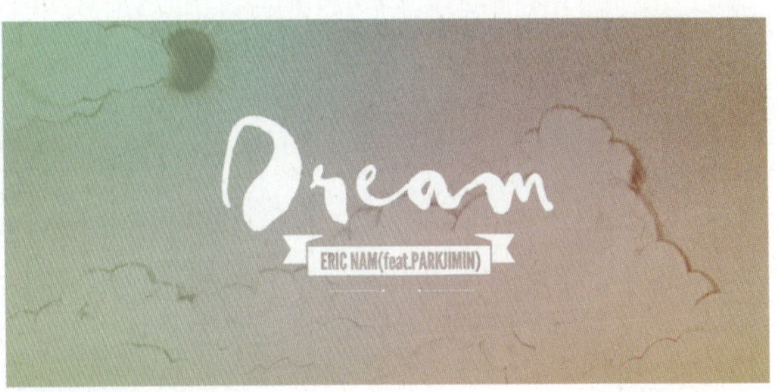

가수 에릭남의 샌드아트 뮤직비디오 'Dream' 중 타이틀 컷

샌드아트 퍼포먼스

무대 라이브공연과 영상제작 외에 샌드아트를 어떻게, 어디서 감상할 수 있을까?
관객과 눈을 맞춰 그리는 거리퍼포먼스에서도 샌드아트를 만나볼 수 있다. 관객과 함께 호흡하는 샌드아트는 진정한 소통과 공감의 매개가 될 거라는 생각에서 출발한 것으로 대표적인 공연으로는 '포스트맨'이 있다. 그림이 변화하는 과정을 가까이서 직접 보고 싶어 하는 사람도 많고 상설공연장을 문의하는 경우도 있다.

샌드아트 거리퍼포먼스 '포스트맨'

포스트맨은 비주얼아트연구소가 2014년 고양호수축제에서 최우수상을 받은 작품이다. 스팀펑크(Steampunk)의 증기기관차를 접목한 이상한 자전거가 등장한다. 자전거 뒤에 달린 트럼펫에서 연기가 나오면, 안개 자욱한 자전거 주변에서 포스트맨이 등장한다.

그는 샌드아트로 눈앞의 관객과 직접적인 소통을 한다. 포스트맨은 단순한 배달부가 아니라 '사람들의 마음 속 못다 한 이야기'를 그림으로 전달해 주는 사람이다. 그림을 받으려는 아이에게 꿈의 날개라는 멋진 그림을 그려주고 '너의 꿈을 펼쳐라'라는 메시지를 전달한다.

한 번 보이고 사라지는 그림이지만 관객은 다음엔 누구에게 배달할까 하는 호기심에 자전거를 따라 이동한다. '포스트맨'처럼 직접적인 소통을 하는 거리퍼포먼스 공연은 많지 않다. 대부분의 샌드아트는 무대에서 공연하는 방식이기 때문이다. 거리퍼포먼스는 기상 환경에 영향을 받는 등 어려운 점이 있다. '포스트맨'은 어떻게 하면 좀 더 관객과 가까이 소통할 수 있을까하는 고심에서 나온 작품으로 매년 곳곳의 축제에서 만나볼 수 있다. 최초의 샌드아트 거리퍼포먼스로 샌드아트의 발전 가능성을 엿볼 수 있는 좋은 사례이다.

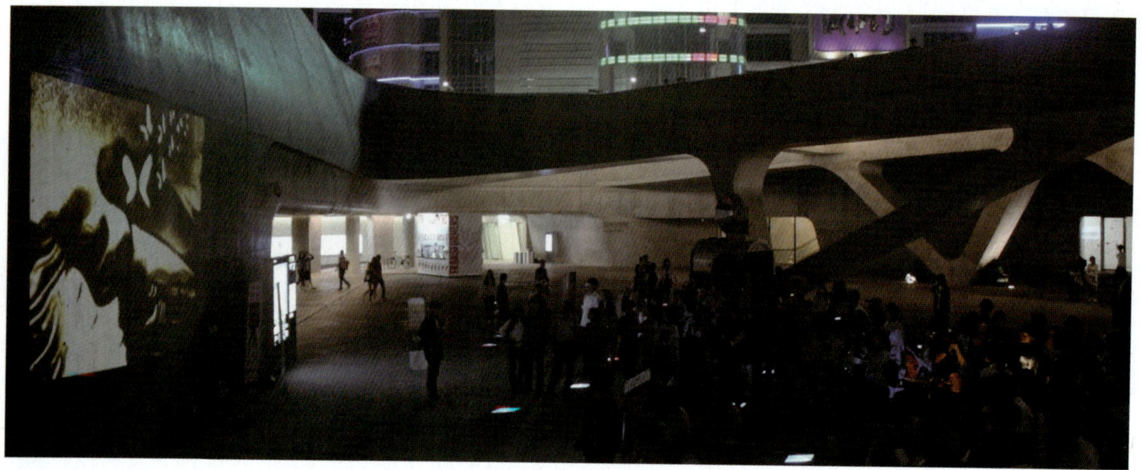

서울문화재단 주최 '거리예술 시즌제' DDP(동대문 디자인 플라자) 공연

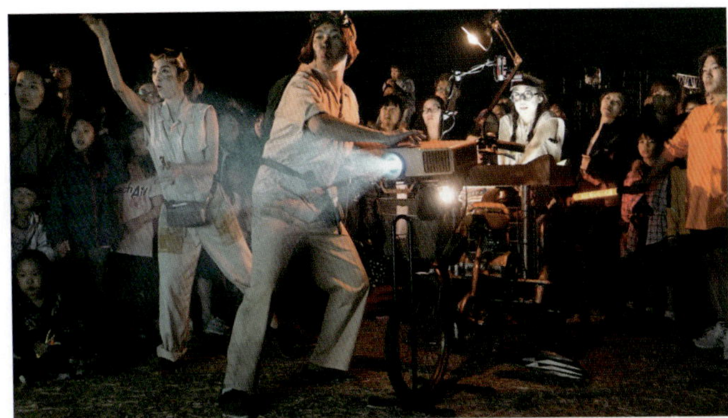

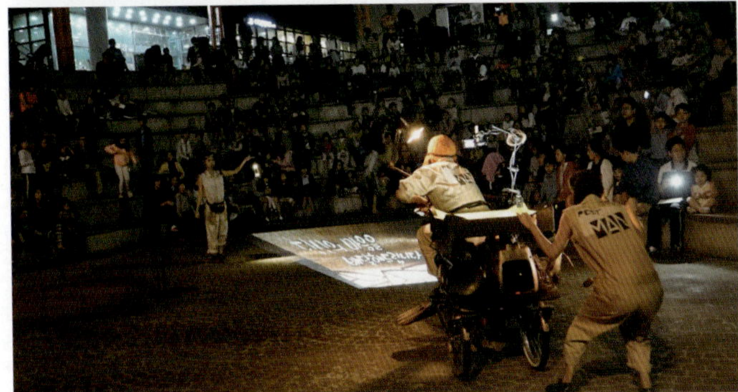

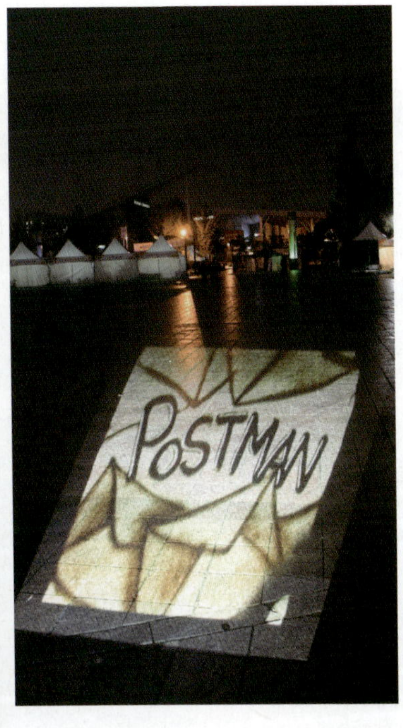

고양호수 예술축제에서 선보인 포스트맨

샌드아트 퍼포먼스의 새로운 시도

백라이트 테이블이 아닌 다른 도구나 장치, 재료를
활용해 보면 어떨까 하는 호기심에서 시작된 카 샌
드아트이다. 자동차에 모래를 뿌려 그림을 그리면
재미있을 것 같아 시도해 보았던 과정 중 한 컷이
다. 그런데 자동차 보닛 곳곳에 스크래치가 생기
는 아찔한 경험을 했고 개인적으로 다시는 도전하
고 싶지 않은 작품이다.

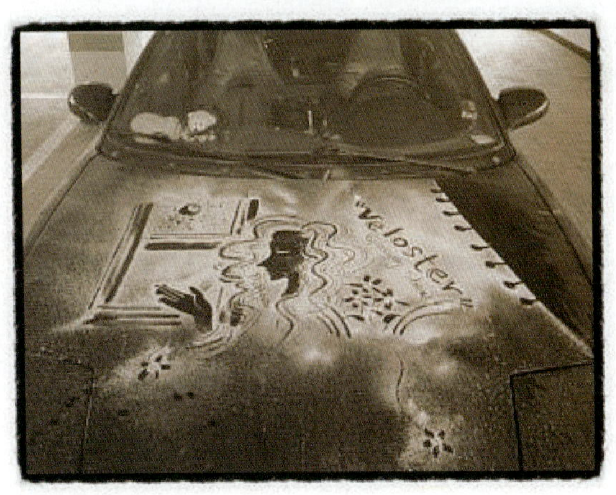

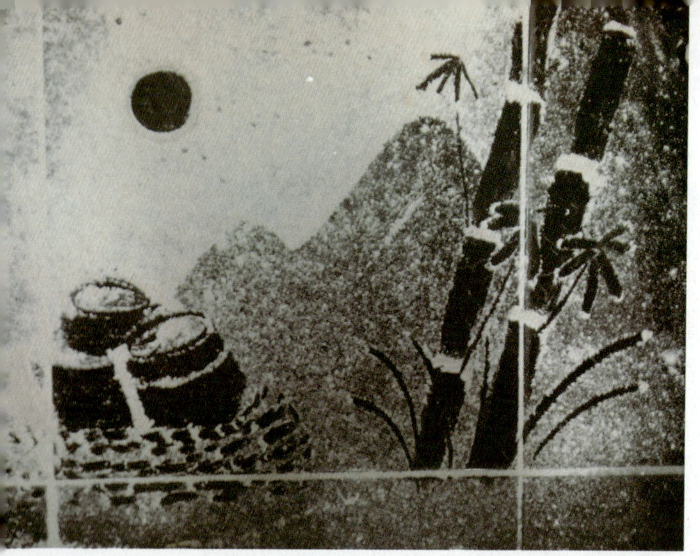

타일 위에 밀가루로 작업한 작품이다. 샌드테이블에서 그릴 때와는 정반대의 음영효과가 있다.

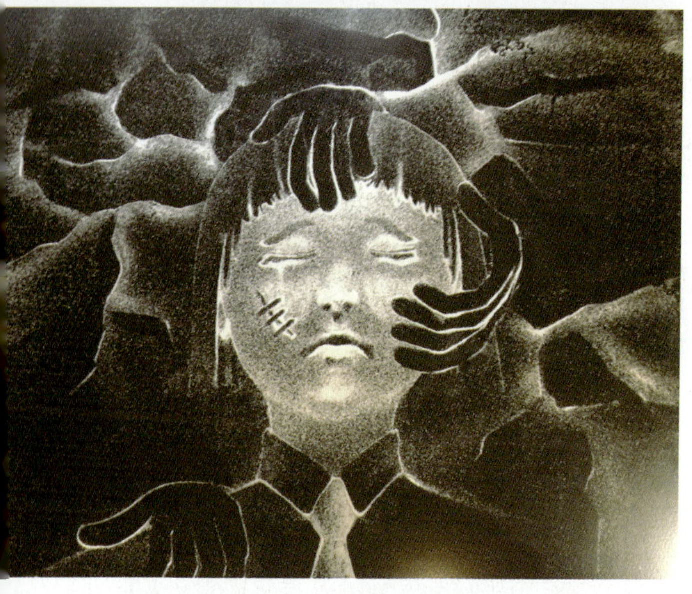

정반대의 음영효과를 실험한 후, 흑경으로 작업한 작품이다. 아동폭력을 주제로 한 퍼포먼스 중 일부로, 그림의 재료는 소금이다. 처음에는 웃는 얼굴이었던 아이가 가해자들에 의해 어두운 표정으로 변화하는 과정 중 한 컷이다. 작업 소요시간이 길어 깊이 있는 한 컷 정도만 가능한 퍼포먼스이다. 검은 색감 자체의 무거운 느낌을 잘 살린 퍼포먼스이다.

흑경 작업을 좀 더 대중적으로 접근하기 위해 시도한 작품이다. 재료는 밀가루이고 사랑을 주제로 만든 작품이다. 흑백의 음영효과를 작업해 본 결과, 흑백 무성영화 재연과 같은 퍼포먼스로 발전 가능성이 있는 작품이다.

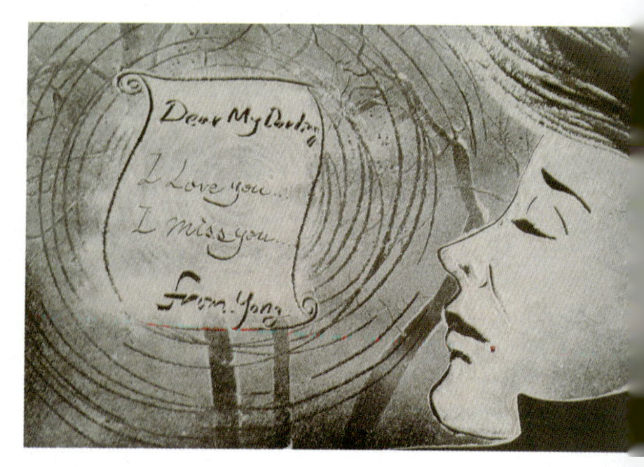

흑경이나 타일 위에 밀가루나 소금으로 그림을 그리는 화이트드로잉도 샌드아트에서 파생된 새로운 퍼포먼스이다. 이러한 새로운 시도는 앞으로 샌드아트 퍼포먼스를 더 발전시켜 나가야 할 샌드아티스트의 몫이다. 새로운 재료와 방식으로의 도전과 시도는 또 다른 샌드아트의 즐거움이다.

샌드아트 소극장 공연

샌드아트가 주를 이루는 소극장 공연은 극장 공연의 노하우와 샌드아트가 잘 어우러져야 한다. 기획부터 콘셉트회의까지 상당한 준비 기간이 필요한 작업이다. 소극장 공연은 무대미술과 장치, 의상, 소품, 샌드아트 라이브 등 모든 조건이 딱 맞아 떨어지지 않으면 상당히 어려운 작업이다. 소극장 작품 몇 가지를 소개한다.

샌드아트 소극장 공연 작품 〈샌드위치 꼬마 마녀 릴리〉

'샌드위치 꼬마 마녀 릴리'는 환상적인 샌드아트와 상상을 초월하는 마술 효과 그리고 피아노 라이브 연주까지 삼박자를 이룬 공연이다. 관객은 공연이 끝나고 샌드아트 체험까지 해볼 수 있어 오감을 모두 만족시키는 가족공연 작품이다.

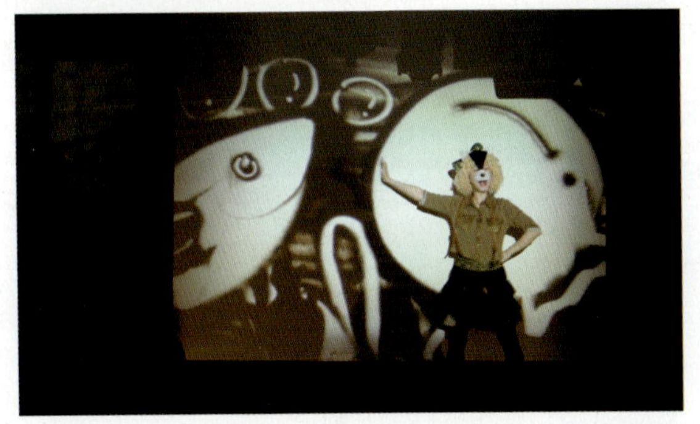

꼬마 마녀 릴리의 호기심으로 시작된 모험으로 꿈속에서 괴물 물고기를 만나는 장면

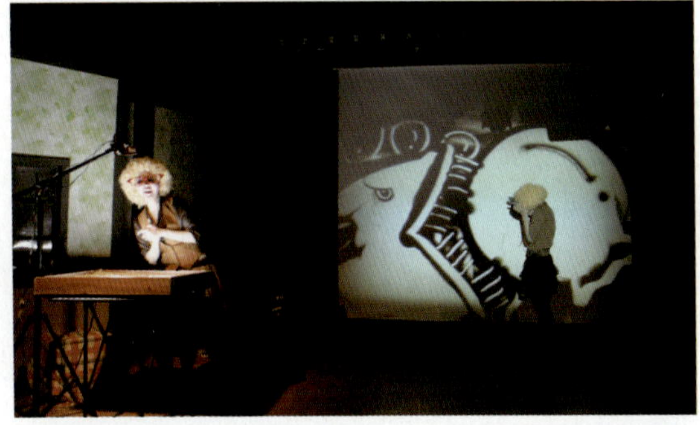

릴리의 선생님이 구연동화 형식으로 이야기를 내레이션 해주고 있는 장면

샌드아트 소극장 공연 작품 〈보아 뱀 속 코끼리〉

어린 왕자는 어른들이 모자라고 이야기하는 이미지를 코끼리를 삼킨 보아 뱀이라고 말한다. 생텍쥐페리의 「어린 왕자」에피소드 중 하나인 보아 뱀 속 코끼리를 재해석하여 샌드아트만의 독특한 재미와 상상력으로 풀어냈다. 샌드아트 영상을 CG 효과로 업그레이드한 디지털 샌드아트와 뮤지컬 배우들이 직접 그려낸 샌드아트 라이브로 완성도 높은 가족공연이다. 아빠와 딸이 놀이를 통해 서로 다른 대화방식과 서로 다른 상상력을 알아가면서 전개되는 작품으로 따뜻한 가족애를 담았다.

딸 바보 아빠와 선장 놀이를 좋아하는 딸 별이가 주인공이다. 스크린에는 두 개의 별이 등장한다. 엄마의 육아 일기를 접목한 장면으로 아빠가 육아 일기를 보며 들려주는 이야기이다. 두 개의 별이 만나 새로운 하나의 별이 탄생하고 그 별의 성장 과정을 담은 영상이다. 별이는 영상 속 이야기가 자신의 이야기임을 알고 부모님의 사랑을 가슴 깊이 느낀다.

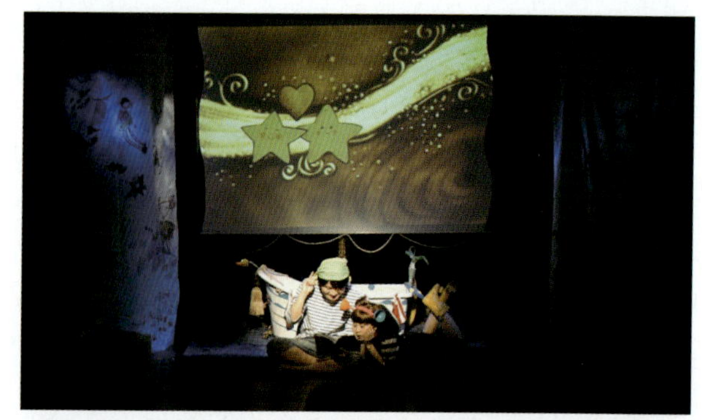

아빠와 별이의 선장 놀이에서 시작된 상상 속 낚시 장면이다. CG 효과로 샌드아트 물고기들이 낚싯 바늘을 피해 여기저기 돌아다니는 움직임에서 유쾌한 재미를 느낄 수 있다. 낚싯대에 바닷속 쓰레기가 걸려 올라오는 장면에서 환경 보호를 해야 한다는 교육적인 메시지도 담겨있다.

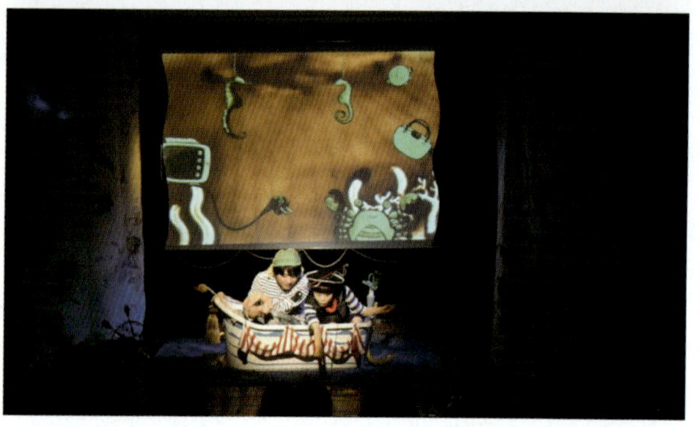

소극장 공연 중 가족공연은 아이들과 함께 관람하는 공연이기 때문에 교훈을 담기도 한다. 아이들이 공연을 즐기면서 자연스럽게 의미를 알아가기를 바라는 것은 모든 어른의 바람이기도 하다.

샌드아트 교육

샌드아트의 교육적 효과는 소극장 공연뿐만 아니라 교육 현장에서도 직접 나타난다. 특히 어린이 체험과 기업 워크숍에서 활용하고 있다. 평생교육원에서 샌드아트 교육을 하는 작가도 있어 샌드아트 교육의 전망은 밝다. 그림으로 함께 호흡하는 샌드아트는 소통이라는 중요한 키워드가 항상 존재한다. 소통의 매개체인 샌드아트를 누구나 쉽게 접할 수 있다면 교육적인 측면에서의 활용도는 무궁무진할 것이다.

초등학교 미술 교육

초등학교 미술 교과서에 수록된 샌드아트에 관한 내용이다. 샌드아트가 교육 현장에서 더욱 발전하면 미술 이외의 교과에서도 다양한 방법으로 활용될 것으로 본다.

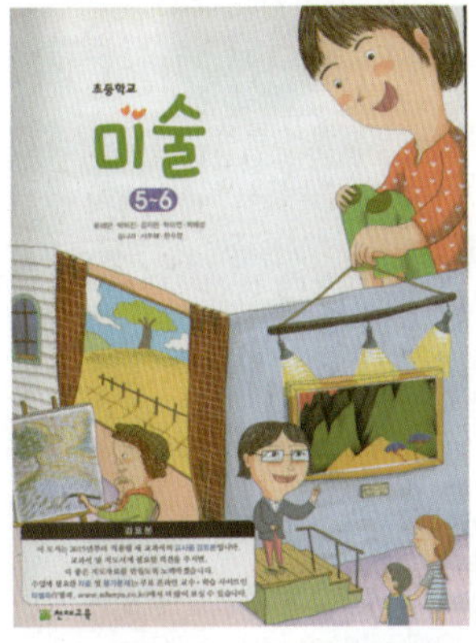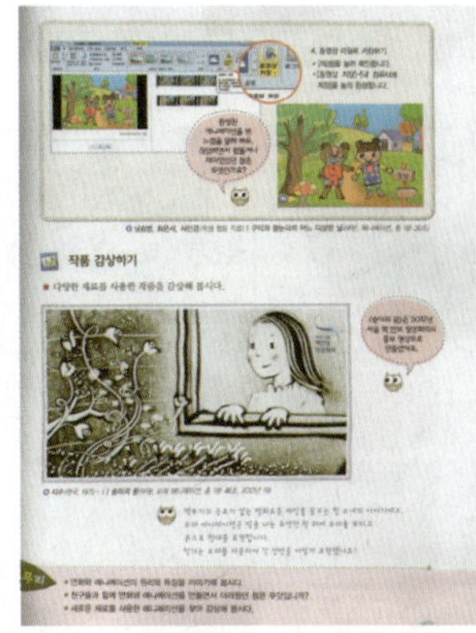

출처 : 천재교육 미술 교과서

교육방송 샌드아트 활용

유료방송 콘텐츠 우수상을 받은 EBS 방송 프로그램 '모래 마녀 샌드위치'이다. 아빠와 딸이 평소 말로 표현할 수 없었던 감정을 그림으로 그리며 상상의 나래를 펼친다는 내용이다.

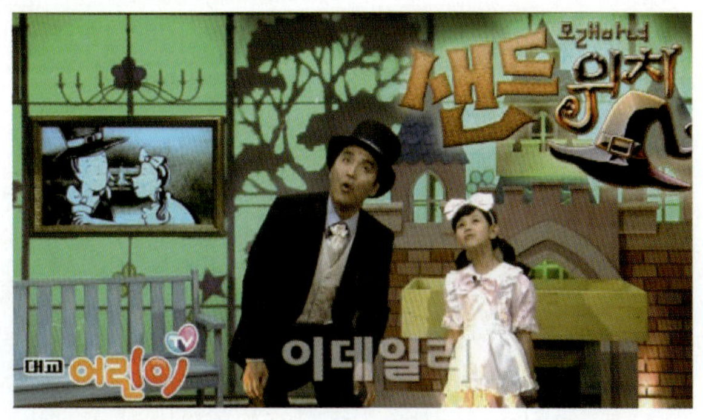

모래 마녀 샌드위치 〈비주얼아트연구소〉

체험학습

샌드아트 체험은 감정표현이 서툴고 그림에 대한 부담감이 있는 아이에게 활용하면 좋다. '내 짝꿍이 세상에서 가장 예뻐 보여서 나중에 크면 꼭 결혼해야지라고 생각한 친구 있나요?, 가끔 엄마의 잔소리가 듣기 싫어 엄마 입에 반창고를 붙이고 싶었던 친구 있나요?'라고 질문을 하면 아이들이 띄엄띄엄 눈치를 보며 손을 든다. 그 생각을 샌드아트로 그리도록 한다. 그렇게 아이들이 하나둘 체험에 집중하며 자신의 감정을 그림으로 표현하게 된다.

어린이 체험은 아이들이 집에 가기 싫다고 떼를 쓸 정도로 집중도가 높다. 샌드아트 체험은 단순한 모래 놀이 정도로 그칠 수도 있지만 하나의 주제로 2~3명이 팀을 이뤄 작품발표까지 하면 더 의미가 있다. 팀별 자유토론과 이견에 대한 이해, 리더십 고취, 그림으로 소통하며 팀워크를 향상할 수 있어 교육 효과가 높다. 더불어 하나의 작품을 완성하면 스스로도 성취감이 생겨 의미 있는 시간이 된다. 그럼에도 불구하고 이러한 단계별 학습을 체계적으로 할 수 없는 이유는 시간과 장소, 비용 때문이다. 교과 과목이 아니기 때문에 샌드

아트 기초인 모래 활용법을 충분히 익히는 것조차 시간적 제약이 따른다. 샌드아트 테이블을 설치해 놓고 마음껏 그림을 그릴 수 있는 장소도 불충분하다. 무엇보다 샌드아트 체험을 교육적으로 잘 이끌어 갈 전임강사를 고용하는 일도 아직 미흡하다. 이렇듯 교육 체험에서는 아쉬운 점이 많다. 방과 후 학습처럼 단계별 체험학습을 할 수 있는 환경이 된다면 교육적 활용이 높아질 것이라고 확신한다.

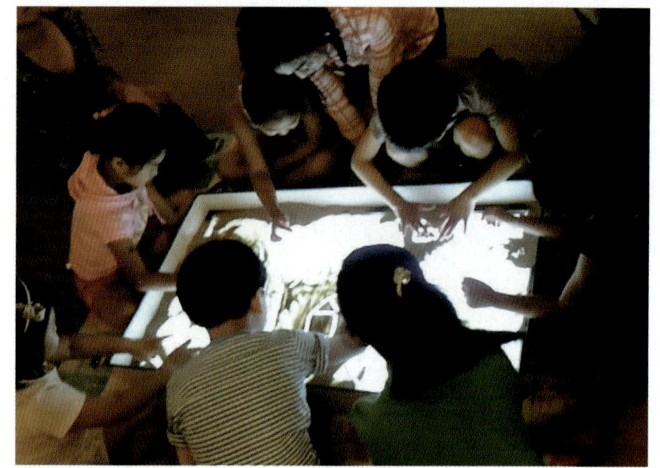

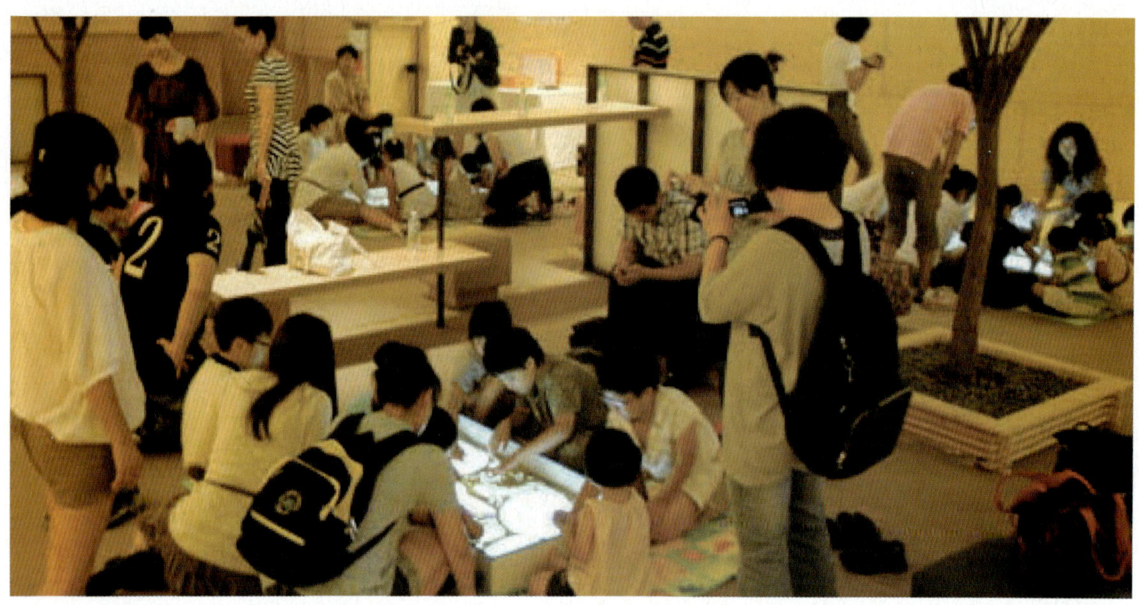

대림미술관에서 주최한 '오렌지아트스쿨' 체험

학교 캠페인

학교폭력처럼 교육 현장에서 여전히 근절되지 않고 있는 문제를 주제로 하여 샌드아트로 캠페인을 펼칠 수 있다. 라이브 공연과 영상 모두 적절한 활용이 가능하다. 학교 캠페인은 주로 학교나 교육부의 초청으로 이루어지는데 라이브공연을 관람한 학생들이 공감하는 모습을 보며 희망을 느끼게 된다. 다음은 교육부의 요청으로 전국 초, 중, 고 학생들에게 교육 영상으로 보여주기 위해 특별히 제작된 학교폭력 예방 캠페인 영상이다. 학교폭력 예방 샌드아트 영상은 교육부 학교폭력 예방 누리집 도란도란에서 검색하면 볼 수 있다.

'도란도란 학교폭력 예방 누리집' 홈페이지 http://www.dorandoran.go.kr/

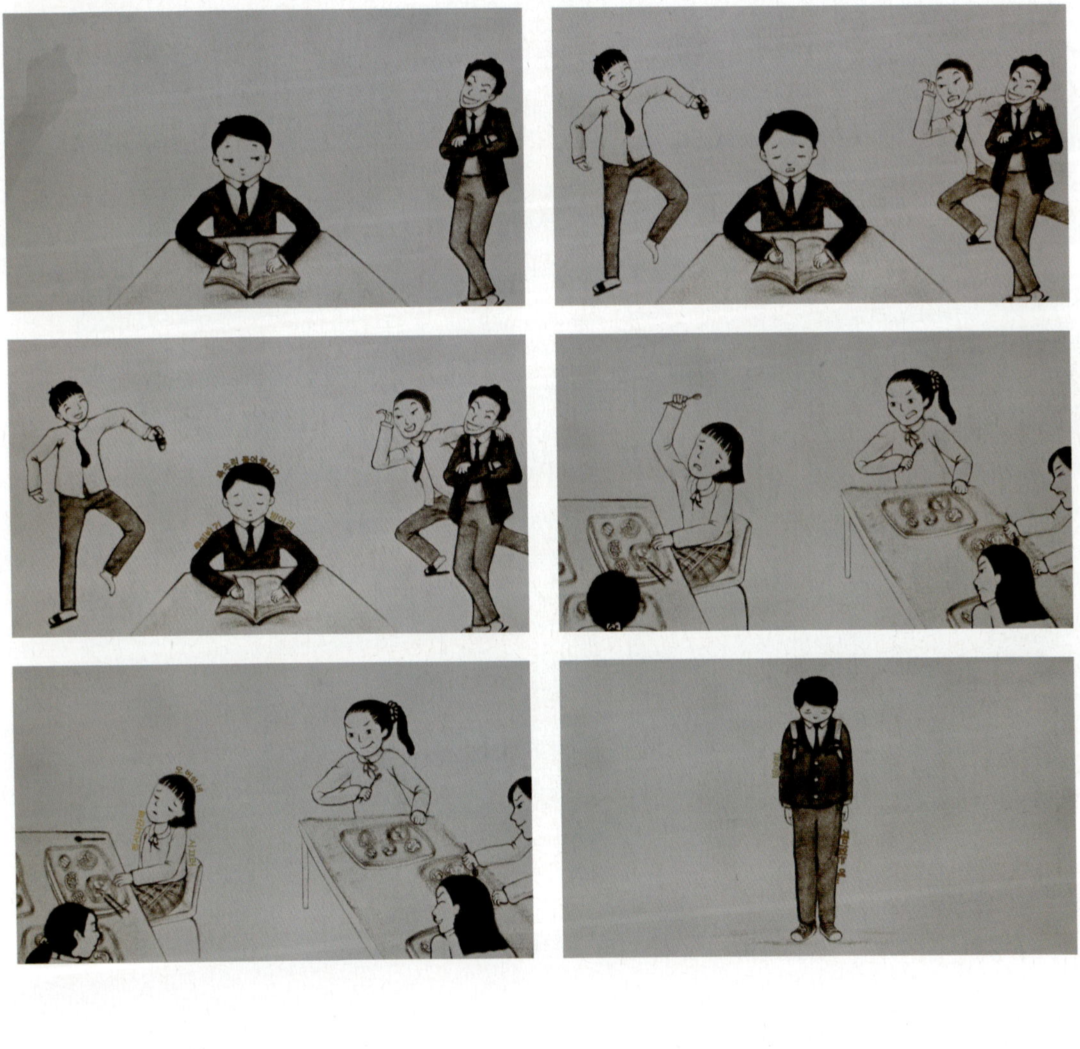

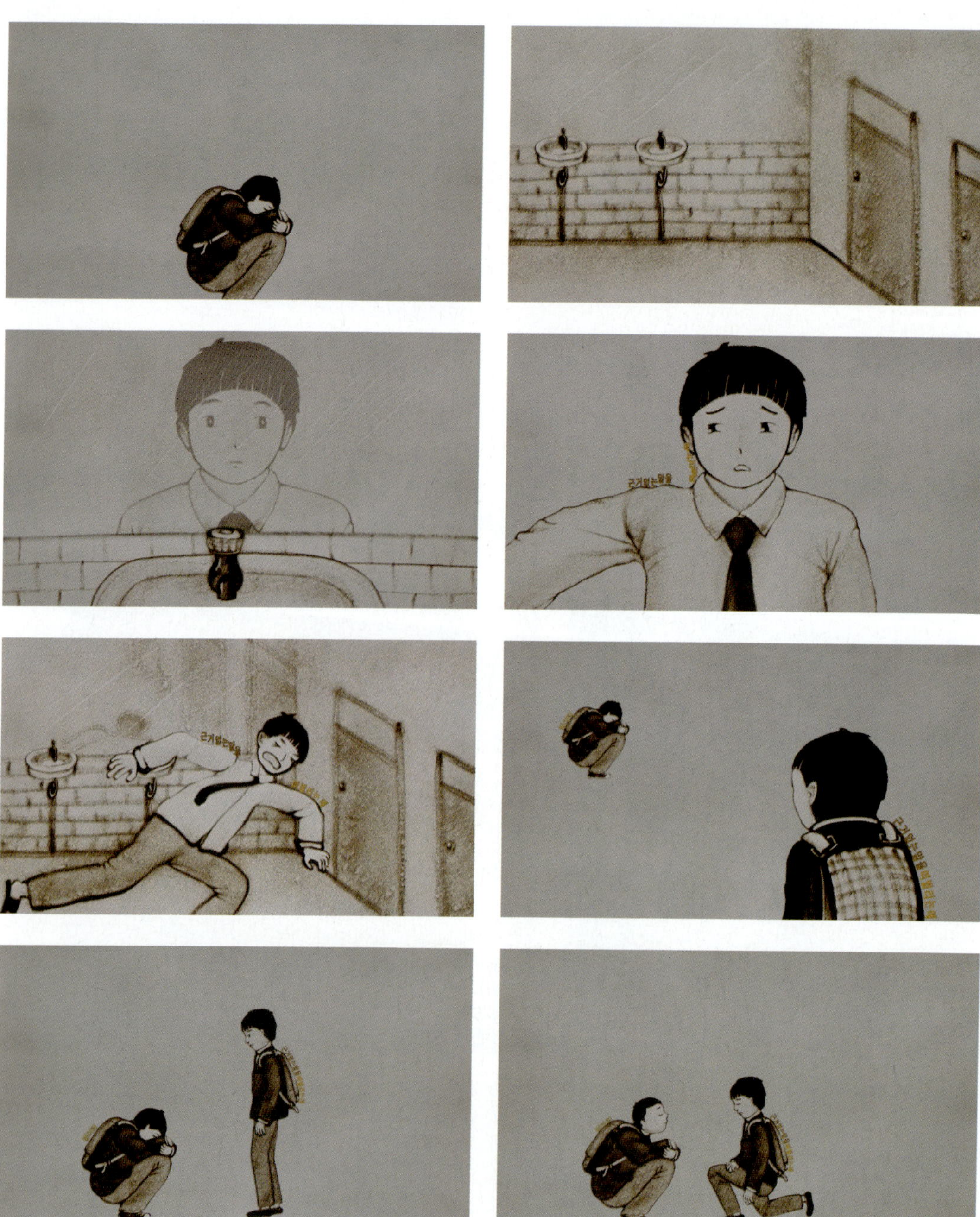

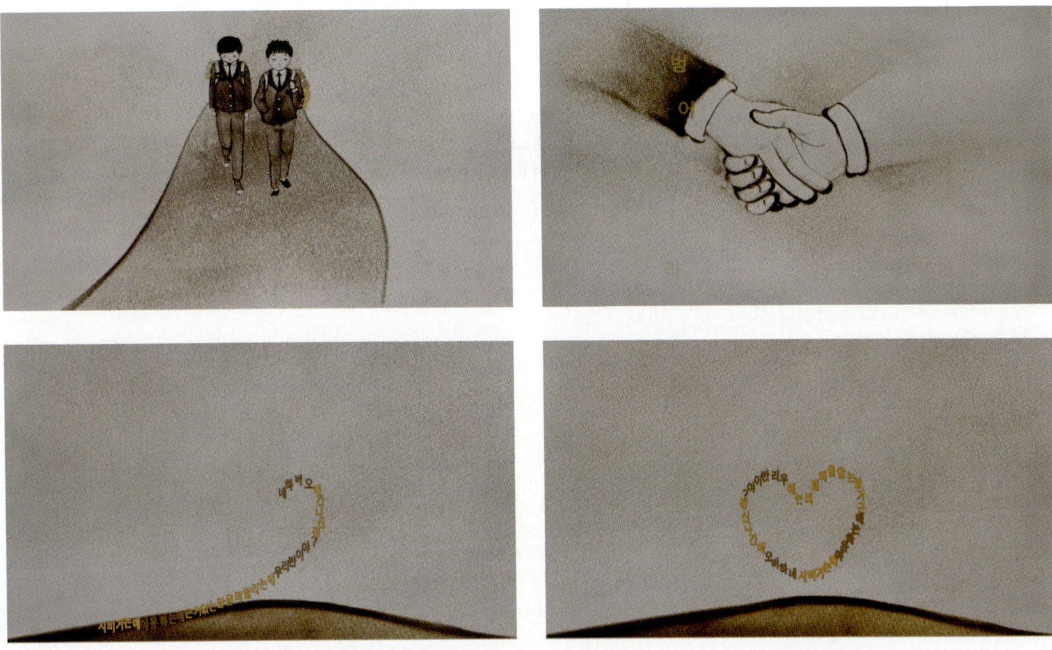

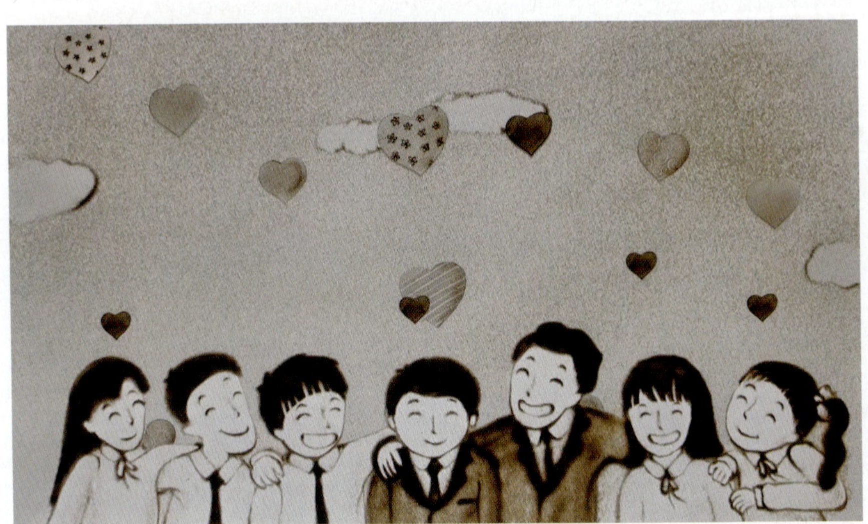

제공 : 교육부 '학교폭력 예방' 영상 중

샌드아트 시작은 모래 놀이

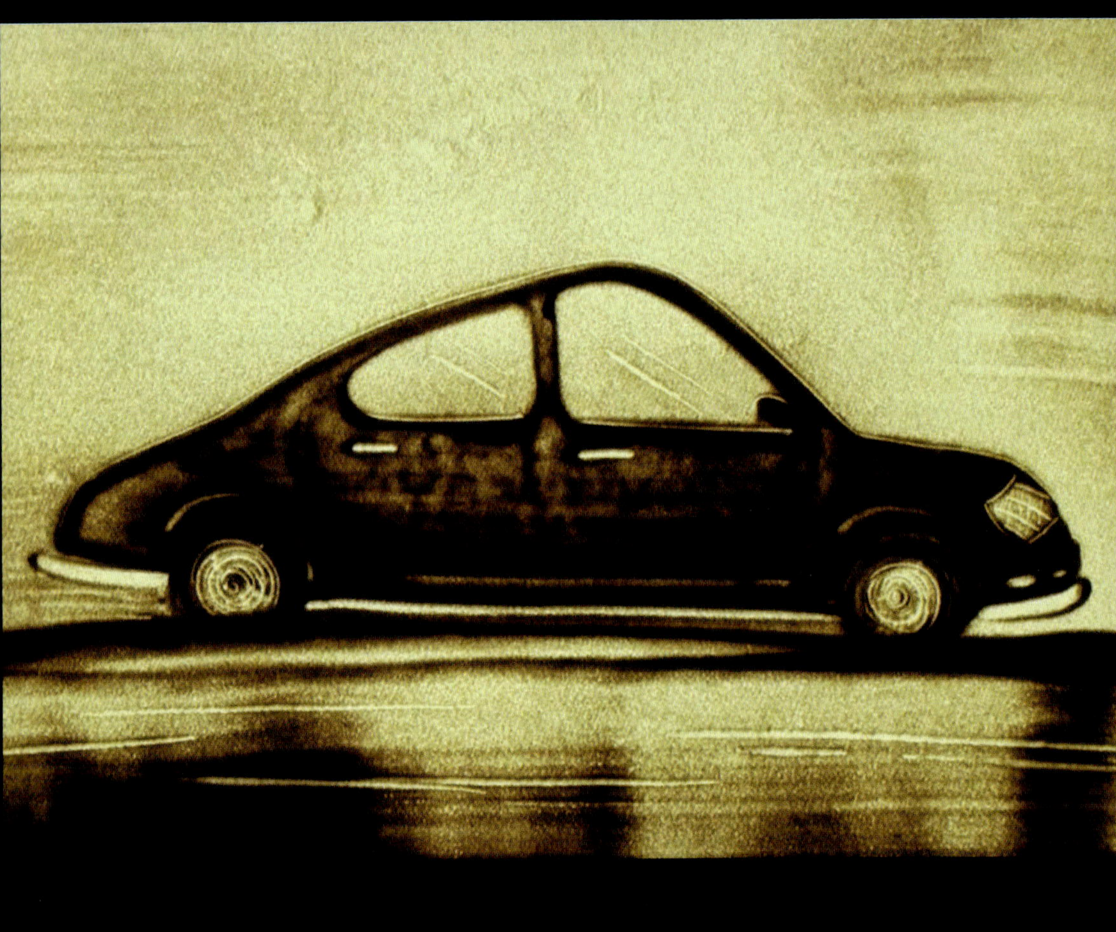

모래 놀이에는 특별히 정해진 규칙이나 방법이 없다. 각자 자신만의 표현방식으로 모래와 친구가 되면 된다. 작은 구덩이를 파고 길을 내어 물웅덩이를 만드는 아이들 가운데 미래의 건축가가 있을지 모른다. 대충 소매를 걷어 올리고 모래와 이야기하다 보면 손이 만들어내는 가벼운 흔적들이 나만의 그림이 된다. 아이들이 모래 놀이로 접근한 샌드아트 그림을 보면 자유롭게 상상하며 모래를 가지고 노는 것이 샌드테이블 위 모래와 빠르게 친숙해지는 방법임을 알게 된다.

1. 샌드아트 도구

샌드아트에서 가장 기본적인 도구는 모래와 샌드테이블(라이트박스)이다. 영상작업, 공연 등 전문적인 작품 활동을 하기 위해서는 샌드테이블 거치대, 캠코더, 프로젝터 등 영상 제작과 공연에 필요한 전문 장비를 갖춰야 한다.

샌드테이블

샌드테이블이란? 라이트박스라고도 불리는 샌드테이블은 사각의 LED 상자이다. 전원을 켜서 유리판 아래 빛을 이용하여 작품을 만들고 볼 수 샌드아트 기본 도구이다. 샌드테이블이 고가의 장비라 DIY로 제작해 쓰는 경우도 있지만, 요즘은 입문자를 위한 연습용 샌드테이블과 어린이용 샌드테이블이 있어 큰 부담 없이 샌드아트를 배울 수 있다. 샌드테이블은 인터넷에서 '펜아저씨 샌드테이블'로 검색하면 된다.

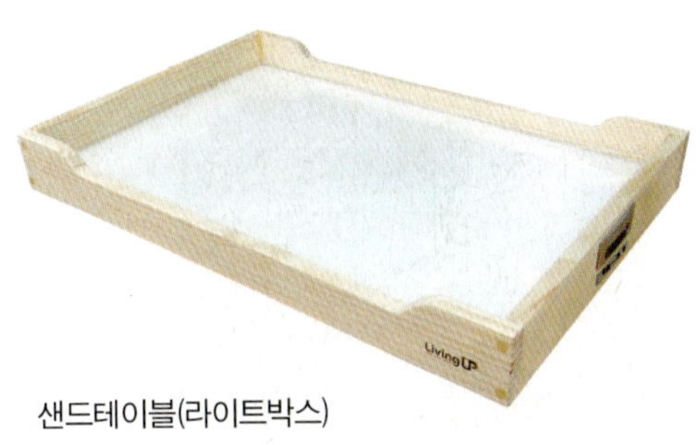
샌드테이블(라이트박스)

샌드테이블 바닥은 강화유리와 강화플라스틱 두 종류가 있다. 강화유리는 바닥이 차갑지만, 전문가용으로 쓰기 좋다. 강화플라스틱은 바닥이 차갑지 않고 안전하여 아이들 체험용으로 좋다. 그러나 유리 바닥보다 모래를 쓸어내기 어려운 단점이 있다.

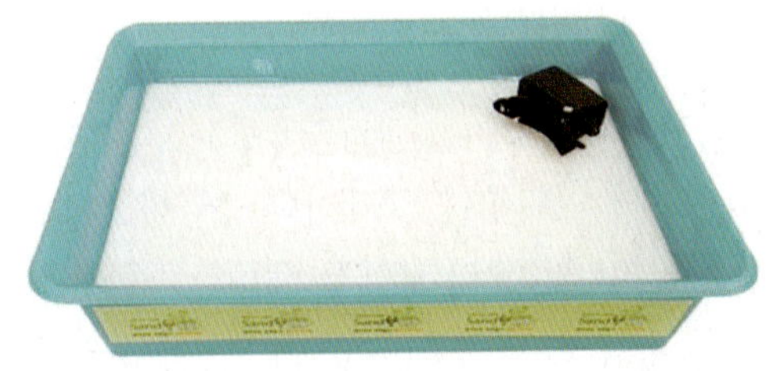
어린이용 샌드테이블

어린이용 샌드테이블은 플라스틱 소재로 만들어 가볍고 안전하게 샌드아트를 즐길 수 있다.

핸드메이드 샌드테이블 만들기

샌드테이블이 없다면 가정에 흔히 있는 박스와 일반액자로 가족 모두 체험할 수 있는 샌드테이블을 만들 수 있다. 멋스럽지는 않지만, 시중에 판매되고 있는 샌드테이블과 비교하면 가성비 높은 샌드테이블이다.

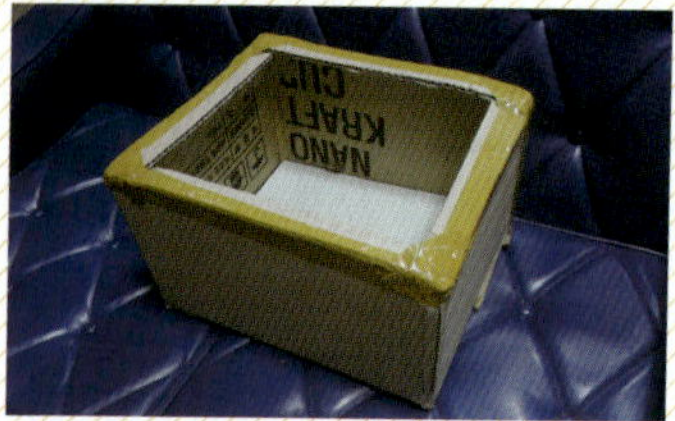

1 종이상자의 윗면을 액자보다 작게 잘라 테이프로 마감한다.

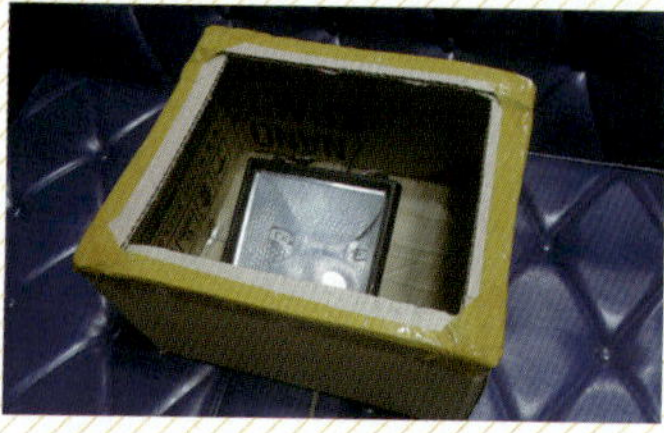

2 바닥에 조명을 넣고 상자 아래 모서리로 전원선을 뺀다.

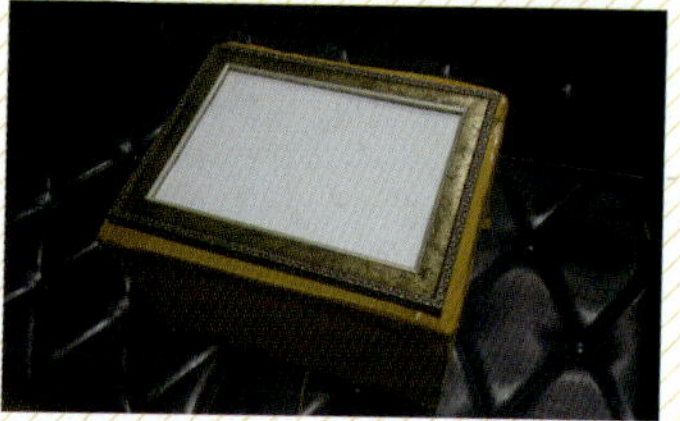

3 액자 뒤판은 빼고 유리와 종이만 남긴 후, 액자 틀을 박스에 올린다.

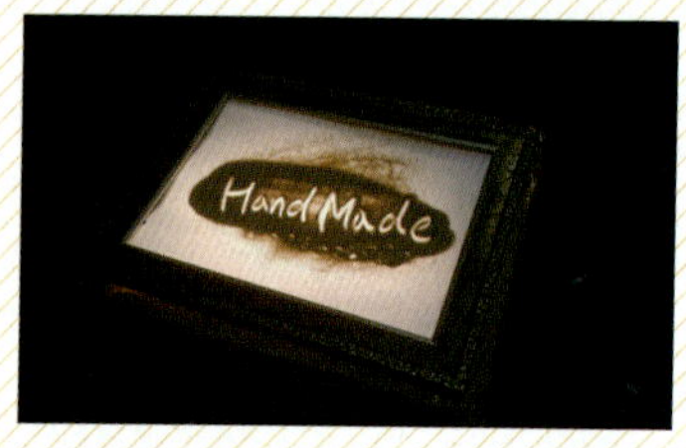

4 액자를 테이프로 고정시키고 조명 전원을 켜고 샌드아트를 즐기면 된다.

모래

일반적인 그림은 물감이나 크레파스 등 다양한 재료를 사용하여 그림을 그린다. 샌드아트는 모래 하나만을 사용하여 그림을 그린다는 특색이 있다. 모래 하면 먼저 바닷모래를 생각하기 쉽다. 모래 종류는 의외로 다양하고 모래에도 색이 있다. 작품을 만들 때 모래 색깔에 따라 표현이 달라진다. 모래마다 쓰임새가 조금씩 다르므로 다양한 모래를 사용해보는 것이 좋다. 처음부터 작품에 여러 종류의 모래를 사용해 가며 모래의 특징을 파악하면 샌드아트와 더 빨리 친숙해질 것이다.

체험용 모래

체험용 모래는 먼지가 날리지 않아 어린이나 초보자가 샌드
아트를 즐기기에 적합하여 권장하는 모래이다. 인터넷 쇼핑
몰 등지에서 쉽게 구매가 가능하다.

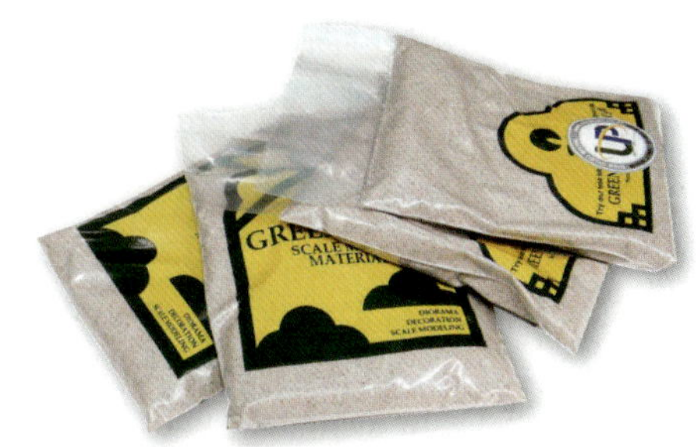

체험용 모래

사막 모래

사막 모래는 애완용 파충류를 키울 때 주로 사용하는 모래이다. 모래 입자가 가늘어 바닥에 안착이 잘 되는
장점이 있다. 색은 레드, 블랙, 옐로우 3가지 색상이 있어 색감이 필요한 영상 촬영용 샌드아트에 주로 사용
된다. 사막 모래에는 미세한 가루가 많아 실외에서 바람을 등지고 미세한 가루를 날린 후 사용해야 한다. 작
품을 그릴 때도 미세한 가루가 남아 있을지 모르므로 방진 마스크를 착용해 호흡기 질환을 예방하는 것이
좋다.

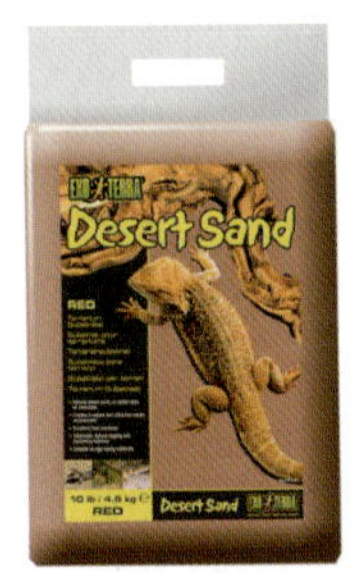

레드

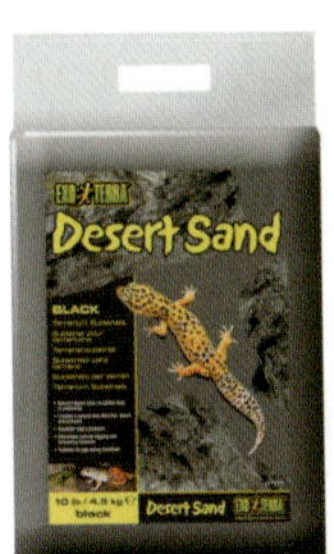

블랙

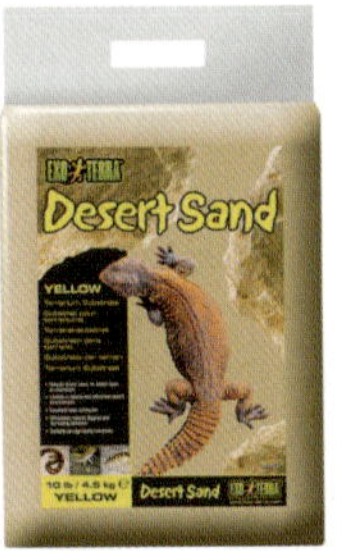

엘로우

바닷모래

바닷모래는 철분 가루가 많아 조금 어두운 빛을 띤다. 조개껍질
입자가 섞여 있으므로 자칫 손을 다칠 위험도 있다. 또 바닷모래
는 많은 사람이 밟고 만졌기 때문에 세균이 있을 수 있어 비위생
적이다. 무엇보다 입자가 굵어서 샌드아트용으로는 좋지 않다.
바닷모래를 사용한다면 고운 채나 스타킹으로 모래를 거르고
살균소독을 한 후에 사용해야 한다.

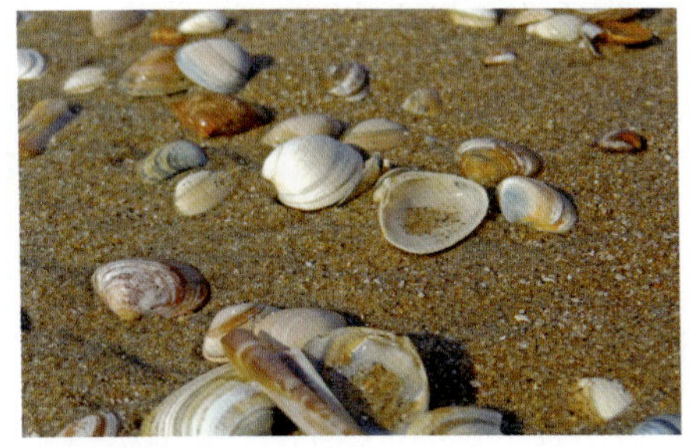

그 외 놀이터 모래나 강모래도 샌드아트에는 적합하지 않다. 놀이터 모래는 바닷모래보다 더 비위생적이기 때문에 샌드아트로 사용하지 않는 것이 좋다. 강모래는 입자가 매우 굵은 편이라 세밀한 작품을 만들기 어렵다.

모래 소독과 보관 방법

혼자 사용하는 모래라도 여러 번 작업하면 위생적으로 좋지 않다. 모래가 오염되면 피부 가려움증이 생길 수 있다. 하루 5시간 이상 약 일주일 정도를 사용했다면 모래를 소독한 후 사용하기를 권한다. 소독 방법은 휴대용 자외선 살균기를 삼각대에 고정시키고 1시간 정도 소독한 후, 하루 정도 통풍이 잘되는 양지에 노출시키면 된다. 샌드아트를 하기 전에 손을 깨끗이 씻고 작품을 그리는 것이 모래 오염을 줄일 수 있고 작업을 하고 난 후 손을 깨끗이 씻어야 손 위생에 좋다는 것은 두말할 나위 없다.

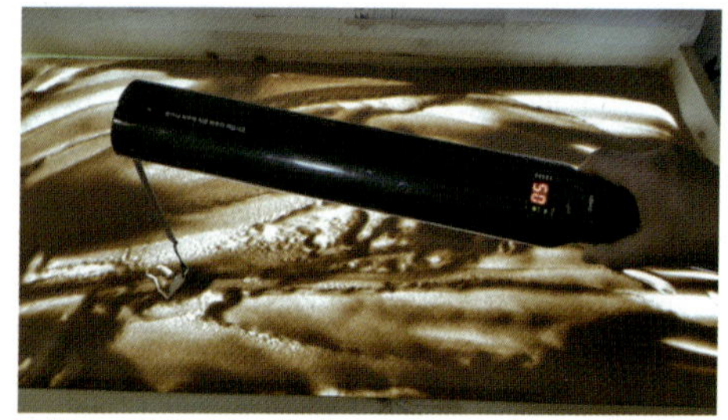

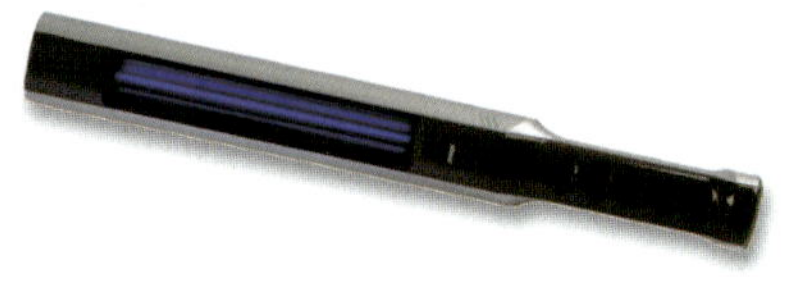

자외선 산균기

작업 후 모래는 투명한 플라스틱 밀폐용기에 담아 보관하면 된다. 모래는 색상별로 구분하여 보관하는 것이 좋다. 특별히 강조할 부분이 있을 때 쉽게 색상별로 골라 쓸 수 있어 효율적이다. 보관함은 손잡이가 있는 플라스틱 재질의 밀폐용기를 추천한다. 모래가 흘러내릴 위험이 적고 가볍기 때문이다. 또한 모래의 색 구분과 이동성이 좋다.

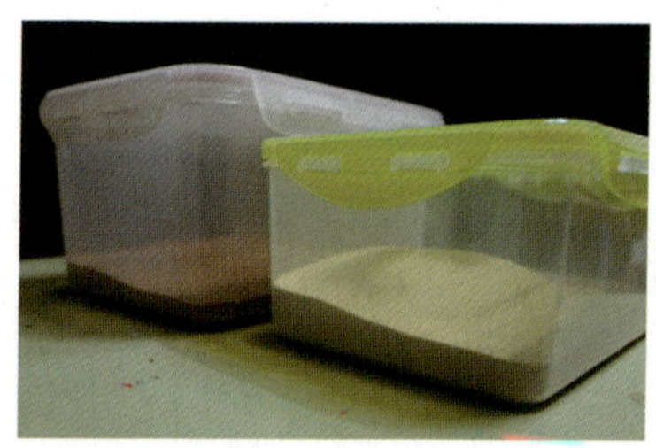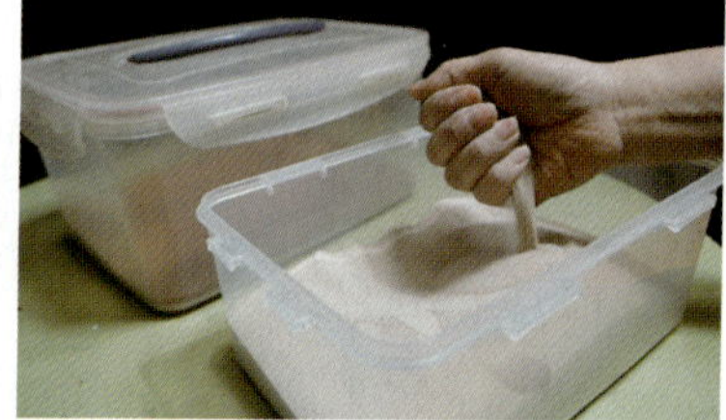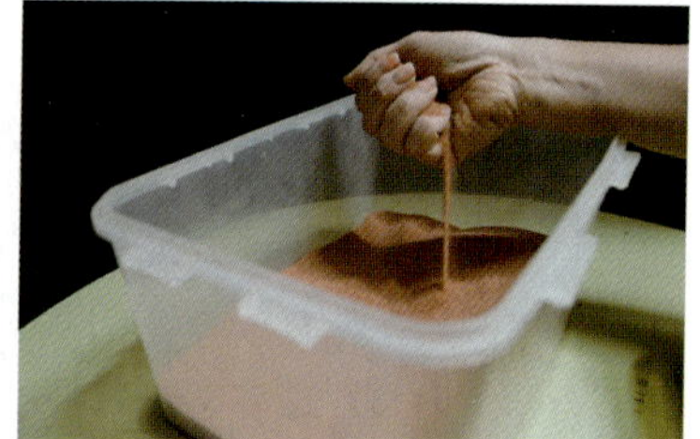

손잡이가 있는 투명한 플라스틱 모래 보관함

손

샌드아트에서 가장 중요한 것은 손이다. 샌드아트를 하는데 손
가락이 가늘어도 통통해도 상관없다. 모래를 손으로 잡을 수만
있다면 샌드아트를 할 수 있다. 오른손잡이든 왼손잡이든 상관
없다. 필요에 따라 양손을 모두 사용하게 된다.
모래를 많이 만지면 손이 금방 거칠어진다. 작업이 끝나면 반드
시 깨끗한 물로 씻고 핸드크림을 바르도록 한다. 핸드크림을 준

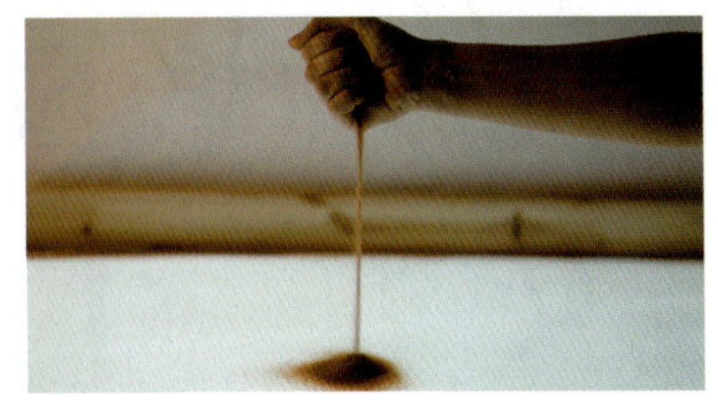

비하지 못해 로션으로 대체할 경우 몇 시간 지나지 않아 금방 손이 거칠어지는 것을 경험하게 된다. 샌드아
트를 시작했다면 핸드크림을 반드시 준비해 손 관리에 신경 써야 한다.

공연 및 영상 촬영장비

샌드아트는 한 컷으로 작품을 완성할 수도 있지만, 끊임없이 새로운 이야기가 만들어지는 과정을 그대로 보
여주는 것이 가장 큰 장점이다. 그림이 그려지는 과정을 촬영하는 영상장비와 도구들을 소개한다.

스마트폰, 자바라 거치대

샌드아트 취미, 입문자는 일상생활에서 사용하는 스마트폰과 자바라 거치대를
이용해서 큰 부담 없이 영상을 촬영하고 편집할 수 있어 진정한 샌드아트의 매력
과 재미를 한층 더 느낄 수 있다.

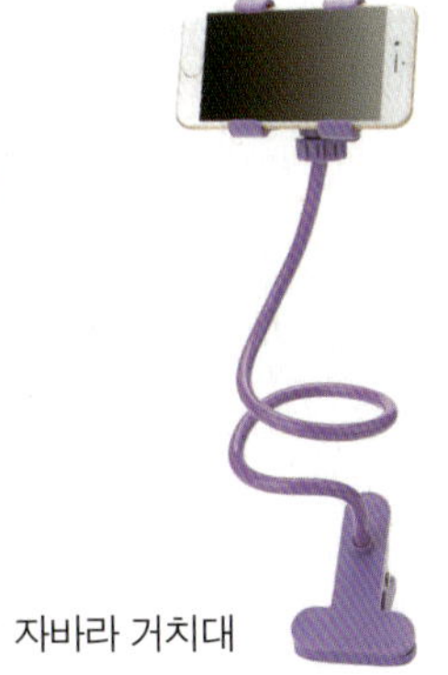

자바라 거치대

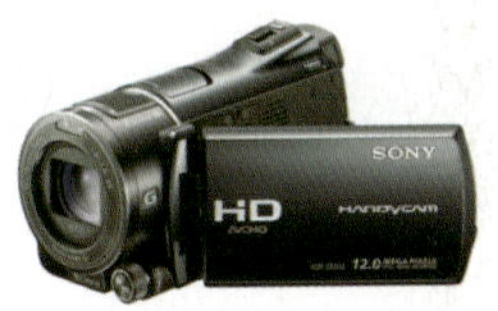

캠코더

캠코더

캠코더는 라이브 공연이나 영상작업을 위한 필수 장비이다. 반드시
고가를 사용할 필요는 없다. 일상생활에서 흔히 쓰는 캠코더를 사용
하더라도 작품을 만드는 데 불편함은 없다.

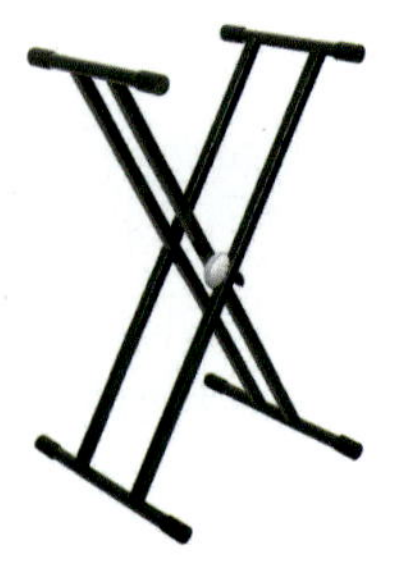

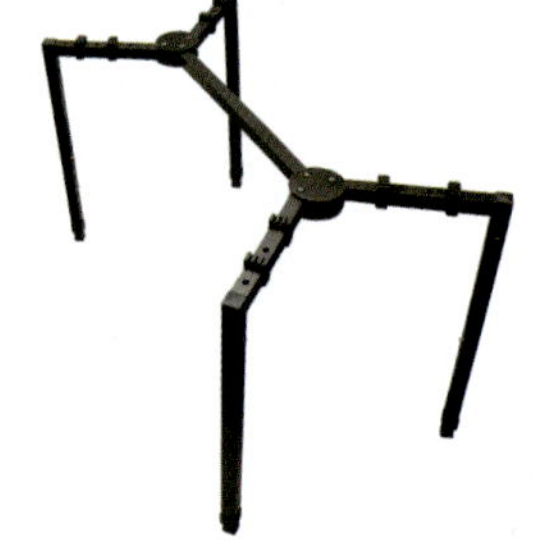

건반 키보드 받침대   거미다리 받침대

샌드테이블 거치대

거미다리 받침대를 사용하기도 하지만 대부분 가벼운 건반 키보드 받침대를 사용한다.

카메라 암(Arm)

ㄱ자 모양 카메라 암(Arm)을 샌드테이블에 고정하고 캠코더를 부착한 후 영상을 촬영하면 된다. 촬영할 때는 카메라 암이 흔들리지 않도록 리모컨을 활용하면 더 안정적으로 작품을 촬영할 수 있다.

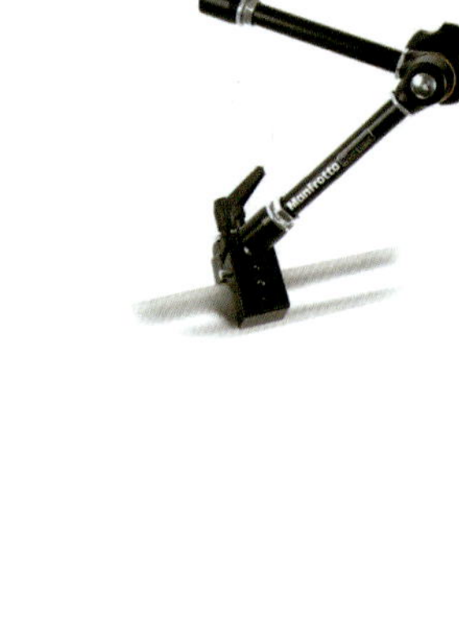

카메라 암

프로젝터

샌드아트 공연에서는 프로젝터를 사용하여 스크린에 공연 영상을 띄운다. 프로젝터는 미니 프로젝터를 사용해도 된다. 100석 미만의 소극장이나 도서관 다목적실 같은 작은 공간에서 샌드아트 공연을 한다면 밝기는 1000안시 정도면 된다. 단, 영화관처럼 빛을 차단할 수 있어야 하므로 지하이거나 암막 커튼이 있어야 공연이 가능하다.
*프로젝터와 캠코더를 연결할 때 영상라인은 RGB, RCA, HDMI 등 필요에 따라 선택하여 사용한다.

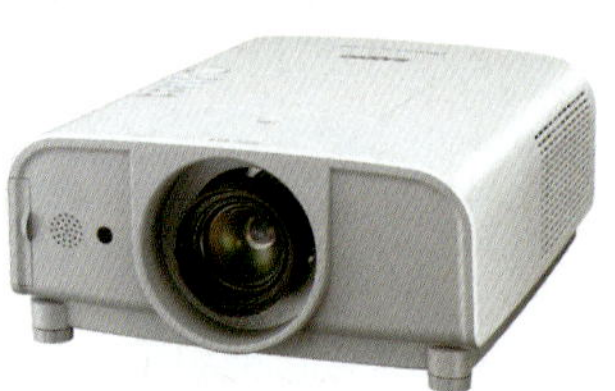

프로젝터

영상편집 프로그램

촬영한 영상에 배경음악, 자막 등을 넣고 편집하기 위해서는 프로그램이 필요하다. 전문가가 사용하는 동영상편집 프로그램에는 어도비 프리미어, 파이널 컷, 소니 베가스 등이 있으며, 윈도우 무비 메이커처럼 초보자도 쉽게 사용할 수 있는 프로그램도 있다. 스마트폰으로 촬영한 영상은 영상편집 앱을 사용하면 된다.

기타 준비물

샌드아트를 보다 안전하게 즐기기 위해서는 몇 가지 용품을 미리 준비하는 것이 좋다.

방진 마스크

작업을 하다 보면 모래가 날려 호흡기 질환을 일으킬 수 있다. 장시간 모래를 만질 때는 공기 중 모래 먼지를 걸러주는 방진 마스크를 착용해야 한다.

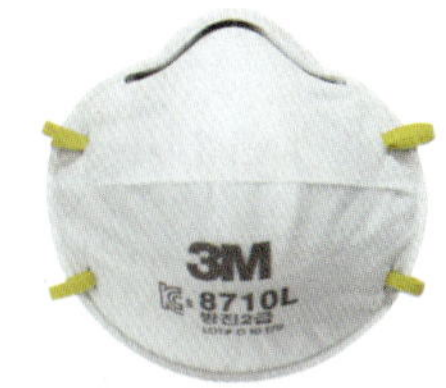

소형 빗자루, 쓰레받기

소형 빗자루와 쓰레받기는 모래를 보관 용기에 담거나 모래를 다른 테이블로 옮길 때 사용한다. 보관 용기 안에 들어가는 작은 사이즈가 좋다.

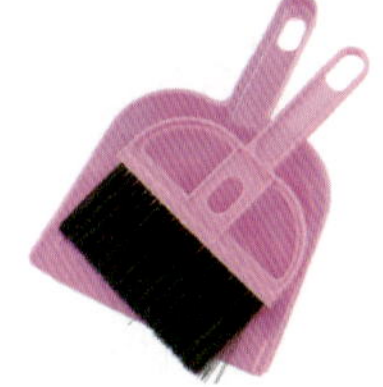
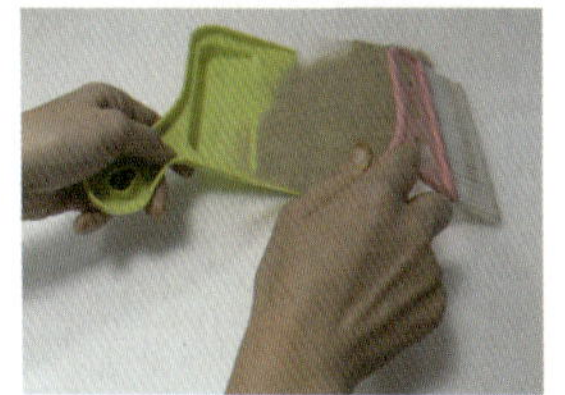

바닥 비닐 또는 돗자리

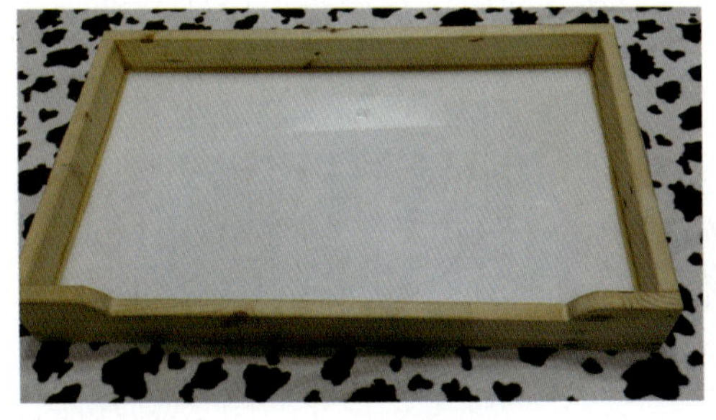

샌드아트를 집이나 실내에서 하다 보면 작은 모래 입자가 바닥에 떨어져 청소하기가 불편하다. 샌드테이블 아래에 비닐 또는 돗자리를 깔고 작품을 만들면 마음껏 모래를 만지고 조금 더 쉽게 정리할 수 있다. 은색 돗자리를 사용해도 되지만 모래 입자가 튕겨 나오는 경우가 있어, 천 재질의 돗자리나 담요를 사용하는 것이 좋다.

2. 샌드아트 용어

샌드아트 용어라고 규정된 단어는 아쉽게도 아직 체계화되지 않았다. 다음은 학습의 이해를 돕기 위해 샌드아트 작품 활동에서 실제 사용하는 용어를 중심으로 정리한 것이다. 샌드아트만의 생소한 용어도 있지만, 미술에서 쓰는 익숙한 용어도 있어 어려움 없이 배울 수 있다.

채우기

샌드테이블 전체에 모래를 고루고루 뿌려 빈 공간이 없도록 채운다.

펼침

손이 모래가 나아가는 방향을 따라가면서 모래를 옆으로 펼친다.

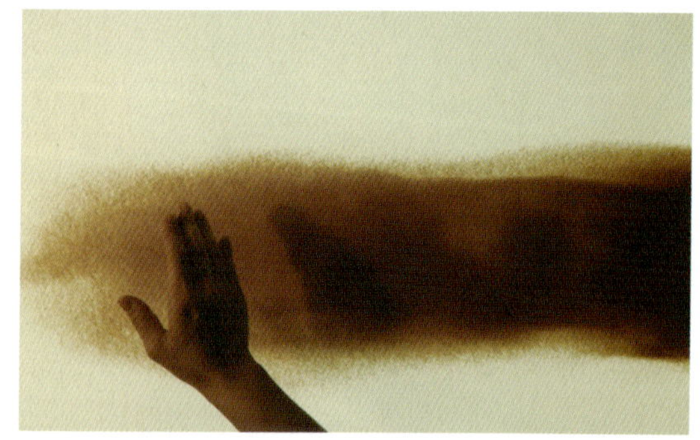

끌기

손을 갈고리처럼 모아 샌드테이블 모서리에 있는 모래를 끌어온다.

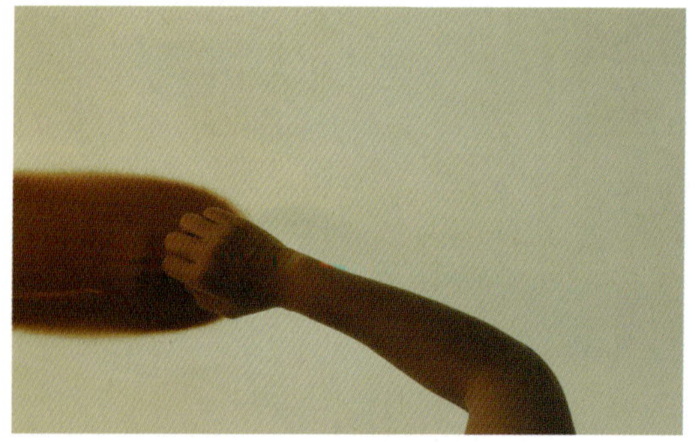

비우기

샌드테이블 바닥에 손바닥을 붙이고 채워진 모래를 밀어낸다.

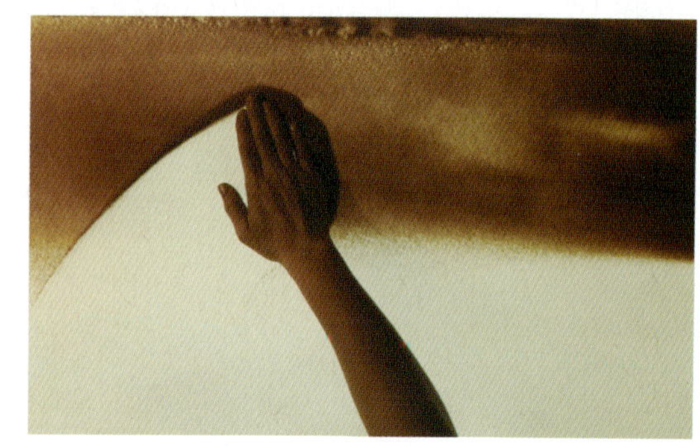

뿌리기

손이 모래가 나아가는 방향을 따라가지 않게 모래만 옆으로 던지며 뿌린다.

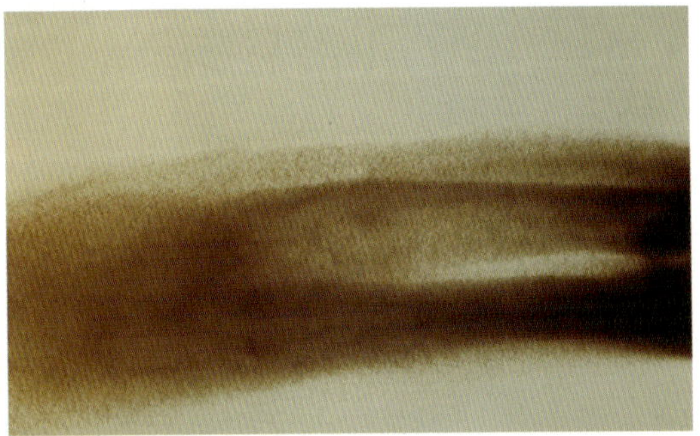

긁기

손톱이나 지문으로 샌드테이블 바닥을 긁어 모래를 가져온다.

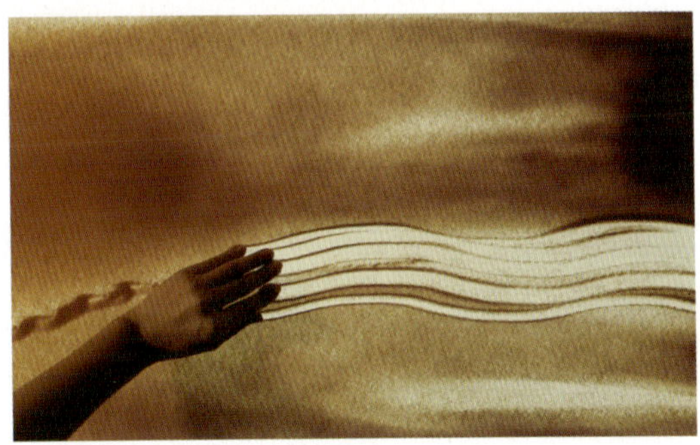

놓기

모래를 움켜쥐고 테이블 가까이에서 조금씩 떨어뜨려 놓는다.

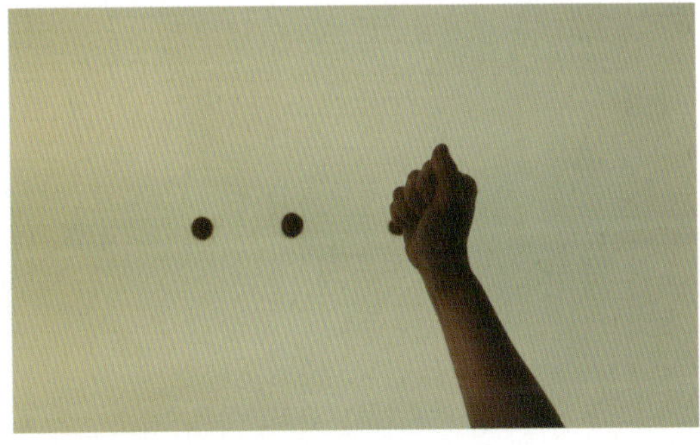

흩뿌리기

모래를 주먹에 쥐고 샌드테이블 위에서 팔을 흔들며 모래를 뿌린다.

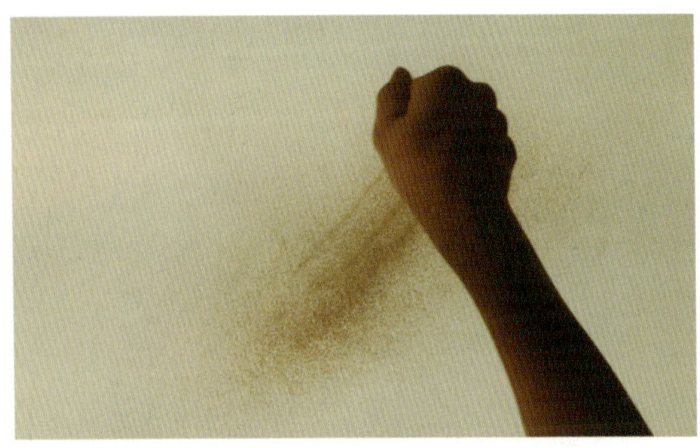

찍기

한 손가락 또는 여러 손가락을 모아 손톱이나 지문으로 손자국이 남도록 점을 찍는다.

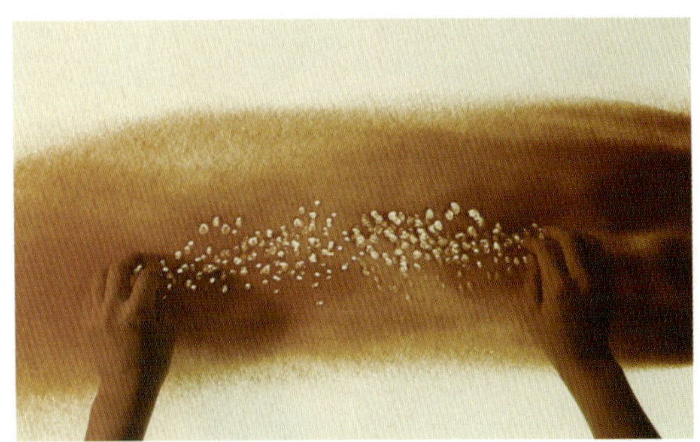

한 꼬집 놓기

집게손으로 잡히는 모래량을 최대한 바닥 가까이 가져가 놓는다.

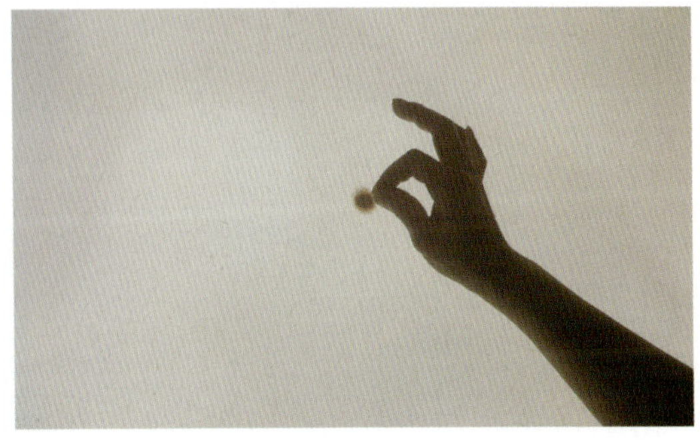

문지르기

주먹 쥔 손 옆면을 샌드테이블 바닥에 대고 모래를 문지른다.

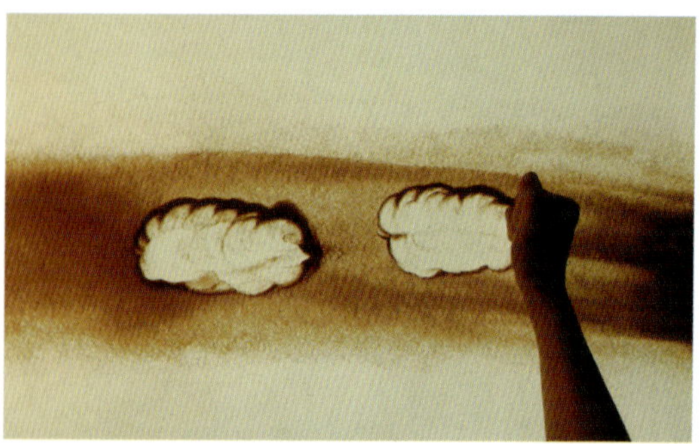

그러데이션

펼침이나 뿌리기를 한 흩뿌리기로 농도와 명암차이를 만든다.

오브제

나무나 사람, 벤치, 건물 등 배경 위에 그리는 그림이다.

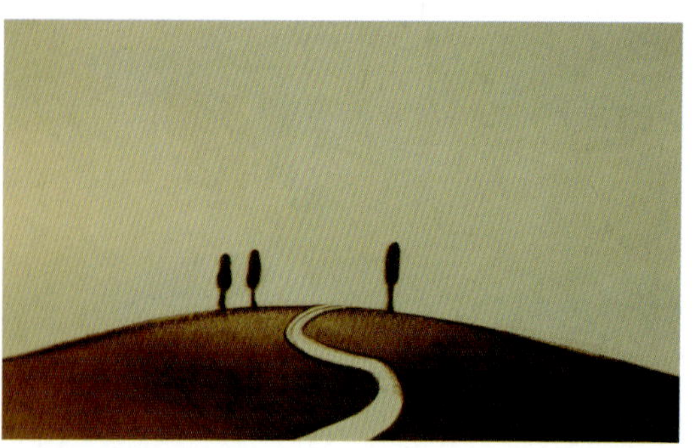

휘감기

모래를 움켜잡고 팔을 안으로 돌려 휘감으며 끌어온다.

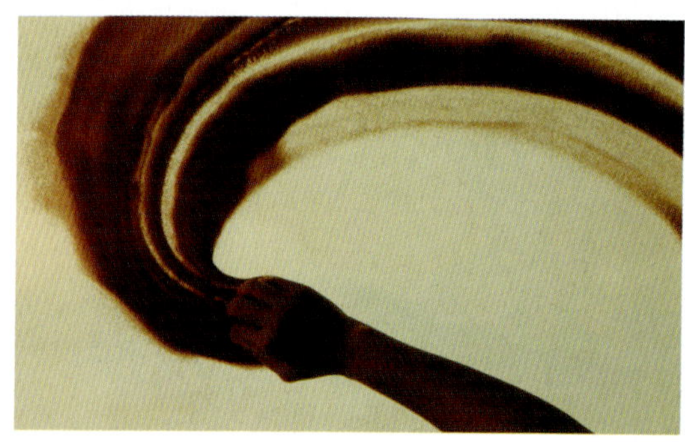

배경

하늘, 바다, 길, 사막, 도시 등 그림을 그리기 위한 바탕이다.

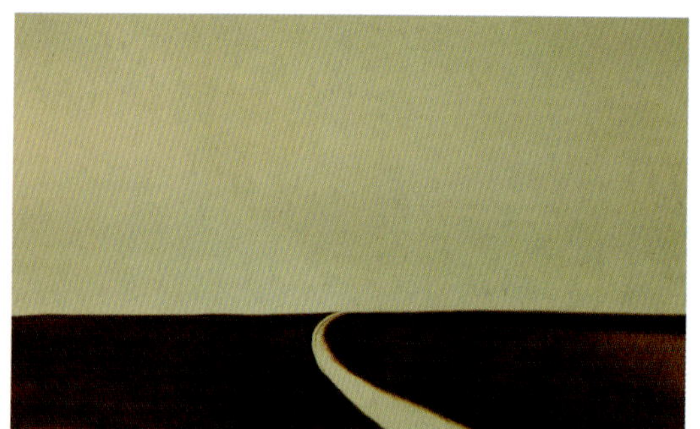

샌드아트가 무엇인지부터 필요한 도구와 용어까지 기초적인 것을 배웠다. 방송, 인터넷, 공연, 영상을 통하여 접하고 감동하였던 샌드아트에 더 친숙한 느낌이 들것이다. 익숙한 모래인데 아트라는 이름 앞에서 머뭇거린 시간과 선뜻 손이 가지 못했던 망설임을 뒤로하고 즐거운 놀이처럼 꾸준히 연습한다면 머지않아 모래놀이가 나만의 멋진 샌드아트로 바뀌어 있을 거라 기대해도 좋다.

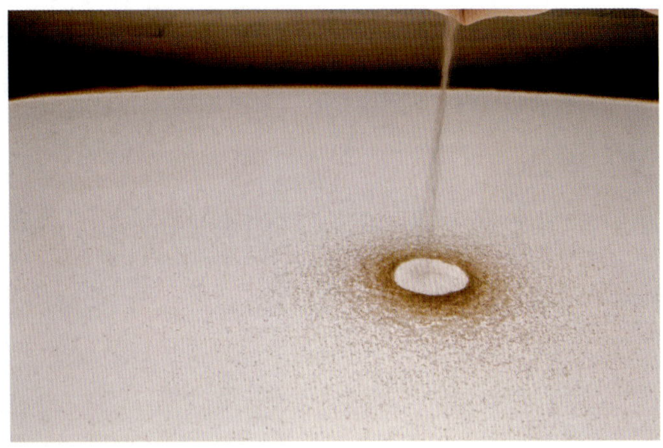

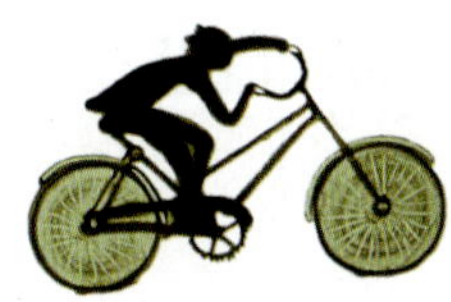

자, 이제 모든 준비를 마쳤으니 진정한 샌드아트 세계로 들어가겠습니다.

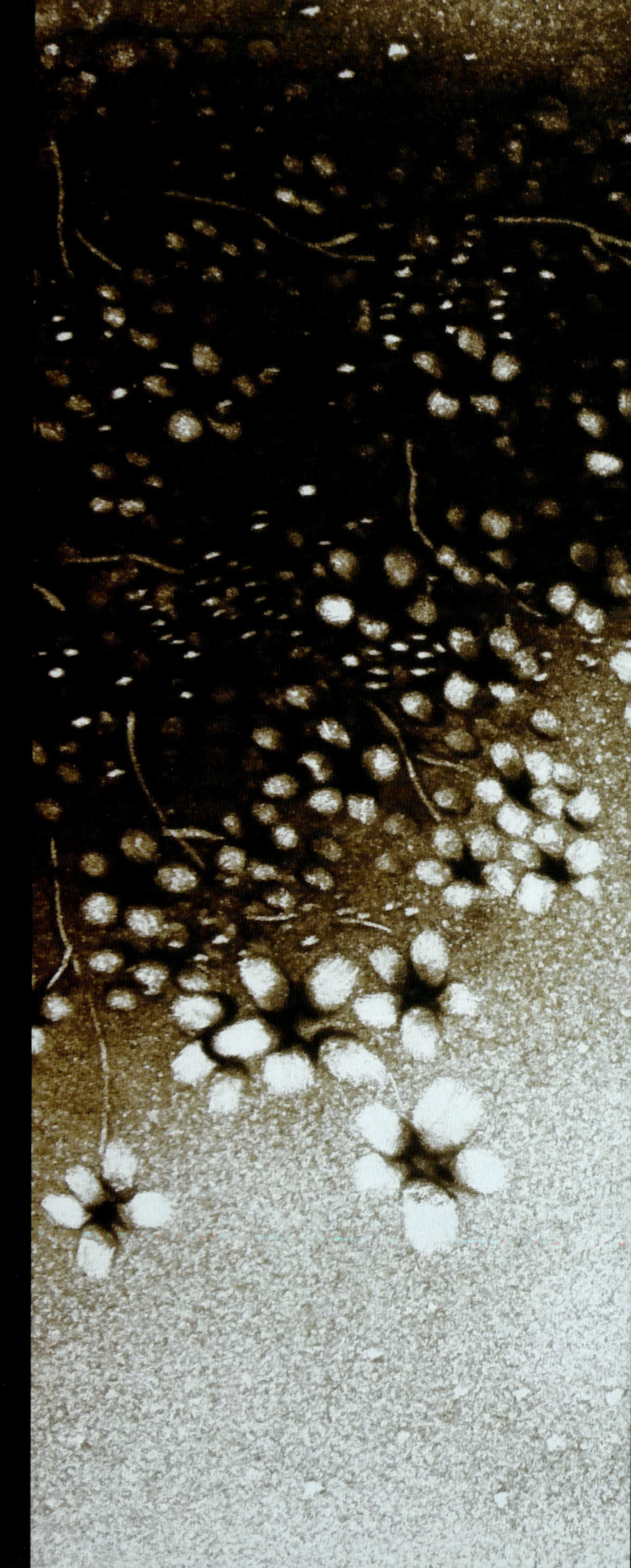

Part 02

샌드아트
기초

샌드아트 손 감각 깨우기
손 부위별 다양한 표현
선 긋기

기초가 튼튼해야 한다는 말이 있다. 모래성
은 아래부터 탄탄히 쌓아야 쉽게 무너지지
않는다. 샌드아트도 마찬가지이다. 샌드아트
기초에서는 모래와 손을 적절히 사용하는 방
법을 배운다. 기초가 너무 쉽다고 대충하고
다음 과정에 들어가면 세밀하고 완성도 높은
작품을 만들 때 어려움을 겪게 된다. 보기에
는 쉬워 보여도 손 감각만으로 작은 모래 알
갱이를 조절하며 그림을 그린다는 것이 생각
만큼 쉽지는 않다.

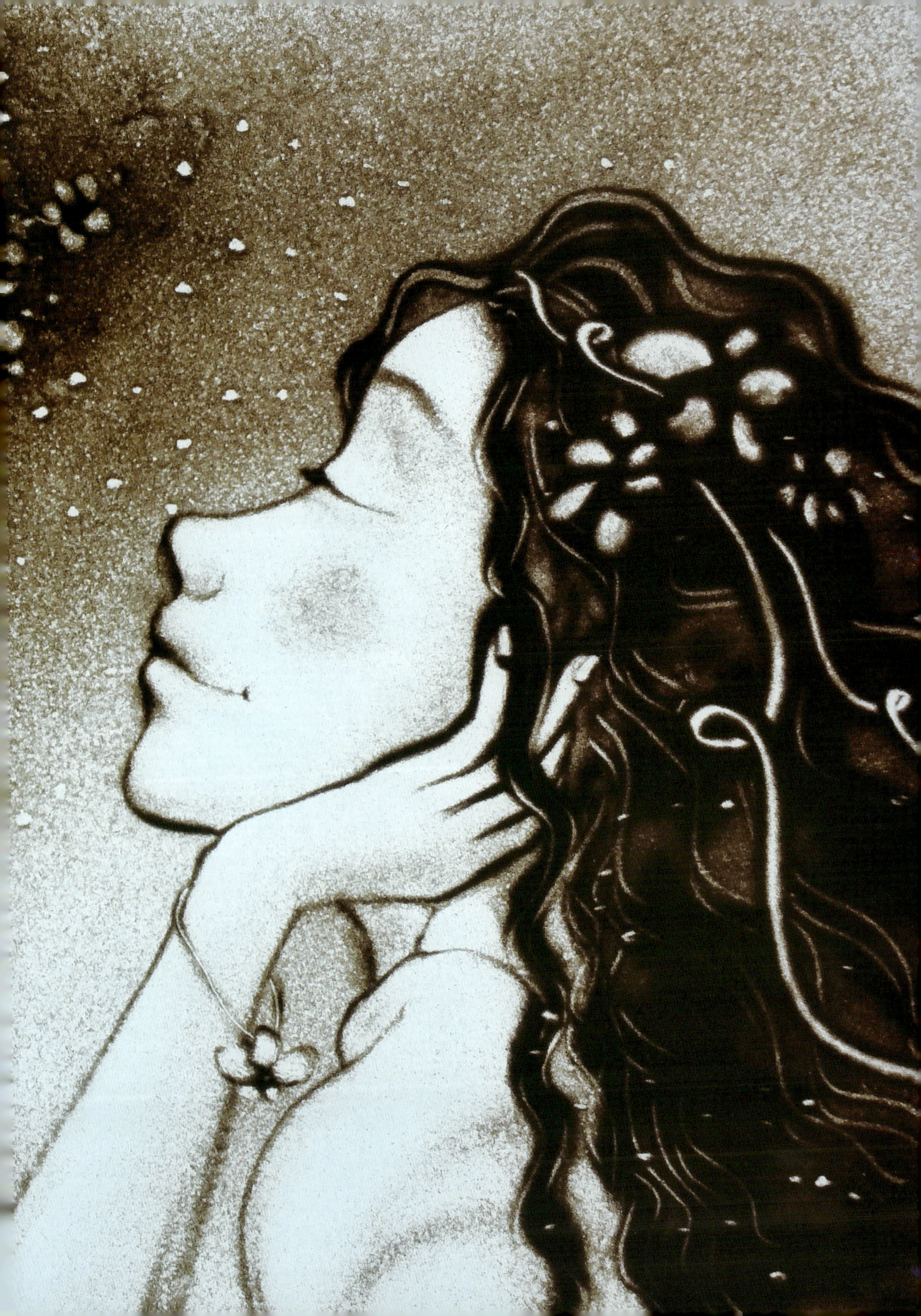

Section 01

샌드아트 손 감각 깨우기

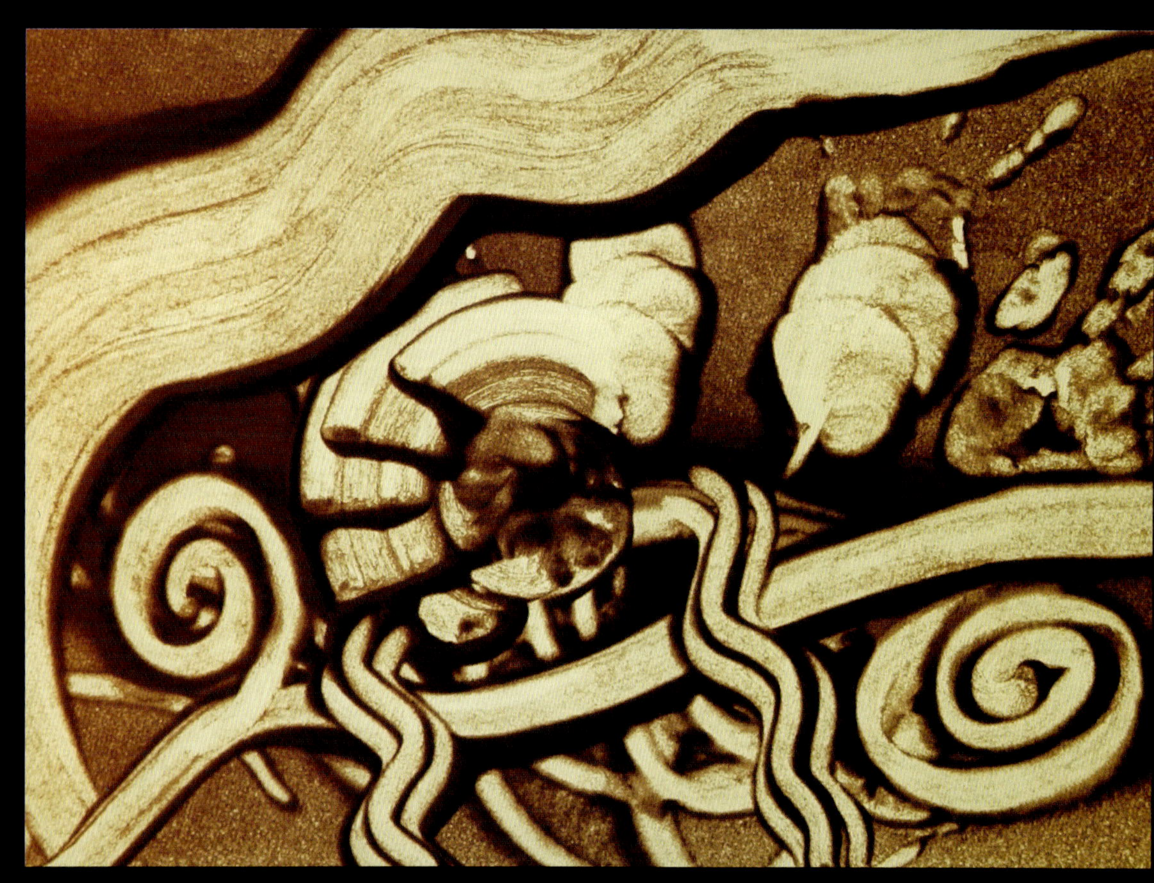

우리는 어린 시절 연필을 처음 잡거나 젓가락질을 처음 할 때의 버릇 그대로 손을 사용한다. 이처럼 손 감각은 쉽게 바뀌지 않

는다. 모래를 능숙하게 만지고 자신만의 샌드아트 기법을 가지기 위해서는 손 감각을 깨워 적극적으로 활용해야 한다.

1. 손 감각 깨우기

손 감각은 모래를 가지고 놀면서 자연스럽게 느끼는 것이 좋은 방법이다. 샌드아트 작업에 몰두하면 일부 손가락만 장시간 반복적으로 사용하기 때문에 손가락에 쥐가 나기도 한다. 즐거운 샌드아트를 위해서 간단한 손가락 운동과 스트레칭을 하고 시작하면 좋다.

손 감각을 깨우는 놀이

모래는 자주 만져보아야 한다. 그래야 모래의 성질을 잘 이해할 수 있다. 모래 종류마다 서로 다른 입자의 느낌을 기억하면 좋다. 부드러운 모래는 밀가루처럼 느껴지기도 하고, 입자가 느껴지는 모래는 귓가에 갖다 대면 부스스 소리가 난다. 손으로 한 움큼 쥐었을 때와 가볍게 쥐었을 때 모래를 떨어뜨려 보면 바닥에 퍼지는 정도가 다르다.

양손으로 모래를 한 움큼씩 잡고 손을 들어보면 손가락 사이로 모래가 빠져나간다. 이때 주먹을 쥐고 위로 향했을 때와 아래로 향했을 때 모래가 떨어지는 속도와 양이 다른 것을 느낄 수 있다. 내 손에서 모래가 빠져나가는 감각을 눈이 아닌 손으로 기억해야 한다.

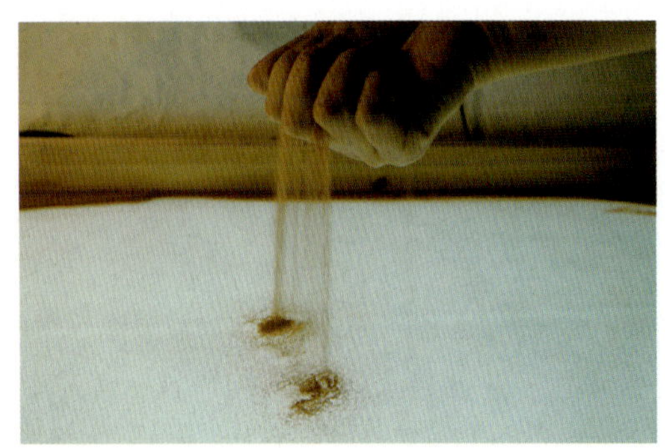

모래를 주먹 한 줌 쥐고 힘을 약간 빼면서 모래를 떨어뜨린다. 손이 느낌을 기억하도록 반복적으로 연습한다.

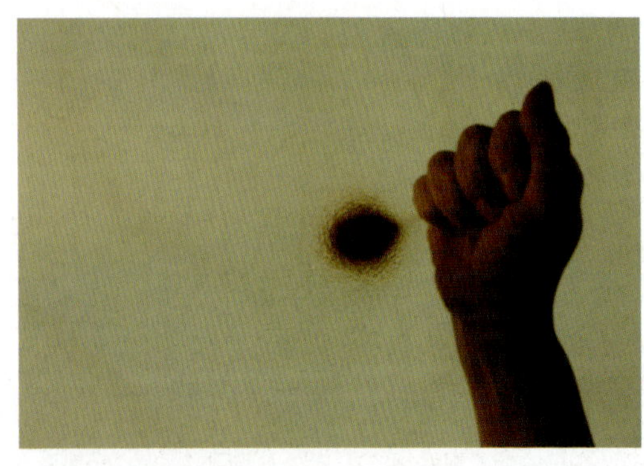

습기 찬 유리창에 주먹을 쥐고 발바닥 모양을 찍었던 방법으로 샌드테이블에도 찍어본다. 유리창이 샌드테이블로 바뀌었을 뿐 달라진 것은 없다. 손으로 표현한 첫 번째 감각의 그림이다. 샌드아트로 표현한 엄마 발과 사랑스러운 아이 발 그림이다.

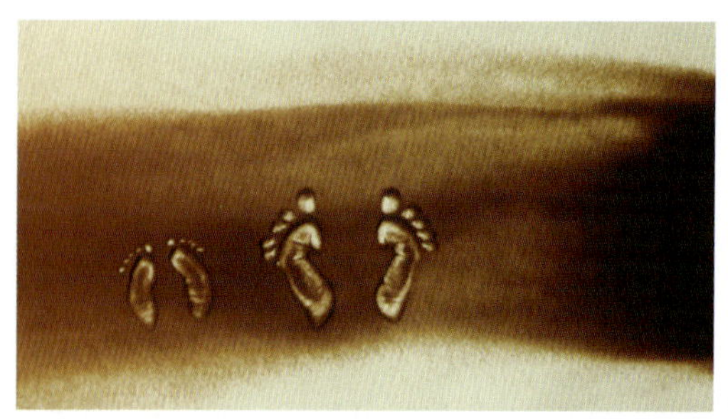

아이가 손바닥을 찍고 긁고, 파고, 긋기를 반복하며 그린 그림이다. 굵기도 하면서 가늘기도 한 패턴의 그림이 되었다. 단순하지만 재미있는 표현이다. 아이처럼 손바닥을 자유롭게 문질러보고 손가락이나 손톱으로 거침없이 흔적을 남겨본다. 손 부위마다 다양한 표현이 가능하다. 손의 모든 부위를 사용하여 낙서하듯 그려 본다.

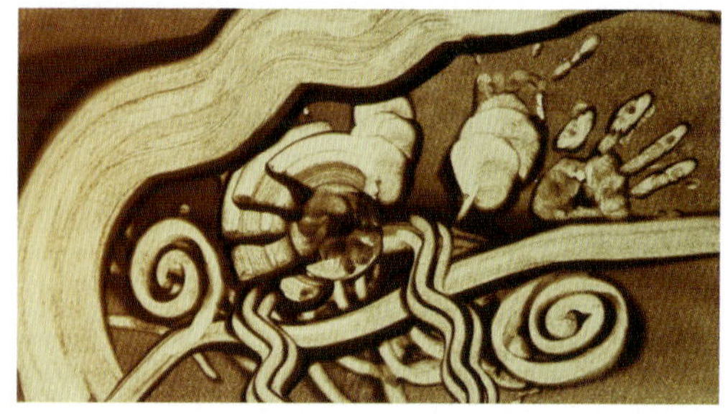

낙서하듯 그리는 것도 어렵게 느껴지면 자신의 이름이나 생각나는 단어 또는 문구를 천천히 적어 봐도 좋다. 장난스럽게 놀다보면 손이 가는 곳마다 모래 사이로 길이 열리고 빛이 새어 나와 감각을 느끼게 된다. 내 손이 지금 뭘 한 걸까 놀라는 것이 샌드아트의 시작이다.

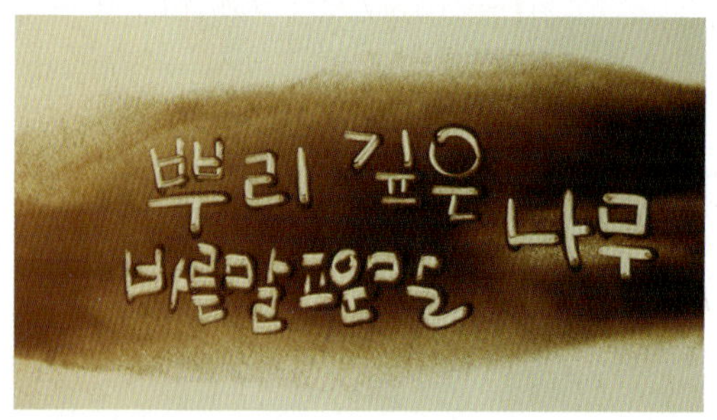

화면 채우기

그림을 그리기 위한 첫 단계이다. 그림을 그리기 위해 스케치북이나 도화지가 필요한 것처럼 샌드아트는 '화면 채우기'와 '화면 비우기'로 그림 그릴 배경을 만든다. 화면 채우기를 위해 쓰는 방법에는 '펼침'과 '끌기'가 있다.

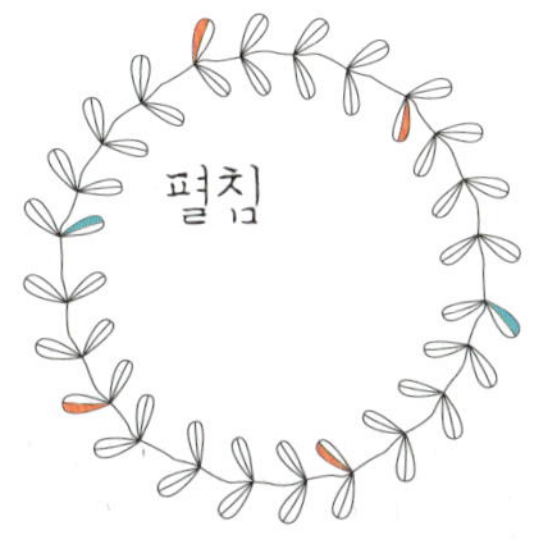

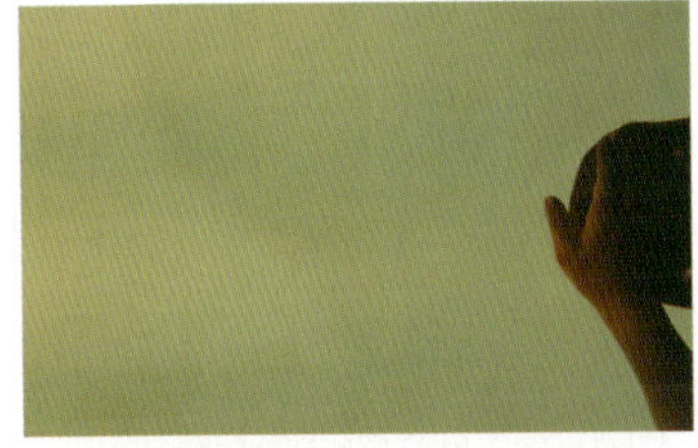

1 샌드테이블 오른쪽 모래 둔덕에 손을 얹는다.

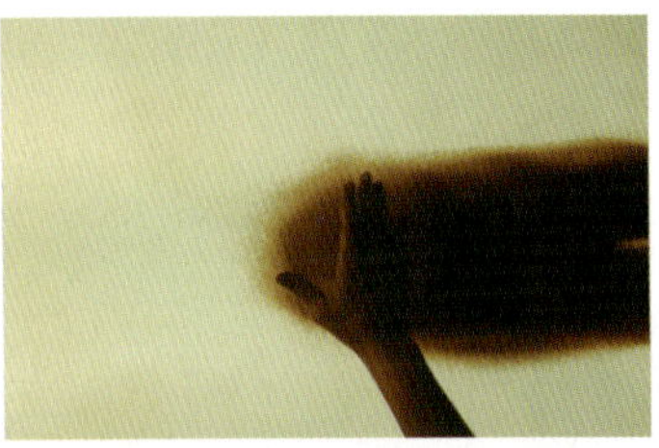

2 손바닥으로 모래를 왼쪽으로 펼친다.

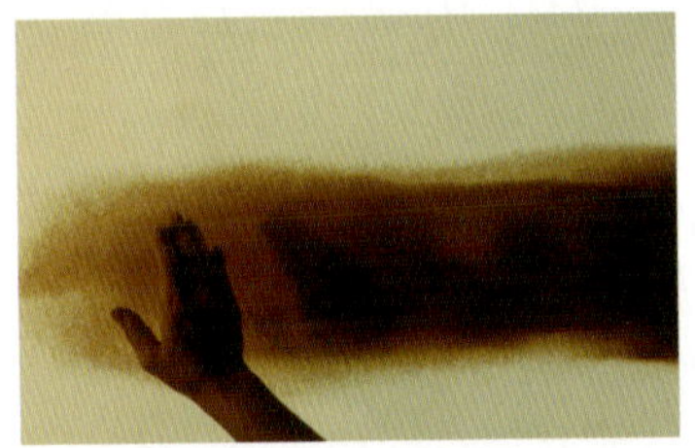

3 화면 끝까지 손바닥을 수평으로 유지하며 모래를 펼친다.

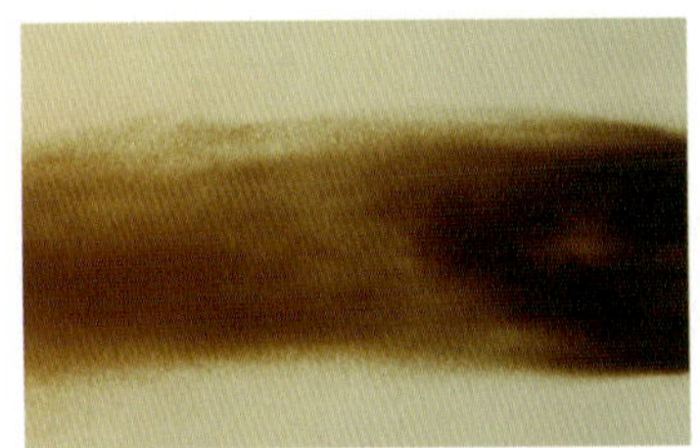

4 모래가 고루고루 펼쳐지도록 한다.

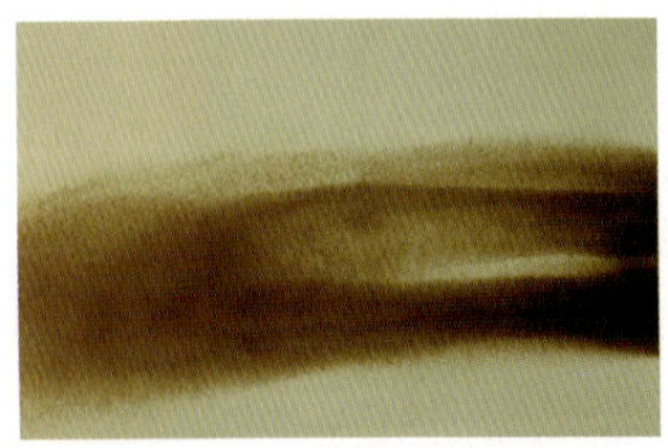

5 모래가 화면에 고루고루 채워지지 않았을 때는 비어있는 부분에 흩뿌리기를 한다.

따라 해 볼까요!

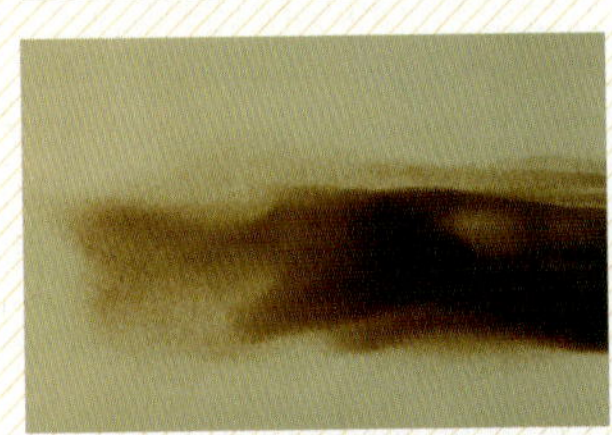

천천히 펼치면 이동거리가 짧아져 모래가 잘 펼쳐지지 않는다. 화면에 고르게 채우는 것이 중요하다.

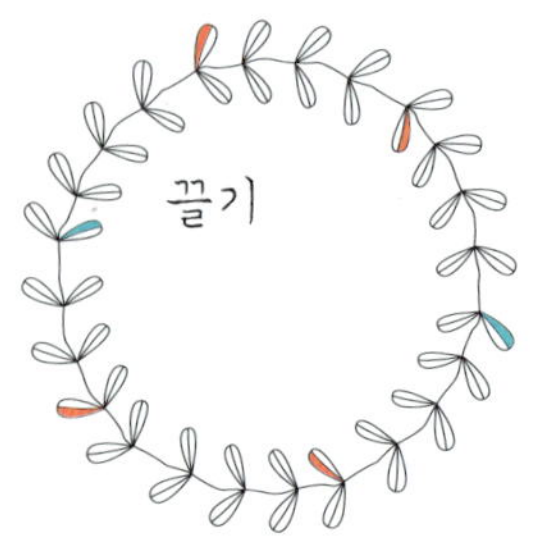

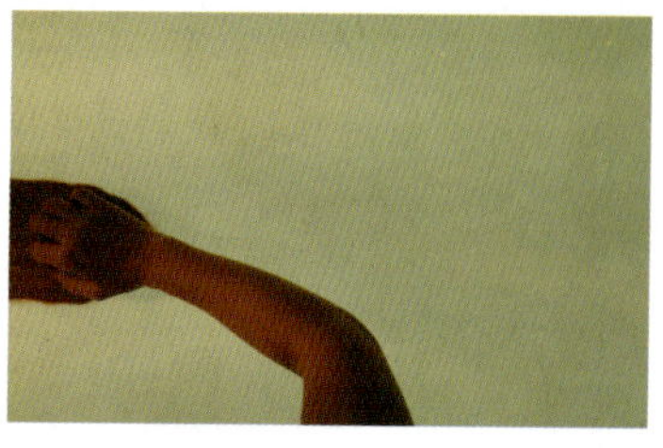

1 손가락을 갈고리처럼 구부려 모래 위에 놓는다.

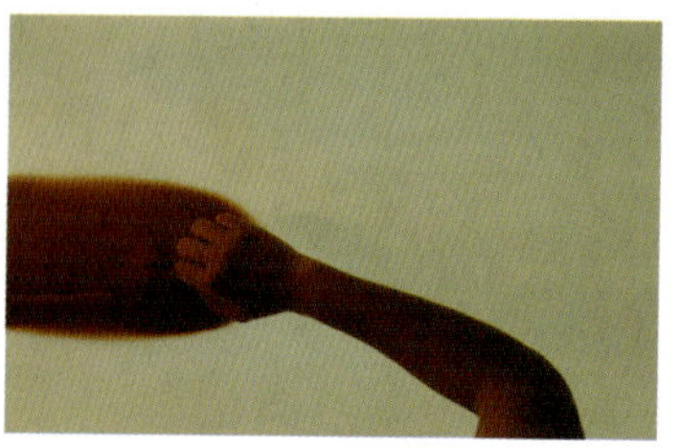

2 손가락으로 모래를 끌어온다.

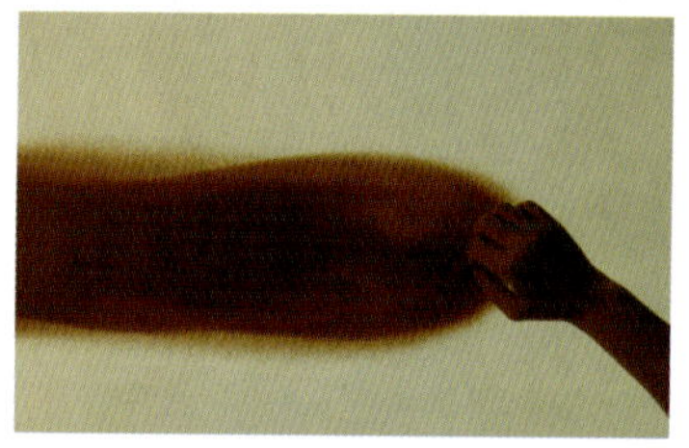

3 화면 끝까지 손가락의 갈고리 모양을 유지 한다.

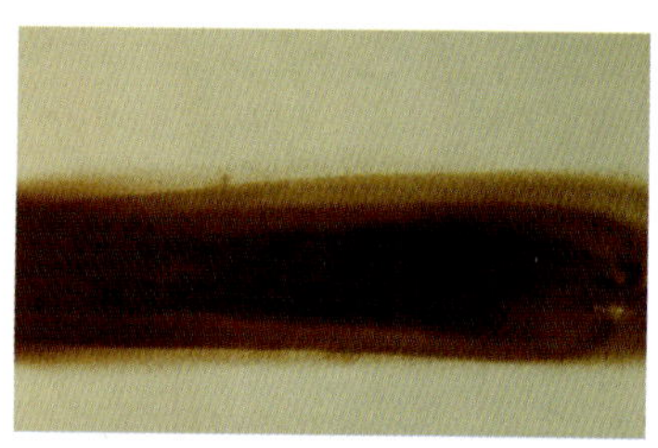

4 모래를 화면 끝까지 손가락으로 끌어온다.

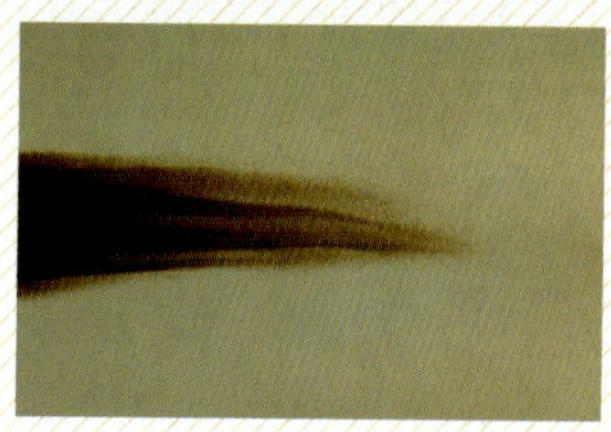

천천히 끌어오면 이동 거리가 짧아져 모래가 다 끌려오지 않는다. 화면에 고르게 채워야 한다. 화면 채우기는 펼침과 끌기 중 더 능숙한 방법을 사용하면 된다.

화면 비우기

화면 비우기는 앞서 그린 그림을 지우고 새로운 그림을 그리는 것을 의미한다. 새 도화지가 생기는 개념이다. 화면을 깨끗이 비우고 새로이 흩뿌리기를 하여 그림을 그리기도 하고 화면을 깨끗이 비우지 않고 거친 화면이 남도록 비워 새로운 그림을 그리기도 한다. 손바닥을 바닥에 대고 모래를 쓸어내면 된다.

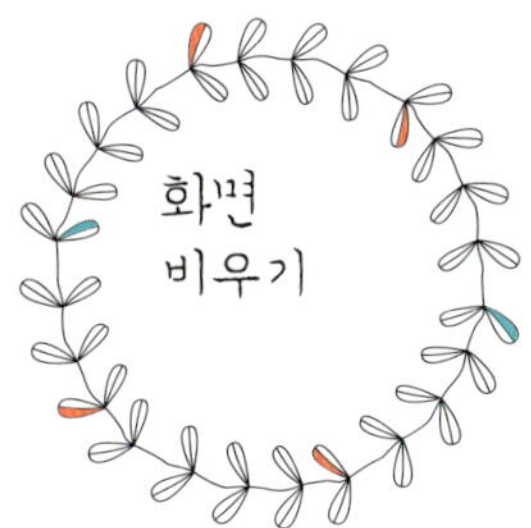

화면
비우기

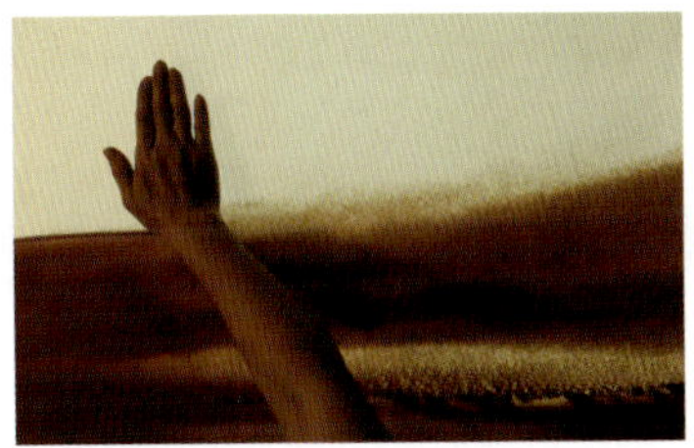

1 손바닥을 샌드테이블 바닥에 밀착시킨다.

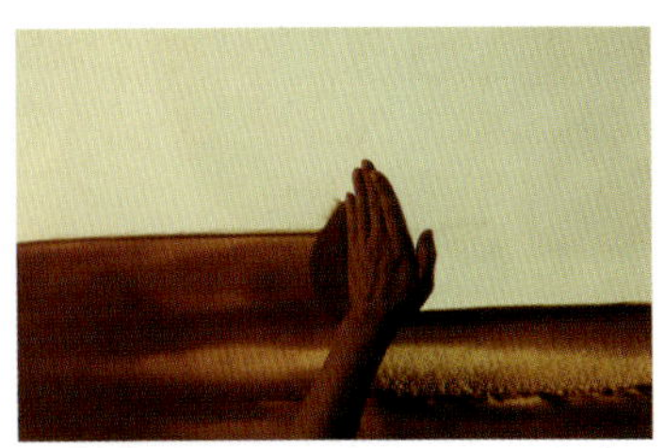

2 손바닥에 힘을 주어 모래를 좌우로 쓸어낸다.

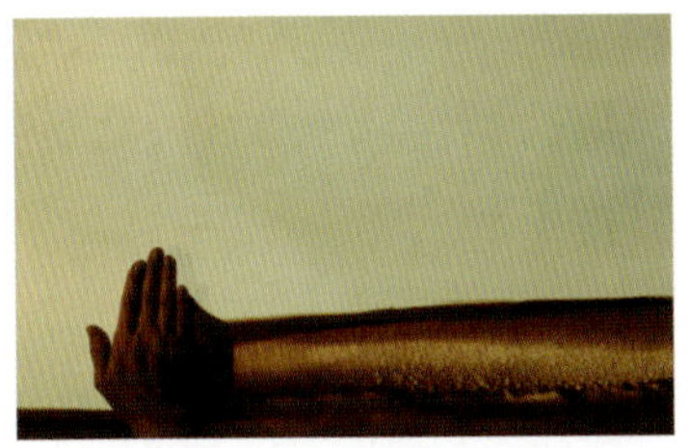

3 한 번에 다 쓸리지 않으면 몇 번 반복해서 쓸어낸다.

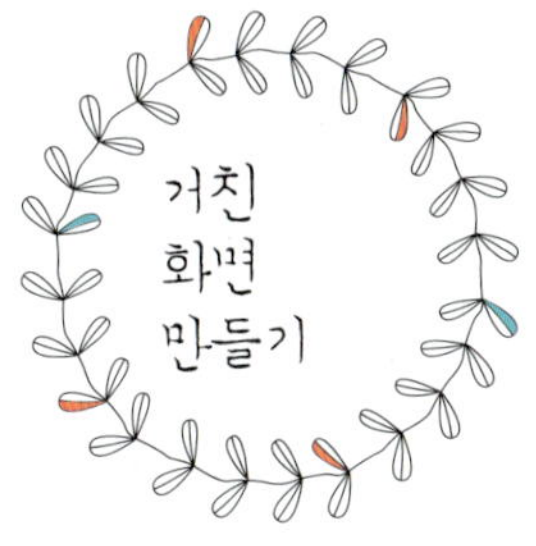

거친
화면
만들기

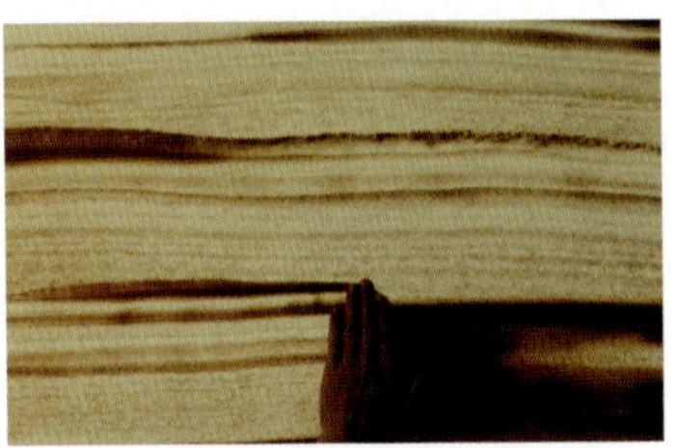

1 모래를 쓸어내는 효과로 거친 화면을 만들어 배경으로 쓰기도 한다. 손에 힘을 빼고 양쪽으로 교차하면서 화면에 모래가 남도록 쓸어낸다.

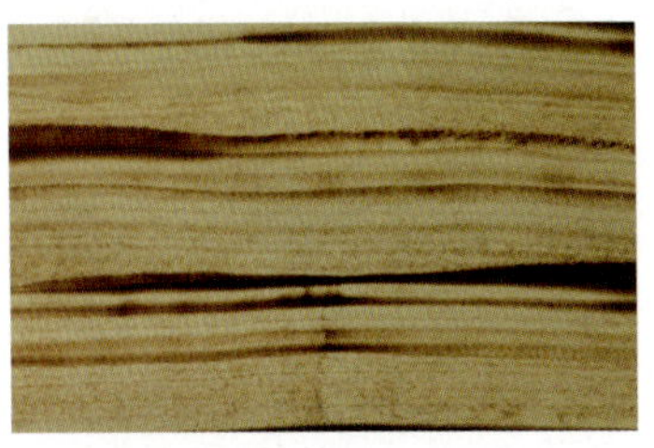

2 화면을 채우고 비우는 과정은 영상에 그대로 노출된다. 이같이 샌드아트 화면 전환 효과를 '브리지'라고 한다.

2. 선 뿌리기

선 뿌리기는 움켜쥔 모래를 조금씩 흘리면서 선이나 그림을 그리는 것이다. 그리기 전에 모래를 움켜쥐고 있어 손에 힘이 많이 가는 작업으로 모래량에 따라 선 모양이 달라진다. 선 뿌리기는 샌드아트에서 중요한 기법으로 굵기가 각각 다른 선을 뿌리는 방법을 배우면 뿌려서 그리는 그림의 절반을 알게 된다.

굵은 선 뿌리기

굵은 선 뿌리기는 큰 글씨체나 나무를 그릴 때 주로 사용한다. 선 뿌리기가 자유로워지면 붓글씨체나 캘리그라피가 가능해 영상 타이틀 글씨로 활용할 수 있다.

how to make!

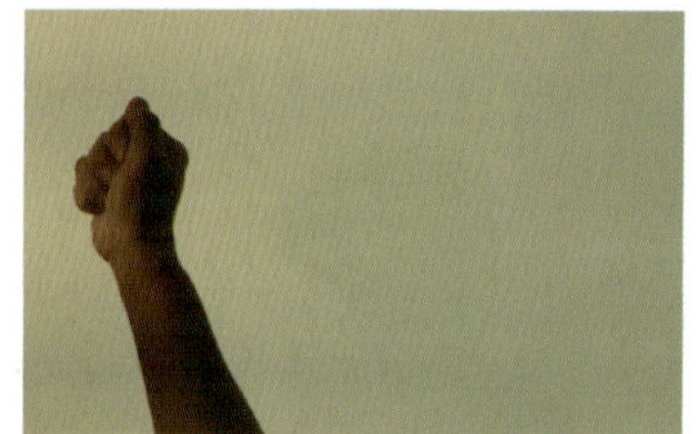

1 모래를 한 줌 움켜쥔다.

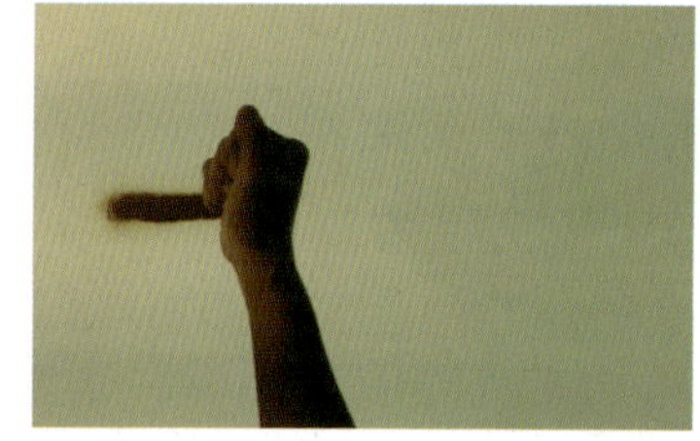

2 바닥과 한 뼘 정도의 거리를 유지한다.

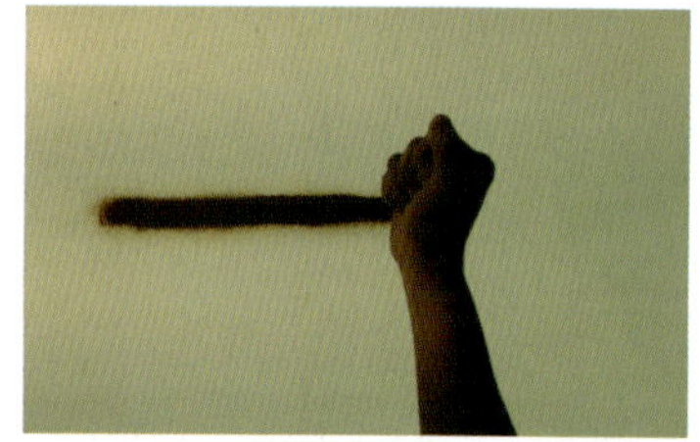

3 같은 주먹 힘을 유지하며 일정하게 모래를 흘리며 가로로 이동한다.

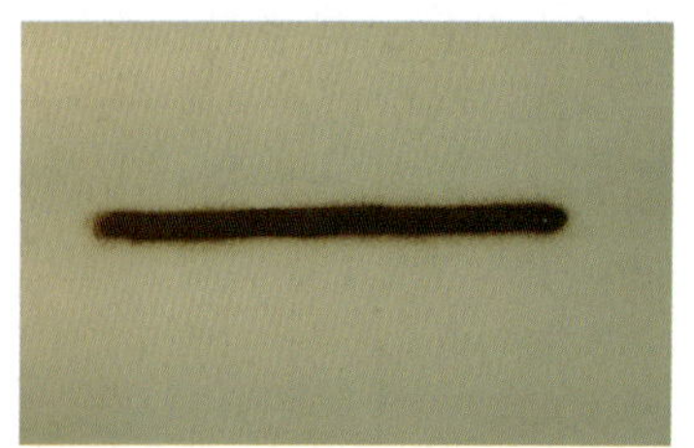

4 굵은 선 뿌리기가 완성된다.

따라 해 볼까요!

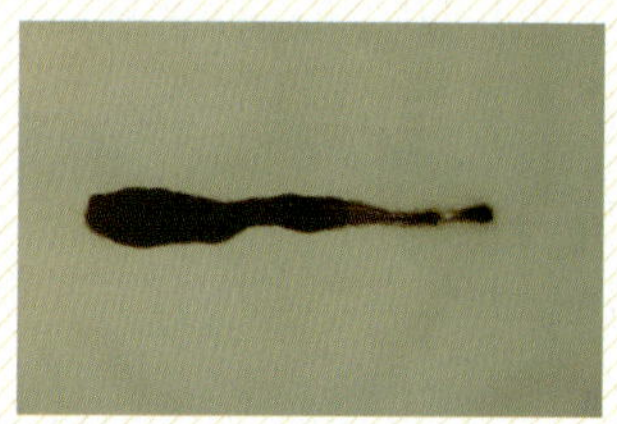

한꺼번에 많은 모래를 뿌리거나 주먹 힘을 다르게 하면 일정한 굵은 선을 그릴 수 없다. 주먹으로만 하는 작업이라 단순해 보이지만 손톱이나 지문으로 선을 긋기 것보다 어렵다. 반복 연습으로 손 감각이 생기면 그러데이션 효과가 있는 선 뿌리기가 가능하다.

도형 그리기

예쁜 도형을 완성하려면 시작점과 끝점이 만날 수 있도록 모래량을 조절해야 한다. 펜으로 그릴 땐 쉬운 도형이 모래로 그리면 잘 안 된다. 모래를 한꺼번에 많이 흘리거나 팔심이 부족하면 삐뚤빼뚤 그려진다. 연습하다 보면 팔을 사용하는 것이 익숙해져 도형 그리기가 쉬워진다.

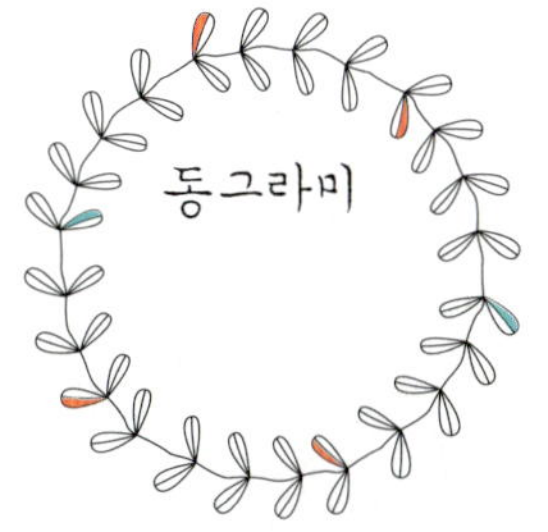

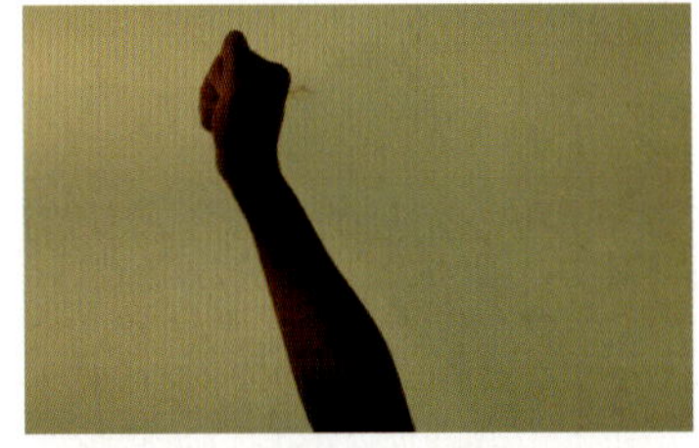

1 모래를 움켜쥐고 샌드테이블 상단에서 시작한다.

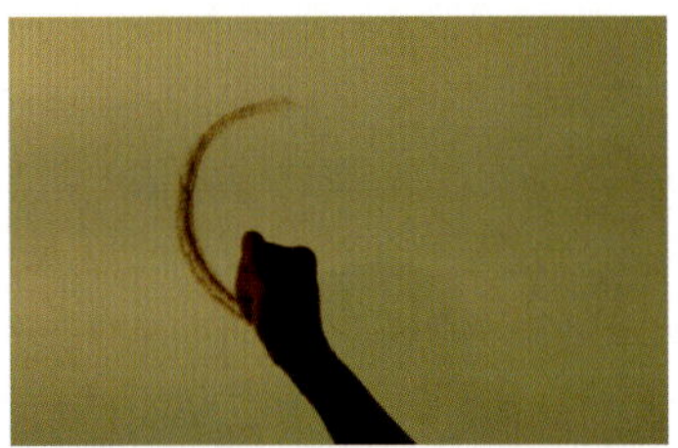

2 모래를 조금씩 뿌리며 반원을 그린다.

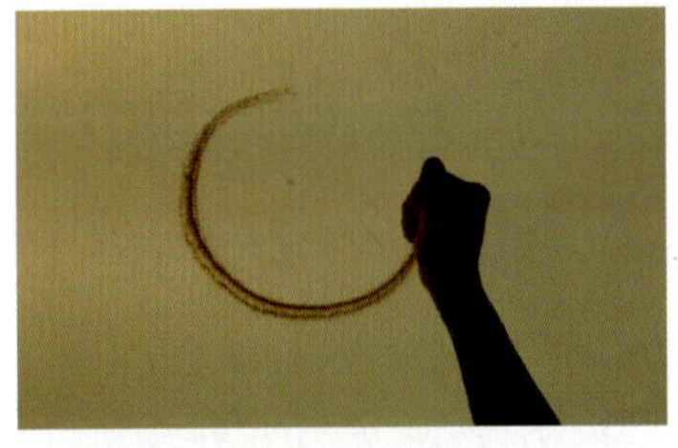

3 시작점을 확인하면서, 팔을 돌려 원을 그린다.

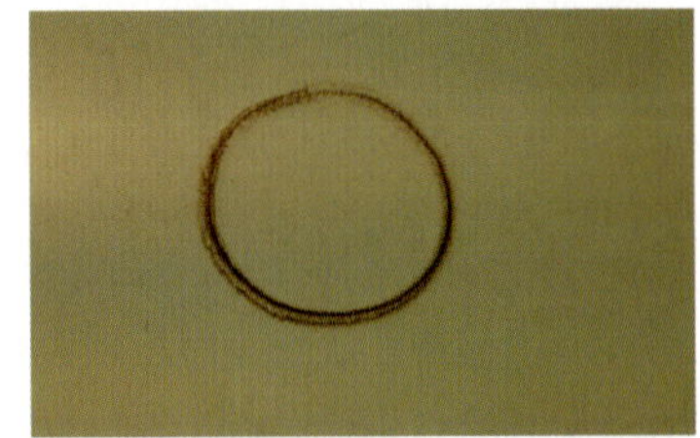

4 원이 완성된다.

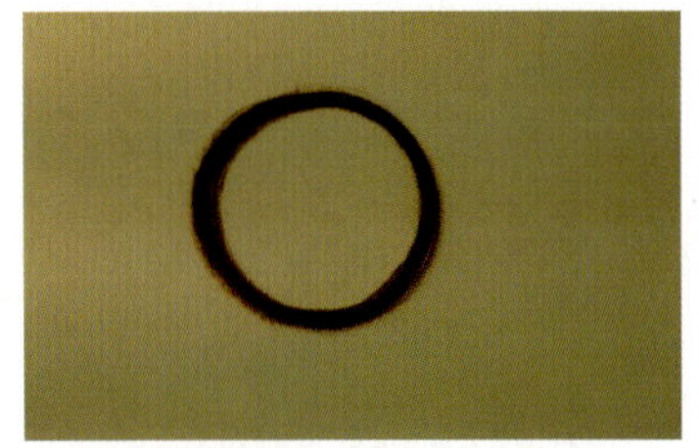

5 진한 원을 그릴 때는 같은 방법을 여러 번 반복하여 그린다.

따라 해 볼까요!

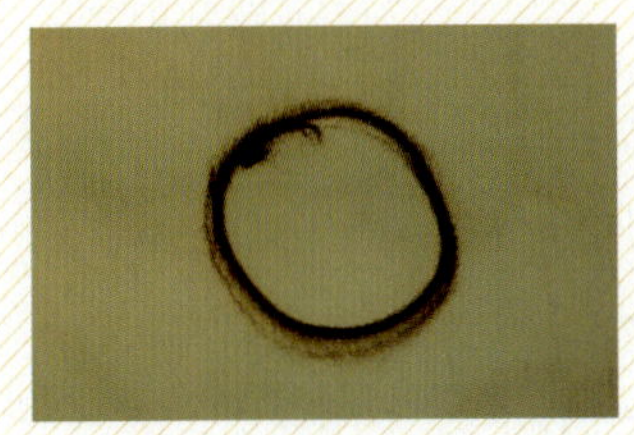

도형 그리기 중 가장 어려운 것이 원이다. 그중에서도 뿌리기로 표현하는 원이 가장 어렵다. 선 뿌리기로 원을 반복하여 그리다 보면 원 안이 지저분해질 수 있다. 일정하게 뿌리는 연습을 충분히 해야 한다.

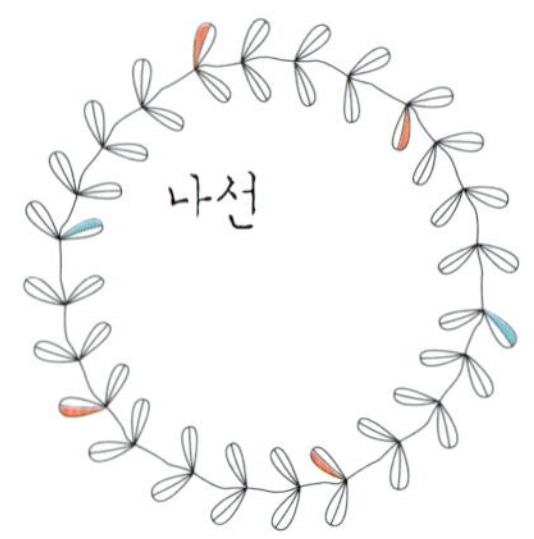

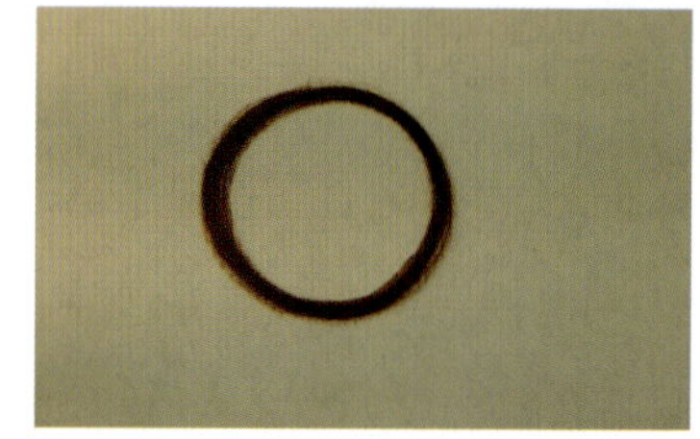

1 선 뿌리기로 원을 그린다.

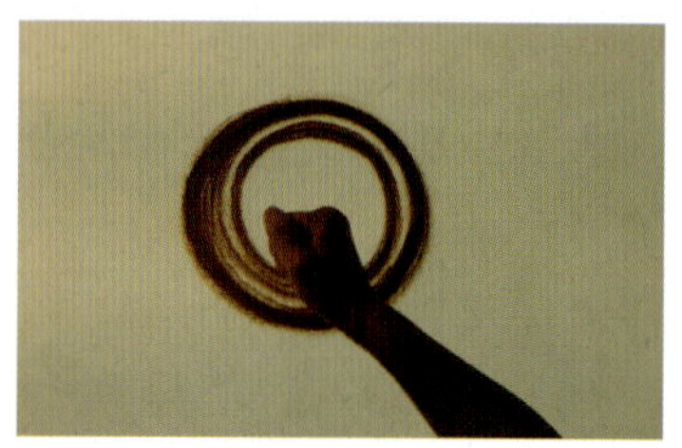

2 팔을 안으로 둥글게 감으면서 선 뿌리기를 한다.

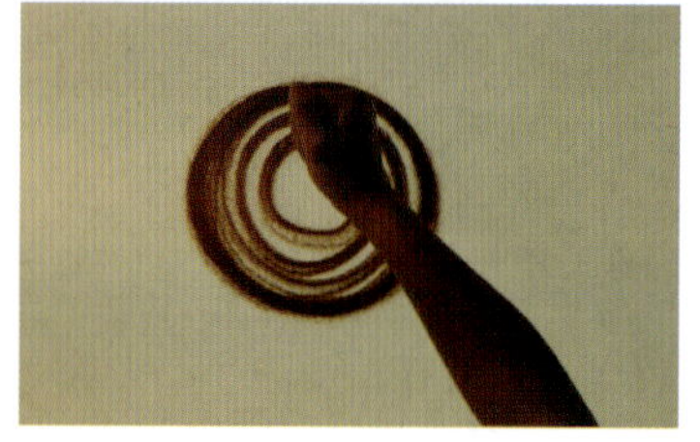

3 손에 남은 모래를 조절하면서 원 중심점까지 이어 그린다.

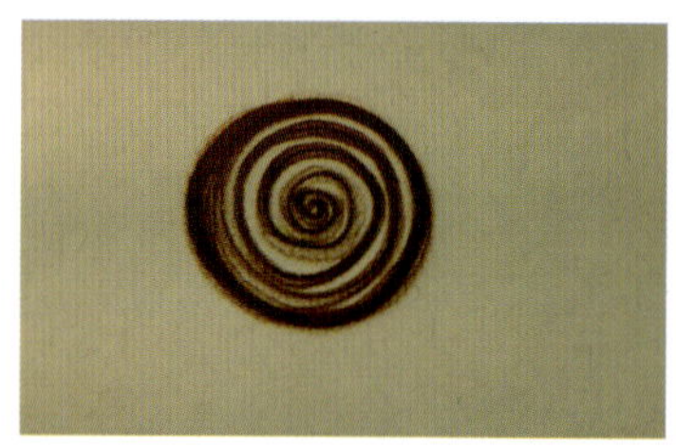

4 일정한 간격으로 감긴 나선이 완성된다.

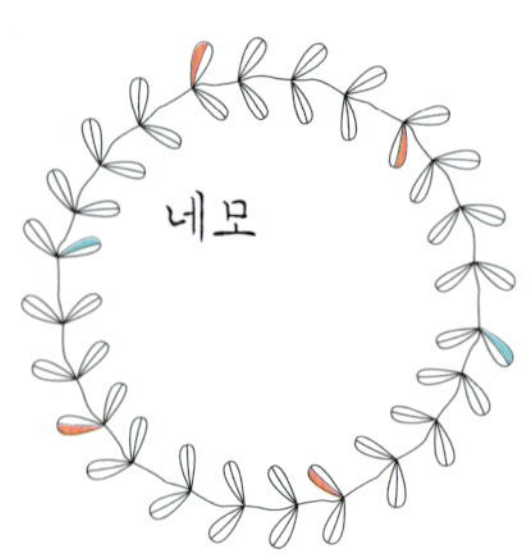

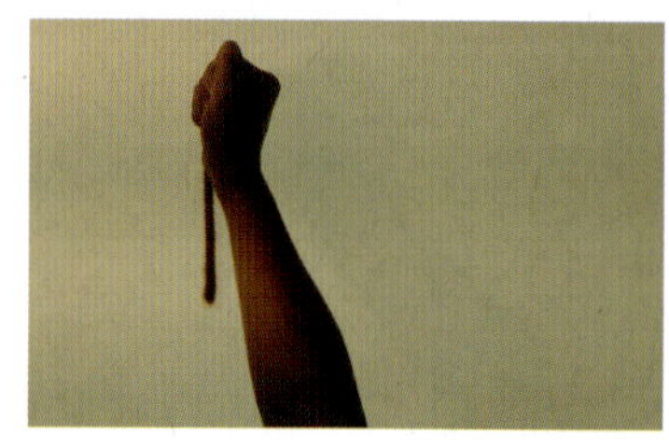

1 모래를 한 줌 움켜쥐고 샌드테이블에 갖다 댄다.

2 팔을 위로 올리면서 선 뿌리기를 한다.

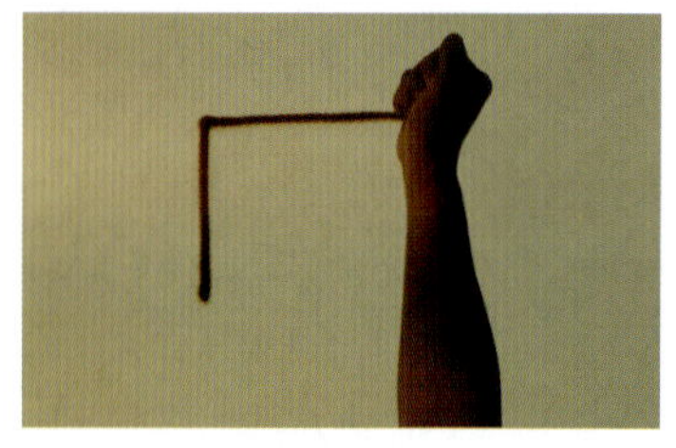

3 이어서 같은 굵기와 길이로 선을 그리며 팔을 옆으로 움직인다.

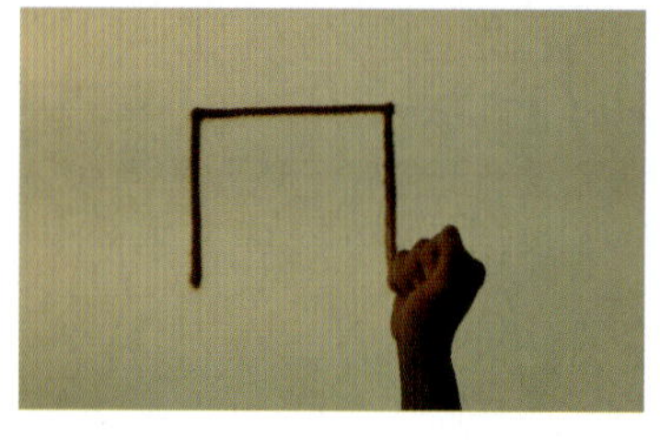

4 이어서 삐뚤어지지 않게 팔 전체를 내린다.

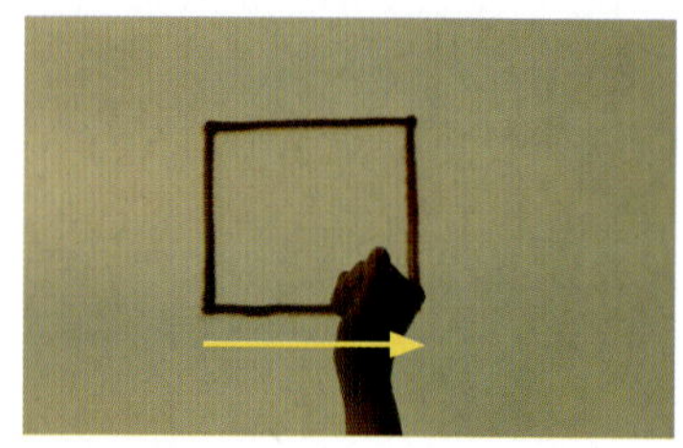

5 마지막 아래 선은 시작점에서 출발해 선을 잇는 것이 쉽다.

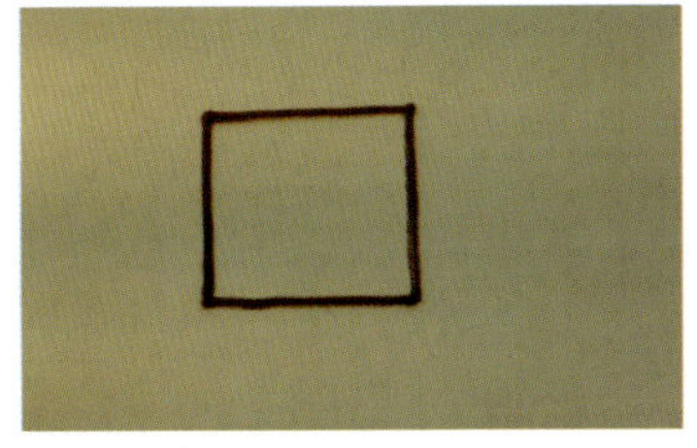

6 일정한 굵기와 길이의 네모가 완성된다.

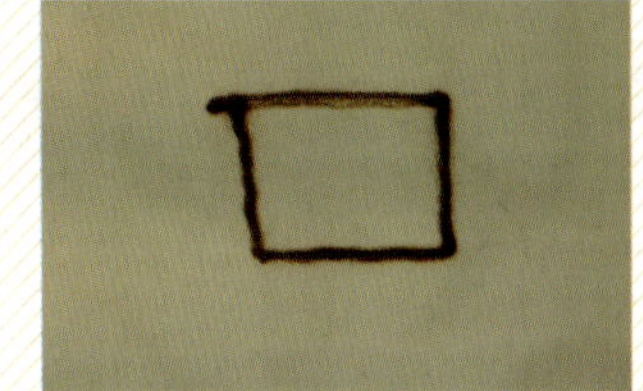

모래량 조절이 잘 안 되면 도형의 끝점을 지나쳐 버릴 수도 있다. 도형이 완성될 때 까지는 손힘을 일정하게 유지해야 한다. 선 뿌리기를 방향과 관계없이 여러 각도에서 반복 연습해야 원하는 형태의 도형을 그릴 수 있다.

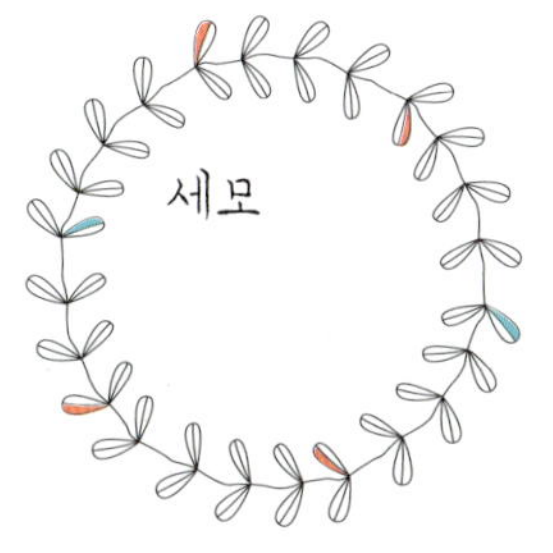

세모

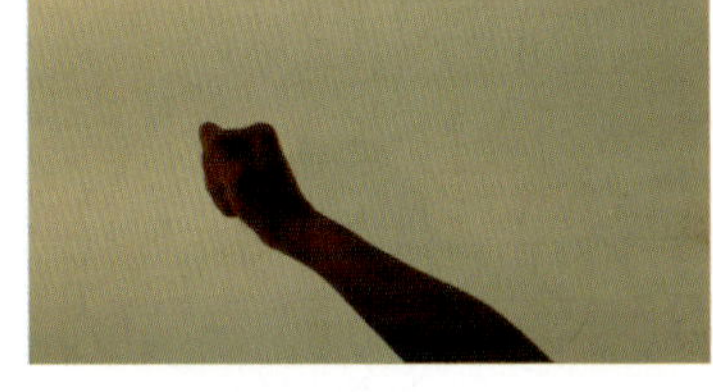

1 모래를 움켜쥐고 시작위치에 손을 갖다 댄다.

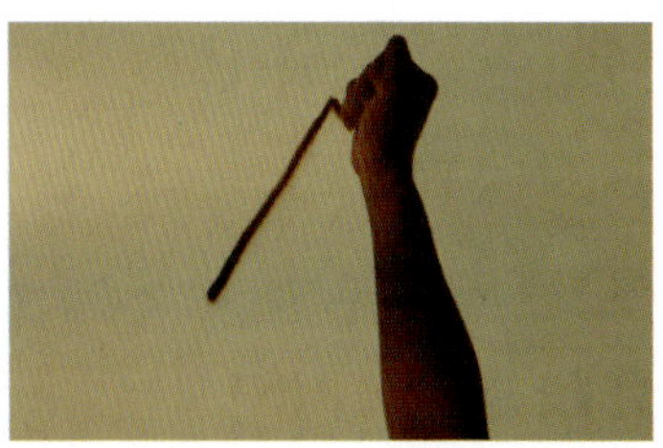

2 일정한 속도로 팔을 사선으로 올리며 선 뿌리기를 한다.

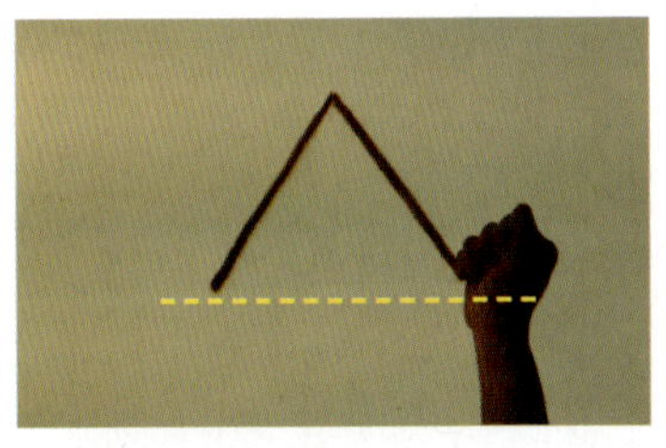

3 시작점과 평행하도록 사선으로 팔을 내린다.

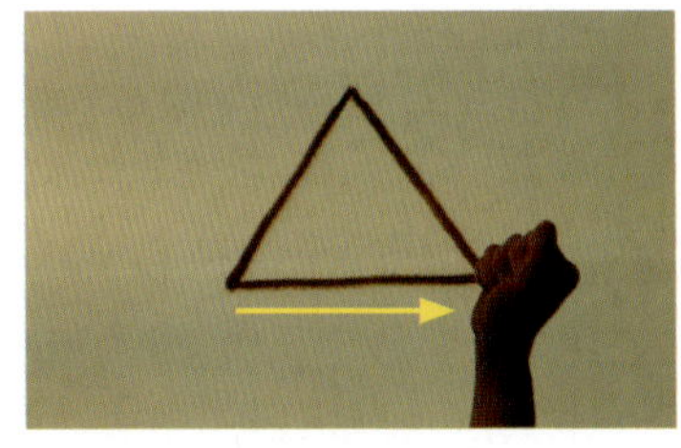

4 시작점에서 출발해 두 선이 만나도록 그린다. 세모는 특히 마지막 가로 선을 잘 그려야 한다.

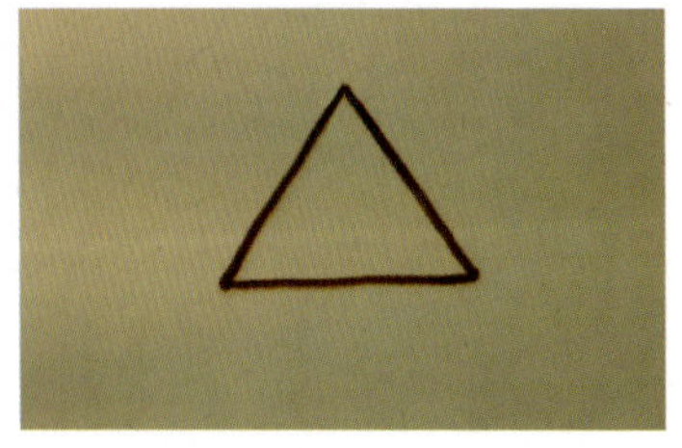

5 일정한 굵기와 길이의 세모가 완성된다.

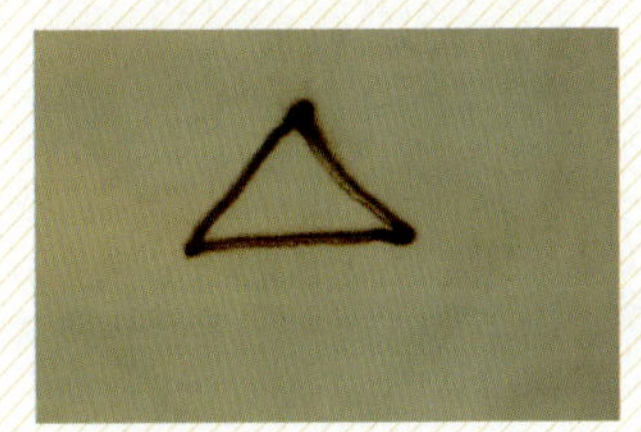

사선으로 올라갈 때 팔심이 부족하여 급하게 선 뿌리기를 하면 직선이 유지되지 않는다.

3. 흩뿌리기

흩뿌리기는 샌드아트에서 배경을 만드는 과정이다. 샌드테이블 전체에 모래를 소금 뿌리듯 팔을 흔들면서 뿌려야 모래가 고루고루 퍼져 안정된 배경이 된다. 순간적으로 모래가 많이 나와 선이 생기지 않도록 주의하며 주먹의 힘과 팔의 움직임을 일정하게 하여 고루고루 뿌려야 한다.

짙은 흩뿌리기

짙은 흩뿌리기는 배경을 만들 때 주로 사용한다. 한 번에 많은 양의 모래를 뿌리지 않고, 팔 길이 높이에서 원하는 농도가 나올 때까지 여러 번에 나누어 흩뿌리기를 한다.

중간 흩뿌리기

중간 흩뿌리기는 빈 배경에 오브제를 그릴 때 사용된다. 중간 흩뿌리기는 바닥에서부터 팔 길이 정도 높이에서 일정한 양의 모래를 두 번 정도 뿌린다.

옅은 흩뿌리기

옅은 흩뿌리기는 하늘에 떠있는 구름을 표현할 때 주로 사용한다. 보일 듯 말 듯 아주 미세한 흩뿌리기를 해야 한다.

4. 면 뿌리기

면 뿌리기는 흩뿌리기로 하나의 면을 채우는 것이다. 뿌려지는 모래량에 따라 농도가 달라지고 다양한 그림의 배경으로 쓴다. 짙은 색으로 그림을 표현하고 싶을 때는 옅은 면 뿌리기로 배경을 만든다. 옅은 색으로 그림을 표현하고 싶을 때는 짙은 면 뿌리기로 배경을 만들면 그림이 더욱 선명해 보인다.

기본 면 뿌리기

옅은 흩뿌리기로 면을 채운다. 빈 면 전체를 채운다는 생각으로 모래를 사선으로 뿌리며 연습한다. 양손으로 양방향에서 동시에 면 뿌리기를 해 보기를 권한다. 특히 여백 전체를 채우는 영상작업을 할 때 유용하게 쓰인다.

how to make!

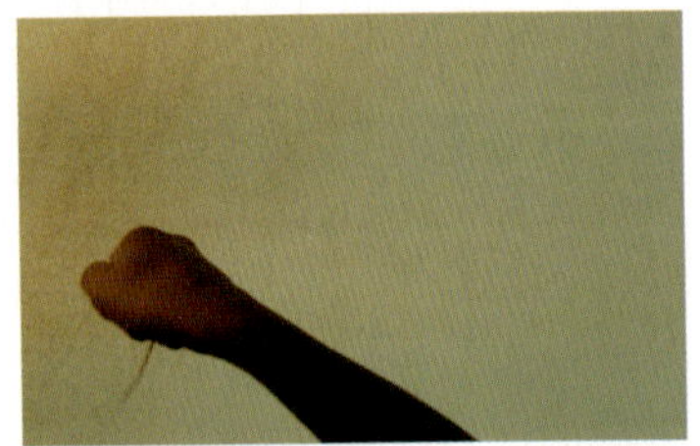

1 왼쪽에서 오른쪽으로 흩뿌리기를 시작한다.

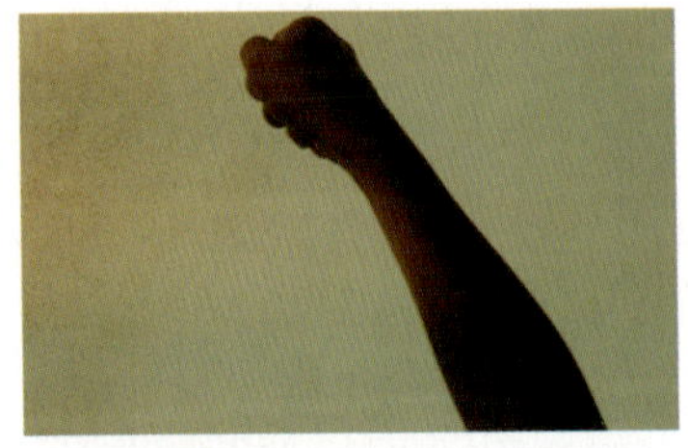

2 팔을 사선으로 움직이면서 뿌린다.

3 아래까지 뿌려 전체 면을 고루고루 채운다.

4 한 방향으로 일정하게 뿌려야 한다.

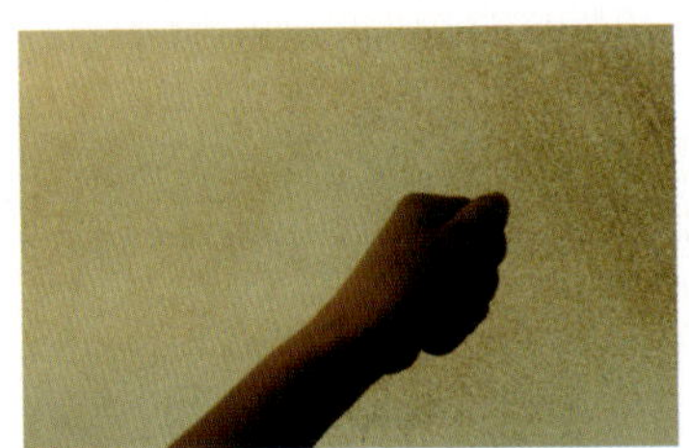

5 반대로, 오른쪽에서 왼쪽으로 팔을 사선으로 움직이며 흩뿌리기를 한다.

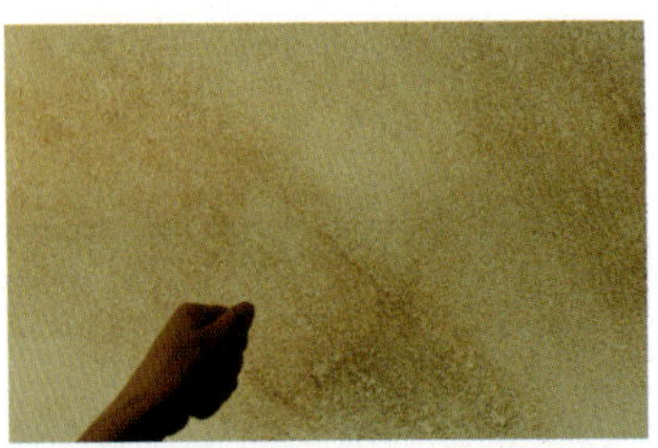

6 전체 면을 한 번에 채우기보다는 방향을 바꿔가며 여러 번 뿌려야 고른 면이 완성된다.

단계별 칸 채우기

그러데이션을 잘하기 위한 연습단계이다. 먼저 가장 밝은 면을 채우고 점점 어두운 면 채우기를 하면 된다. 자칫 농도 조절이 안 되면 중간이 가장 어두워질 위험이 있다. 이럴 때는 역으로 어두운 면부터 먼저 채워가도 된다. 예제는 어두운 면부터 채워가는 방법이다.

모래량을 조절해 일정한 간격을 유지하면 오른쪽으로 가면서 점점 어두워지고 왼쪽으로 가면서 점점 밝아진다. 이것이 그러데이션 효과를 연습하는 기본적인 방법이다. 단계별로 칸 채우기를 충분히 연습하면 단계별 선이 없는 상태에서도 그러데이션 효과를 만들 수 있다.

how to make!

1 선 뿌리기를 하여 일정한 간격으로 칸을 나눈다.

2 오른쪽 첫 칸에 모래를 최대한 많이 뿌려 가장 어두운 면을 만든다.

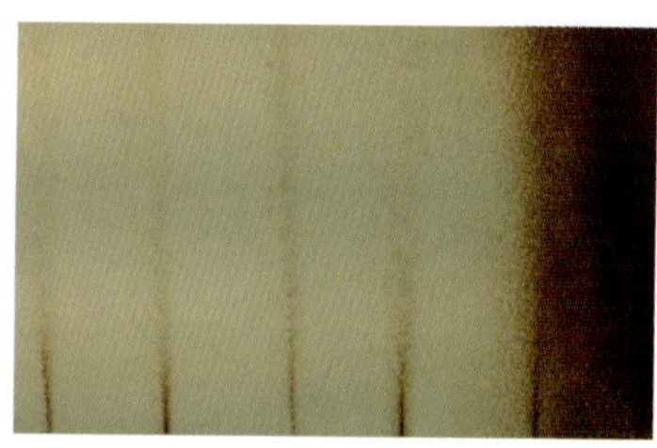

3 다음 칸은 가장 어두운 면보다 모래를 조금 덜 뿌린다.

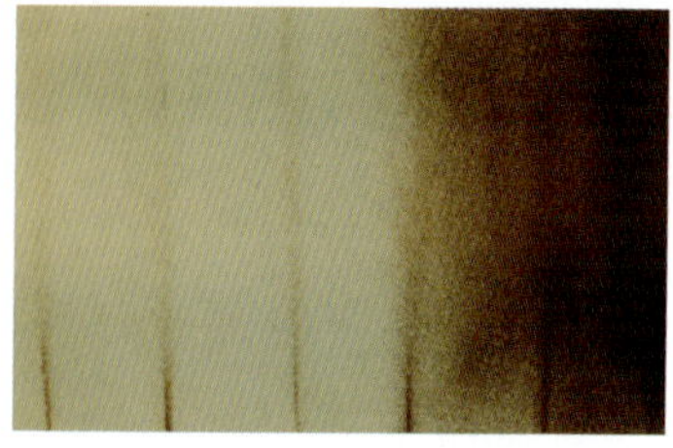

4 왼쪽으로 칸을 이동할수록 뿌리는 모래량을 점점 줄여간다.

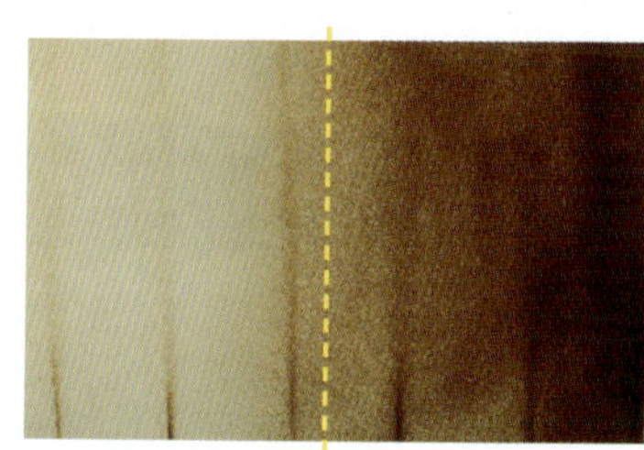

5 중간을 기준으로 양쪽 면의 밝기를 가늠한다.

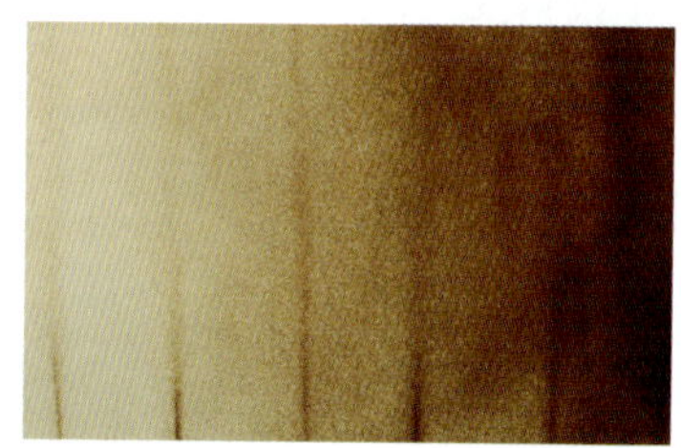

6 중간 다음 칸은 중간보다 조금 덜 뿌린다.

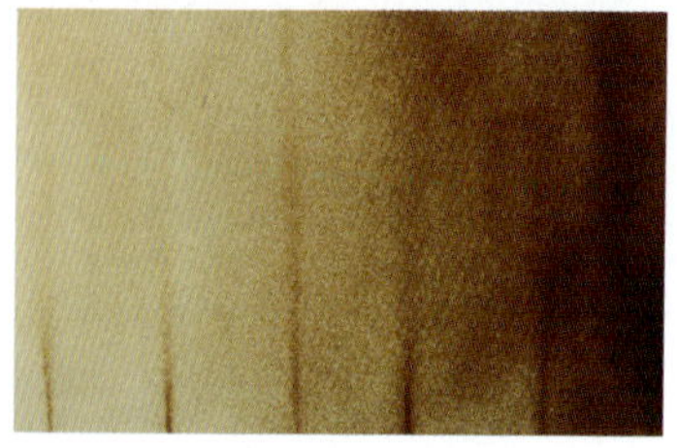

7 가장 밝은 면을 염두에 두고 최대한 적게 뿌린다.

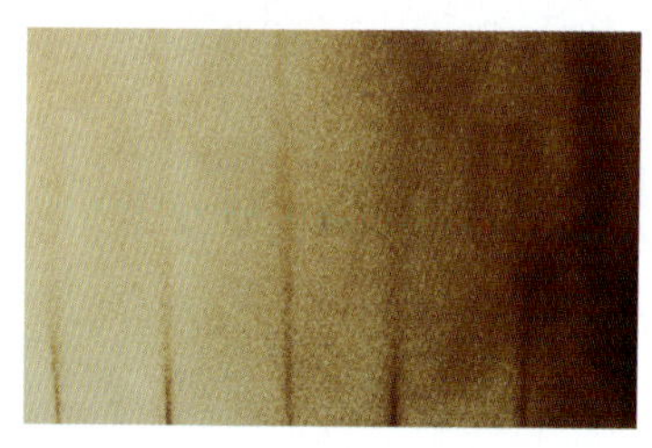

8 마지막 칸은 보일 듯 말 듯 아주 적은 양의 모래를 뿌린다.

그러데이션

그러데이션은 그림의 명암처리를 자연스럽게 하는 것이다. 원을 그렸을 때 그대로 두면 그냥 원이지만 그러데이션을 하면 입체감이 느껴져 공처럼 보인다. 배경 역시 명암 차이를 주면 그림에 깊이감이 생겨 완성도 높은 장면을 연출할 수 있다. 그러데이션을 쉽게 연습하는 방법은 단계별 칸 채우기를 통해 가장 밝은 면부터 모래를 뿌리고 농도를 비교하는 것이다. 그 다음에는 가장 밝은 면에서 가장 어두운 면 순으로 그러데이션을 만들어본다. 반복 연습을 통해 그러데이션 감각을 익힌다.

<u>how to make!</u>

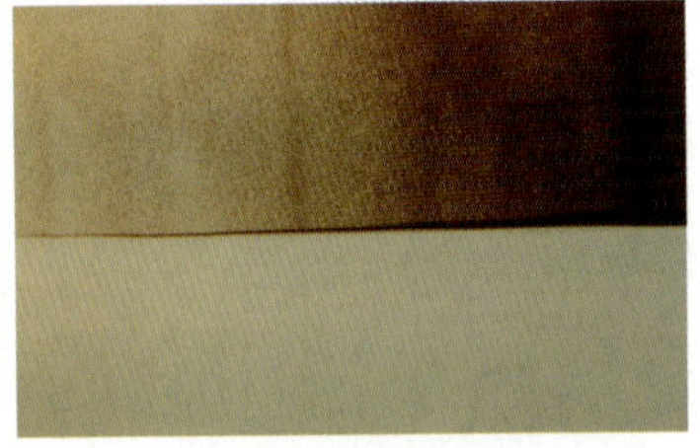

1 위에서 연습한 단계별 칸 채우기를 이등분하여 아래를 비운다.

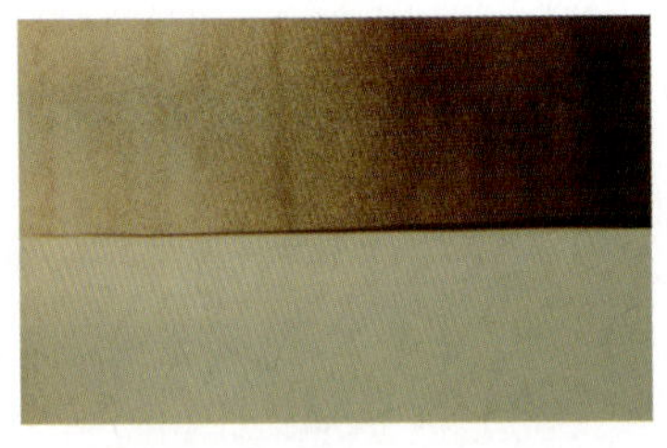

2 왼쪽에 모래를 보일 듯 말 듯 최대한 적게 뿌린다.

3 오른쪽으로 이동 할수록 뿌리는 횟수를 늘려 농도를 더 짙게 만든다.

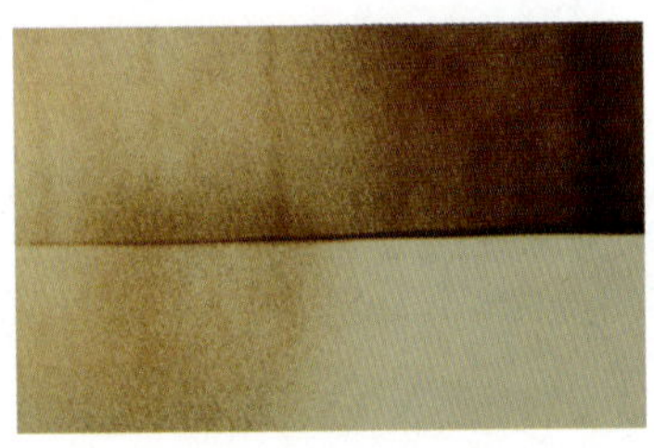

4 오른쪽으로 갈수록 농도가 짙어지는 것이 확연히 보인다.

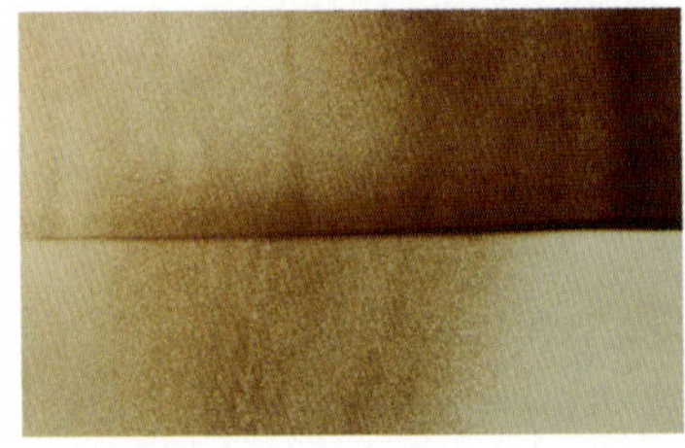

5 중간을 기준으로 가장 어두운 면을 가늠해본다.

6 가장 어두운 면을 가늠하며 모래를 뿌리는 횟수를 늘린다.

7 가장 어두운 면까지 모두 뿌리면 그러데이션이 완성된다.

농도가 점점 짙어지면 어두운 면의 모래량을 헤아리기 어려워진다. 단계별 칸 채우기처럼 중간 단계가 가장 어두워지지 않도록 어두운 면에서 밝은 면 순으로 만들어도 된다. 그러데이션이 익숙해지면 명암처리에 짧은 그러데이션을 활용할 수 있다.

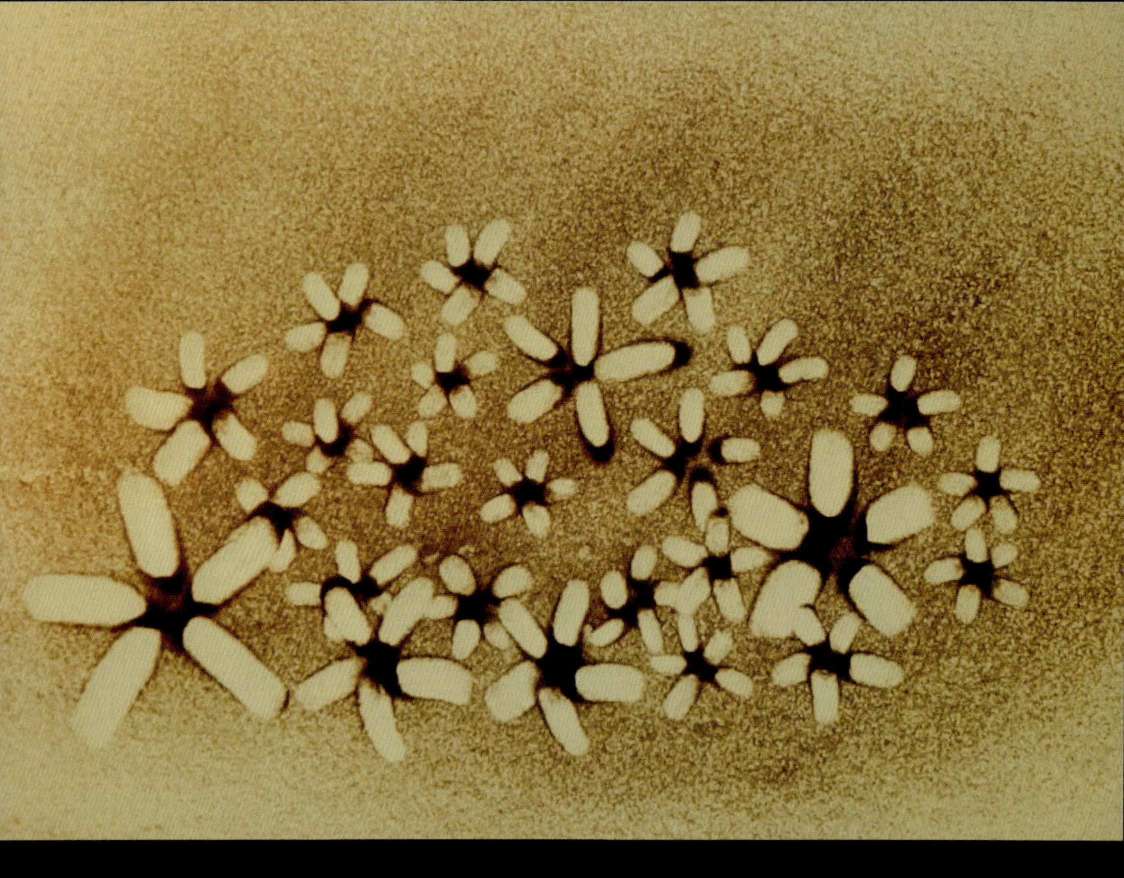

샌드아트는 대부분 손으로 그리는 그림이다. 영상제작에서 표현이 너무 세밀해 손톱으로 그리는 것조차 불가능한 경우를 제외하고는 손가락, 손마디, 손바닥, 손목, 손톱을 이용하여 작품을 만든다. 다양한 손 부위로 간단한 그림을 그려가며 표현방법을 배운다.

1. 샌드아트의 붓은 손

일반적인 그림은 붓 또는 도구를 사용하여 그림을 그린다. 샌드아트에서는 손이 붓이다. 손의 다양한 부분을 사용하여 작품을 만들 수 있다. 표현 방법에 따라 어느 부분을 어떤 때에 사용하는지 설명한다. 반복연습을 통해 익숙해지면 새끼손가락으로 타원을 그리기도 하고 엄지로 가는 선을 그리기도 한다. 여기서 제시하는 손 부위별 쓰임새는 기본적인 쓰임새를 중심으로 설명한 것이다.

검지

검지의 끝 마디를 많이 활용한다. 거친 면이 필요할 때는 검지 마디 전체를 쓴다.

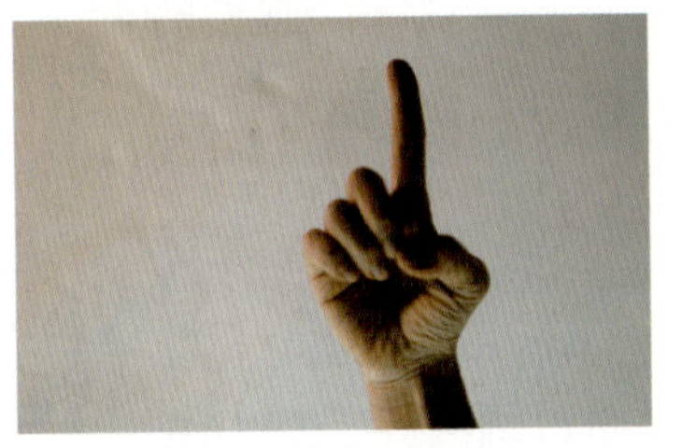

엄지

굵게 터치하거나 굵은 선으로 강렬함을 표현할 때 엄지를 활용한다.

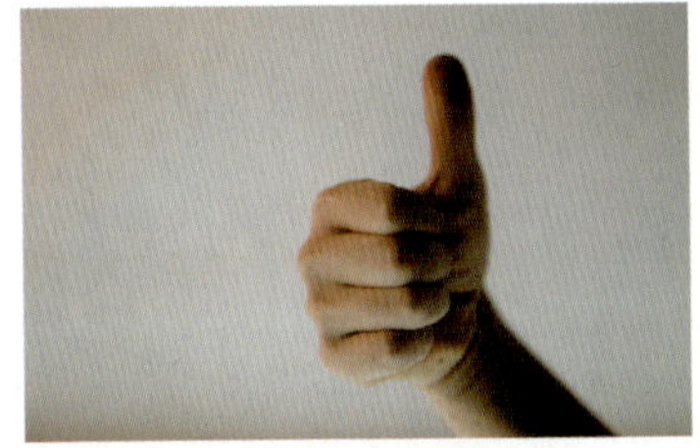

주먹

주먹은 구름 같은 형태를 만들기 위해 찍거나 문지를 때 많이 활용한다.

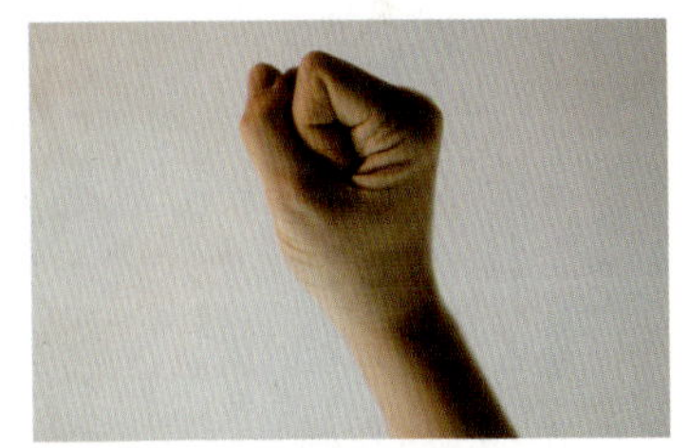

손목 바닥

투박한 면을 그리거나 화면 비우기를 할 때 주로 활용한다.

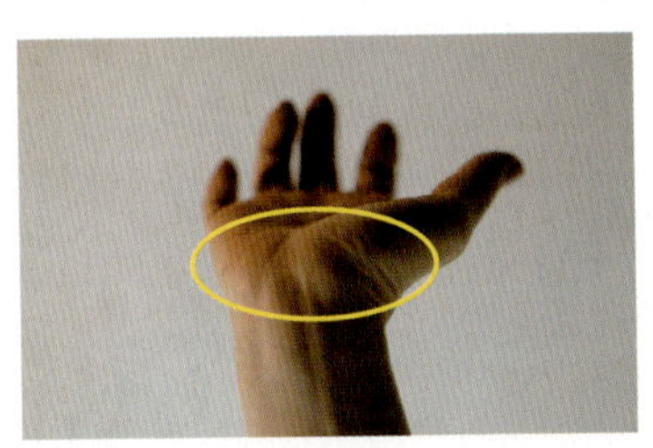

손날

아주 넓은 면을 그리거나 화면 비우기를 할 때 주로 활용한다.

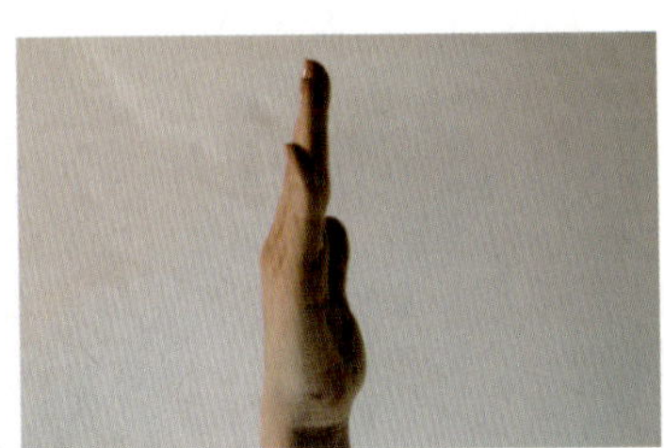

새끼손가락 손톱

새끼손가락 지문이 아닌 손톱을 사용한다.

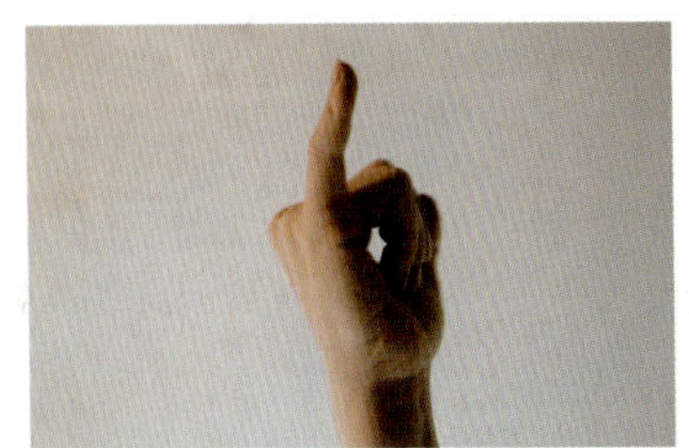

날카로운 선이 필요할 때 주로 활용하며, 나머지 네 손가락을 살짝 오므려 새끼손가락에 힘을 보태면 더 자연스러운 그림을 그릴 수 있다.

2. 손가락 터치 표현

샌드아트에서 손가락 터치 표현은 매우 중요하다. 모래를 그냥 미는 것이 아니라 갖다 대고 밀면서 손을 공중에 띄워야 진정한 터치가 된다. 터치는 속도감이 있어야 한다. 터치는 그림 그리는 형태 그대로 퍼포먼스가 된다. 그림의 속도감에 따라 그리는 사람의 동작도 커지거나 작아지는 차이가 있다.

검지 터치 표현

검지는 샌드아트에서 가장 많이 쓰는 손가락이다. 샌드테이블에 그림을 그려보라고 하면 어른이나 아이 할 것 없이 대부분 제일 먼저 검지를 갖다 댄다. 그만큼 편리하고 자유롭게 쓰는 손가락이다. 꽃을 그리며 검지 터치 표현을 배워본다.

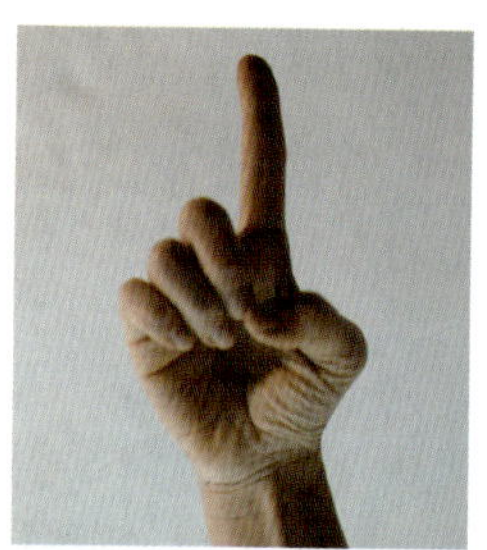

how to make!

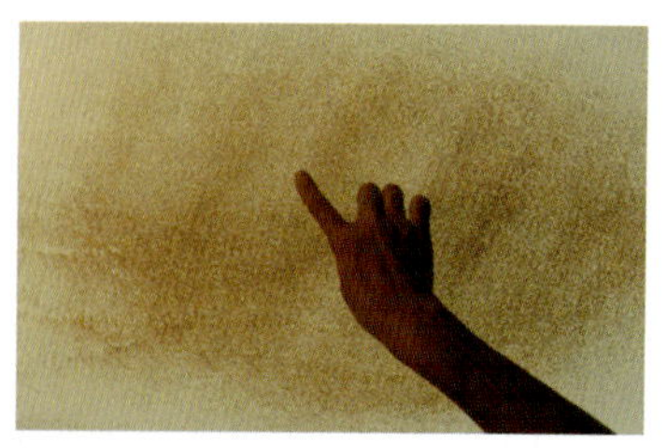

1 흩뿌리기를 하고 검지를 모래 위에 갖다 댄다.

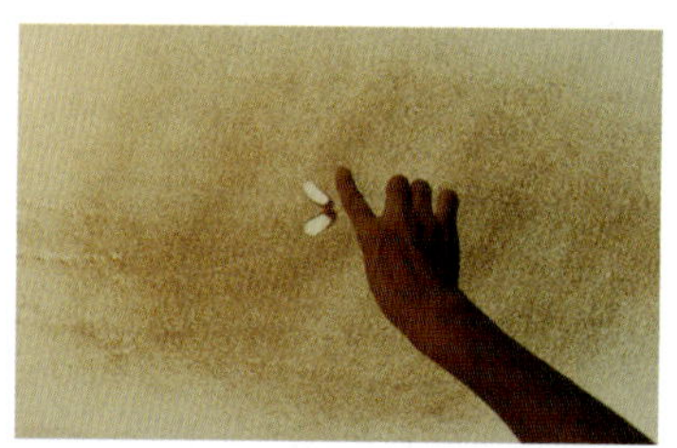

2 짧은 선을 안쪽으로 모이도록 몇 개 긋는다.

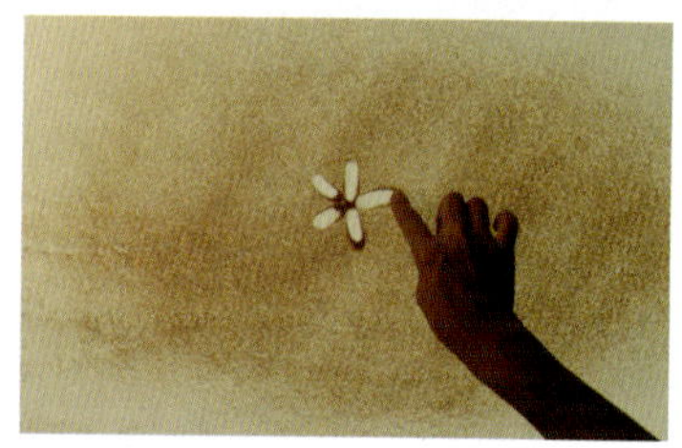

3 다섯 개의 선이 한 곳에 모이면 꽃이 된다.

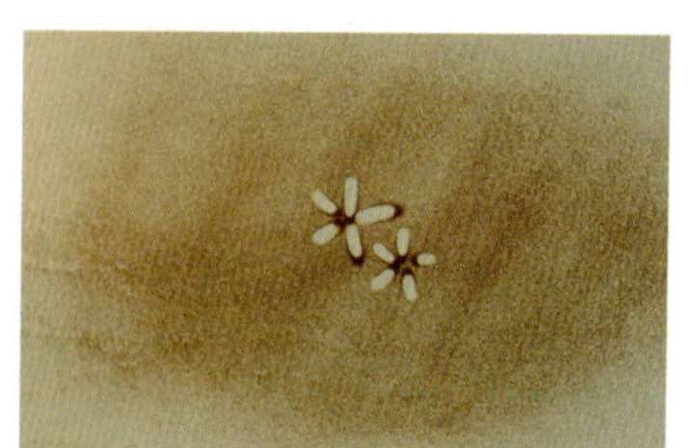

4 반복해서 꽃을 더 그린다.

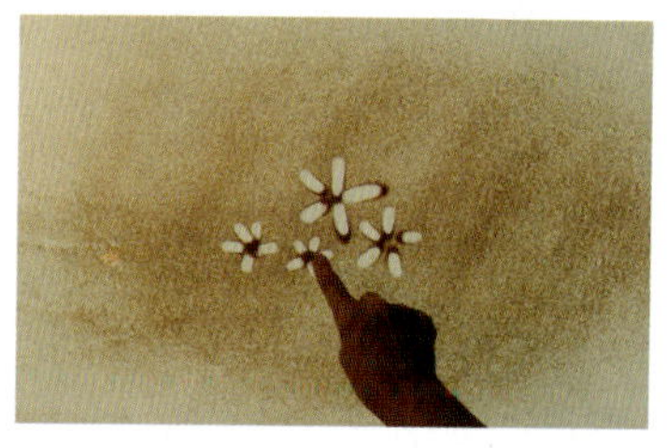

5 꽃이 하나둘 늘어나면 작은 꽃도 그린다.

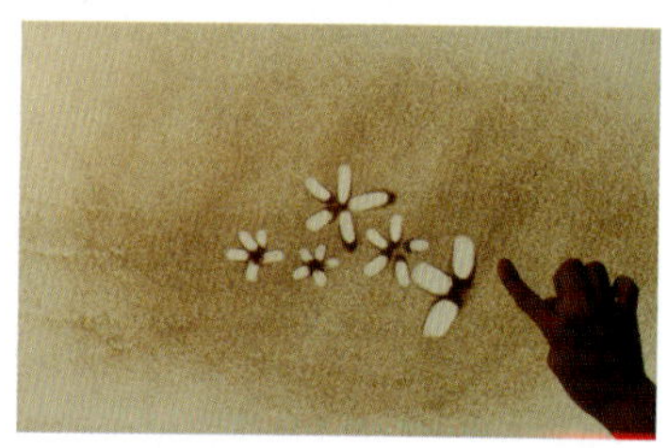

6 앞쪽에 더 큰 꽃도 그린다.

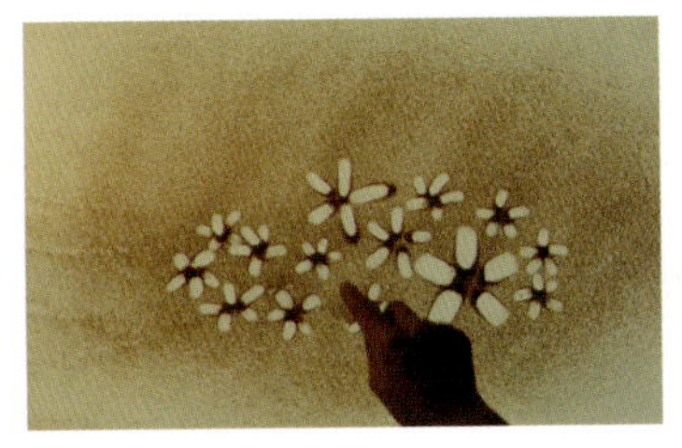

7 크기가 다른 꽃을 몇 개 더 그린다.

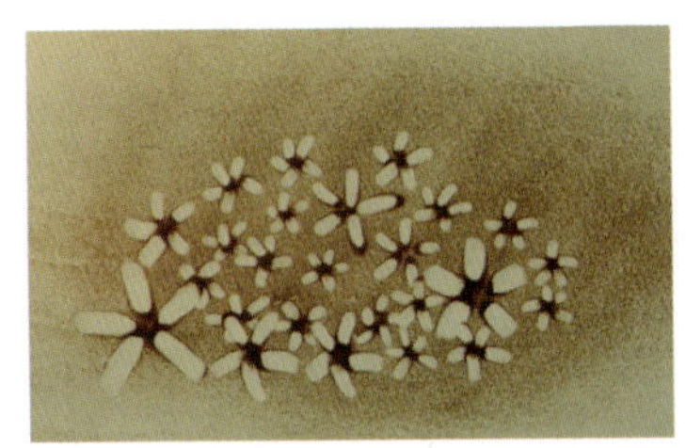

8 검지 하나만을 사용하여 예쁜 꽃밭을 그렸다.

꽃 크기에 차이를 두면서 그리면 큰 꽃은 가까워 보이고 작은 꽃은 멀어 보이는 원근감으로 생동감이 느껴지는 꽃밭이 된다.

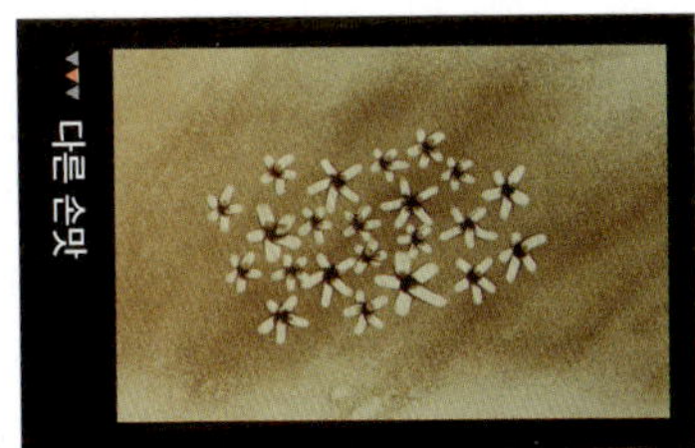

▶ 다른 손맛은 샌드아트 입문자가 그린 그림이다. 굳이 작가가 제시한 그림과 똑같이 그릴 필요는 없다. 꾸준히 연습하면 작가 못지않게 좋은 작품을 그릴 수 있다.

엄지 터치 표현

엄지는 손가락 중에서 가장 힘이 좋다. 손가락을 자유롭게 움직이면서 흔들림 없는 선 긋기를 해야 할 때는 엄지를 사용하면 실수 없는 표현이 가능하다. 고래를 그리며 엄지 터치 표현을 배워본다.

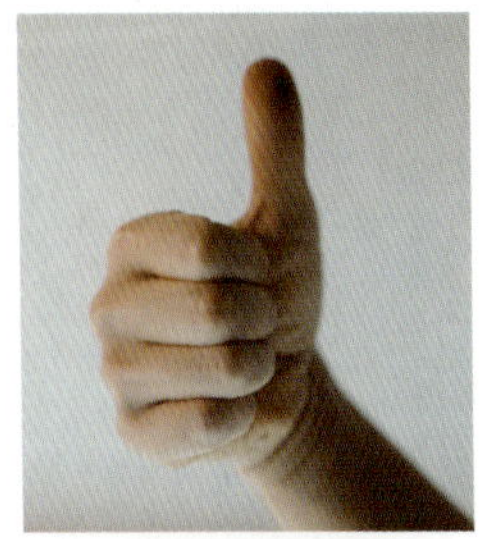

<u>how to make!</u>

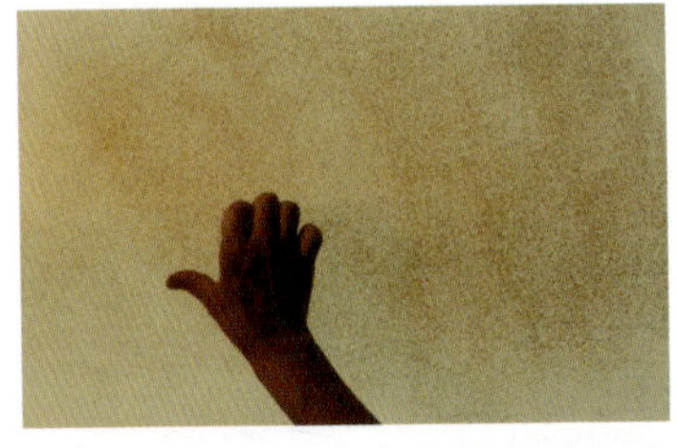

1 흩뿌리기를 하고 엄지 지문을 샌드테이블에 갖다 댄다.

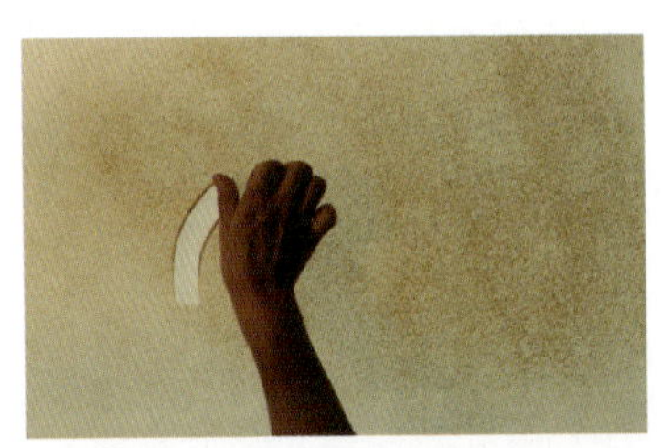

2 짧은 선으로 고래 머리를 둥글게 그린다.

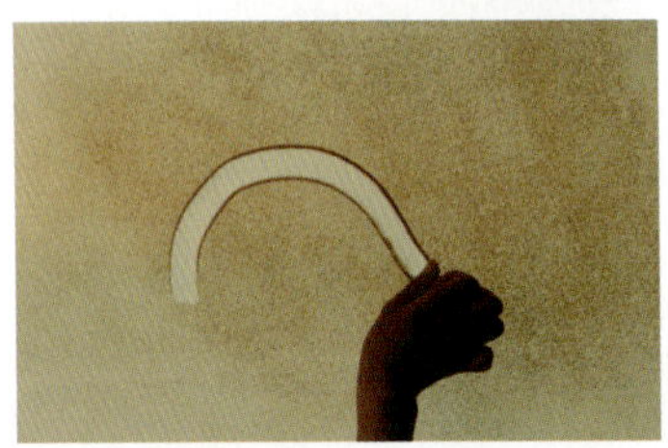

3 반원을 크게 그리며 옆으로 이동한다.

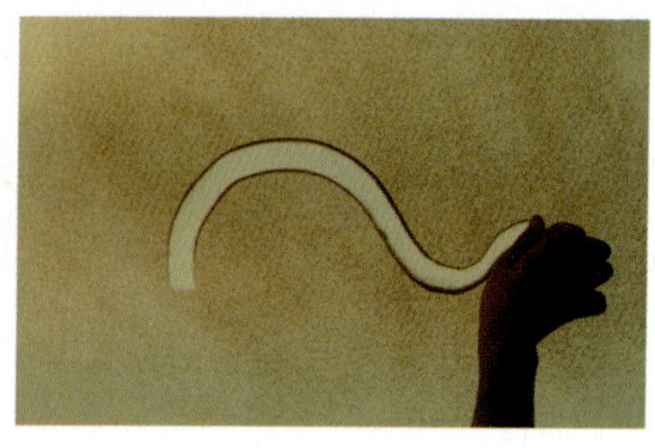 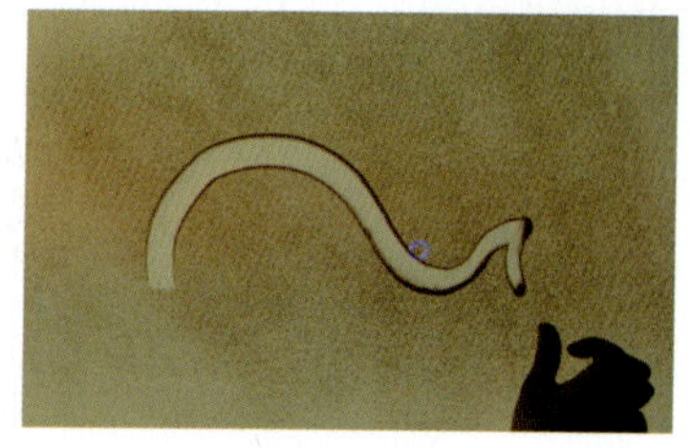 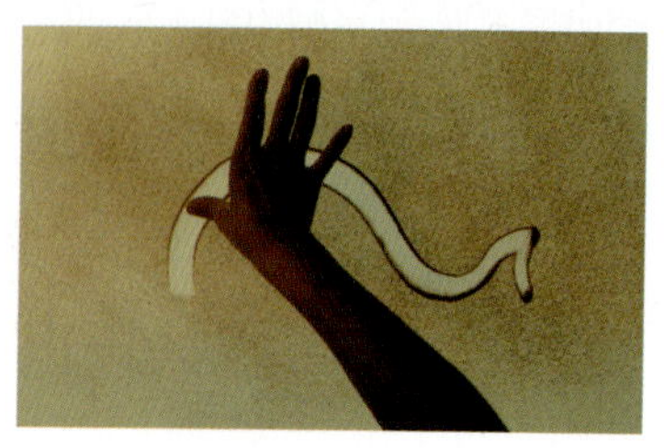

4 작은 반원을 그리며 선을 올려 긋는다.

5 끝을 내려 고래 꼬리를 그리고 선을 정리한다.

6 반원 안쪽 모래를 아래로 밀어 정리한다.

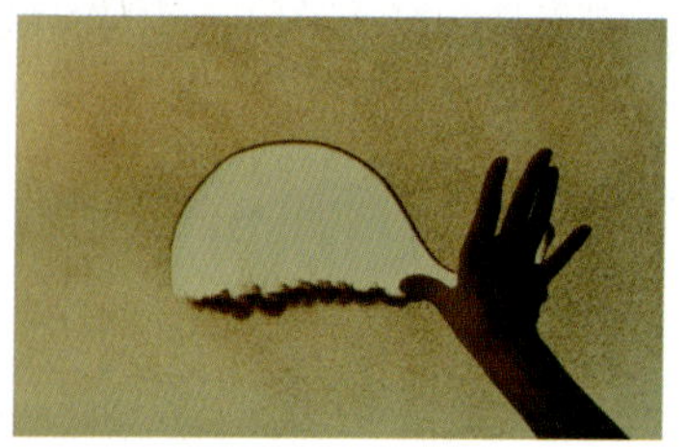 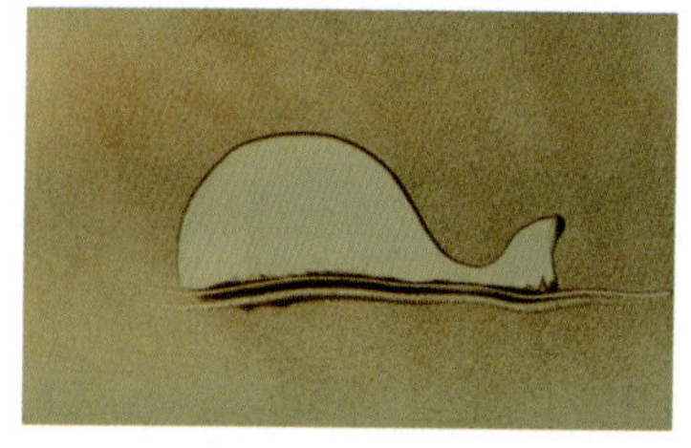 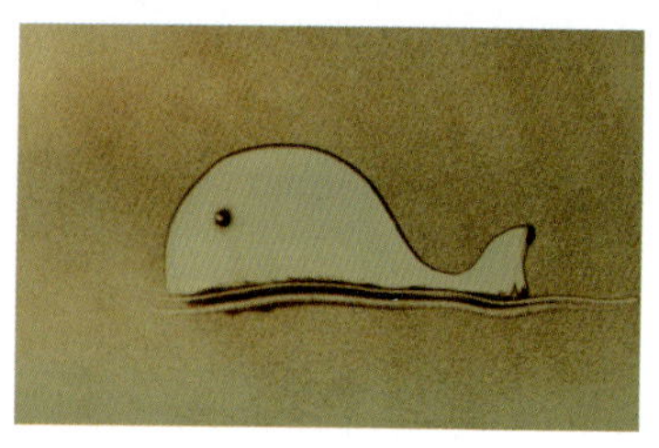

7 반원 아래가 비워지도록 남은 모래도 밀어 내린다.

8 모래가 모여 있는 아래쪽을 손톱으로 가로 선 몇 줄을 긋는다.

9 마지막으로 놓기로 눈을 그리면 고래가 완성된다.

넓은 면을 비워가며 그려야 하는 고래를 엄지로 표현해 보았다. 고래 등에 물줄기를 그려 넣어 생동감 있는 고래를 연출해보는 것도 좋다.

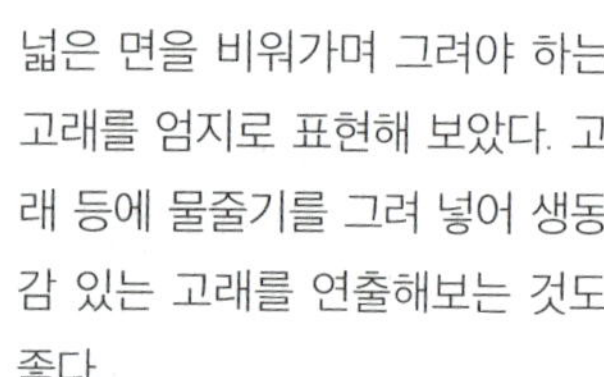

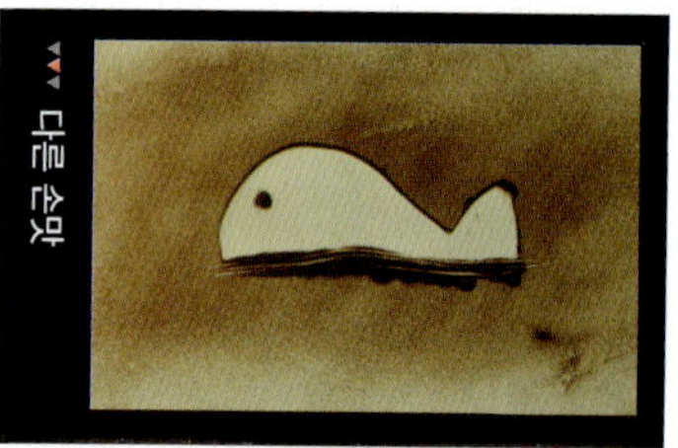

새끼손가락 손톱 터치 표현

새끼손가락은 손가락보다 손톱을 많이 사용한다. 가는 선을 표현하는데 손톱만 한 것이 없다. 가는 선을 표현하고자 도구를 사용하면 오히려 깔끔한 선을 만들어내기 어려우므로 새끼손가락 손톱으로 연습하기를 권한다.

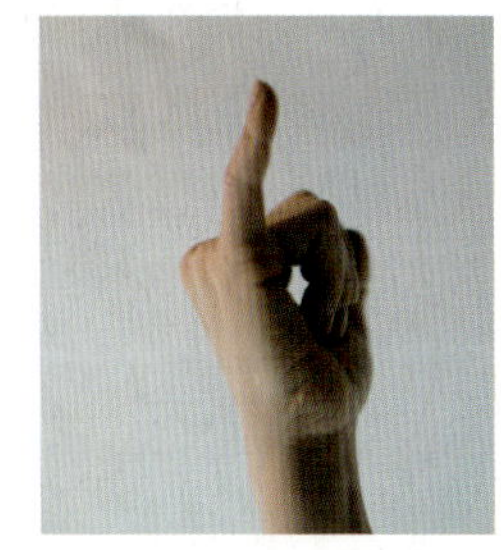

how to make!

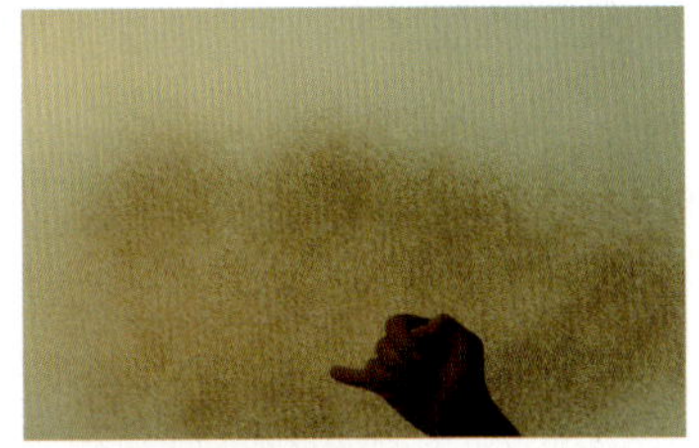

1 흩뿌리기를 하고 새끼손가락 손톱을 시작점에 갖다 댄다.

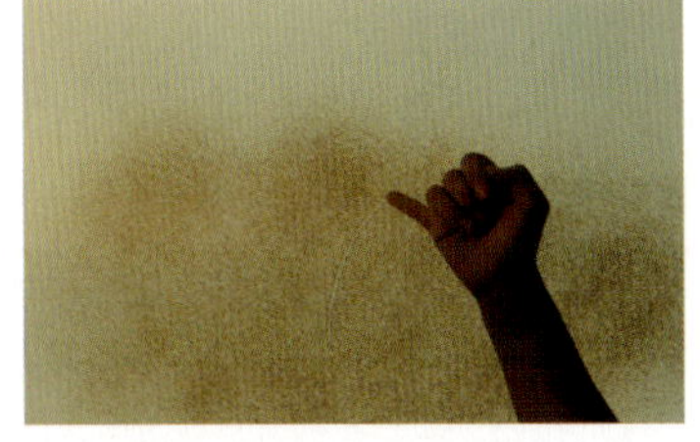

2 새끼손가락 손톱으로 위로 쭉 선을 긋는다.

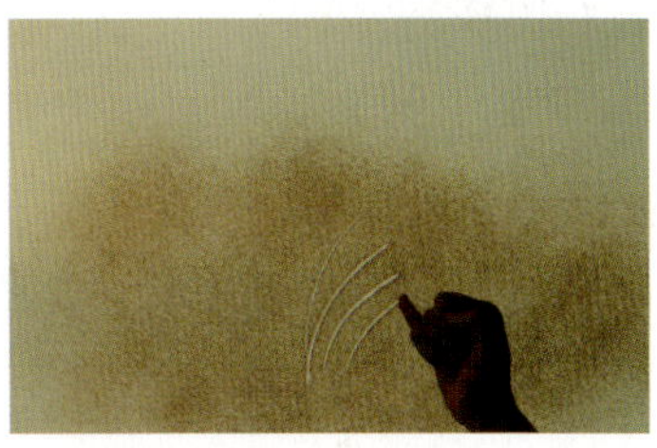

3 길이가 다른 몇 개의 선을 더 그어 올린다.

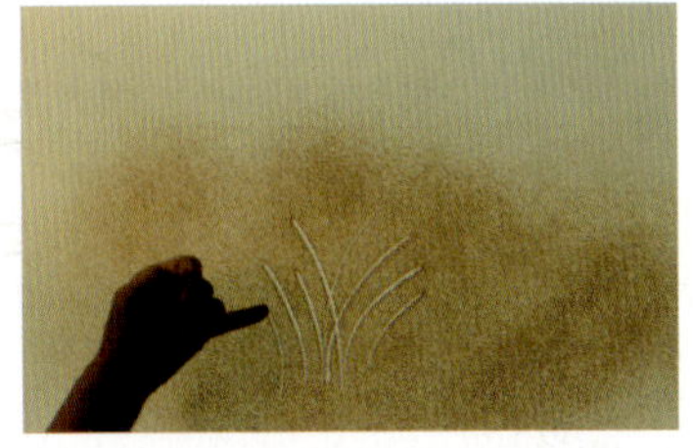

4 왼손 새끼손가락 손톱으로 선을 그어 올린다.

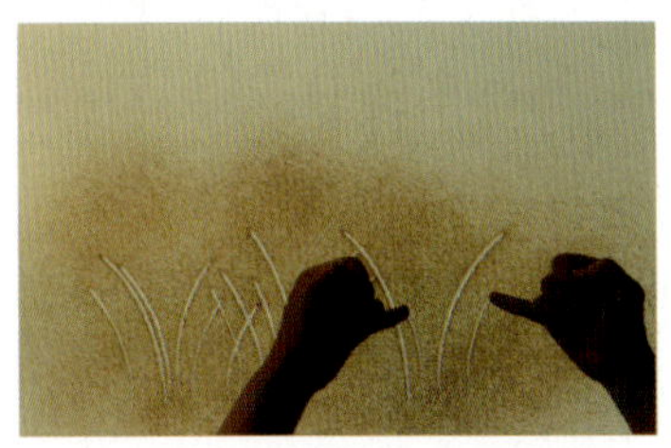

5 양손으로 길이가 다른 몇 개의 선을 더 그어 올린다.

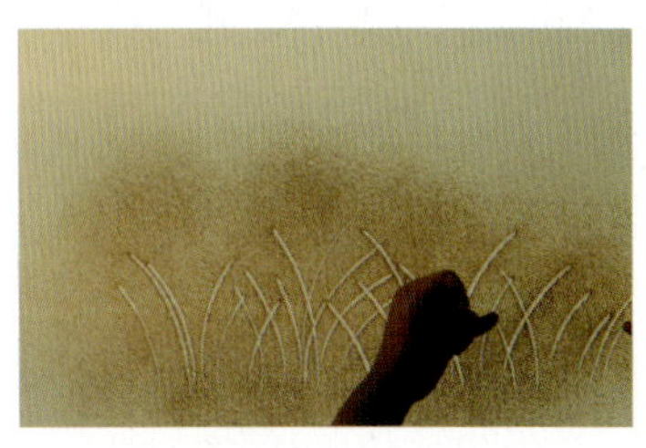

6 풍선한 컷을 위해 선을 몇 개 더 그어 올린다.

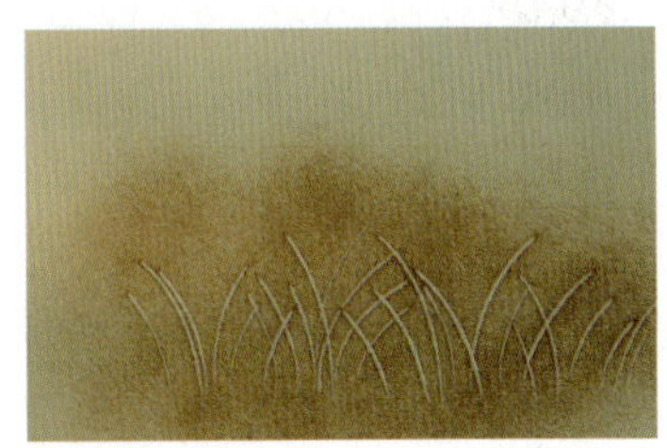

7 새끼손가락 손톱으로 풀숲이 쉽게 완성된다.

풀숲을 활용해 갈대밭이나 꽃밭을 연출하기도 한다. 손톱이 짧으면 선 긋기가 어려울 수 있으니 새끼손가락 손톱 하나 정도는 약간 길러두는 것이 좋다.

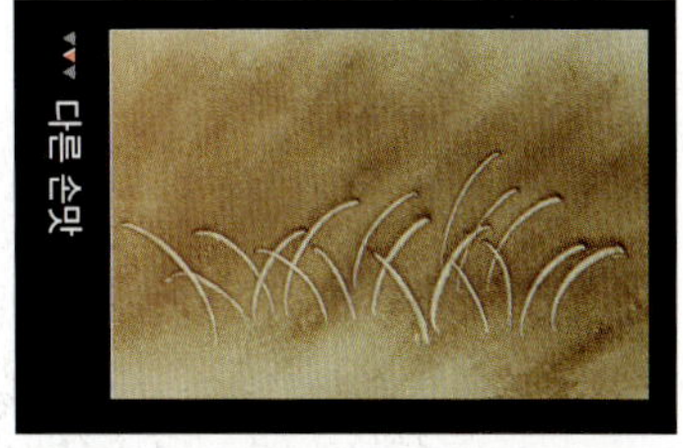

3. 손가락 외 터치 표현

그림을 그릴 때 붓 대신 손가락을 사용하기도 한다. 그리고 찰흙공예를 할 때도 손바닥을 사용한다. 하지만 그 외에 다른 손 부분을 사용하는 일은 극히 드물다. 샌드아트에서는 좀 더 적극적으로 손목이나 손날까지 사용해 그림을 그린다.

손목 바닥 터치 표현

손목과 손바닥이 만나는 지점의 살을 바닥에 문지르면서 만들어내는 터치이다. 손목 바닥에 굴곡이 있으므로 모래 잔상이 자연스럽게 남는다. 깔끔한 터치를 하려면 조금 더 힘을 주면 된다.

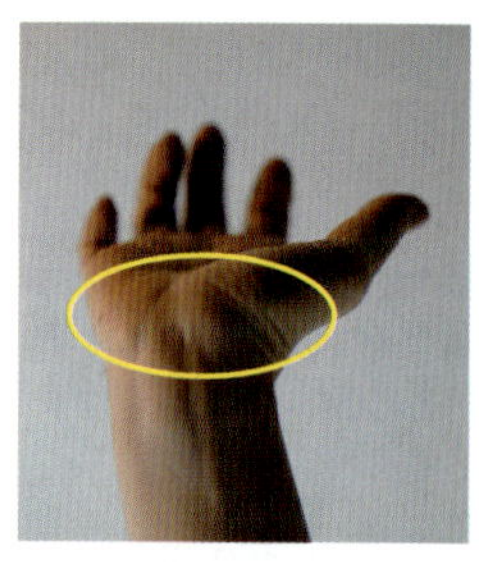

how to make!

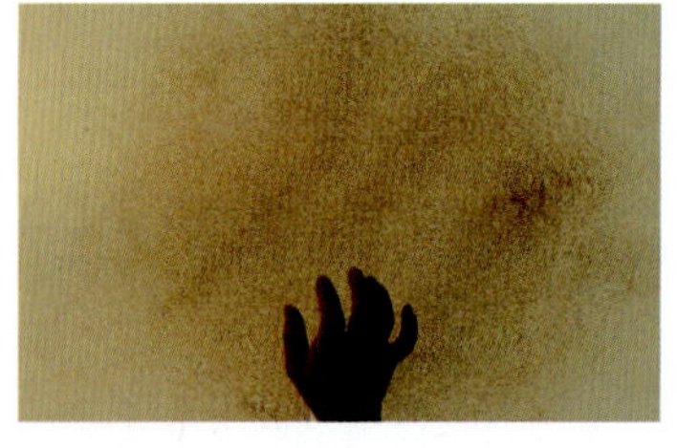

1 손목 바닥을 샌드테이블 위 시작점에 갖다 댄다.

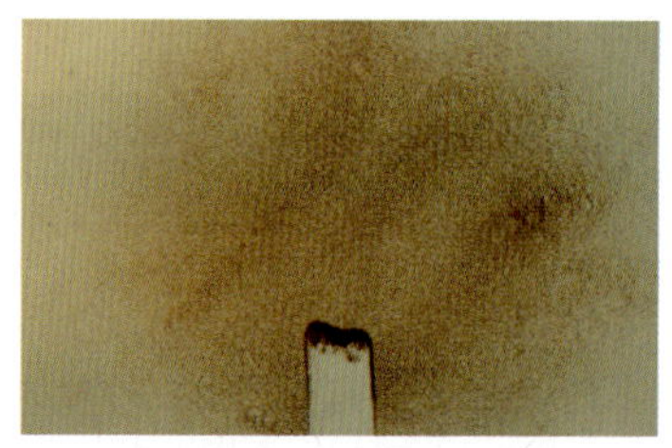

2 손목 바닥을 위로 쭉 밀어 올린다.

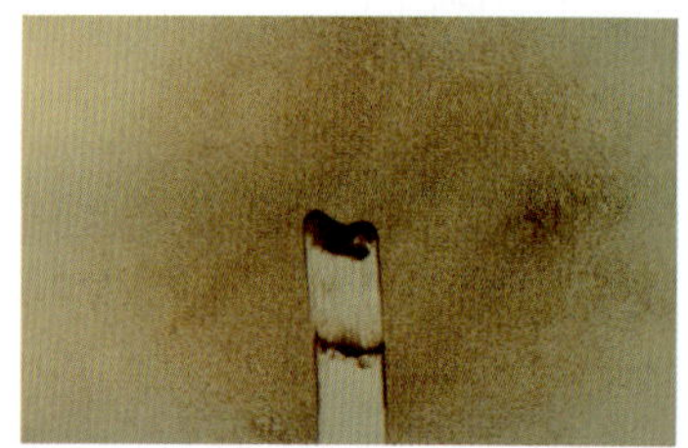

3 약간 간격을 두고 손목을 밀어 올려 짧은 면 하나를 더 만든다.

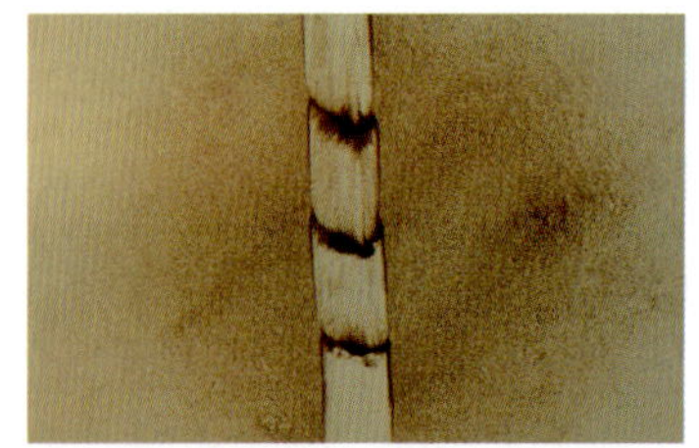

4 간격을 두고 손목을 밀어 올려 짧은 면 몇 개를 더 만든다.

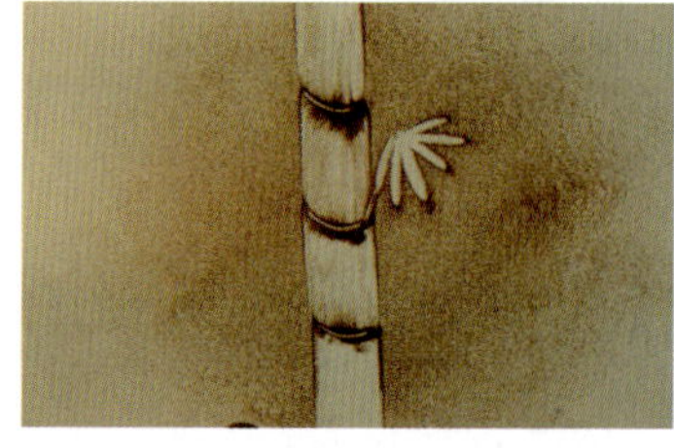

5 마디에 손톱으로 선을 긋고, 선 위에 손가락으로 잎을 그린다.

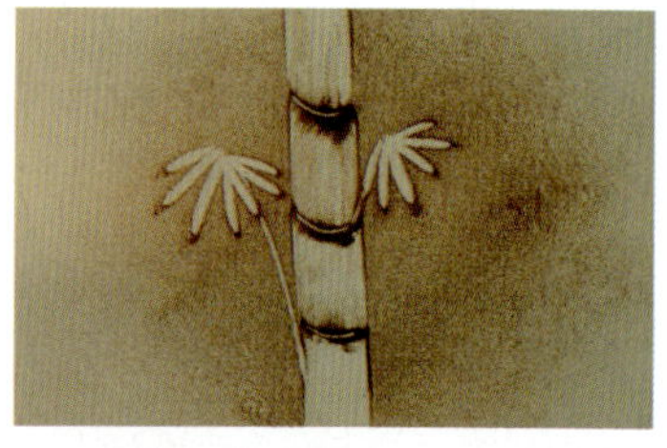

6 반대편에 잎을 하나 더 그리면 대나무가 완성된다.

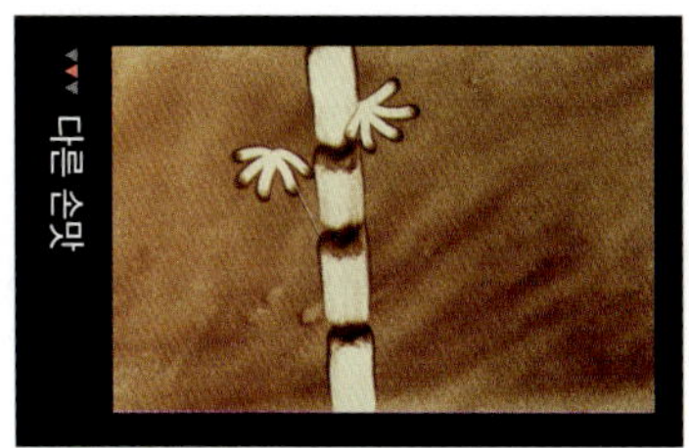

손가락으로 작은 대나무 잎 몇 개를 더 그려도 좋고 손목으로 대나무 몇 그루를 더 만들어도 좋다. 대나무 마디에 그러데이션을 표현해 생동감이 느껴지도록 하는 것도 좋다.

주먹 터치 표현

새끼손가락을 아래로 향하게 해 주먹을 쥐고 바닥에 문지르면 다양한 터치 표현을 만날 수 있다. 터치는 힘을 주었을 때와 힘을 빼고 문질렀을 때 각각 다르게 나타난다. 기억해 두었다가 자신만의 그림을 그리면 된다.

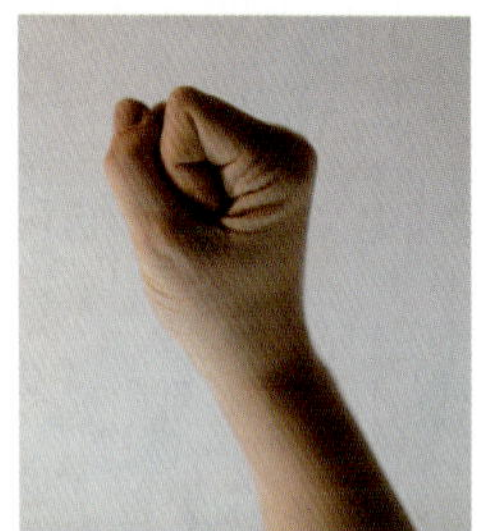

how to make!

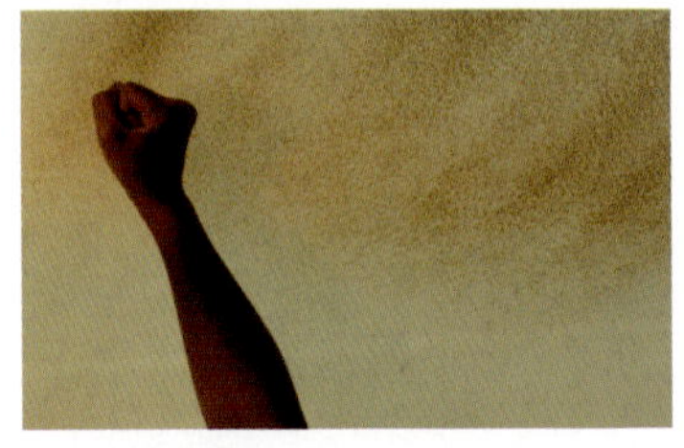

1 위쪽에 옅은 흩뿌리기를 하고 주먹을 갖다 댄다.

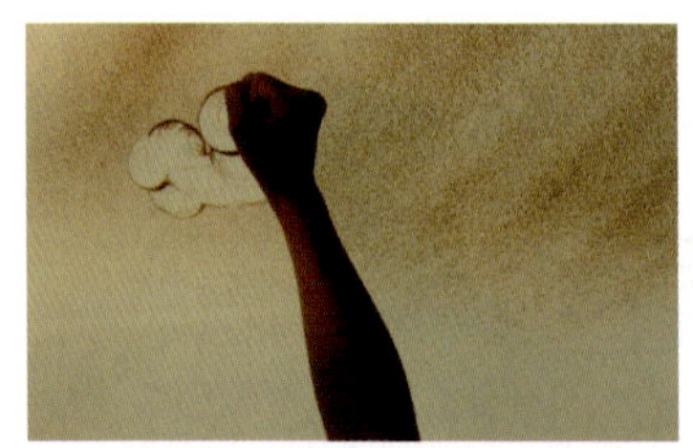

2 주먹으로 원을 그리듯 둥글게 문지르면서 옆으로 이동한다.

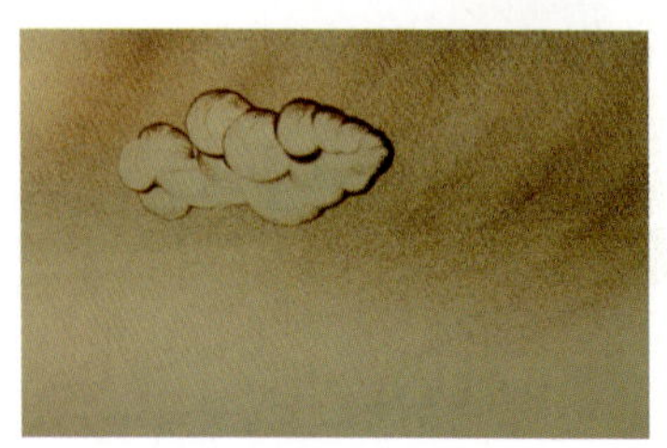

3 큰 구름이 만들어진다.

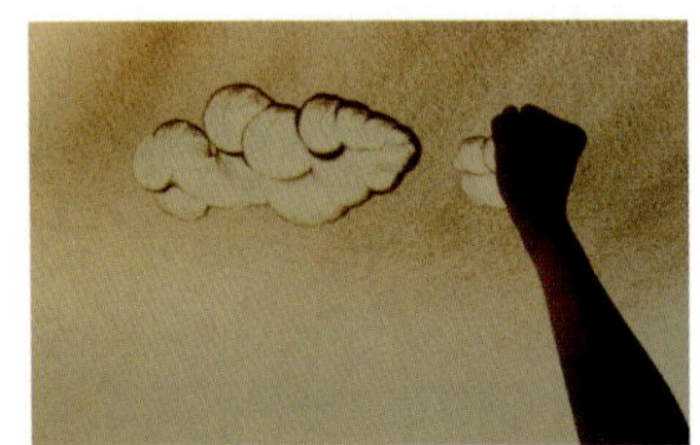

4 구름 옆에 주먹으로 작게 문지르면서 옆으로 이동한다.

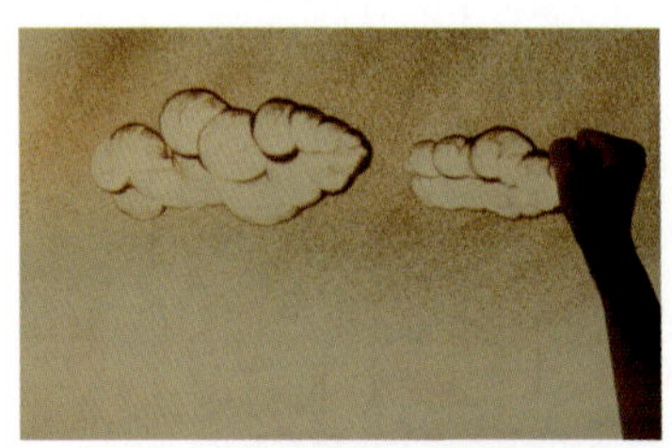

5 작은 뭉게구름이 만들어진다.

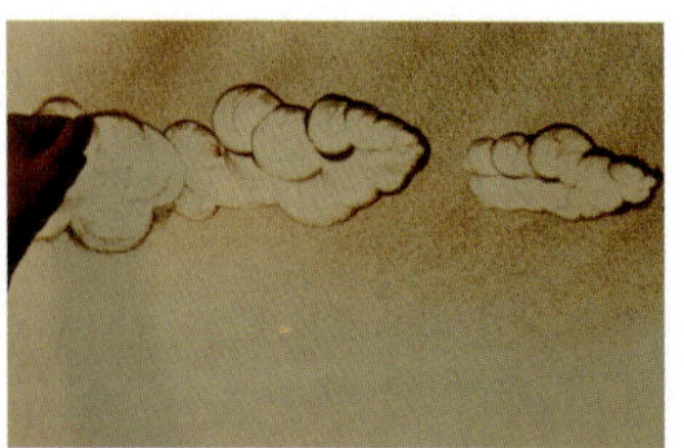

6 구름 아래에 모래를 옅게 흩뿌린다.

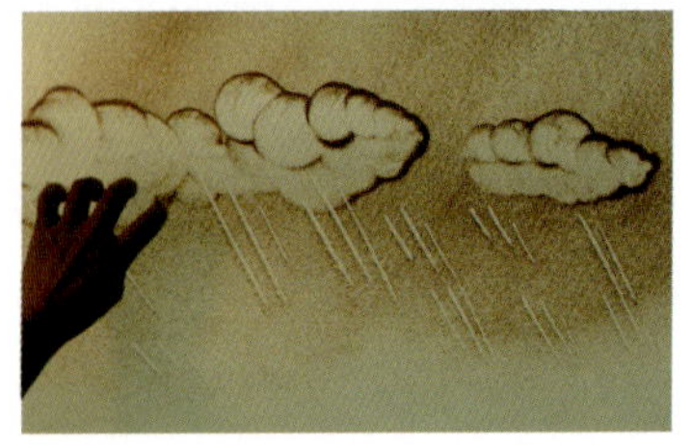

7 손톱으로 빗금을 그려 넣어 비를 표현한다.

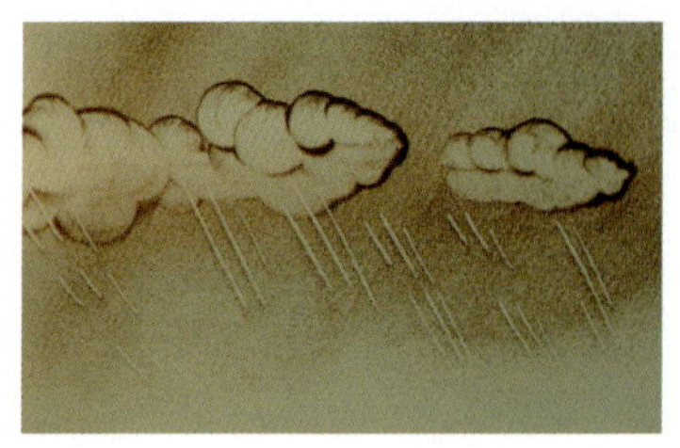

8 구름 낀 하늘에서 비 내리는 컷이 완성된다.

추가로 비 내리는 구름 아래에 빗물이 고여 있는 장면을 연출해도 좋다. 우산이나 풀숲 또는 큰 나뭇잎을 그려 넣으면 또 다른 느낌이 된다. 주먹을 꾹 눌러 발바닥 모양을 찍기도 하고, 구름을 길게 문질러 굴뚝 연기를 표현할 수도 있다.

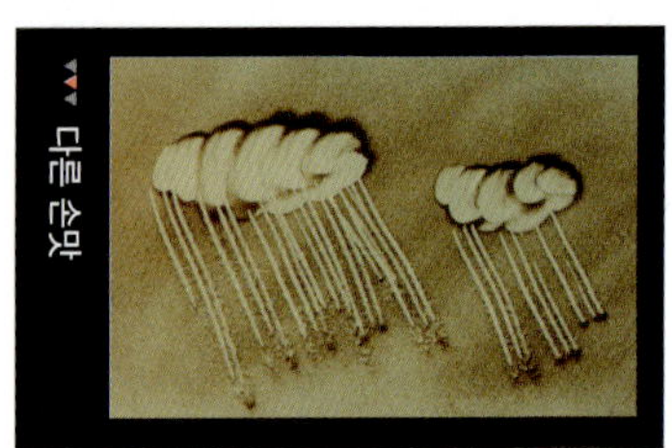

손날 터치 표현

손날은 샌드아트를 그릴 때 사용하는 손 부분 중 가장 넓은 면이다. 손목 바닥처럼 손날 역시 굴곡이 있어 힘을 주거나 뺐을 때 터치 표현이 다르게 나타난다. 손날을 이용해 다양한 그림을 그릴 수 있다.

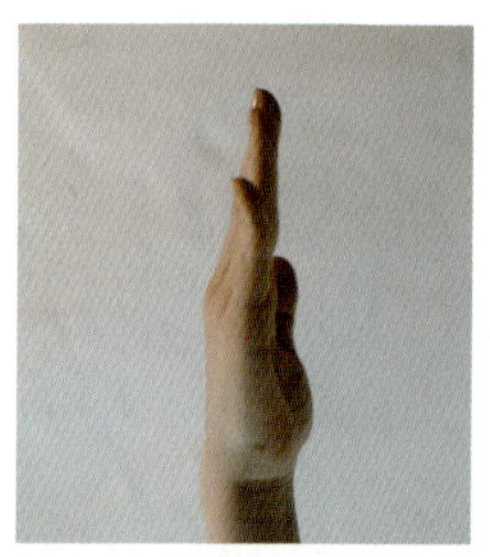

how to make!

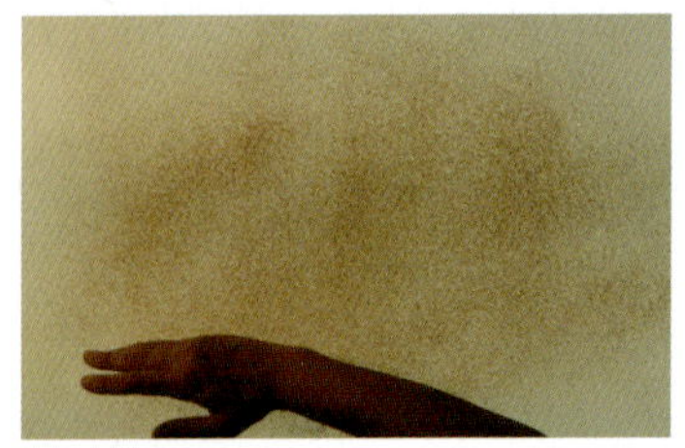

1 손날을 모래 위에 갖다 댄다.

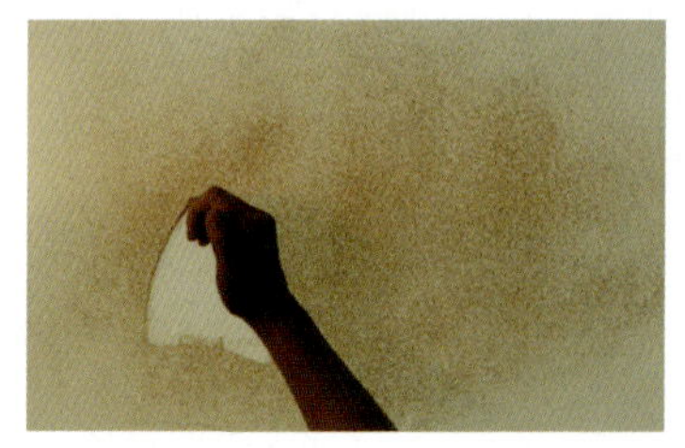

2 손가락을 살짝 접고 팔 전체를 움직여 둥글게 올린다.

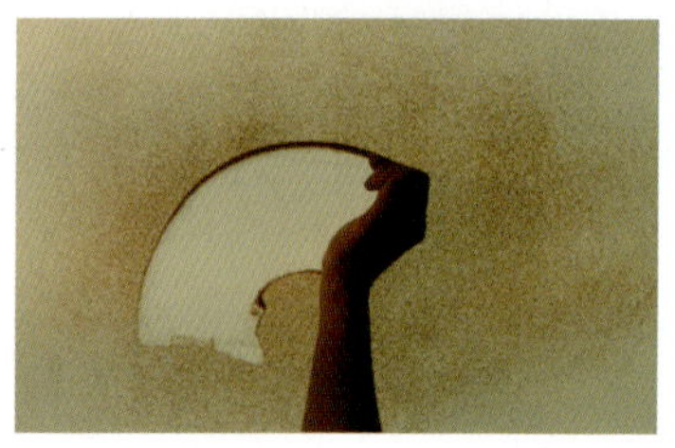

3 좌우 대칭이 되도록 아래로 내린다.

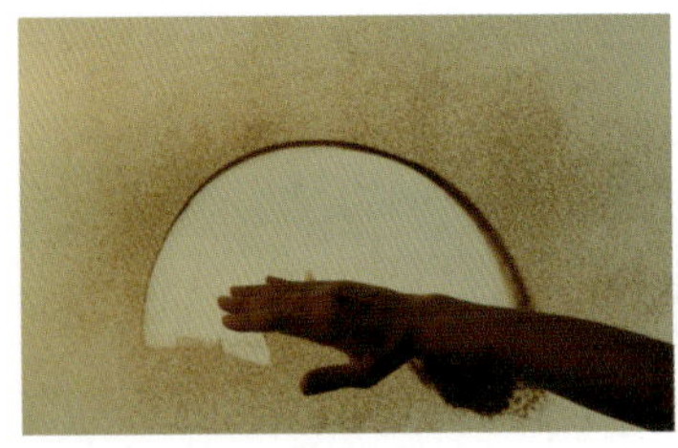

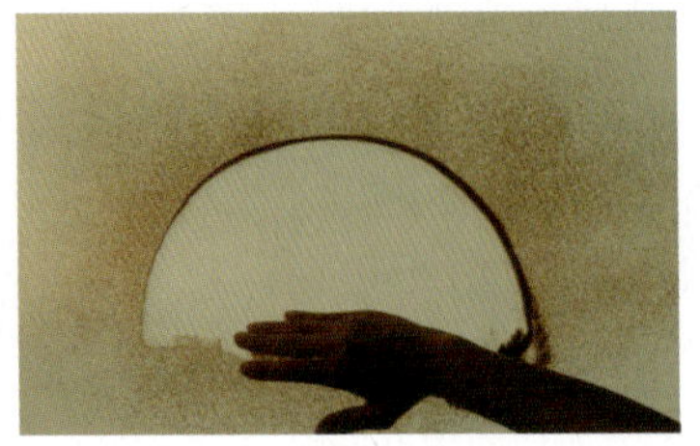

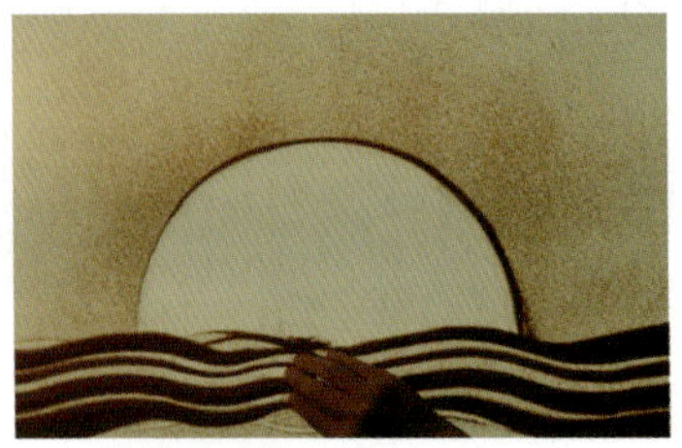

4 가운데 남은 모래는 아래로 내려 비운다.

5 모래를 아래로 비우면 반원이 된다.

6 손가락을 모아 가로 긁기로 모래를 가져와 물결을 만든다.

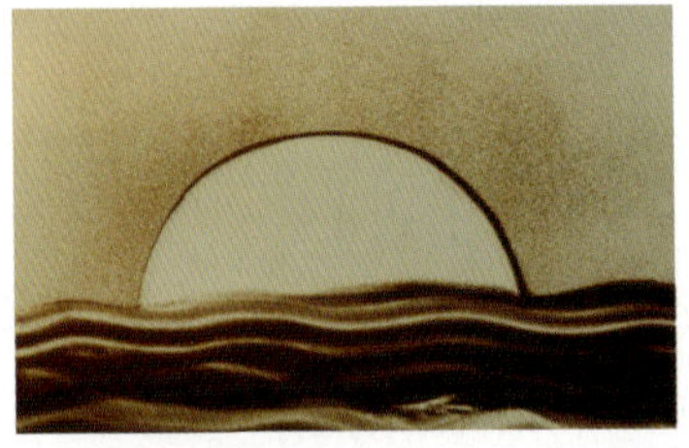

7 바다에서 해가 떠오르는 일출이 완성된다.

손날은 크고 둥근 형태를 표현 하거나 넓은 길을 표현할 때 사용한다. 장면 전환 시 화면을 빠르게 비울 때 유용하게 쓰인다.

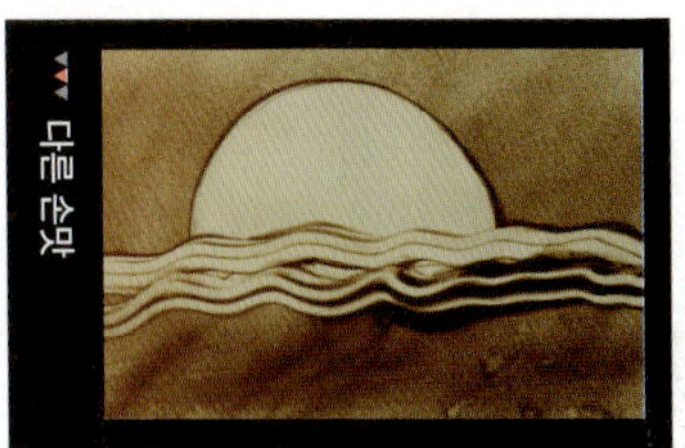

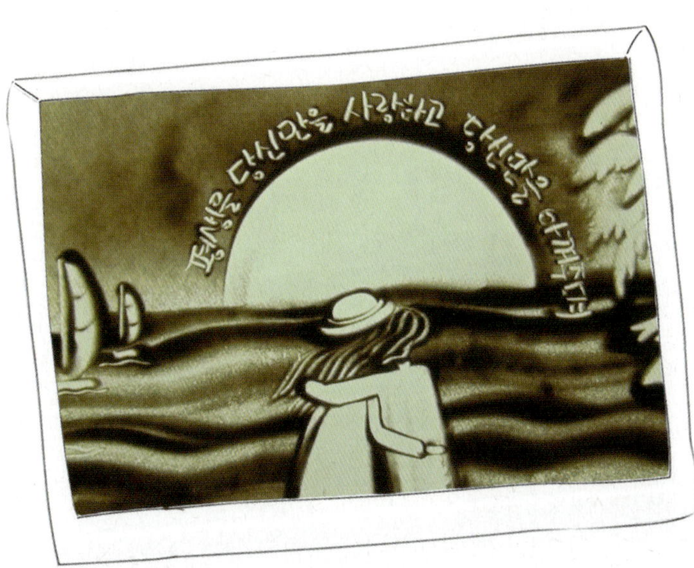

Section 03

선 긋기

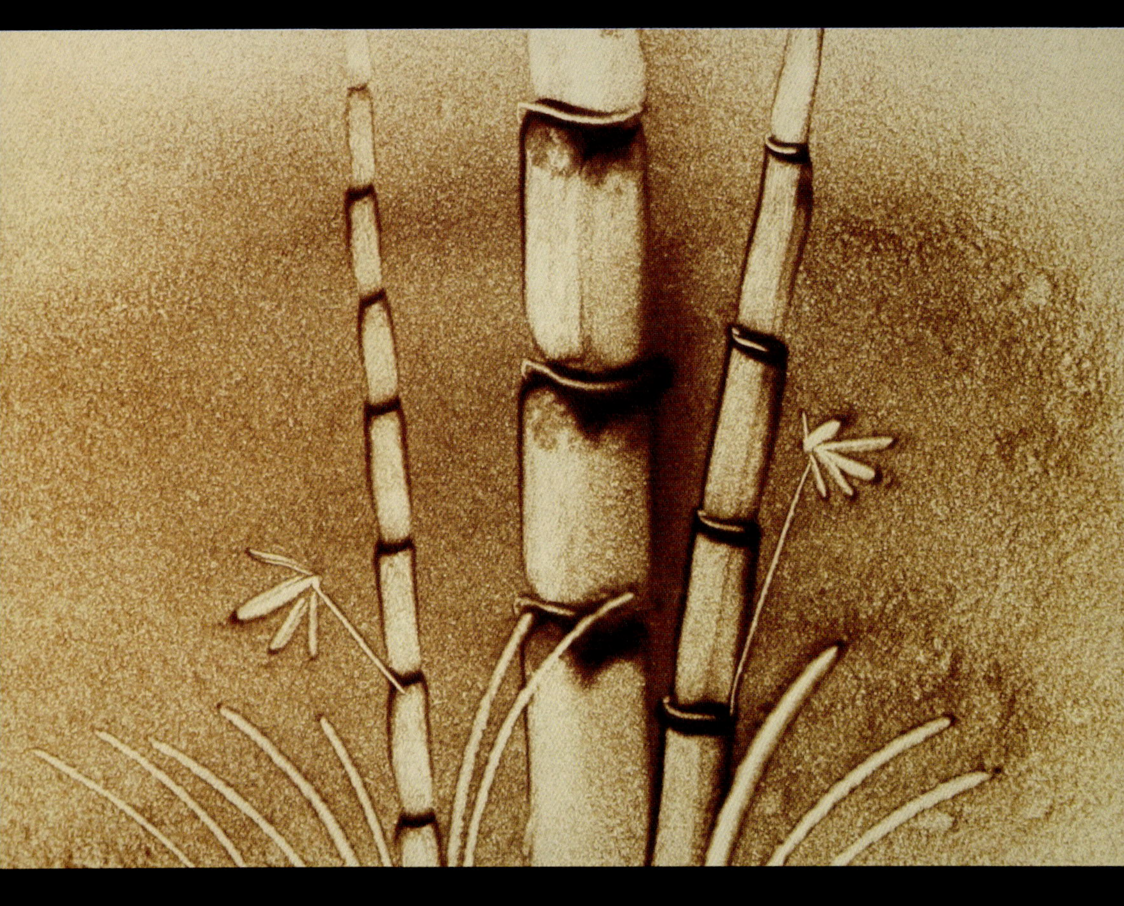

샌드아트에서 선 긋기는 기본 중의 기본이다. 선을 자유롭게 그릴 수 있으면 어떤 그림이든 가능하다. 기초단계에서 선 긋기를 잘 익혀 두면 그림에 자신감이 생기고 샌드아트를 훨씬 더 즐길 수 있다. 손가락 힘을 길러 흔들림 없는 그림을 그릴 수 있도록 연습해야 한다.

1. 단순 선 긋기

샌드아트에서 가장 많이 쓰이고 활용도가 높은 것은 선 긋기이다. 선 긋기는 체험을 할 때 일반적으로 가장 쉽게 접근하는 행동 중 하나다. 단순한 선 긋기 몇 개로도 소박한 한 컷의 그림이 되기도 한다. 잘해도 한 작품이 완성되기 때문에 선 긋기는 단순해보여도 매우 중요한 기초이다.

직선

직선은 인공물을 그릴 때 많이 쓴다. 가로 직선은 일정한 높이를 유지하고 세로 직선은 일정한 간격을 유지하면서 굴곡 없이 깔끔한 선을 그릴 수 있어야 한다.

how to make!

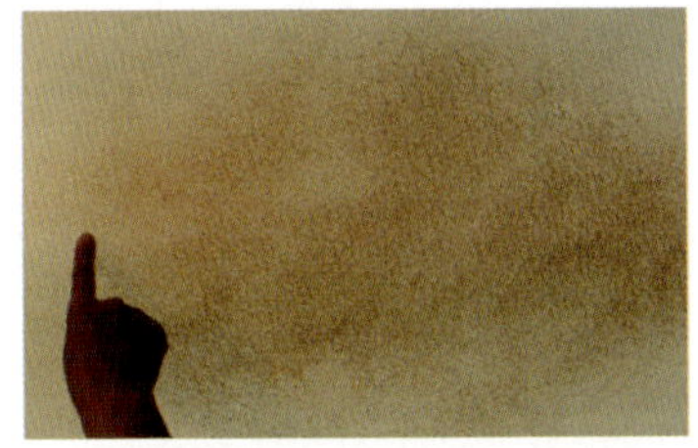

1 샌드테이블 왼쪽에 손가락을 갖다 댄다.

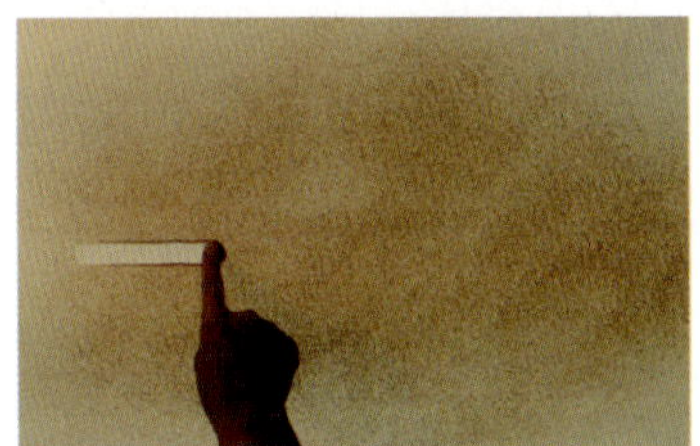

2 모래를 옆으로 밀면서 직선을 긋는다.

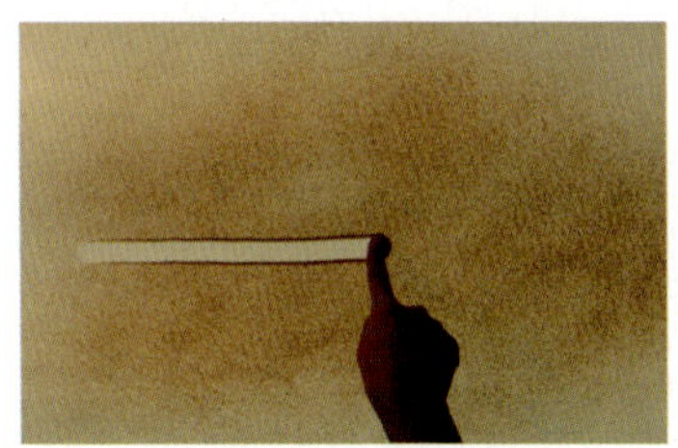

3 선이 수평을 이룰 수 있도록 팔 전체를 움직인다.

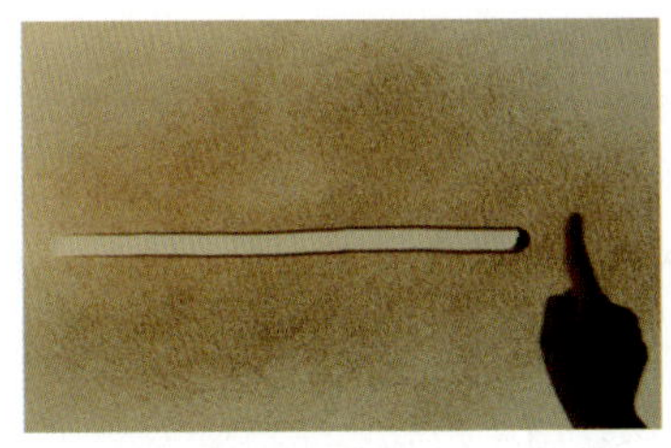

4 직선이 완성된다.

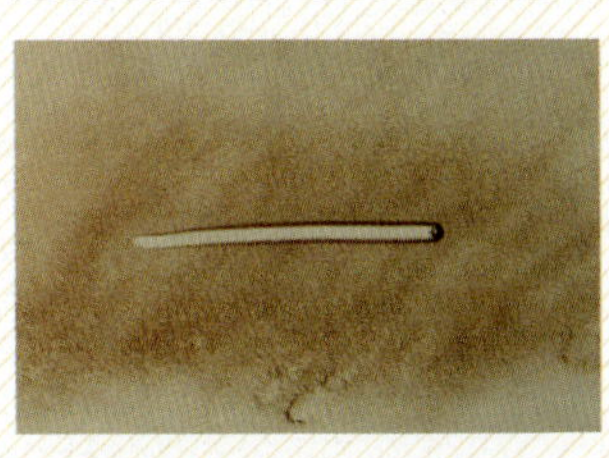

따라 해 볼까요!

고른 직선을 유지하려면 팔 전체를 써야 한다. 팔을 움직이지 않고 손목만 움직이면 원하는 길이의 직선보다 짧아질 수 있다.

직선 활용

높낮이와 크기를 일정하게 유지하는 것이 포인트이다. 직선을 활용해 각진 도형 그리기를 많이 연습하면 그림을 그리는 속도가 좀 더 빨라진다.

how to make!

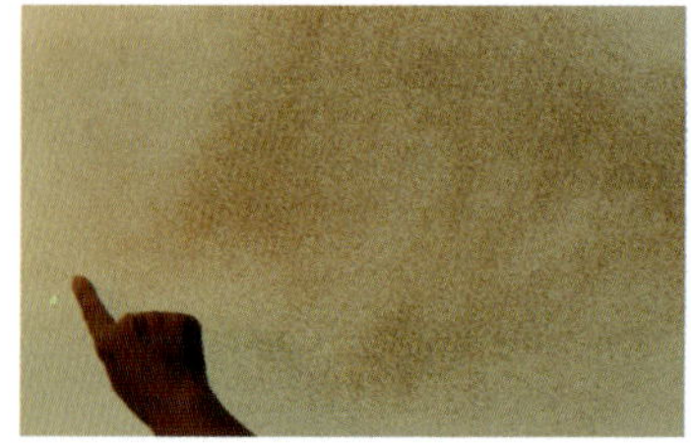

1 검지를 시작점에 갖다 댄다.

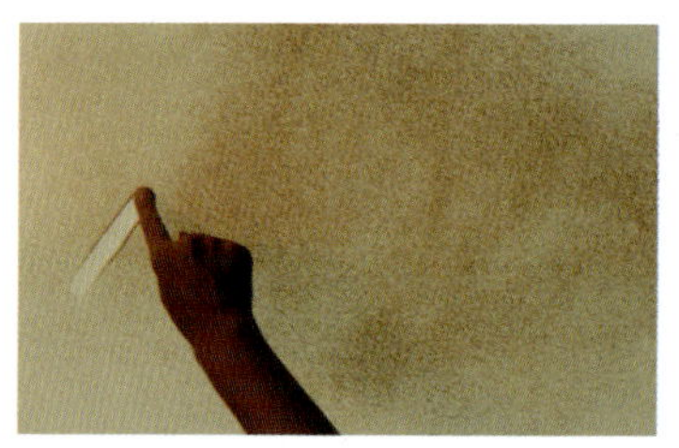

2 팔 전체를 움직여 사선으로 선을 긋는다.

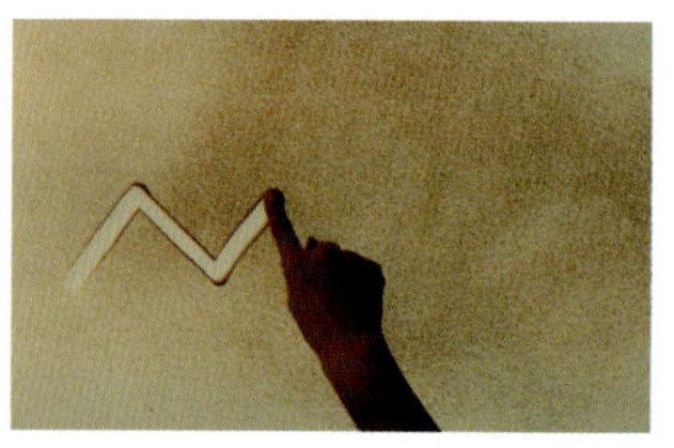

3 팔 전체를 움직이며 사선으로 내리고 다시 올린다.

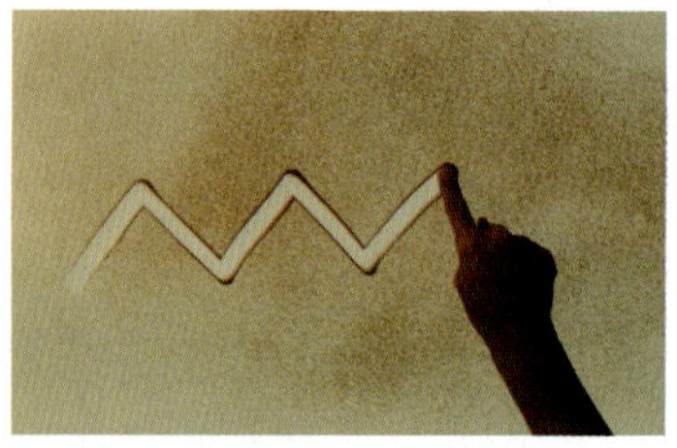

4 선 간격과 길이와 각도를 맞춰 선을 긋는다.

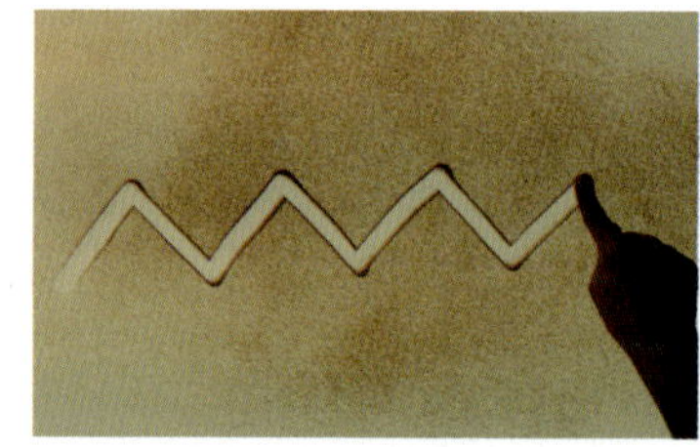

5 일정한 모양의 지그재그로 그은 선이 완성된다.

따라 해 볼까요!

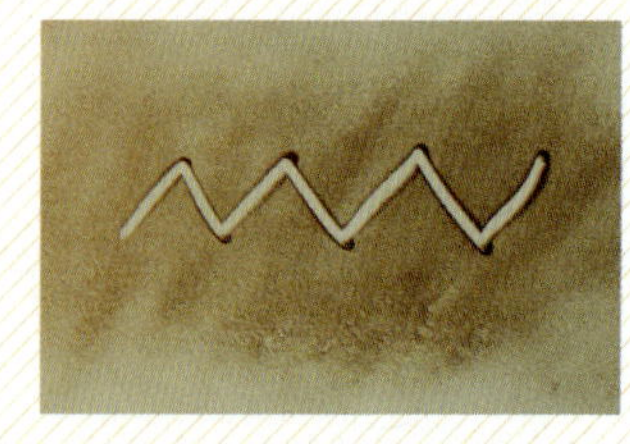

팔 전체를 쓰지 않고 손가락이나 손목만으로 그리면 크기가 일정해지지 않는다. 팔 전체를 이용해 간격이나 높이를 확인하면서 그리면 일정한 모양을 그릴 수 있다.

곡선

곡선은 쉬운 듯 까다롭다. 가장 높은 지점을 중심으로 좌우 대칭이 될 수 있도록 그려야 한다. 선을 긋는 동안 대부분 손가락 끝만 보게 되는 것이 일반적이다. 선이 그어지는 공간 전체를 보면서 선을 그어야 원하는 곡선을 그을 수 있다.

how to make!

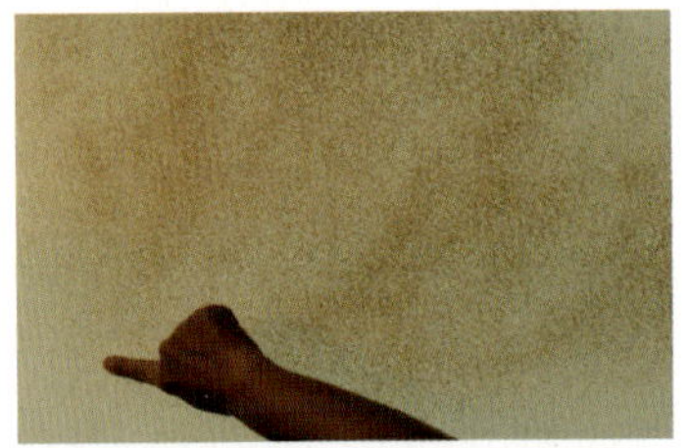
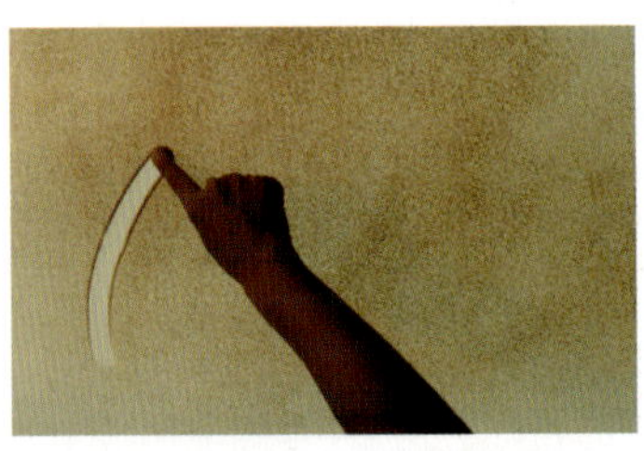
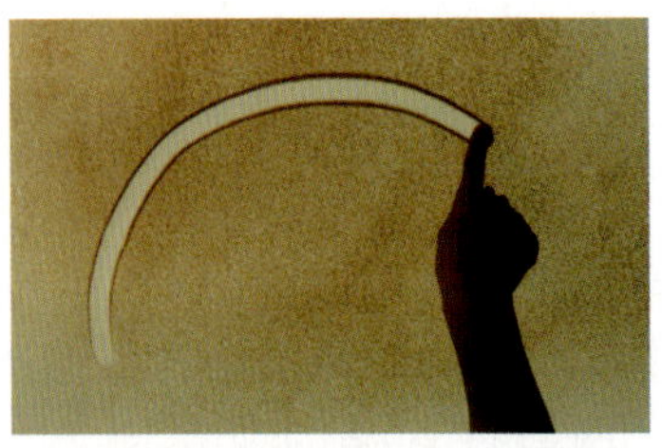

1 곡선 높이를 생각하며 손가락을 시작점에 갖다 댄다.

2 선을 둥글게 올려 그린다.

3 좌우 대칭이 되도록 하여 천천히 내린다.

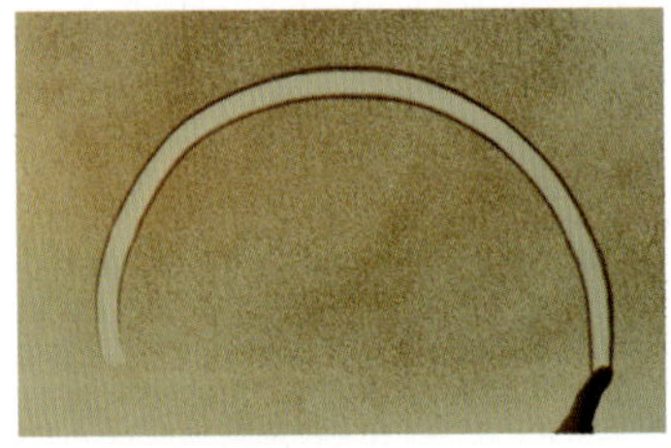

4 곡선이 완성된다.

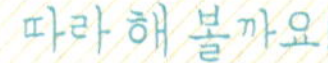
따라 해 볼까요!

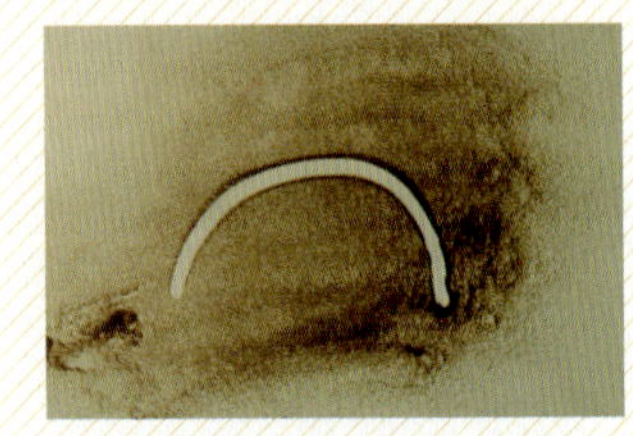

팔 전체를 움직이지 않거나 좌우 대칭을 고려하지 않으면 일그러진 곡선이 된다.

곡선 활용

곡선은 리듬감이 느껴지는 선이다. 올라간 만큼 내려오는 포물선과 내려간 만큼 올라가는 포물선이 반복되어 자연스러운 곡선이 된다. 반복되는 동안 높낮이를 확인하며 일정한 높이로 선을 긋는 것이 포인트다. 배경 패턴이나 물결 표현 등으로 많이 쓰인다. 곡선을 활용해 둥근 도형을 많이 연습하면 그림을 그리는 속도가 좀 더 빨라진다.

how to make!

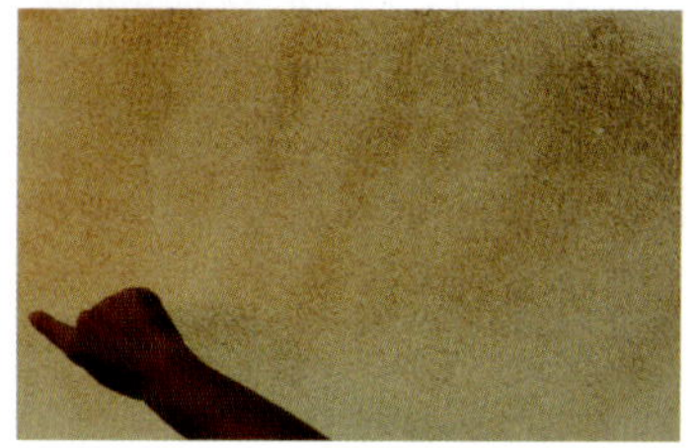

1 손가락을 샌드테이블에 갖다 댄다.

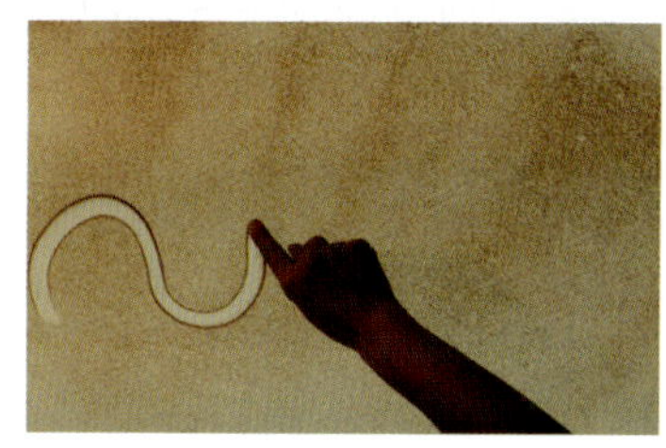

2 팔 전체를 올리고 내리며 곡선을 그린다.

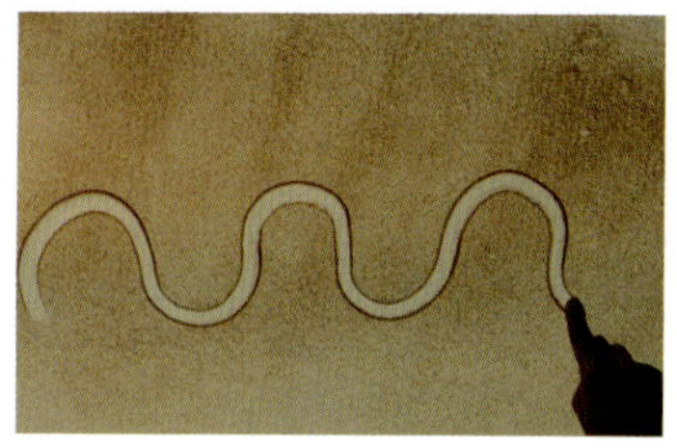

3 이어 내리기와 이어 올리기를 반복한다.

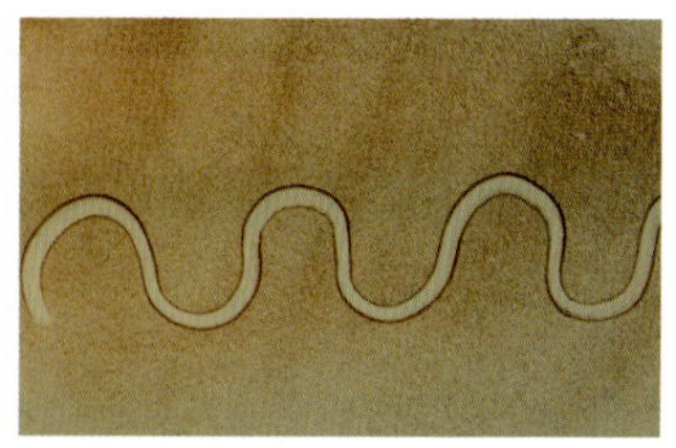

4 꼬불꼬불한 선이 완성된다.

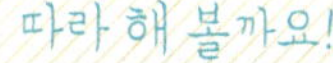
따라 해 볼까요!

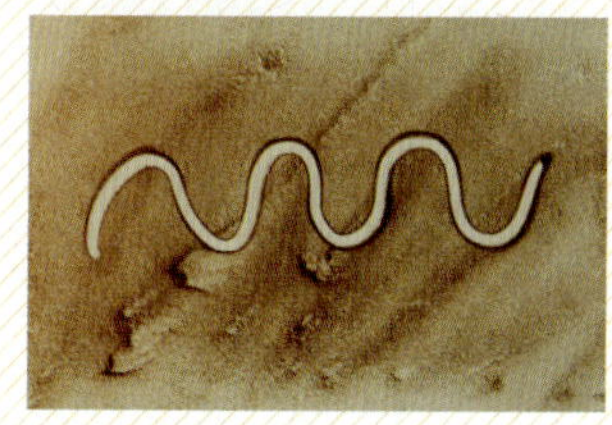

곡선이 일정한 간격과 높이를 유지하도록 차분하게 그리며 연습해야 한다.

2. 점선 긋기

점선 긋기는 배경 패턴이나 세부 묘사를 할 때 많이 쓰인다. 단순한 점선 긋기라 쉽다고 대충 빨리빨리 그리는 습관은 좋지 않다. 일정한 두께와 간격, 힘 조절이 필요한 기법이다. 손에 익을 때까지 천천히 반복 연습하는 것이 중요하다.

가는 점선

가는 점선은 새끼손가락으로 표현한다. 손가락을 강하게 누르면 점선이 굵어지기 때문에 힘 조절이 필요하다. 가는 점선을 그릴 땐 손가락을 가볍게 사용해야 한다.

how to make!

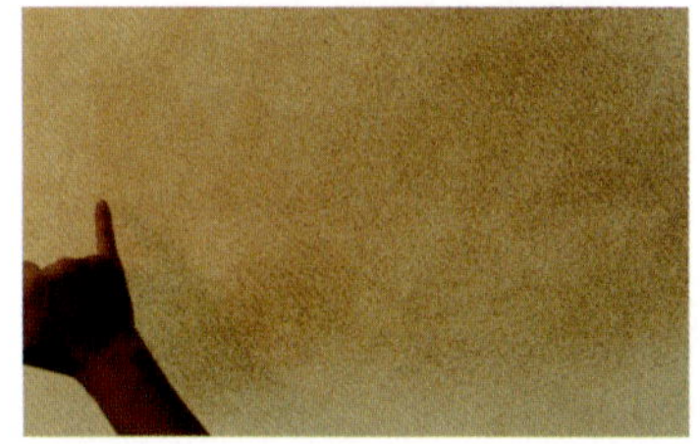

1 새끼손가락 지문을 시작점에 갖다 댄다.

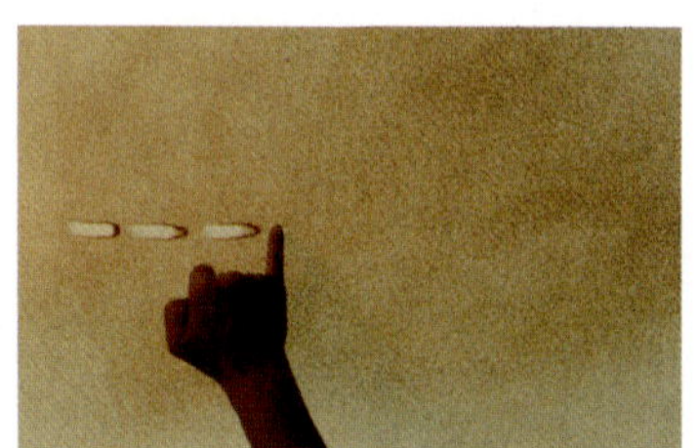

2 일정한 간격을 두면서 가로로 선을 긋는다.

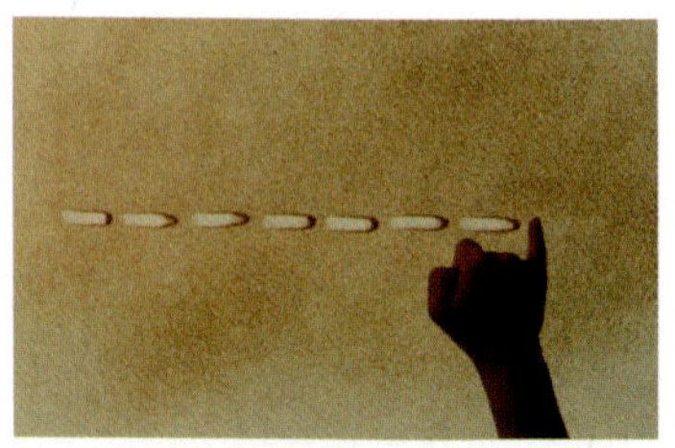

3 수평을 유지하며 점선을 긋는다.

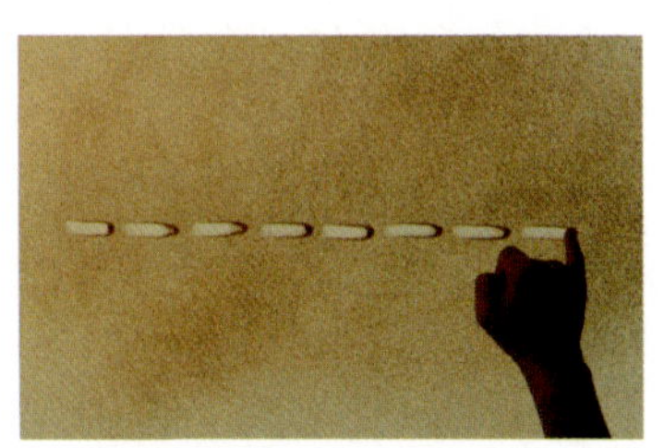

4 가는 점선이 완성된다.

따라 해 볼까요!

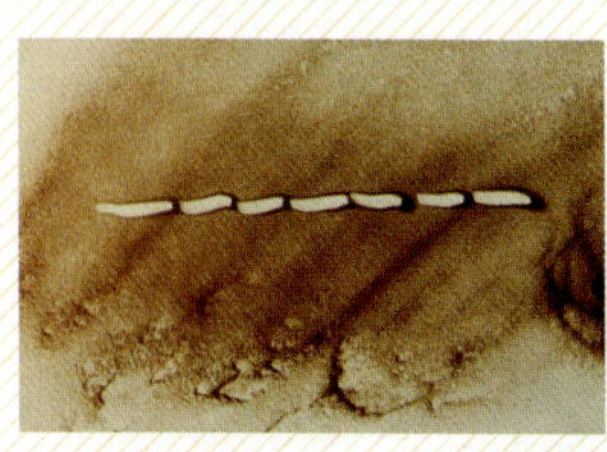

청바지 뒷주머니 스티치처럼 점선의 길이와 간격이 일정하게 되도록 그려야 한다.

가는 점선 활용

높고 큰 빌딩의 창문을 일일이 그린다면 샌드아트에서는 시간 낭비이다. 앞서 연습한 가는 점선을 활용하면 단시간에 멋진 빌딩이 완성되기 때문이다. 가는 점선의 나열 정도로 간단하게 빌딩의 창문을 표현하여 높은 빌딩을 그려본다.

how to make!

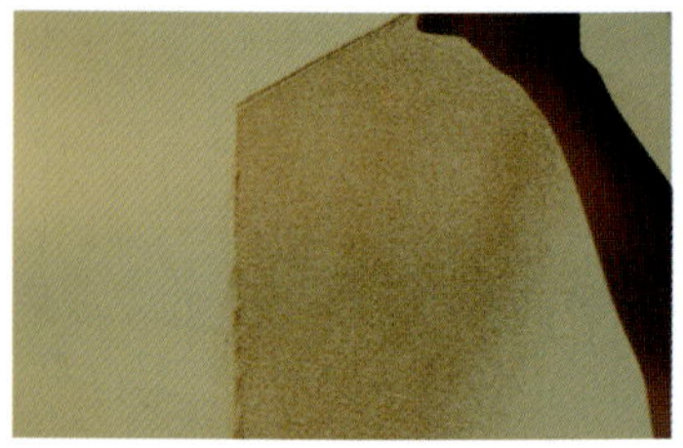

1 흩뿌리기를 하고 손날로 모래를 닦아내 면을 만든다.

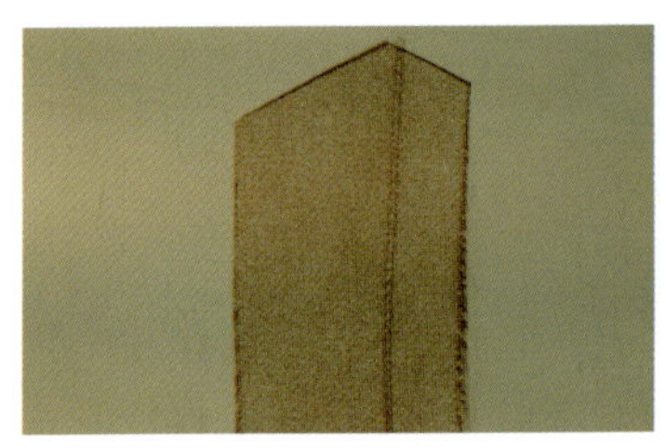

2 사각 기둥 모양으로 닦아내고 모서리에 가는 선 뿌리기를 한다.

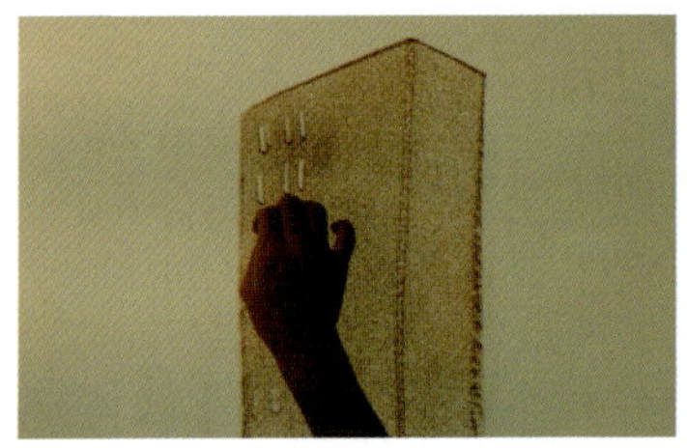

3 손가락을 모아 여러 손톱으로 동시에 점선을 그어 내린다.

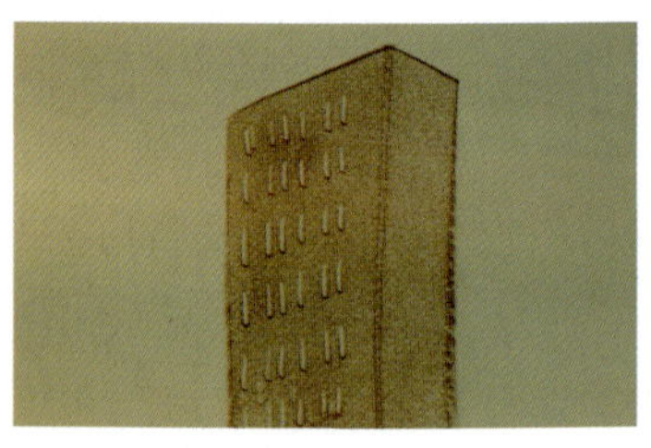

4 가는 점선으로 창문을 표현한 건물이 완성된다.

따라 해 볼까요!

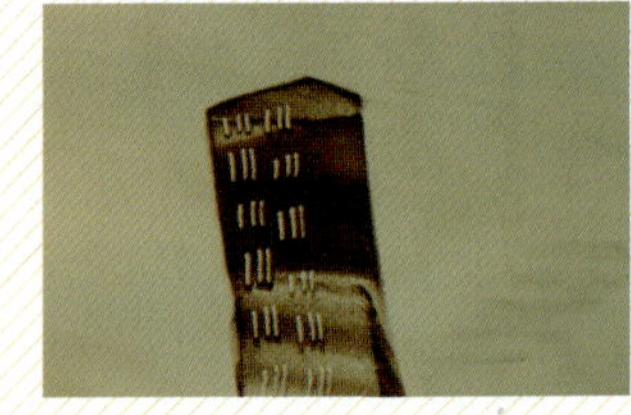

손가락 힘이 부족해 일정하게 그어지지 않으면 검지와 중지를 붙여 연습하면 된다. 특히 세로 점선은 익숙한 방향이 아니므로 여러 번 반복 연습을 해야 한다.

굵은 점선과 활용

굵은 점선은 엄지를 사용하는데 엄지 두 마디를 바닥에 갖다 대느냐 한 마디를 갖다 대느냐에 따라 점선의 굵기가 달라진다. 대나무, 새 깃털, 건물을 표현하는 등 다양하게 활용된다. 원하는 굵기의 점선을 그리기 위해 힘 조절을 하며 연습한다.

<u>how to make!</u>

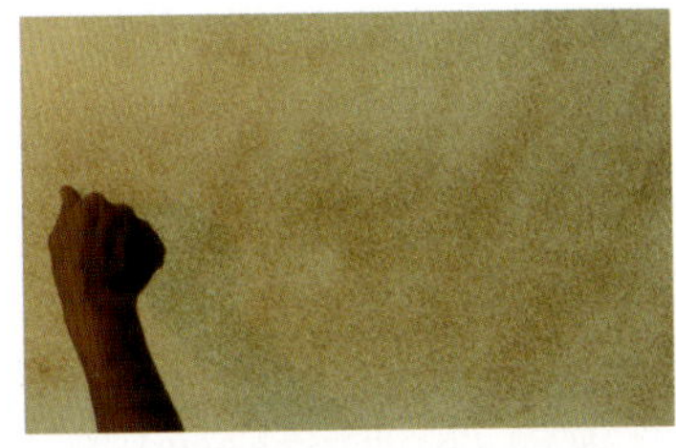

1 시작점에 엄지를 갖다 댄다.

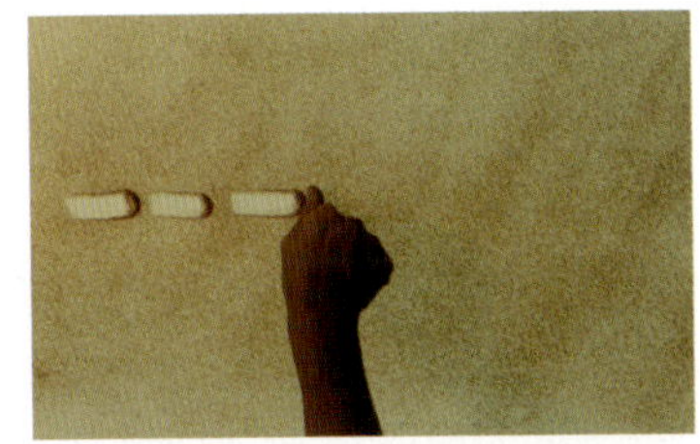

2 일정한 간격을 두면서 가로로 선을 긋는다.

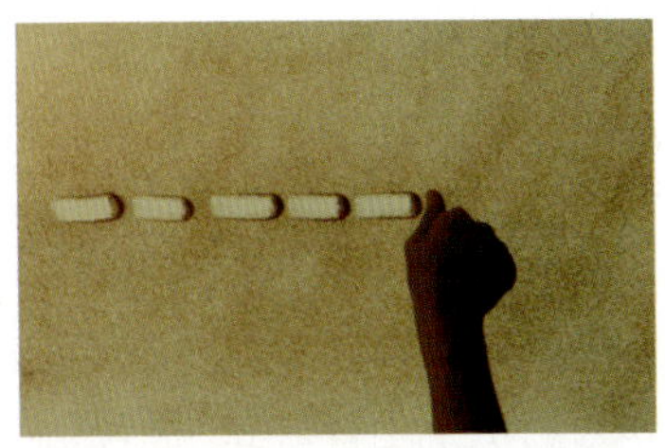

3 수평을 유지하며 점선을 긋는다.

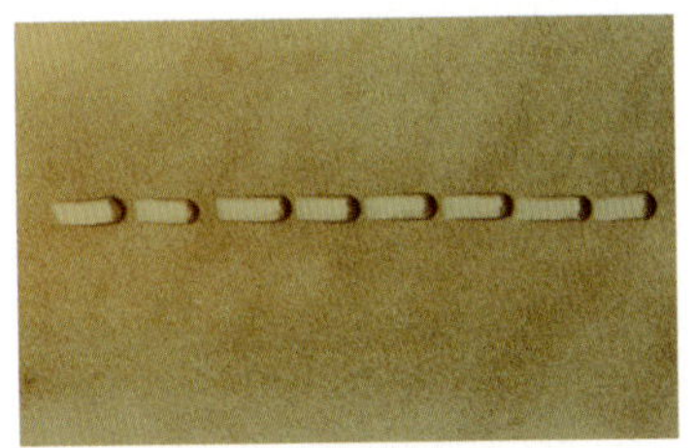

4 굵은 점선이 완성된다.

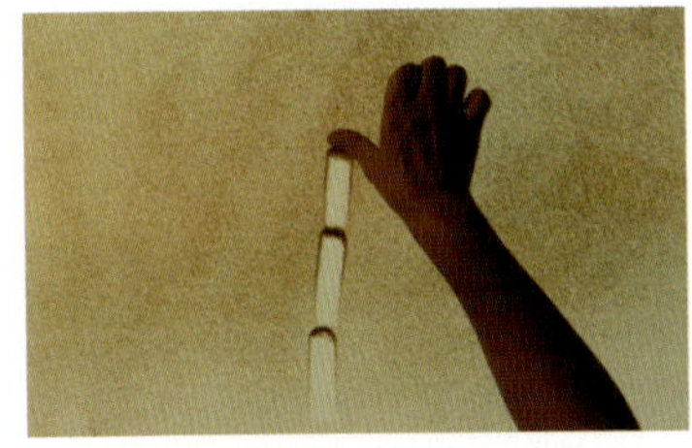

5 엄지를 이용해 간격을 두면서 선을 그어 올린다.

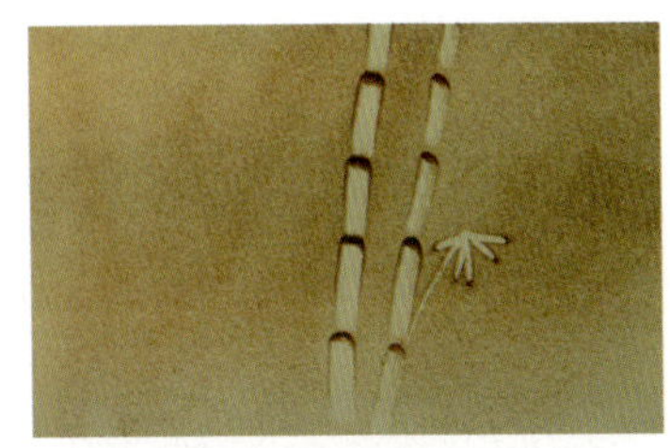

6 굵은 점선을 한 줄 더 그어 올리고 잎을 그리면 대나무가 완성된다.

따라 해 볼까요!

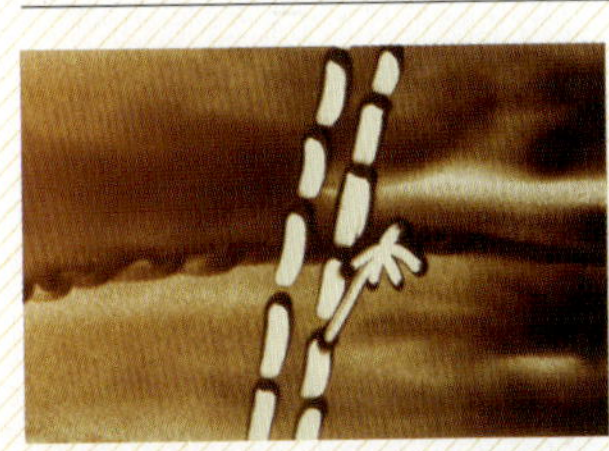

대나무 마디의 간격이 너무 넓으면 완성도가 떨어지는 그림이 된다. 특히 대나무 표현은 마디의 시작과 끝을 힘있게 끝까지 밀어 그리는 것이 포인트이다.

그러데이션 점선

노을이나 새털구름, 잔물결 등을 표현할 때 활용한다. 모래를 스치듯이 가볍게 손가락으로 눌렀다 뗐다를 반복하면서 선의 진행 방향을 따라가면 자연스러운 그러데이션이 생긴다. 그러데이션 점선은 샌드아트를 어느 정도 배운 사람도 오랜 시간에 걸쳐서 연습해야 자신만의 그러데이션 점선을 그릴 수 있게 되는 샌드 아트 기초이면서 어려운 기술이다.

how to make!

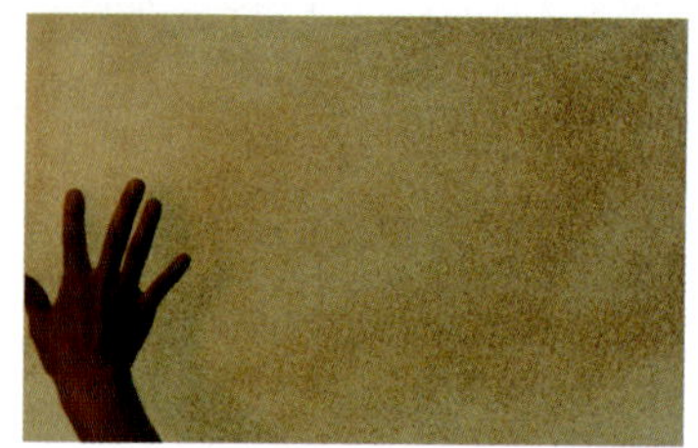

1 손마디를 샌드테이블 시작점에 갖다 댄다.

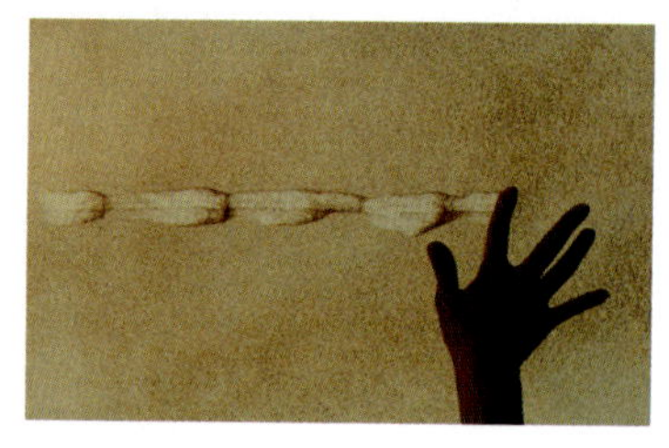

2 모래를 스치듯이 가볍게 선의 진행방향에 따라 이동하면서 눌렀다 뗐다를 반복한다.

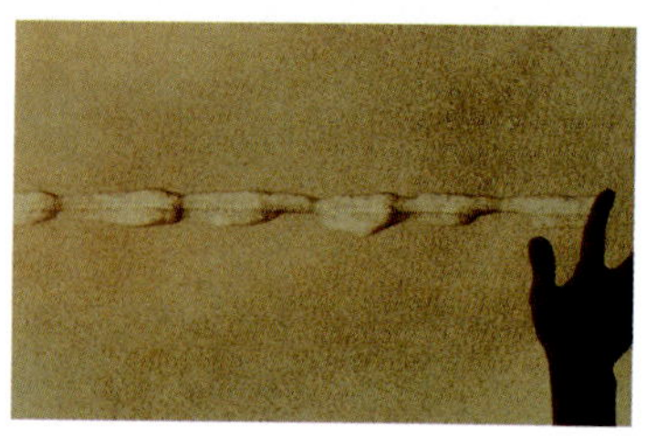

3 점선과 점선을 연결한 그러데이션 점선이 완성된다.

따라 해 볼까요!

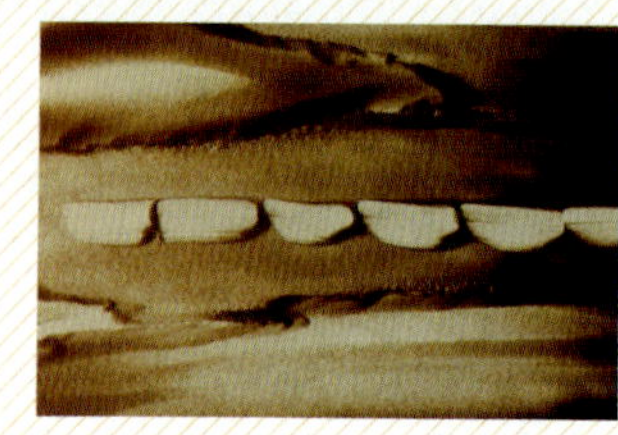

손가락 힘을 부드럽게 주고 바닥에서 손가락을 완전히 떼지 않으면서 연습해야 한다.

그러데이션 점선 활용

일반적인 그림에서 불에 그슬린 배경이나 낡은 벽을 표현하는 것은 굉장히 어렵다. 반면, 샌드아트에서는 그러데이션 점선을 활용하여 쉽게 표현할 수 있다.

how to make!

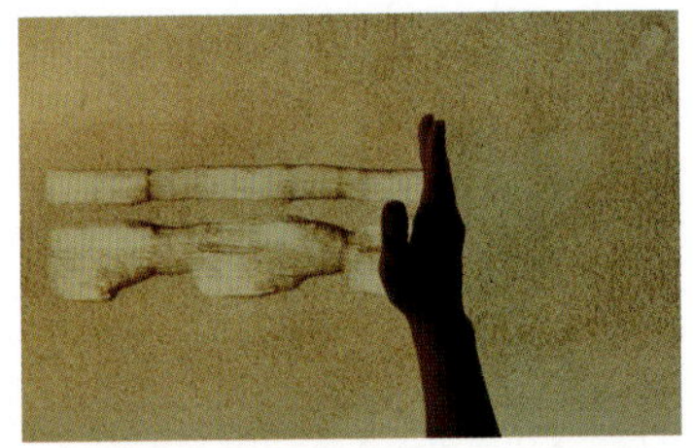

1 샌드테이블에 손날을 갖다 대고 옆으로 움직인다.

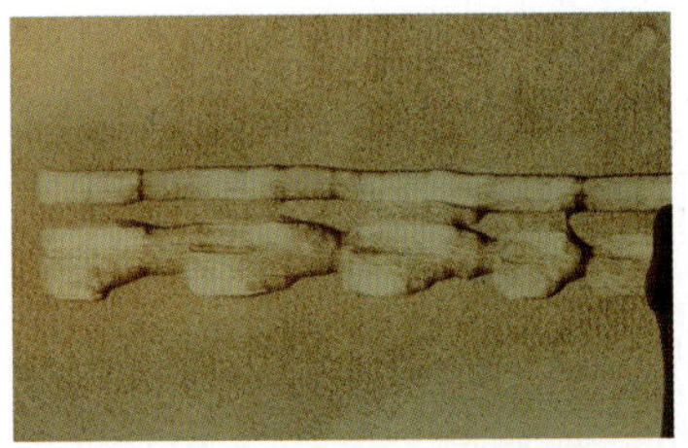

2 진행 방향에 따라 모래를 스치듯 이동하며 눌렀다 뗐다를 반복한다.

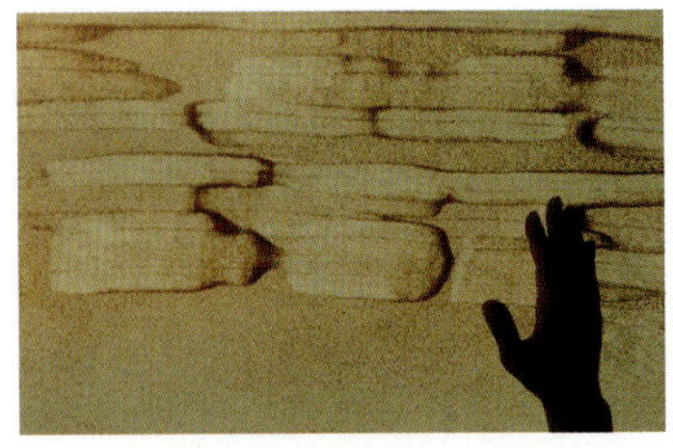

3 반대방향으로도 손날이 스치듯 이동하며 터치를 반복한다.

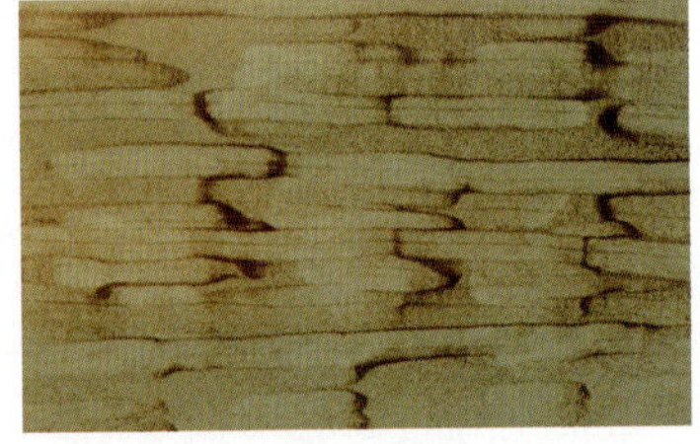

4 그러데이션으로 낡은 벽을 표현했다.

따라 해 볼까요!

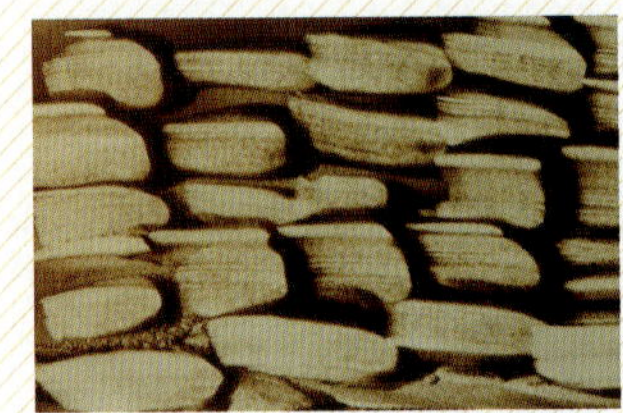

낡은 마룻바닥을 연상시키는 빈티지 인테리어 느낌의 패턴이 그려지기도 한다.

간단한 그림을 그려가며 배운 기초지만 모든 배워서 알게 되면 정말 쉽게 느껴진다. 이젠 손과 모래를 자유자재로 활용할 수 있다. 여기까지는 아직 기초 단계라 그림이라는 느낌이 들지는 않는다. 기초들이 모여 그림이 되고 기초를 잘 활용하면 멋진 작품을 그리는 작가가 된다. 기초만으로 그림이 되는 경우도 있지만 더욱 다양한 기법을 조합하면 볼거리와 메시지를 동시에 갖춘 샌드아트 작품이 된다. 지금부터는 간단한 그림을 그리기 시작하며 샌드아트의 전정한 매력 속으로 들어갈 차례이다.

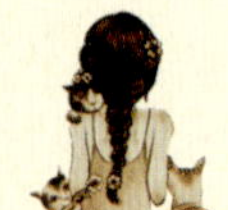

Part 03

샌드아트
기본 그림
그리기

오브제 표현
배경 만들기와 활용

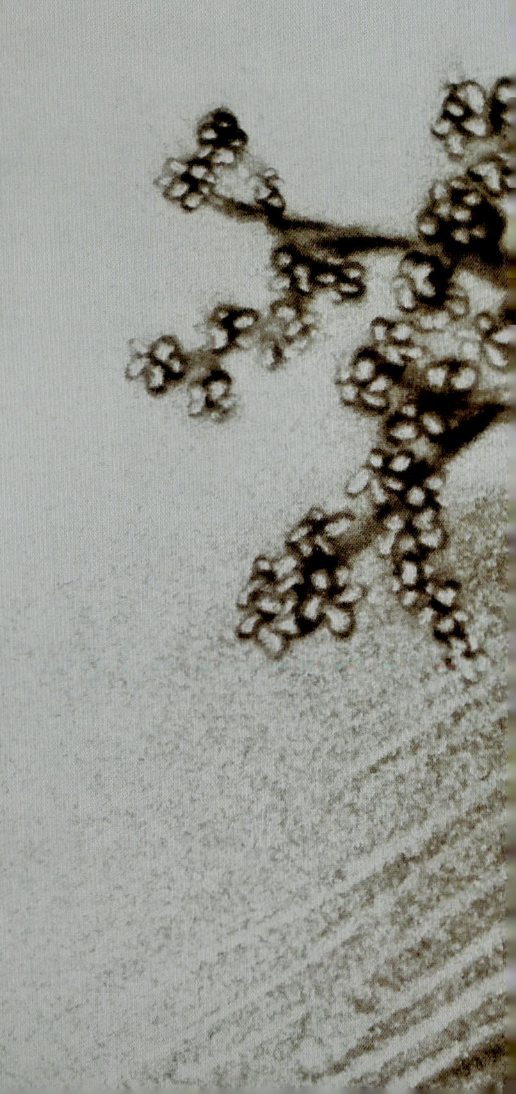

교래와 손의 감각만으로 간단한 그림을 그릴 수 있게 되었다. 이젠 샌드아트 작품이 그려지는 순서를 나열하고 작품에 많이 등장하는 오브제와 배경 그리기를 기초에서 배운 터치와 뿌리기로 연습한다. 똑같이 따라 그릴 필요는 없다. 아직은 서툴러도 자신만의 개성 있는 샌드아트 그림을 그리면 된다.

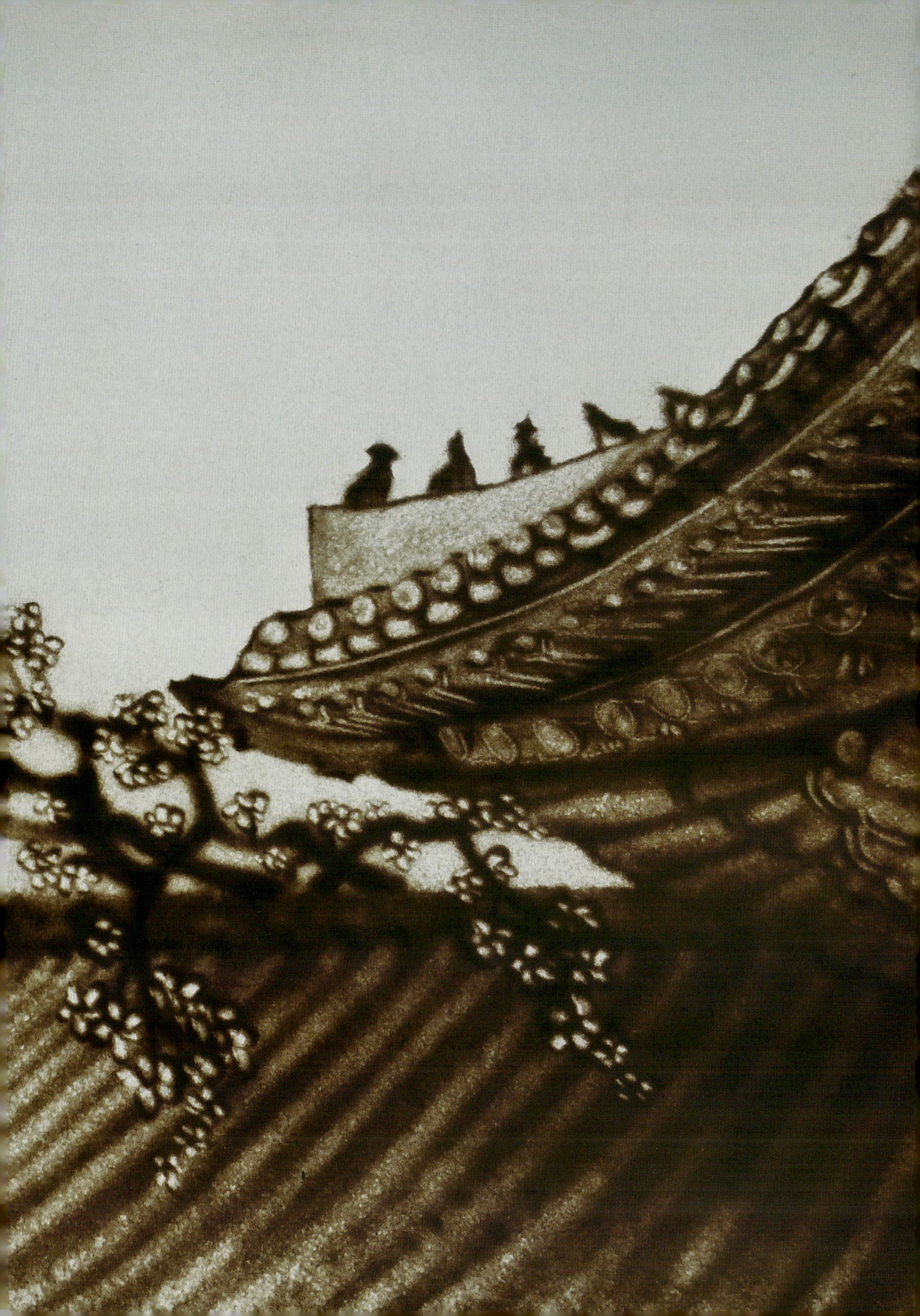

Section 01

오브제 표현

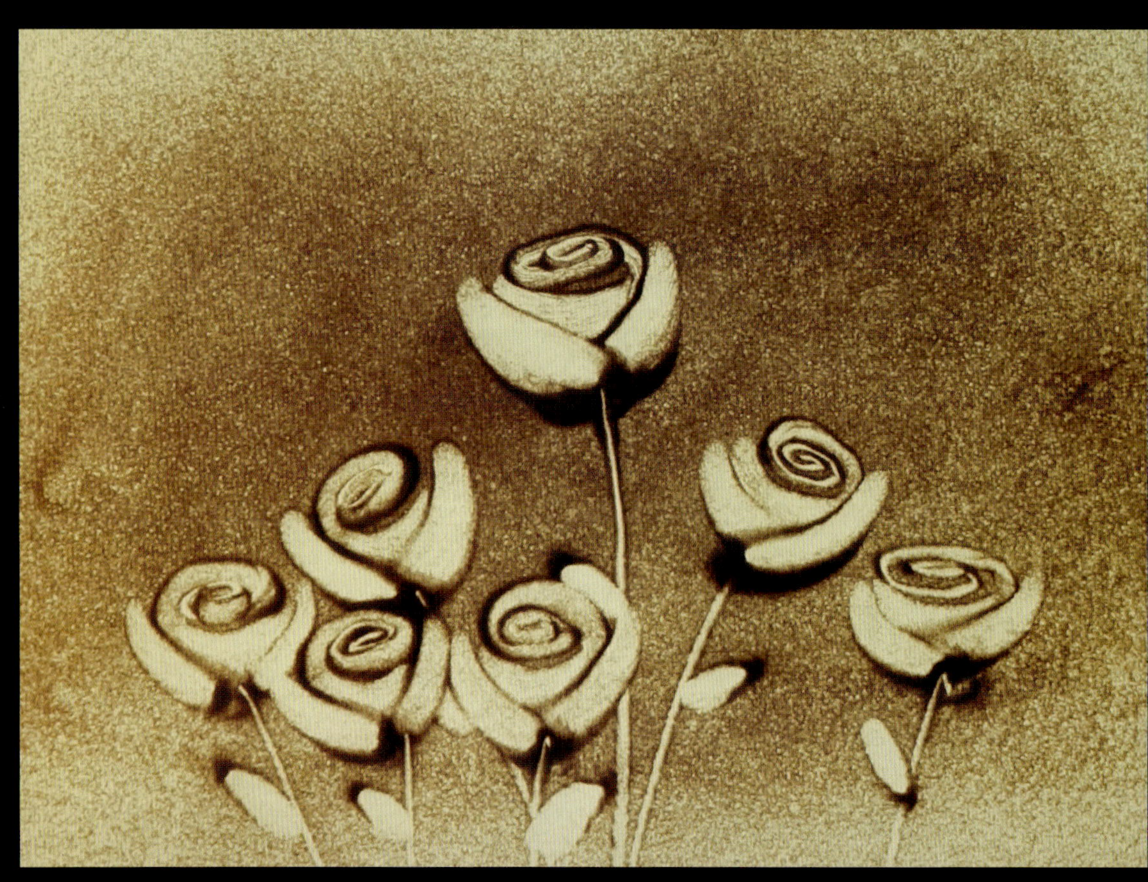

—

오브제는 빈 화면 또는 배경 위에 그리는 그림이다. 샌드아트에 많이 등장하는 자연물과 인공물을 다양하게 그려 보아야 한다. 여기서 소개하는 표현법은 입문자도 쉽게 익힐 수는 있는 것들로 오브제 표현 외에도 스스로 활용할 수 있는 부분을 찾아 적극적으로 그려 보는 것이 좋다.

1. 자연물 표현

우리 생활에 밀접한 자연물인 바위, 꽃, 나무, 바다 생물, 새 등을 직접 따라 그려본다. 더 다양하고 많은 자연물 표현이 있지만, 입문자가 그리기 쉽고 샌드아트에서 많이 사용되는 자연물을 중심으로 간단한 표현부터 조금 더 손이 가는 표현까지 설명한다.

바위(조약돌, 둥근 바위, 거친 바위)

바위는 쉬운 듯해도 직접 그려보면 어렵다. 바위 종류나 형태에 따라 표현법이 달라지는데, 다양한 바위를 그려 보면서 자신만의 표현법을 찾으면 된다.

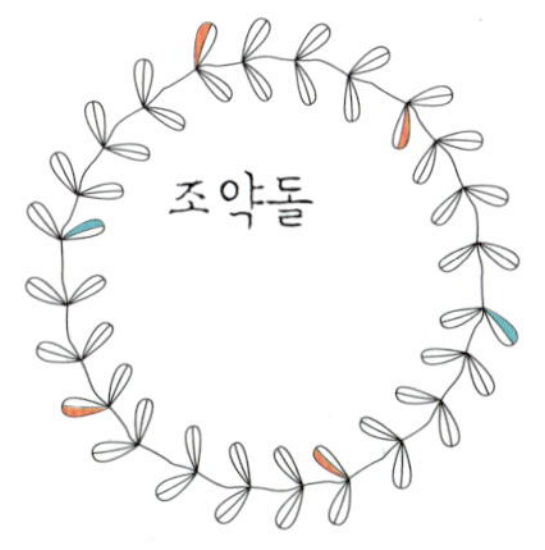

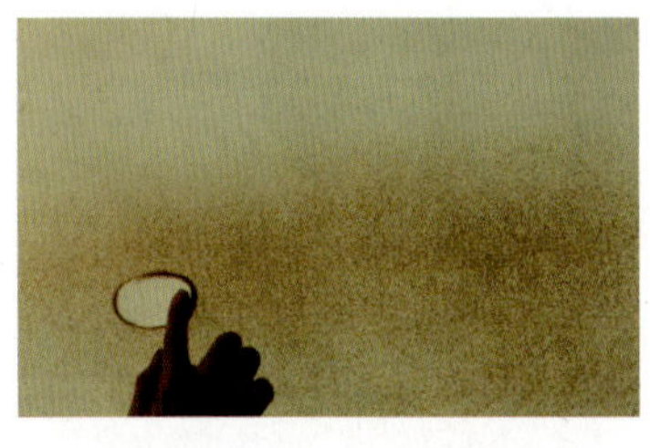

1 손가락을 원으로 돌려가며 조약돌을 그린다.

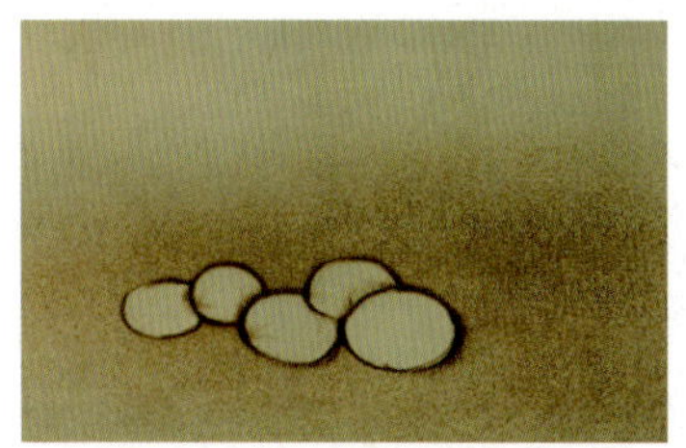

2 몇 개의 원을 조금씩 겹쳐가며 그린다.

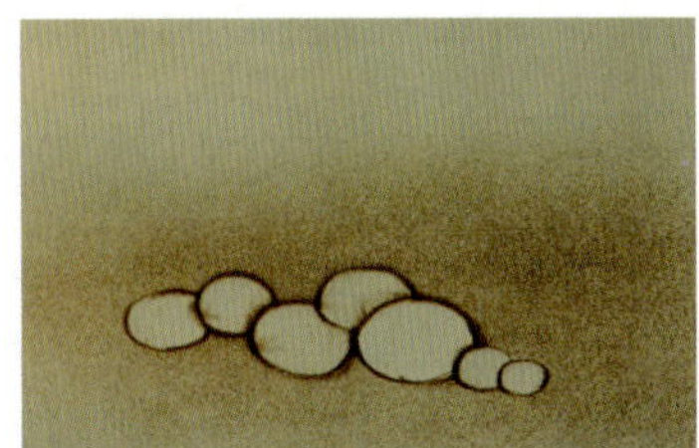

3 크고 작은 조약돌을 다양하게 그린다.

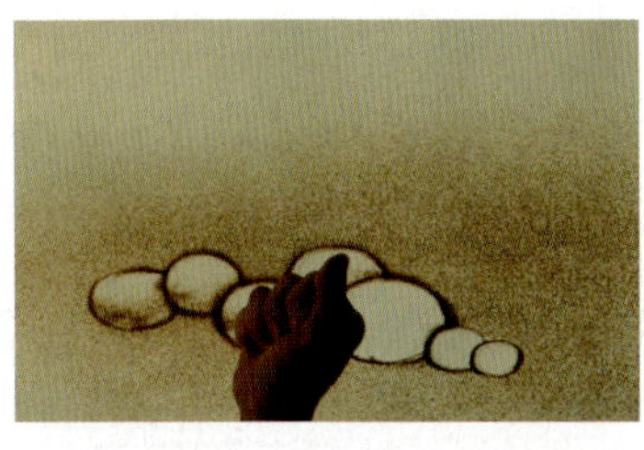

4 조약돌 아래쪽에 옅은 흩뿌리기를 한다.

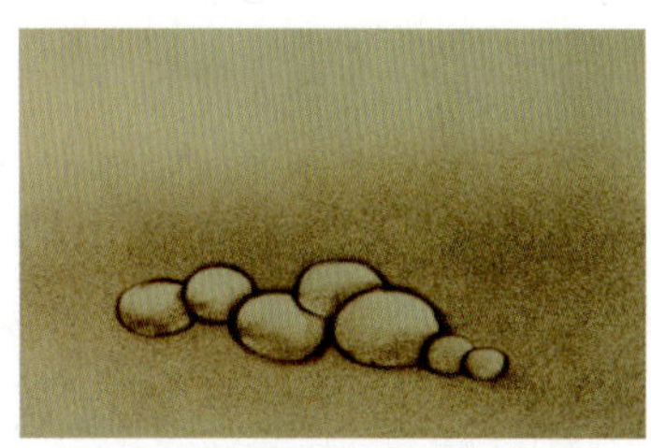

5 옅은 흩뿌리기를 하면 조약돌 질감이 살아난다.

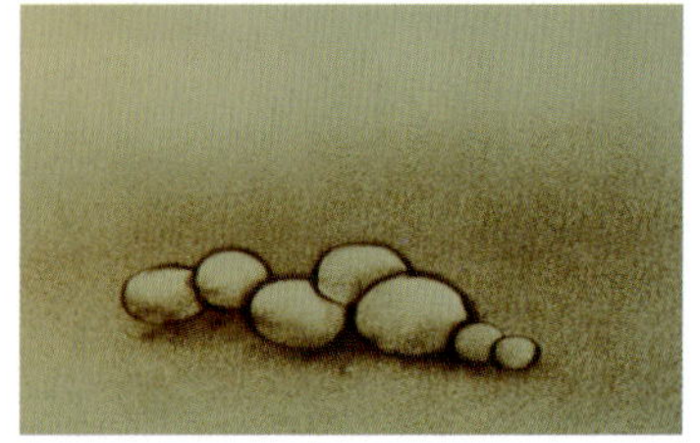

6 조약돌 바닥에 중간 흩뿌리기를 하여 입체감을 만든다.

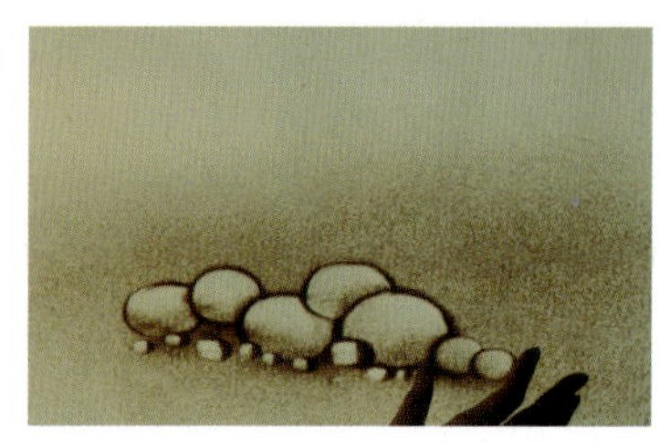

7 조약돌 아래에 작은 돌멩이를 몇 개 더 그린다.

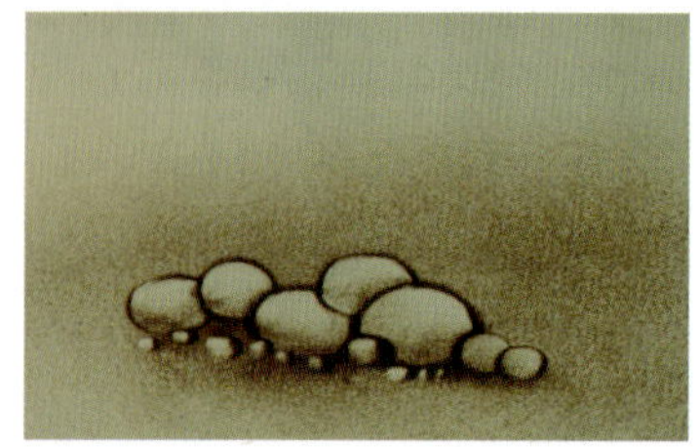

8 작은 돌멩이에 옅은 흩뿌리기로 마무리하면 예쁜 조약돌이 완성된다.

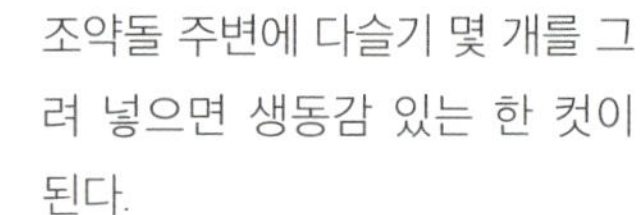

조약돌 주변에 다슬기 몇 개를 그려 넣으면 생동감 있는 한 컷이 된다.

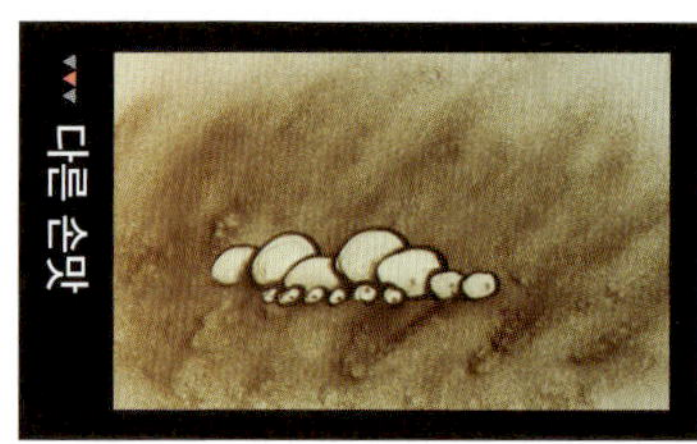

둥근 바위

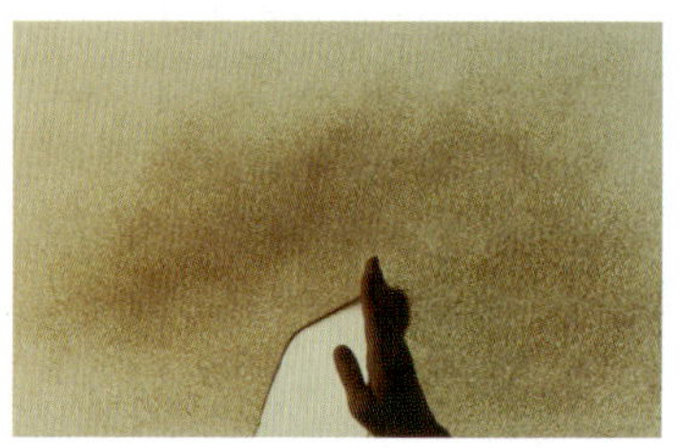

1 손날로 모래 중앙 아래를 닦아낸다.

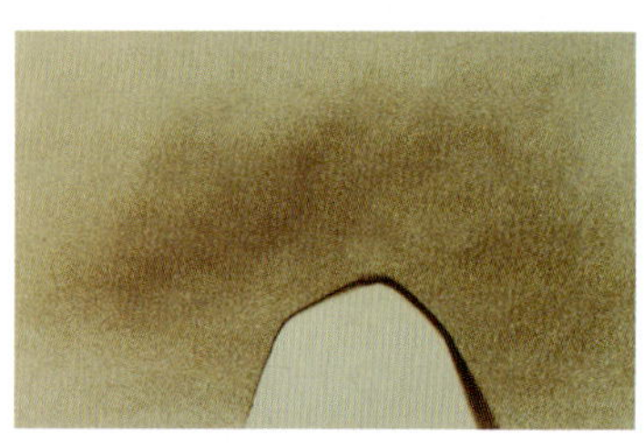

2 바위 형태를 만든다.

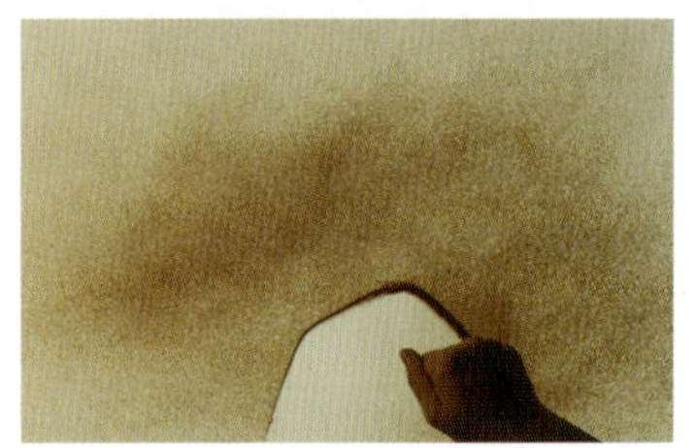

3 바위의 오른쪽 절반에 옅은 흩뿌리기로 명암을 표현한다.

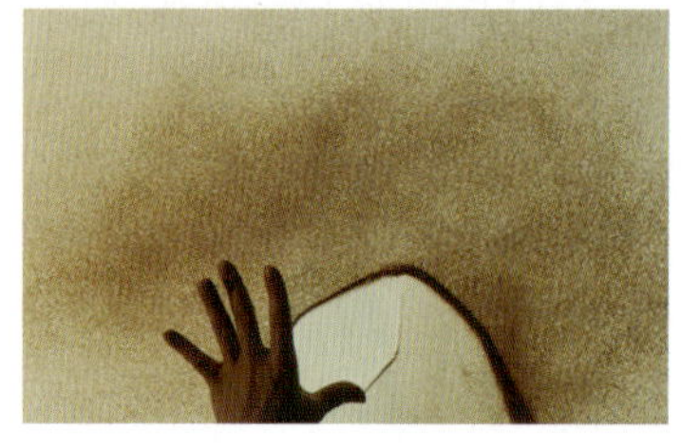

4 엄지로 모래를 닦아내 경계선을 만든다.

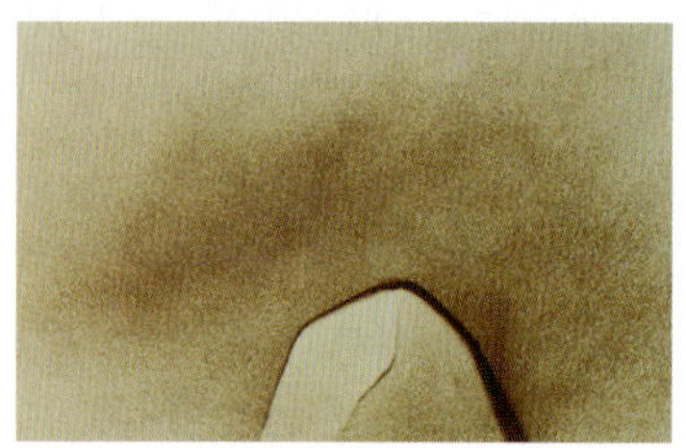

5 닦아낸 바위 왼쪽 면에 옅은 흩뿌리기로 명암을 표현한다.

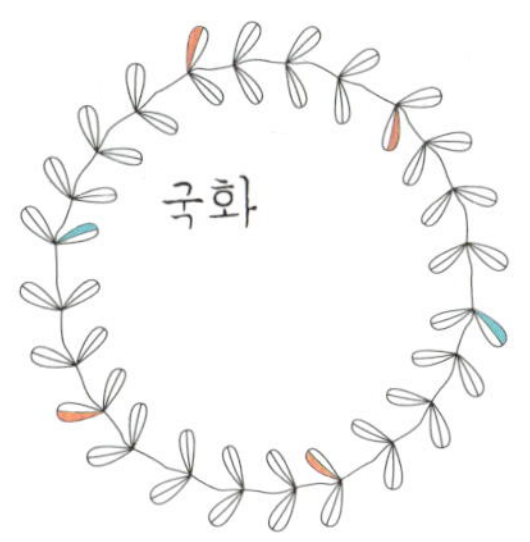

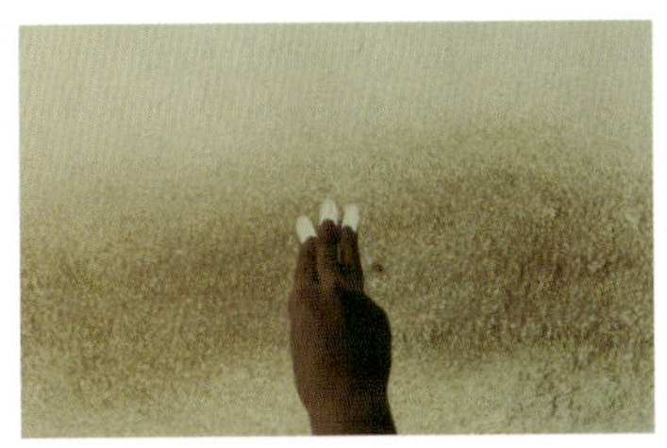

1 검지, 중지, 약지 세 손가락을 모아 샌드테이블에 갖다 댄다.

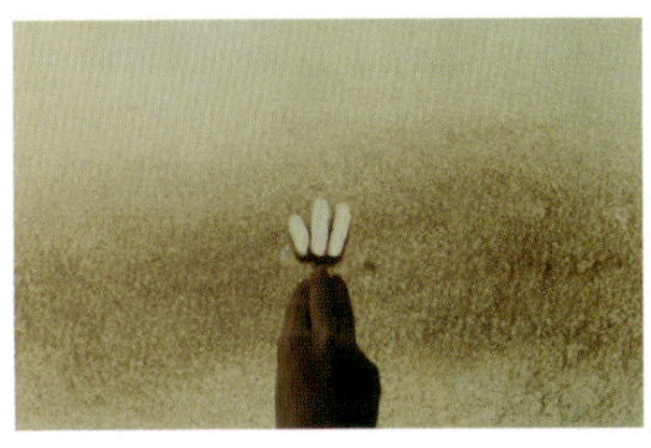

2 세 손가락을 아래로 빠르게 터치하면서 손을 뗀다.

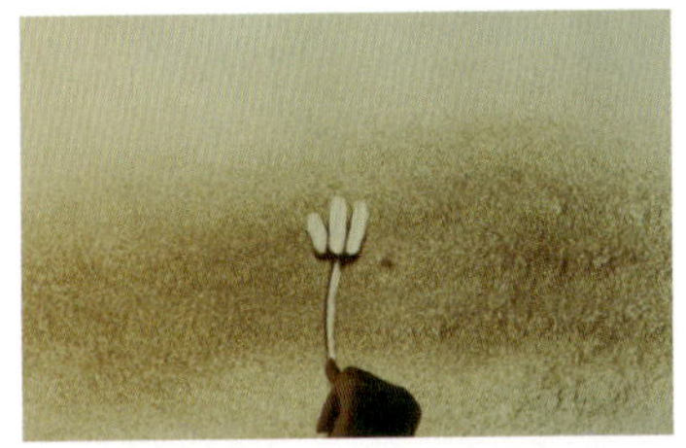

3 새끼손가락 손톱으로 줄기를 긋는다.

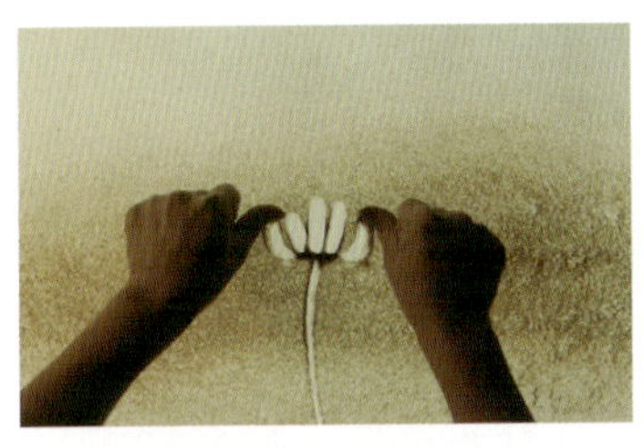

4 양손 엄지로 꽃잎을 위로 둥글게 터치한다.

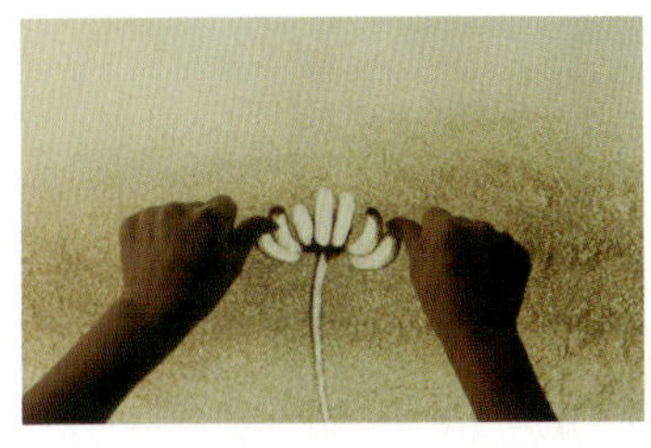

5 한 번 더 꽃잎을 둥글게 터치하여 그린다.

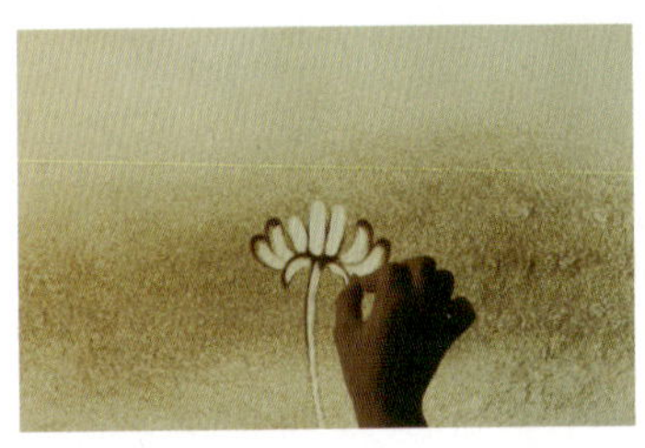

6 손가락으로 꽃잎을 둥글게 아래로 터치한다.

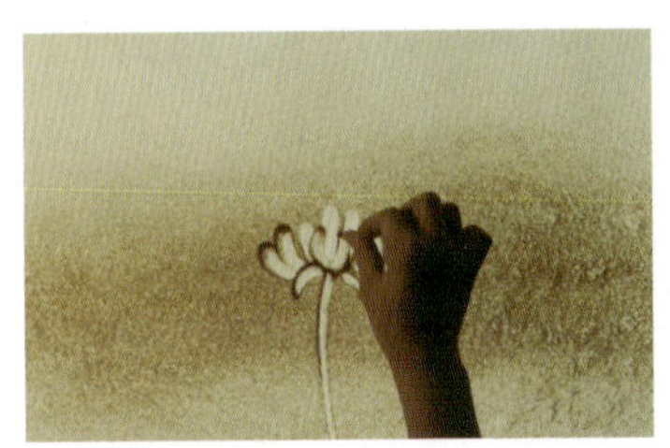

7 꽃잎을 짧게 위로 터치하면 국화 한 송이가 완성된다.

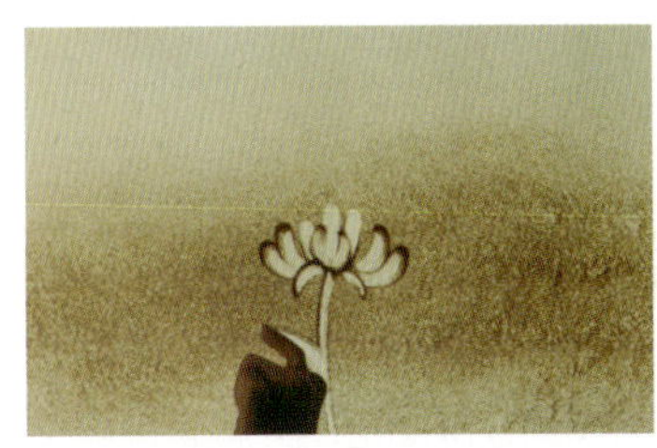

8 주먹을 가볍게 쥐고 새끼손가락 옆면을 이용해 왼쪽으로 둥글게 터치한다.

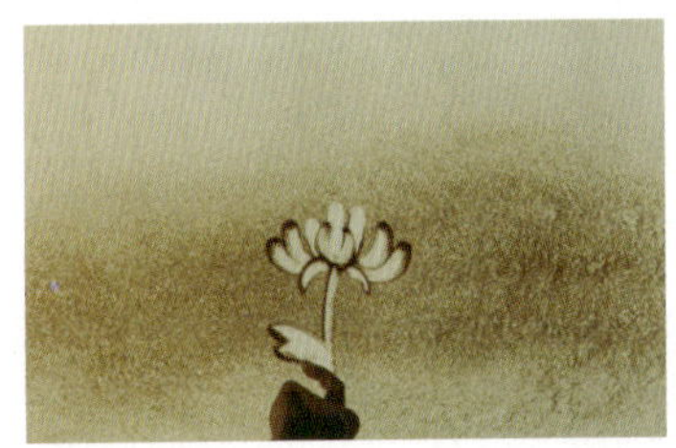

9 왼쪽으로 두 번 짧은 터치를 하여 잎을 그린다.

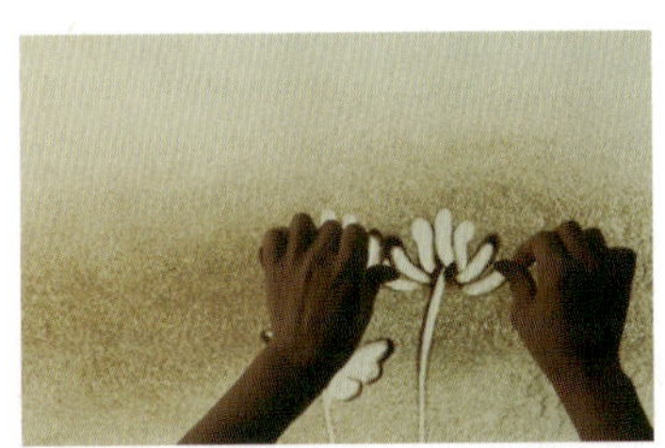

10 오른쪽에 또 하나의 국화를 꽃잎부터 그린다.

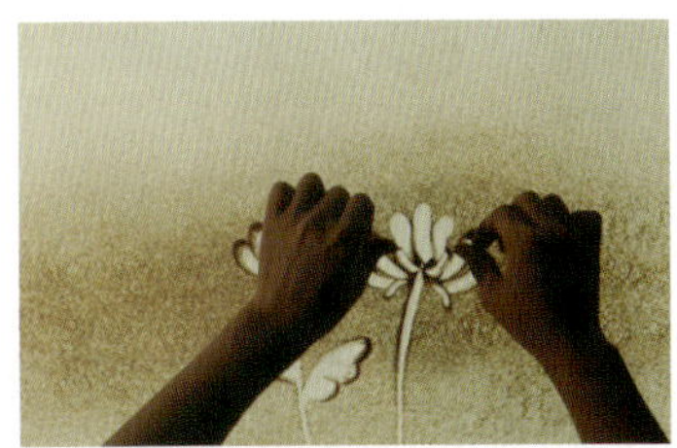

11 양손으로 작은 꽃잎을 터치하여 그린다.

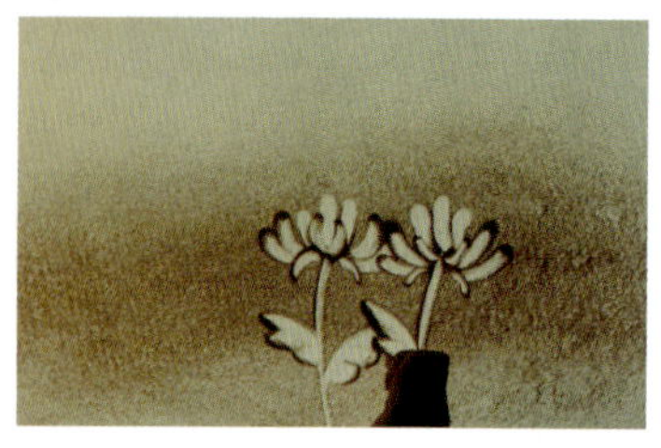

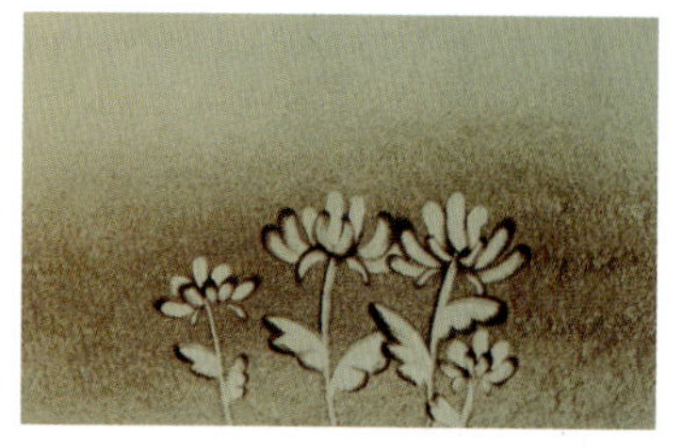

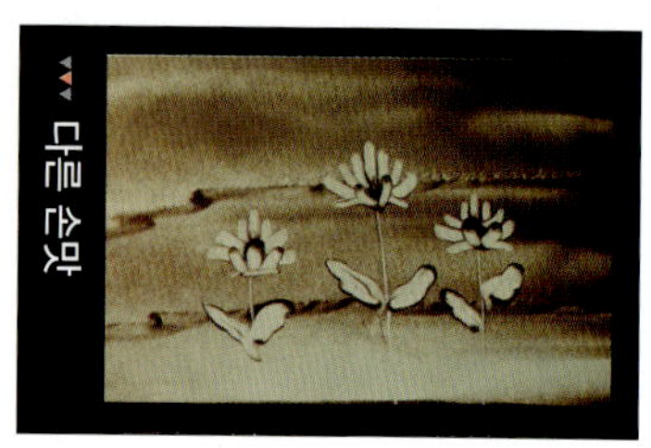

12 국화 줄기에 새끼손가락으로 터치하여 잎을 그린다.

13 크기가 다른 국화를 더 그려 국화 꽃밭을 완성한다.

나무(나무, 대나무, 야자수)

나무는 저절로 자라나는 느낌이 들도록 아래에서 위로 그려주면 생동감이 느껴져 보는 이들을 집중하게 만드는 오브제이다.

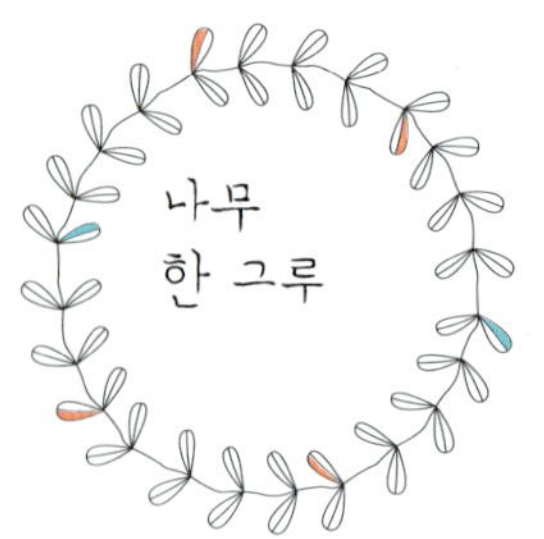

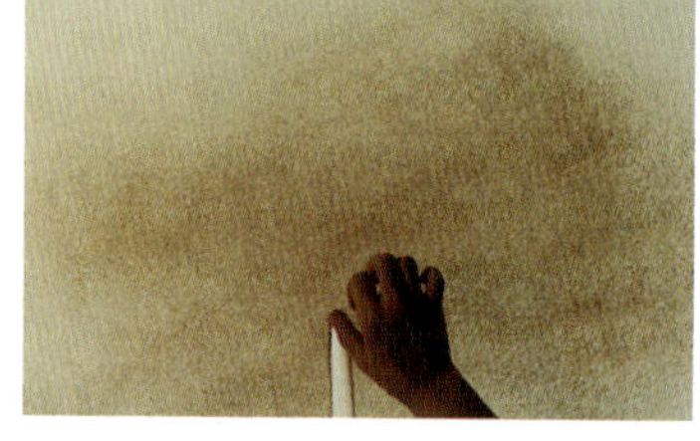

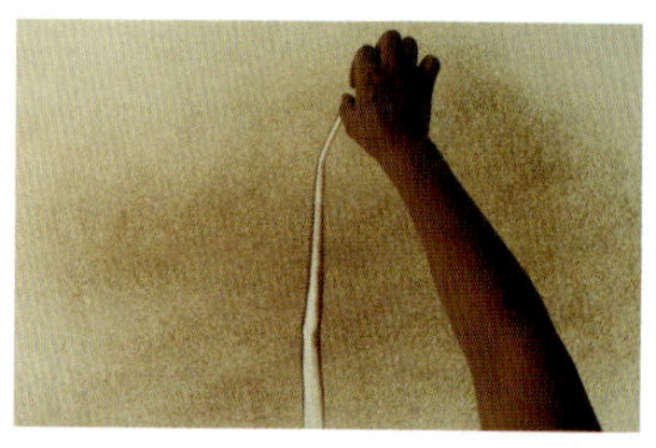

1 엄지로 아래에서 위로 굵은 선을 긋는다.

2 살짝 각을 주면서 위로 올라갈수록 점점 가늘어지게 긋는다.

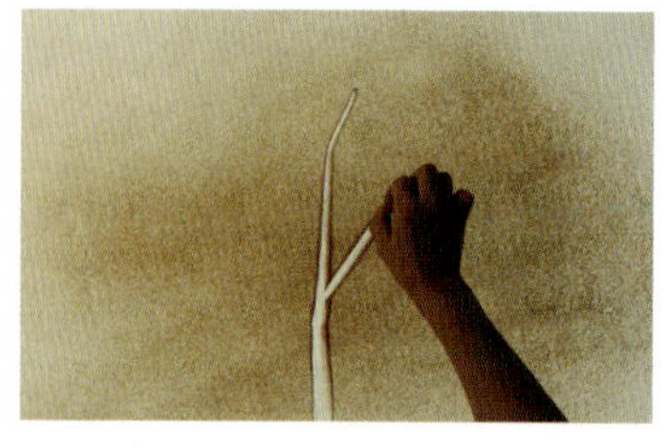

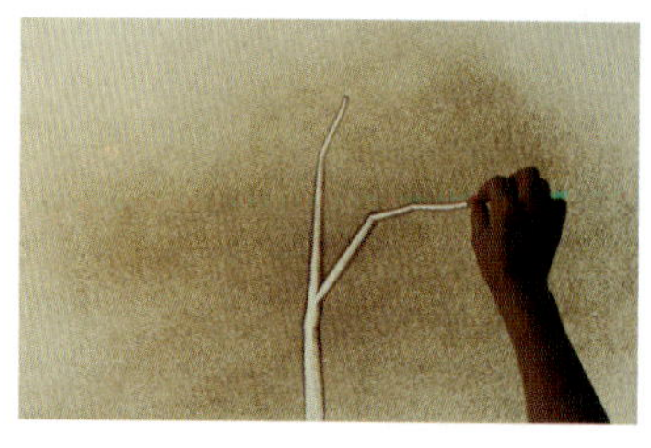

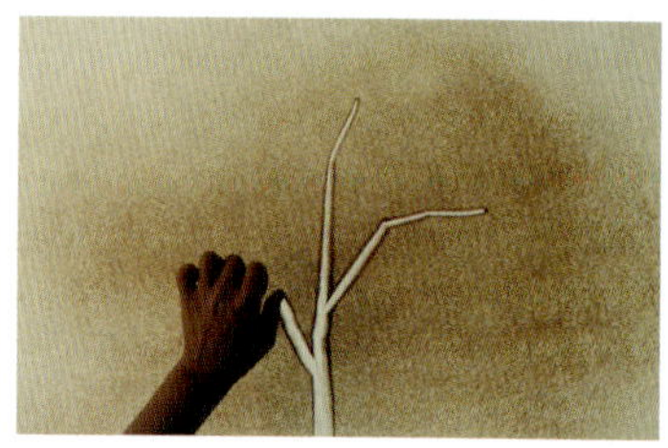

3 굵은 선 사이에 중간 굵기의 선을 긋는다.

4 선에 각을 주면서 점점 가늘게 긋는다.

5 반대편에 중간 굵기의 선을 긋는다.

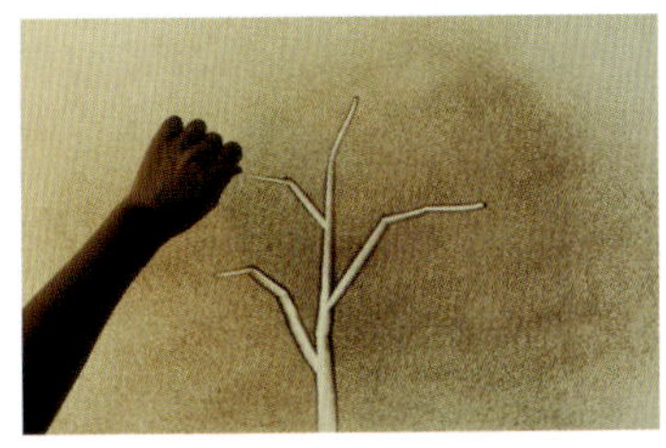

6 각을 주면서 위로 올라갈수록 점점 가늘게 가지를 그린다.

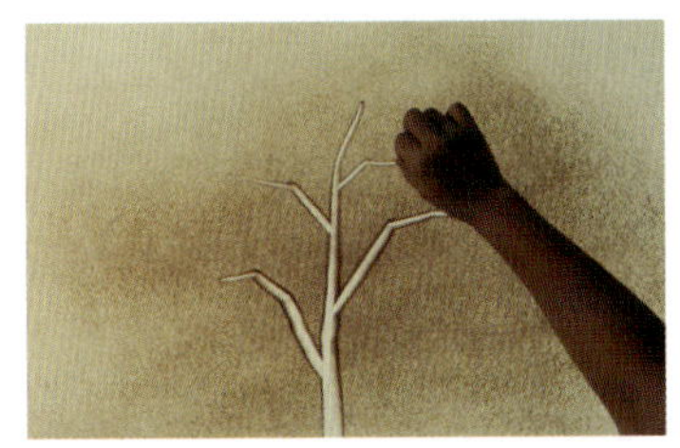

7 가는 선은 새끼손가락을 이용해 긋는다.

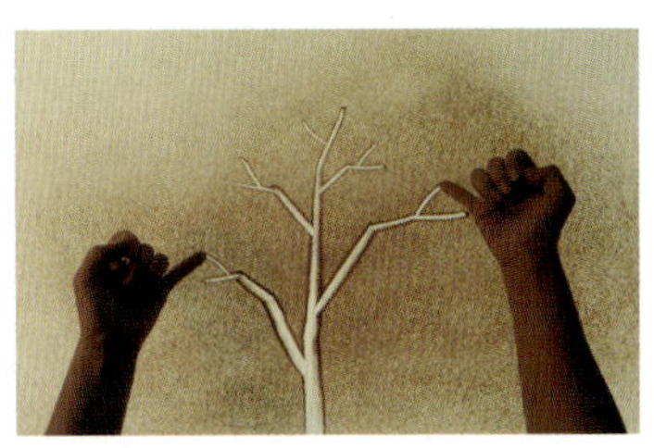

8 가장 가는 선은 새끼손가락 손톱으로 긋는다.

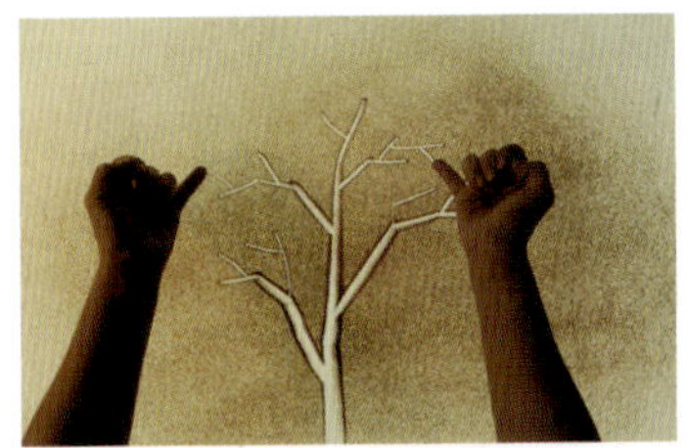

9 세밀한 표현을 위해서 새끼손가락 손톱으로 가는 선을 많이 긋는다.

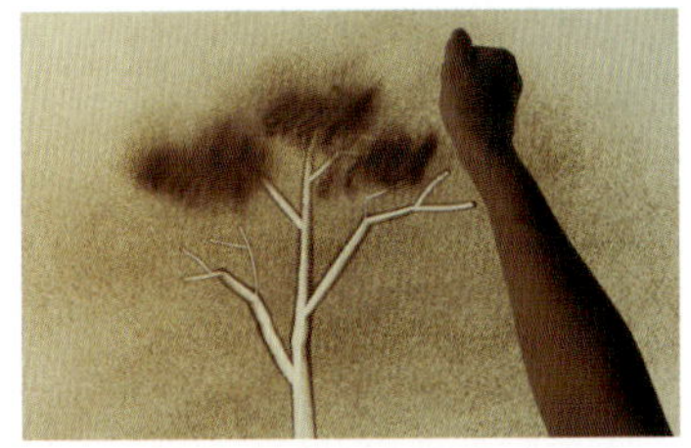

10 가지마다 덩어리가 느껴지도록 띄엄띄엄 흩뿌리기를 한다.

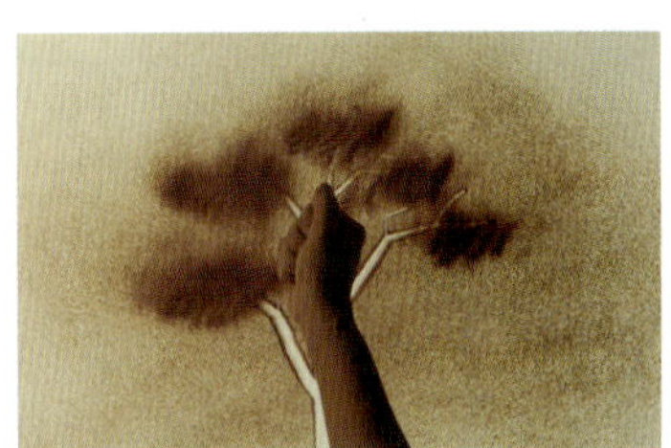

11 아래는 큰 덩어리가 되도록 흩뿌리기를 한다.

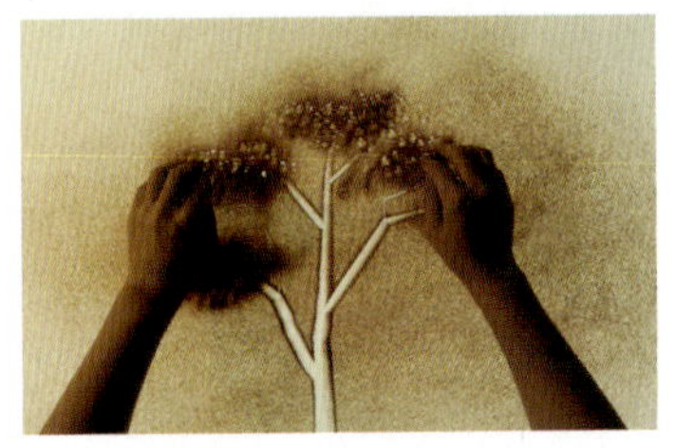

12 흩뿌리기를 한 위에 손끝이나 손톱으로 찍기를 한다.

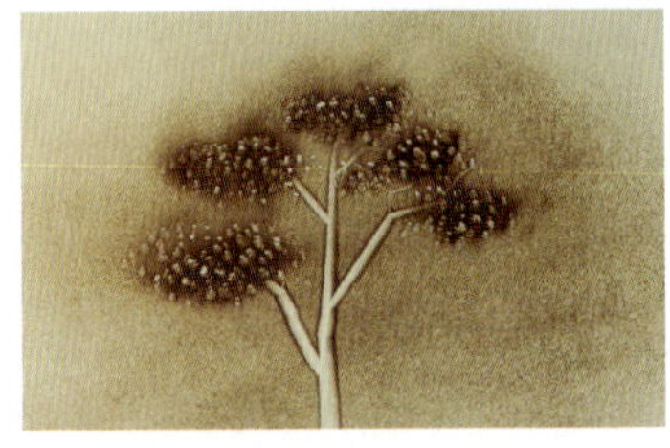

13 잎이 무성한 나무 한 그루가 완성된다.

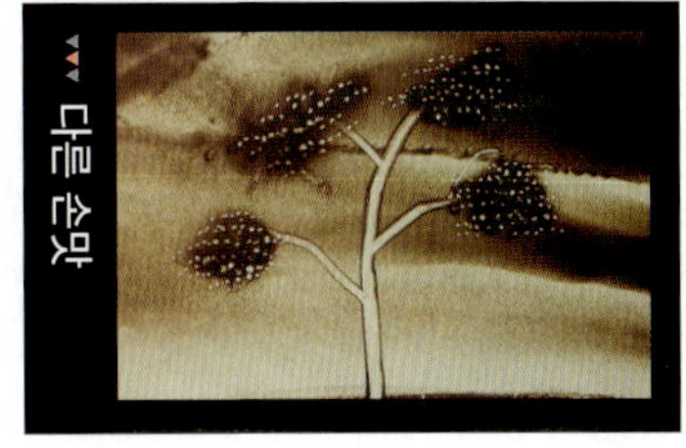

뿌리기로
나무
그리기

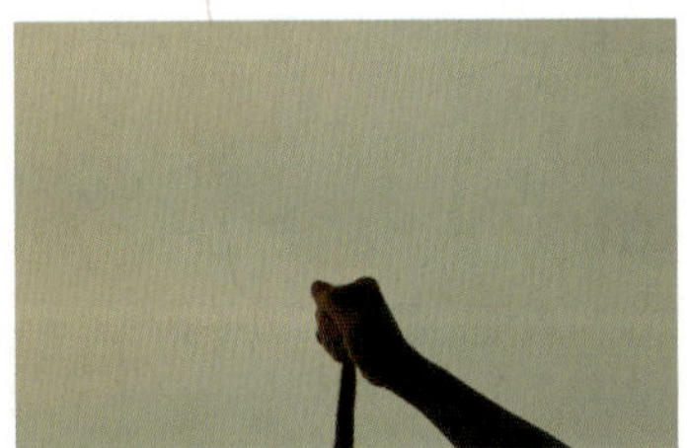

1 모래를 움켜쥐고 아래에서 위로 굵은 선 뿌리기를 한다.

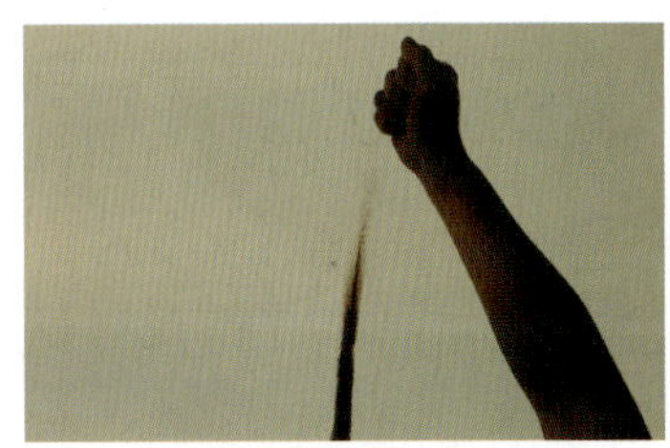

2 그러데이션을 주면서 끝을 흐린다.

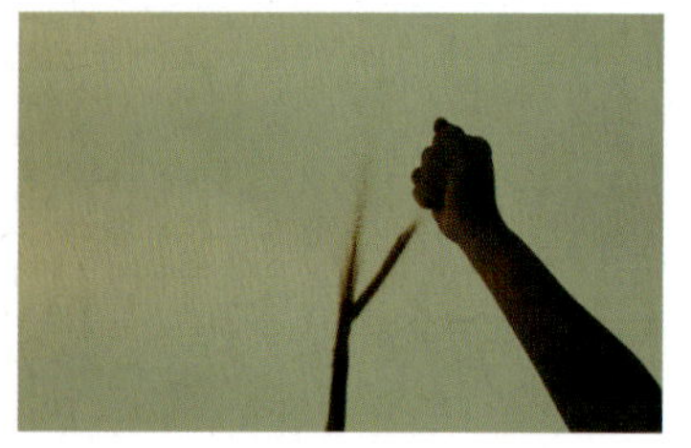

3 굵은 선 사이에 중간 굵기 선 뿌리기를 한다.

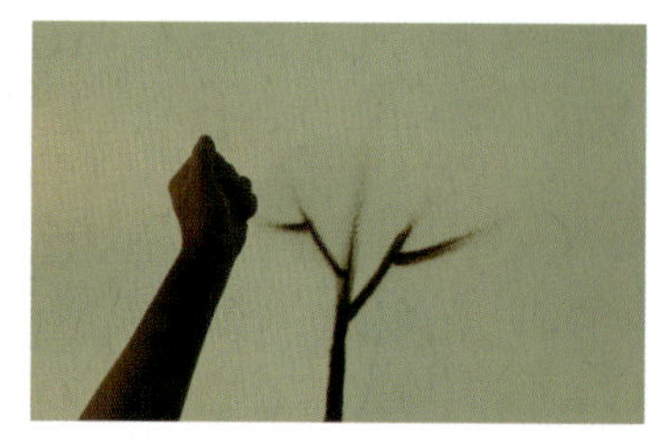

4 양쪽을 번갈아가며 점점 가는 선 뿌리기를 한다.

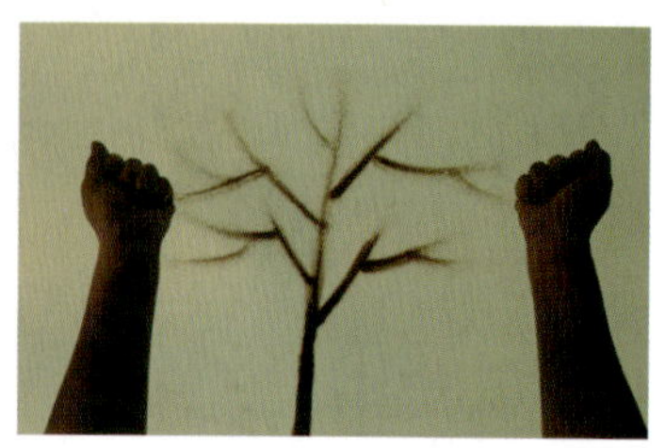

5 위로 올라갈수록 점점 더 가는 선 뿌리기를 한다.

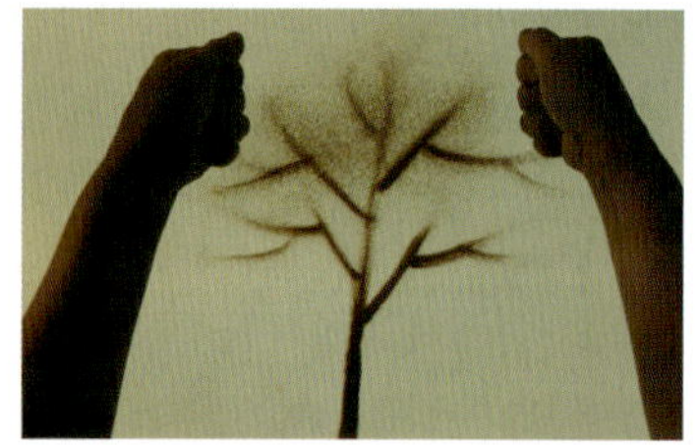

6 가지 끝에 어둡지 않게 옅은 흩뿌리기를 한다.

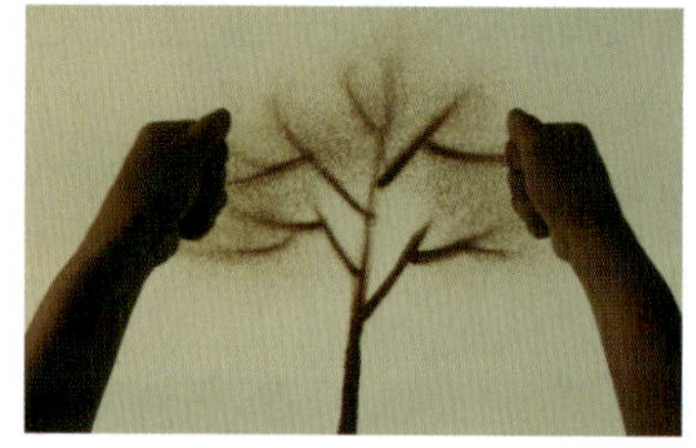

7 가지마다 덩어리가 느껴지도록 띄엄띄엄 흩뿌리기를 한다.

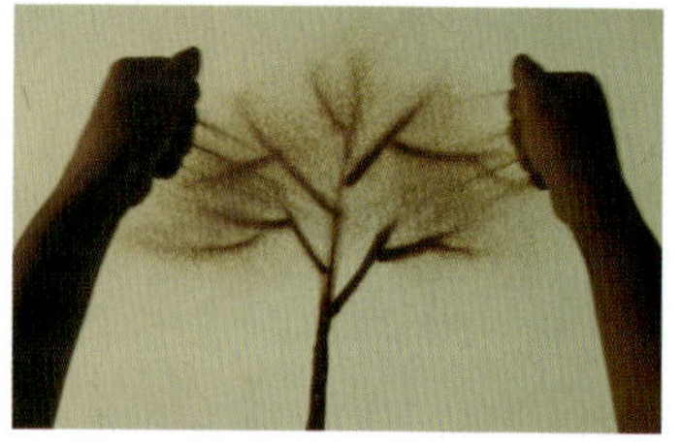

8 전체적으로 살짝 흩뿌리기를 한다.

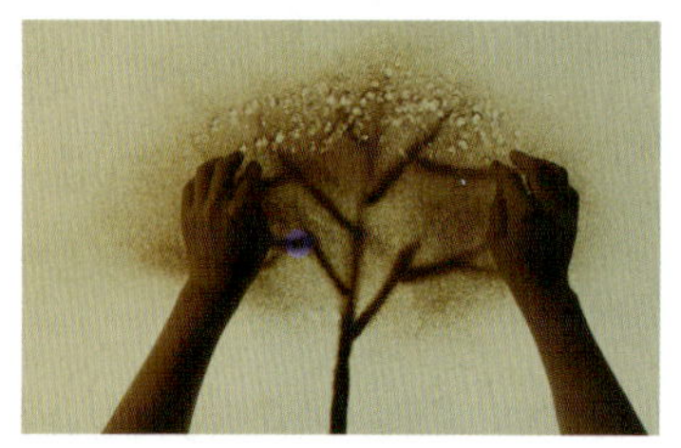

9 흩뿌리기 면 위에 손끝이나 손톱으로 찍기를 한다.

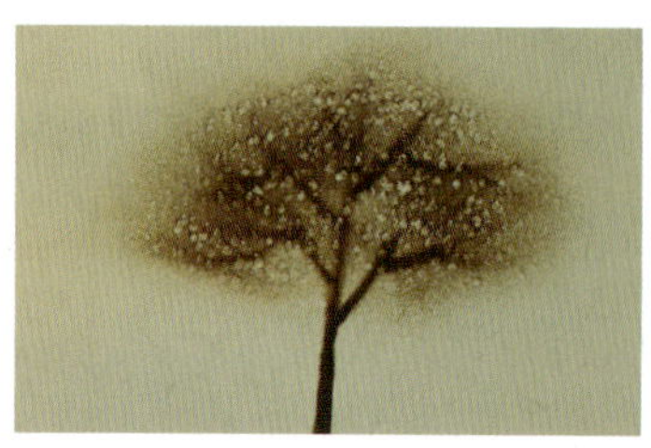

10 뿌리기로 나무 한 그루가 완성된다.

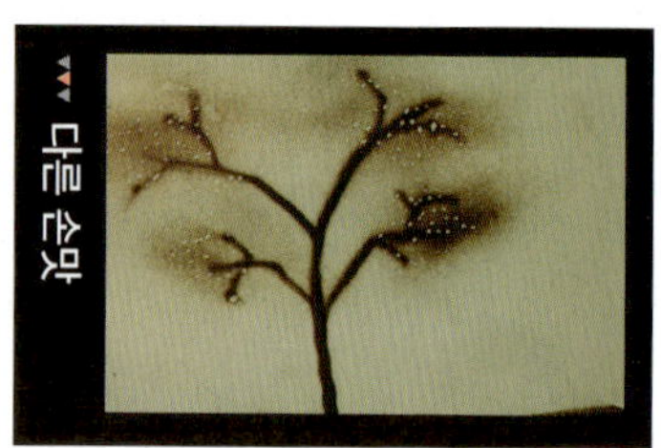

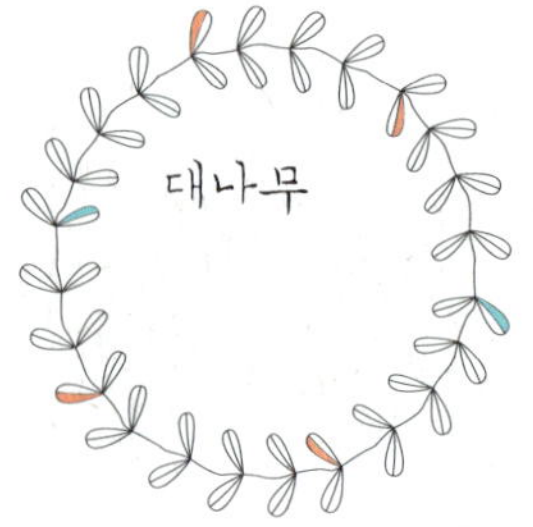

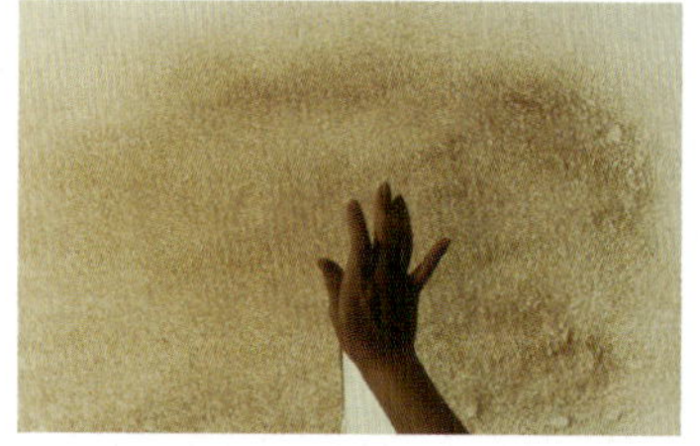

1 손목바닥을 갖다 대고 위로 뻗어 올린다.

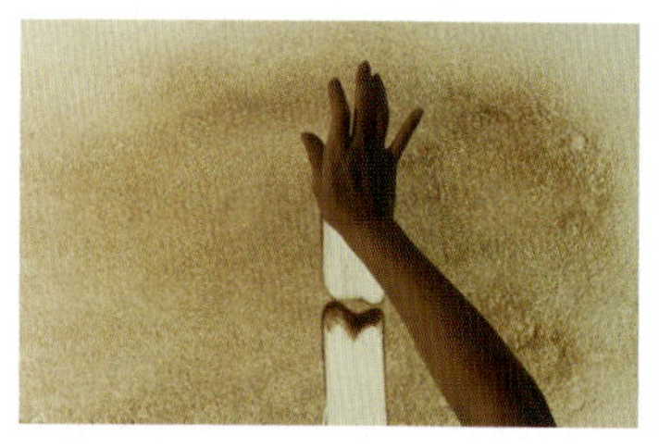

2 손을 뗐다가 모인 모래를 건너 뛰고 다시 위로 뻗어 올린다.

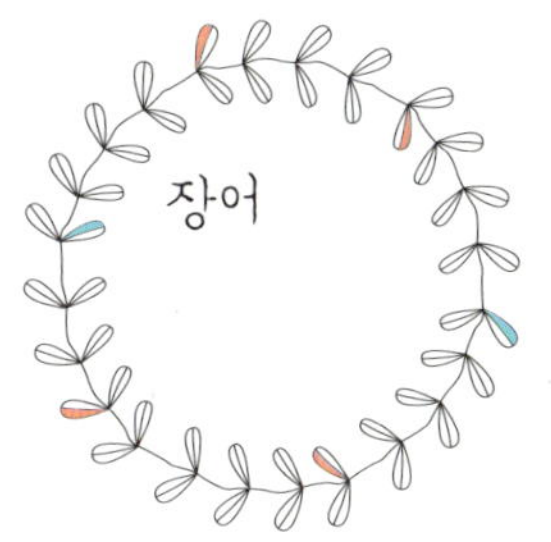

장어

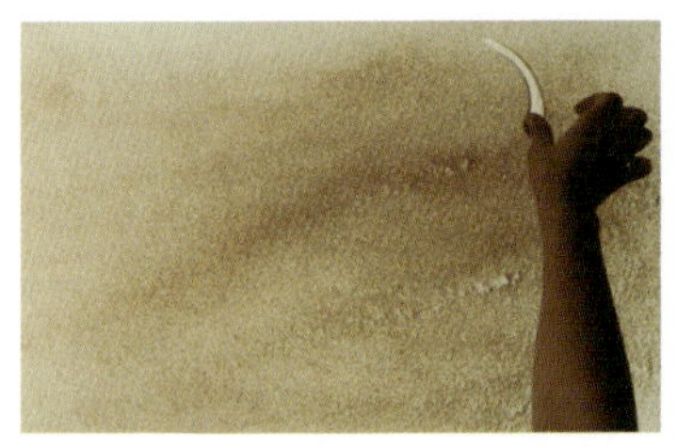

1 손가락을 위에서 아래로 내리며 곡선을 긋는다.

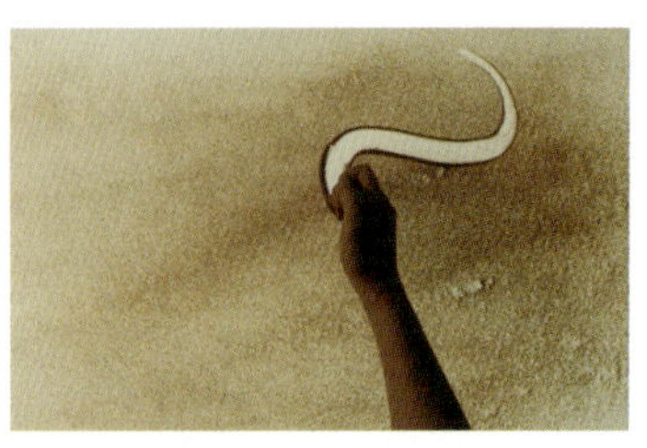

2 손가락을 눕히면서 굵은 곡선으로 연장해 긋는다.

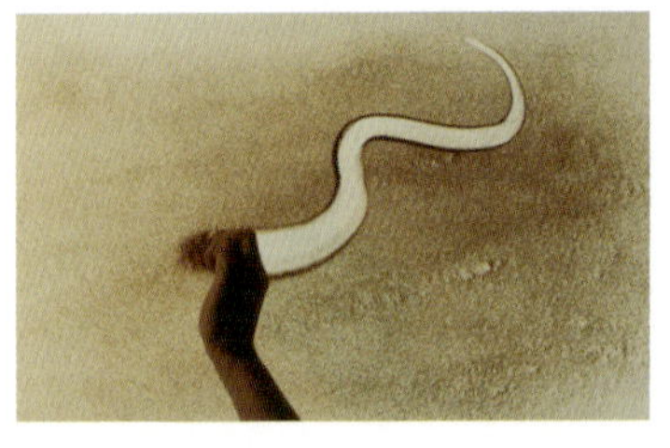

3 주먹을 가볍게 쥐고 굵은 곡선으로 연장해 긋는다.

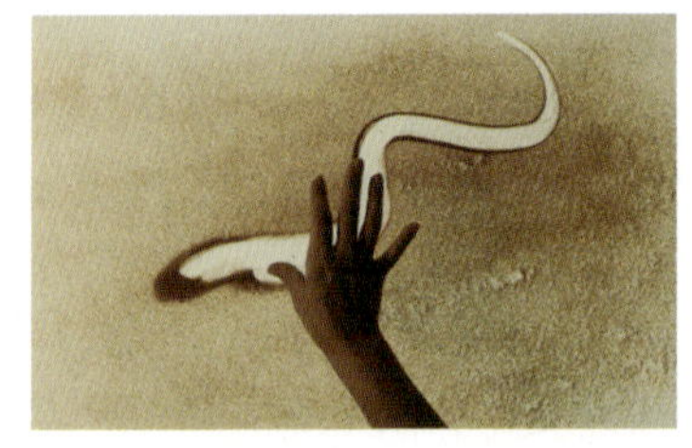

4 손마디를 샌드테이블에서 떼고 선을 끝낸다.

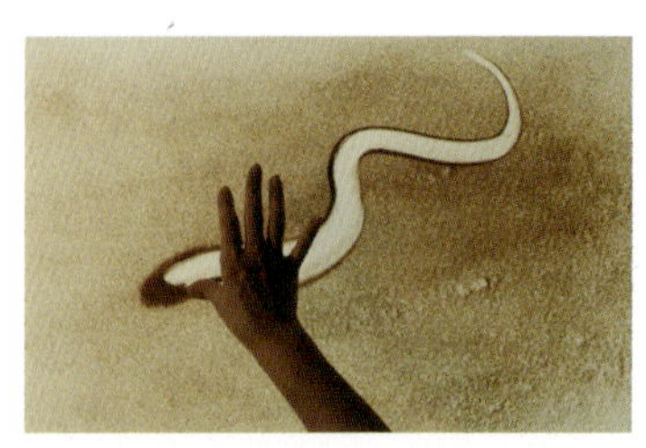

5 엄지로 아랫부분에 선을 터치하여 입을 그린다.

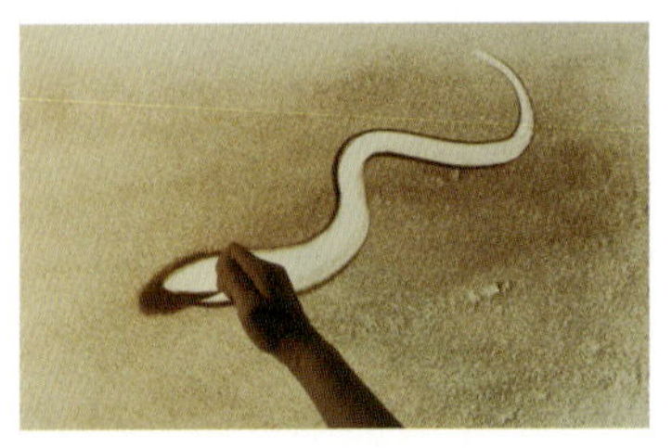

6 윗부분 선을 안으로 모으며 장어 입 모양을 다듬는다.

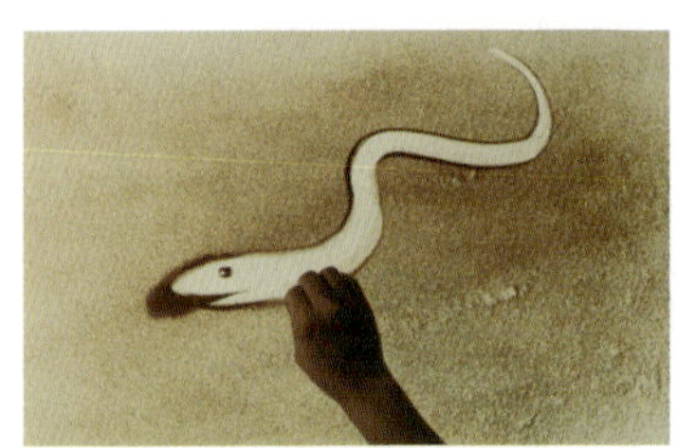

7 모래를 한 꼬집 놓고 손톱으로 살짝 찍어 눈을 그린다.

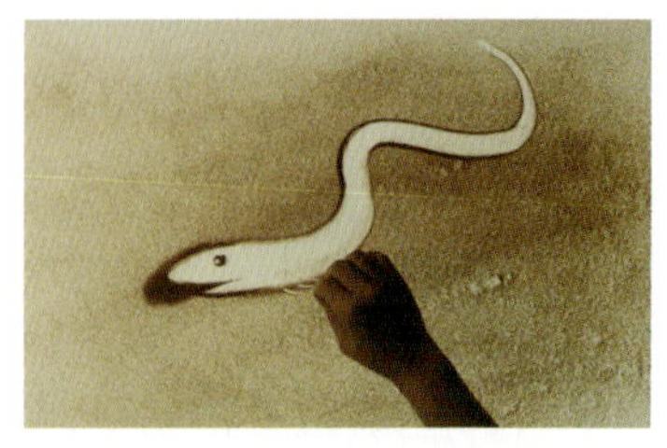

8 손가락을 모아 손톱으로 빗금을 그려 지느러미를 표현한다.

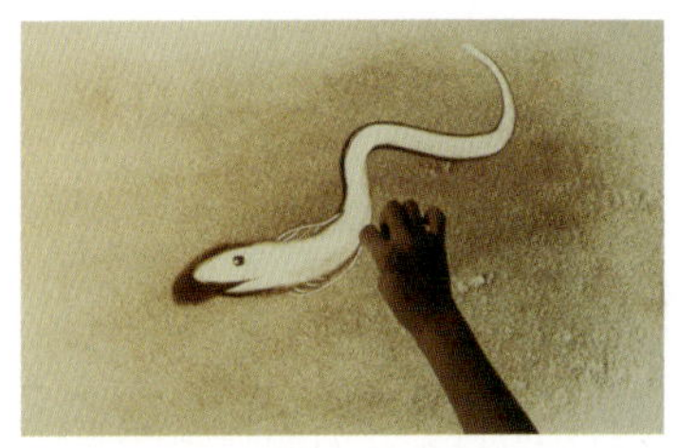

9 위아래 빗금을 손톱으로 정리한다.

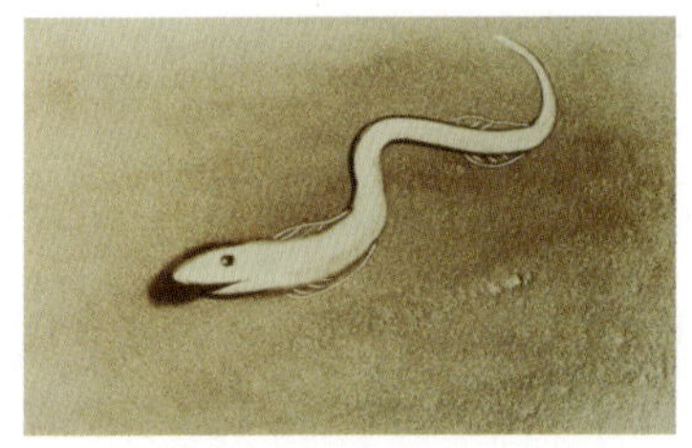

10 꼬리 부분에도 작은 빗금을 그리고 손톱으로 정리한다.

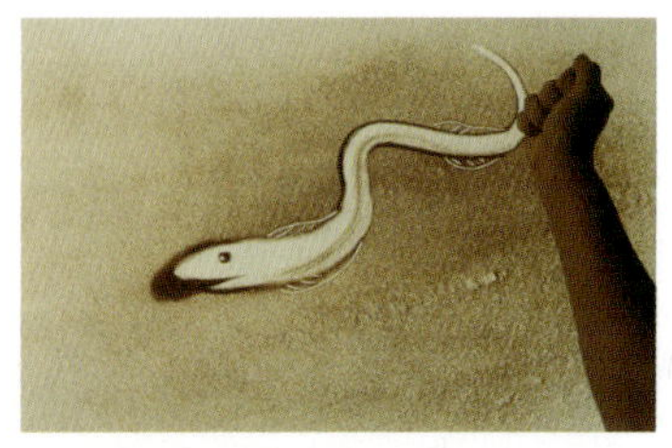

11 장어 몸통 안에 뿌리기로 그러데이션 질감을 표현한다.

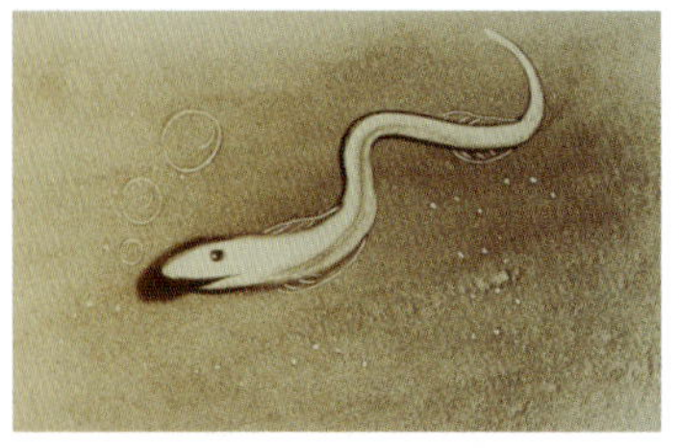

12 장어 주변에 점을 찍고 물방울을 그린다.

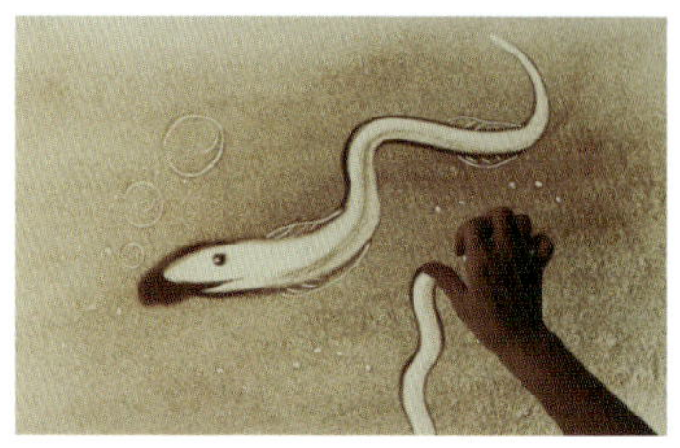

13 아래에서 꼬불꼬불한 선을 그어 올린다.

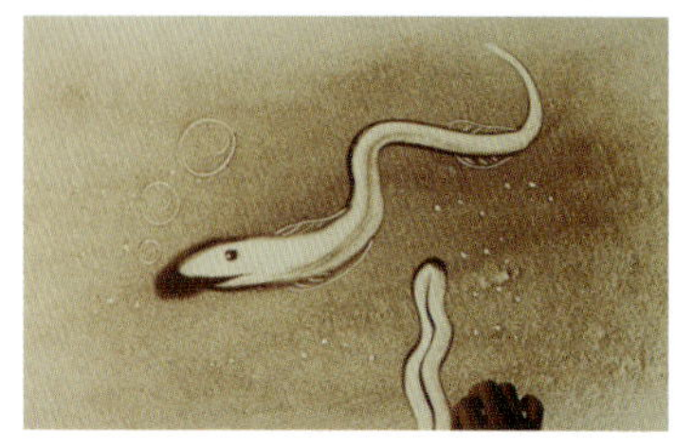

14 올린 끝머리에 손을 이어붙인 뒤 꼬불꼬불하게 내려 해조류를 그린다.

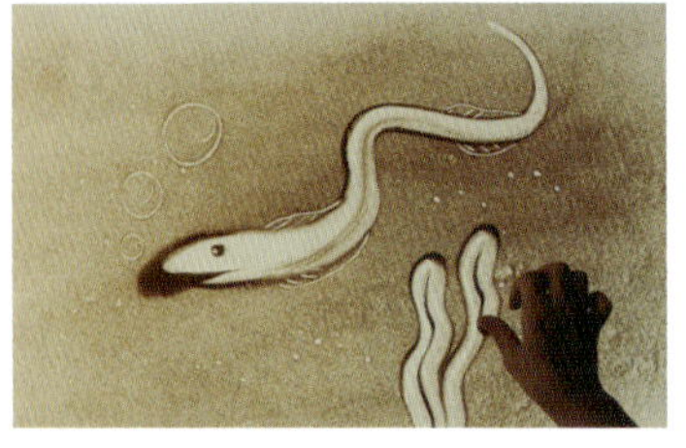

15 크기가 다른 여러 개의 해조류를 더 그린다.

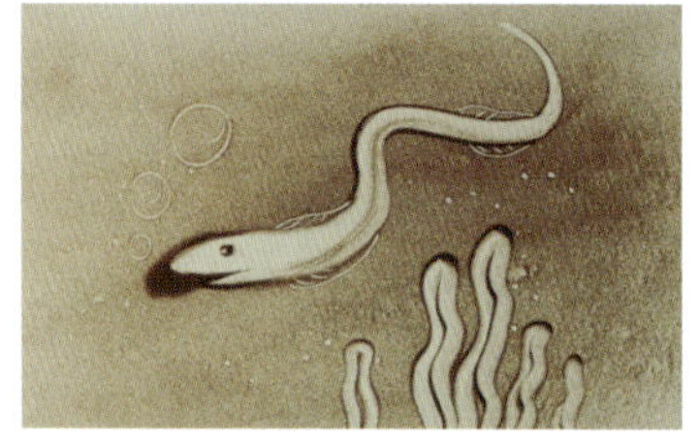

16 먹이를 찾아 헤엄치는 장어가 완성된다.

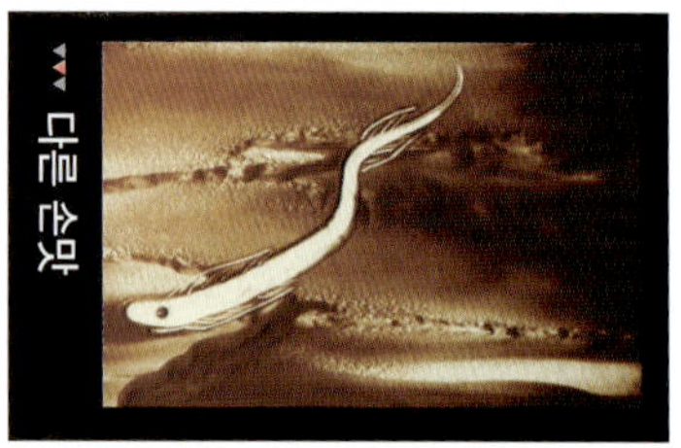

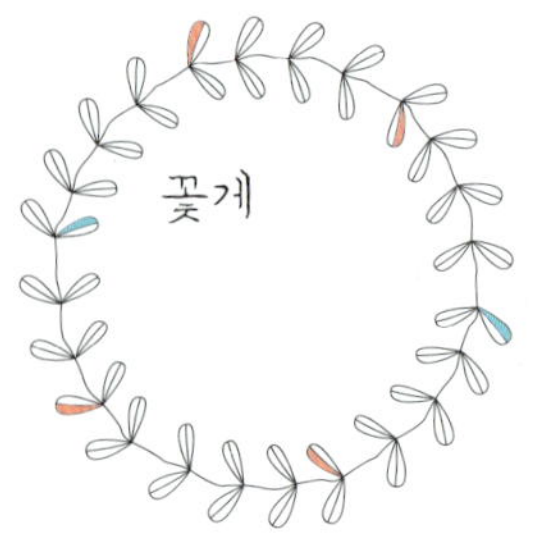

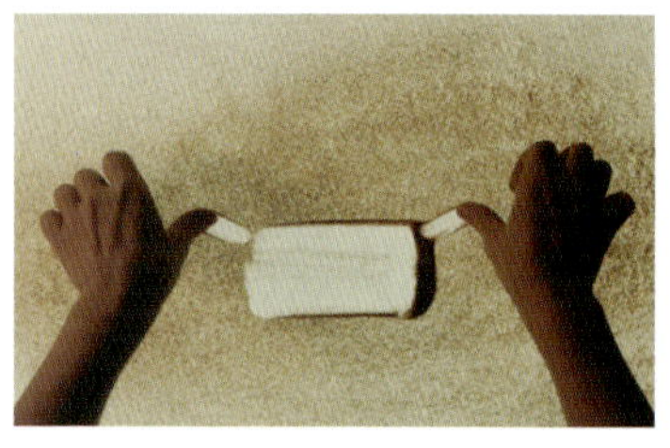

1 손날로 모래를 밀어내 몸통을 그린다.

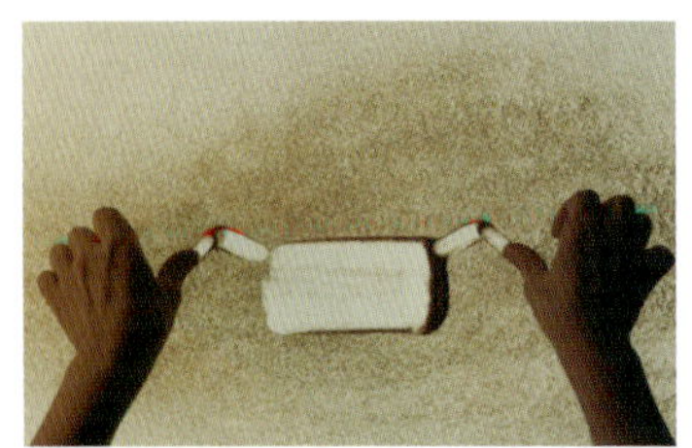

2 양손 엄지로 양쪽 윗부분에 같은 길이의 선을 긋는다.

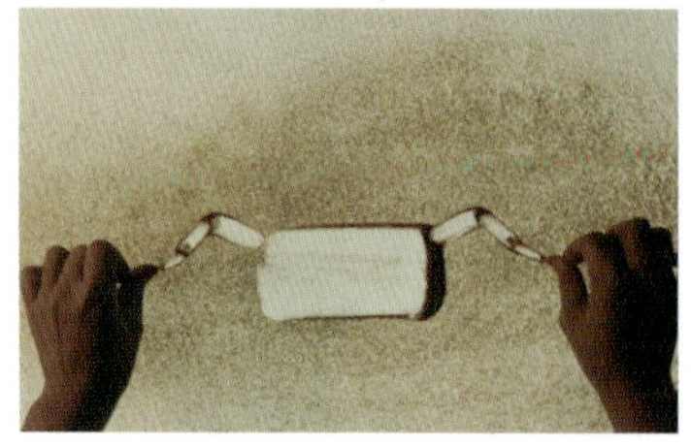

3 살짝 꺾어서 각진 짧은 선을 긋는다.

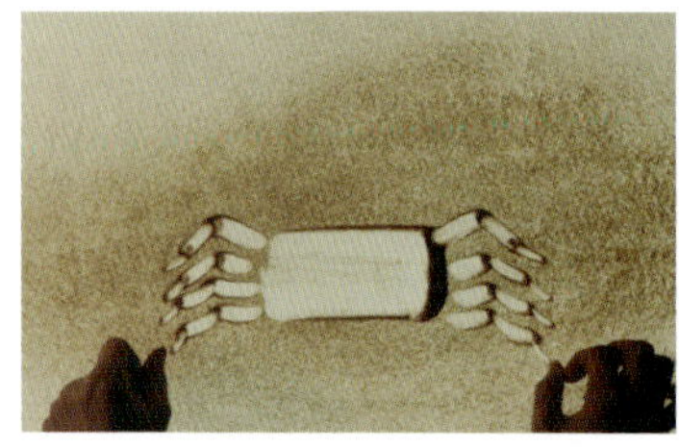

4 마무리로 가는 선을 터치하여 그린다.

5 같은 방법으로 나머지 다리를 그린다.

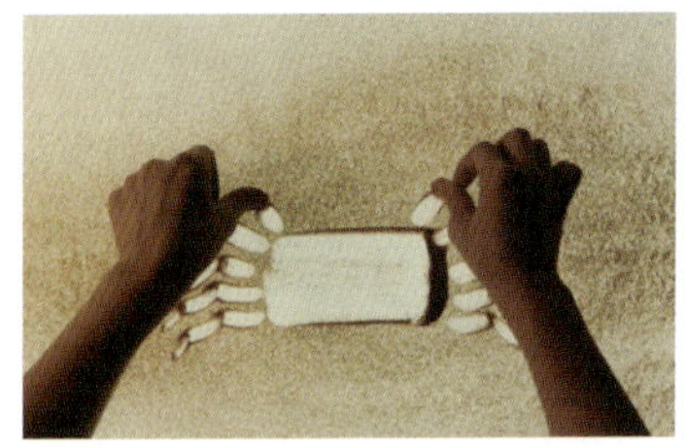

6 몸통 위에 양손으로 짧은 터치를 한다.

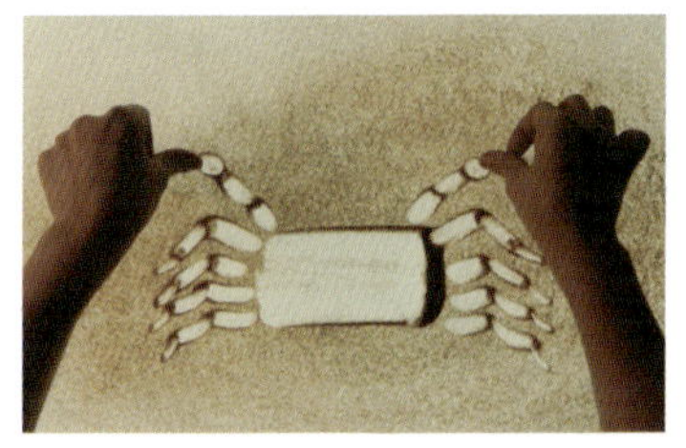

7 마디를 나누어 터치한다.

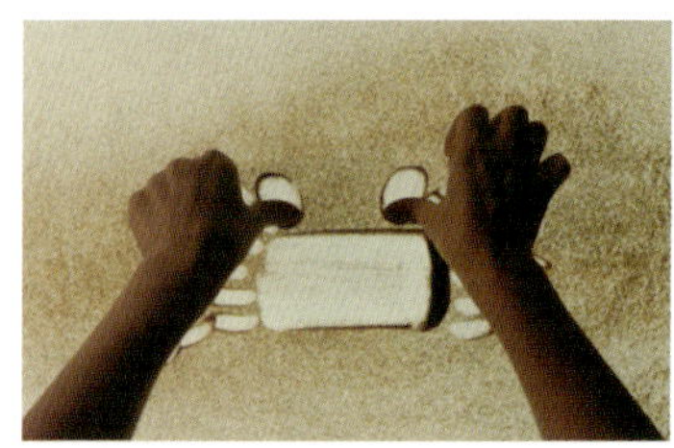

8 몸통 위 양옆을 굵게 터치하여 집게다리 시작점을 만든다.

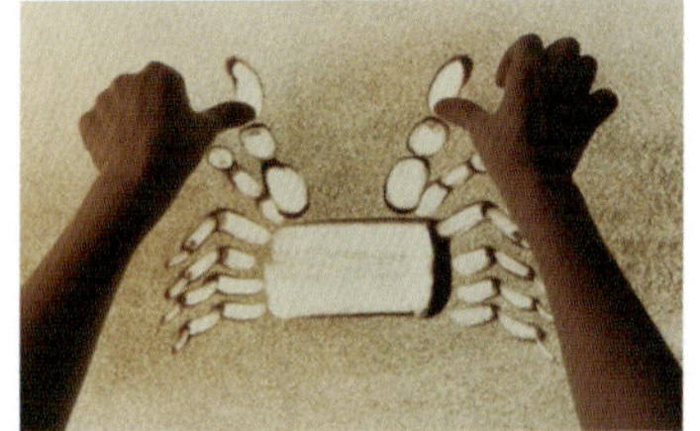

9 마디를 나누어 터치한다.

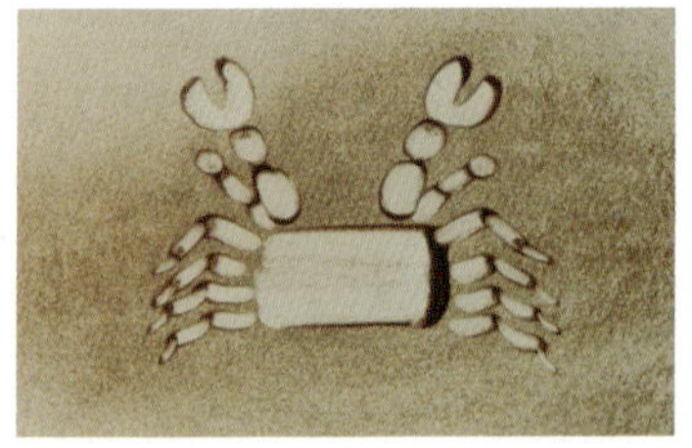

10 마지막 마디는 V자로 터치해 집게 모양을 표현한다.

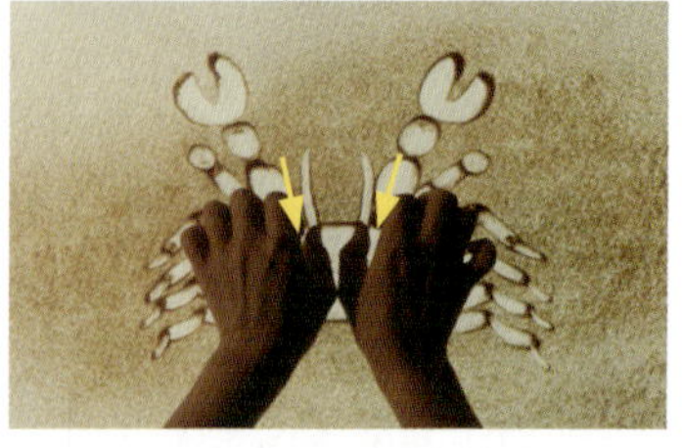

11 양손으로 몸통 밖에서 안으로 선을 긋는다.

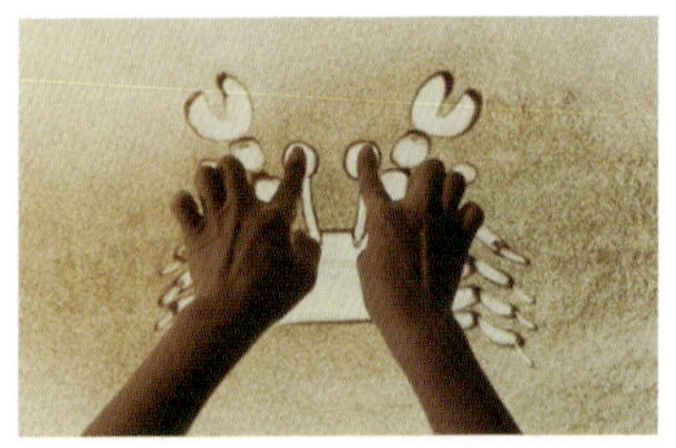

12 선 위에 검지로 원을 그려 꽃게 눈을 그린다.

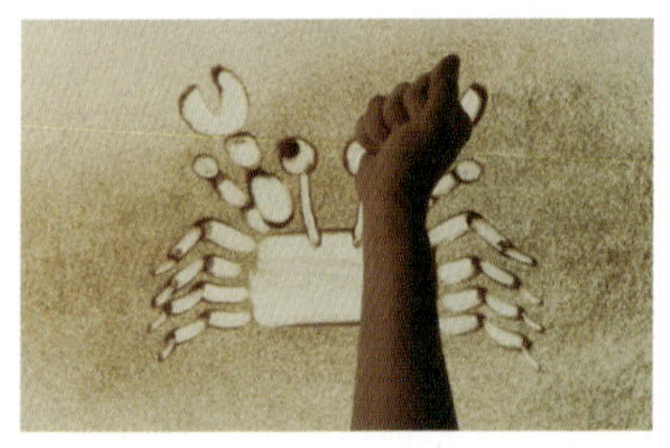

13 꽃게 눈을 놓기로 마무리해 눈을 완성한다.

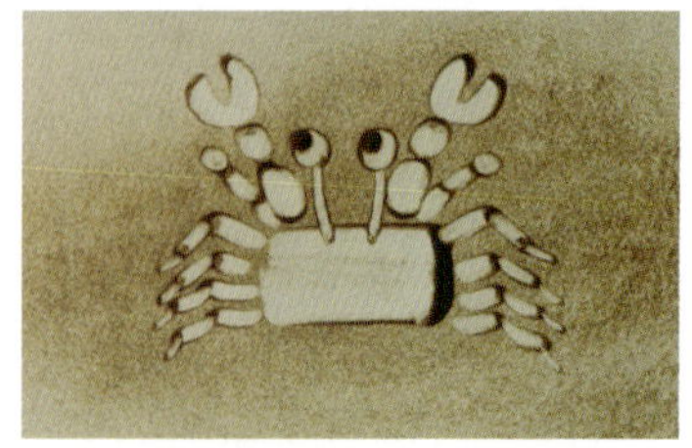

14 집게발을 들고 움직이는 꽃게가 완성된다.

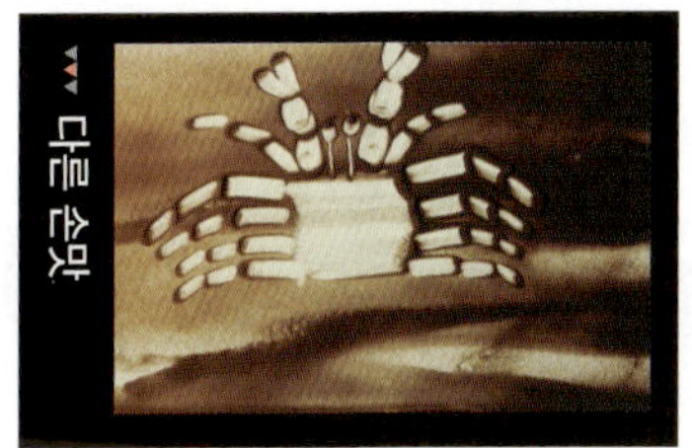

새(새알 부화과정, 병아리, 백조, 비둘기)

새가 무엇을 하고 있는지에 따라 동작이 달라진다. 날고 있는지, 물 위를 유영하는지, 나무 위에 앉아 있는지를 생각하며 그려야 한다. 호수나 공원에서 볼 수 있는 새를 평소에 관찰하면 샌드아트 그림에 많은 도움이 된다.

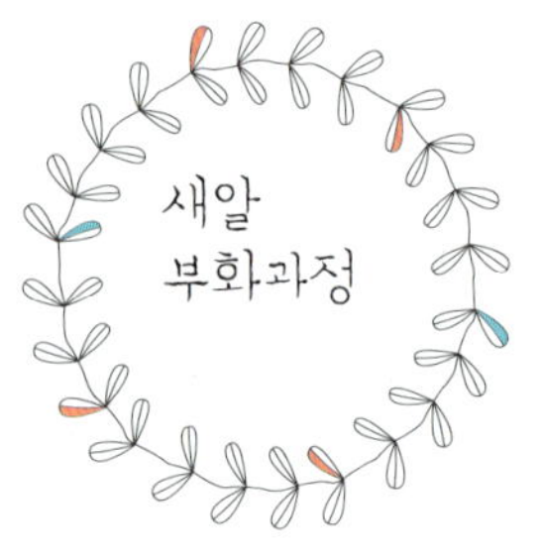

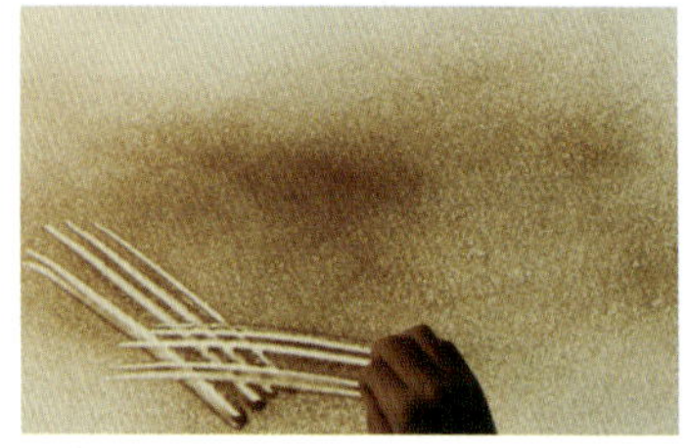

1 손가락을 모아 손끝으로 빗금을 긋는다.

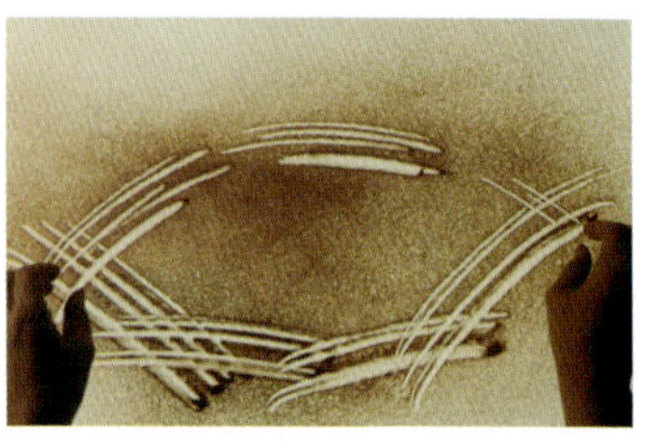

2 새 둥지 모양이 되도록 빗금을 몇 개 더 그린다.

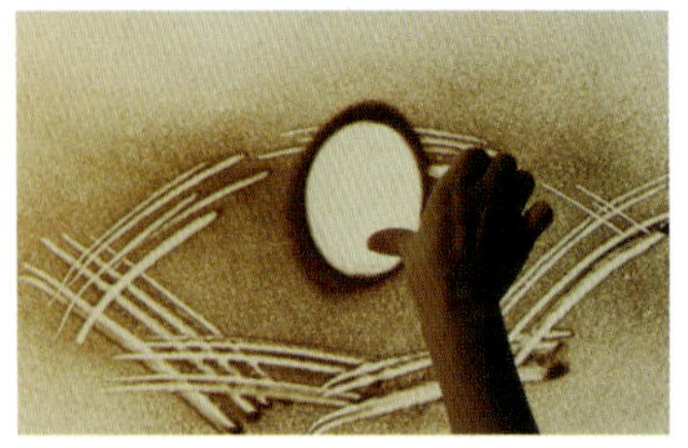

3 엄지로 달걀형태의 타원을 그린다.

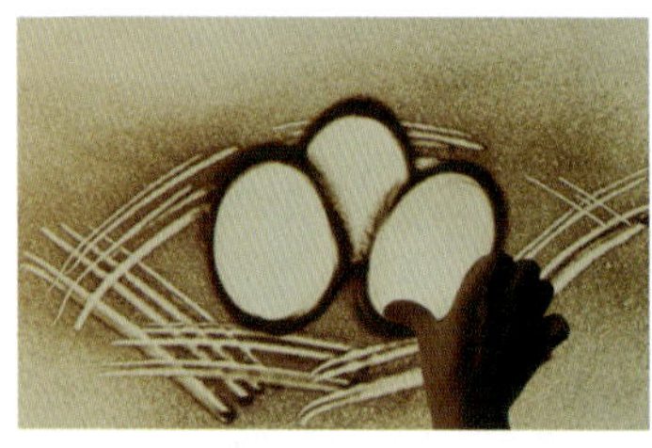

4 좌우에 새알을 겹치게 하여 두 개 더 그린다.

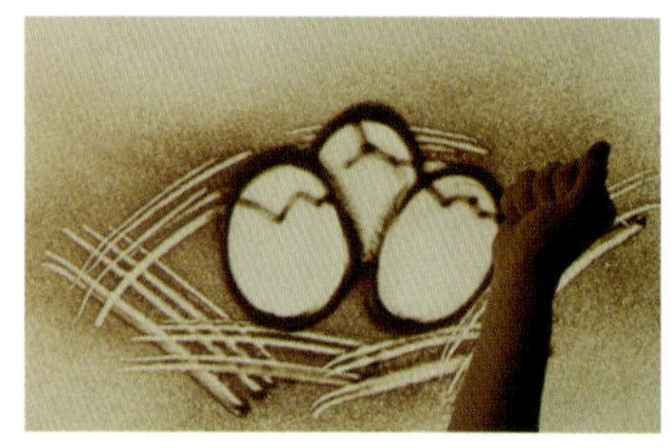

5 새알에 가는 선 뿌리기로 잔선을 그려 알이 깨진 형태를 만든다.

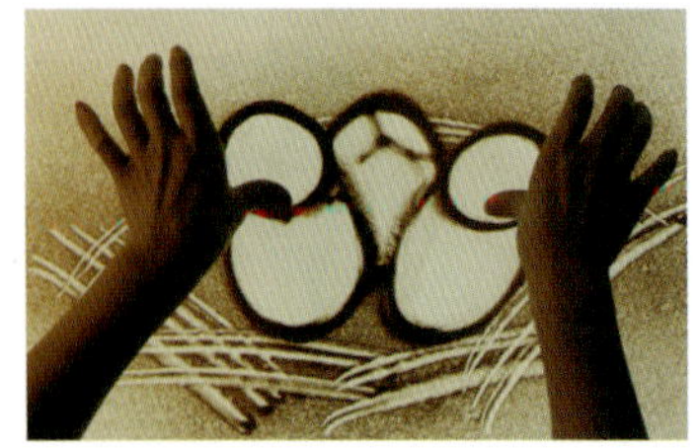

6 양손 엄지로 좌우 새알 위에 원을 그린다.

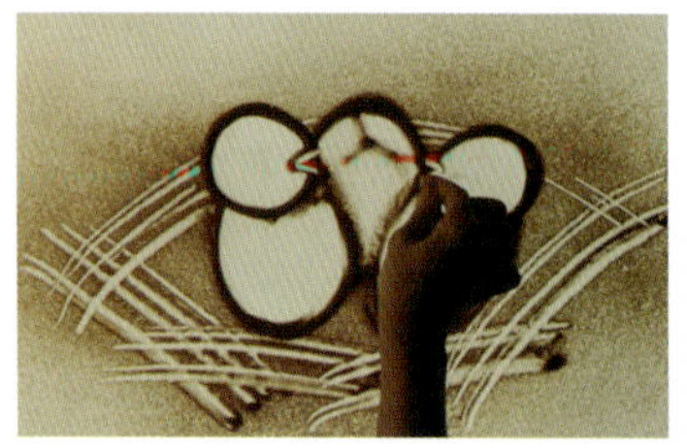

7 V자 모양으로 터치하여 부리를 그린다.

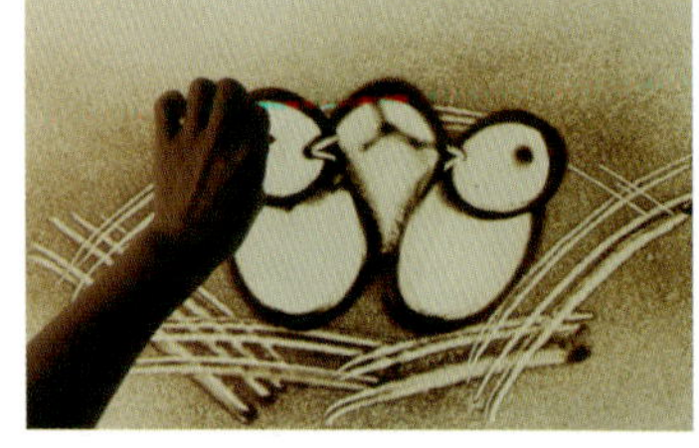

8 집게손으로 모래를 조금 놓아 눈을 그린다.

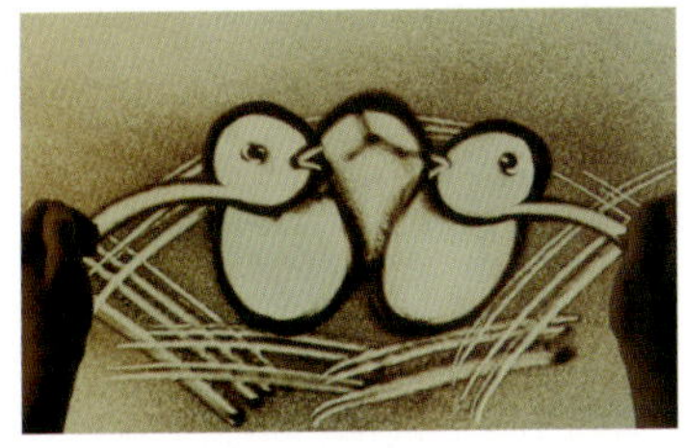

9 양손 새끼손가락으로 날개 라인을 그린다.

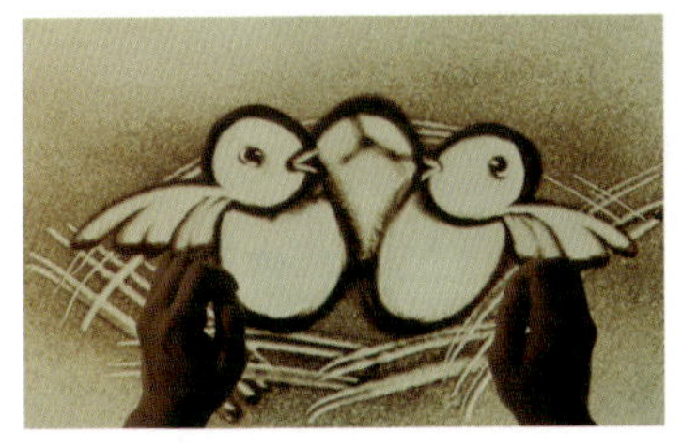

10 새끼손가락 옆면을 아래로 터치하여 깃털을 그린다.

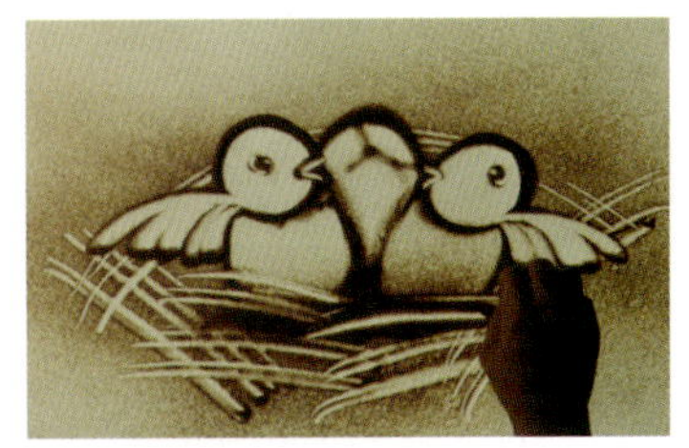

11 아래에 빗금을 긋고 흩뿌리기를 한다.

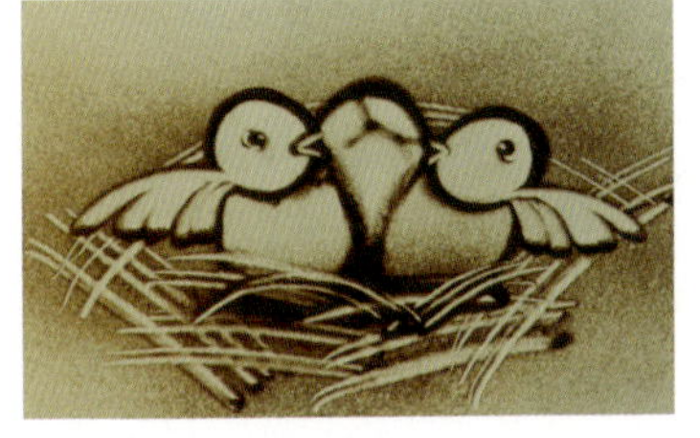

12 방금 알을 깨고 나온 예쁜 어린 새가 완성된다.

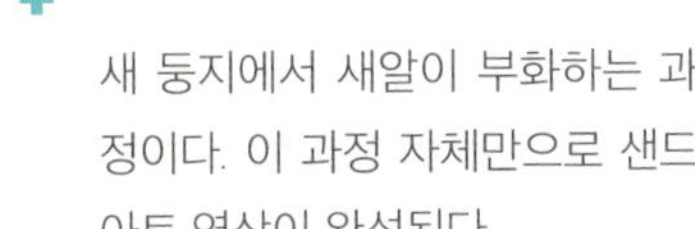

＋ 새 둥지에서 새알이 부화하는 과정이다. 이 과정 자체만으로 샌드아트 영상이 완성된다.

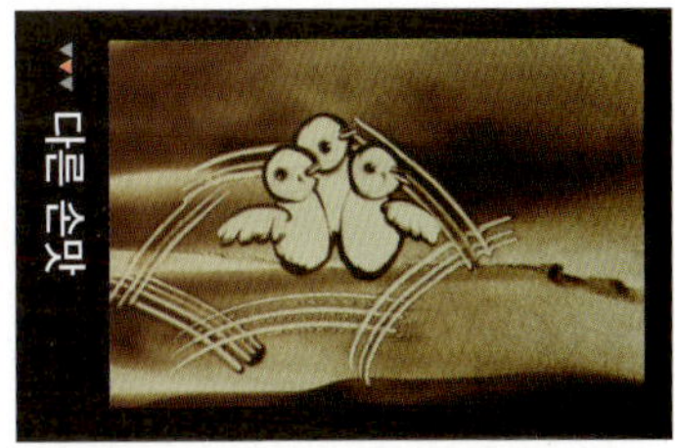

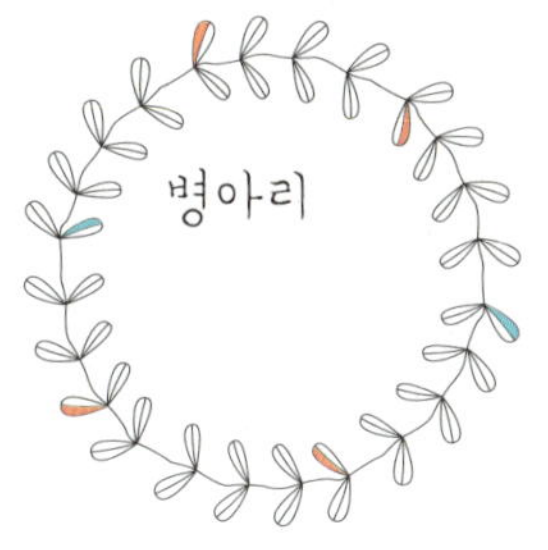

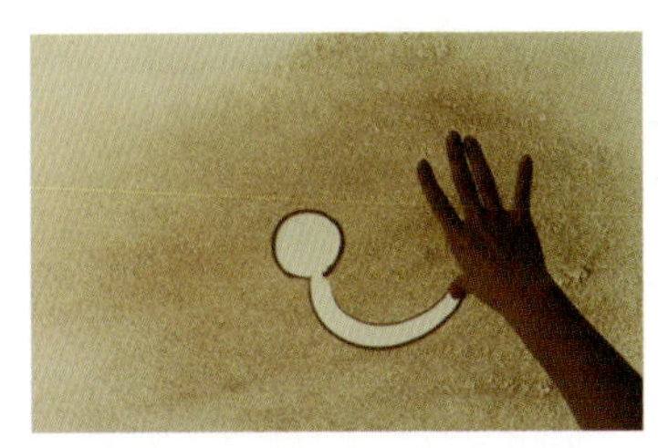

1 검지로 원을 그린다.

2 엄지로 초승달처럼 반원모양의 선을 긋는다.

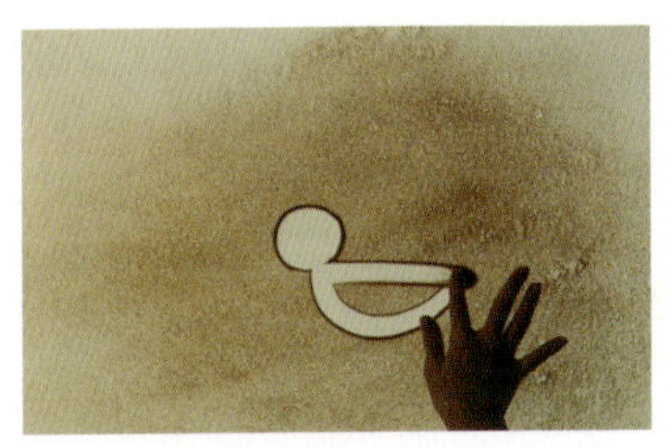

3 검지로 가로 직선을 긋는다.

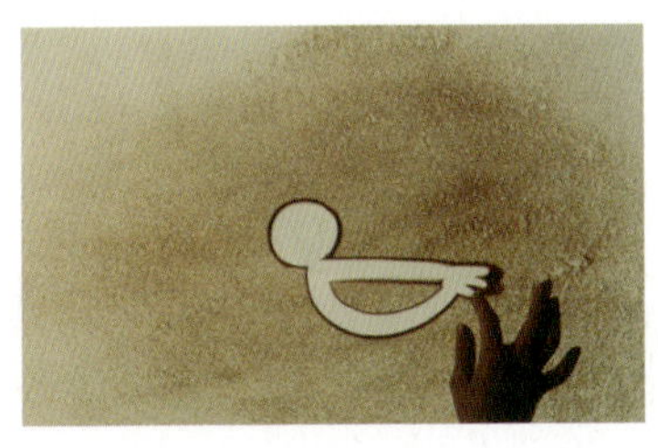

4 꼬리 깃털을 터치하여 그린다.

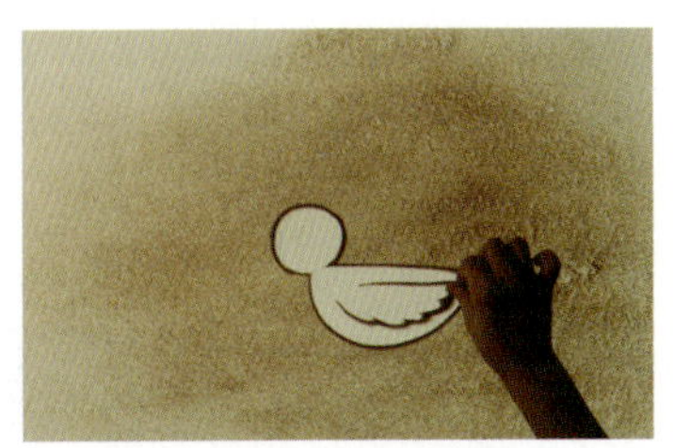

5 안에 남은 모래를 밖으로 밀어내면서 날개를 그린다.

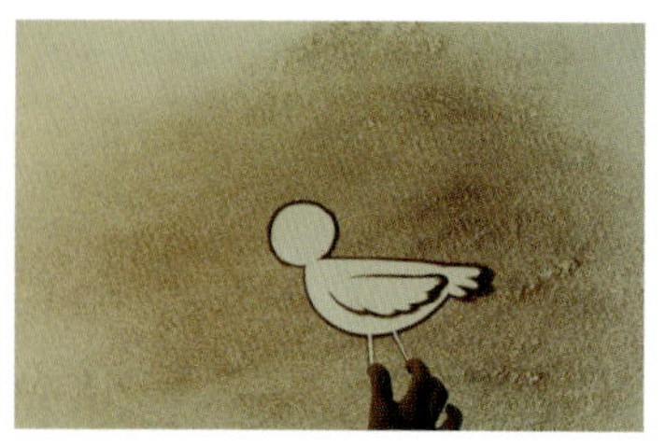

6 엄지와 검지 손톱으로 다리와 발을 동시에 그린다.

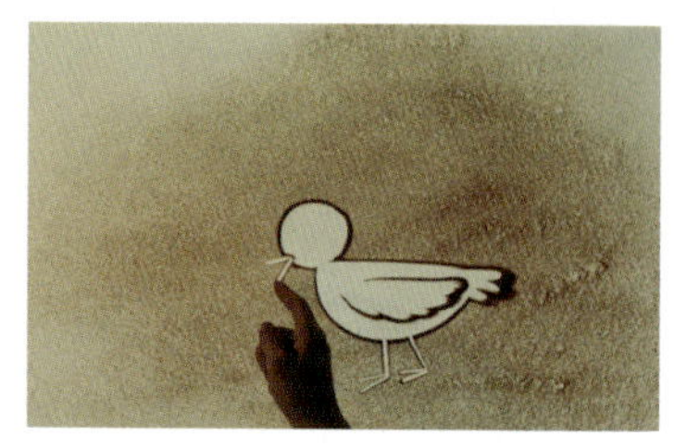

7 손톱으로 병아리 부리를 V자 모양으로 그린다.

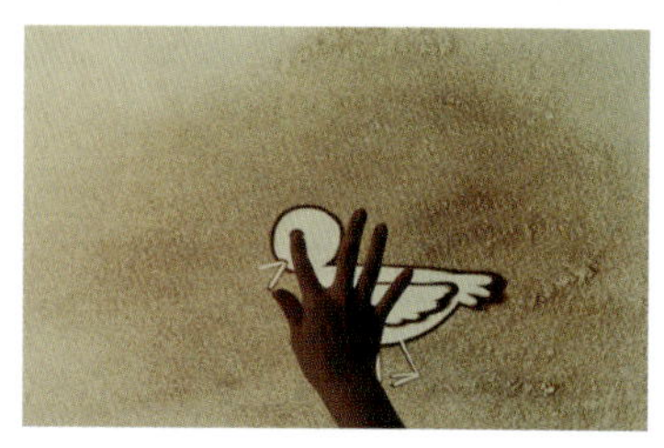

8 모래를 조금 집어 놓고 손가락을 밀어 올려 눈을 그린다.

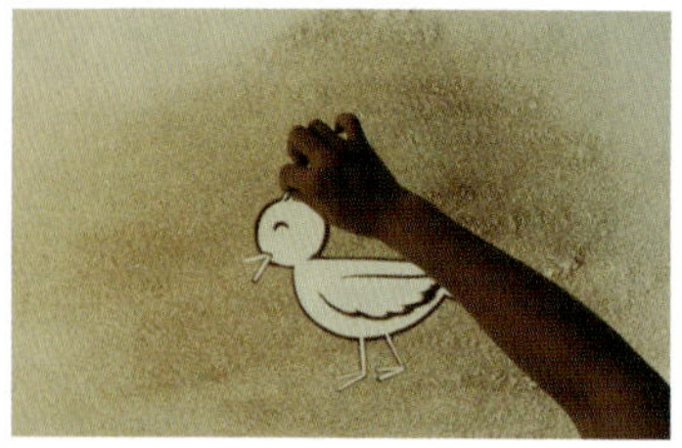

9 머리 위에 깃털 몇 가닥을 짧게 터치한다.

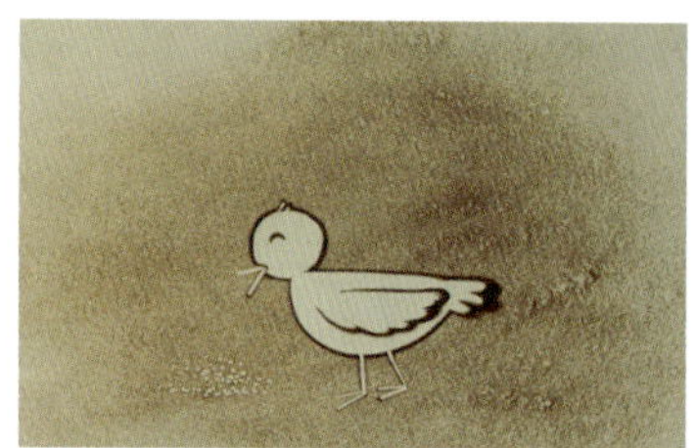

10 바닥에 손톱으로 모이를 찍어 병아리 그림을 완성한다.

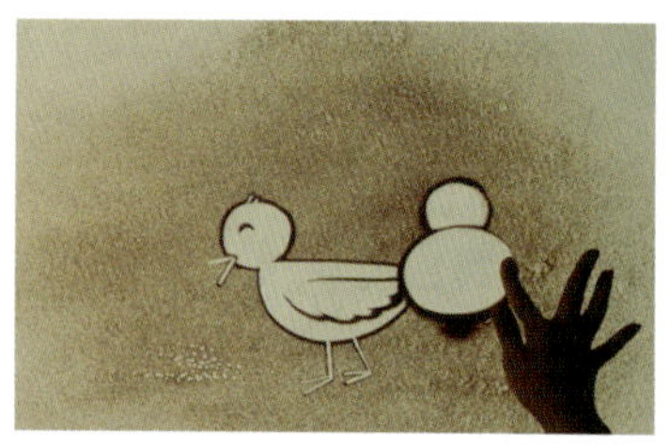

11 뒤돌아 있는 병아리의 모습을 그려본다. 병아리 머리와 몸을 원으로 그린다.

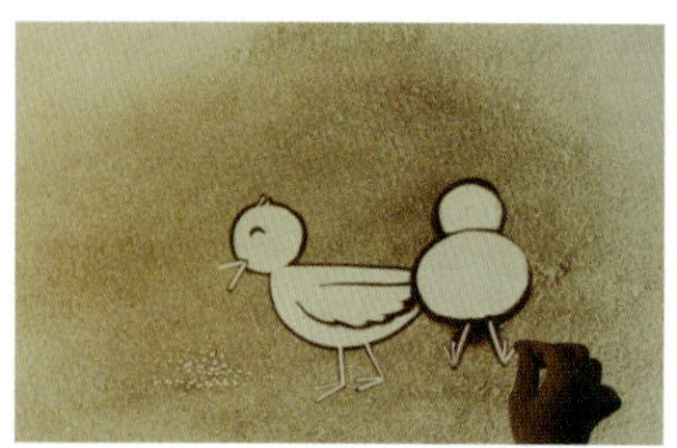

12 손톱으로 병아리 다리와 발을 그린다.

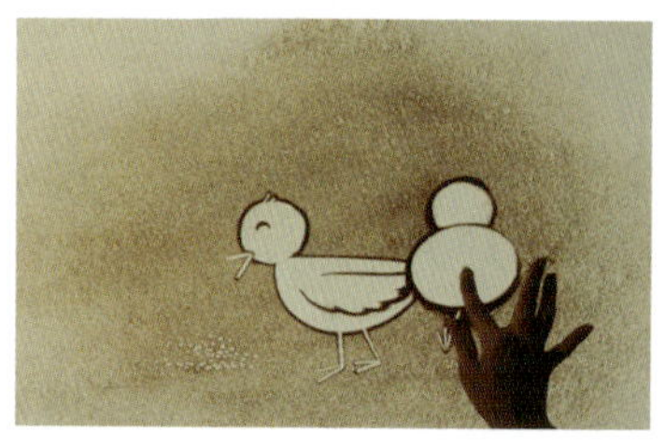

13 병아리 엉덩이에 모래를 한 꼬집 놓고 살짝 밀어 올린다.

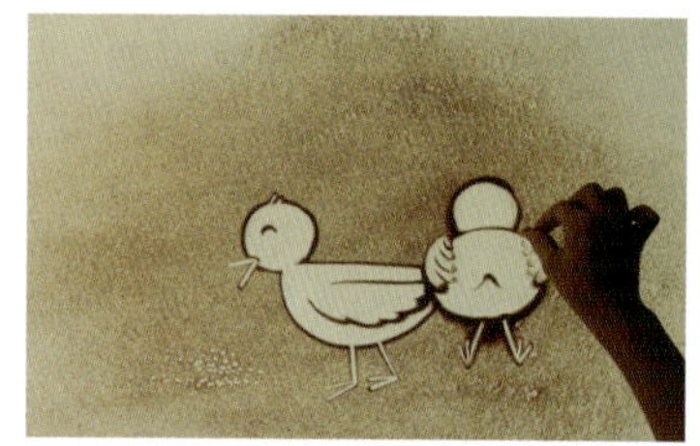

14 원 밖에서 안으로 터치하여 날개를 그린다.

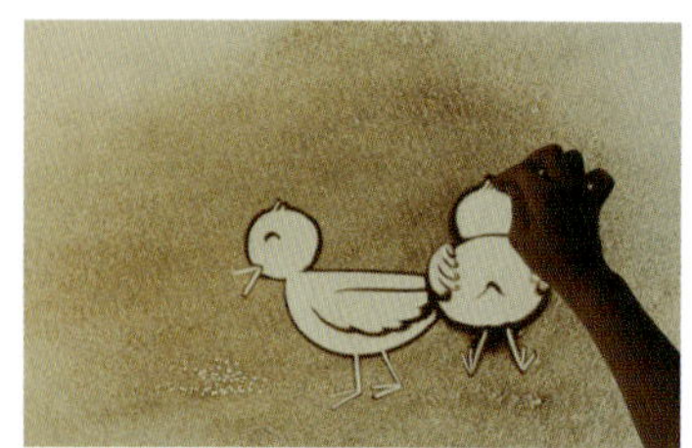

15 머리에 깃털 몇 가닥을 터치하여 그린다.

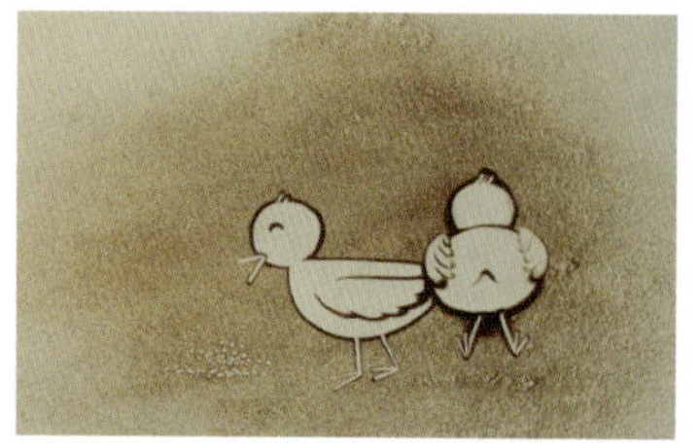

16 옆모습과 뒷모습의 병아리 형제가 완성된다.

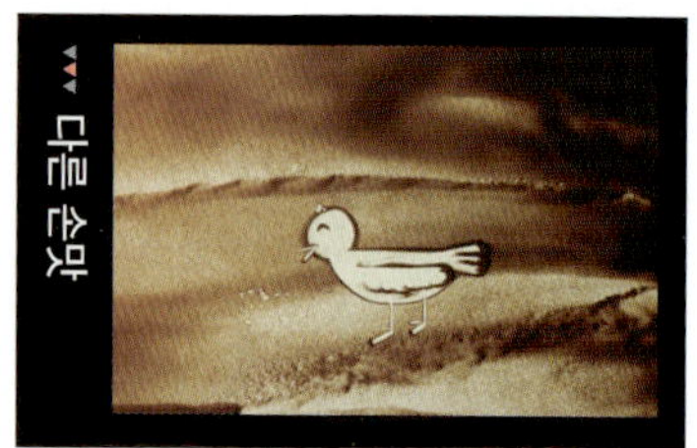

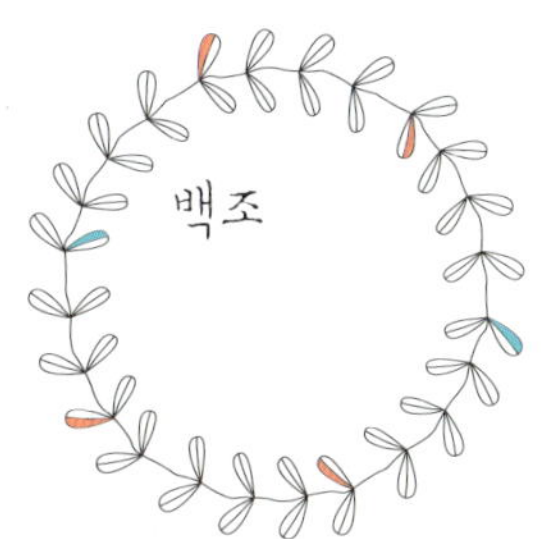

백조

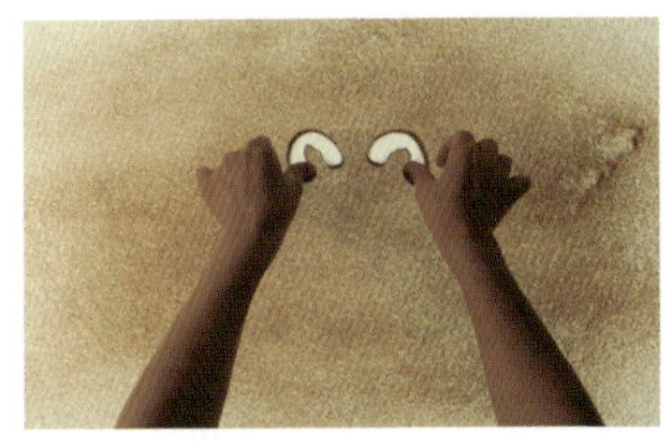

1 양손 엄지로 반대방향으로 둥글게 선을 긋는다.

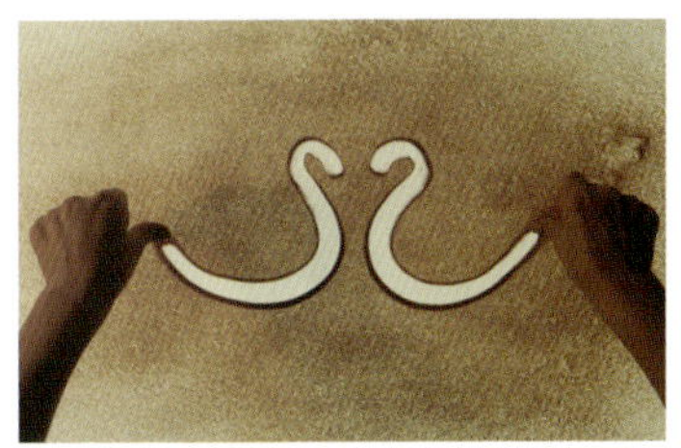

2 숫자 2를 닮은 곡선을 긋는다.

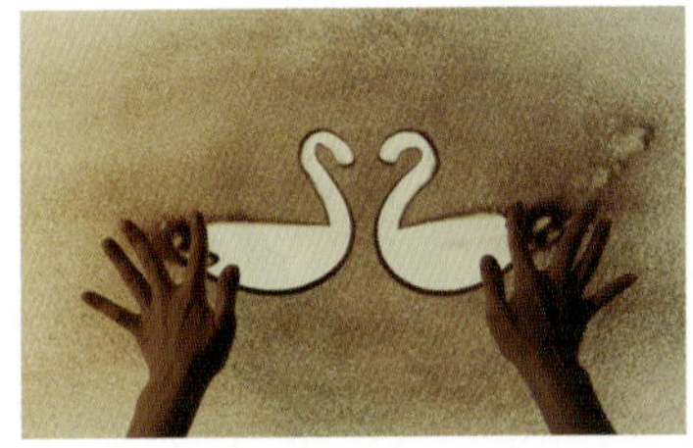

3 점점 위로 올라가면서 모래를 양쪽 밖으로 밀어낸다.

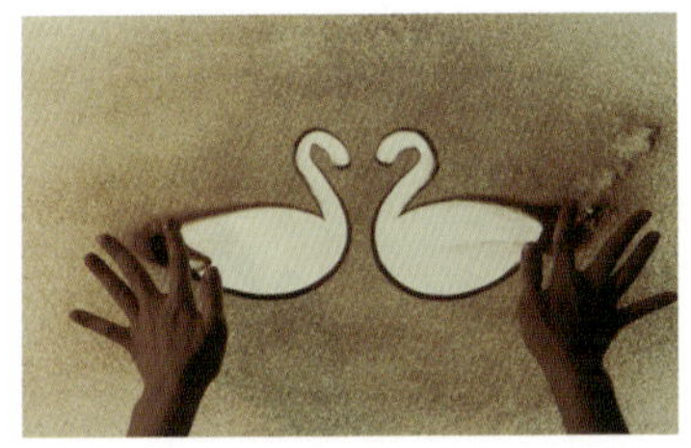

4 완만한 둥근 선 모양까지 모래를 밀어낸다.

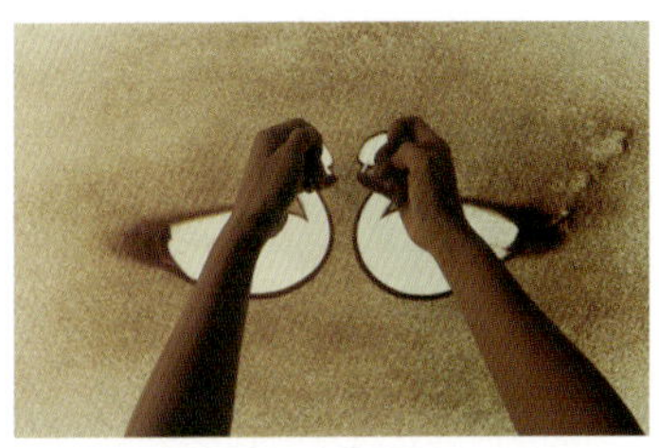

5 새끼손가락 손톱으로 터치하여 부리를 그린다.

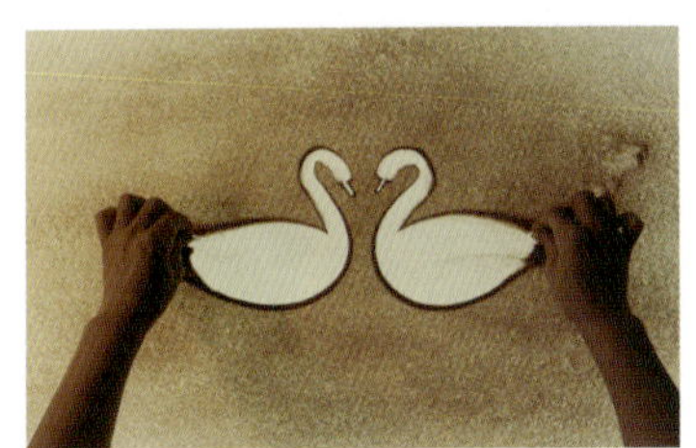

6 꼬리부분에 깃털 모양으로 터치한다.

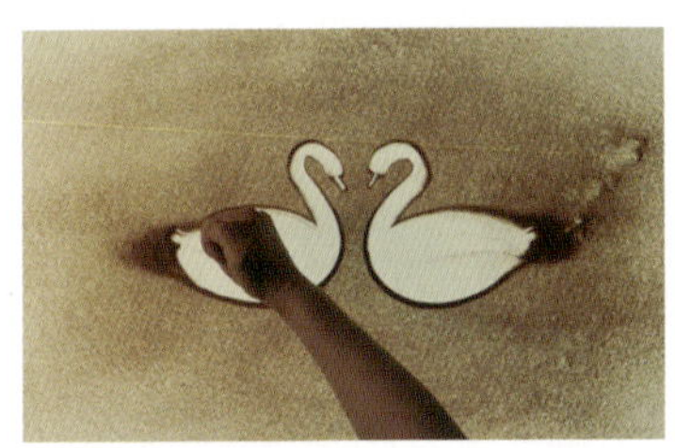

7 밖에서 안으로 모래를 당겨 날개를 만든다.

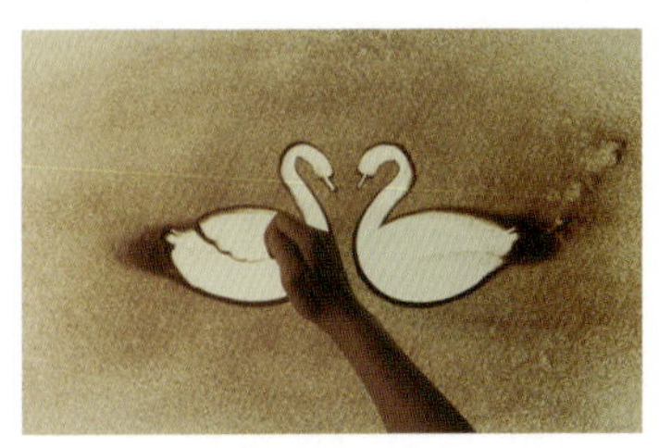

8 모래를 당기면서 곡선 모양을 만들면 깃털이 된다.

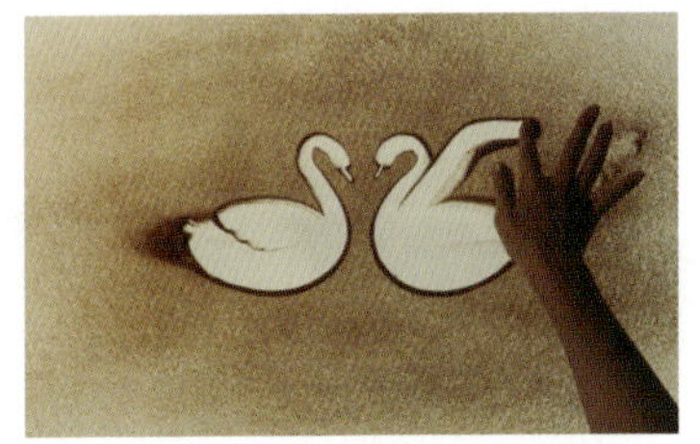

9 오른쪽 백조는 위로 꺾은 선을 그려 날개 라인을 만든다.

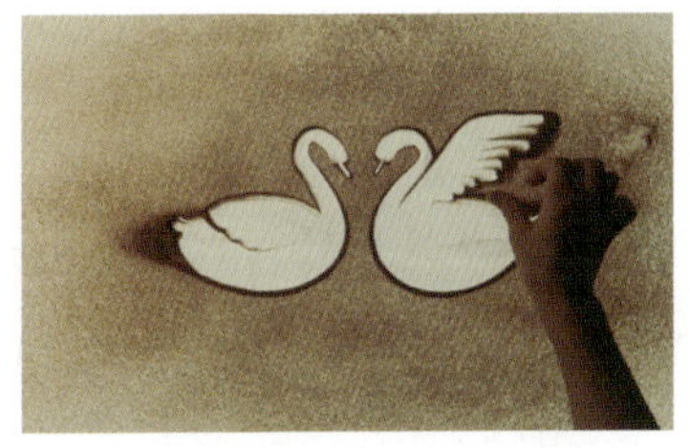

10 짧은 터치를 여러 번 하여 깃털을 그린다.

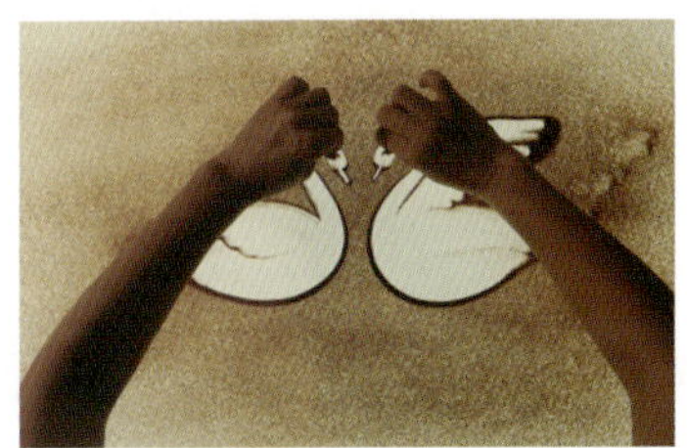

11 집게손으로 모래를 조금 집어다 놓으면 눈이 된다.

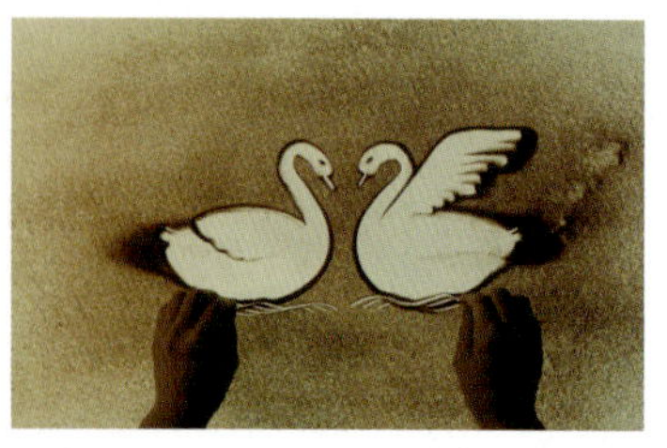

12 아래에 물결무늬를 넣으면 물 위에 떠 있는 모습이 표현된다.

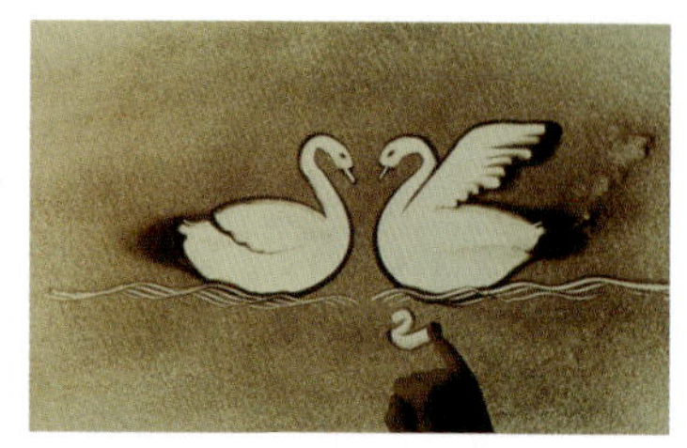

13 백조 두 마리 아래에 새끼손가락으로 숫자 2를 작게 그린다.

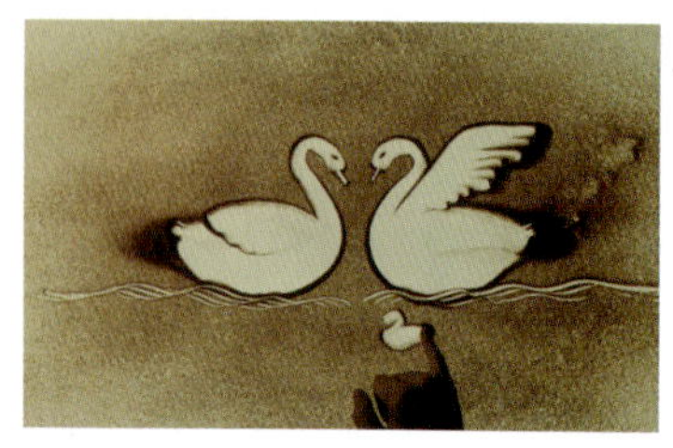

14 몸통 위에 터치를 한 번 더 한다.

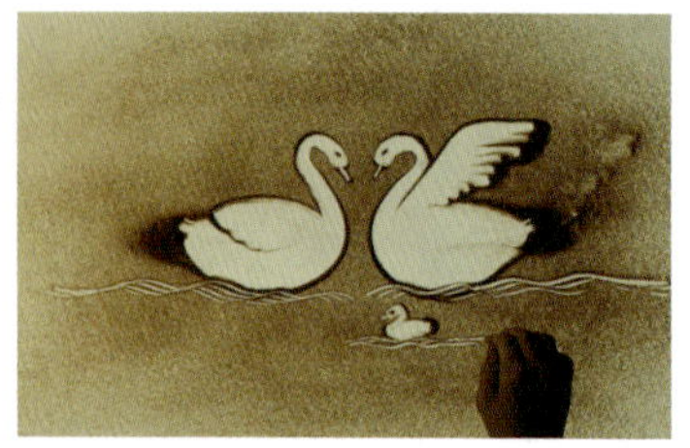

15 손톱을 이용해 부리와 물결을 그린다.

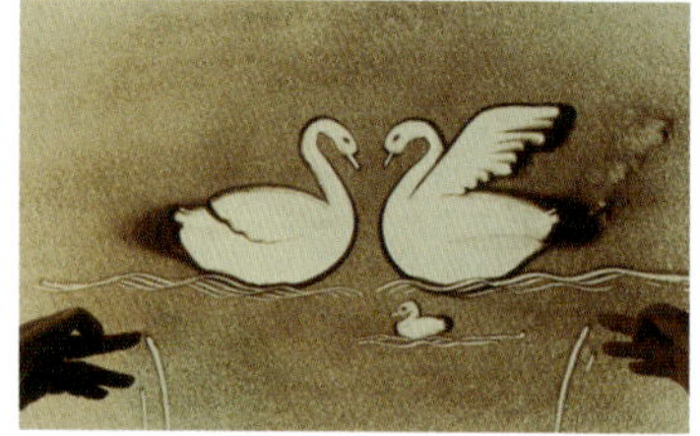

16 손톱을 위로 그어 식물 줄기를 그린다.

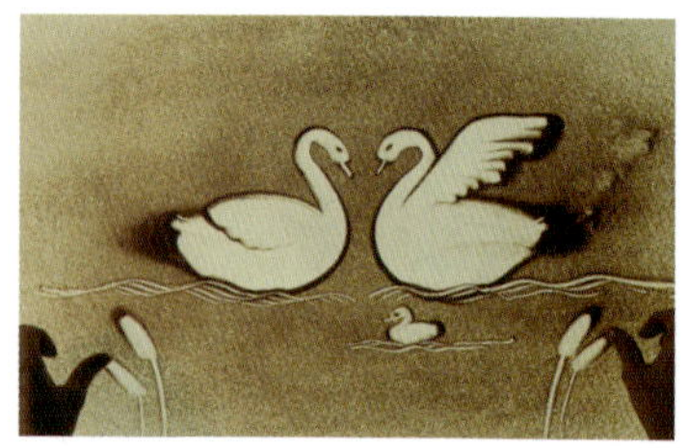

17 줄기 윗부분을 엄지로 터치하여 부들을 그린다.

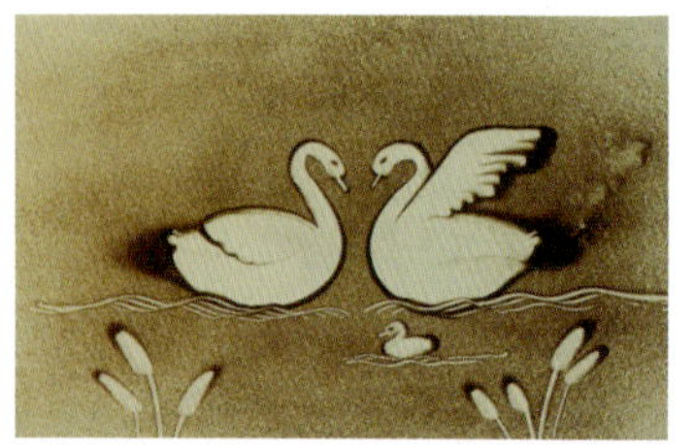

18 강으로 소풍 나온 백조가족이 완성된다.

백조를 그릴 때, 반드시 양손이어야 할 필요는 없다. 좌우에 같은 그림이 동시에 그려지는 재미일 뿐 한 마리씩 그려도 된다.

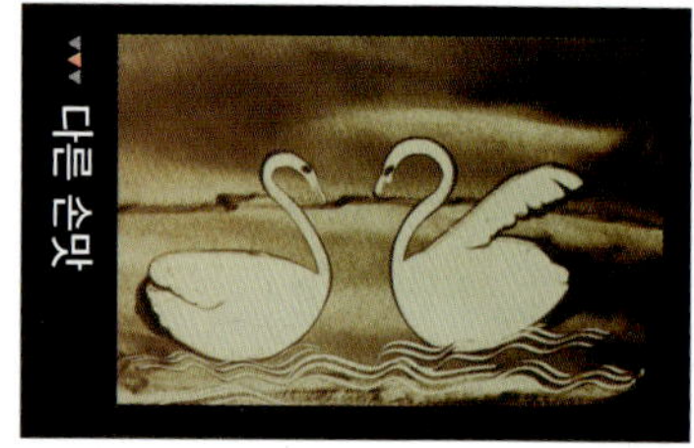

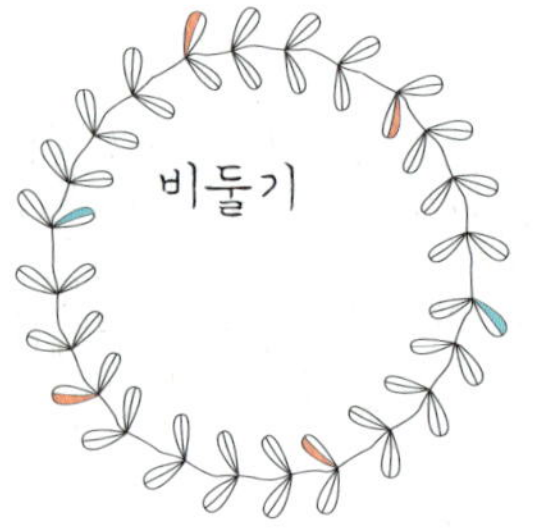

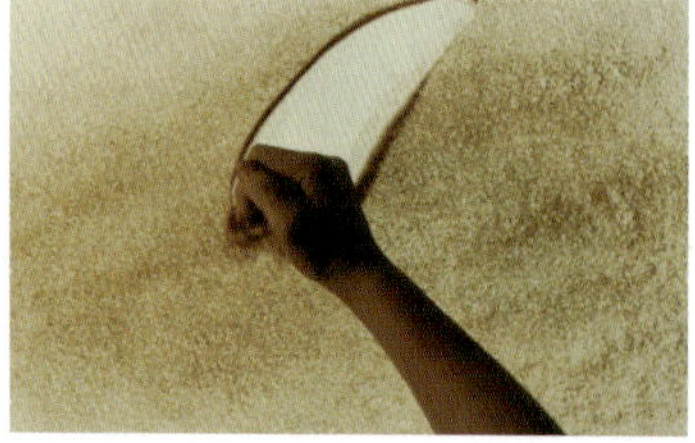

1 손날을 이용해 사선으로 밀어내린다.

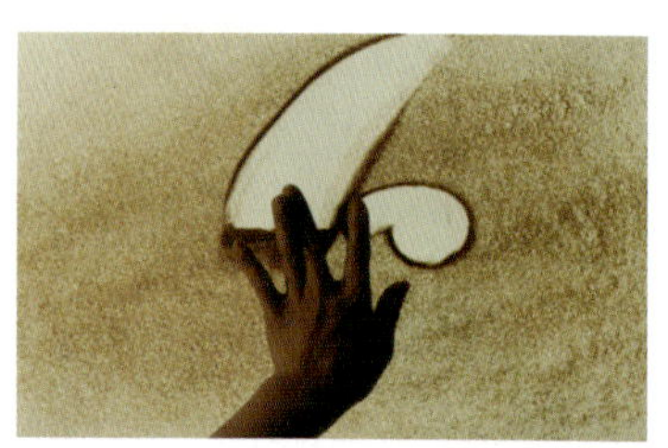

2 손가락으로 원을 만들고 선을 왼쪽으로 잇는다.

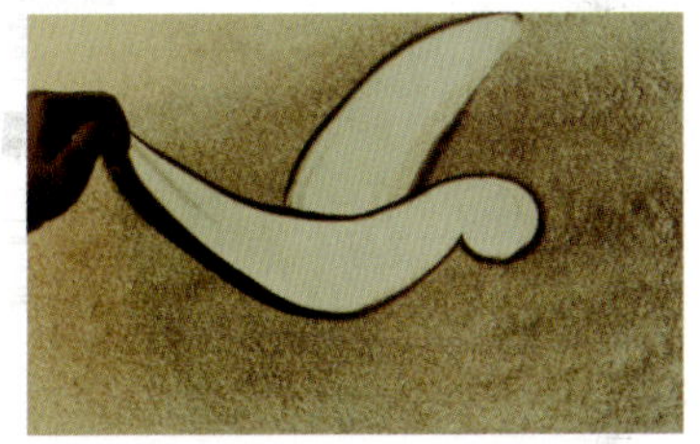

3 곡선을 그린 후 모래를 밀어 내려 부메랑과 비슷한 모양의 몸통을 그린다.

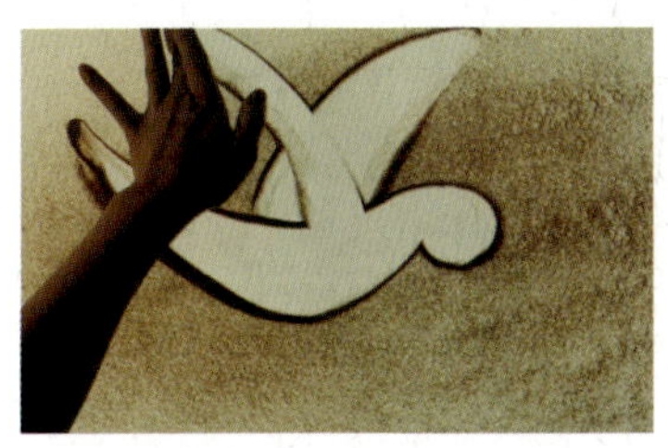

4 처음 만든 면과 반대 방향에서 사선으로 올려 긋는다.

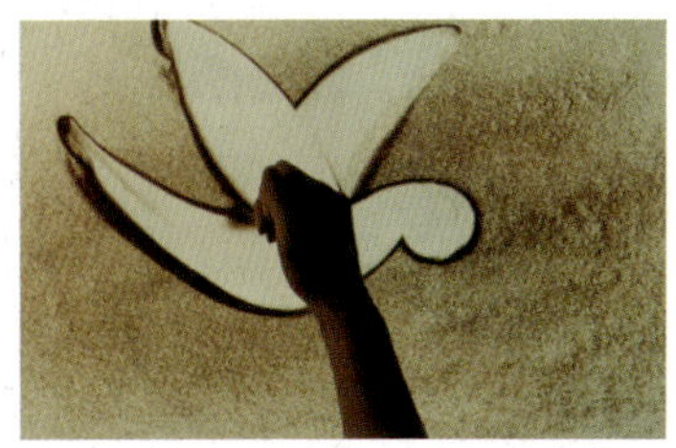

5 약간 곡선이 되도록 밀어 내리면서 날개를 그린다.

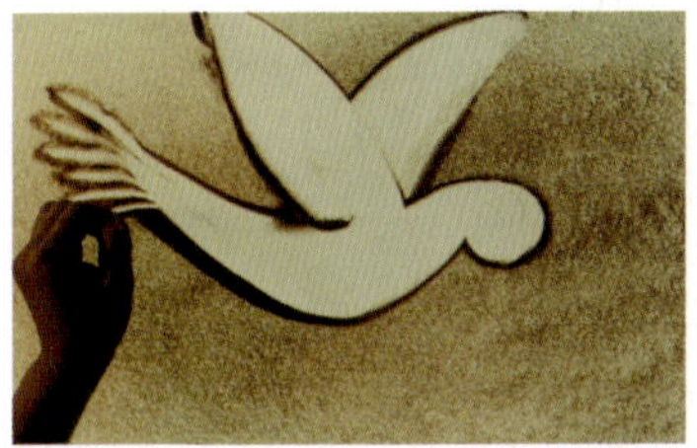

6 꼬리는 손가락을 밖으로 밀면서 선 사이사이에 간격을 주고 그린다.

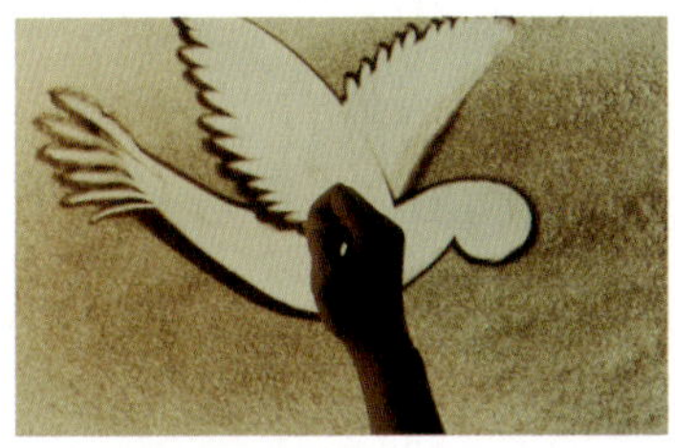

7 손가락으로 짧은 터치를 하여 비둘기 날개의 깃털을 그린다.

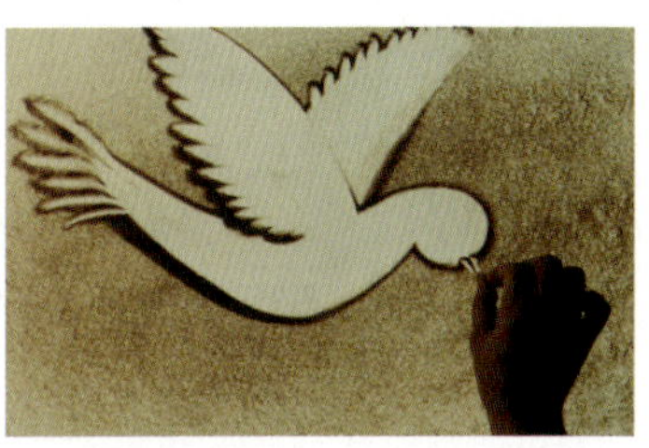

8 집게손으로 모래를 당겨 부리를 그린다.

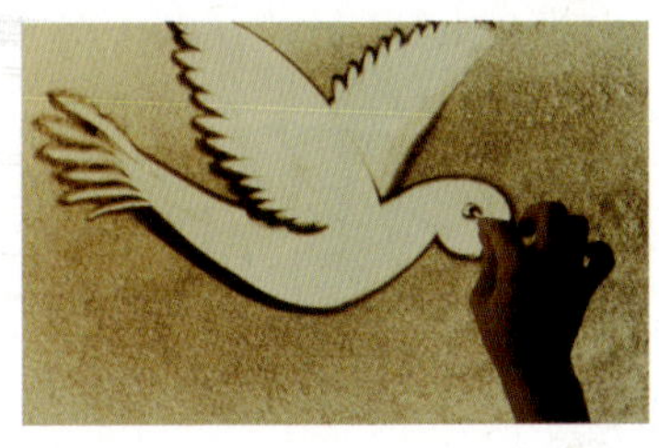

9 모래를 조금 놓고 손톱을 이용해 초승달과 점을 찍어 눈동자를 그린다.

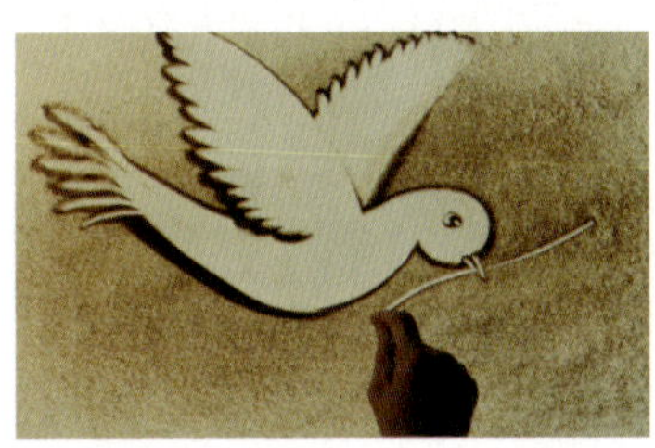

10 비둘기 부리에 가는 선을 길게 그린다.

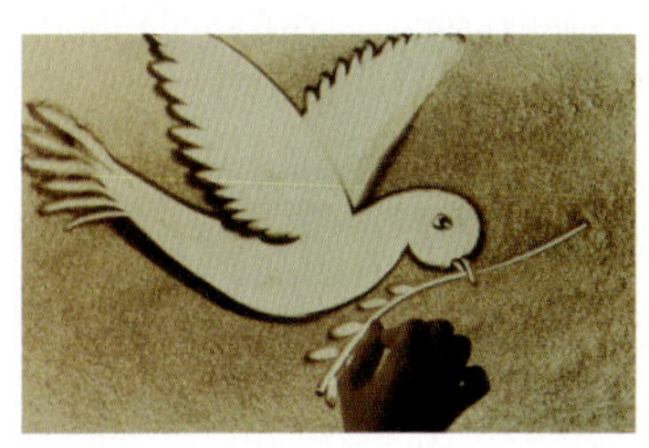

11 긴 줄기에 짧은 터치로 잎을 그린다.

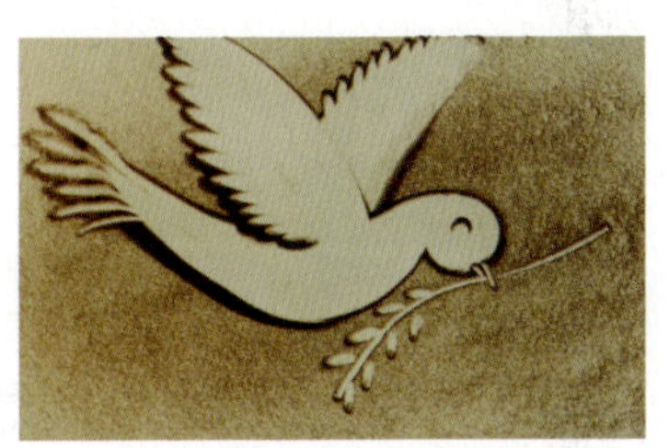

12 평화의 상징인 비둘기가 날고 있는 모습이 연출된다.

손톱을 이용해 비둘기의 다리를 그리고 오므린 발로 나뭇가지를 잡고 있는 모습을 그리면 더욱 생동감 있는 작품이 된다.

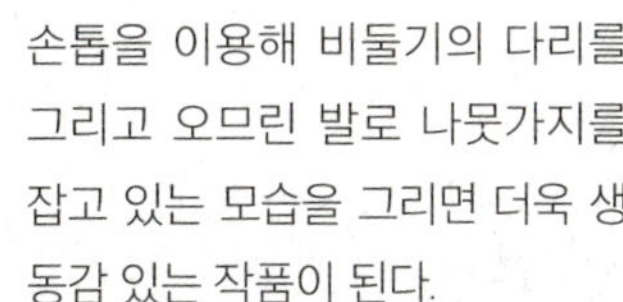

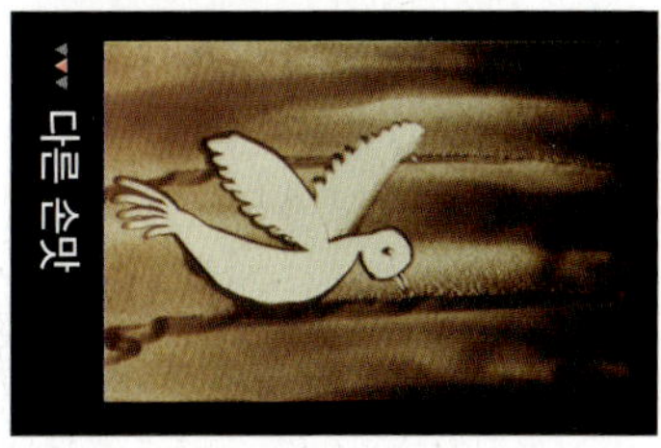

ㄹ. 인공물 표현

샌드아트 작품은 도심 빌딩이나 생활 속 물건을 작품에 많이 이용하여 그린다. 인공물은 정형화된 형태를 그리는 것이지만, 그림에는 정답이 없으므로 제시하는 그림으로 연습한 후 자기만의 표현 방법을 찾아 그려보는 것이 좋다. 그러데이션이 많이 배제되지만, 명암을 줄 때는 약간의 흩뿌리기 정도가 가미되기도 한다.

빌딩

빌딩을 표현하는 방법은 여러 가지이다. 손날로 모래를 밀어내 흩뿌리기를 한 후, 가는 점선으로 창문을 표현하여 빌딩을 그리는 방법과 펼침 모래 위에 빌딩의 라인만 그린 후, 가는 점선으로 창문을 그려 표현하는 방법 등 빌딩 표현 방법은 매우 다양하다. 그중 가장 활용도가 높고 단순한 형태의 빌딩을 표현해본다.

how to make!

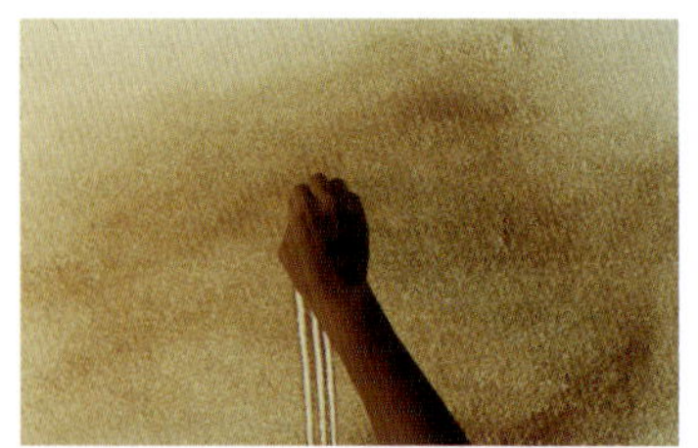

1 손을 모으고 손톱을 이용해 여러 선을 위로 한 번에 긋는다.

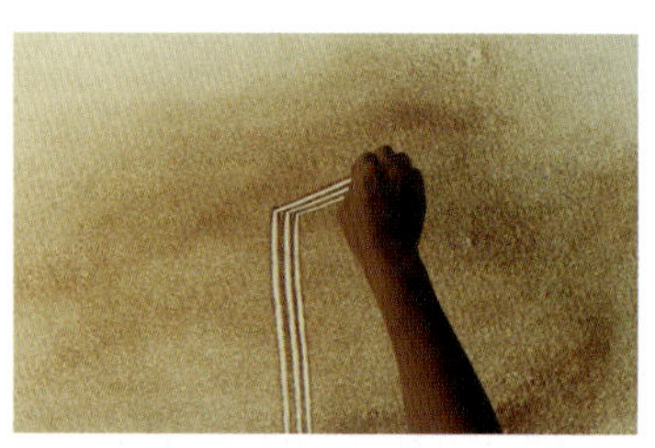

2 오른쪽으로 꺾어 옆으로 선을 긋는다.

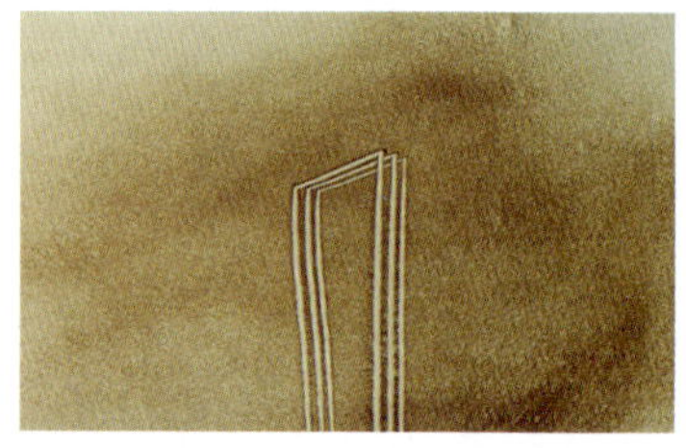

3 아래로 꺾어 선을 긋는다.

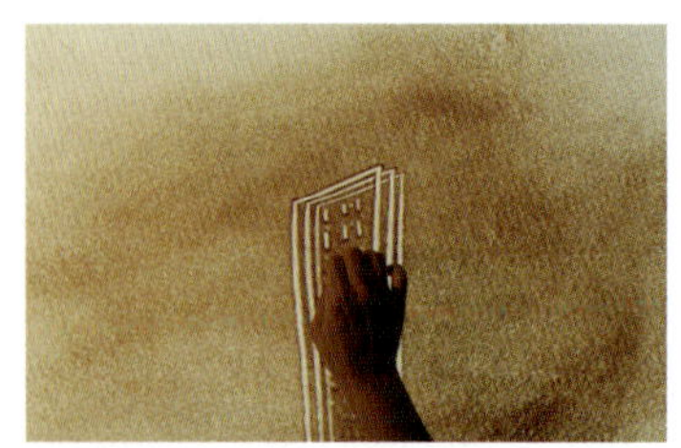

4 안쪽 면에 가는 점선을 아래로 긋는다.

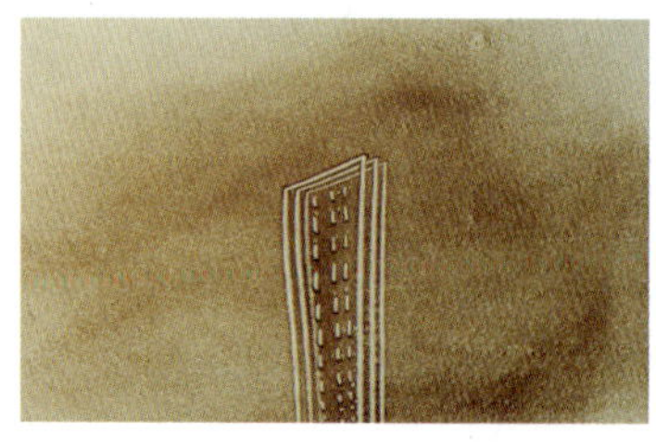

5 도심 속 불 켜진 빌딩 한 채가 완성된다.

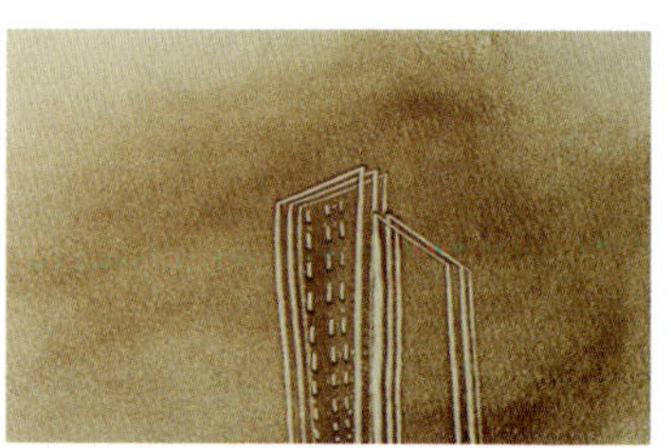

6 같은 방법으로 조금 작게 외각 선을 긋는다.

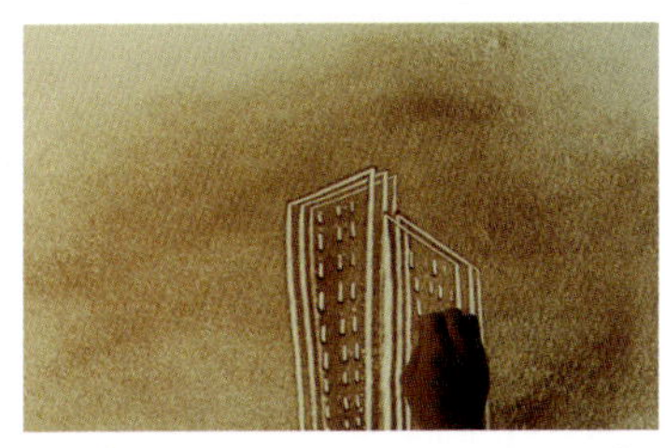

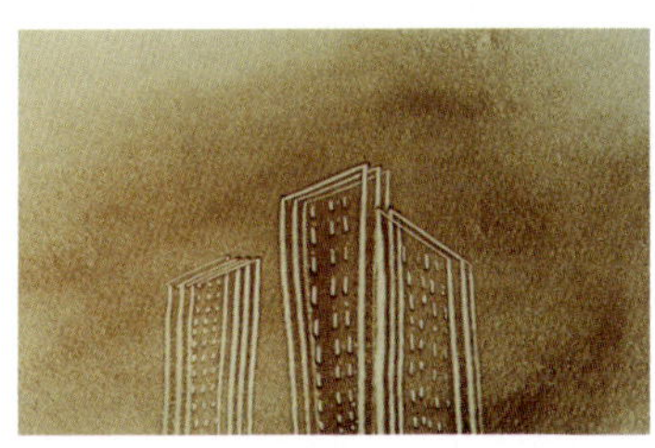

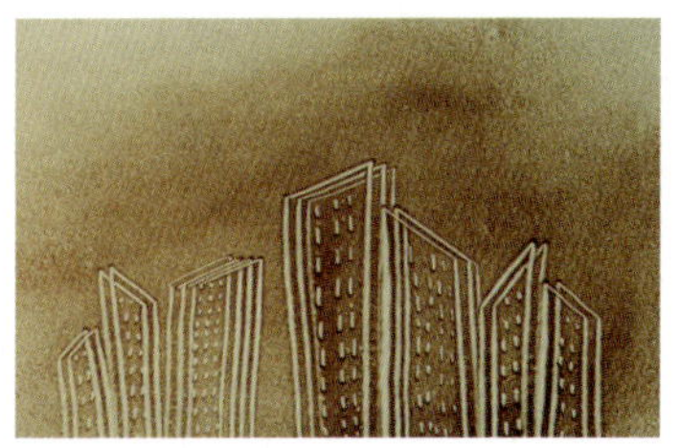

7 가는 점선을 아래로 그으며 이동한다.

8 같은 방법으로 빌딩을 하나 더 그린다.

9 크기가 다른 빌딩을 다양하게 그린다.

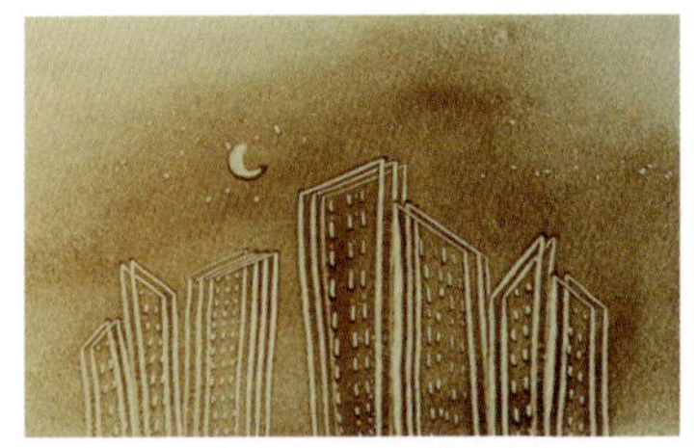

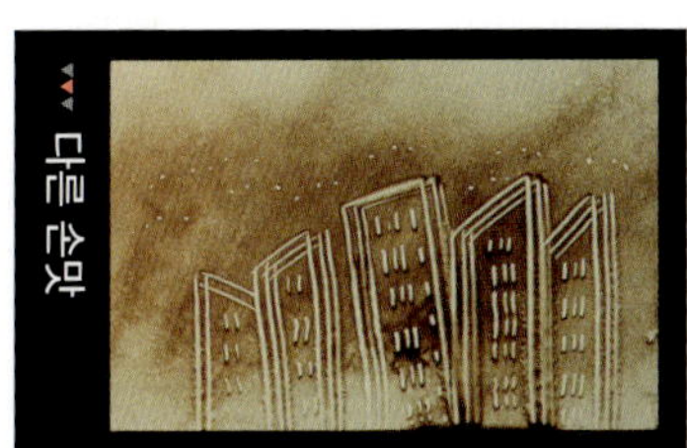

10 달과 별로 밤하늘을 표현하면 멋진 빌딩숲이 완성된다.

우주선

SF영화에 등장하는 화려한 디자인의 우주선을 그리기에는 샌드아트 입문자에게는 어려운 그림이다. 아이들 그림처럼 쉽고 단순한 그림부터 연습하고 화려하고 복잡한 우주선은 많은 연습 후 직접 디자인하여 그리면 된다. 간단하지만 우주선이라는 느낌이 날 수 있도록 단순한 표현 방법으로 그려본다.

how to make!

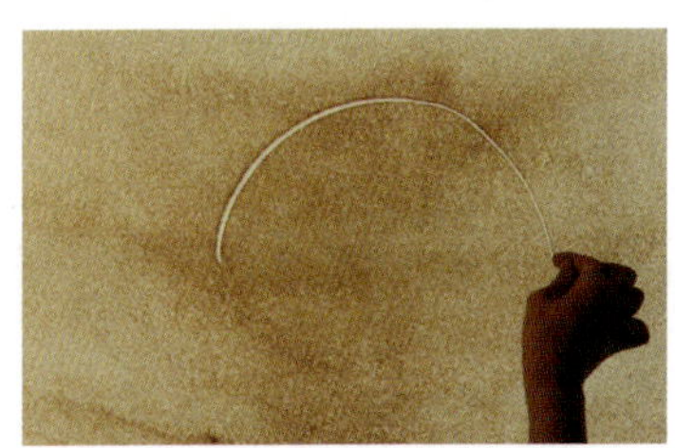

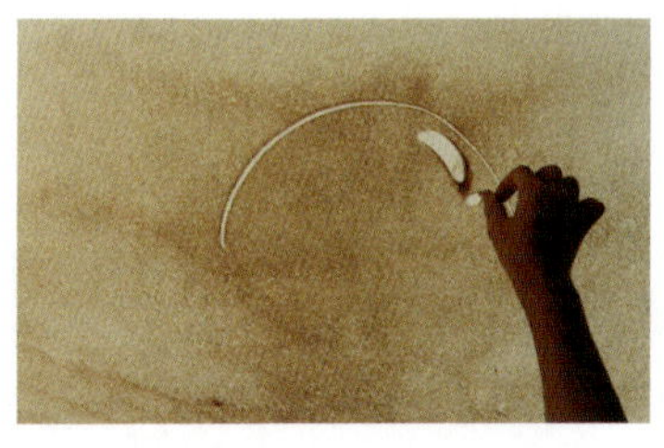

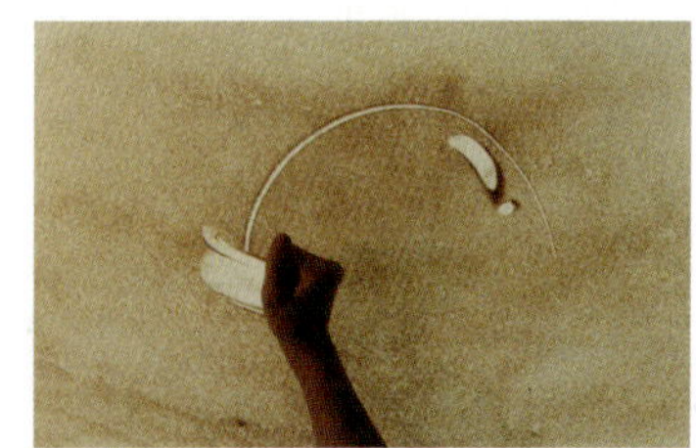

1 손가락으로 반원을 그린다.

2 굵은 선을 긋고 찍기를 한다.

3 주먹을 쥐고 모래를 옆으로 밀어낸다.

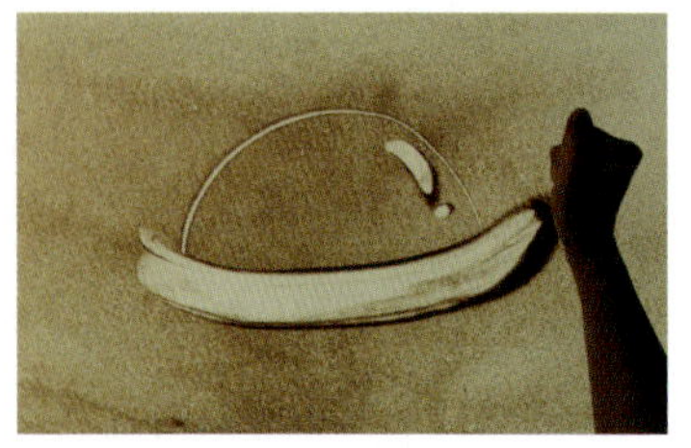

4 반원을 지나면 손을 뗀다.

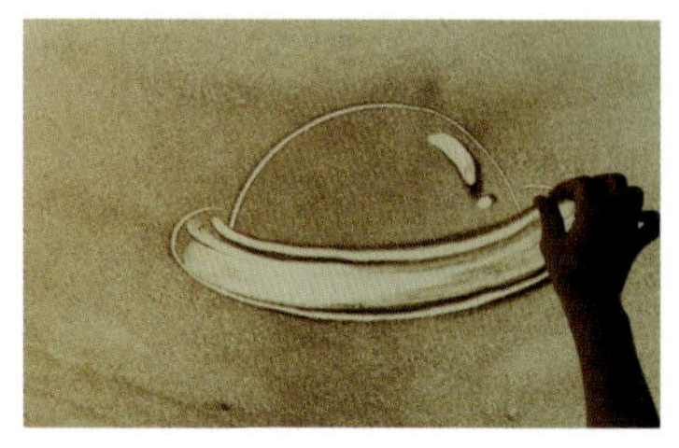

5 반원 위아래 선을 정리한다.

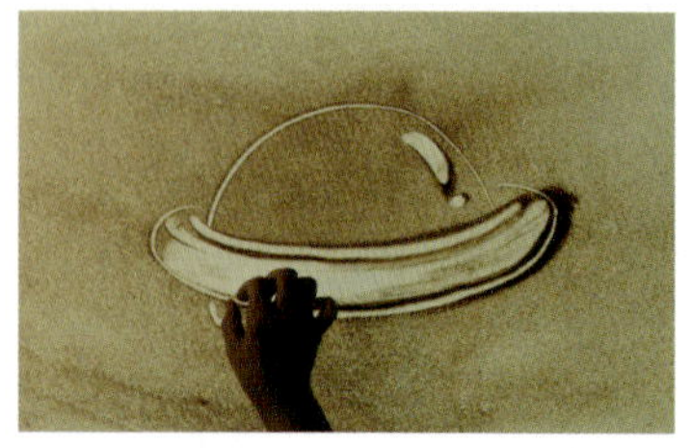

6 U자 모양으로 우주선 바퀴를 그린다.

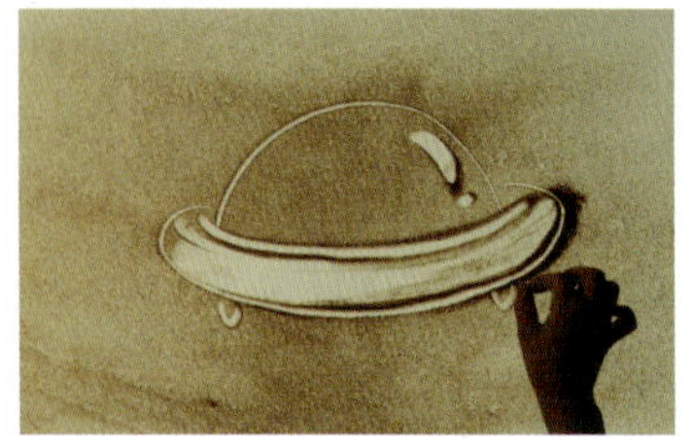

7 우주선 바퀴를 더 그린다.

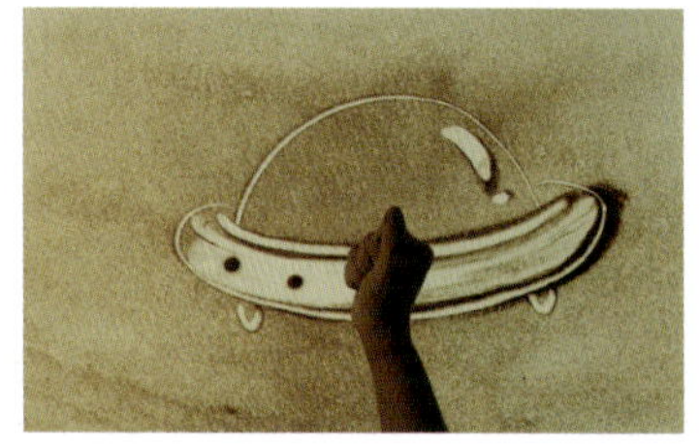

8 반원 안에 놓기로 일정한 간격의 점을 만든다.

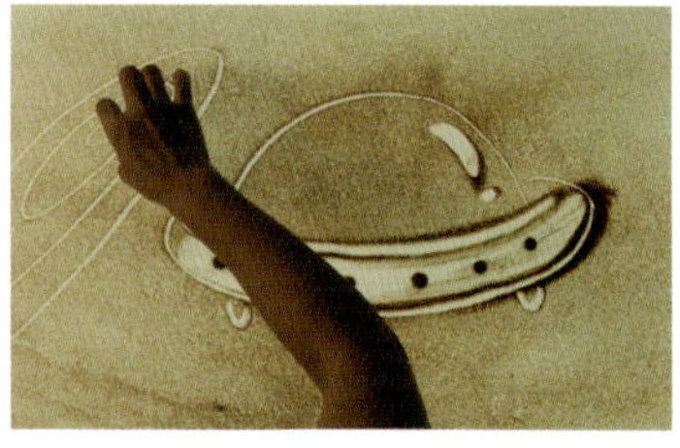

9 왼쪽 여백에 나선으로 우주회오리를 그린다.

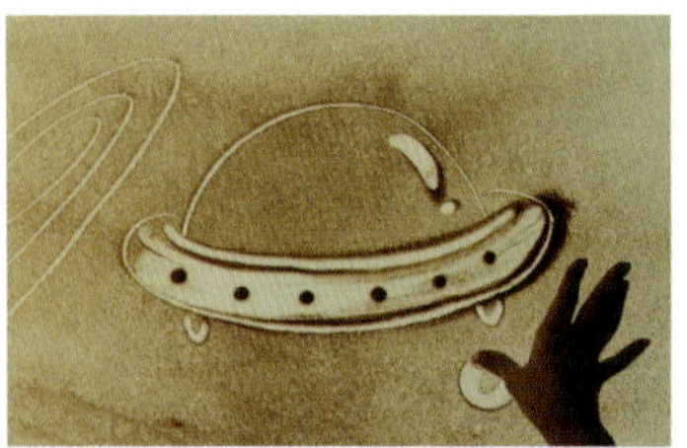

10 우주선 아래에 엄지로 원을 그려 행성을 만든다.

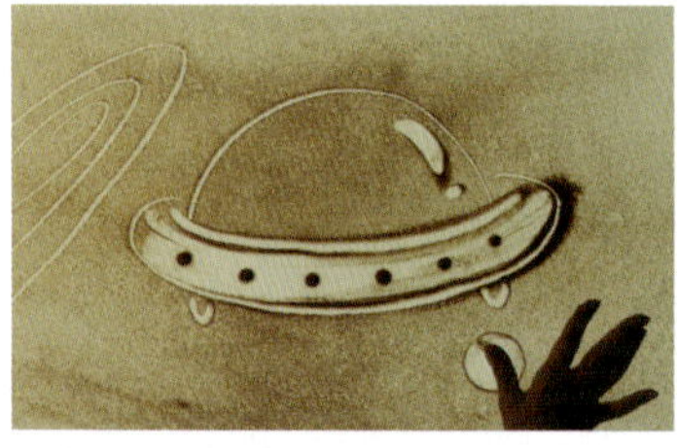

11 원 안쪽 모래를 살짝만 밀어낸다.

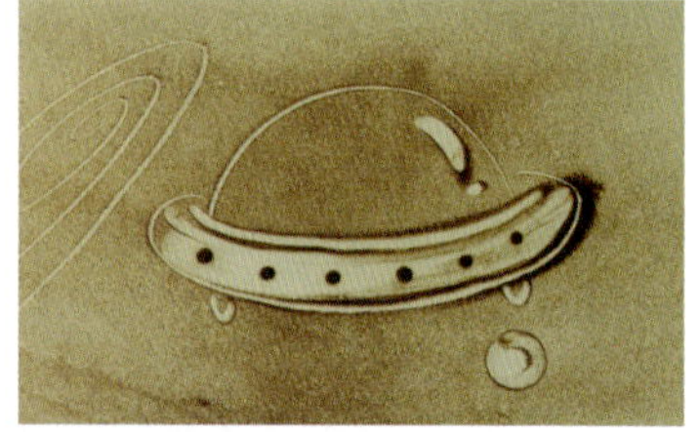

12 작은 행성이 완성된다.

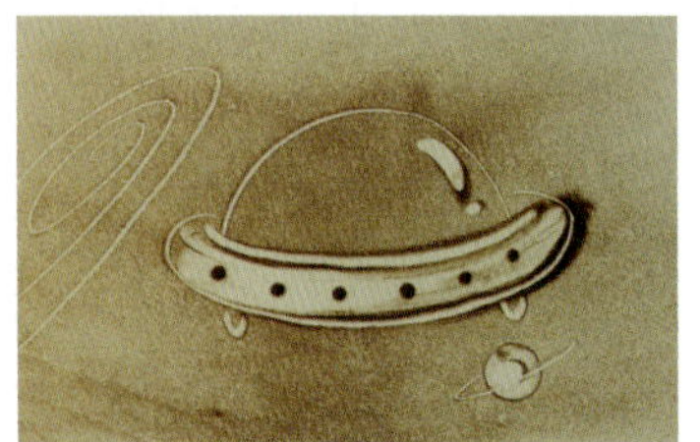

13 행성에 띠를 그려 넣으면 우주를 유영하는 우주선이 완성된다.

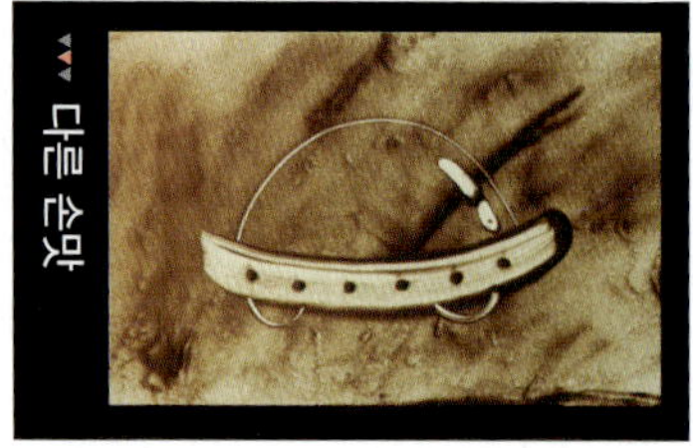

유리병

일반 그림에서 유리 재질을 그대로 살려 그리는 것은 매우 어려운 일이다. 전문가도 어려워하는 유리병 그림을 샌드아트에서는 앞서 배운 기초만으로도 쉽고 재미있게 표현할 수 있다.

<u>how to make!</u>

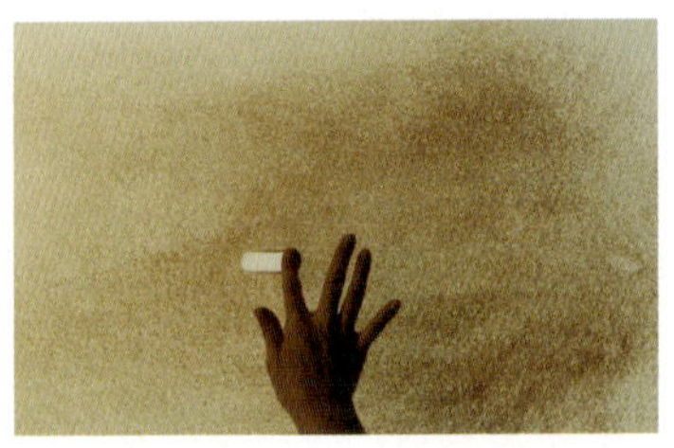

1 손가락을 눌러 선을 긋는다.

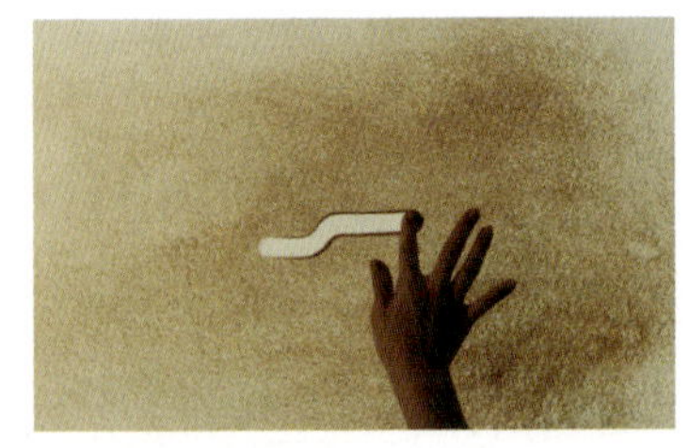

2 사선으로 선을 올려 옆으로 연장해 긋는다.

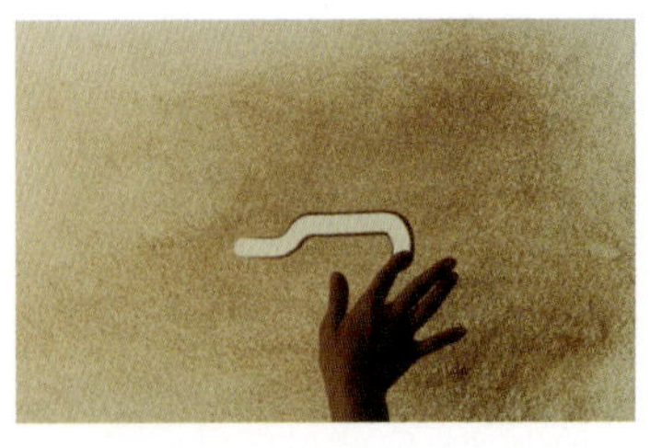

3 모서리에 곡선을 살리며 아래로 선을 내린다.

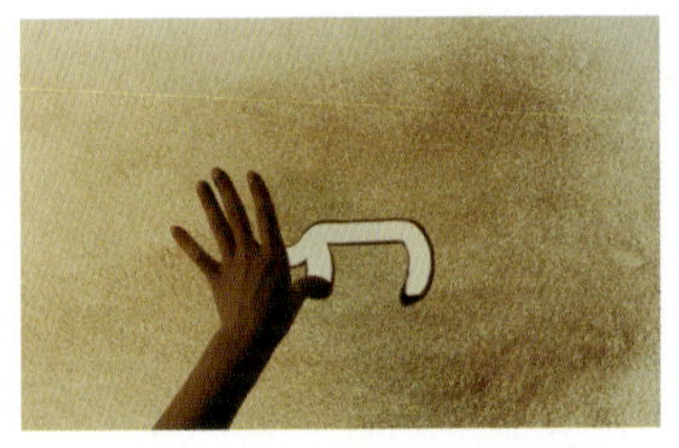

4 사선 부분에 손가락을 대고 오른쪽 내린 곡선과 평행한 곡선을 긋는다.

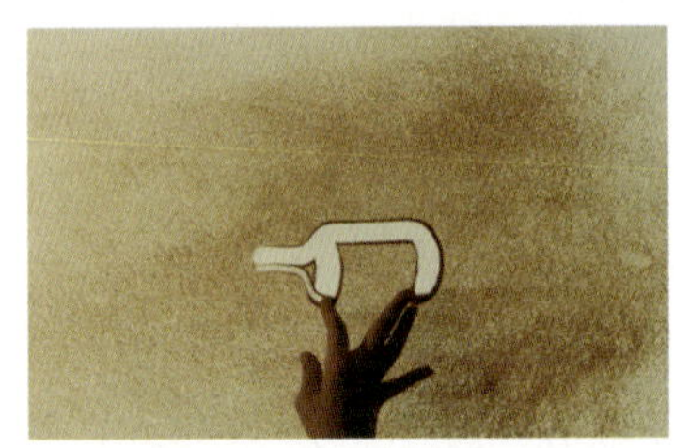

5 유리병 아래는 손톱으로 가는 선을 긋는다.

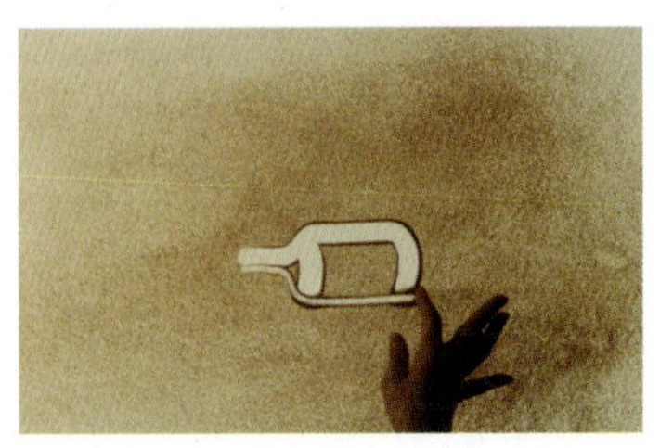

6 유리병 끝 굵은 선까지 선을 긋는다.

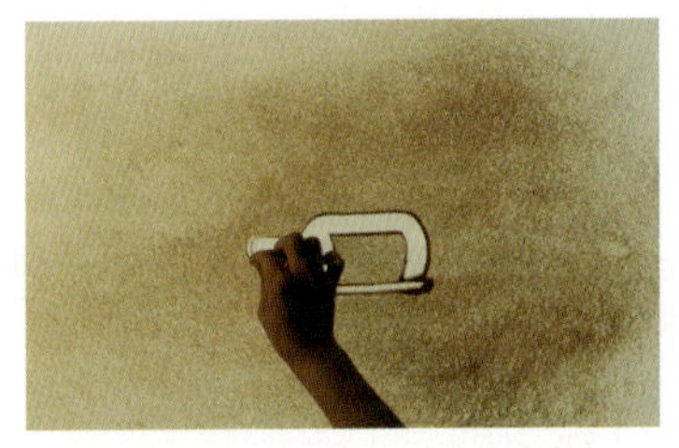

7 유리병 입구에 손톱으로 타원을 그린다.

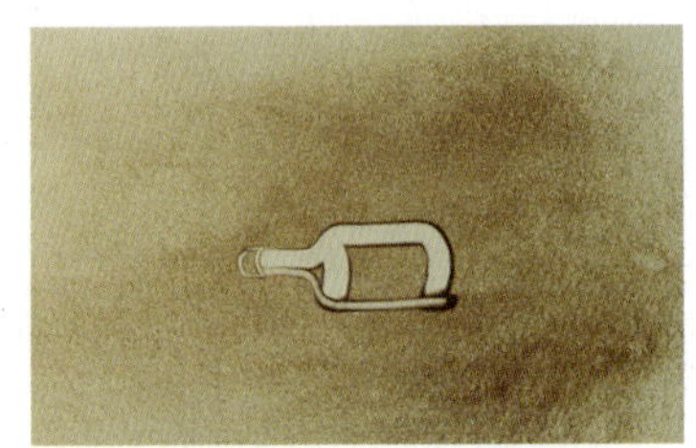

8 누워 있는 병이 완성된다.

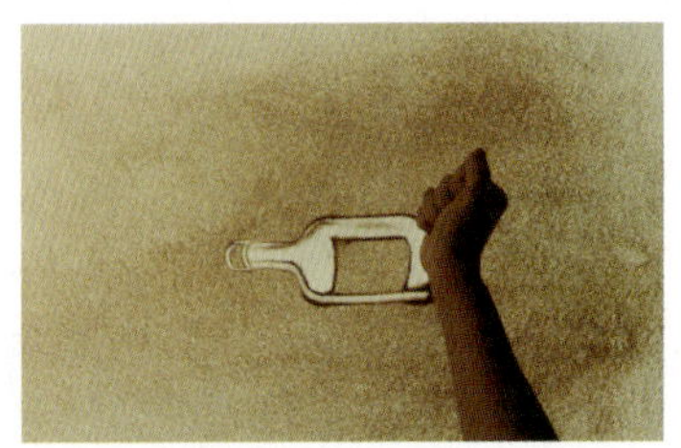

9 모래를 살짝만 뿌려 입체감이 들도록 한다.

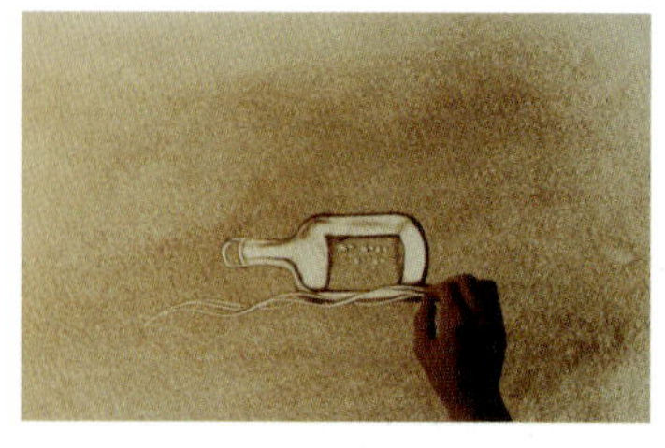

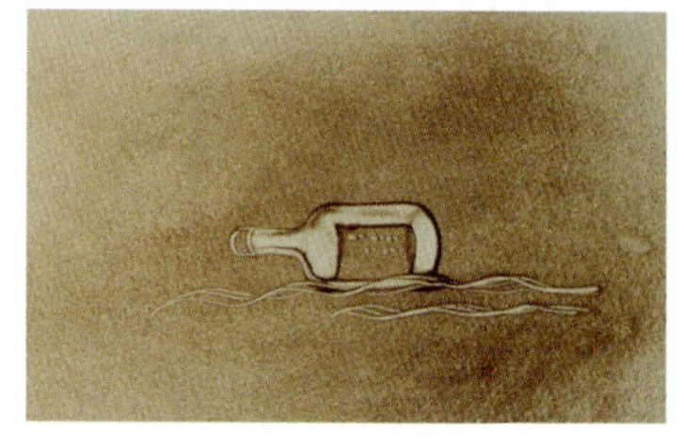

유리병이 세워져 있는지, 누워 있는지, 와인 병인지, 꽃병인지 병 특징을 생각하고 그려야 한다. 유리병 안에 롤 모양으로 감긴 편지를 그려 넣으면 영화 속 한 장면을 연출할 수 있다.

10 유리병 아래에 가는 곡선으로 물결을 그린다.

11 물 위를 떠다니는 유리병이 완성된다.

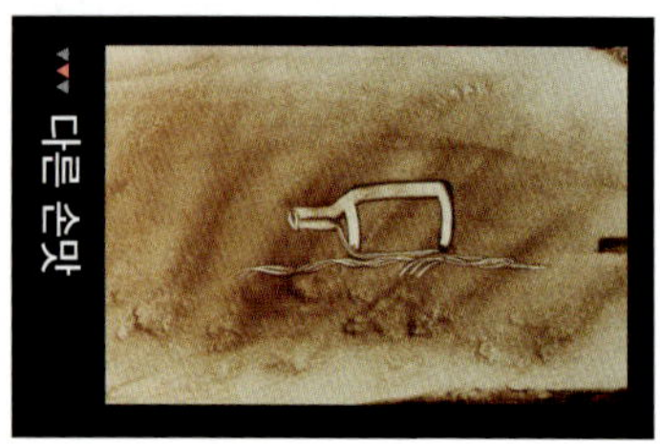

유리컵

샌드아트가 아닌 일반 그림에서 유리컵은 어려운 그림 중 하나이다. 샌드아트는 유리컵의 질감과 형태를 동시에 쉽게 표현할 수 있다.

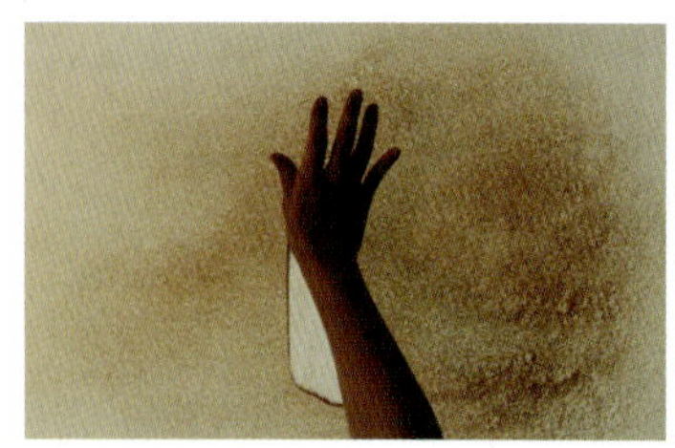

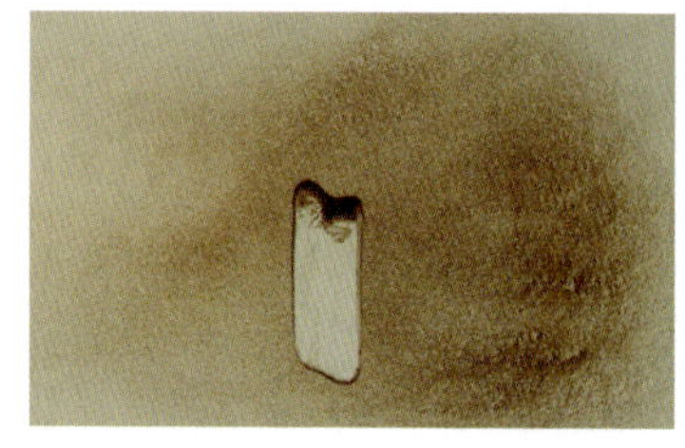

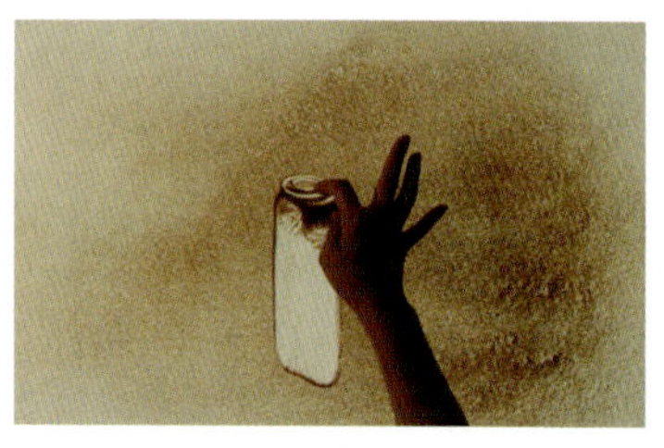

1 손목 바닥으로 아래에서 위로 밀어 올린다.

2 대나무 마디와 비슷한 형태가 된다.

3 위에 모인 모래에 손톱으로 나선을 긋는다.

1. 하늘 배경과 활용

배경을 만들어 오브제를 다양하게 활용하면 이야기가 있는 그림이 된다. 배경과 어울리는 오브제를 찾아 적극적으로 활용하는 것이 좋다. 배경 위에 오브제를 그리는 순서는 멀리 있는 것부터 가까이 있는 것 순으로 그려야 손 동선이 정리되어 관객 시선이 모인다.

하늘 배경 만들기

옅은 흩뿌리기를 하고 주먹 옆면으로 모래를 문지르면서 옆으로 이동하면 구름이 만들어진다. 구름을 많이 그릴 필요는 없다. 구름이 있는 배경이 곧 하늘 배경이기 때문이다.

how to make!

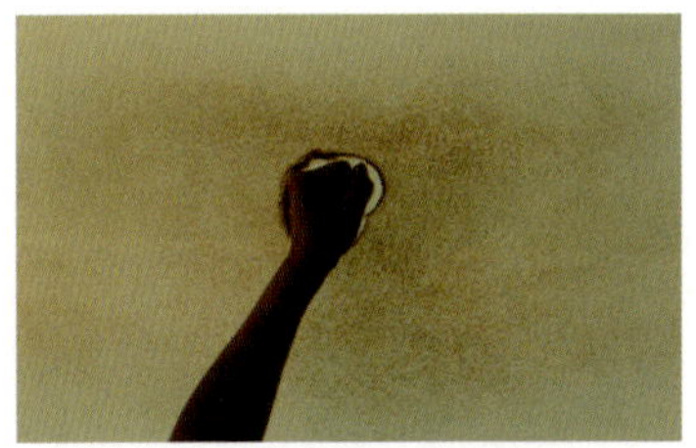

1 주먹을 쥐고 문지른다.

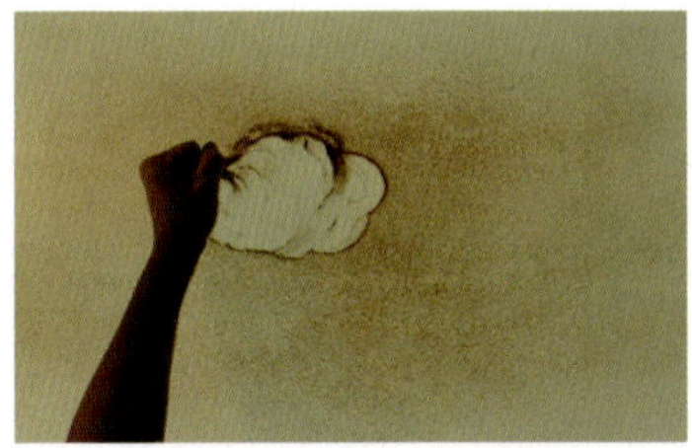

2 문지르면서 옆으로 이동한다.

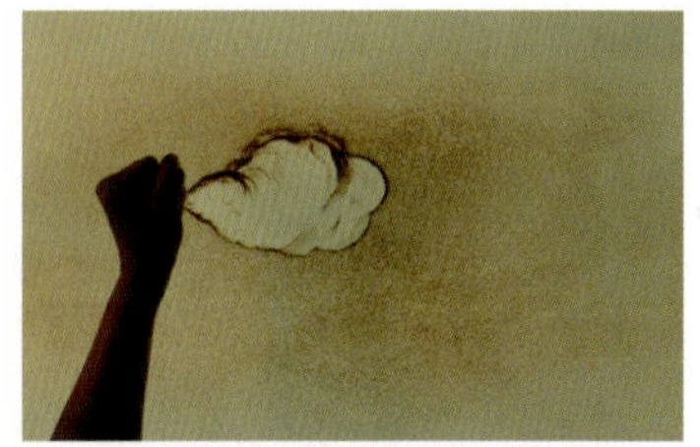

3 문지르는 반경을 좁히면서 주먹을 뗀다.

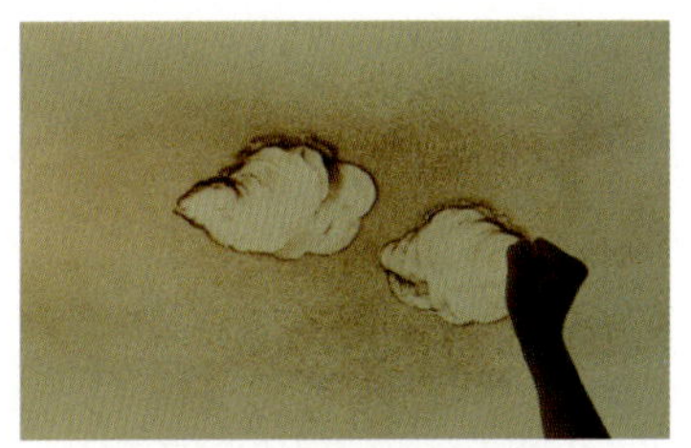

4 높이를 달리해 문지른다.

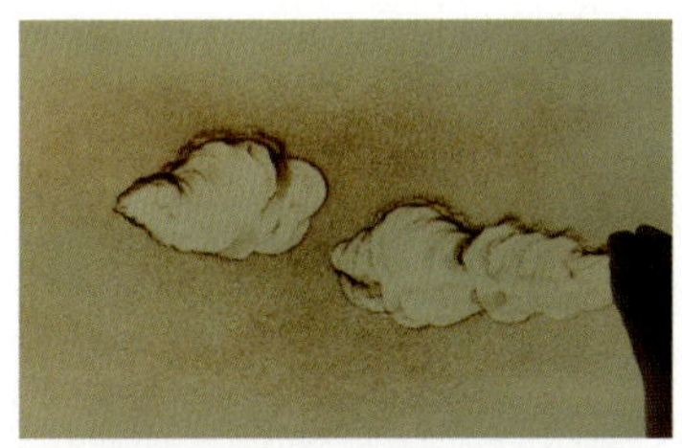

5 길이를 좀 더 길게 문지른다.

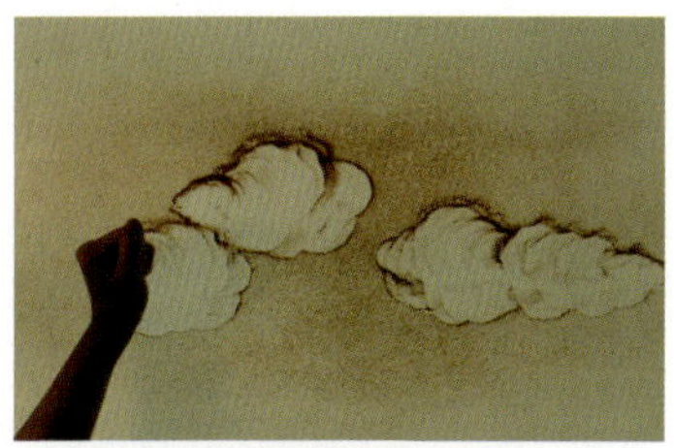

6 여백에 하나 더 문지른다.

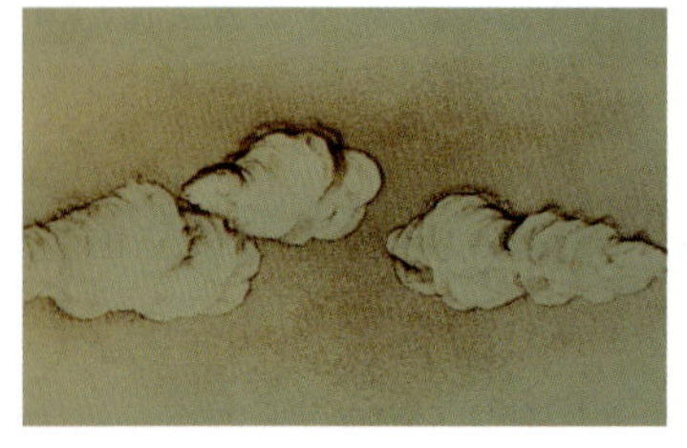

구름을 그릴 때 양손을 사용하여 그리면 더 자연스러운 구름을 그릴 수 있다.

7 뭉게구름이 완성된다.

하늘 배경 활용 1(비 오는 하늘)

비 내리는 하늘은 면 뿌리기를 한 후 빗줄기만 그리면 된다. 구름 낀 하늘 배경에 빗줄기를 그리면 날씨의 변화를 느낄 수 있는 그림이 된다.

<u>**how to make!**</u>

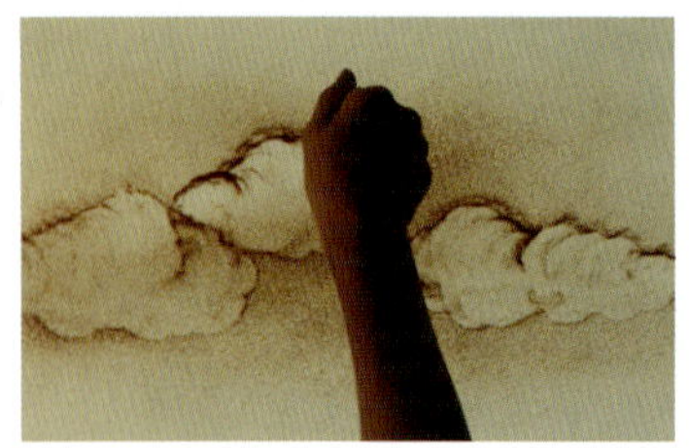

1 구름에 흩뿌리기를 한다.

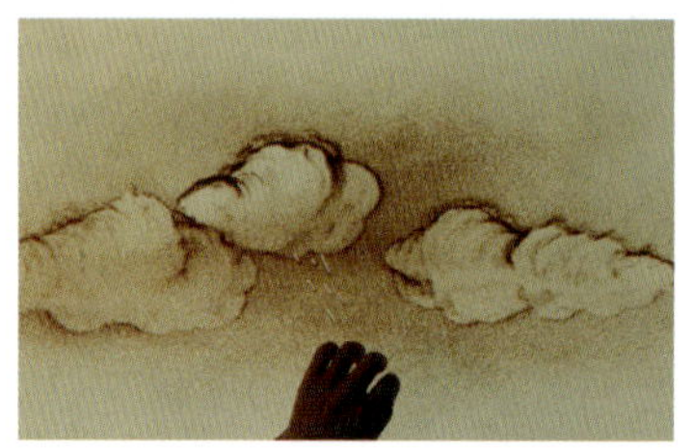

2 손톱으로 가는 점선을 대각선으로 긋는다.

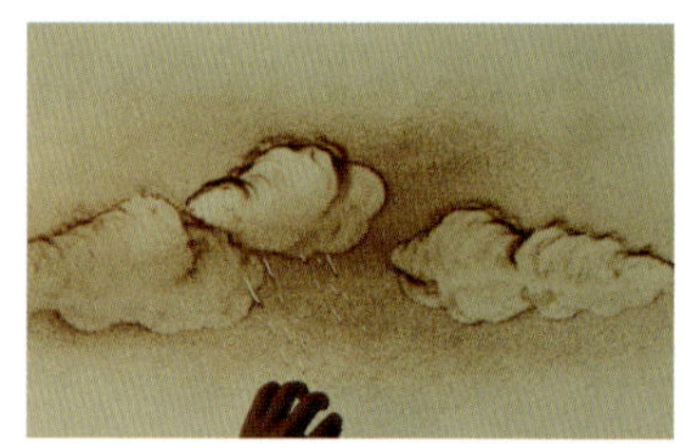

3 점선을 많이 긋는다.

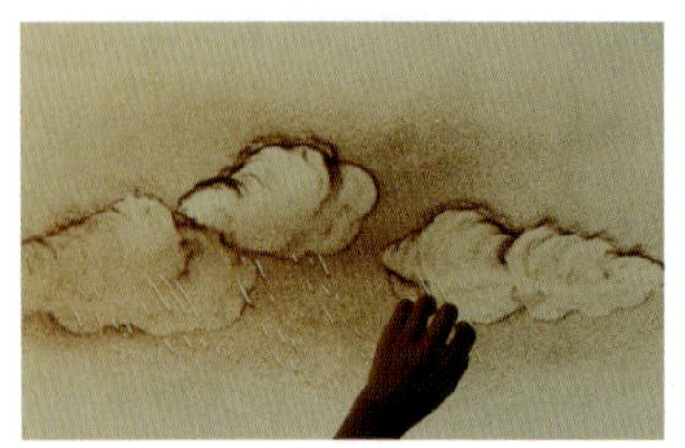

4 구름마다 점선을 긋는다.

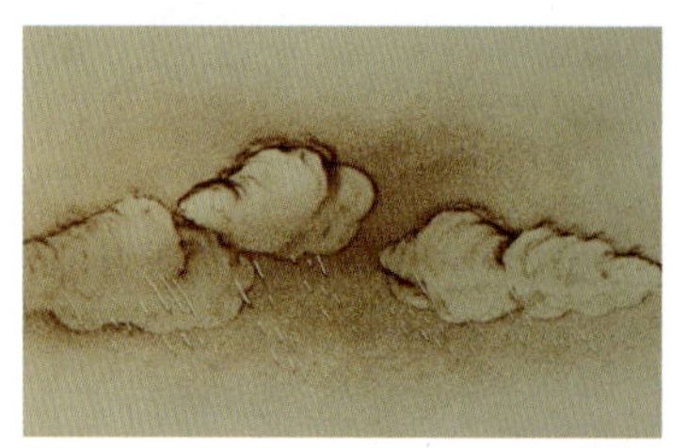

5 먹구름이 낀 하늘에서 비 내리는 장면이 완성된다.

구름 배경에 언덕이나 나무를 추가하여 그리면 더 아름다운 풍경을 표현할 수 있다.

하늘 배경 활용 2

구름 한 점 없는 맑은 하늘도 좋지만, 구름을 그려 넣으면 하늘 배경이 더 풍부해진다. 구름 위에 하늘과 연상되는 오브제를 그려 넣으면 완성도 높은 한 컷의 그림이 된다. 새 또는 비행기 등을 그려 넣어 하늘 배경을 적극적으로 활용해 보면 좋다.

<u>how to make!</u>

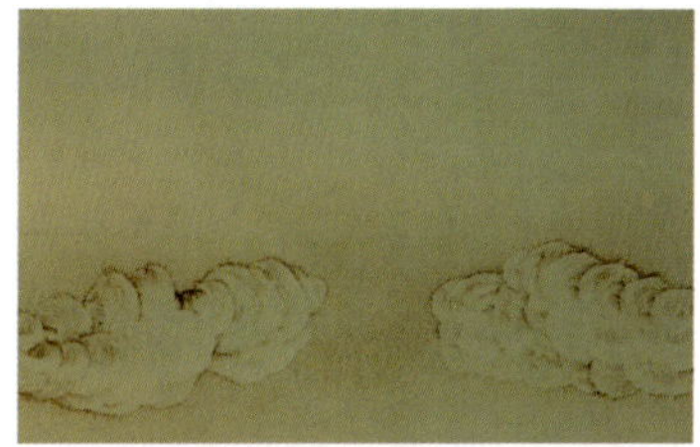

1 뭉게구름을 샌드테이블 아래에 그린다.

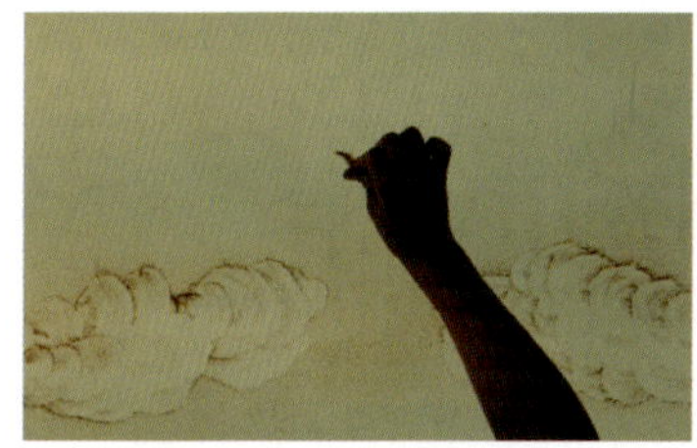

2 한 꼬집 놓기로 짧은 곡선을 그린다.

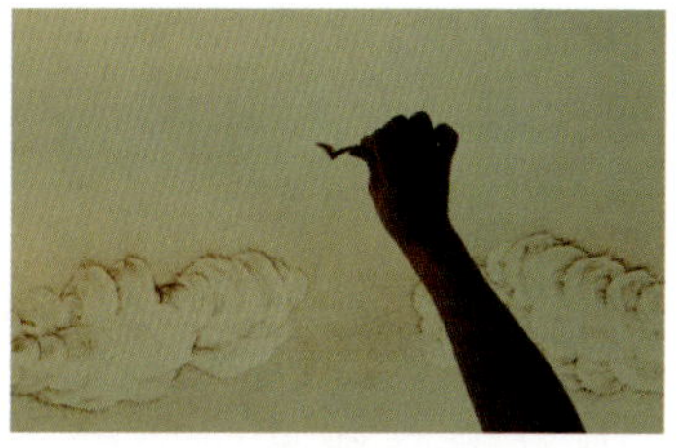

3 한 꼬집 놓기로 이어서 짧은 곡선을 올려 그린다.

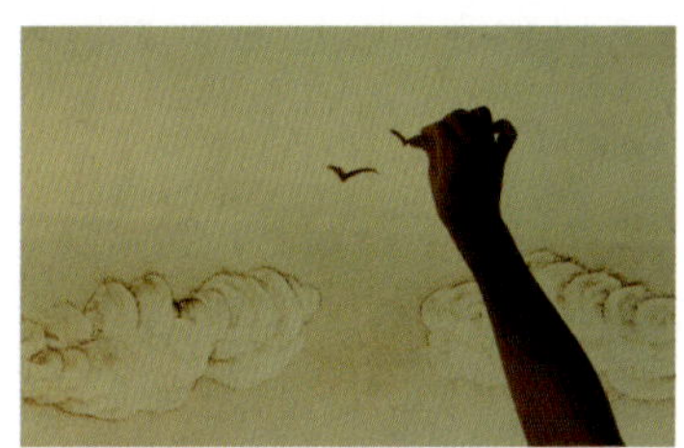

4 같은 방법으로 곡선을 내리고 꺾어 올린다.

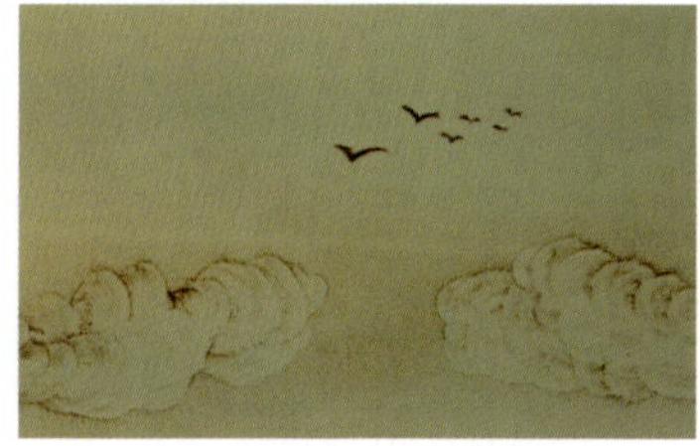

5 크기가 다른 몇 개를 더 그리면 하늘을 날고 있는 여러 마리의 새가 완성된다.

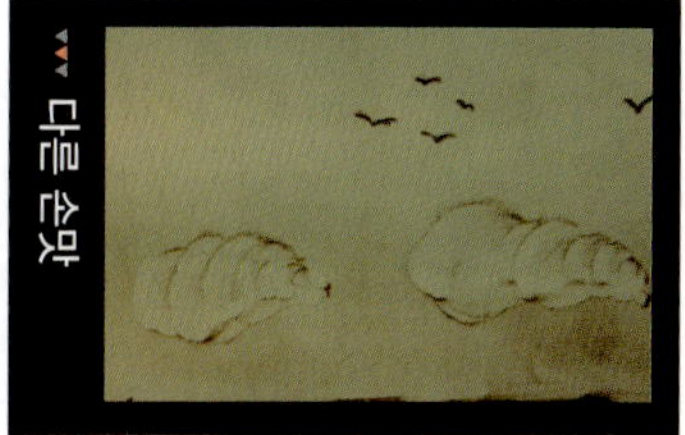

2. 언덕 배경과 활용

언덕 배경은 채우기와 비우기만으로도 충분히 표현된다. 언덕 배경은 오브제에 따라 다양한 풍경 그림을 그릴 수 있다. 언덕 배경에 가로지르는 길이나 나무, 들꽃, 민들레 홀씨 등을 표현해도 좋다. 여러 오브제를 그리고 싶을 때는 멀리 있는 오브제와 가까이 있는 오브제를 구분해서 그려야 한다.

언덕 배경 만들기와 활용

언덕 배경은 채우기와 비우기로 쉽게 만들 수 있다. 언덕 배경을 만든 후 그림을 풍부하게 만들어줄 나무와 나뭇잎 등의 오브제를 그려 넣으면 아름다운 풍경화가 된다. 또한 자전거나 자동차를 그려 넣으면 새로운 그림이 완성된다.

how to make!

1 샌드테이블 아래에 채우기를 한다.

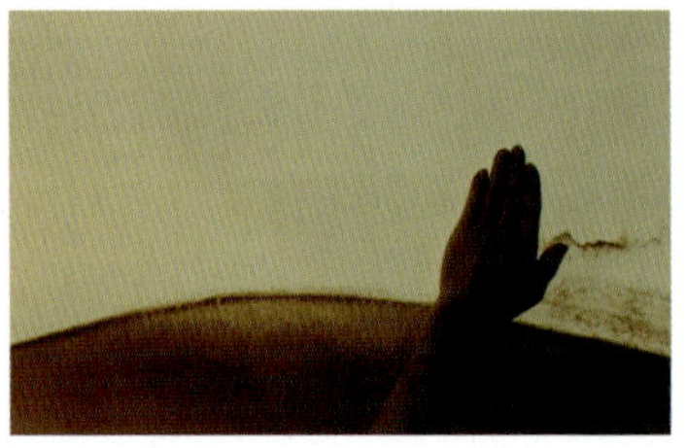

2 손바닥으로 둥글게 비우기를 한다.

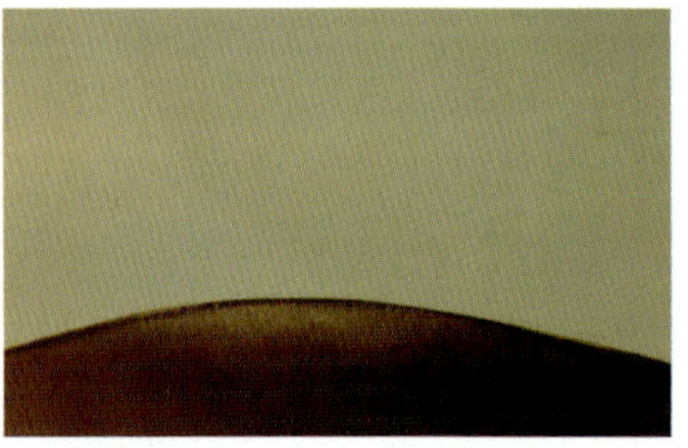

3 채우기와 비우기로 간단하게 언덕이 만들어진다.

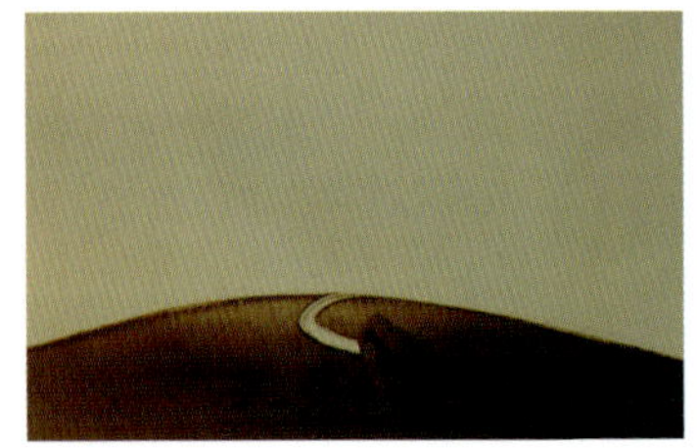

4 손가락으로 작게 곡선을 그려 길을 만든다.

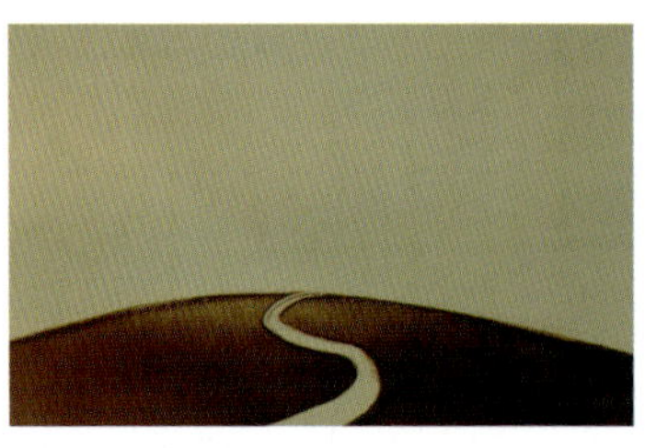

5 원근감을 살려 시점에 가까울수록 넓게 그린다.

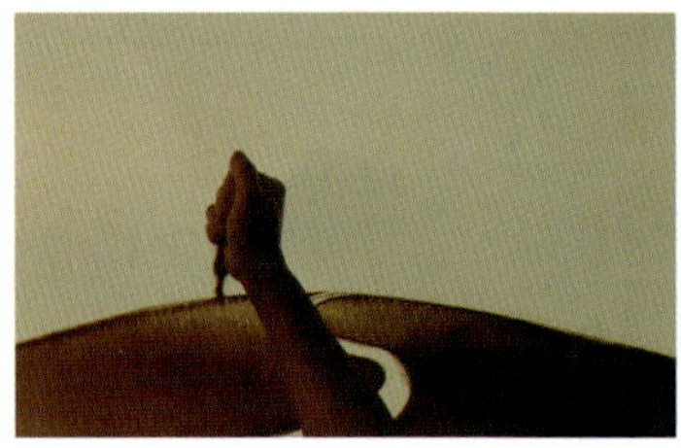

6 언덕 위에 가는 선 뿌리기를 하다가 굵은 선 뿌리기를 한다.

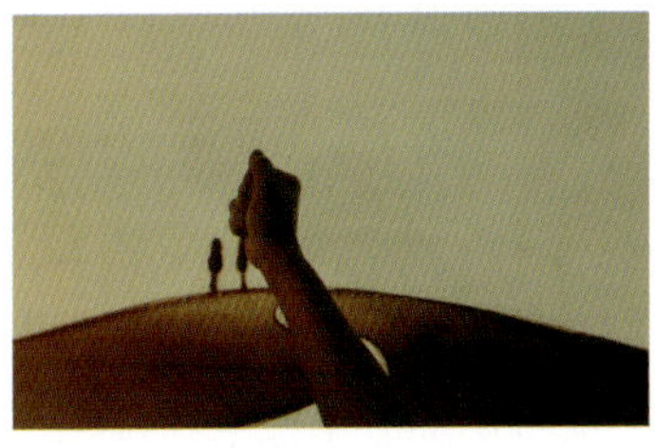

7 뿌리기로 언덕 위에 서 있는 두 그루의 나무가 표현된다.

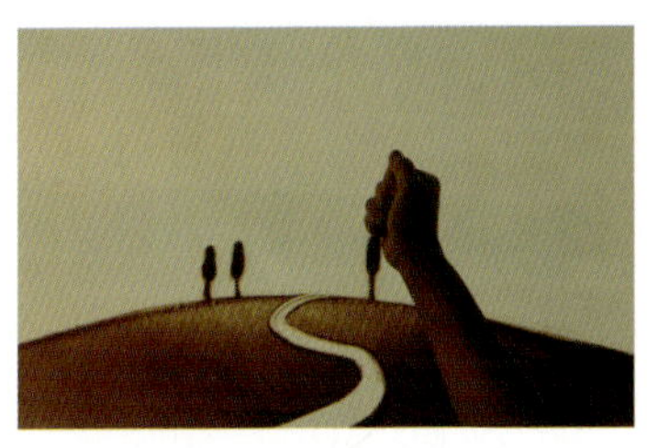

8 길 사이로 크기가 다른 나무를 하나 더 뿌리기로 그린다.

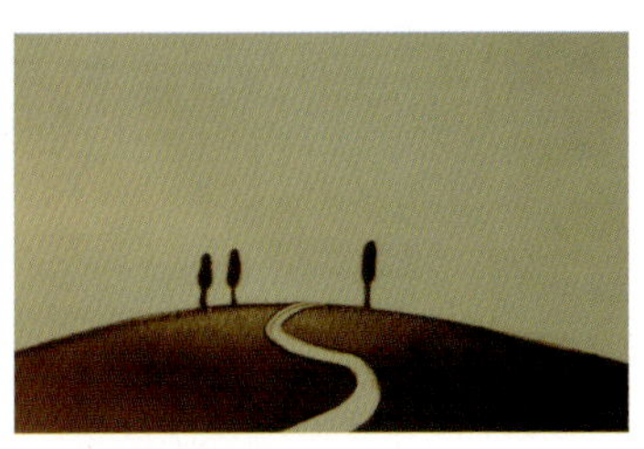

9 멀리 언덕 위에 나무가 있는 풍경이 완성된다.

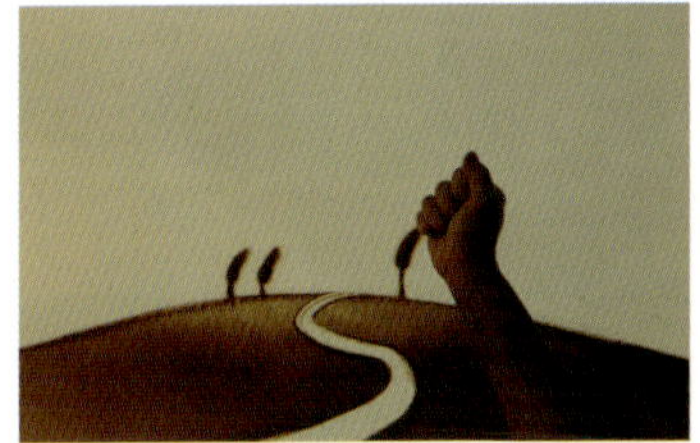

10 나무를 휘어지게 뿌려 보기도 한다.

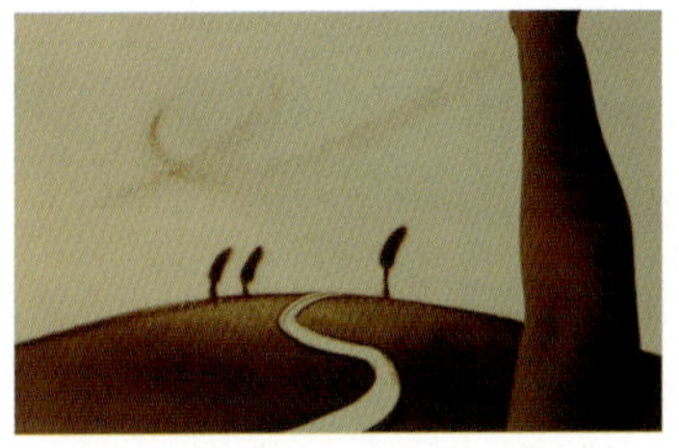

11 옅은 흩뿌리기로 바람을 표현한다.

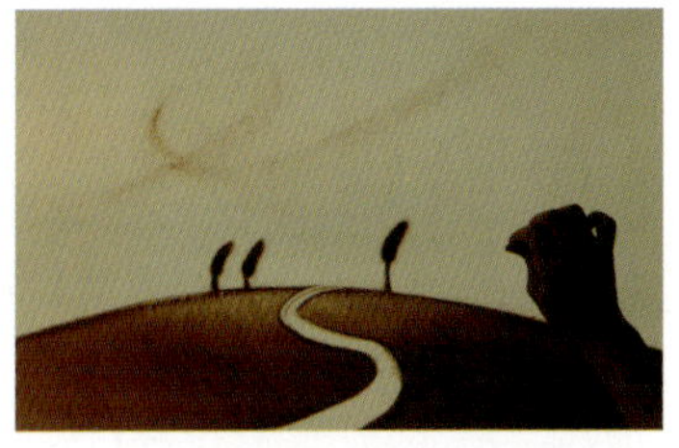

12 멀리 날아가는 새를 그린다.

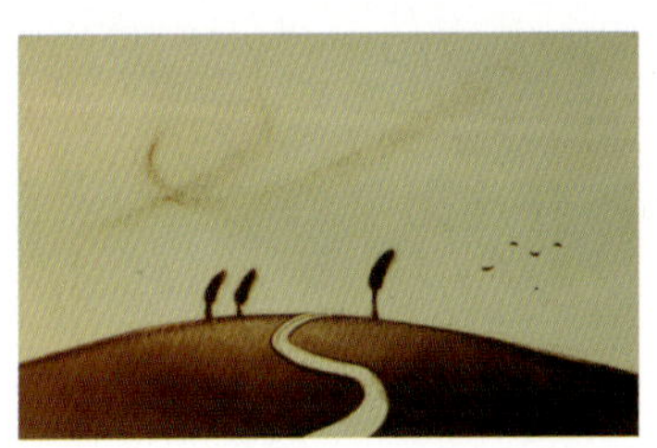

13 바람 부는 언덕 풍경이 완성된다.

나무를 크게 그리고 나뭇잎을 흩날리게 표현하면 계절을 느낄 수 있는 그림이 된다.

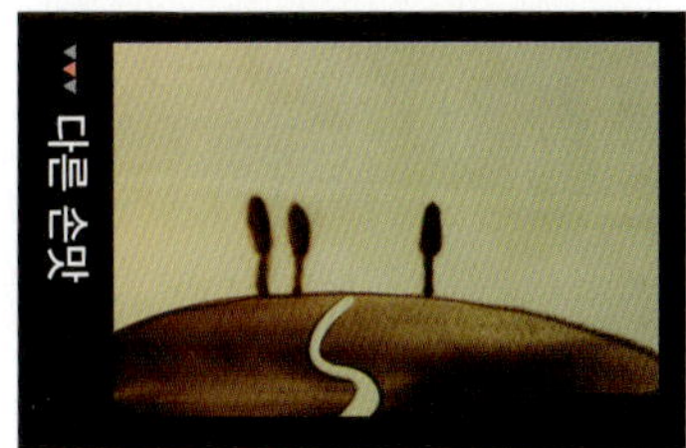

3. 일출 배경과 활용

일출 표현은 바다와 산을 중심으로 많이 표현한다. 때로는 언덕 위에 일출을 표현할 때도 있다. 언덕 일출은 오브제에 그림자를 그려 넣어 그림의 깊이감을 더해 표현한다. 일출은 하늘을 채우고 비우면서 해를 그리는 것으로 표현한다. 일몰은 반대로 하늘을 비우고 뿌리면서 해를 그린다. 일출에 바다나 언덕 또는 해를 마주 보고 선 사람을 실루엣으로 표현하거나, 꽃밭이나 풍차를 그려도 좋다.

일출 배경 만들기

일출 배경은 연인의 러브스토리에서도 많이 사용되고, 굳은 다짐이 느껴지는 뒷모습을 그릴 때 배경으로 사용하면 더욱 진취적인 그림이 된다.

how to make!

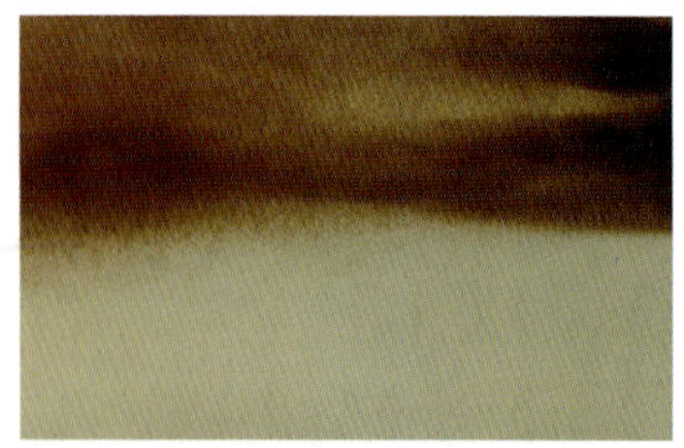

1 샌드테이블 위에만 채우기를 한다.

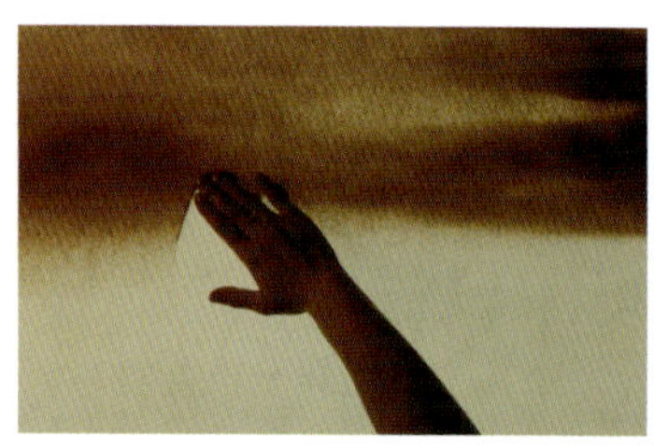

2 채운면을 손바닥으로 모래를 밀어 올린다.

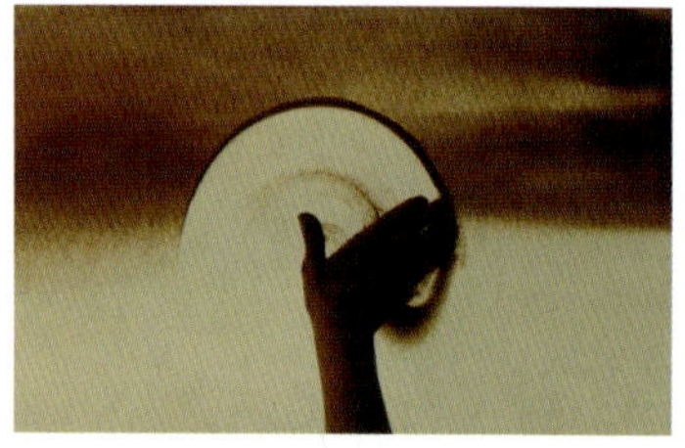

3 손바닥으로 반원을 그리며 내린다.

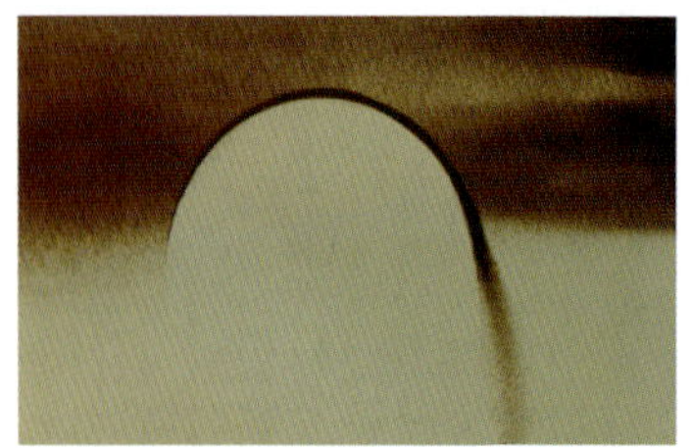

4 반원 안에 있는 모래를 닦아내 정리한다.

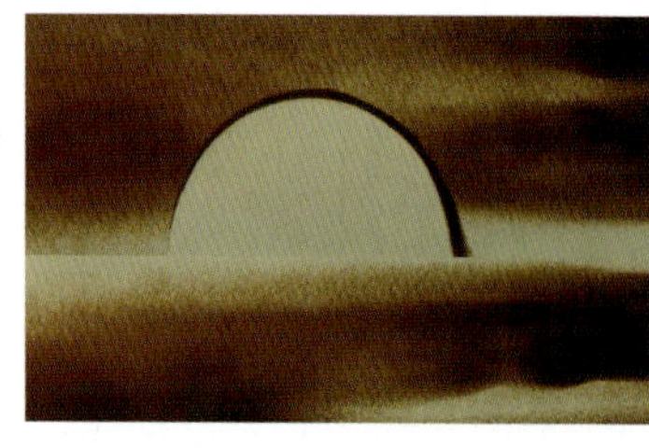

5 아래에 다시 채우기를 하면 일출 배경이 완성된다.

우주 배경 활용

우주에 작은 행성 하나를 그려 넣으면 어린왕자가 살았던 소행성 B-612가 떠오르는 동화 같은 그림이 된다. 세계적으로 뻗어 나가는 느낌이나 무한한 가능성을 이야기하는 내용에 우주 배경을 그리면 효과적이다. 우주 배경에 지구를 그려 넣어 내용 전달을 구체적으로 할 수도 있다.

<u>how to make!</u>

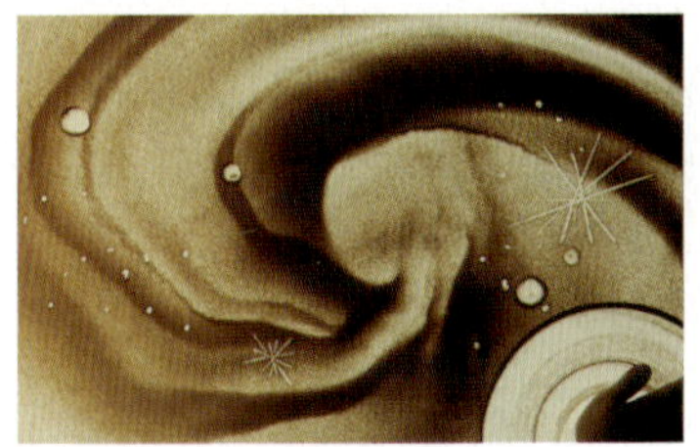

1 손바닥으로 오른쪽 모서리에 반원을 그리며 문지른다.

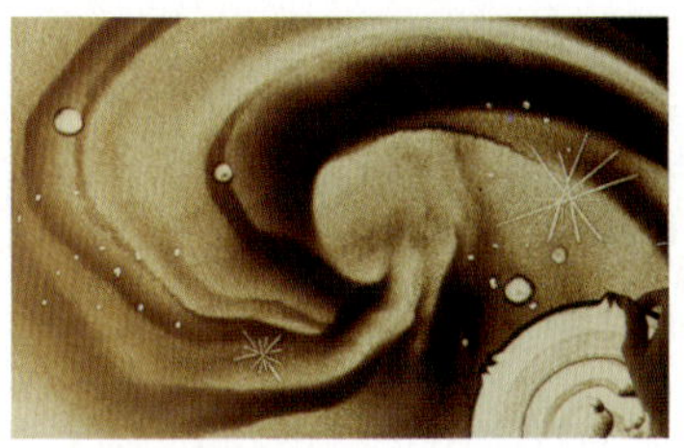

2 반원 안에서 밖으로 작은 터지를 몇개 한다.

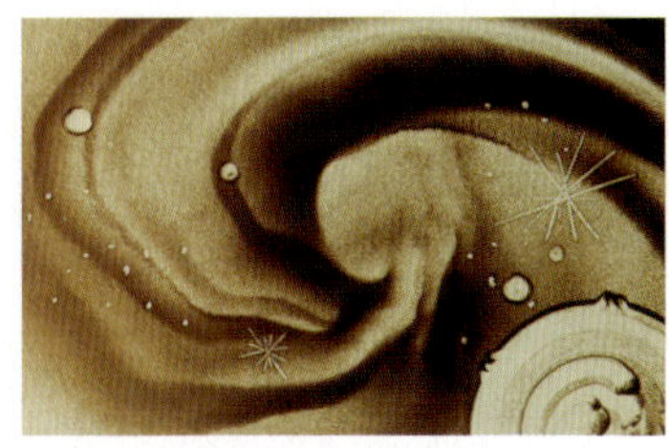

3 우주의 행성이 완성된다.

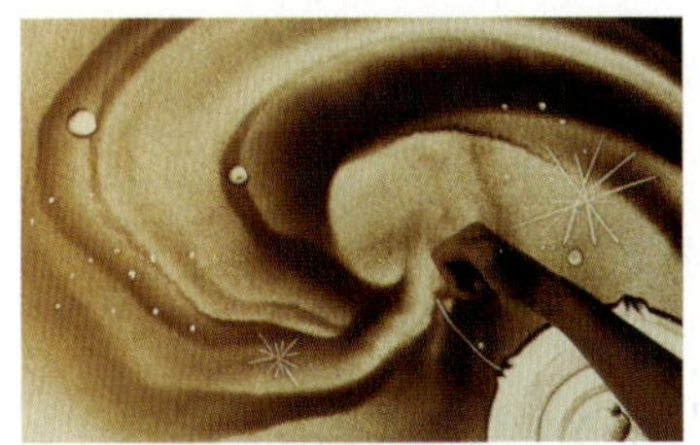

4 세끼손가락 손톱으로 선을 긋는다.

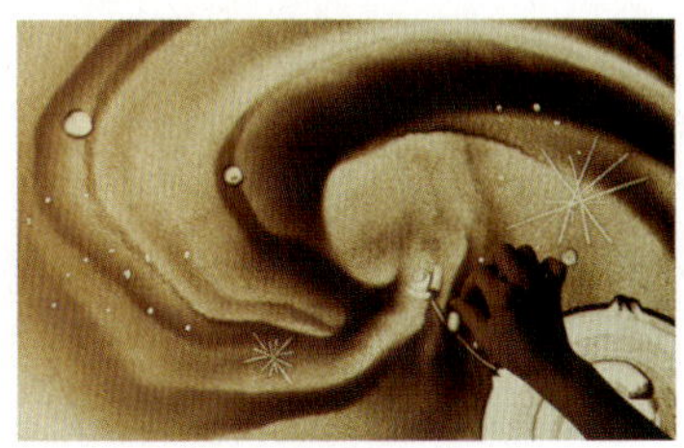

5 선 끝에 장미를 그린다.

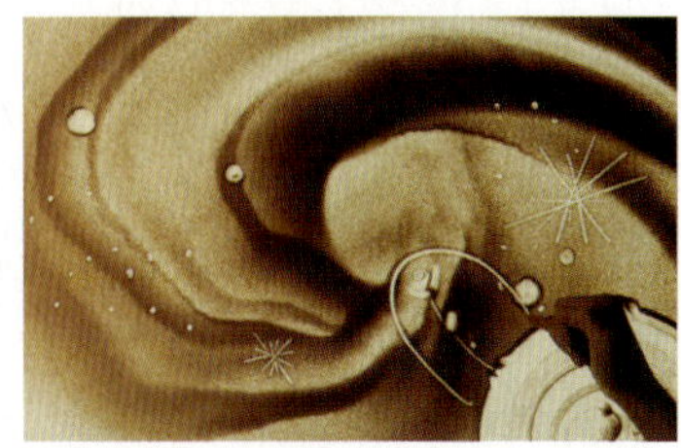

6 세끼손가락 손톱으로 타원을 그린다.

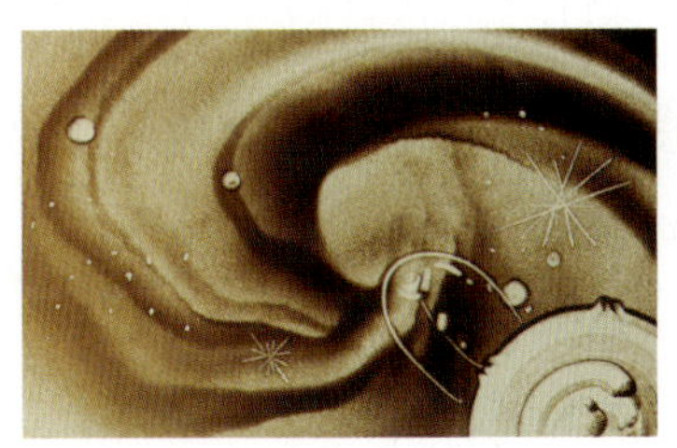

7 어린왕자의 소행성 B-612에 있는 장미가 완성된다.

우주배경을 더 풍부하게 표현하고 싶다면 로봇이나 우주선을 그려 넣으면 좋다.

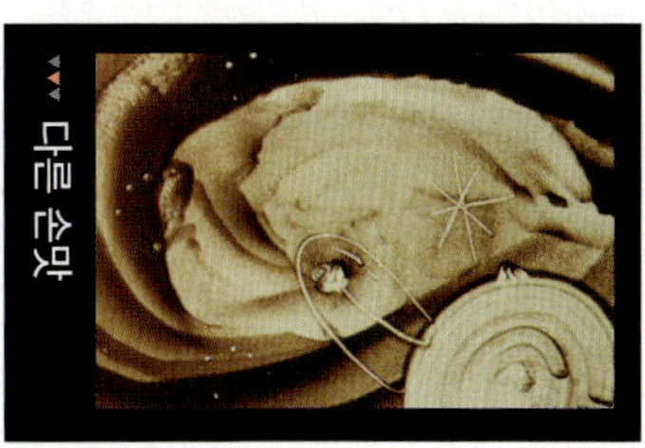

배경 활용 애니메이션

샌드아트 배경은 샌드아트 작품의 완성도를 높이기 위해 그려지지만, 영상 작업에서는 새롭고 다양하게 활용할 수 있다. 한 예로 일반 영상에 샌드아트 작품을 넣는 방법과 샌드아트 배경에 애니메이션 캐릭터를 넣어 편집 효과를 주는 방법이 있다. 아래 '전구맨의 여행'은 샌드아트 영상에 애니메이션 캐릭터를 입히는 방식으로 배경이 바뀔 때마다 '전구맨'의 움직임이나 표정이 달라지는 재미있는 영상이다.

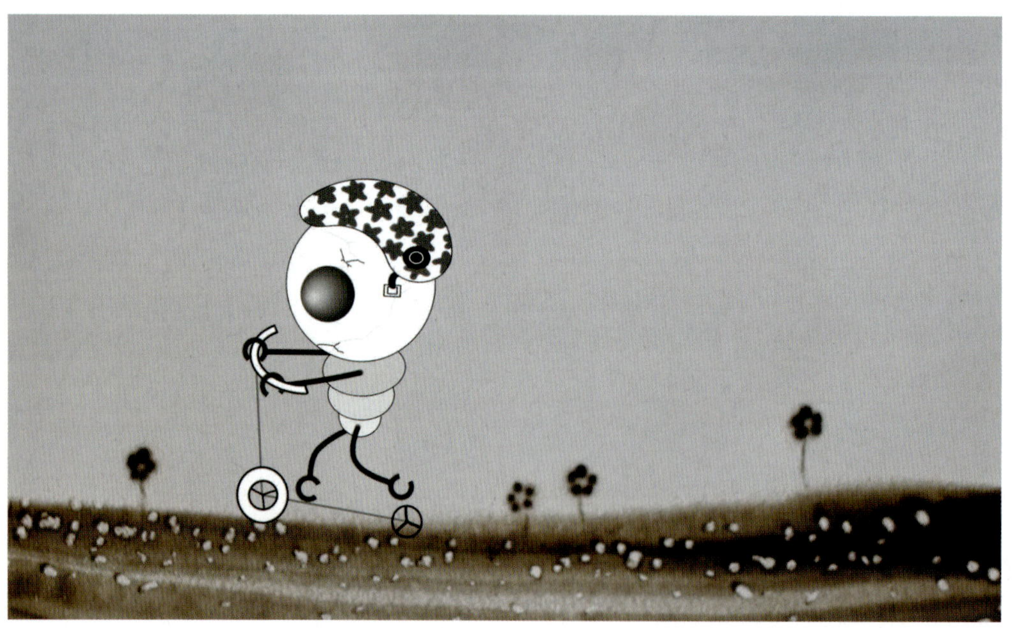

샌드아트 꽃길 배경과 전구맨

'전구맨'은 샌드아트 배경에 컴퓨터 이미지가 삽입된 영상이다. 컴퓨터로 그려진 배경이나 실사 배경에 샌드아트로 그려진 오브제가 움직이는 영상도 실험 중이다. 섞이지 않을 것 같은 물과 기름이 어우러지면 마블링 효과가 생기듯이 샌드아트의 활용도 영상에서는 매우 다양하게 발전하고 있다.

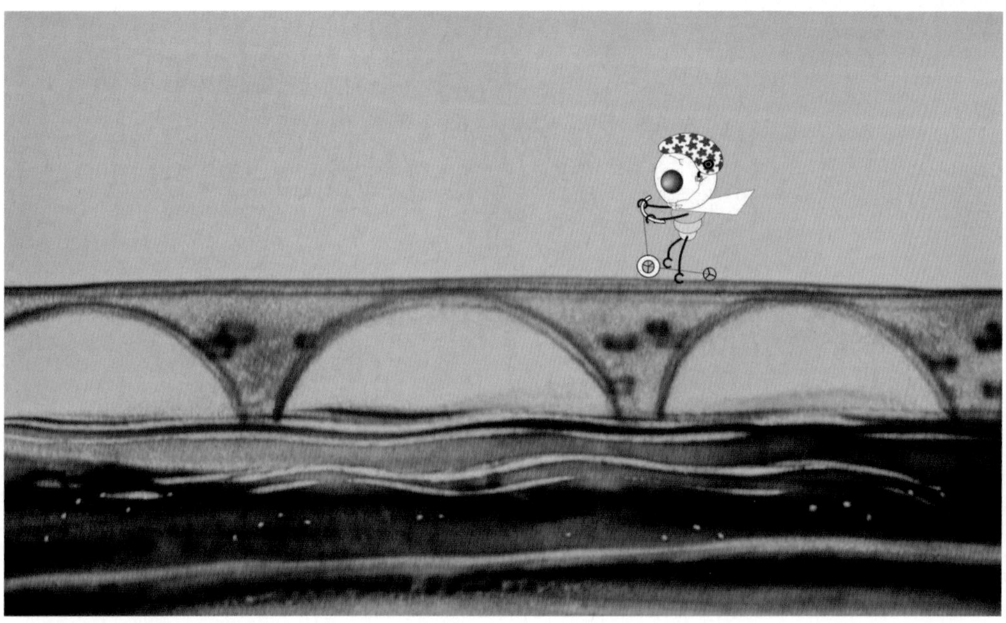

샌드아트 다리 배경과 전구맨

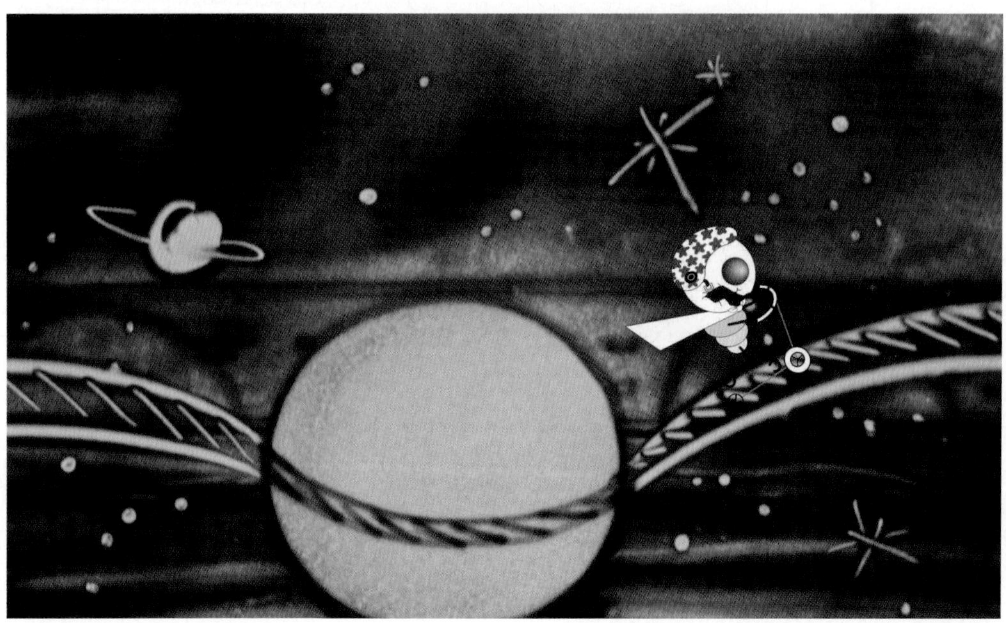

샌드아트 우주 배경과 전구맨

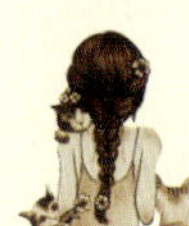

Part 04

샌드아트
실전 기법

샌드애니메이션
입과 눈으로 인물 감정 표현
손 모양 표현

기법이라는 단어를 보고 벌써 어렵다는 생각이 들 수도 있다. 전혀 어렵지 않다고 자신 있게 말할 수 있다. 왜냐하면, 기초와 기본을 토대로 배워 나가기 때문이다. 샌드아트에서 필요한 전반적인 기법을 다 학습하기보다는 주로 많이 쓰이는 기법을 중심으로 소개한다. 그래야 반복 연습으로 좀 더 빠르게 샌드아트를 내 것으로 만들 수 있기 때문이다.

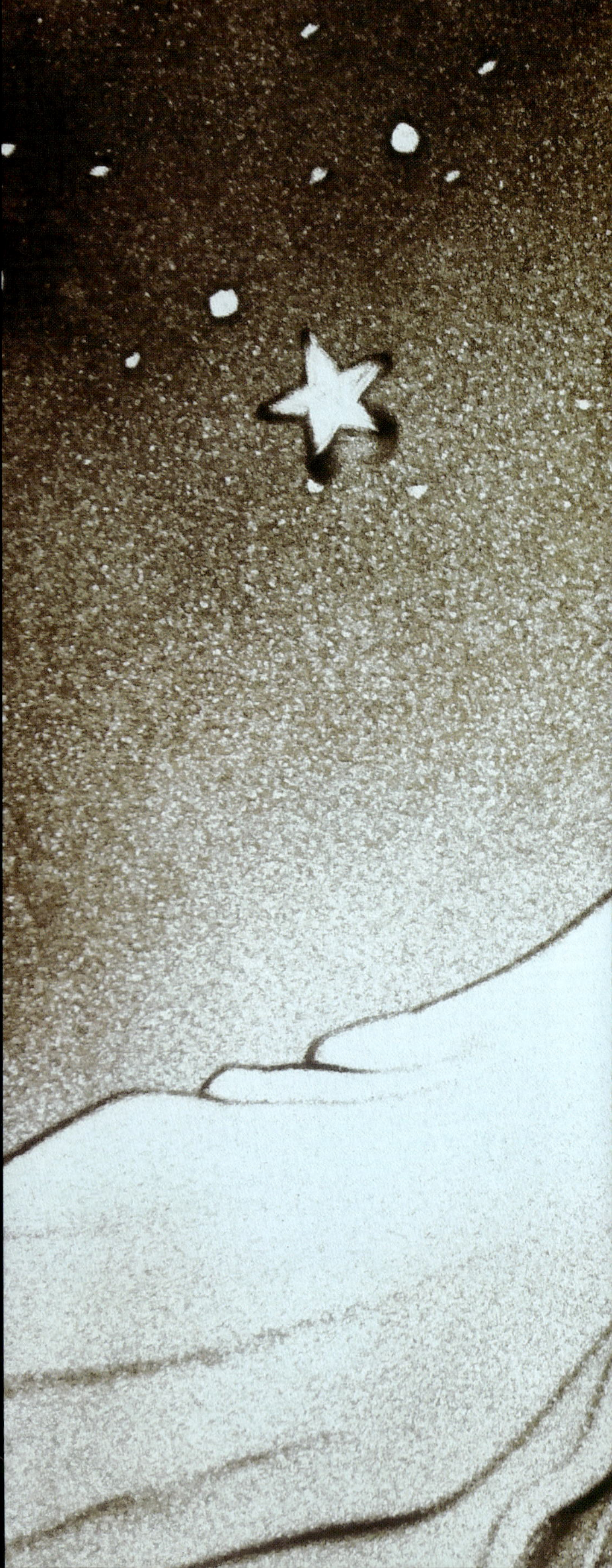

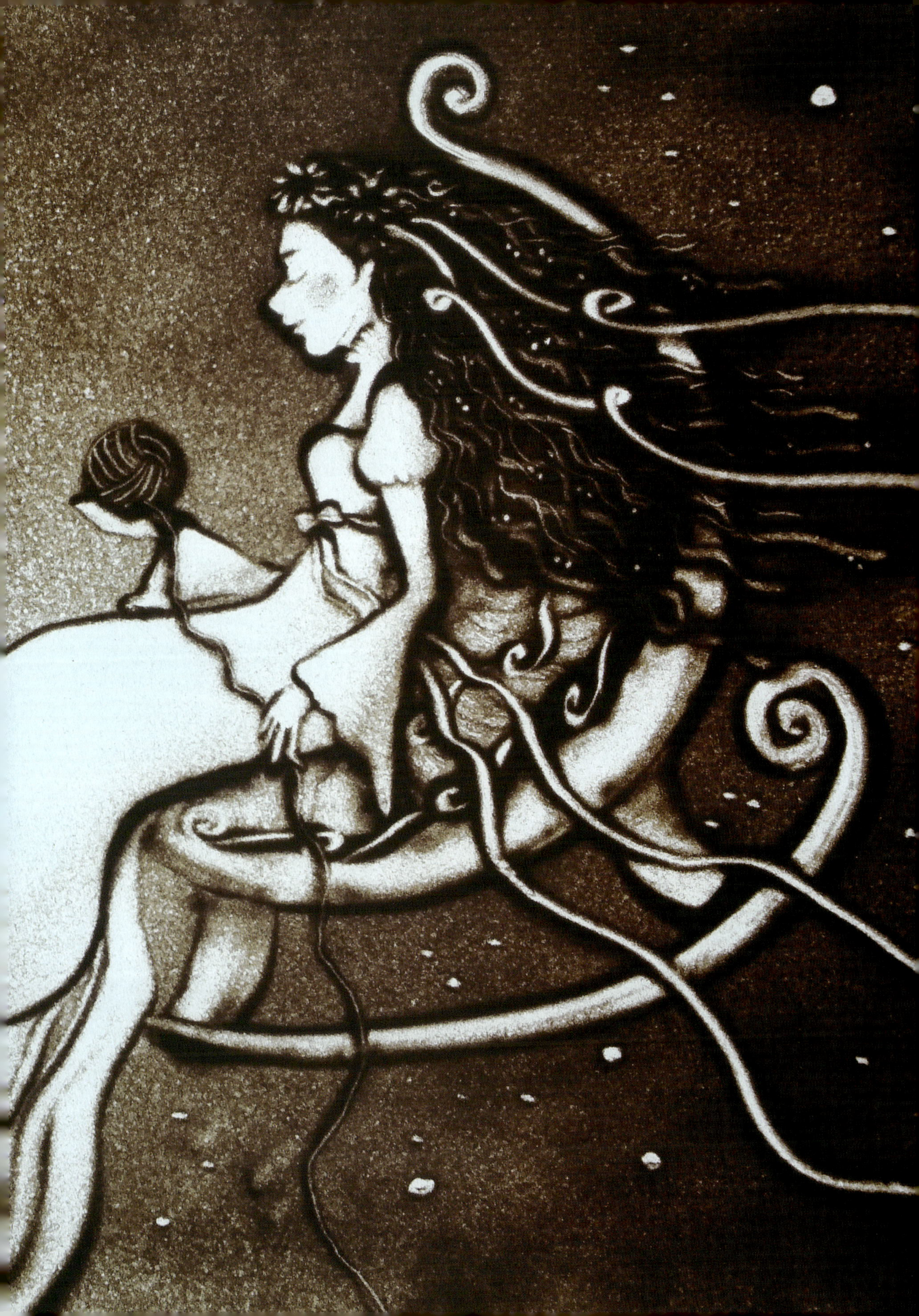

샌드애니메이션

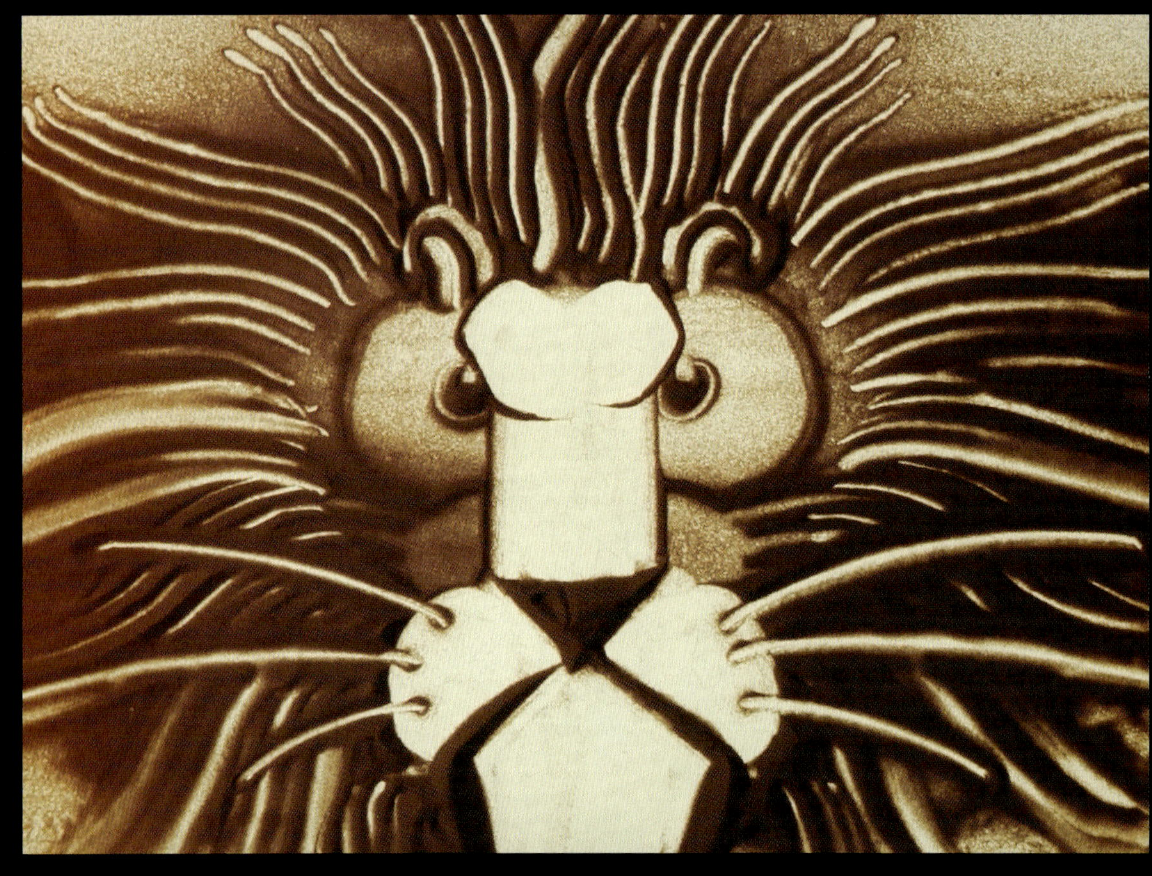

샌드아트로 사진과 똑같이 그리려고 욕심을 내면 과정이 어려워지고 재미없어져 버리고 만다. 샌드아트는 놀이처럼 접근해야 연습이 즐겁고 실력도 빨리 향상된다. 동물 그리기로 샌드아트에서만 볼 수 있는 멋진 장면을 만나본다. 개미로 시작한 그림이 계속 변하여 코끼리까지 그려지는 샌드애니메이션의 환상을 느낄 수 있다. 곧 그 환상적인 작품을 나 스스로 그릴 수 있

1. 동물과 곤충 애니메이션

샌드아트에서 장면이 마치 마술처럼 변화하는 것을 샌드애니메이션이라고 한다. 다음 장면에 그려질 동물이 무엇일지 전혀 예상하지 못한 상태에서 간단한 터치만으로 다른 동물이나 곤충으로 바뀌기 때문에 어린이 공연에서 인기가 좋다. 동물과 곤충 애니메이션은 비주얼아트연구소가 샌드아트 보편화를 위해 특별기획한 '모래 마녀 샌드위치'에서 활용한 기법이다. 외국 작가가 영상으로 제작한 것을 참고하여 어린이의 눈높이에 맞게 작품을 재구성했다. 남녀노소 누구나 즐기고 공감할 수 있는 재미있는 기법이다.

http://blog.naver.com/sandwitch7/220712882997

동물 그리기 순서 : 개미 ▶ 매미 ▶ 잠자리 ▶ 나비 ▶ 염소 ▶ 원숭이 ▶ 부엉이 ▶ 고양이 ▶ 사자 ▶ 코끼리

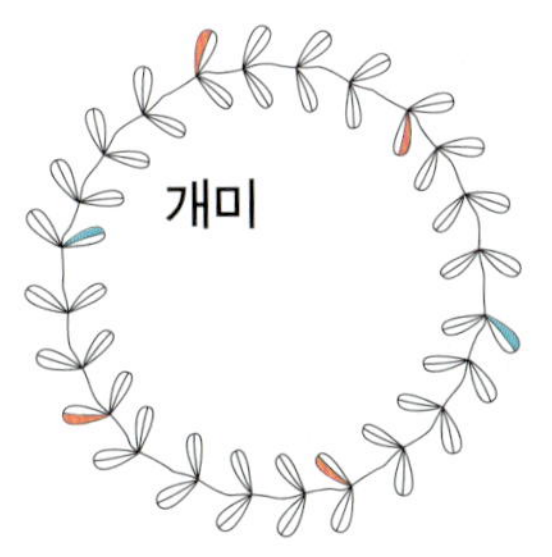

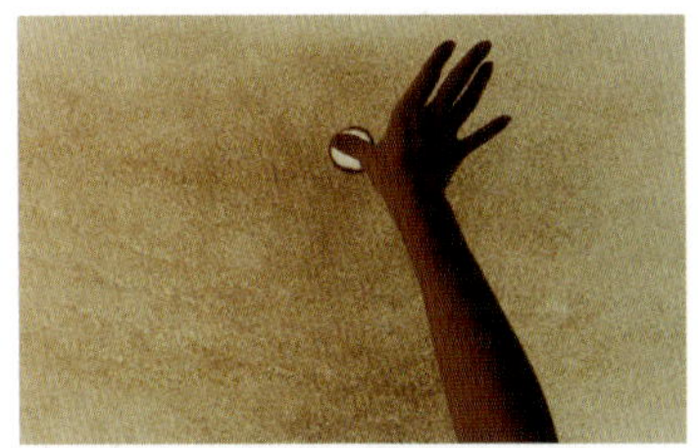

1 원을 만들면 머리가 된다.

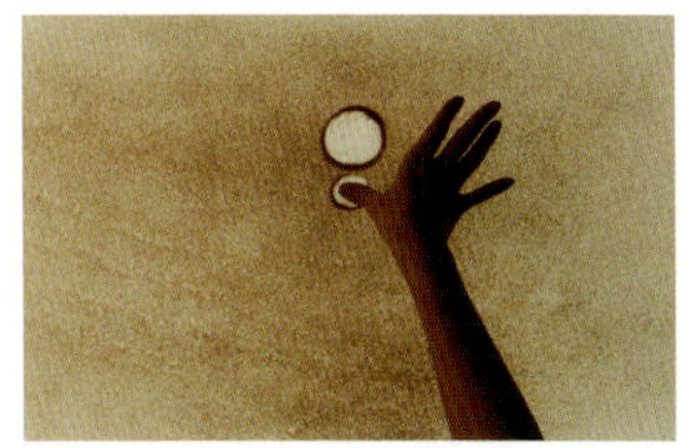

2 아래로 나란히 원을 하나 더 만들면 가슴이 된다.

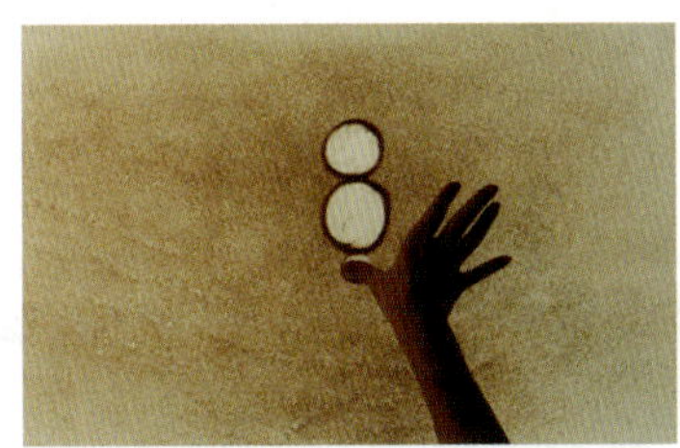

3 두 배 정도 큰 원을 하나 더 만들면 배가 된다.

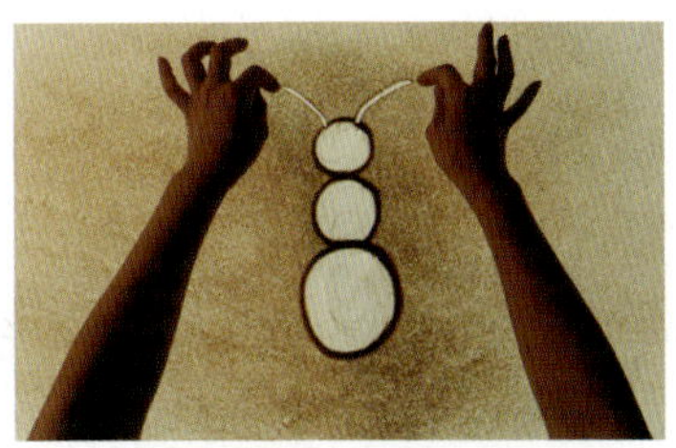

4 양손으로 머리에 가는 선 긋기로 더듬이를 만든다.

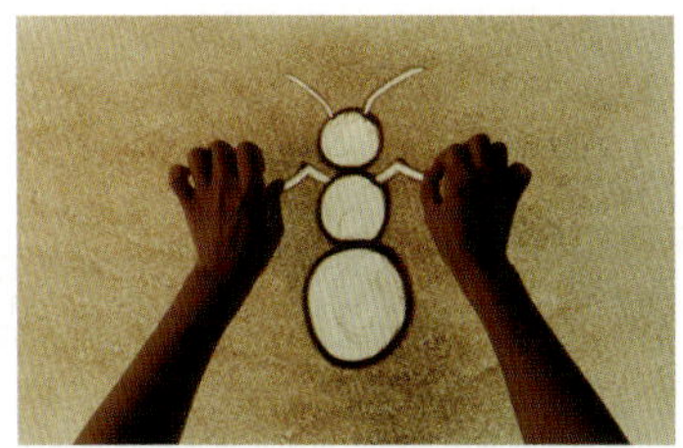

5 양손으로 가슴에 가는 선 긋기로 다리를 만든다.

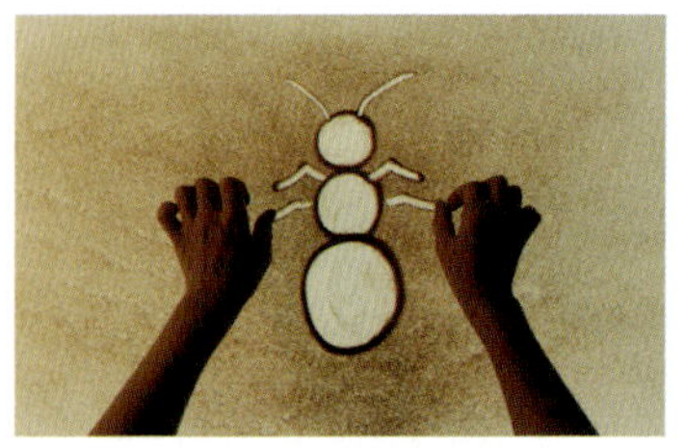

6 조금 길게 다리를 만든다.

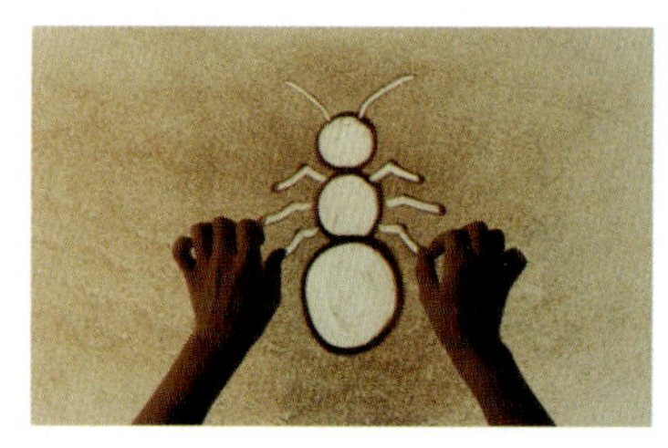

7 처음 다리와 같은 길이의 다리를 만든다.

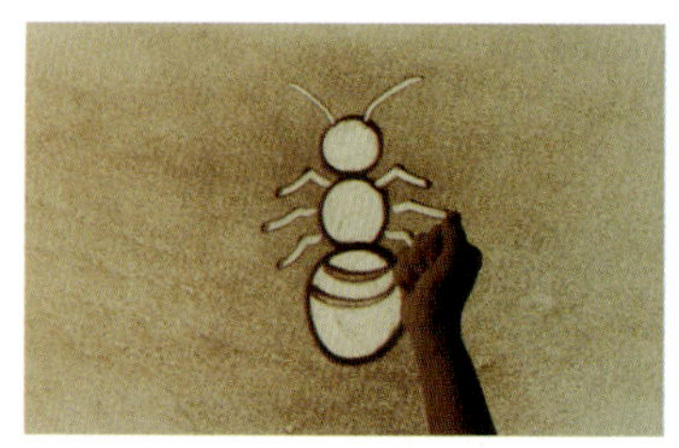

8 선 뿌리기로 개미 배에 곡선을 그린다.

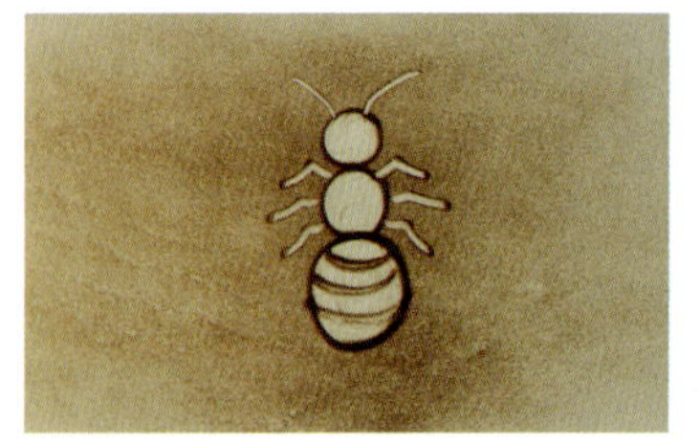

9 개미가 완성된다.

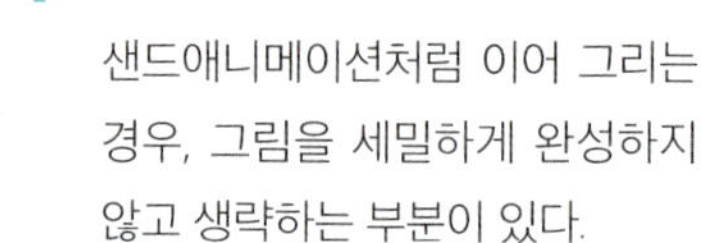

샌드애니메이션처럼 이어 그리는 경우, 그림을 세밀하게 완성하지 않고 생략하는 부분이 있다.

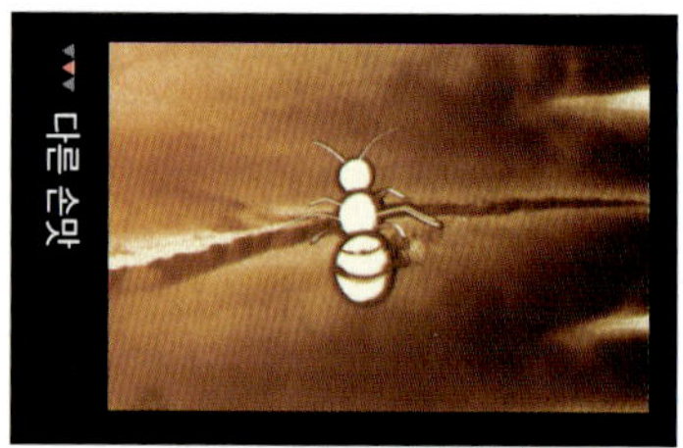

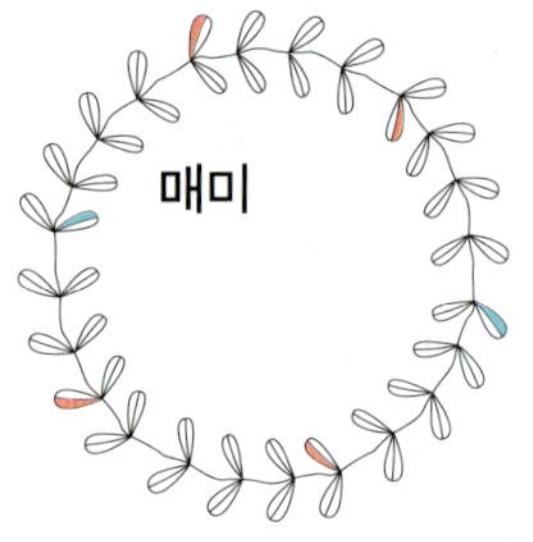

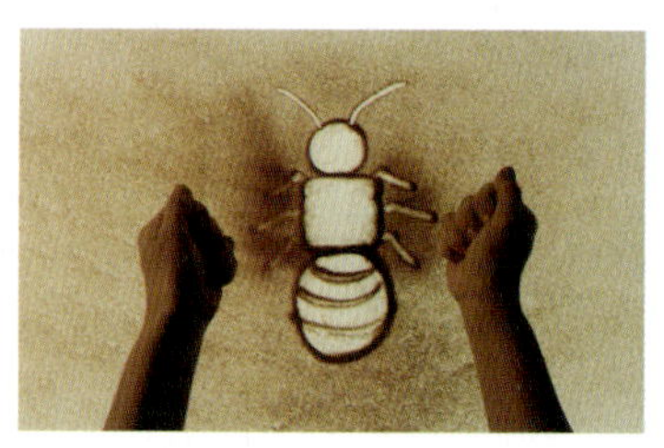

1 가슴을 네모로 만든다.

2 흩뿌리기로 다리를 없앤다.

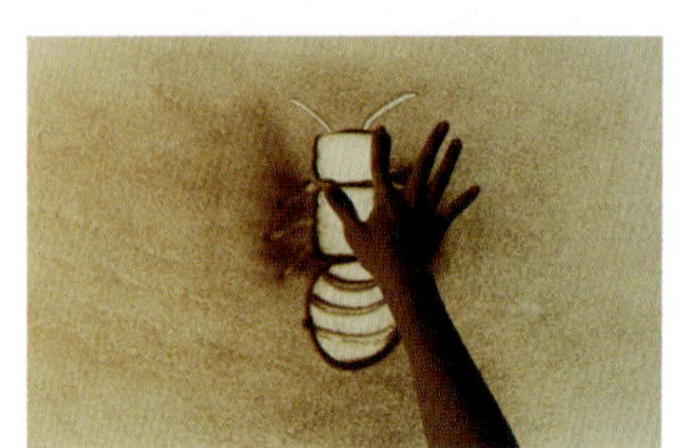

3 머리를 네모로 만든다.

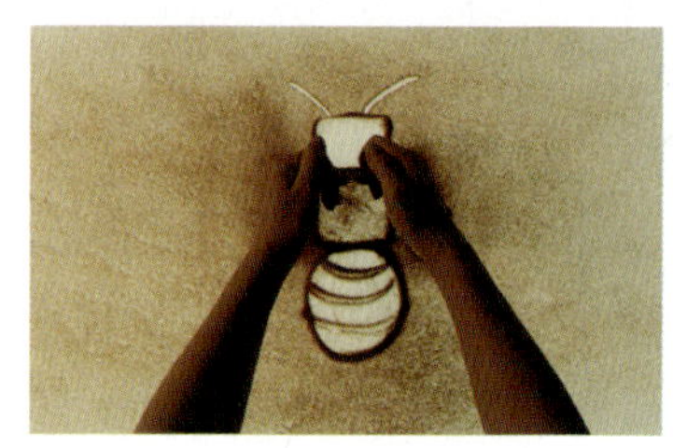

4 가슴에 흩뿌리기를 한다.

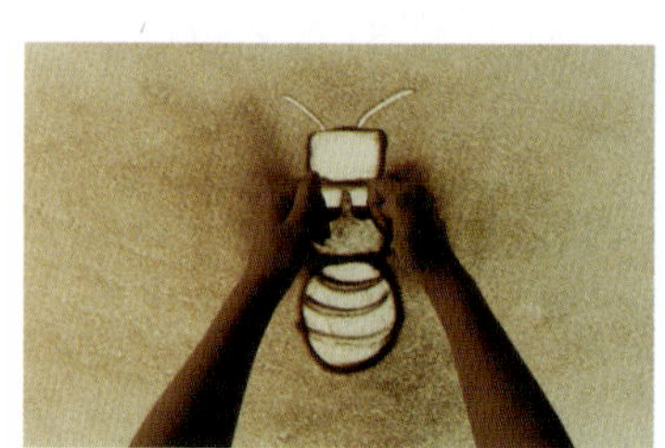

5 두 주먹을 가볍게 쥐고 아래로 내린다.

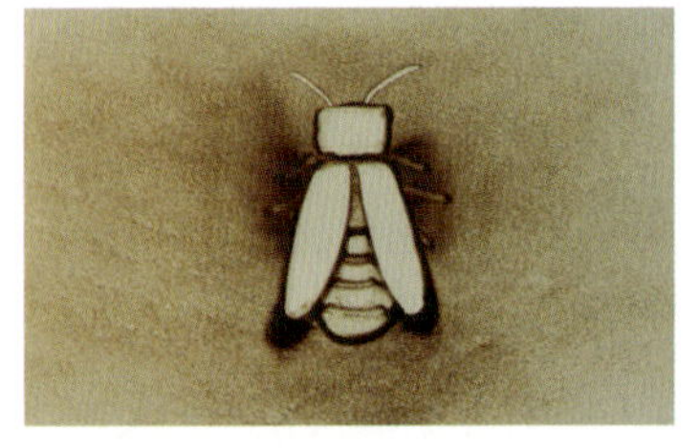

6 매미가 완성된다.

눈을 그리면 더 예쁜 매미 그림이 되지만 이어 그리기에서는 생략한다.

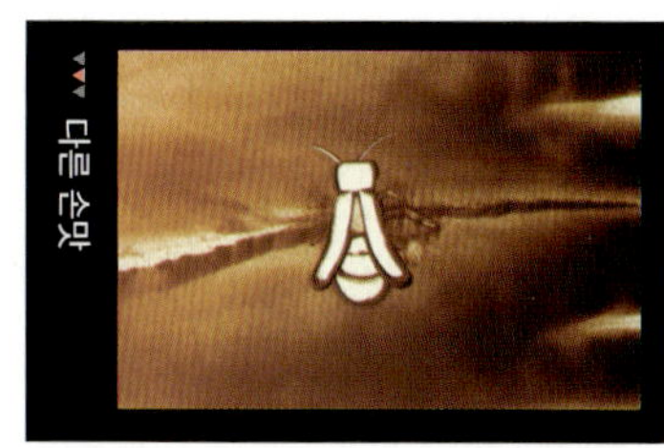

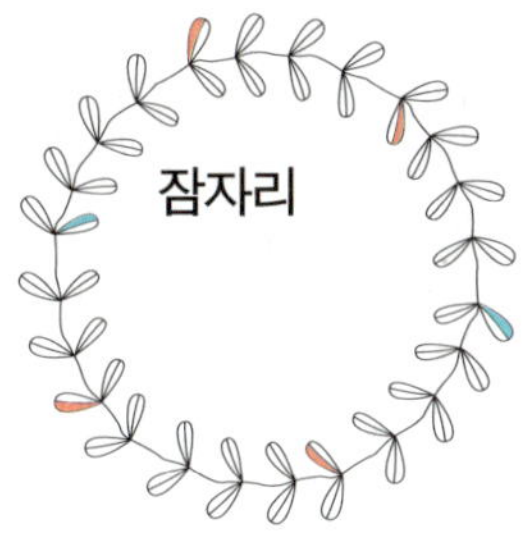

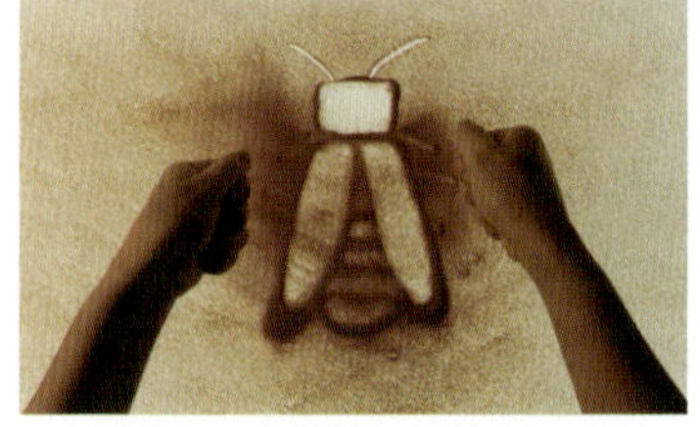

1 머리를 제외한 나머지 부분에 흩뿌리기를 한다.

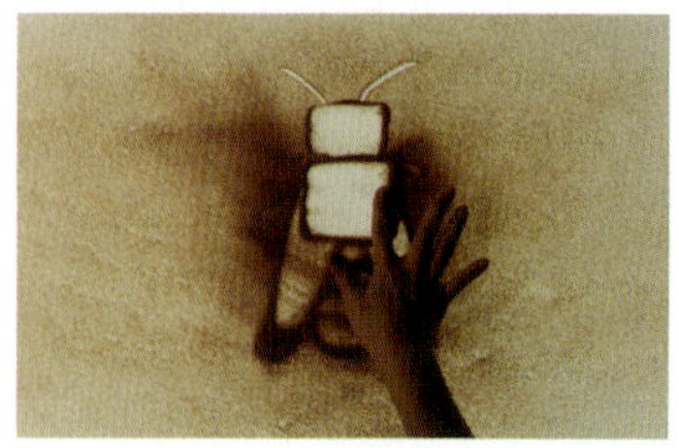

2 네모난 가슴을 만든다.

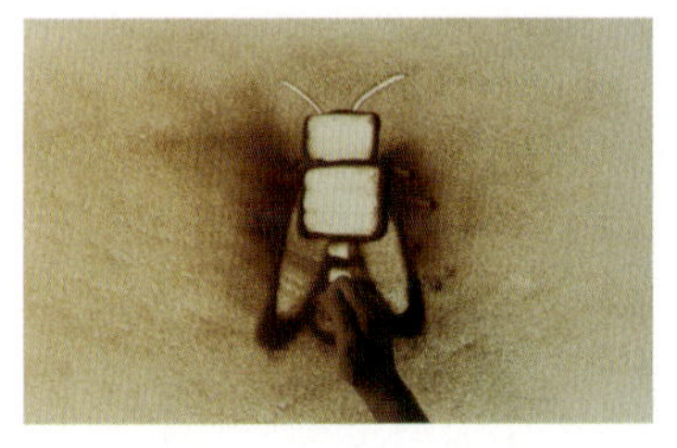

3 마디가 느껴지도록 아래로 내리며 점선을 찍는다.

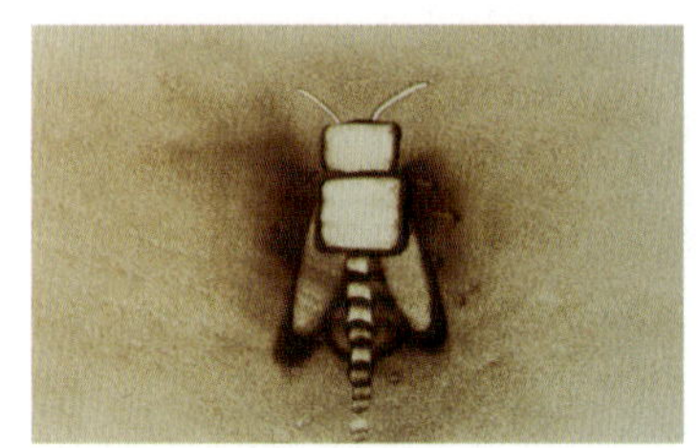

4 잠자리 배가 된다.

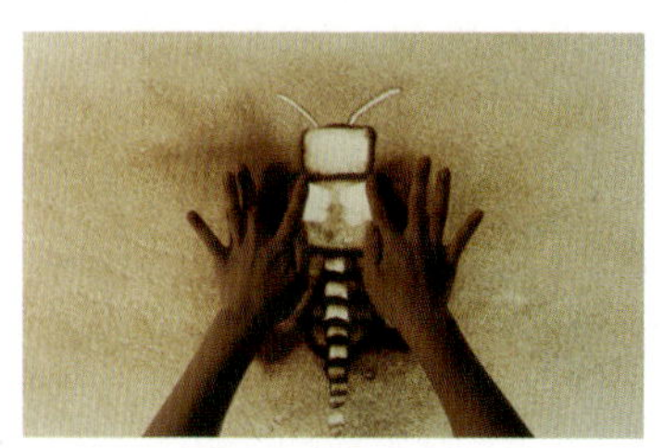

5 가슴에서 날개가 펼쳐지도록 한다.

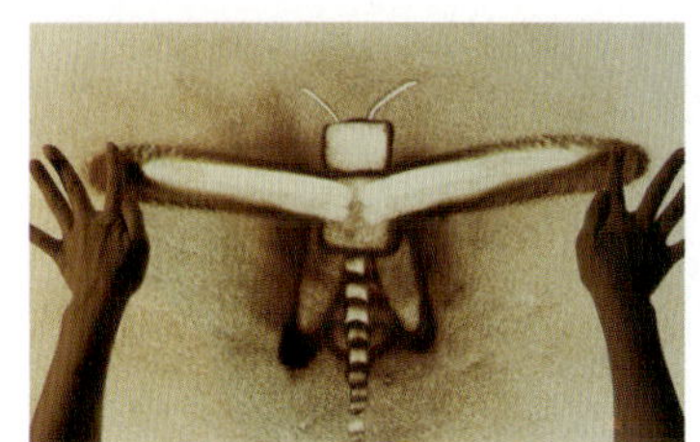

6 날개는 양손으로 좌우 동시에 펼친다.

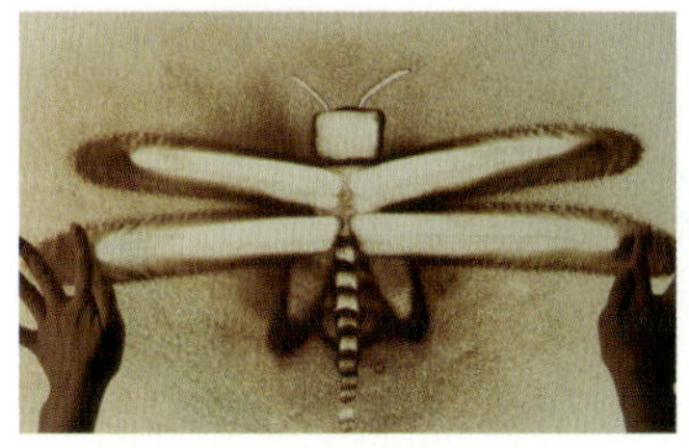

7 아래도 양손으로 날개 한 쌍을 더 펼친다.

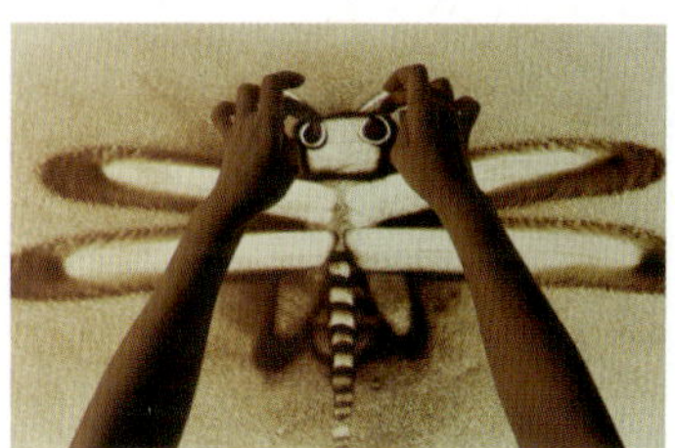

8 머리에 모래를 살짝 놓아 눈을 만든다.

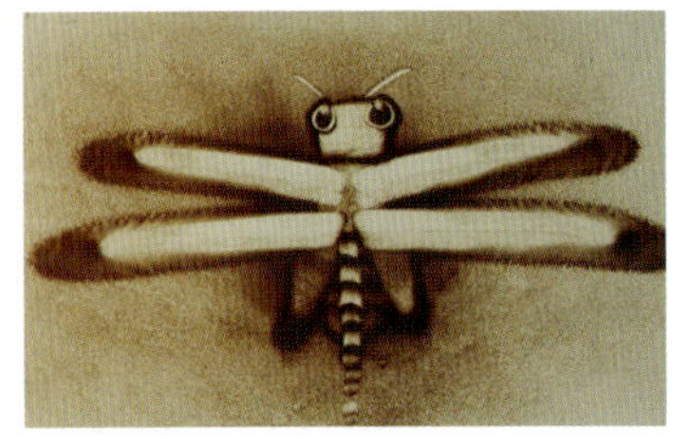

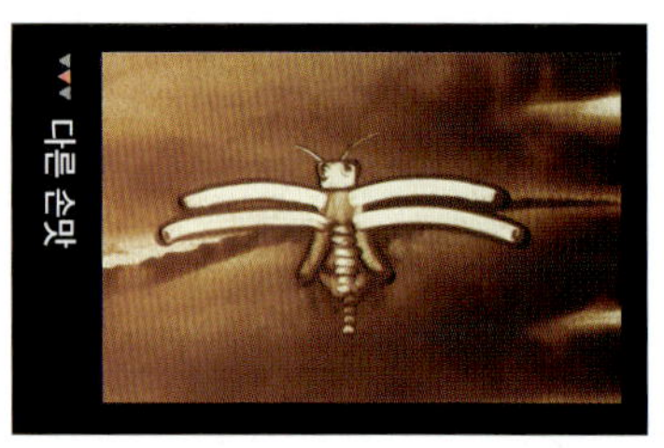

9 잠자리가 완성된다.

잠자리 날개에 옅은 흩뿌리기를 하고 가는 선 긋기를 교차하여 그리면 정밀한 잠자리 그림이 된다.

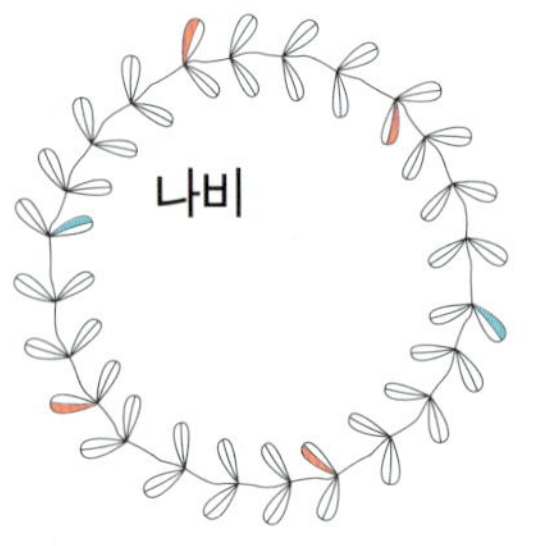

나비

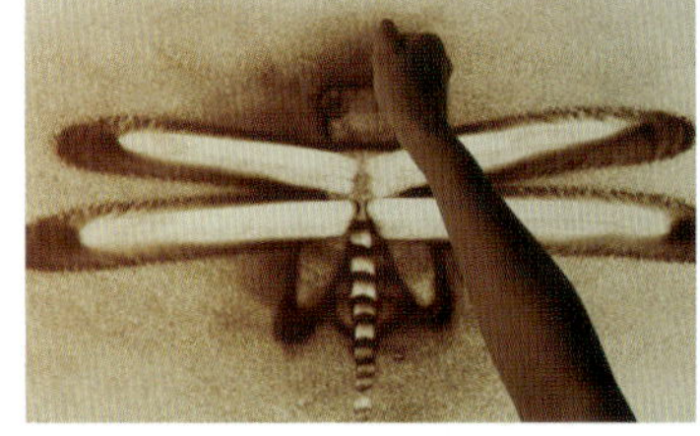

1 머리에 흩뿌리기를 한다.

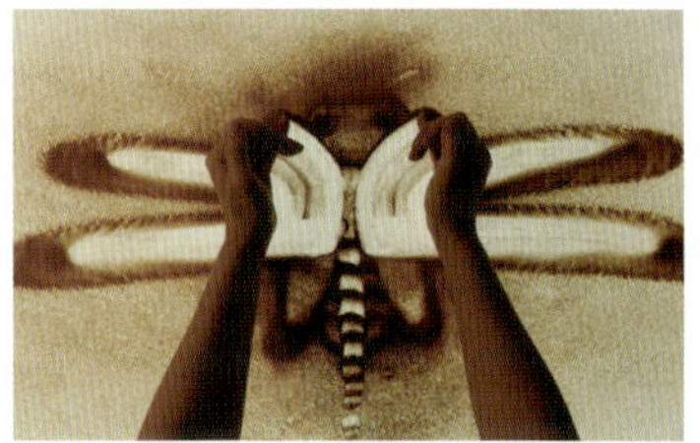

2 잠자리 아래 날개에서부터 좌우 동시에 위로 반원을 그리며 닦아낸다.

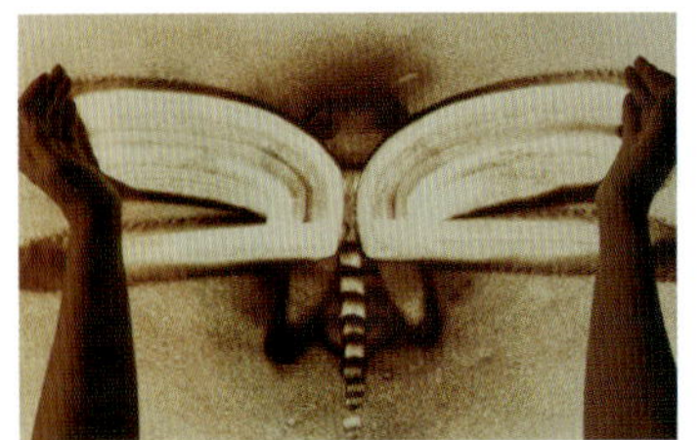

3 잠자리 날개 길이 정도로 닦아낸다.

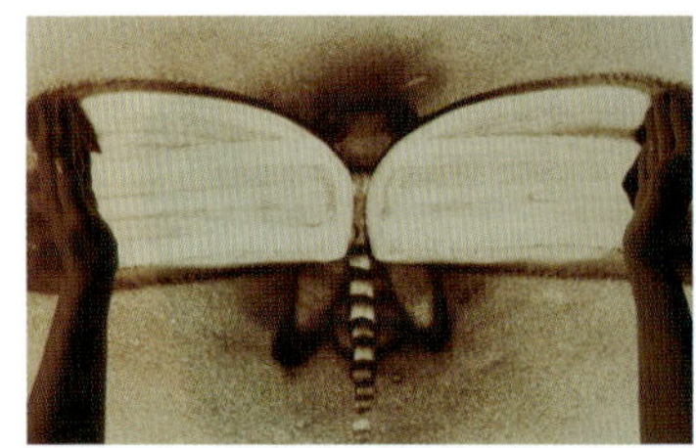

4 남은 모래를 닦아낸다.

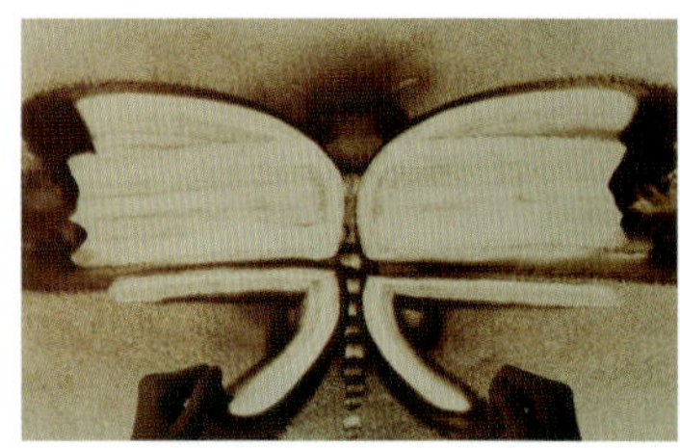

5 간격을 두고 아래로 반원을 그리며 비우기를 한다.

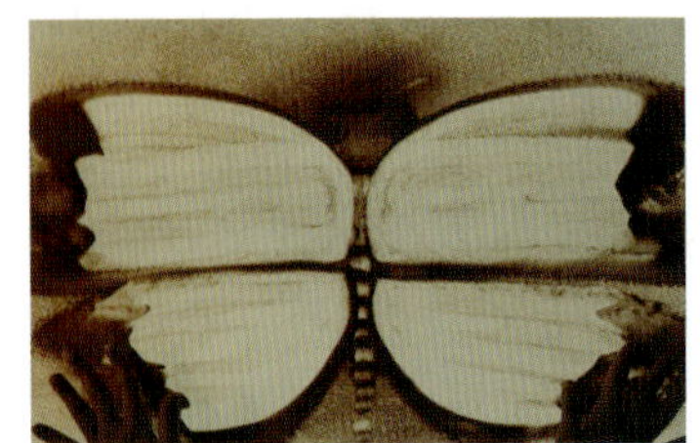

6 남은 모래를 닦아낸다.

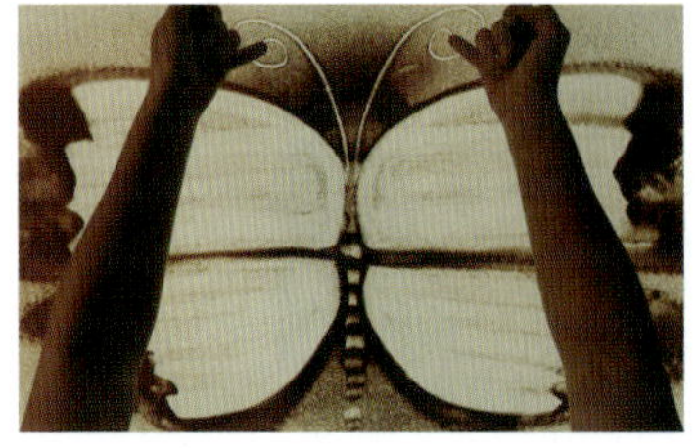

7 가는 선 긋기를 하고 끝은 나선을 그려 더듬이를 만든다.

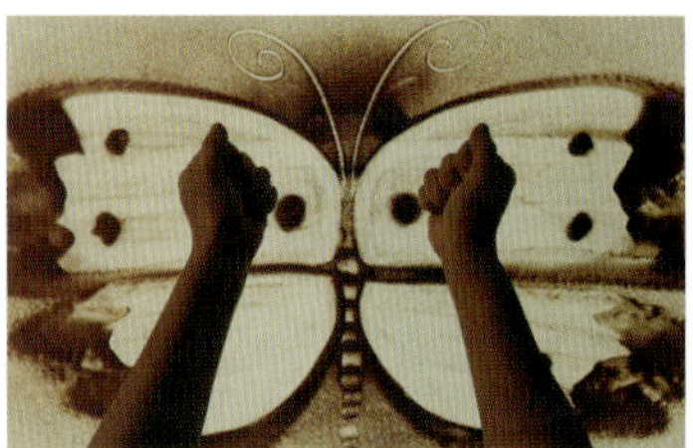

8 놓기로 날개 무늬를 여러 개 만든다.

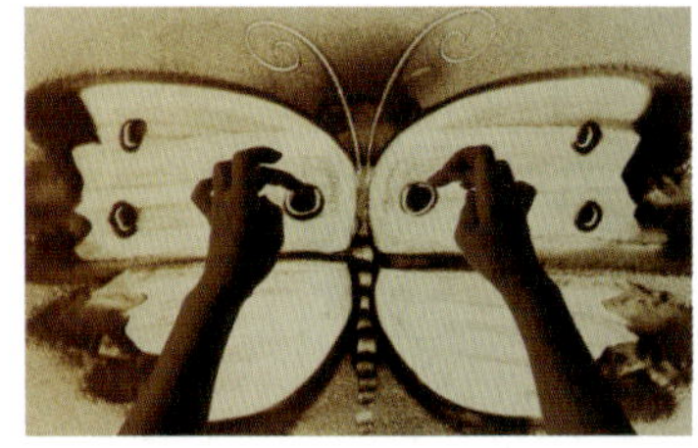

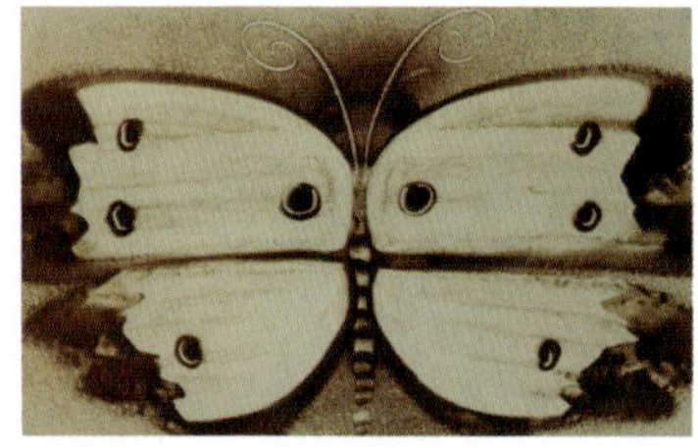

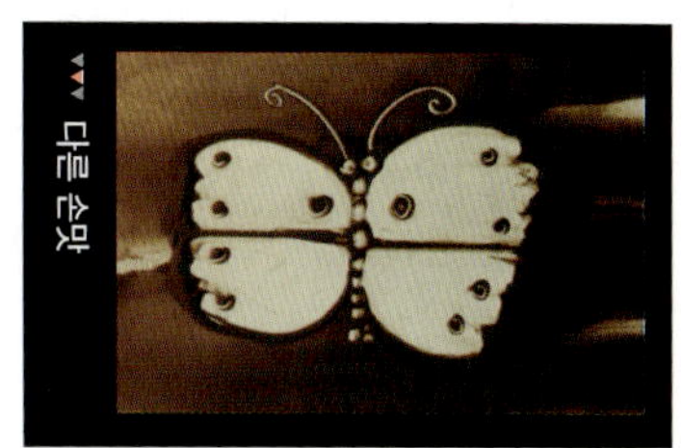

9 놓은 점의 가장자리에 원 또는 반원을 그린다.

10 나비가 완성된다.

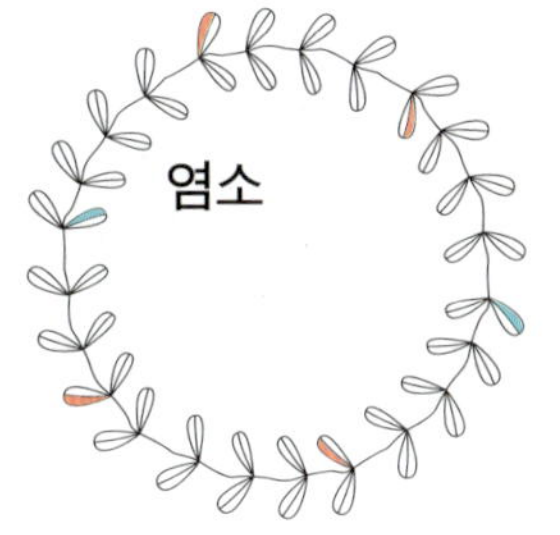

염소

1 더듬이를 따라 점선을 그리면 뿔이 된다.

2 뿔 아래를 주먹 옆면으로 쓸어 내린다.

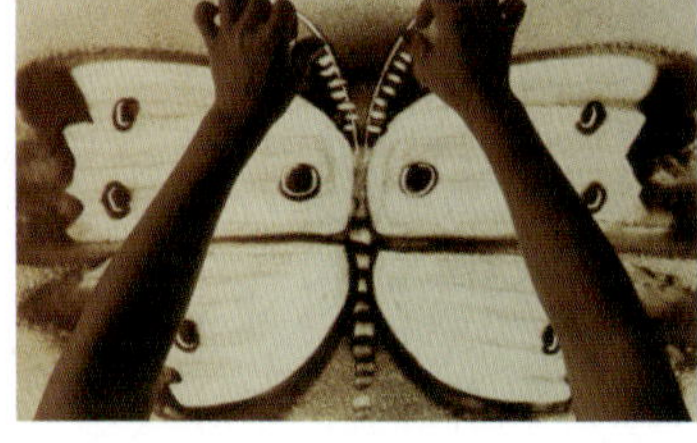

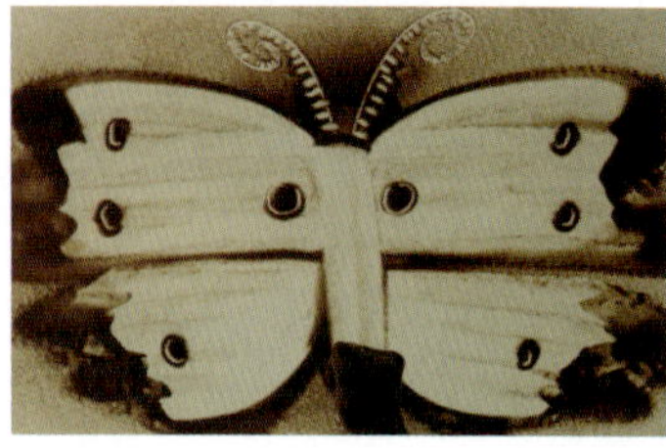

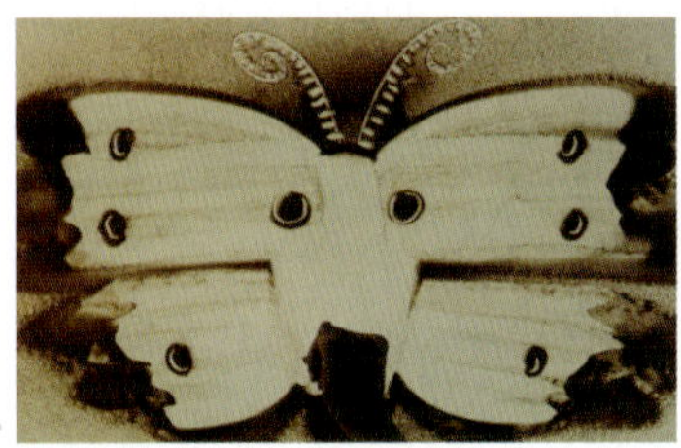

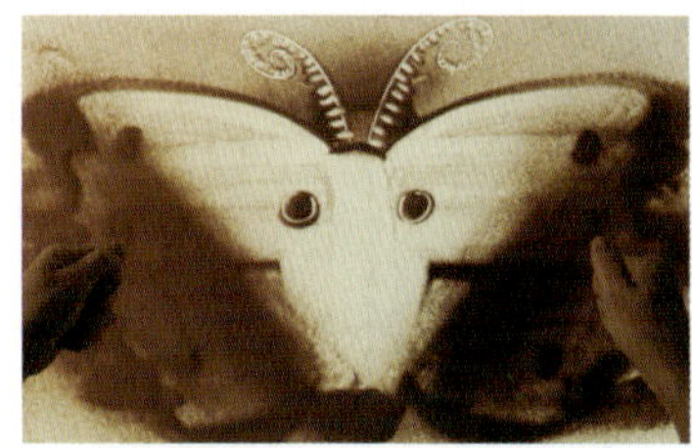

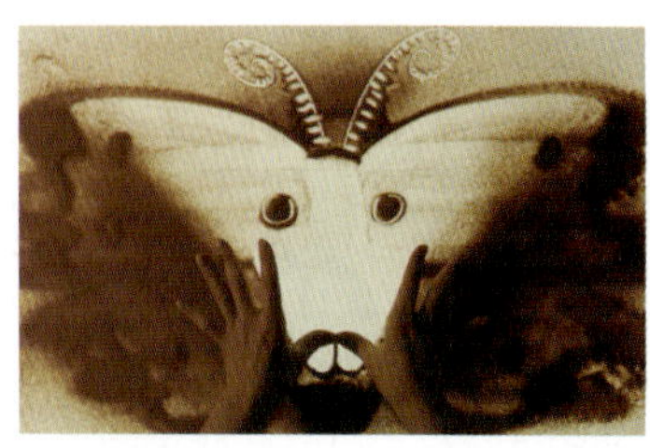

3 눈 아래 모래를 뿔 좌우 폭 간격만큼 닦아낸다.

4 날개 끝에 V형태로 모래를 펼치거나 흩뿌리기를 한다.

5 양손 엄지손가락을 둥글게 모아 만나는 지점에서 위로 올린다.

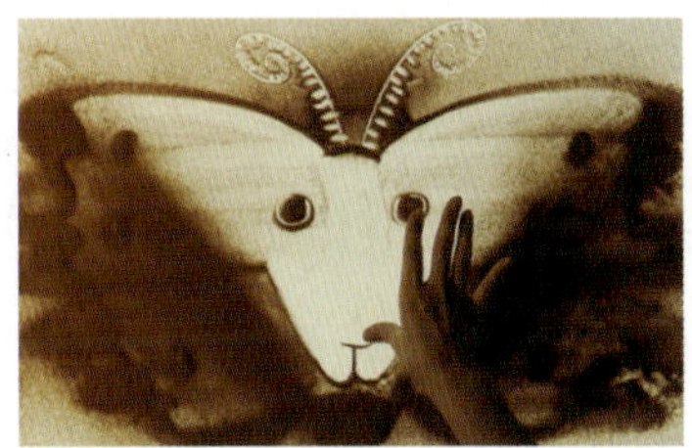

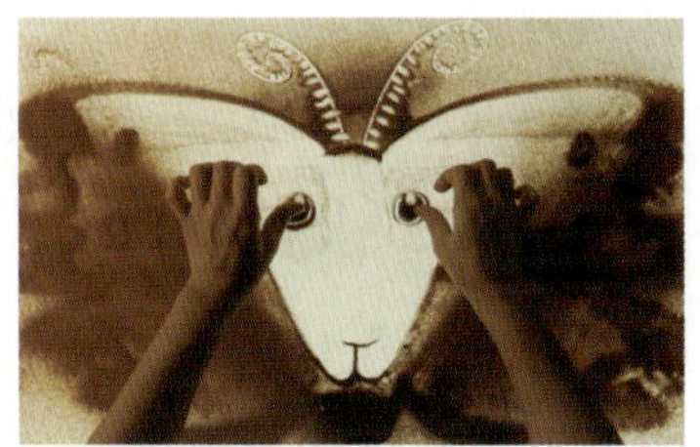

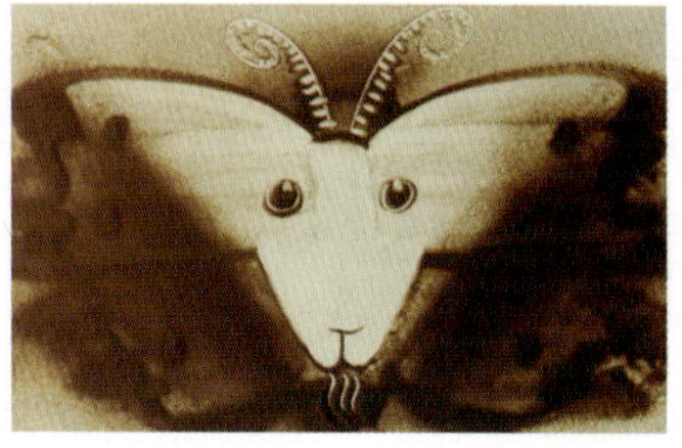

6 올라간 선을 아래로 밀면서 정리한다.

7 점을 찍어 눈을 만든다.

8 턱에 수염을 그리면 염소가 완성된다.

염소 귀를 조금 작게 만들면 귀여운 어린 염소 그림이 된다.

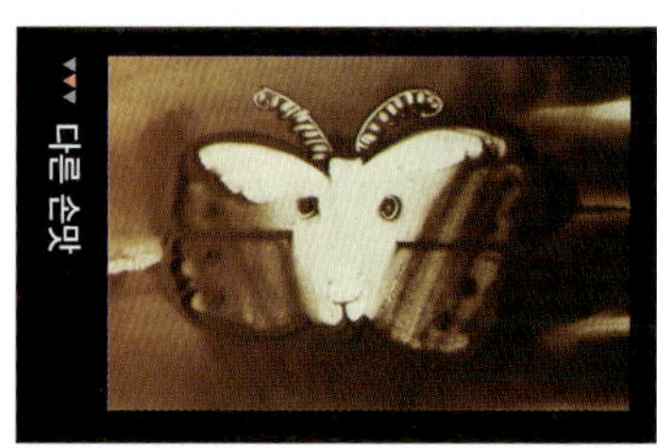

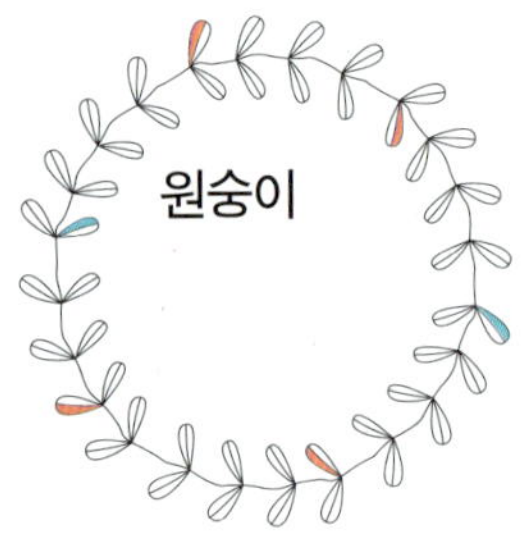
원숭이

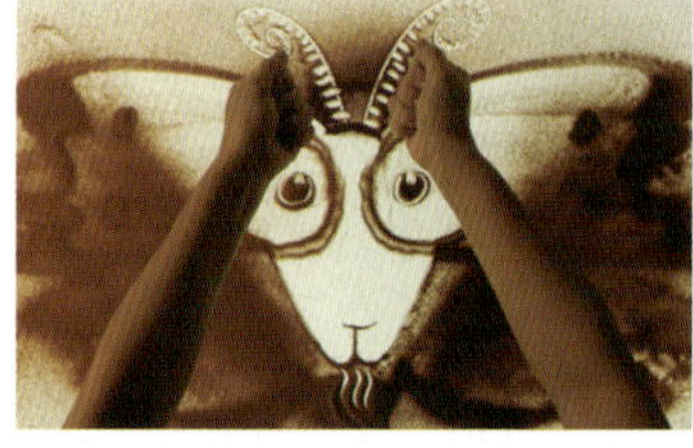

1 양손으로 굵은 선 뿌리기로 안경을 만든다.

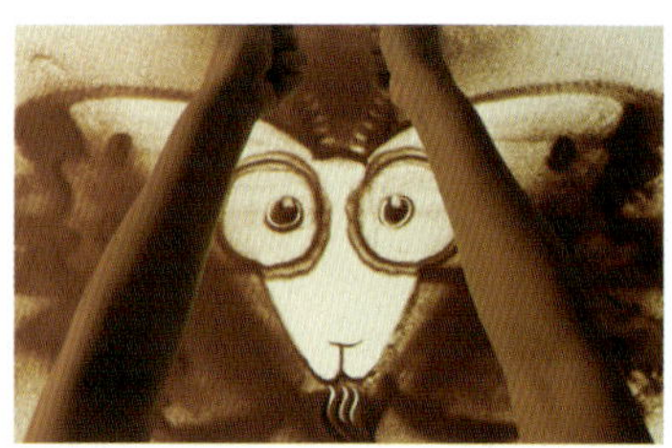

2 흩뿌리기로 뿔을 없앤다.

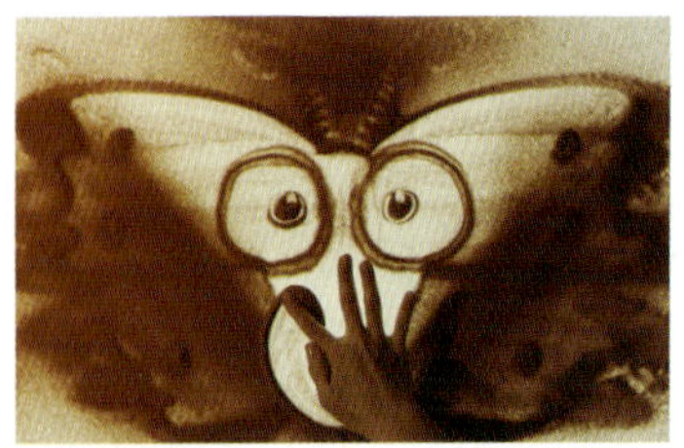

3 아래에서 위로 원을 그리며 닦아낸다.

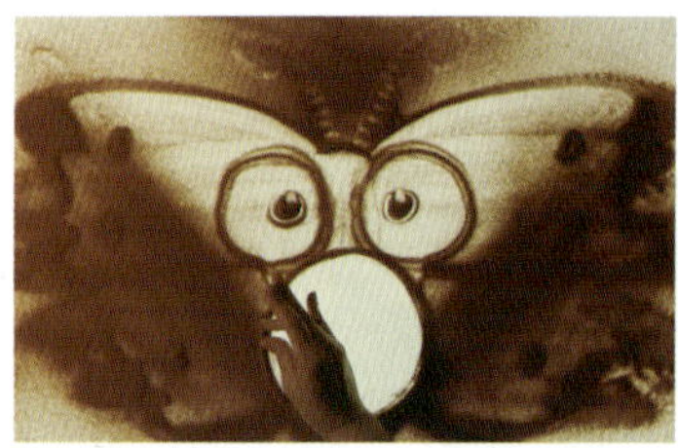

4 원 9시 방향을 집게손으로 당긴다.

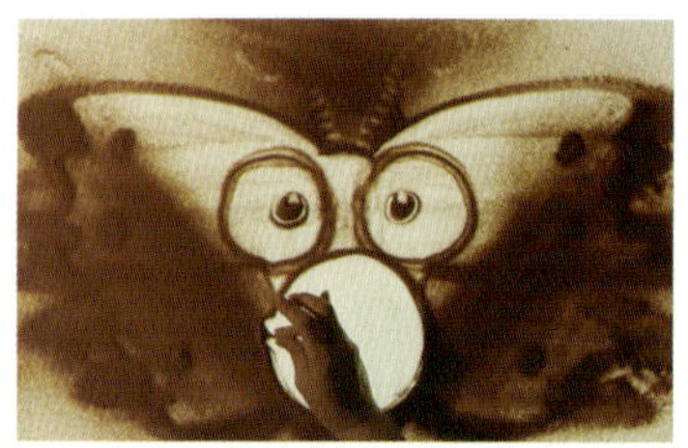

5 안으로 모이게 당긴다.

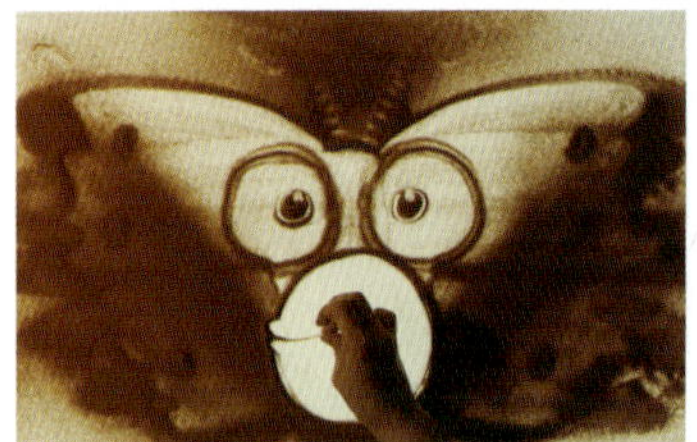

6 살짝 곡선이 느껴지도록 그리면 입이 된다.

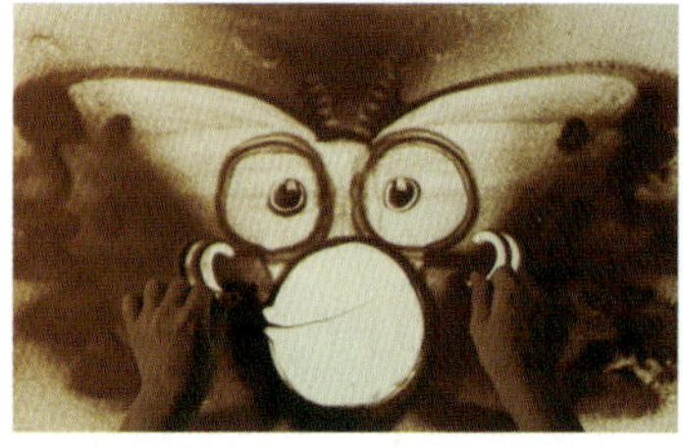

7 귀를 잡아당기듯 엄지와 검지로 둥근 터치를 한다.

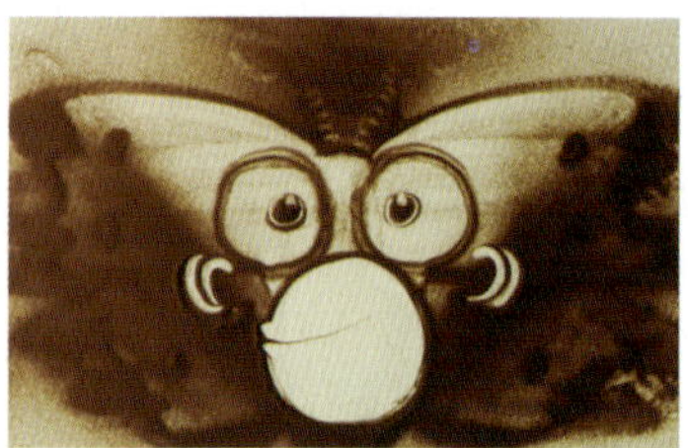

8 원숭이가 완성된다.

입 라인에 바나나를 그리면 더욱
익살스러운 원숭이 그림이 된다.

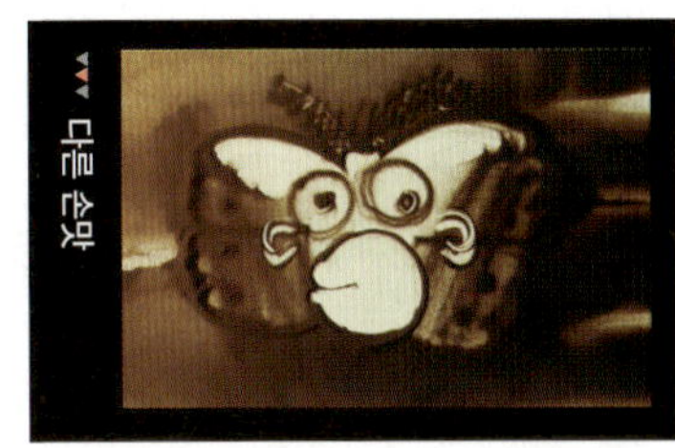

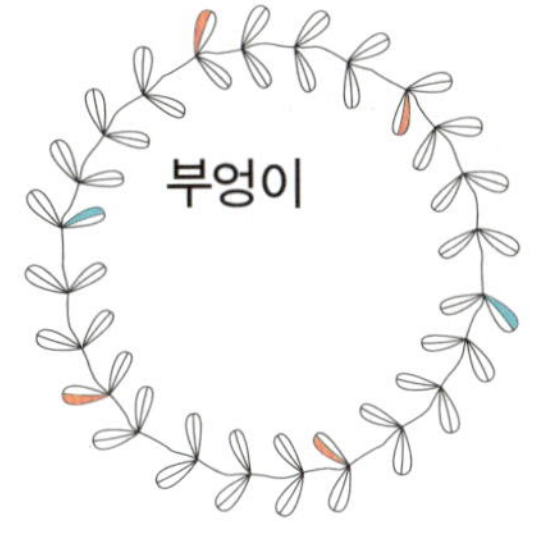

부엉이

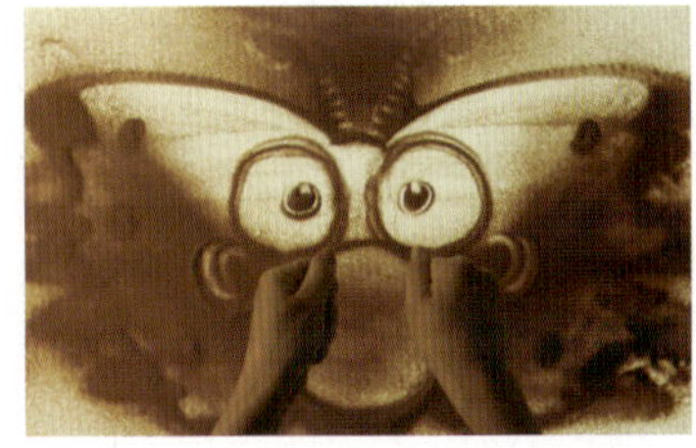

1 입 부분에 흩뿌리기를 한다.

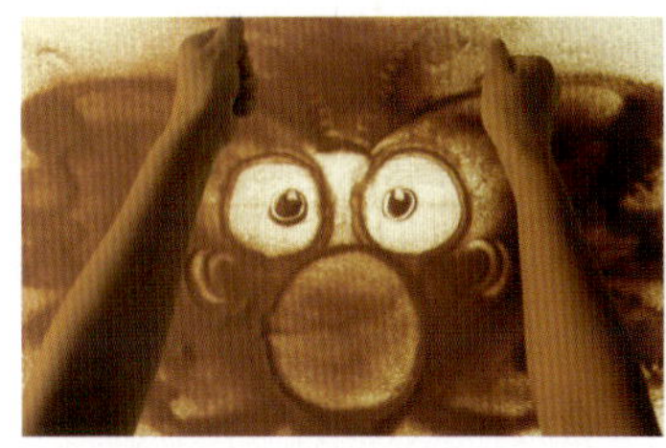

2 귀 부분에 흩뿌리기를 한다.

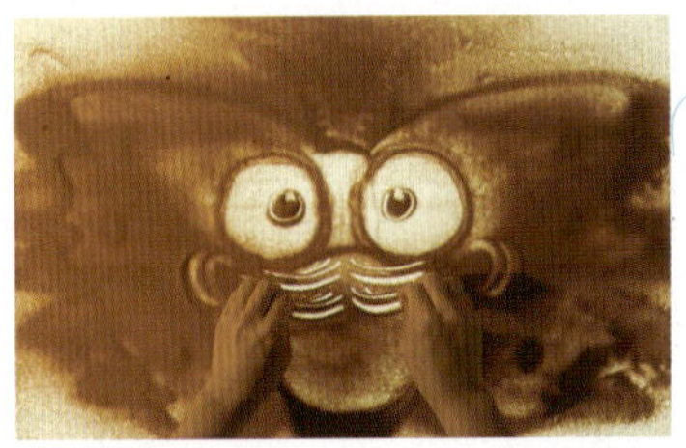

3 눈 아래에 양손으로 빗살무늬
곡선을 만든다.

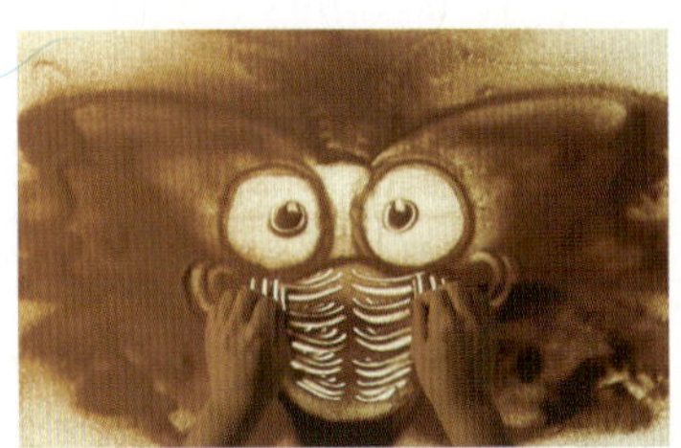

4 빗살무늬 곡선 양 끝에 손을
모아 선을 긋는다.

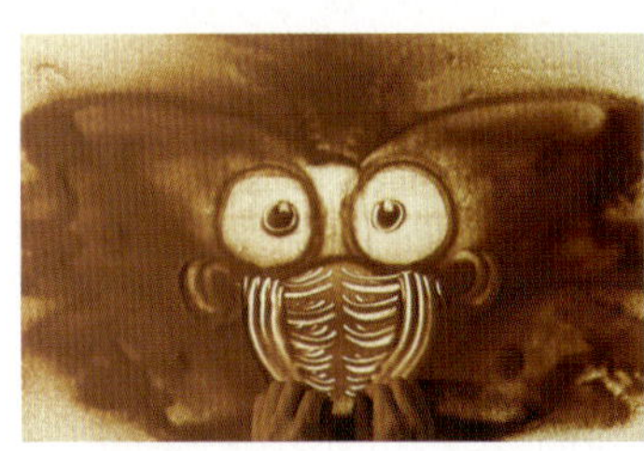

5 선을 아래로 그으며 가운데로
모은다.

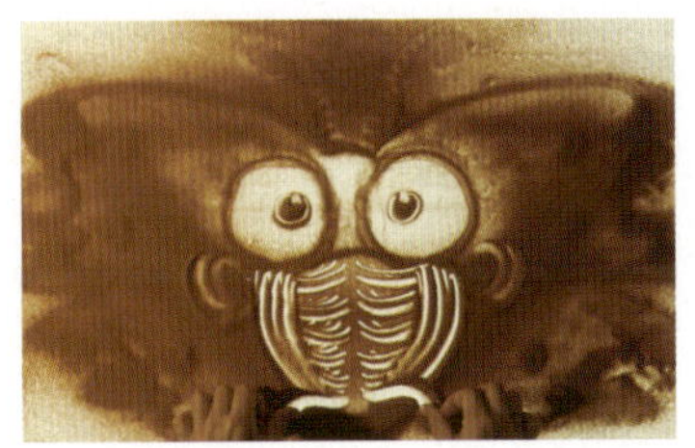

6 아래에 긴 발가락을 그린다.

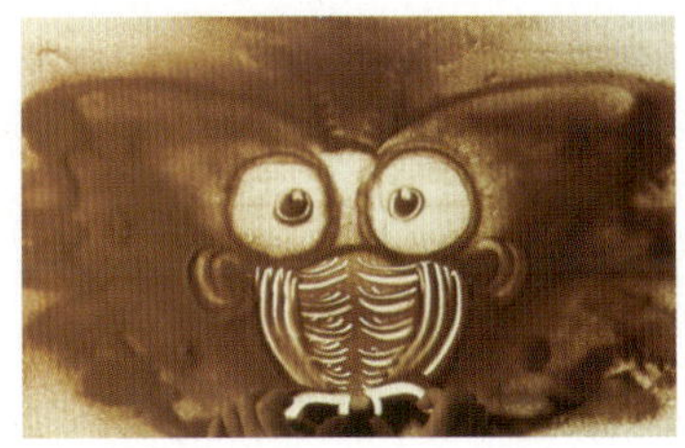

7 짧은 발가락을 그린다.

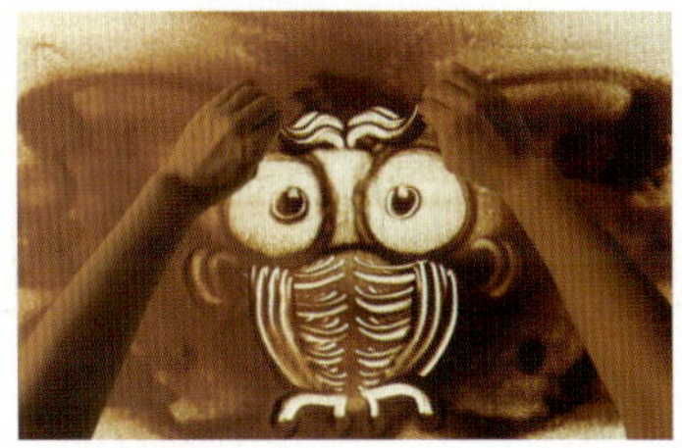

8 손을 모아 S자 곡선을 그으면
머리가 된다.

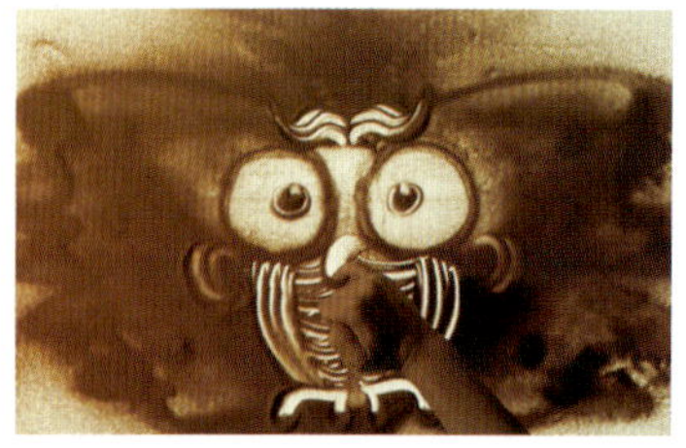

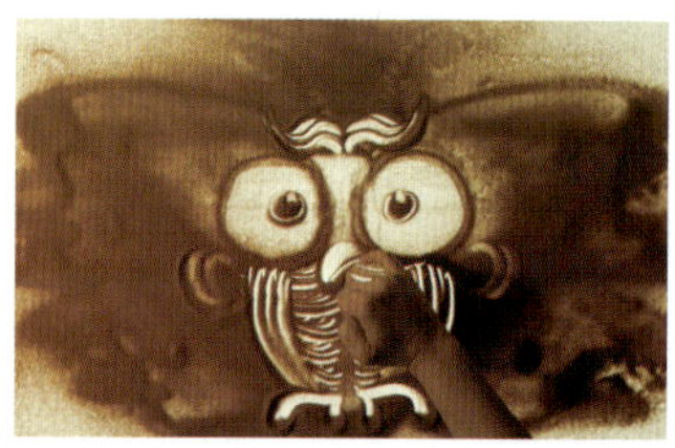

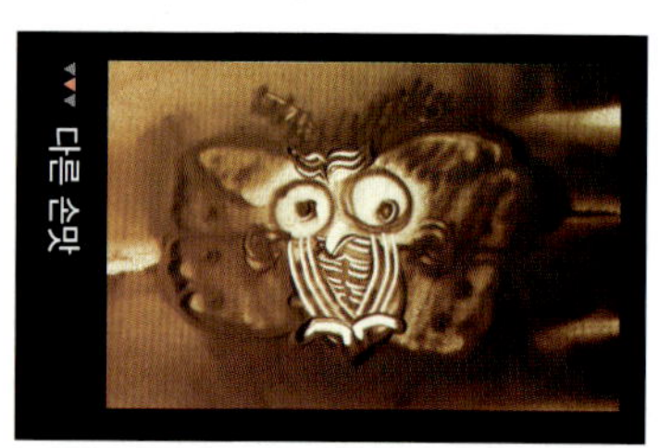

9 굵은 터치로 부리를 그린다.

10 가는 선 긋기로 정리하면 부엉이가 완성된다.

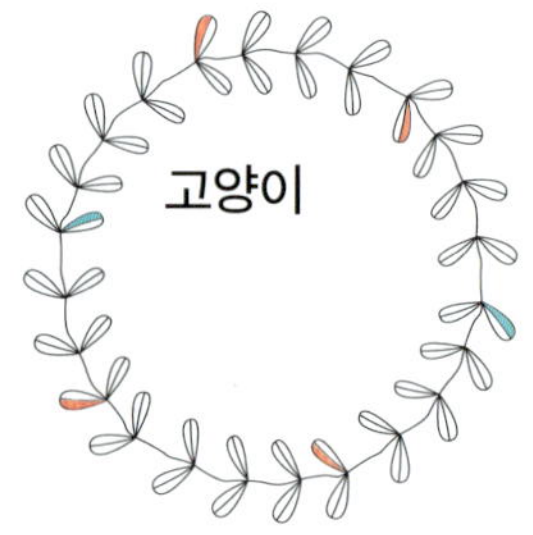

고양이

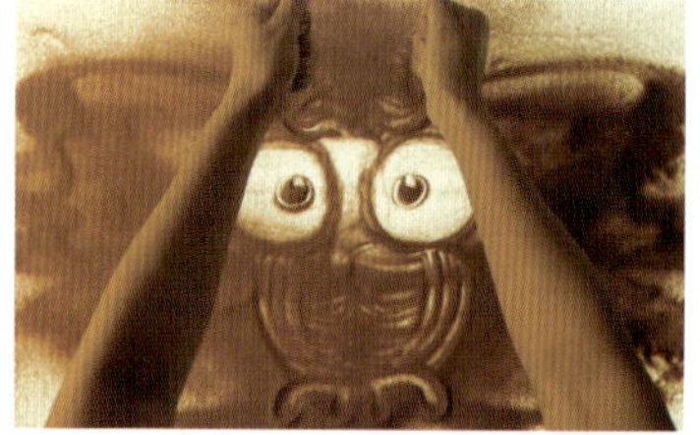

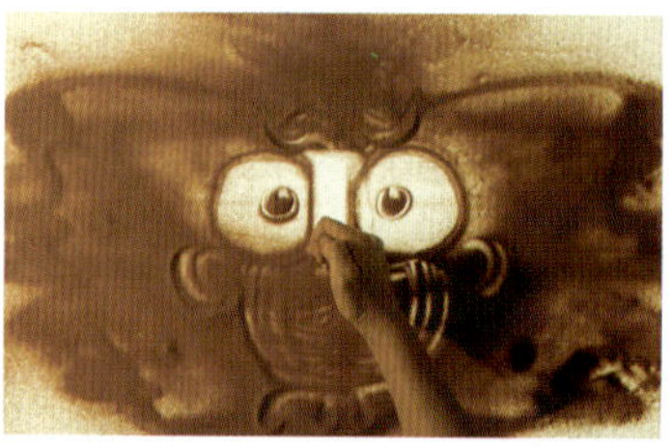

1 부엉이 몸과 머리에 흩뿌리기를 한다.

2 눈 사이를 밀어 내리면 코가 된다.

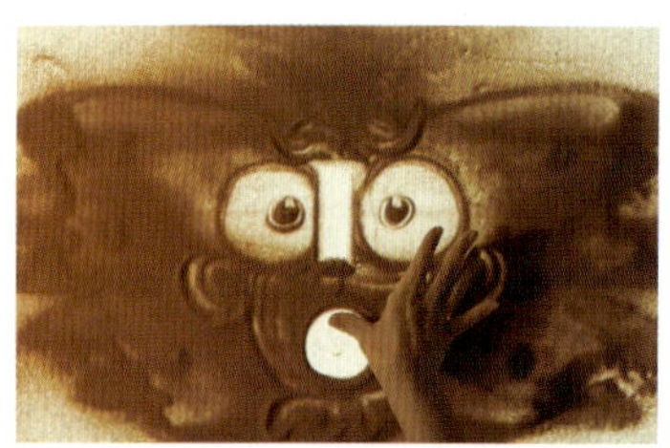

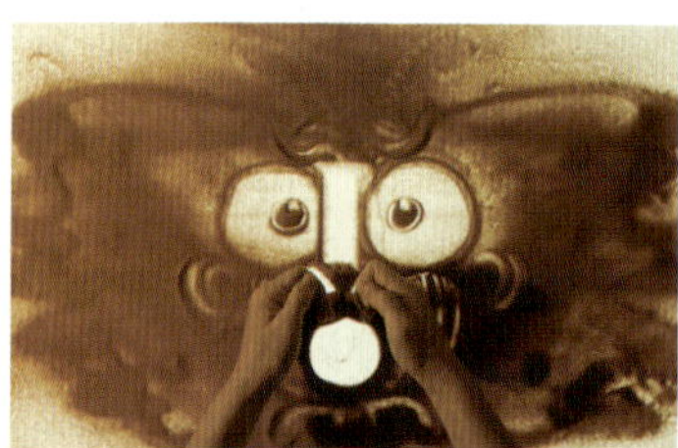

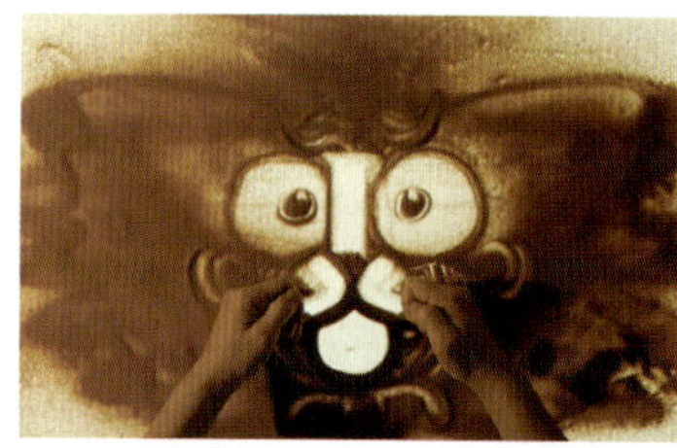

3 간격을 두고 원을 그리면 입이 된다.

4 양손 주먹을 가볍게 쥐고 코와 입 사이에 갖다 댄다.

5 양손을 옆으로 V자를 그리며 모래를 밀어낸다.

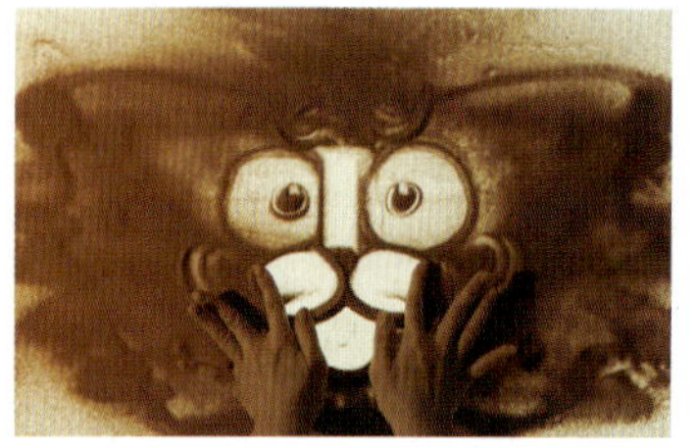

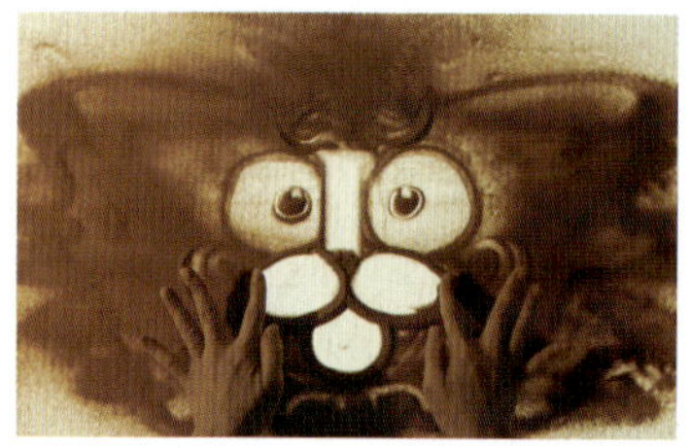

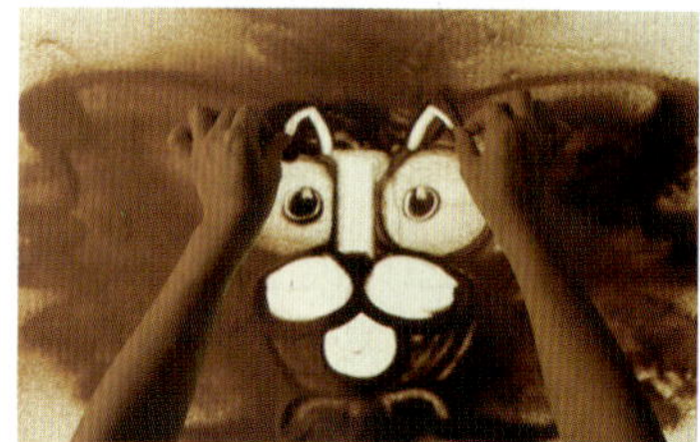

6 남은 모래를 밀어낸다.

7 둥글게 밀어내면 볼이 된다.

8 눈 위에 둥근 듯 각진 귀를 그린다.

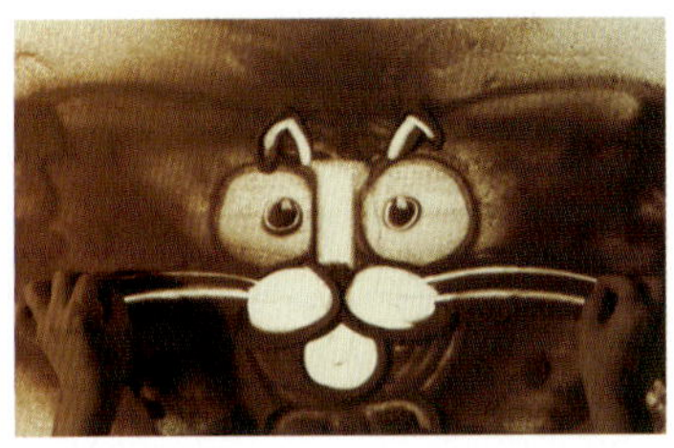

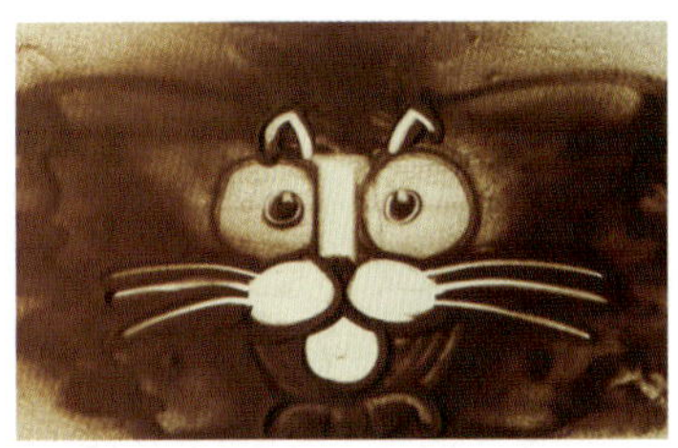

검은 눈동자를 크게 그리면 깜짝
놀라는 표정의 고양이가 된다.

9 가는 선 긋기로 여러 가닥 수
염을 그린다.

10 고양이가 완성된다.

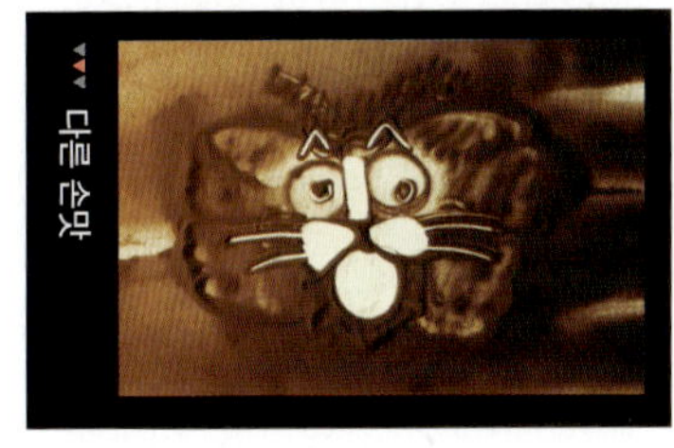

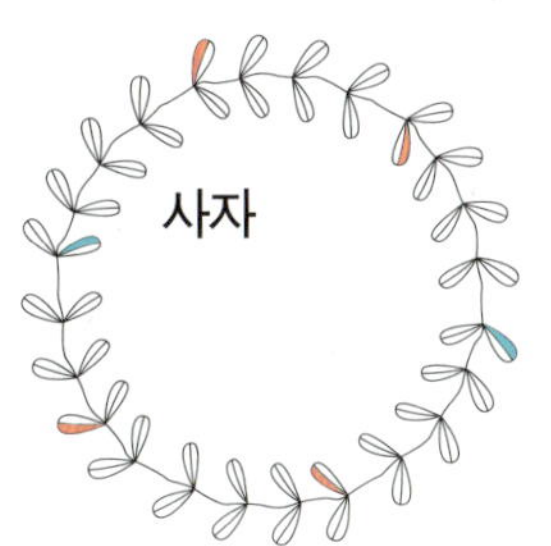

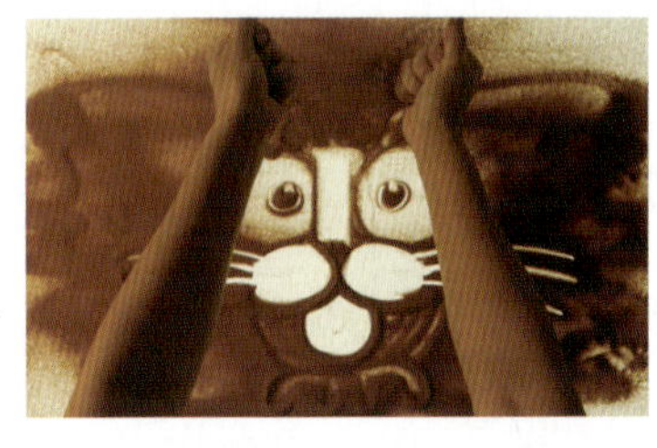

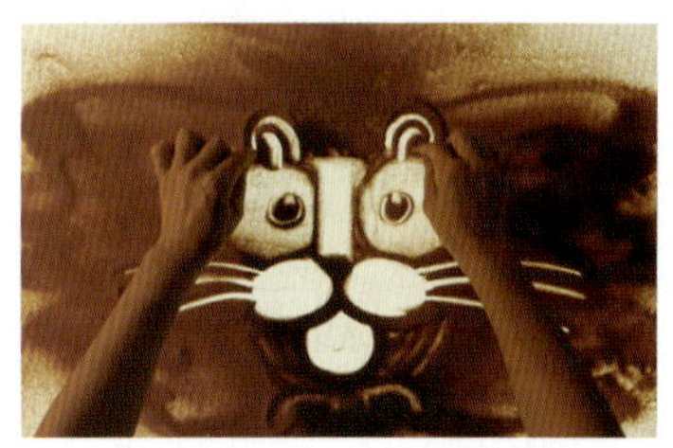

1 귀 부분에 흩뿌리기를 한다.

2 양손으로 둥근 귀를 만든다.

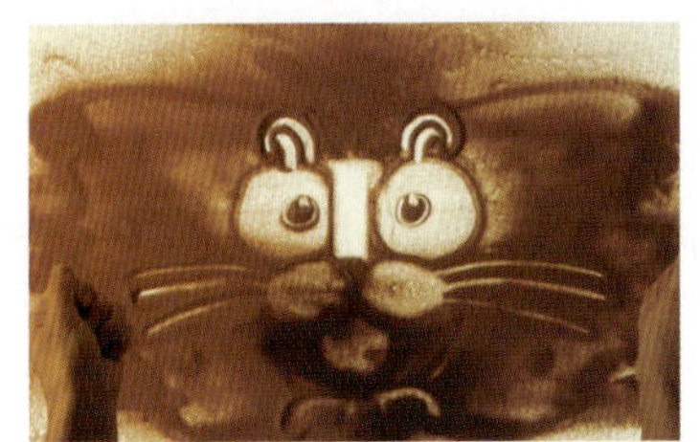

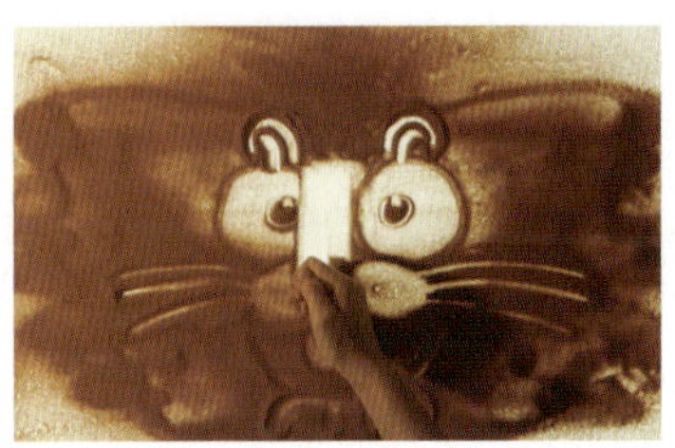

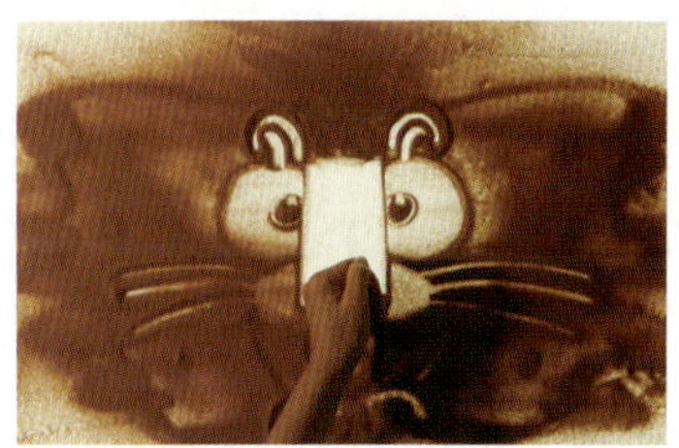

3 코 아래 전체 면에 흩뿌리기를
한다.

4 코를 넓게 밀어낸다.

5 눈 끝이 살짝 지워질 정도로
넓게 밀어낸다.

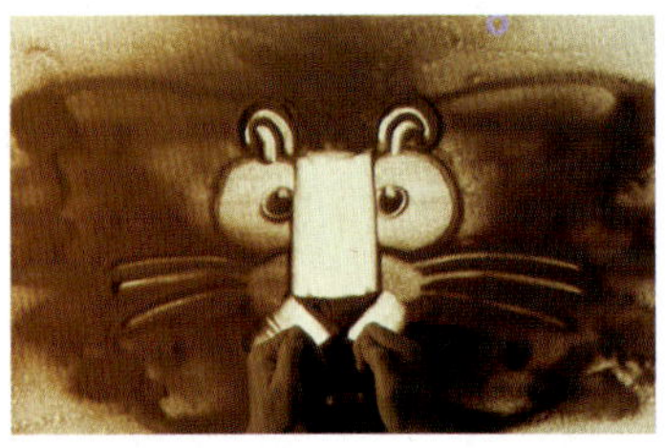

6 양손 주먹을 가볍게 쥐고 양손이 만나게 한다.

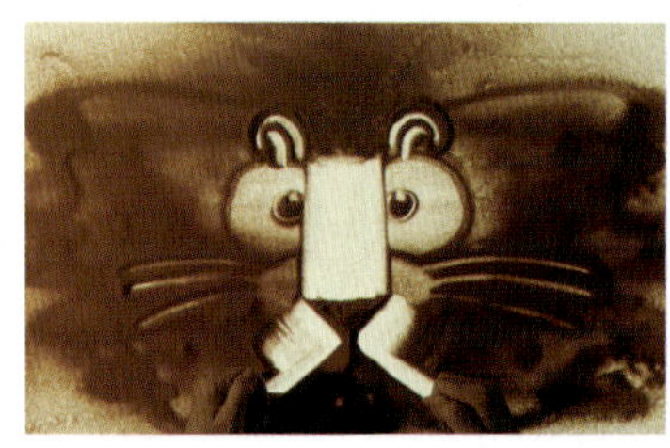

7 양손이 V자를 그리며 만났다 밀어내면 각이 생긴다.

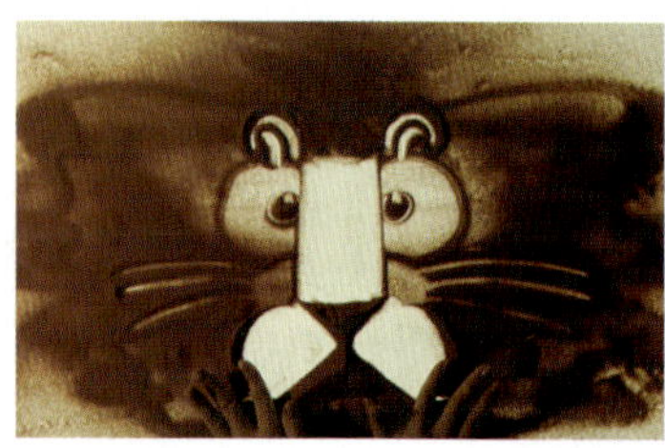

8 양손으로 V자 각 안에 있는 모래를 밀어낸다.

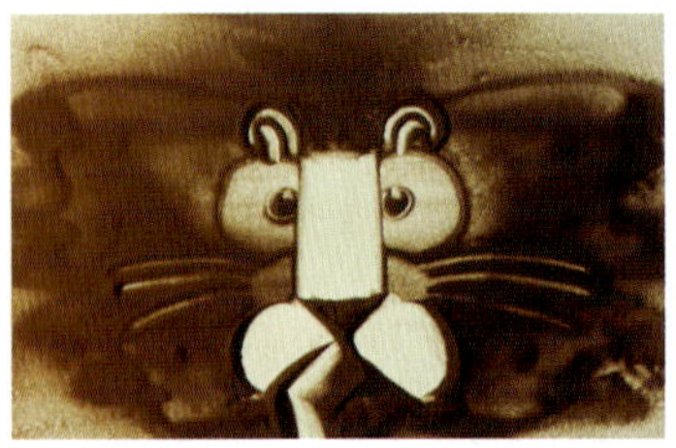

9 오른손 주먹으로 왼쪽 볼 아래 각을 만들며 내린다.

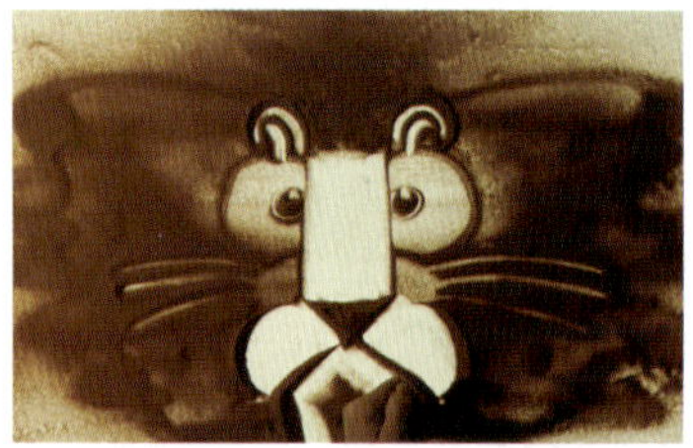

10 왼손 주먹으로 오른쪽 볼 아래 각을 만들며 내린다.

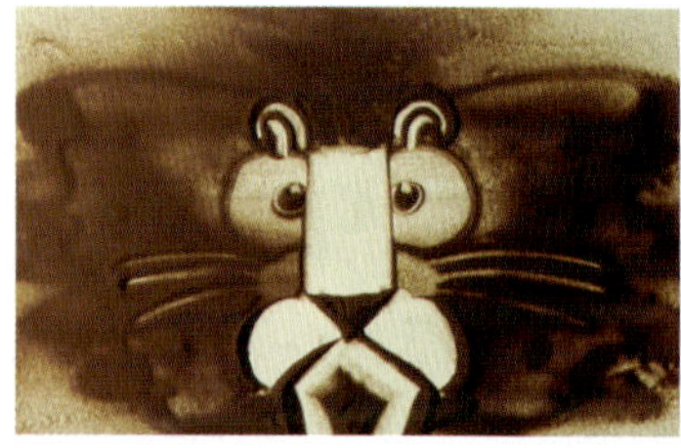

11 남은 모래를 닦아내면 턱이 된다.

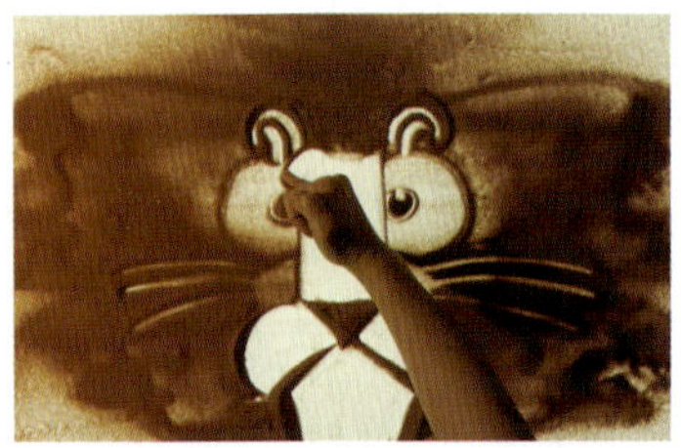

12 귀 옆에서 눈 옆까지 내린다.

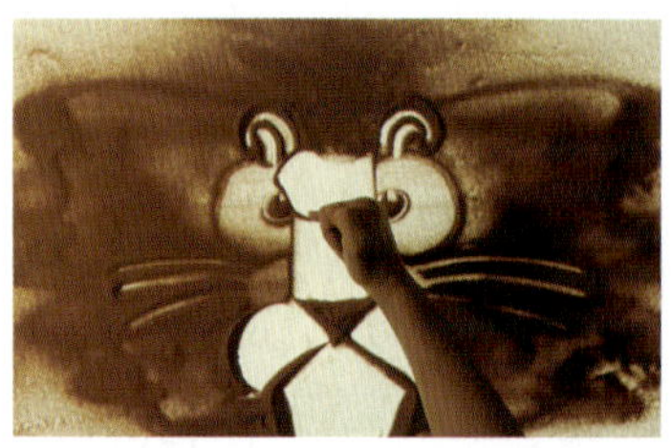

13 눈을 지나면 살짝 안으로 당긴다.

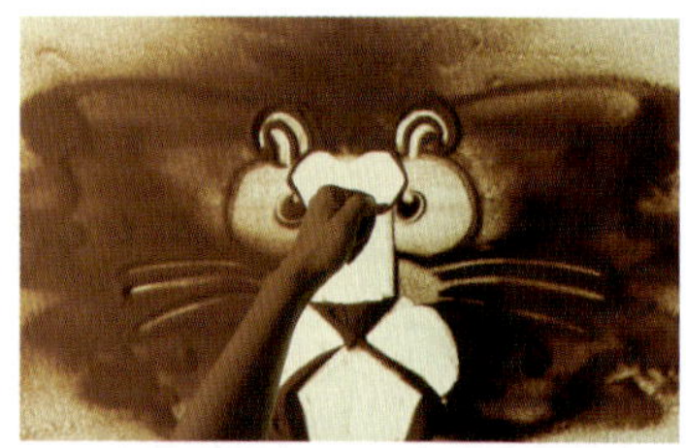

14 반대쪽도 눈 옆까지 내리다 안으로 당긴다.

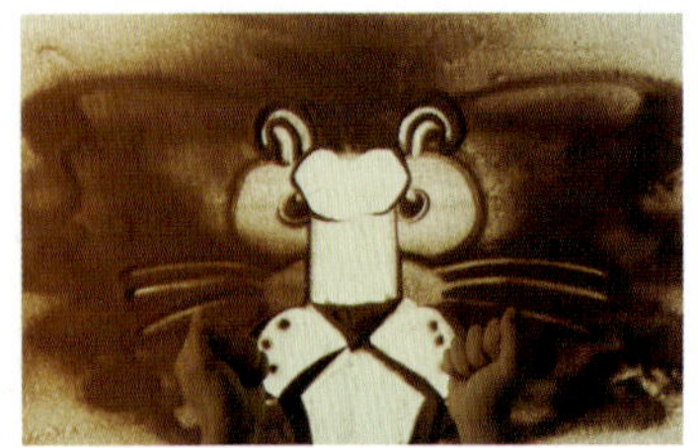

15 볼에 점을 찍는다. 여기서 수염을 그리면 암사자가 된다.

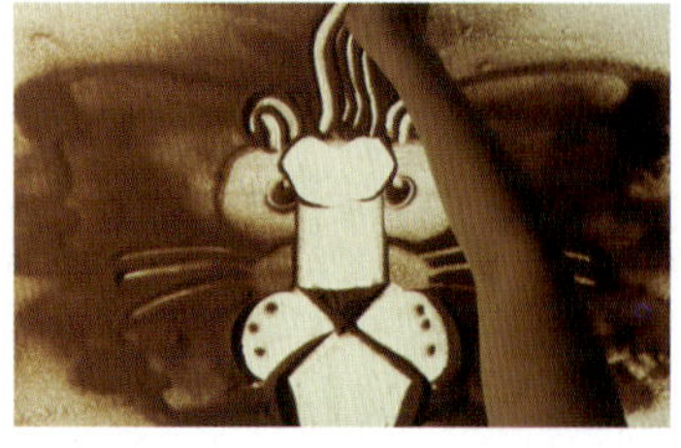

16 손을 모아 가운데를 살짝 곡선으로 긁으면 갈기가 된다.

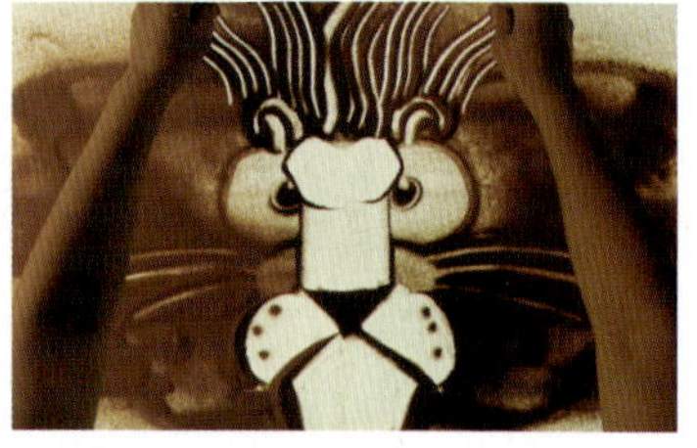

17 가운데를 중심으로 좌우 동시에 긁기를 한다.

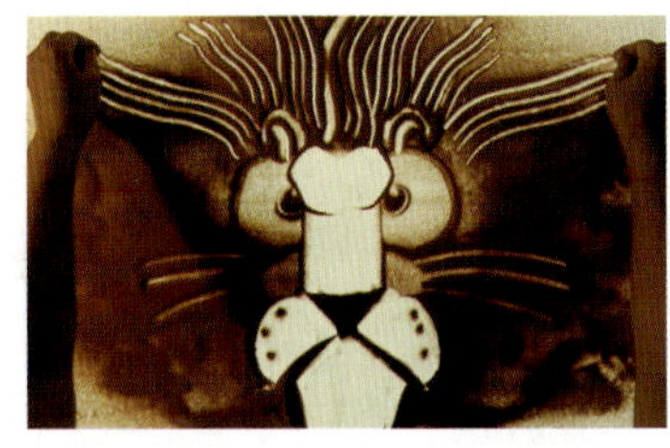

18 아래로 점점 내려오면서 긁기를 한다.

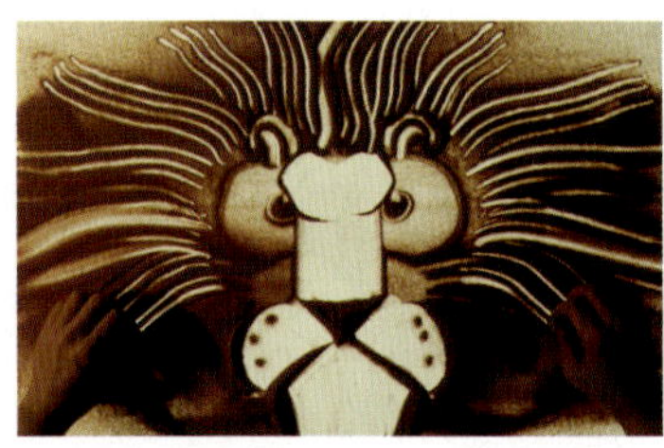

19 코 아래부터는 선이 아래로 내려가도록 긁는다.

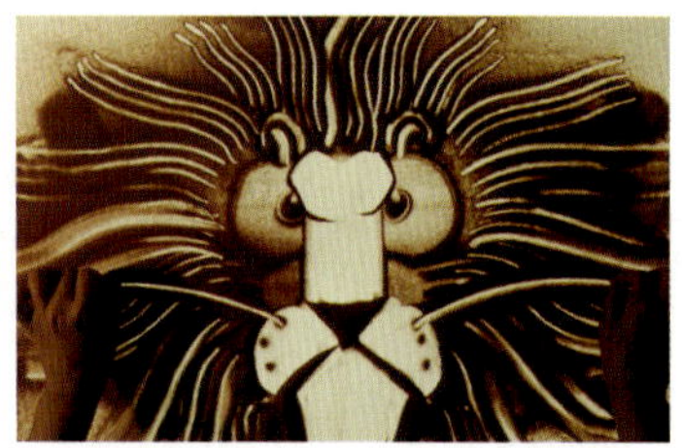

20 볼에 있는 점에서 바깥으로 선 긋기를 하면 수염이 된다.

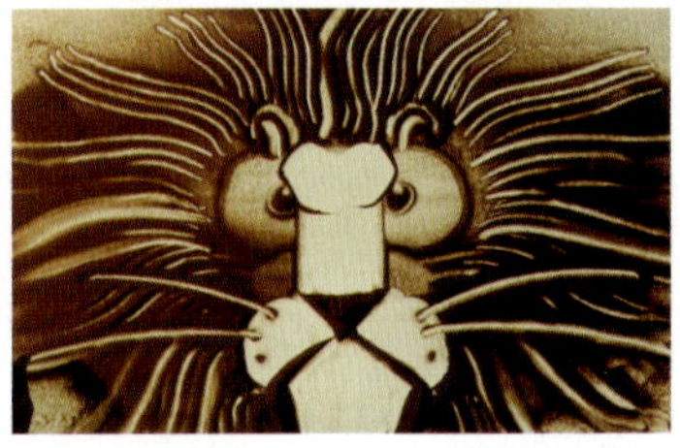

21 남은 점들도 선 긋기로 수염을 만든다.

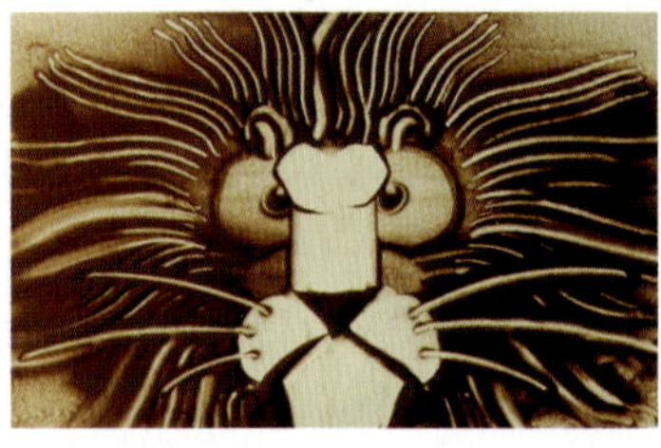

22 수사자가 완성된다.

턱 부분에 흩뿌리기를 하고 길고 날카로운 이빨을 그려 넣으면 포효하는 사자가 된다.

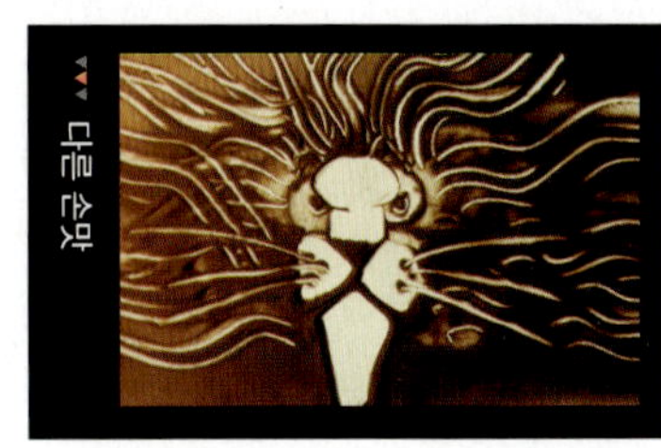

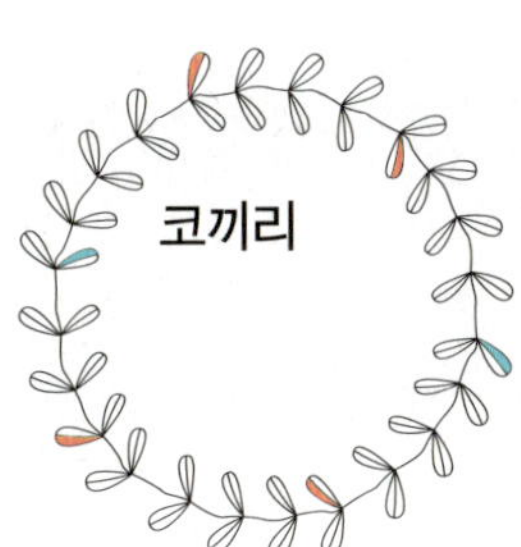

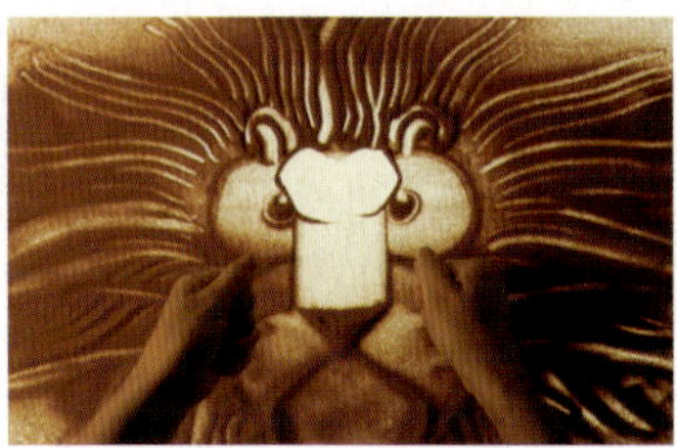

1 갈기와 코 아래 부분에 흩뿌리기를 한다.

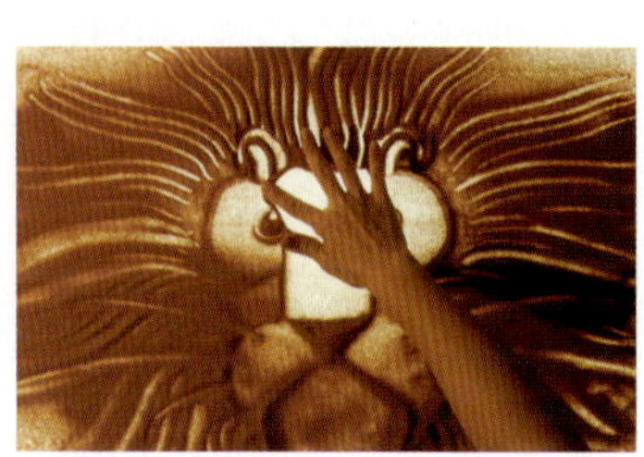

2 눈 위로 모래를 밀어낸다.

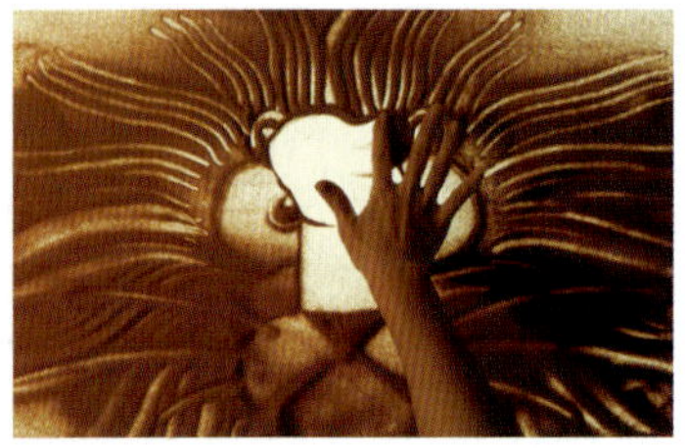

3 누운 3자 모양으로 귀를 덮으며 모래를 밀어낸다.

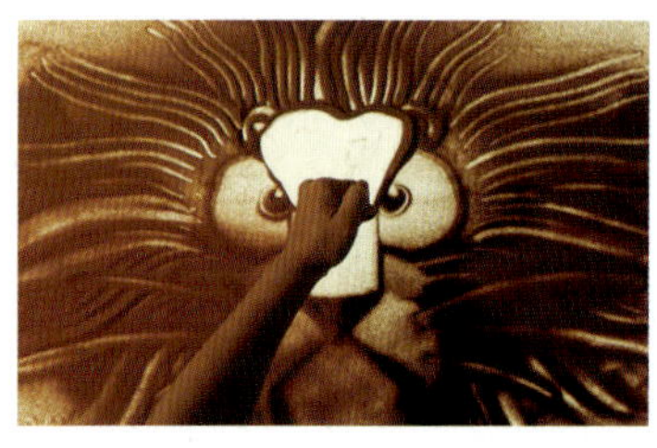

4 눈 절반이 가려지도록 모래를 밀어낸다.

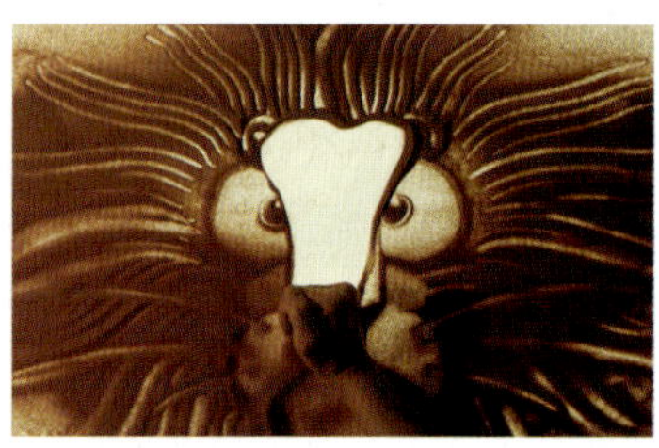

5 코를 중심으로 모래를 아래로 밀어낸다.

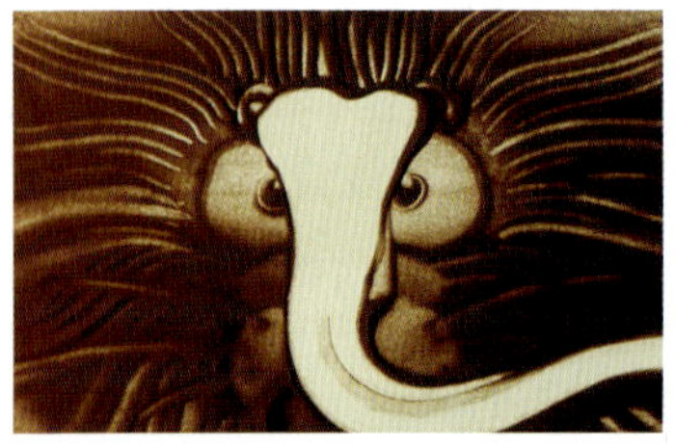

6 갈고리처럼 휘어지게 코를 만든다.

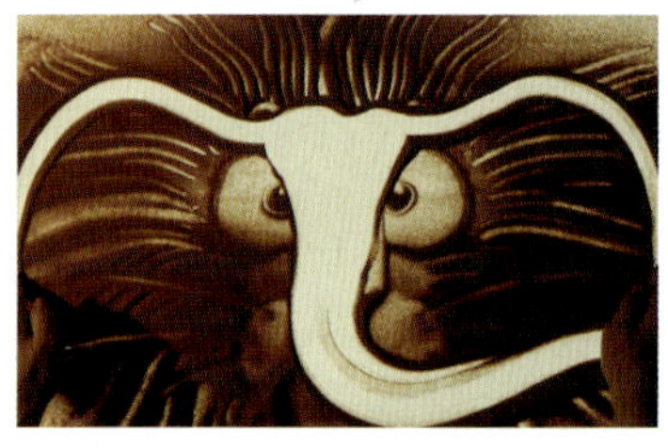

7 양손으로 귀 라인을 만든다.

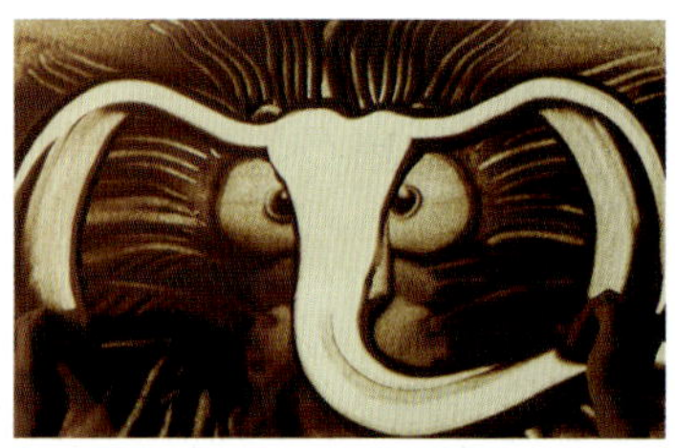

8 주먹을 가볍게 쥐고 간격을 두고 아래로 쓸어내린다.

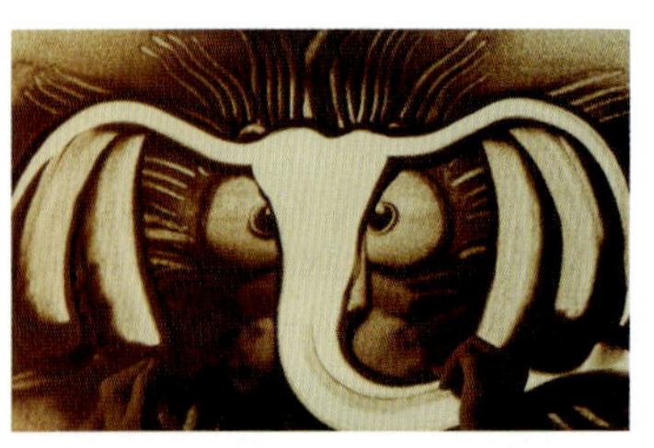

9 안으로 모이게 쓸어내린다.

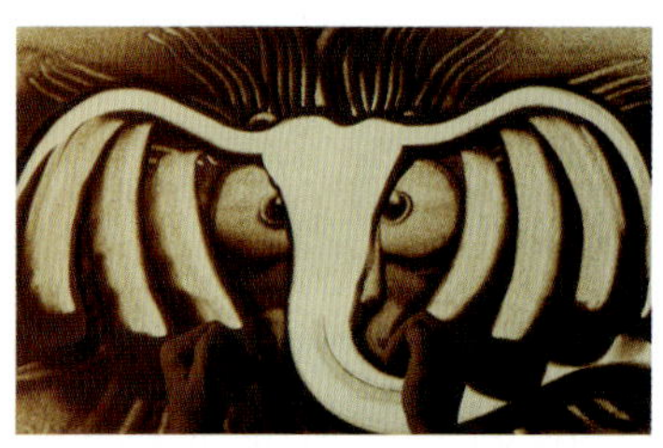

10 눈만 남겨두고 쓸어내린다.

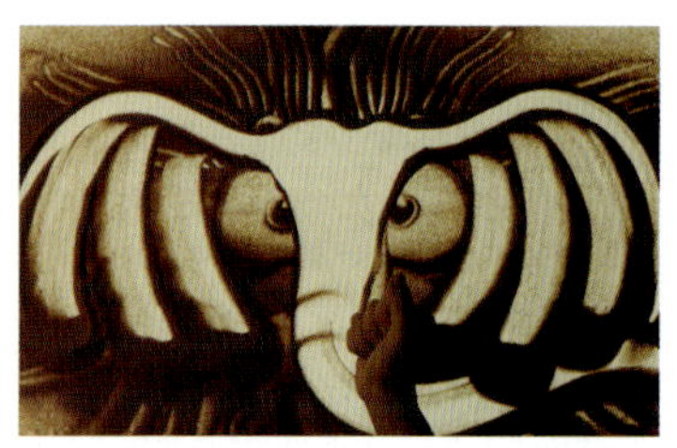

11 가는 선 뿌리기로 코주름을 만든다.

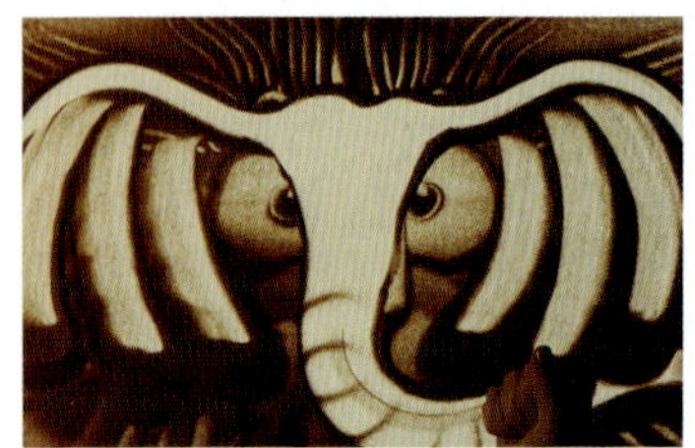

12 곡선 방향을 달리하면서 코주름을 만든다.

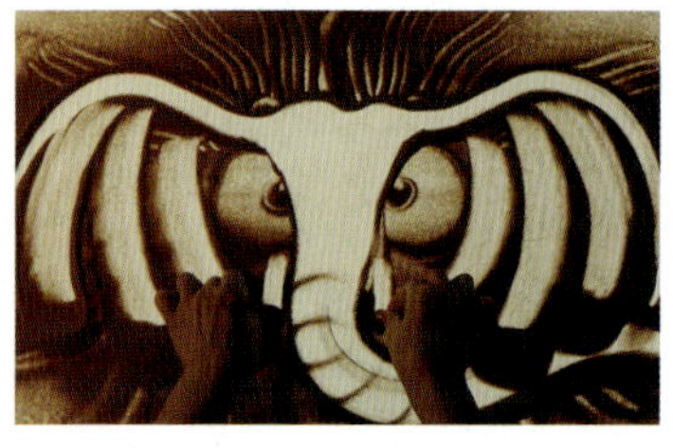

13 코 양옆으로 간격을 두고 아래로 터치를 한다.

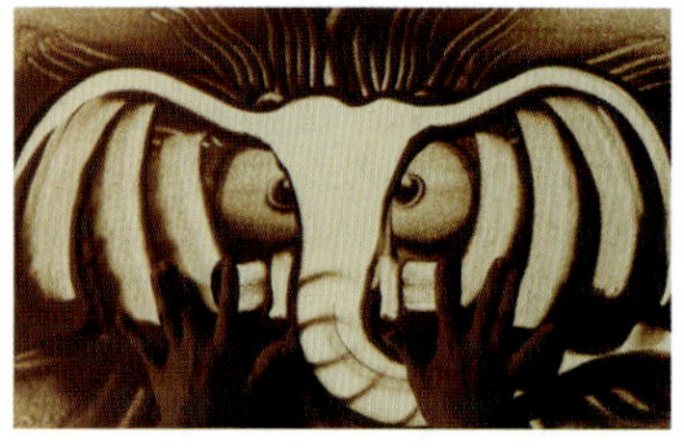

14 간격을 두고 모래를 옆으로 밀어내면 상아가 된다.

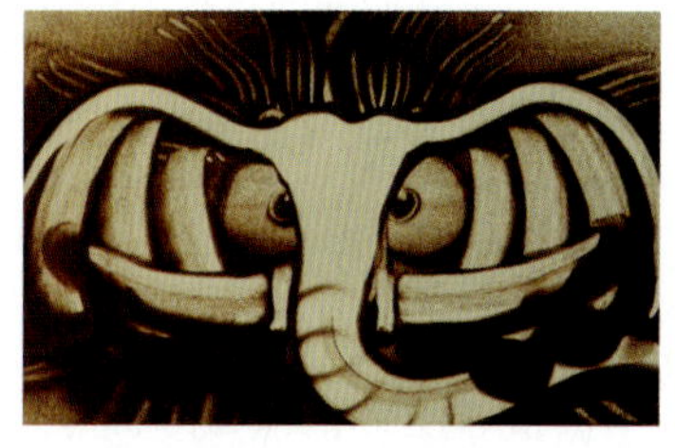

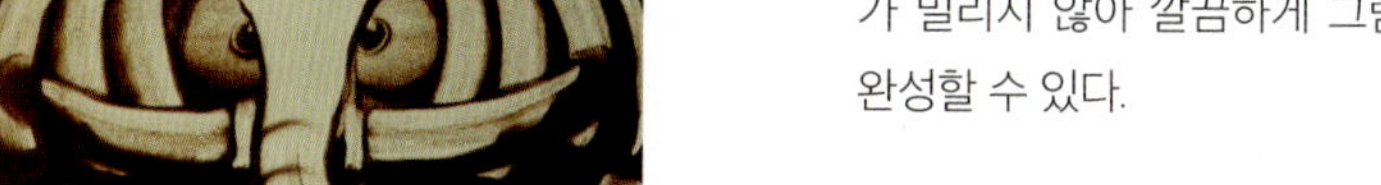

귀를 완성하고 코를 그리면 모래
가 밀리지 않아 깔끔하게 그림을
완성할 수 있다.

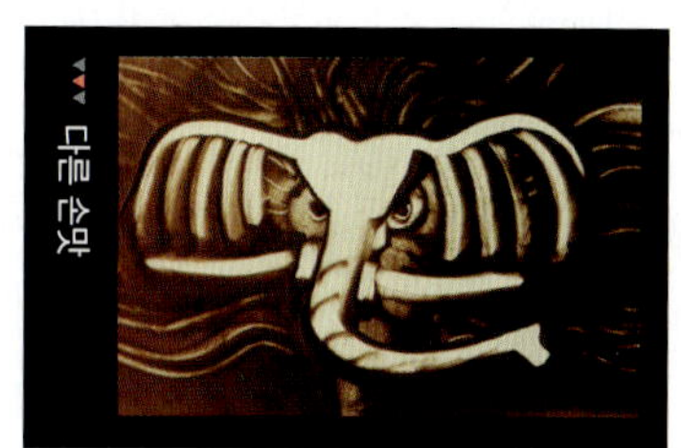

15 코끼리가 완성된다.

샌드애니메이션 개미 그림에서 개미보다 몸집은 가늘게, 다리는 더 길게 그리면 소금쟁이가 된다. 사자 그림에서 사자 갈기를 그리기 전 얼굴 주변에 점을 그려 넣으면 표범이 된다. 이처럼 그려 놓은 그림을 활용해 다양한 표현기법을 적용하여 새로운 그림을 그려 보는 연습을 반복해 보는 것도 중요하다. 새로운 그림을 그리는 연습을 반복하다 보면 나만의 샌드아트 그림이 된다. 나만의 기법으로 새로운 곤충과 동물을 그려 나만의 애니메이션 작품을 만들어 보자.

개미 ▸ 매미 ▸ 잠자리 ▸ 나비 ▸ 염소 ▸ 원숭이 ▸ 부엉이 ▸ 고양이 ▸ 사자 ▸ 코끼리

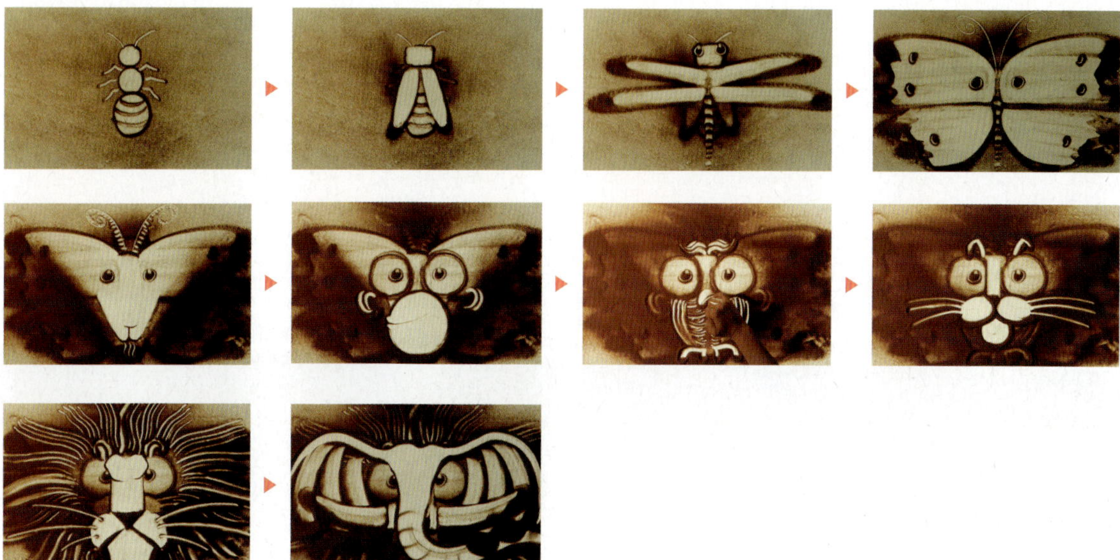

입과 눈으로 인물 감정 표현

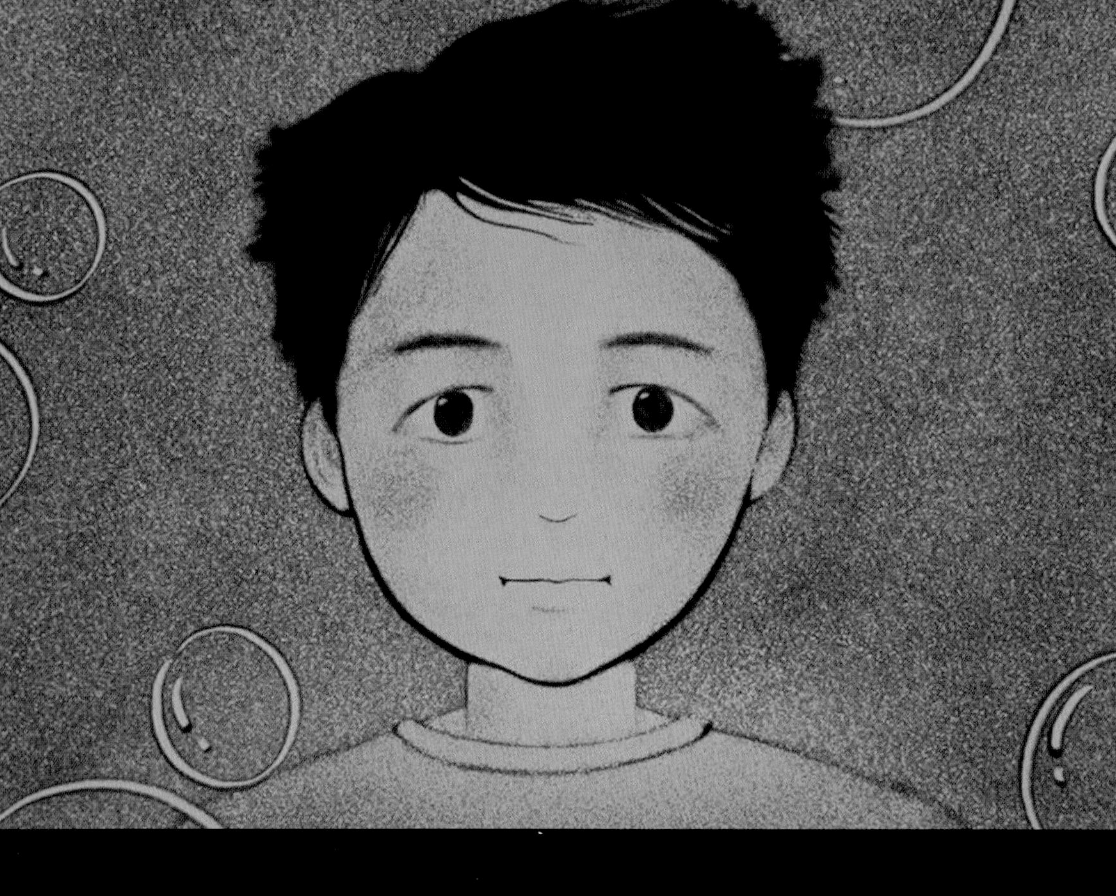

표정은 인물 표현의 가장 기본이다. 이야기를 구성할 때 인물은 이야기를 이끌어가는 화자로 자주 등장한다. 단순한 몇 번의 터치만으로도 인물의 표정과 감정표현이 가능하다. 인물 얼굴의 기본 구성 중 입, 눈, 손으로 감정을 표현하게 되면 모두가 공감하는 샌드아트를 할 수 있다.

1. 입 모양으로 감정 표현

감정표현이 자유로운 입은 입꼬리를 어떻게 그리느냐에 따라 표정이 달라진다. 입 표현 방법은 앞모습, 옆모습에 따라 다르다. 정면 입 그리기를 배워 본다.

기본 정면 입

정면 입은 가장 단순한 입 모양이다. 선 하나로 입이 되고, 다양한 감정 표현이 가능해진다. 선 뿌리기만으로도 완성된 입 모양이 되지만 약간의 다듬기로 실제 입 모양과 비슷하게 표현할 수 있다.

how to make!

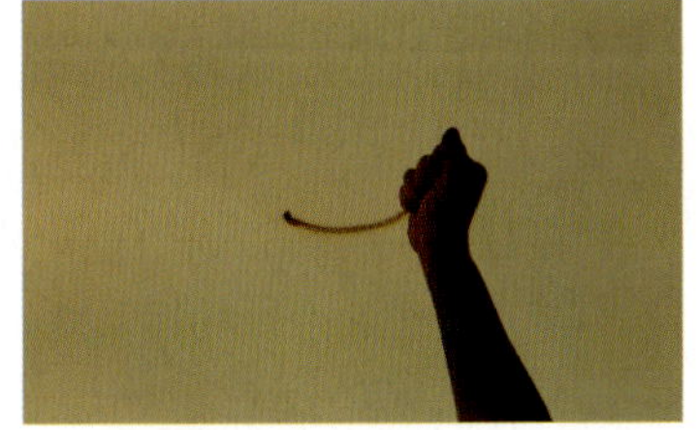

1 선 뿌리기로 곡선을 만든다.

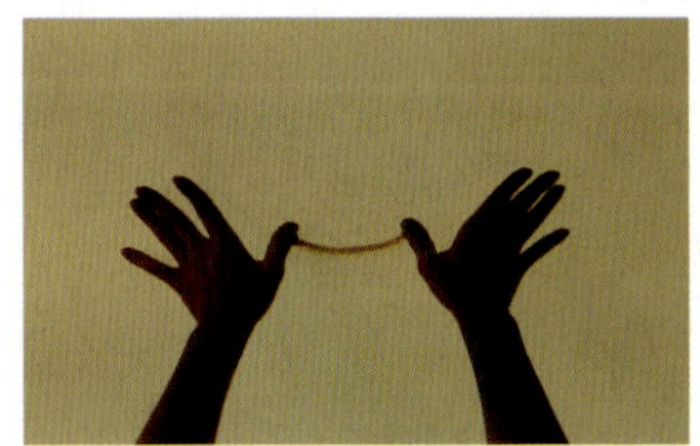

2 양 끝을 안으로 모은다.

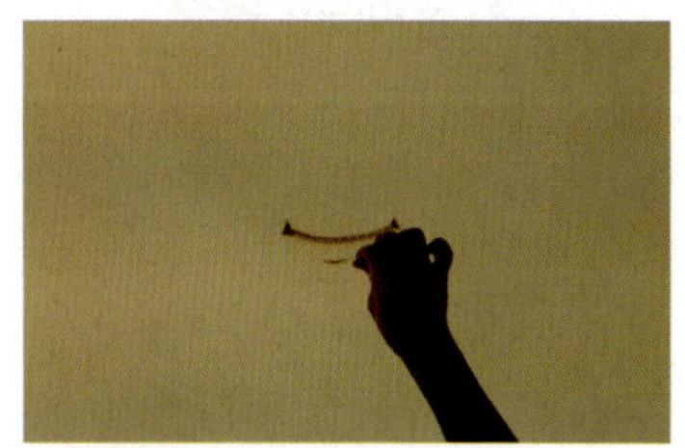

3 아래에 짧은 선 긋기를 하면 입술이 완성된다.

입 라인 끝을 많이 모으면 무언가를 먹는 입 모양이 된다. 입꼬리를 올리고 내린 것에 따라 다양한 감정표현이 가능하다.

웃는 입

애니메이션에서 캐릭터들이 자주 웃음 짓는 표정의 입이다. 입 라인을 위로 올려 그릴수록 익살스러운 표정의 입이 된다. 선 두 개를 비스듬히 올려 그려 웃는 입을 표현해 본다.

how to make!

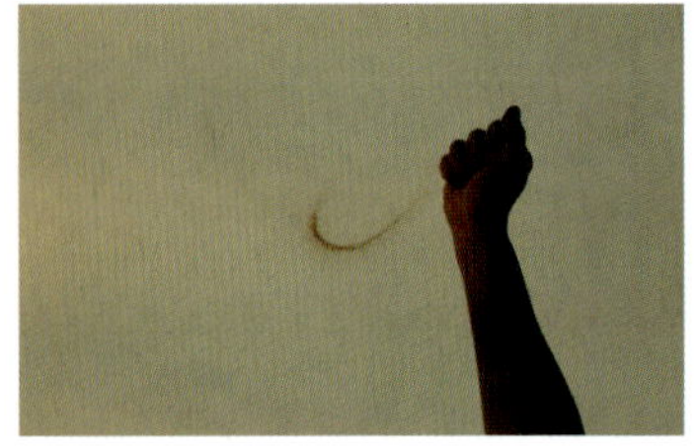

1 초승달 모양으로 선 뿌리기를 한다.

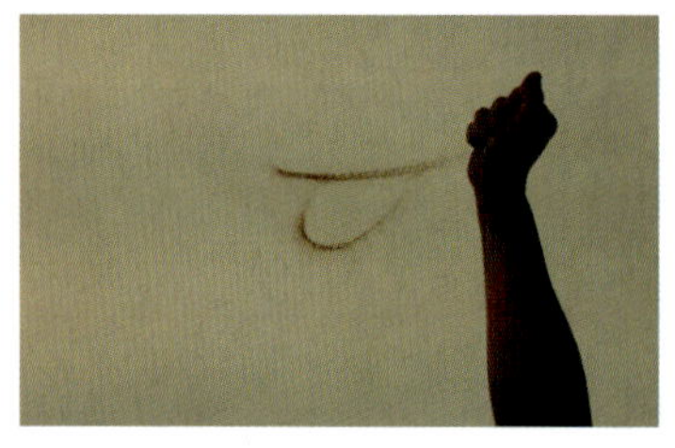

2 선 위에 가로로 가는 선 뿌리기를 한다.

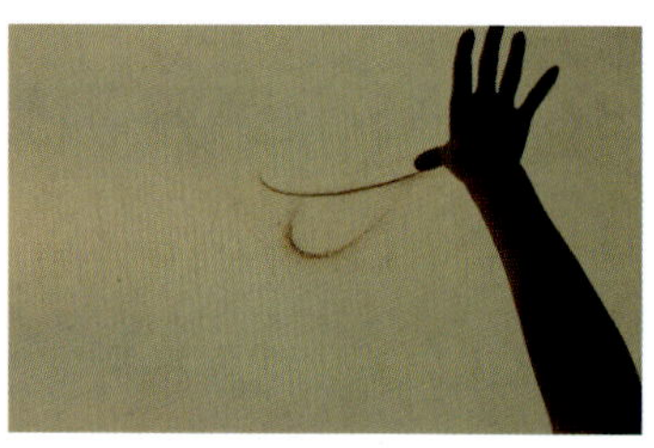

3 선을 따라 손가락으로 누르며 가로 선을 정리한다.

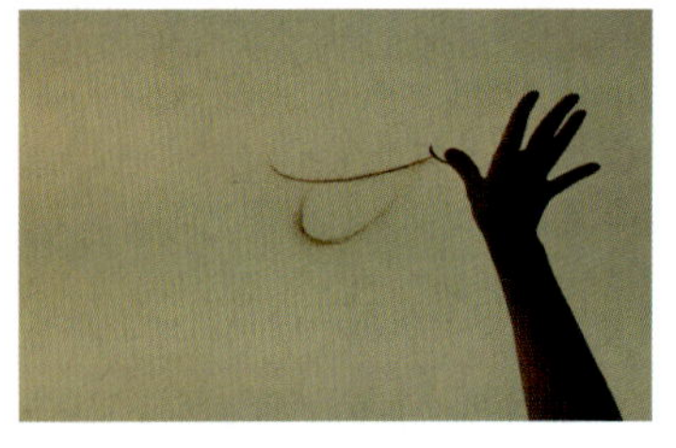

4 끝 선을 안으로 모은다.

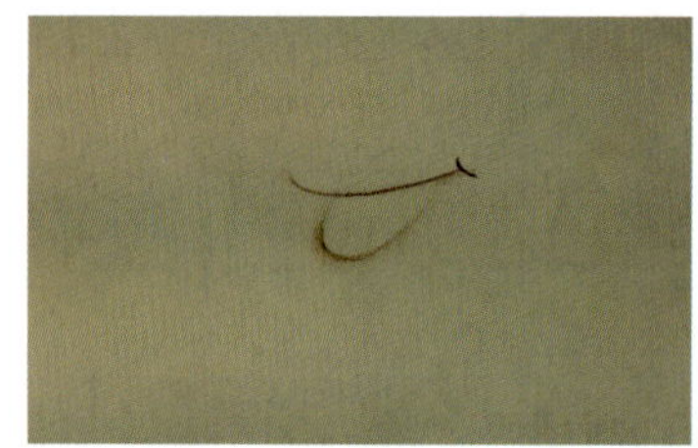

5 웃는 입이 완성된다.

＋
입 라인 끝을 위로 많이 올리면 더 활짝 웃는 표정이 된다.

슬픈 입

얼굴 전체를 그릴 때는 우는 눈을 그릴 수 있으므로 슬픈 입은 단순한 선 하나로도 충분히 표현할 수 있다. 그러나 입만 그렸을 때는 좀 더 명확하게 표정이 담겨있어야 한다. 기본 입과 반대로 위로 곡선을 그리면 슬픈 표정의 입이 그려진다.

how to make!

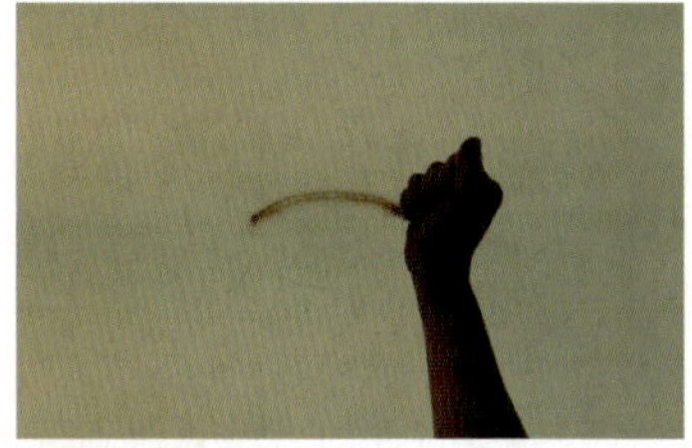

1 선 뿌리기로 곡선을 만든다.

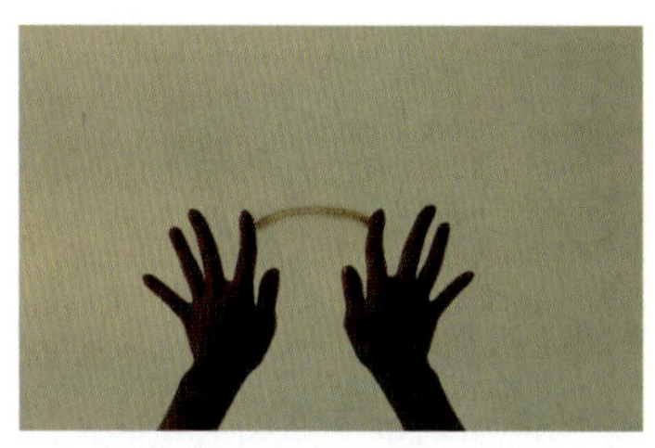

2 양 끝을 안으로 모은다.

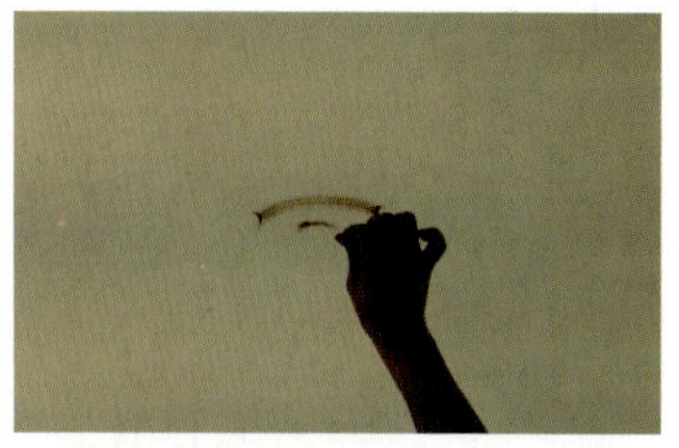

3 곡선 아래에 짧은 선 뿌리기를 한다.

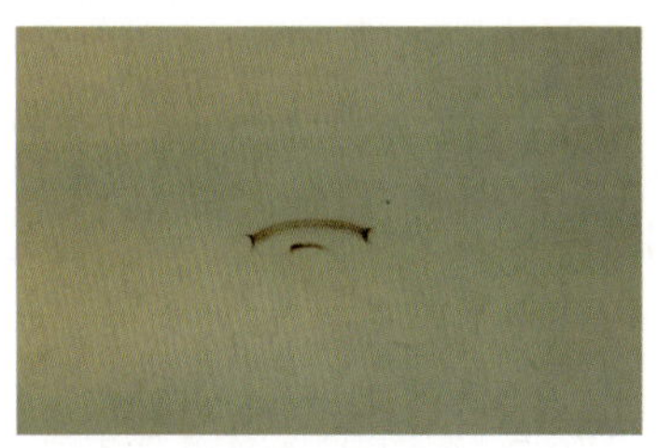

4 슬픈 입이 완성된다.

+ 입 라인 끝을 아래로 많이 내리면 시무룩한 표정이 된다.

입 정밀묘사

영상작업에 주로 쓰이고 라이브공연에서는 시간관계상 쓰임새가 적다. 이야기를 구성할 때 주로 클로즈업된 얼굴에 그려지는 입 모양이다. 입 정밀묘사는 영상에서 사진과 오버랩되는 정밀초상화를 그릴 때나, 역사 속 인물을 그대로 재현할 때 많이 쓰이는 기법이다. 영상에 쓰인다고 어렵게 생각될 수 있지만, 매우 간단하다. 기본 입 모양에 흩뿌리기를 함으로써 명암 표현이 가능하기 때문이다.

how to make!

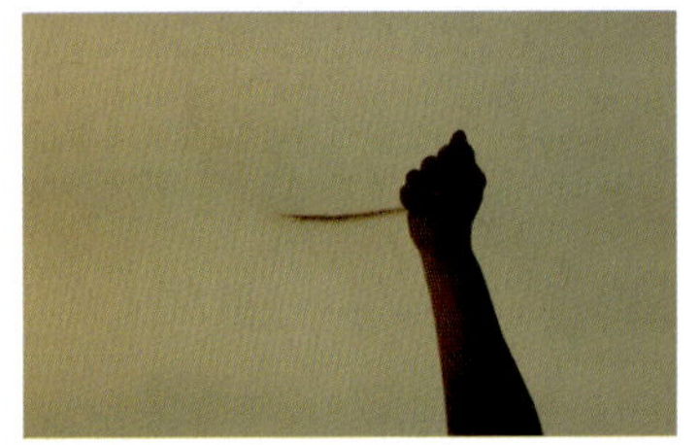

1 가는 선 뿌리기를 한다.

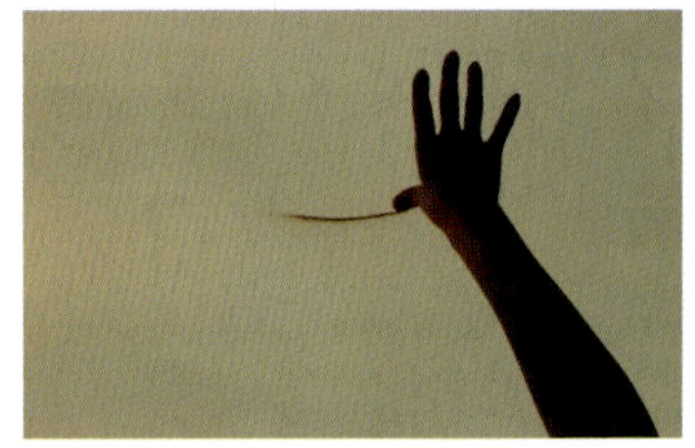

2 선을 따라 손가락을 눌러 정리한다.

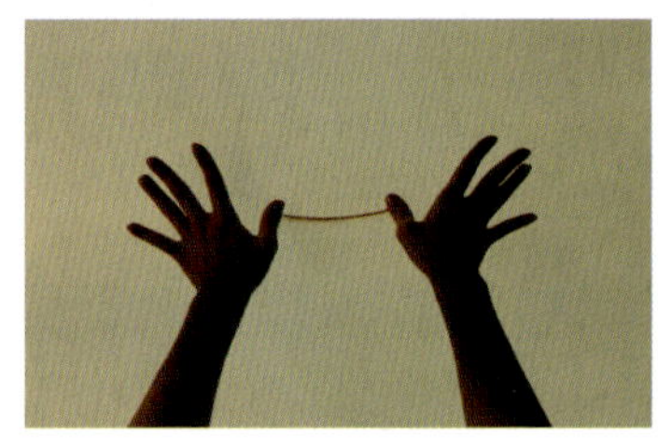

3 양 끝을 안으로 모은다.

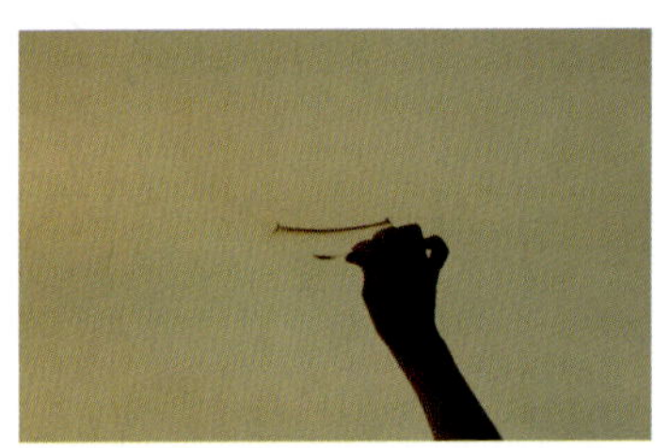

4 긴 선 아래에 짧은 선 뿌리기를 한다.

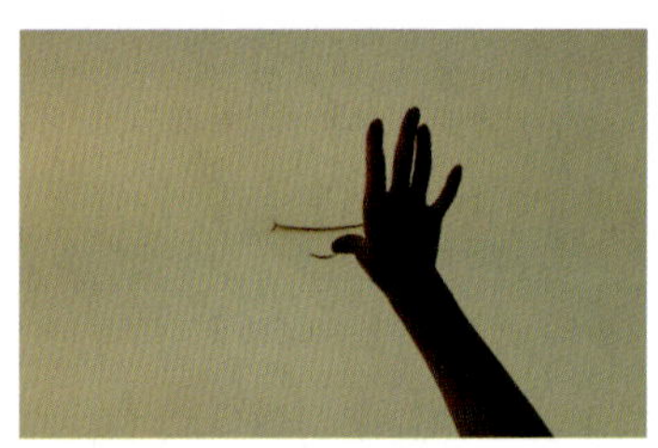

5 손가락으로 눌러 짧은 선을 정리한다.

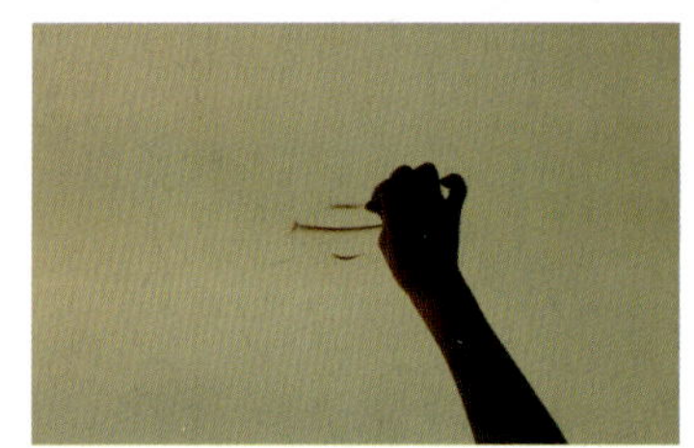

6 긴 선 위에도 짧은 선 뿌리기를 한다.

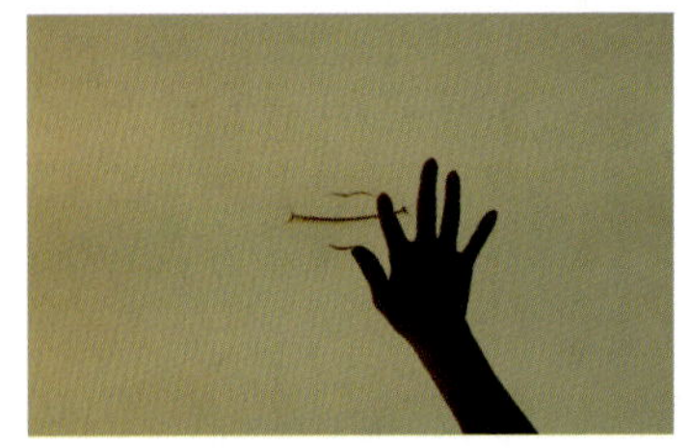

7 손가락으로 눌러 짧은 선을 정리한다.

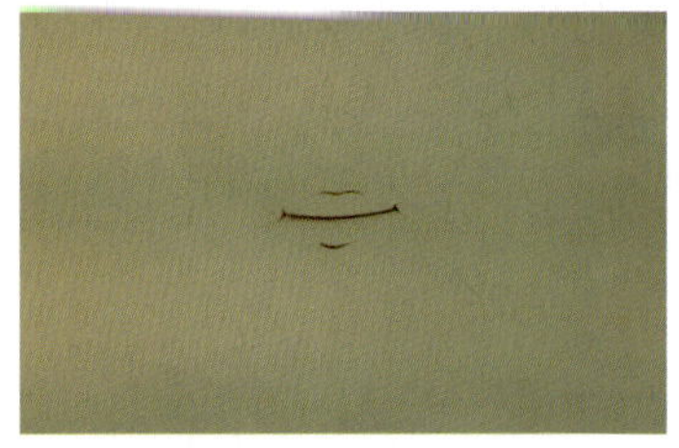

8 깔끔한 입술 라인이 된다.

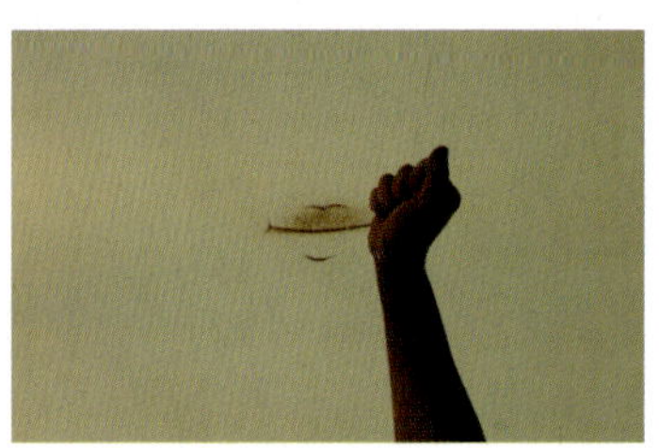

9 라인을 벗어나지 않도록 중간 흩뿌리기를 한다.

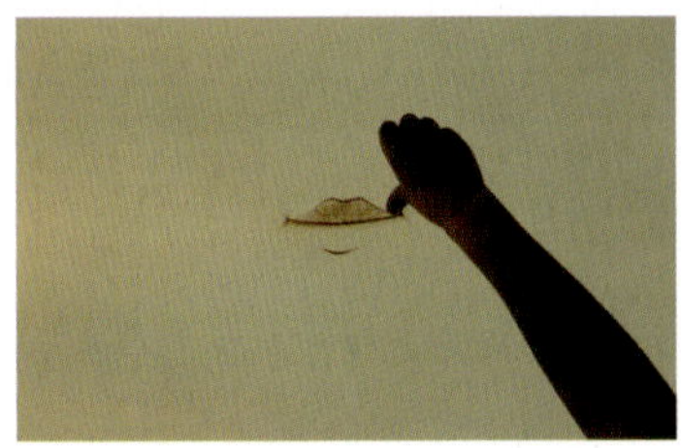

10 벗어난 모래는 손가락으로 정리한다.

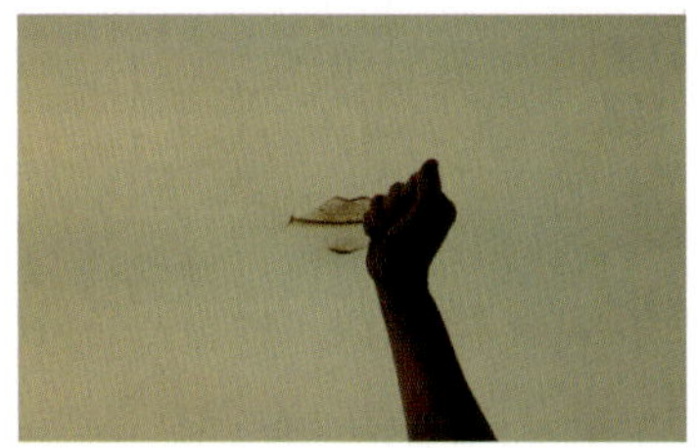

11 입술 아래에 옅은 흩뿌리기를 한다.

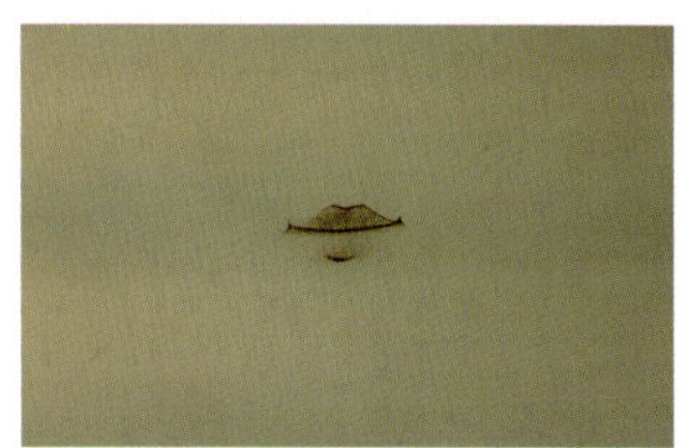

12 흩뿌리기로 입 정밀묘사가 완성되었다.

옅은 흩뿌리기는 명암을 표현할 때 자주 쓰이는 기법이다. 초상화 작업을 하거나 점층적으로 밀도 있는 그림을 그려야 할 때는 처음부터 옅은 흩뿌리기를 여러 번 반복해야 자연스러운 그러데이션을 줄 수 있다.

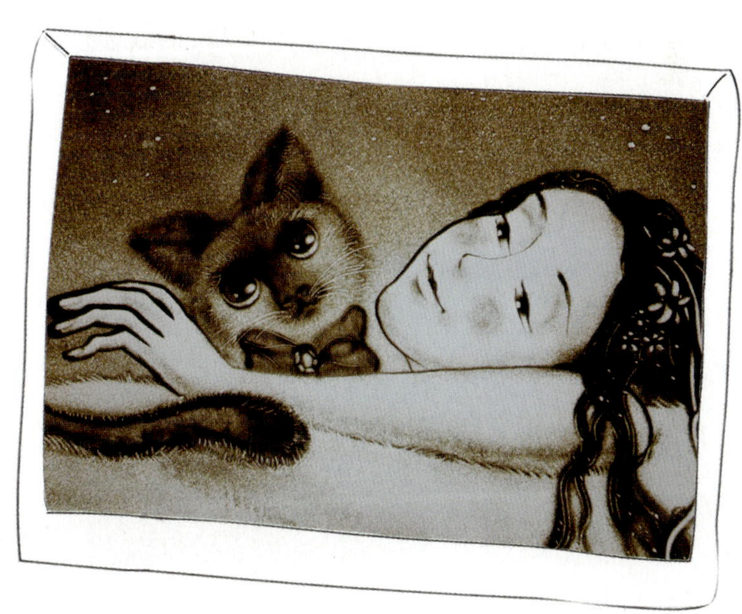

2. 눈 모양으로 감정 표현

눈은 사람 얼굴 중 가장 직접적으로 감정표현을 하는 부분이다. 웃고, 울고, 화내는 눈 형태에 따라 다양한 표정변화가 가능하므로 스토리텔링에서 내면 감정을 표현할 때 많이 쓰인다. 샌드아트 영상에서는 눈만 클로즈업해 눈 안에 다양한 오브제를 그려 넣어 색다른 판타지를 연출하기도 한다.

감은 눈

감은 눈은 눈 표현에서 가장 기본이다. 기본 정면 입 모양을 조금 짧게 그리면 감은 눈이 된다. 눈썹과 눈꼬리 변화만으로 무표정, 슬픔, 화남을 표현할 수 있다. 모든 눈은 눈꺼풀의 라인보다 눈썹 라인을 더 길고 짙게 그리는 것이 포인트다.

how to make!

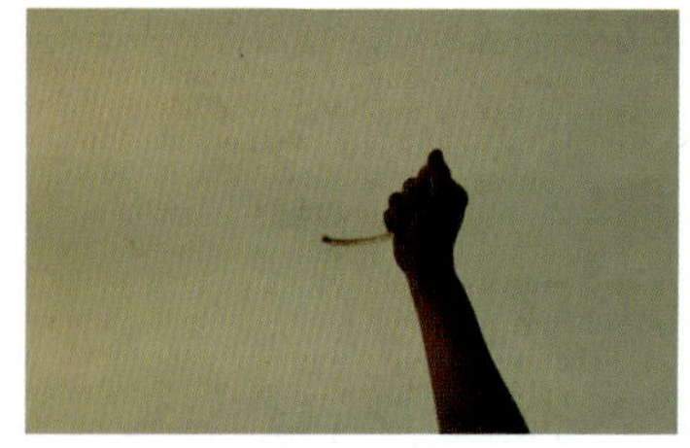

1 곡선을 살짝 그리며 가는 선 뿌리기를 한다.

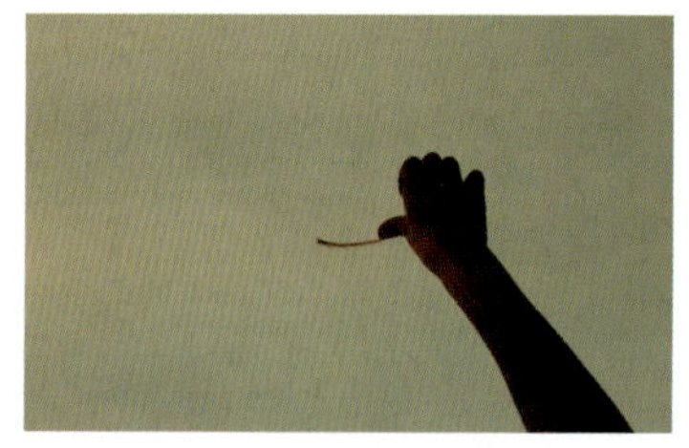

2 손가락을 눌러 가는 선을 정리한다.

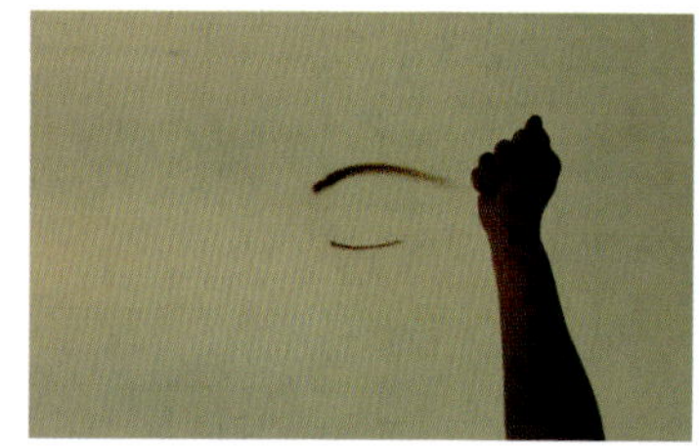

3 가는 선 위에 중간 선 뿌리기로 눈썹을 만든다.

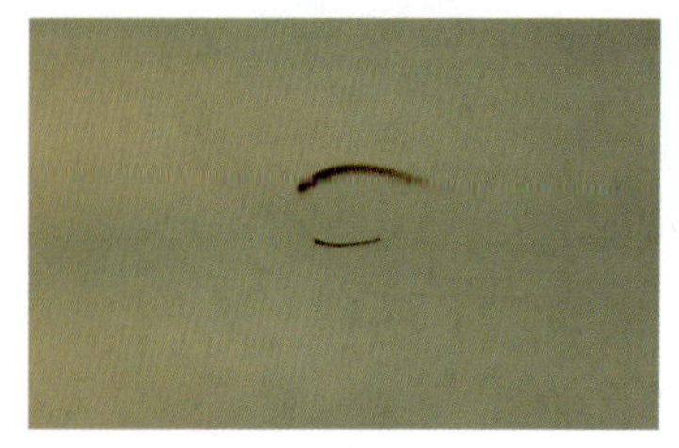

4 감은 눈이 완성된다.

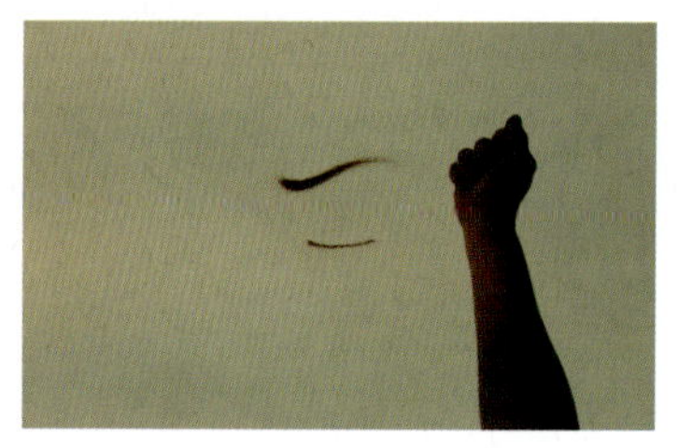

5 눈썹을 살짝 꺾어 올린다.

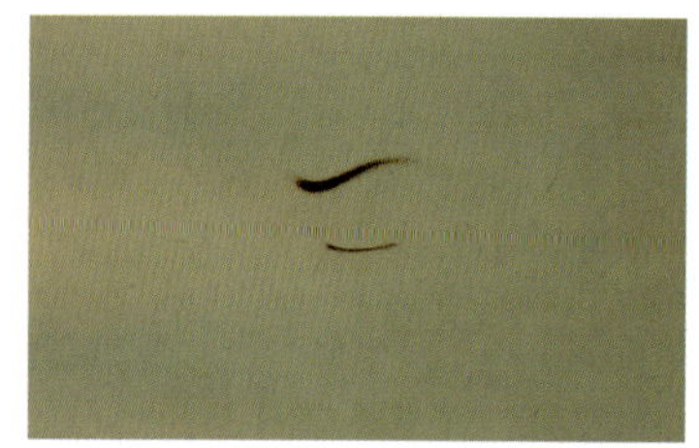

6 찡그린 눈이 완성된다.

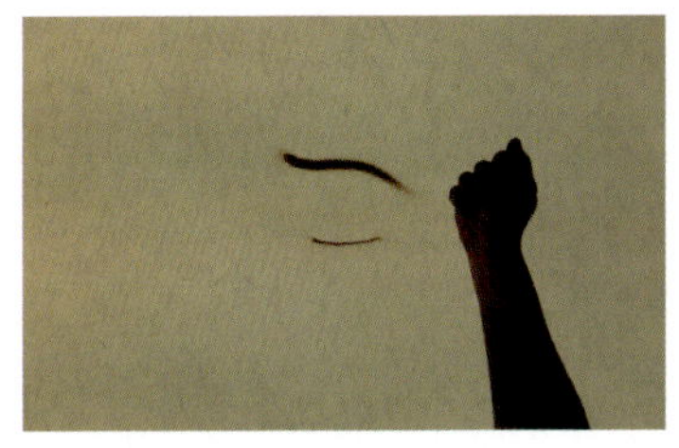

7 눈썹을 아래로 내린다.

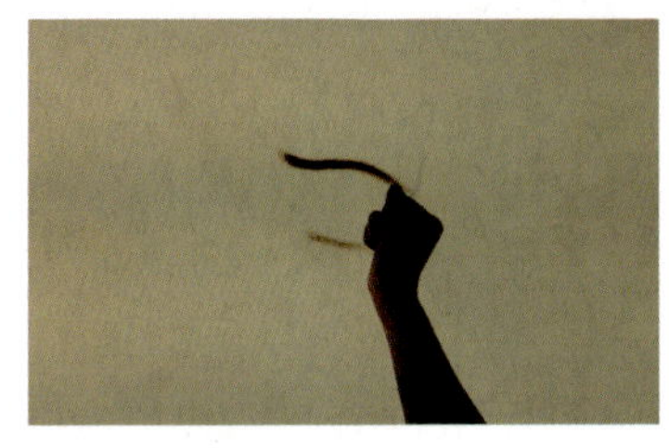

8 눈 라인을 아래로 내린다.

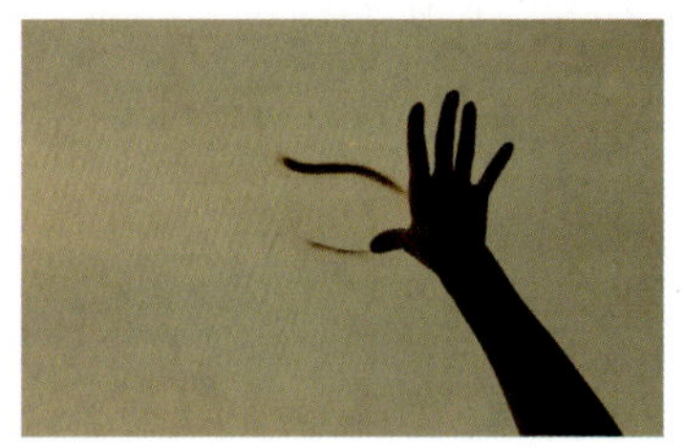

9 눈 라인을 정리한다.

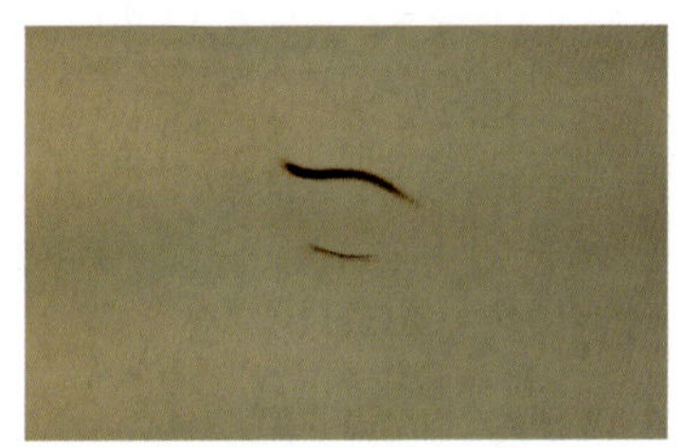

10 우울한 눈이 완성된다.

뜬 눈

뜬 눈은 일반적으로 많이 쓰이는 눈 형태이다. 이야기 구성에서 감정표현은 매우 중요하다. 감은 눈에서 뜬 눈으로 또는 뜬 눈에서 감은 눈으로 변화를 주면 감정이 훨씬 풍부해진다. 뜬 눈의 눈동자 크기에 따라 순정만화에 나오는 캐릭터가 되기도 하고, 일반적인 얼굴이 되기도 한다.

how to make!

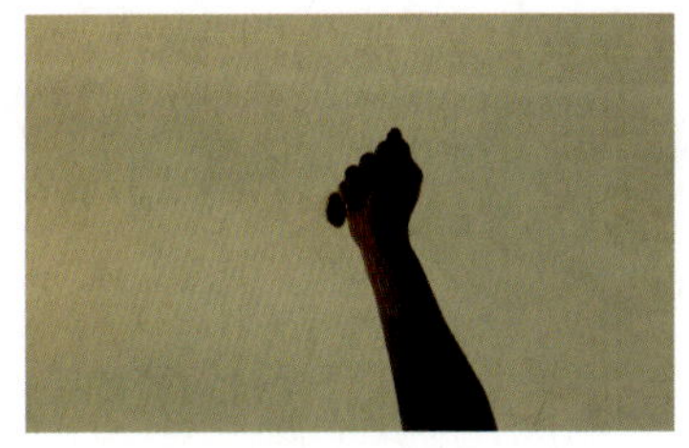

1 모래를 갖다 놓는다.

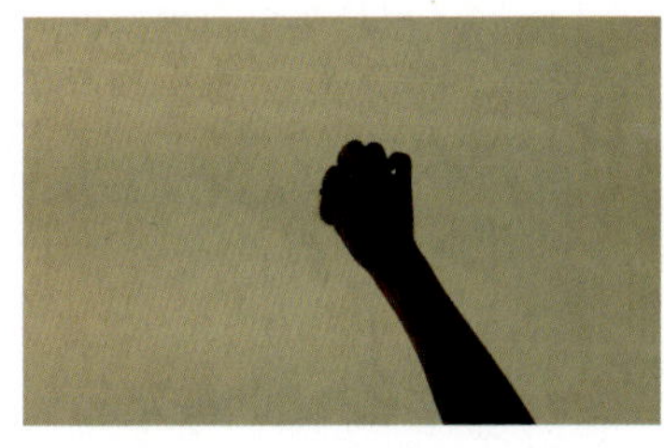

2 손톱으로 눈동자를 찍는다.

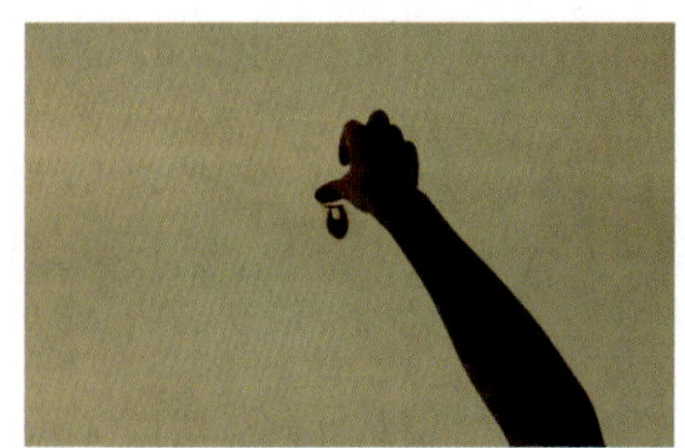

3 눈 위에 손가락을 갖다 대고 모래를 왼쪽으로 밀어낸다.

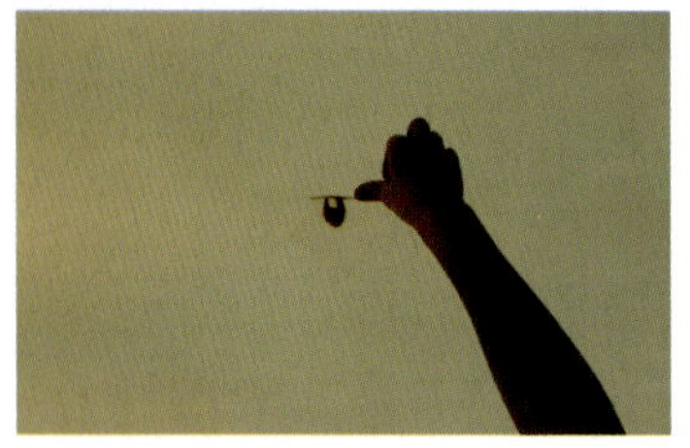 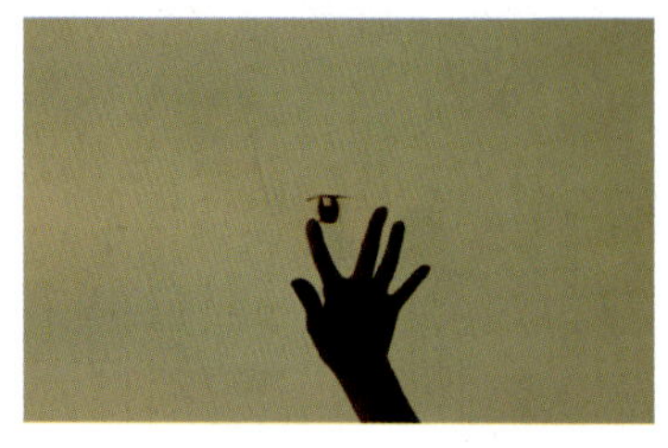 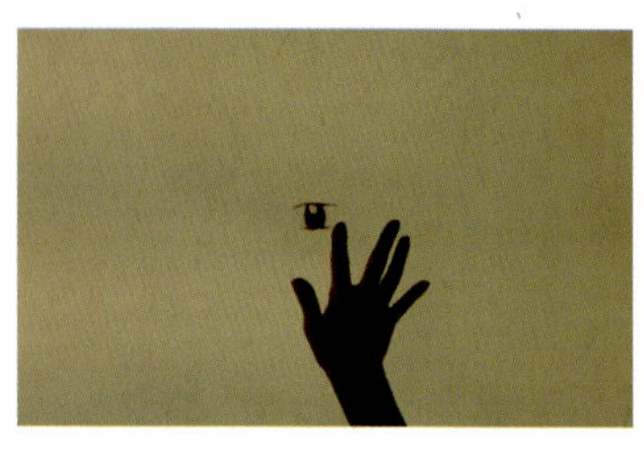

4 다시 오른쪽으로 당긴다.

5 눈동자 아래의 모래를 왼쪽으로 밀어낸다.

6 다시 오른쪽으로 당긴다.

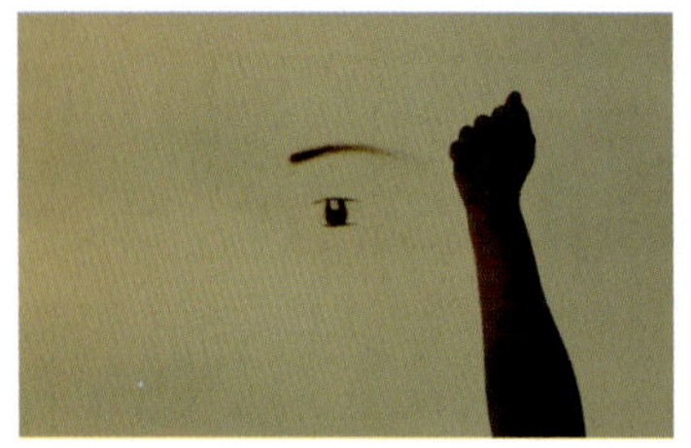 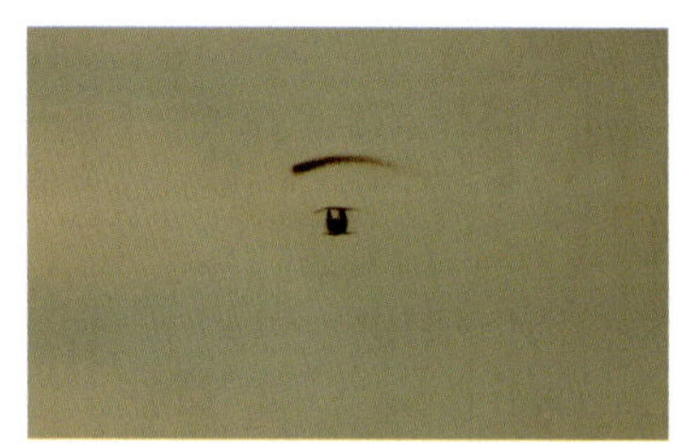

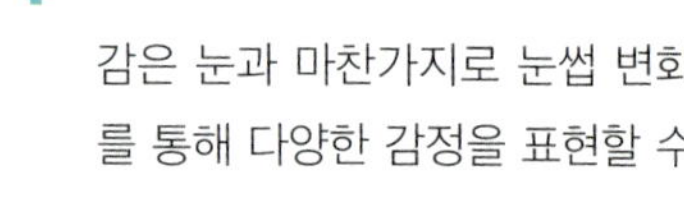

감은 눈과 마찬가지로 눈썹 변화를 통해 다양한 감정을 표현할 수 있다.

7 눈동자 위에 중간 선 뿌리기로 눈썹을 그린다.

8 뜬 눈이 완성된다.

눈물 흘리는 눈

눈물 흘리는 눈을 표현하는 것은 조금 어려울 수 있지만, 샌드아트에서는 입술표현처럼 약간의 그러데이션이나 터치만으로도 눈의 정밀묘사가 가능하다. 작은 얼굴에서는 눈물 표현이 자칫 지저분해 보일 수 있으므로 이야기를 구성할 때 클로즈업 된 얼굴에서 표현하면 좋다.

<u>how to make!</u>

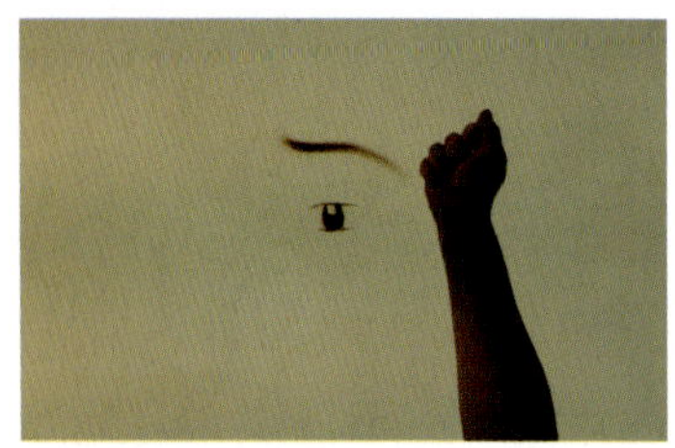 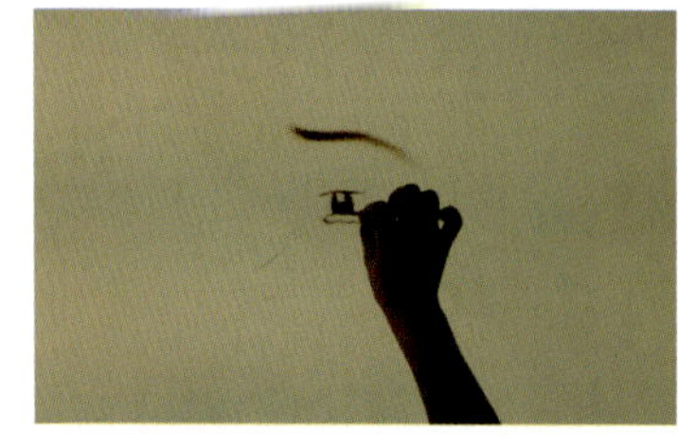 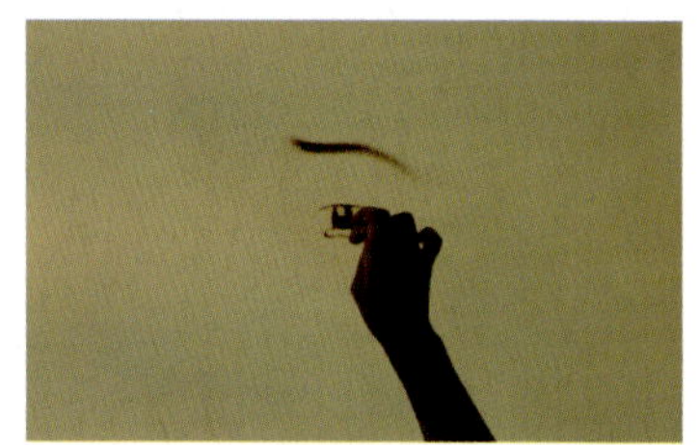

1 눈썹 끝을 처지게 그려 우울한 눈썹을 만든다.

2 눈동자 아래 모래를 가로로 터치한다.

3 터치한 중간을 손톱으로 살짝 긁어낸다.

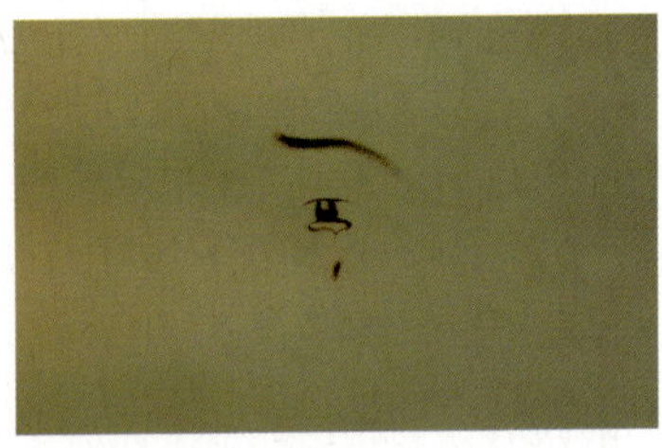

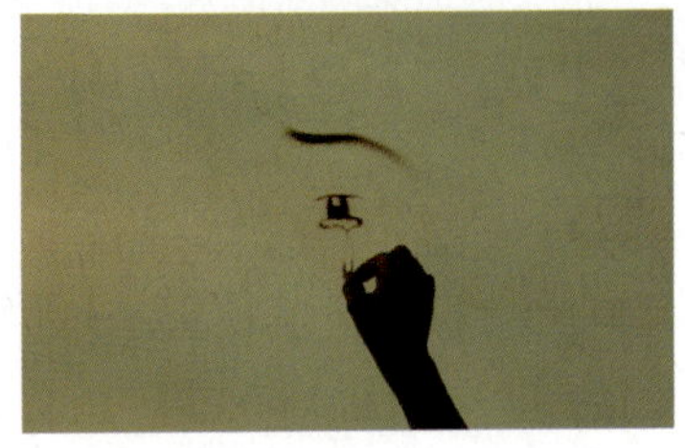

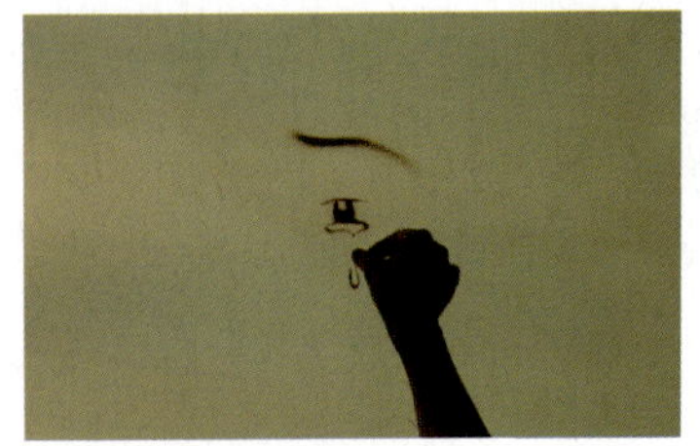

4 눈 아래 모래 한 꼬집을 갖다 놓는다.

5 세로로 살짝 긁어 흐르는 눈물을 만든다.

6 긁어낸 주변을 정리한다.

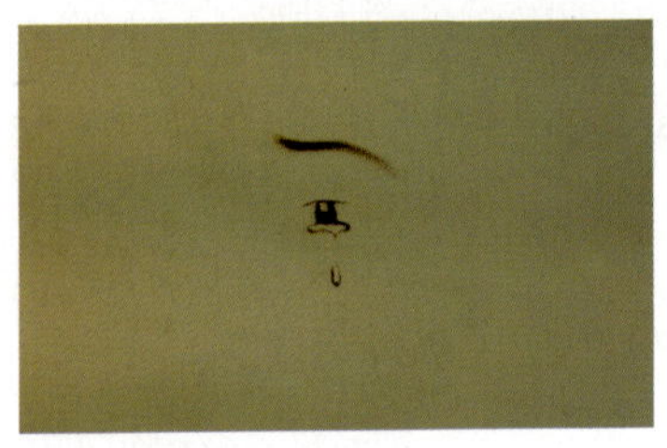

7 슬픔에 눈물을 흘리는 눈이 완성된다.

눈썹 변화를 주면 기쁨의 눈물, 울분의 눈물 등 다양한 감정 표현이 가능하다.

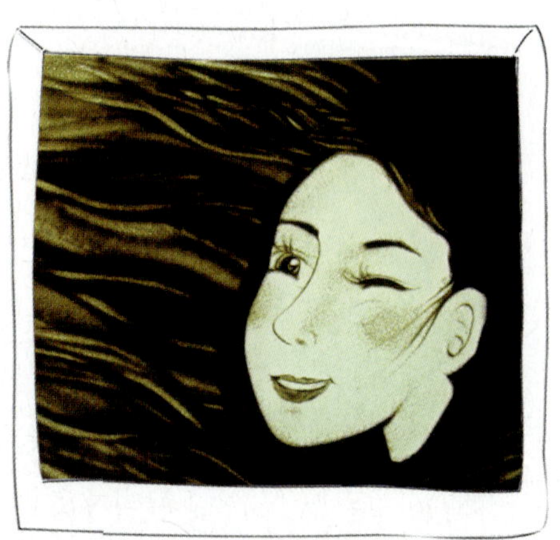

Section 03

손 모양 표현

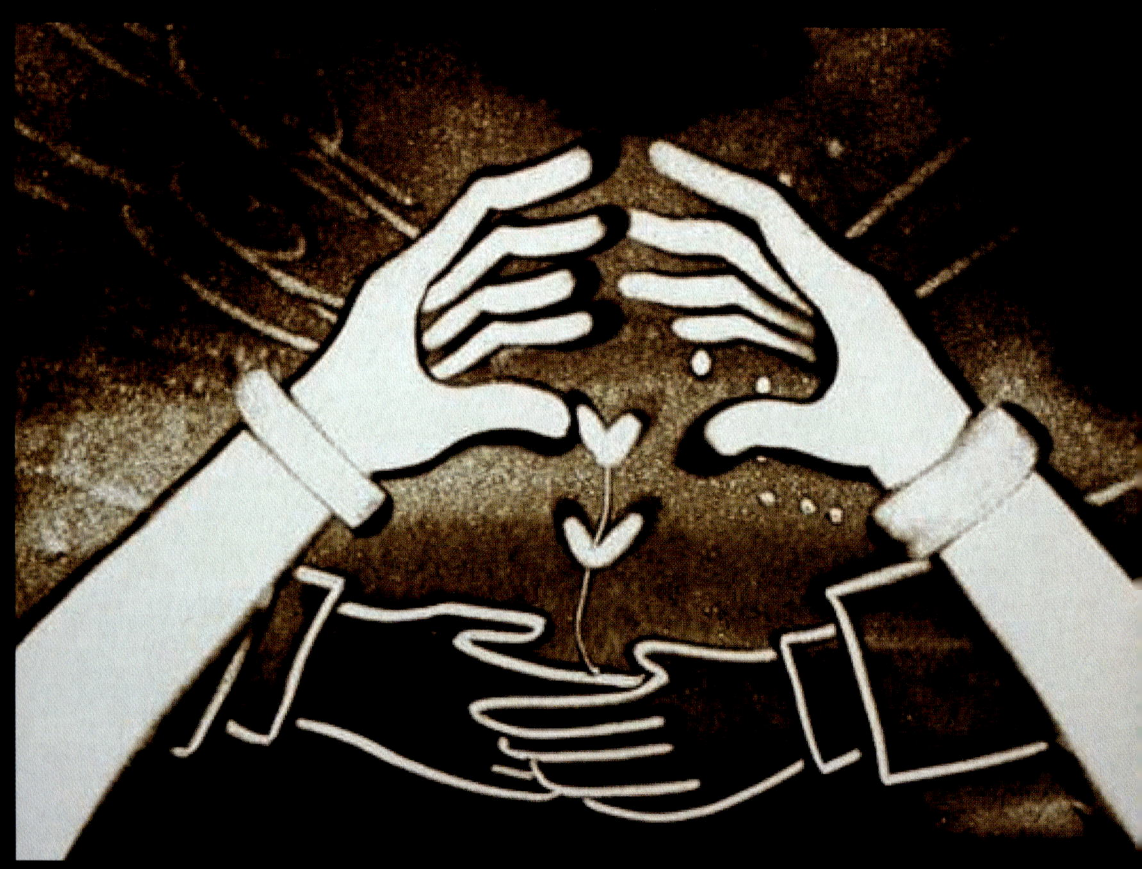

대화할 때 우리는 언어를 사용한다. 굳이 말이 필요 없을 때는 눈빛으로 소통하기도 한다. 또 다른 소통의 방법에는 무엇이 있을까? 가벼운 몸짓을 구체적인 언어로 만든 수화처럼 손동작은 매우 중요한 소통방법이다. 손등인지 손바닥인지에 따라 전달하고자 하는 내용이 달라진다. 손 모양의 변화로 샌드아트 소통의 다양한 방법을 알아본다.

1. 기본 손 모양

손은 누구 손인지 무엇을 하는지에 따라 형태가 달라진다. 이야기를 구성할 때 얼굴과 손은 이야기 흐름에서 매우 중요한 역할을 한다. 샌드아트에서 많이 쓰이는 만큼 반복연습은 필수이다. 가위, 바위, 보를 기준으로 다양한 손 형태를 그려본다.

보

보는 손 모양에서 가장 기본적인 형태이다. 손바닥 또는 손등을 먼저 그리고 순서대로 손가락을 그리면 된다. 보에서 손가락의 간격을 넓히거나 좁히는 등 약간의 변화만 주면 생각보다 훨씬 쉽게 다양한 손동작을 표현할 수 있다.

how to make!

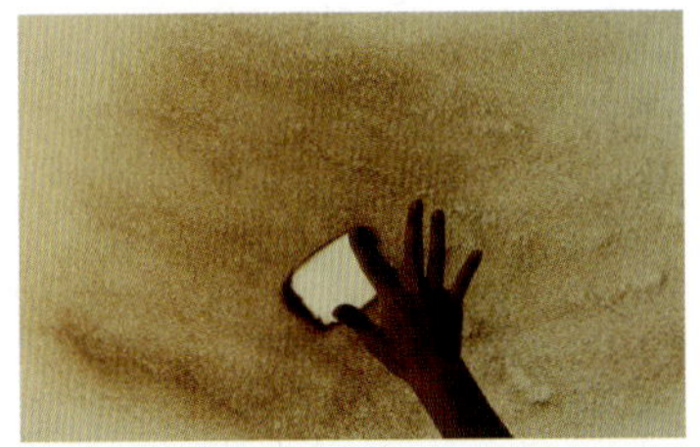

1 손가락마디 전체로 밀어내 면을 만든다.

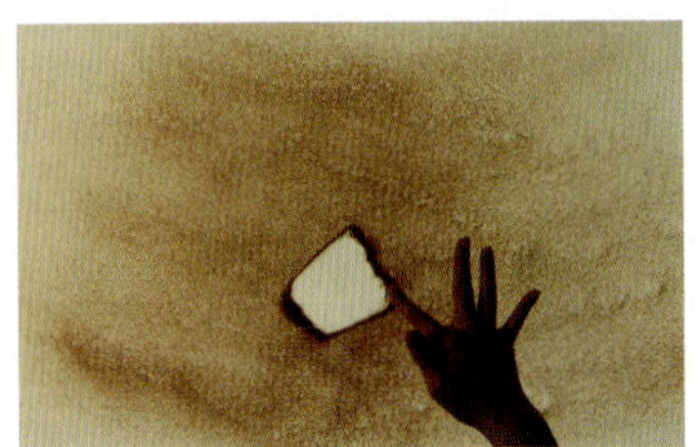

2 밀어낸 방향으로 갈수록 약간 넓어지게 만든다.

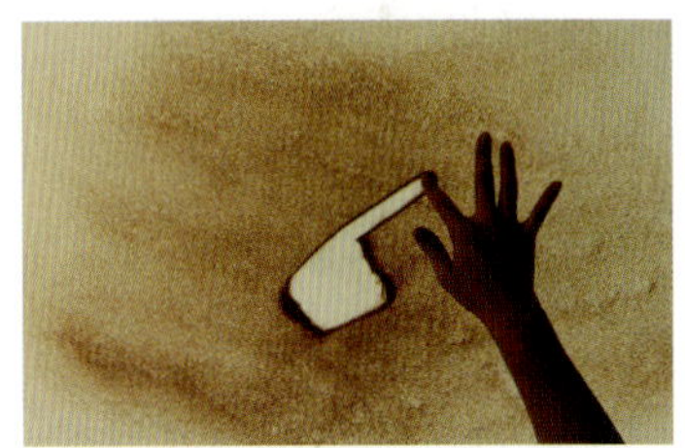

3 검지를 그린다.

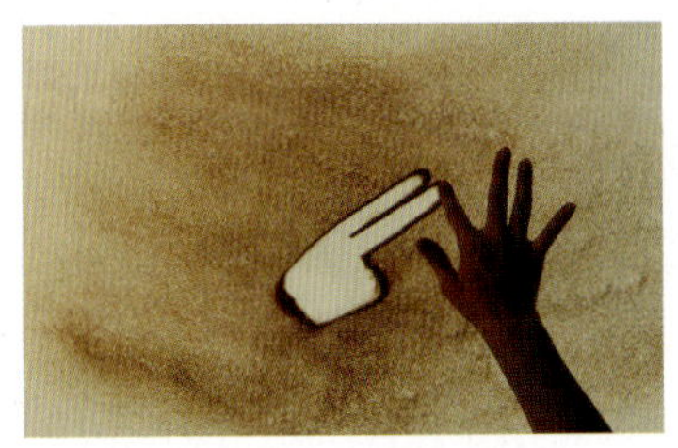

4 중지를 가장 길게 그린다.

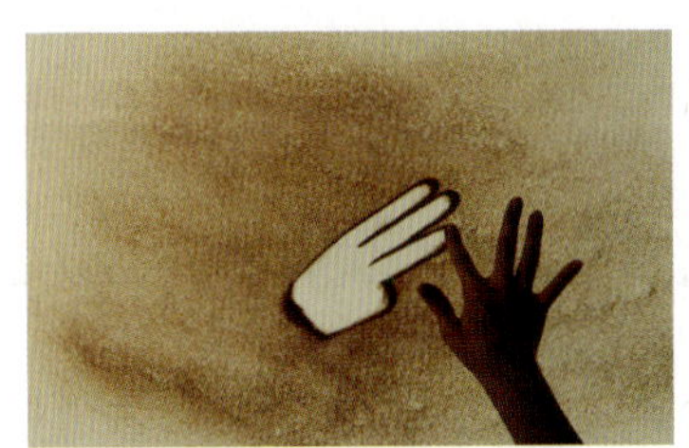

5 약지를 그린다.

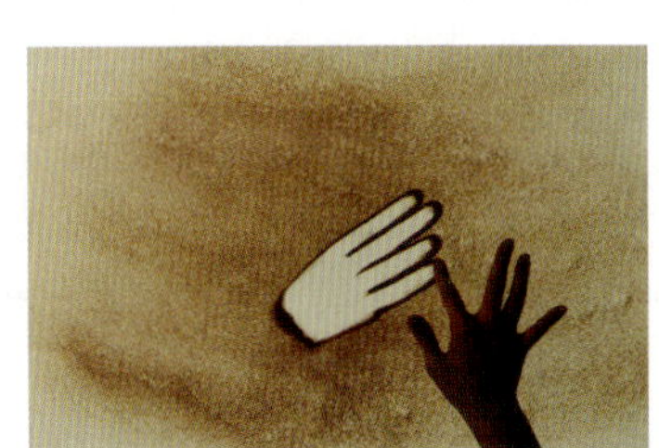

6 새끼손가락을 그린다.

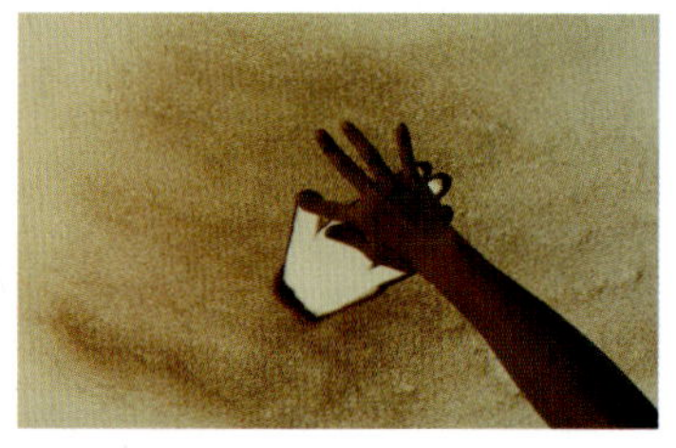

7 처음 시작점에서 모래를 밀어 낸다.

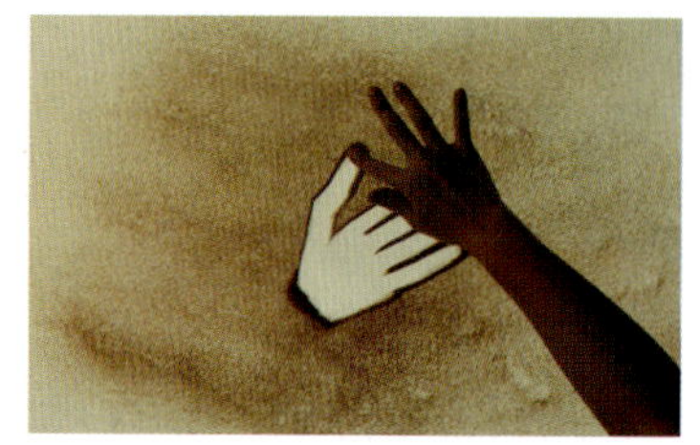

8 각을 주면 엄지가 된다.

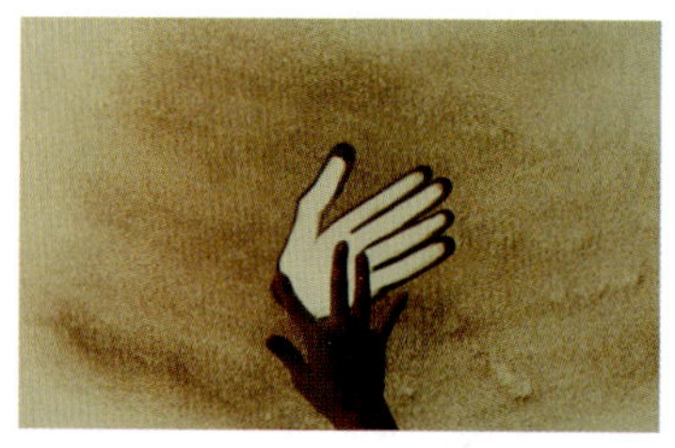

9 손목 부분에 손가락을 갖다 댄다.

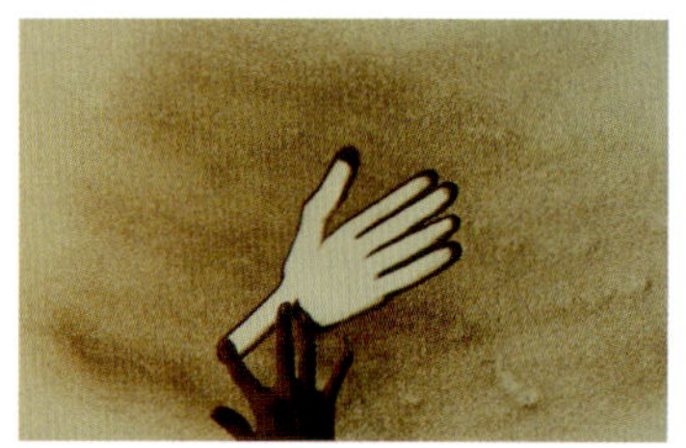

10 팔 라인을 그린다.

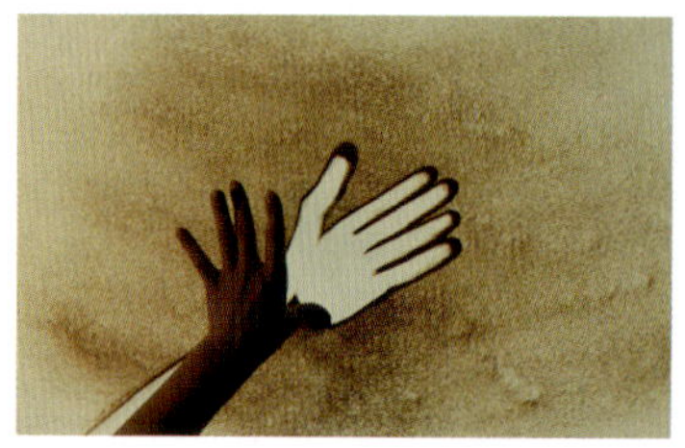

11 아래쪽 팔 라인도 그린다.

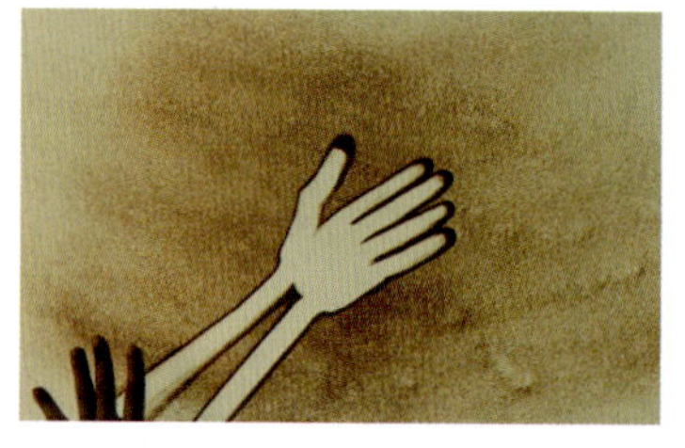

12 팔뚝 라인이 완성된다.

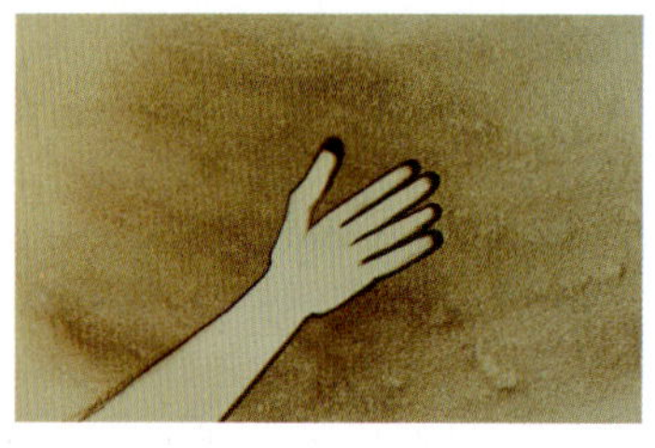

13 안에 있는 모래를 밀어내려 정리한다.

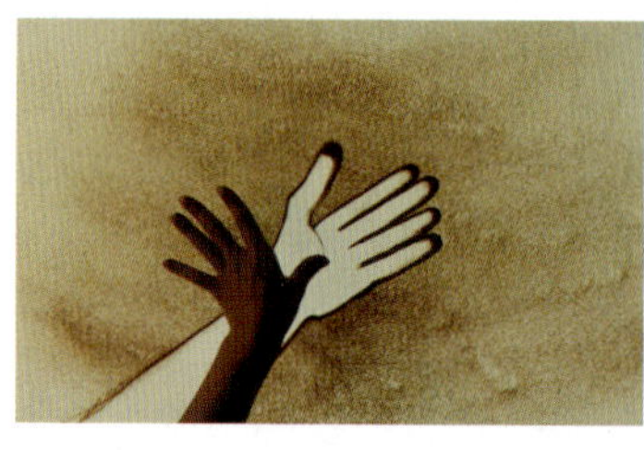

14 엄지와 검지의 시작 지점 모 래를 밀어 내린다.

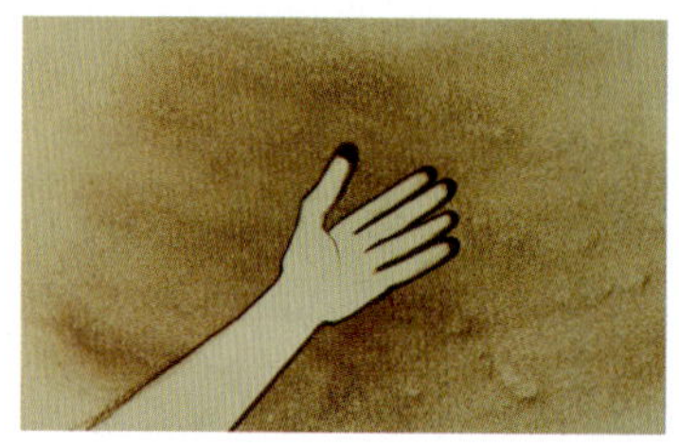

15 손바닥을 나타내는 주름이 생기면 보가 완성된다.

기다리는 듯, 손을 내민 듯 많은 감정을 보여주는 보는 인간관계 와 같은 주제의 공연에 어울리는 표현이다.

가위

보를 먼저 그리고 보에서 약간 변화를 주면 가위가 된다. 스토리텔링에서 무언가를 가리킬 때 쓰인다.

how to make!

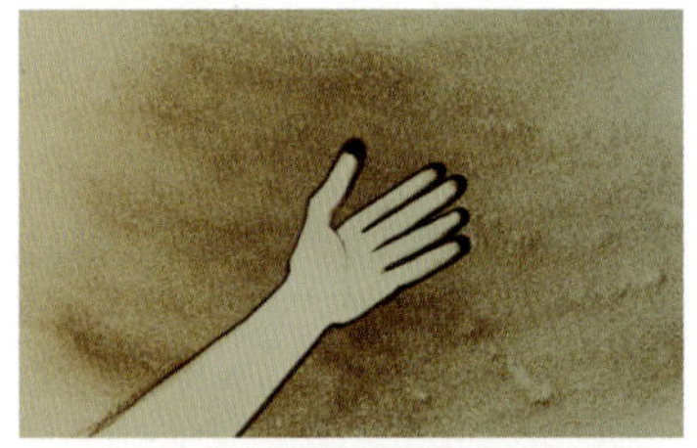

1 보에서 연결해 그린다.

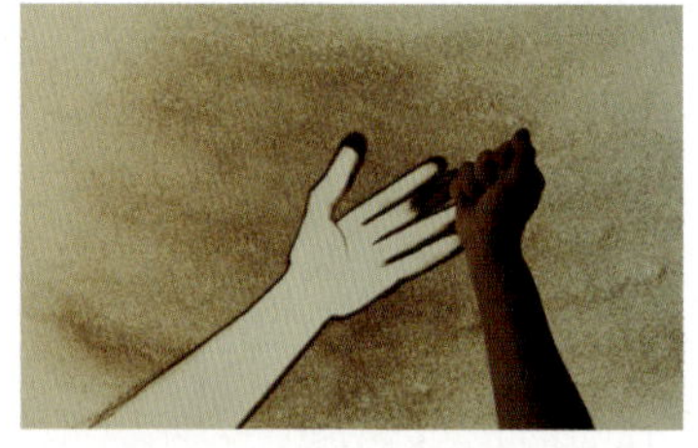

2 엄지와 검지를 제외한 세 손가락을 흩뿌리기로 반 정도 채운다.

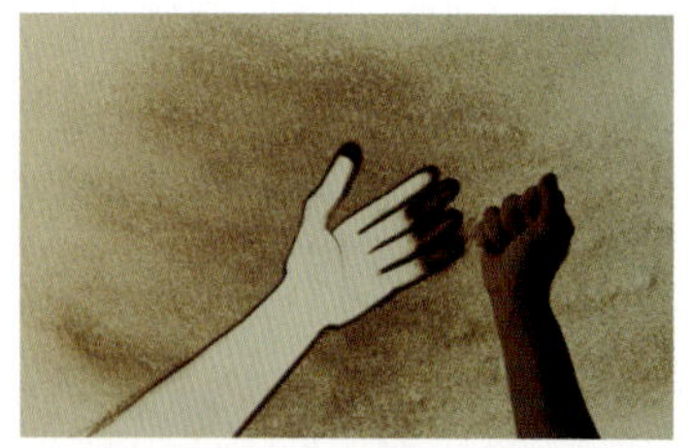

3 세 손가락을 채운 모습이다.

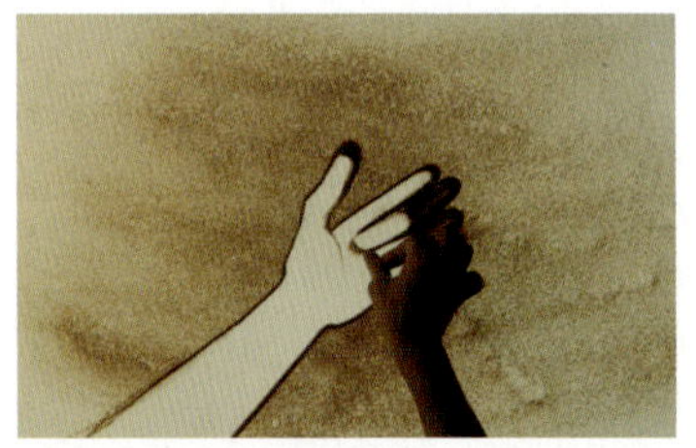

4 중지 끝에 있는 모래를 살짝 안으로 밀어 넣는다.

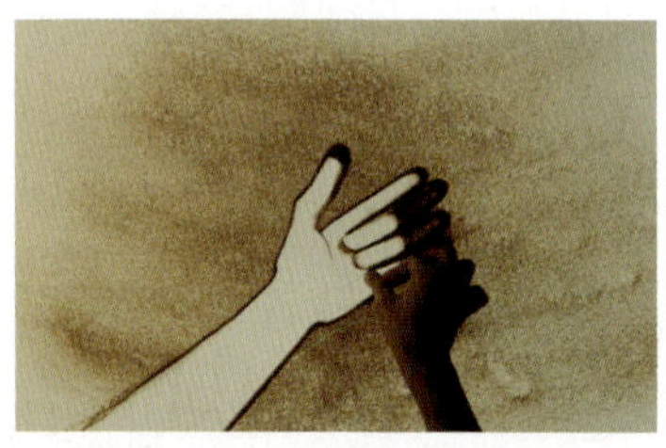

5 약지 끝에 있는 모래도 밀어 넣는다.

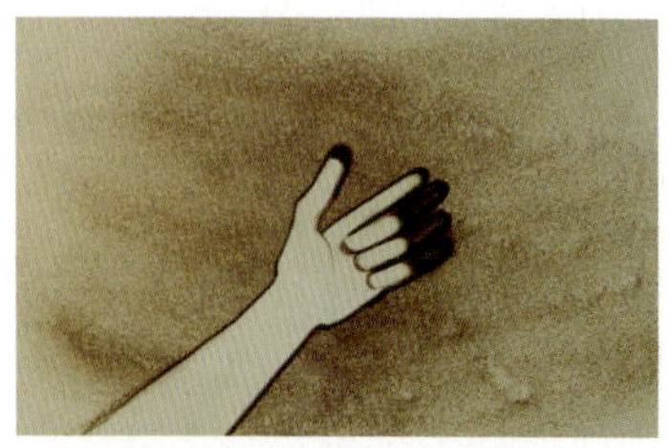

6 새끼손가락 끝에 있는 모래까지 밀어 넣으면 가위가 완성된다.

삿대질하는 것 같은 가위는 방향을 가리키거나 학교폭력을 주제로 한 그림 등에 사용한다.

주먹

다섯 손가락을 모두 접은 모습으로 가위에서 약간 변화를 주면 주먹이 된다. 주먹은 보를 먼저 그리고 보에서 약간 변화를 주면 가위가 된다. 굳은 의지를 나타내는 경우에 쓰인다.

how to make!

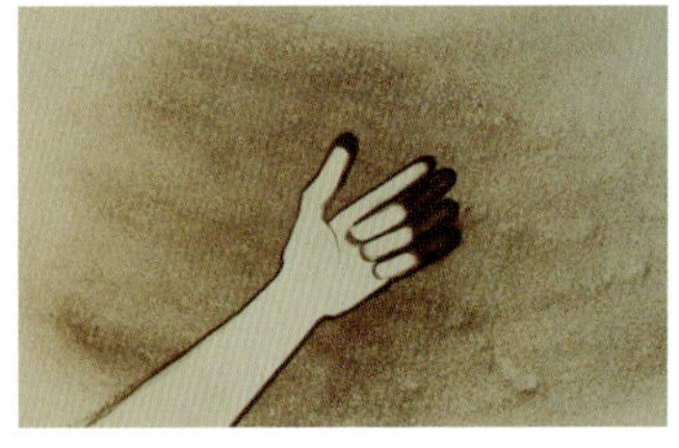

1 가위에서 연결해 그린다.

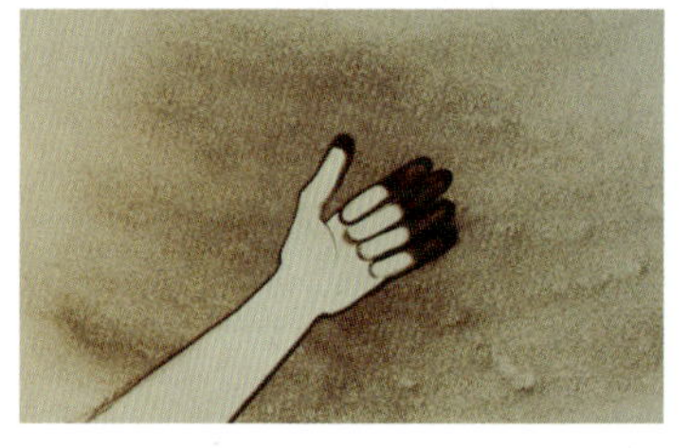

2 검지의 반 정도 길이에 모래를 채우고 밀어 넣는다.

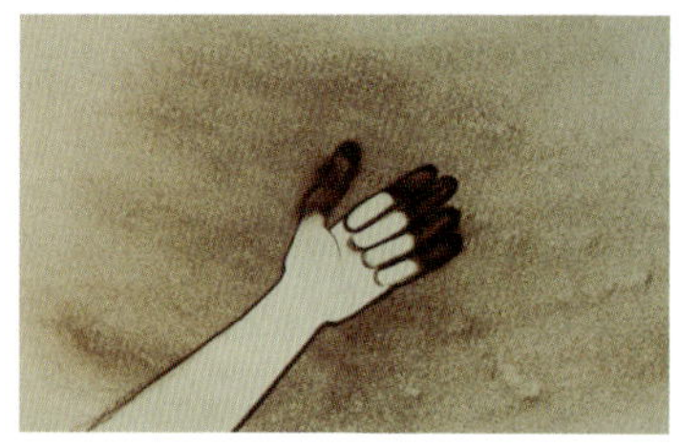

3 엄지도 절반을 모래로 채운다.

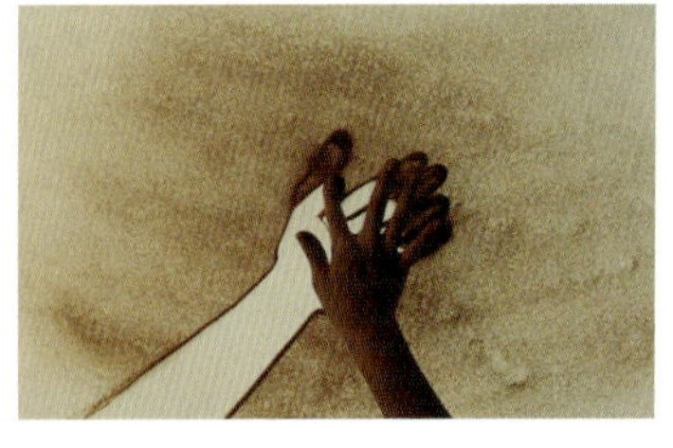

4 엄지를 네 손가락과 나란하게 사선으로 밀어 올린다.

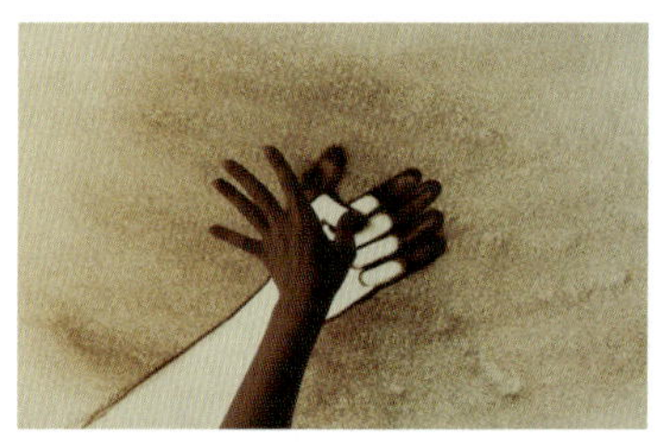

5 엄지를 'ㄱ'자로 꺾으며 안으로 밀어 넣어 검지와 만나도록 한다.

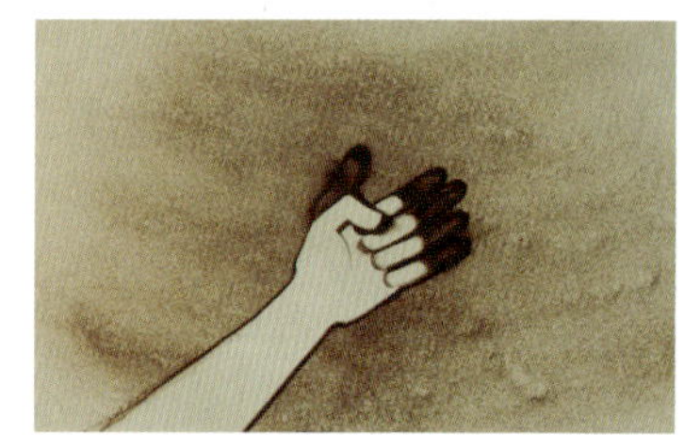

6 주먹이 완성된다.

꼭 이루겠다는 의지가 담긴 주먹은 도전하는 젊음을 주제로 한 내용과 잘 어울린다.

2. 소통하는 손 표현

손 기법에서는 손가락 관절을 표현하는 것이 포인트이다. 손가락 관절에 따라 다양한 손 표현이 가능하다. 샌드아트에서 얼굴이나 기타 오브제와 함께 다양한 손동작을 그리면 풍부한 감정표현을 연출 할 수 있다. 내 손이 무엇을 할 때 어떤 모습인지 관찰하여 손 모양을 연습하면 좋다.

긍정의 손

오케이 손 모양은 문제없어! 라고 외치는 그림 속 표현으로 사용하면 좋다. 엄지 주변에 손금이 있으면 손바닥, 손금이 없으면 손등으로 구분할 수 있다.

how to make!

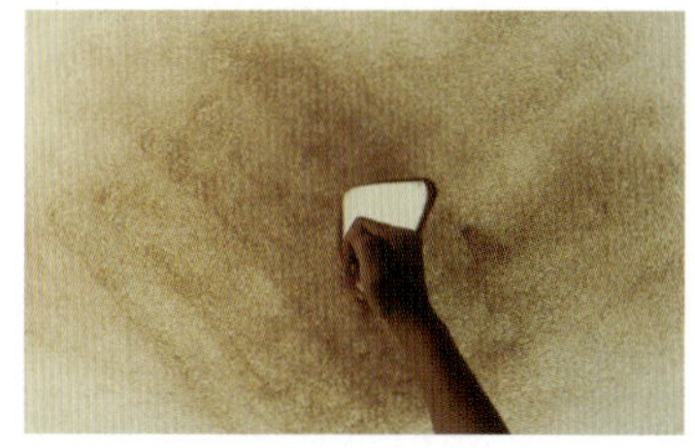

1 손가락마디 전체로 모래를 밀어내 면을 만든다.

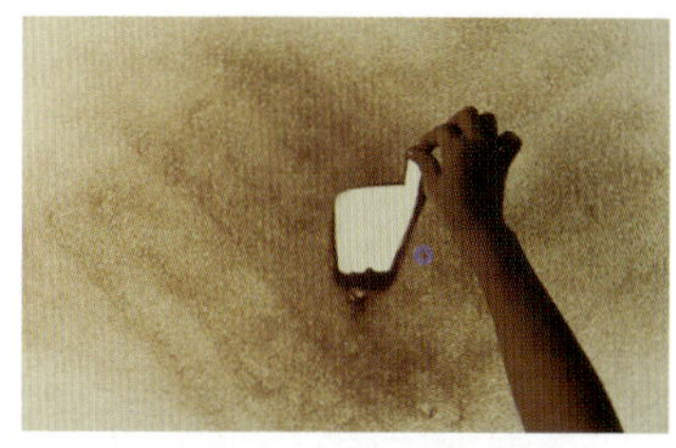

2 밀어낸 면 오른쪽 위에서 선을 밀어 올린다.

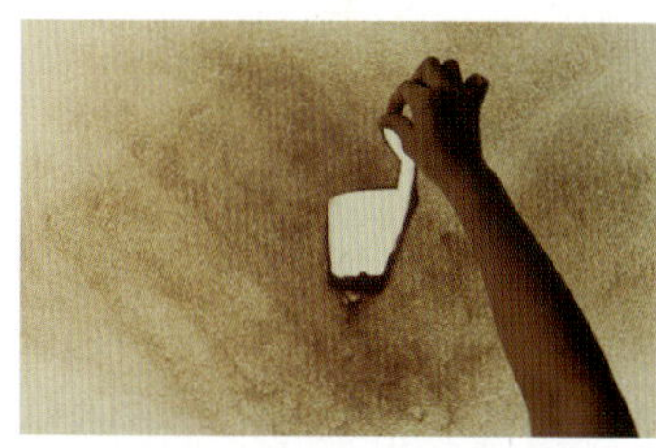

3 손가락 마디 길이에서 왼쪽으로 꺾는다.

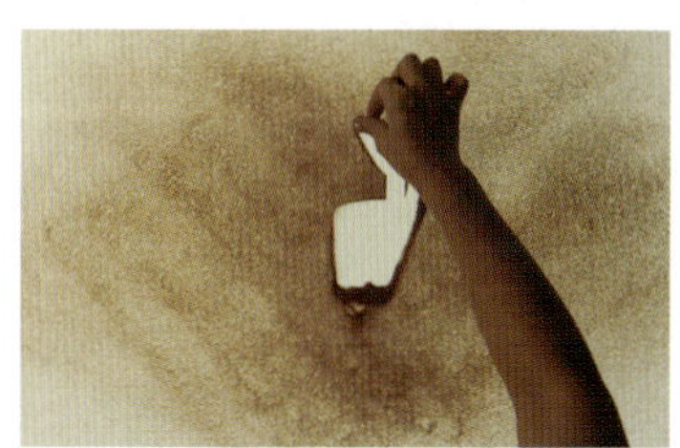

4 처음 그린 손가락과 간격을 두고 꺾으며 조금 길게 그린다.

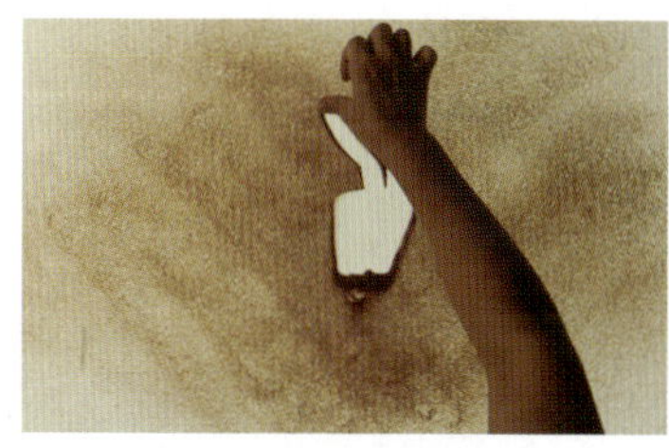

5 왼쪽 사선으로 꺾어 조금 더 길게 그린다.

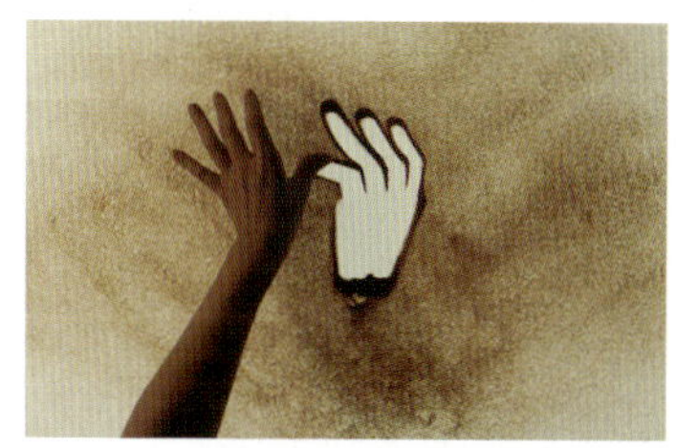

6 검지는 위로 올렸다가 왼쪽 가로로 꺾는다.

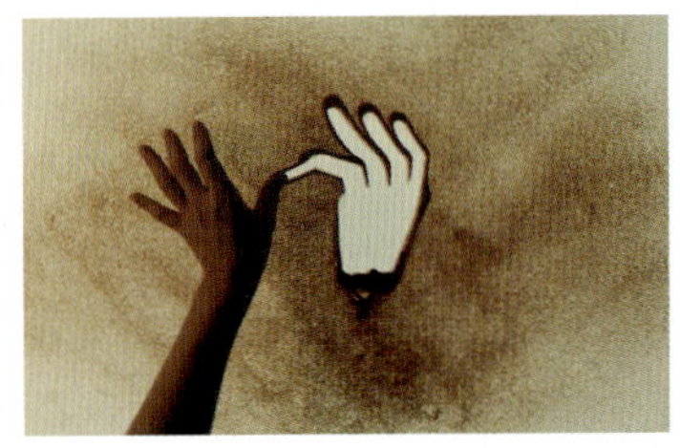

7 사선으로 꺾어 내리며 끝으로 갈수록 조금 가늘게 그린다.

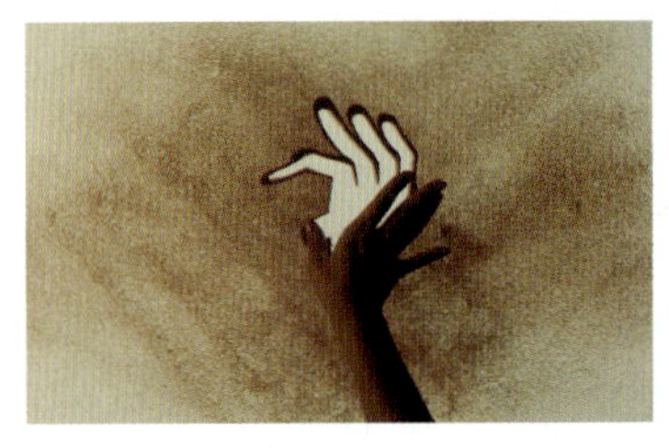

8 엄지는 왼쪽 옆으로 짧게 밀어 낸다.

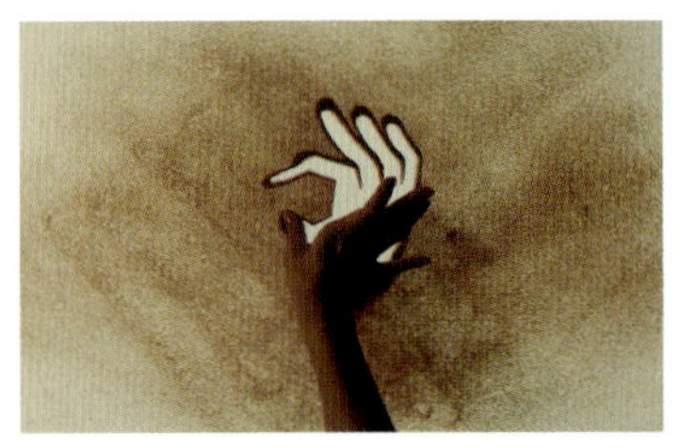

9 사선으로 밀어 올린다.

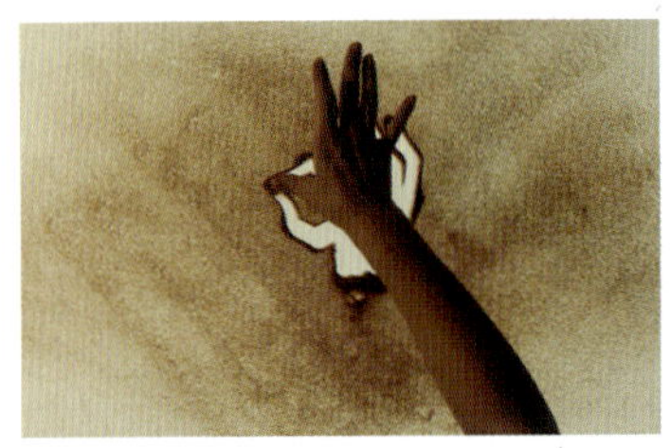

10 끝을 조금 가늘게 그리고 검지와 만나게 한다.

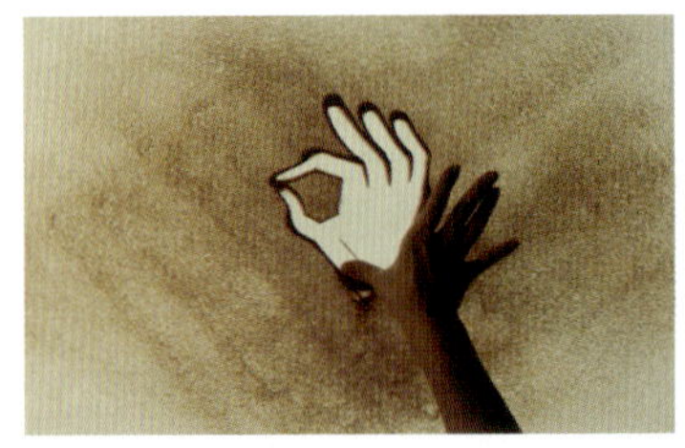

11 엄지가 꺾일 때 남은 모래는 아래로 내린다.

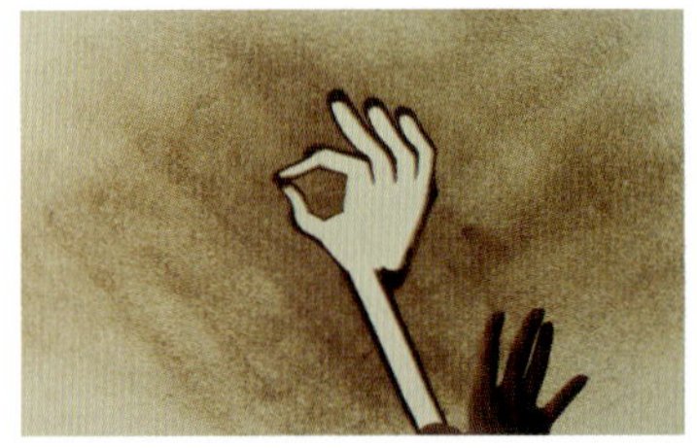

12 내리면서 팔 라인을 그린다.

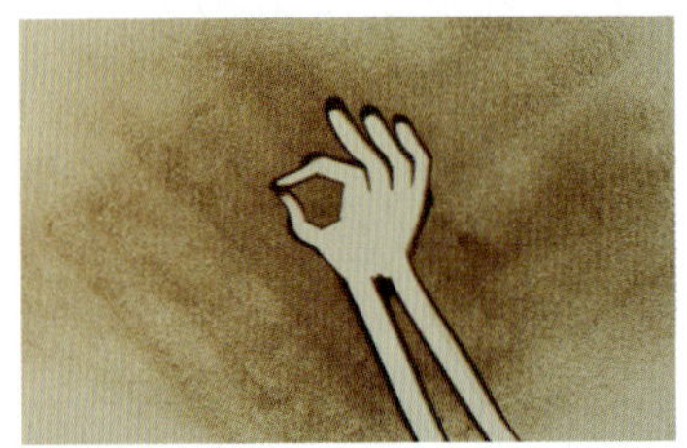

13 팔 라인을 하나 더 그린다.

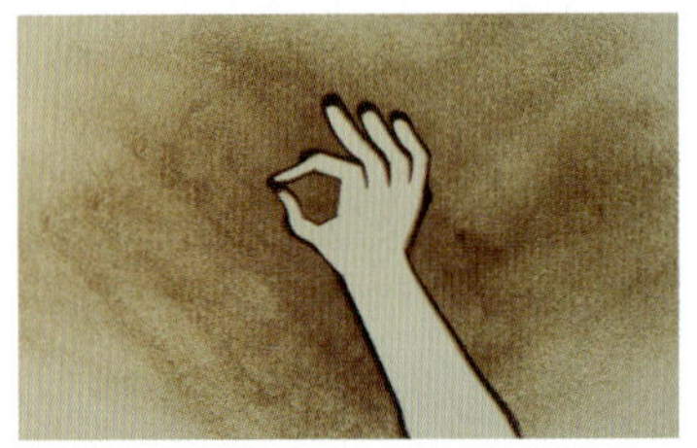

14 안에 있던 모래를 정리하면 긍정의 손 표현이 완성된다.

받드는 손

물건을 받치고 있는 것처럼 보이거나 업적을 기리는 듯 보이는 받드는 손은 존경의 표현으로 쓰인다. 캠페인 영상이나 세계를 주제로 한 라이브 공연에 지구를 받들고 있는 손으로 자주 등장하는 손 모양이다.

<u>how to make!</u>

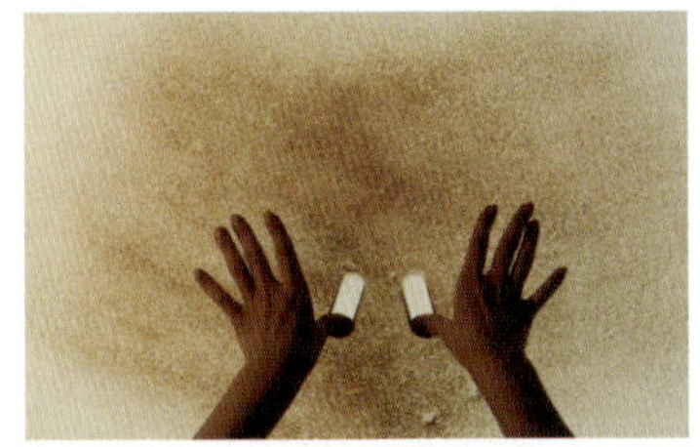

1 밑으로 갈수록 벌어지도록 엄지로 모래를 밀어 내린다.

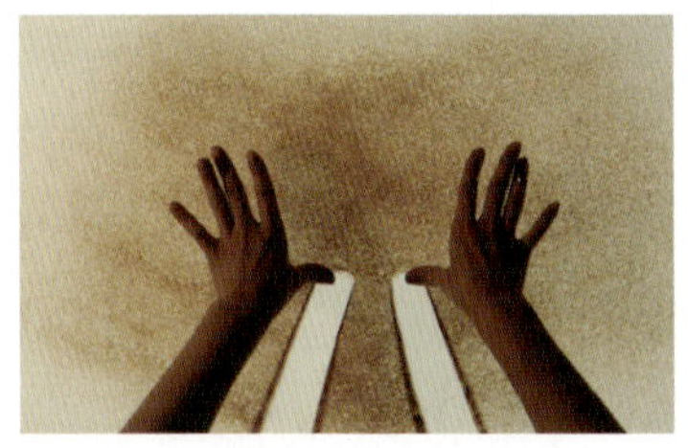

2 조금 넓게 밀어 내린다.

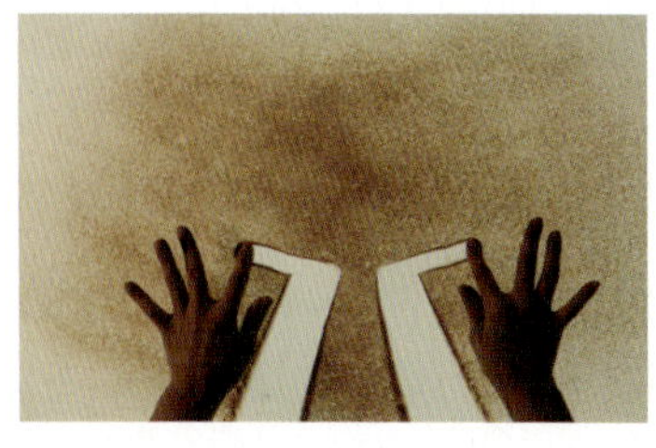

3 약간 비스듬히 올리며 양 옆으로 밀어낸다.

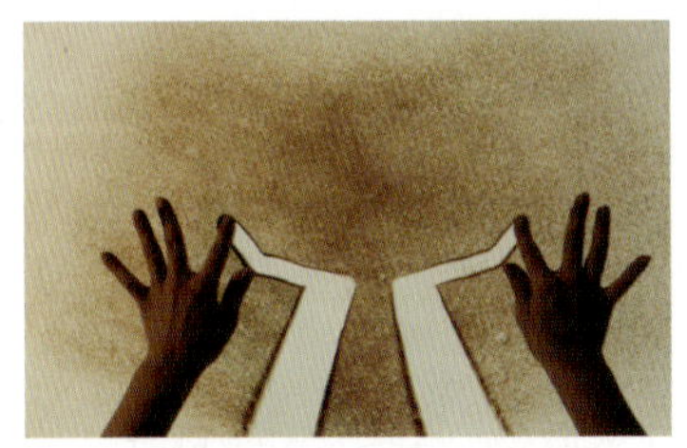

4 살짝 꺾여 올라가도록 한다.

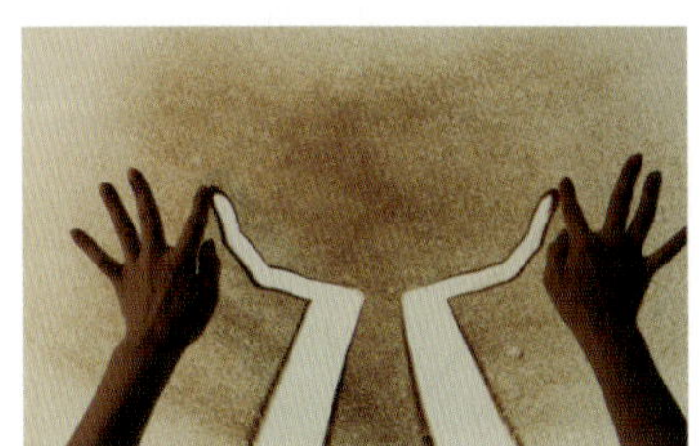

5 끝 선은 조금 더 꺾는다.

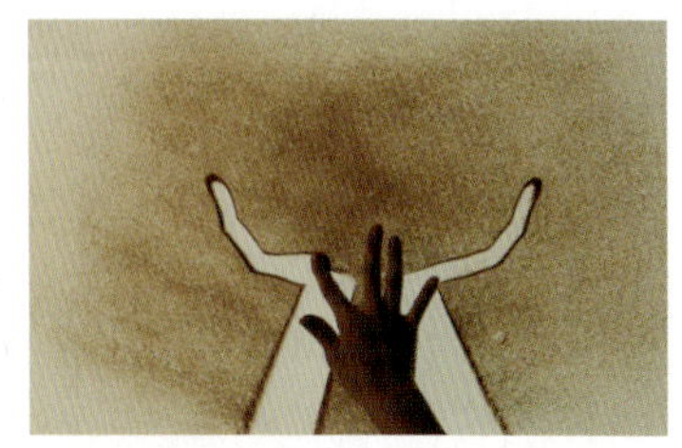

6 처음 꺾은 손가락 마디에서 안쪽으로 밀어 넣는다.

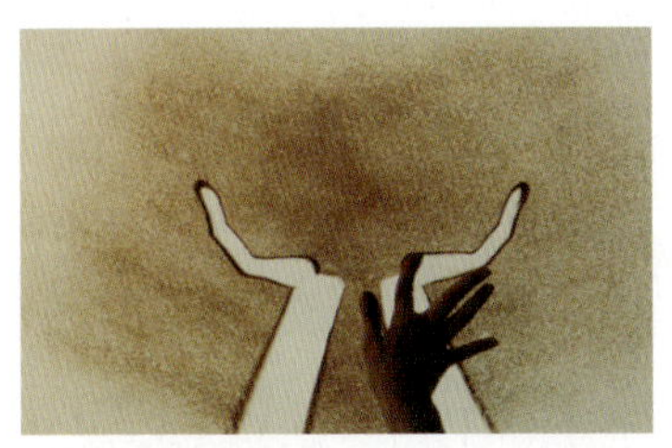

7 반대쪽 모래도 안쪽으로 밀어 넣는다.

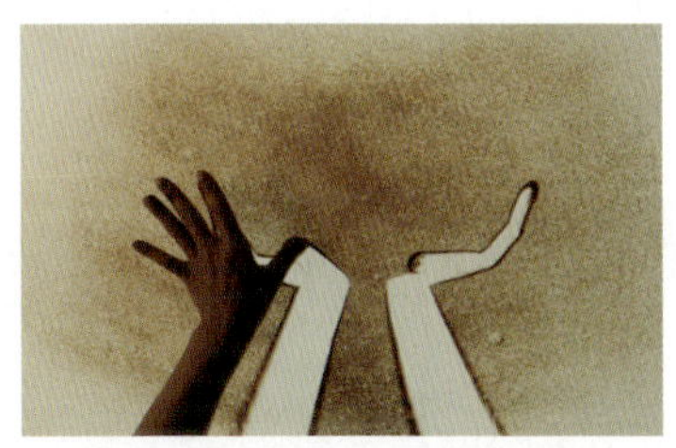

8 사선으로 밀어 올려 엄지를 그린다.

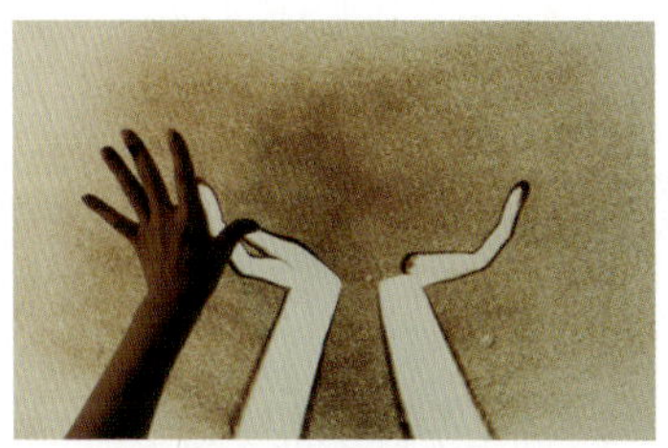

9 아주 약간만 각지게 옆으로 밀어낸다.

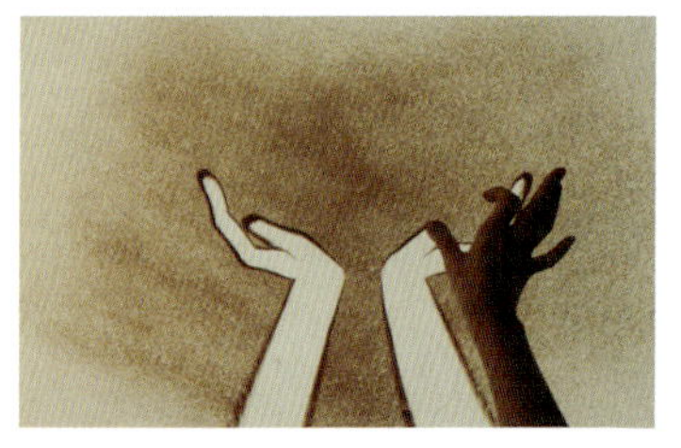

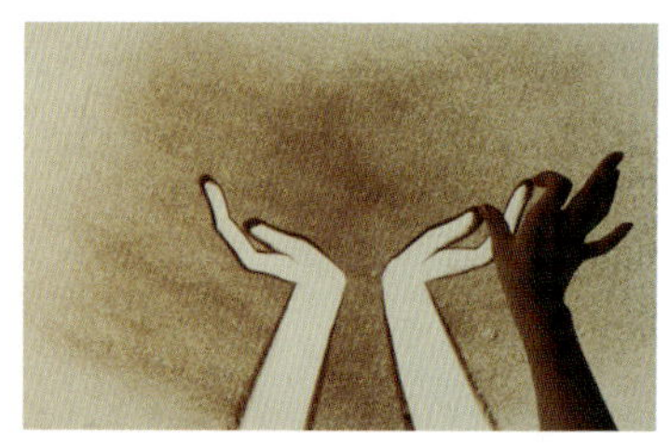

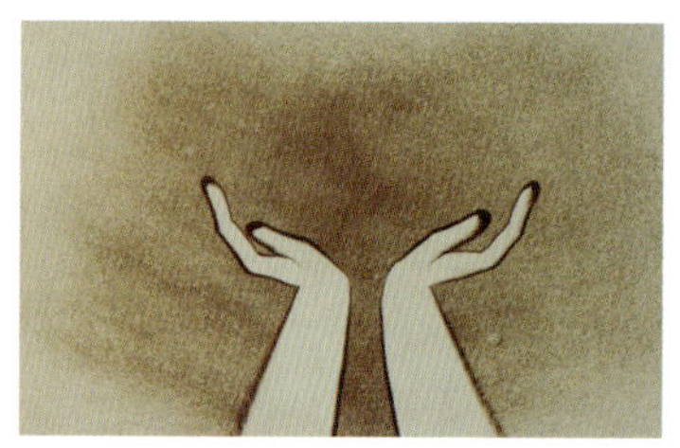

10 반대쪽도 같은 방법으로 밀어 올린다.

11 좌우 대칭이 되도록 그린다.

12 두 손으로 받드는 표현이 완성된다.

악수하는 손

악수하는 손은 내민 손을 먼저 그린 뒤, 잡는 손을 그리면 그려지는 과정이 더 재미있다. 손을 잡는 그 순간에 감동이 배가 된다.

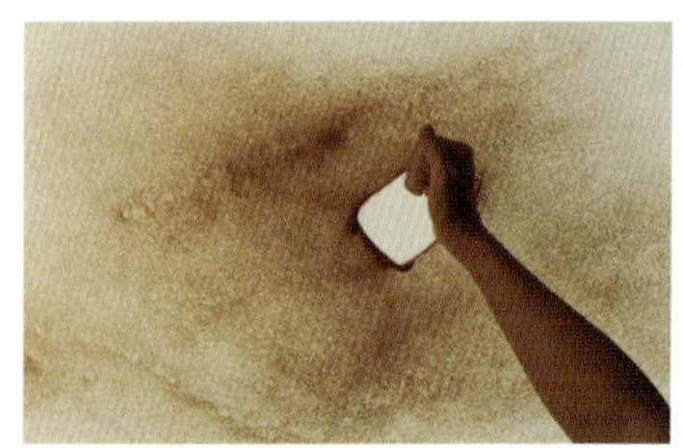

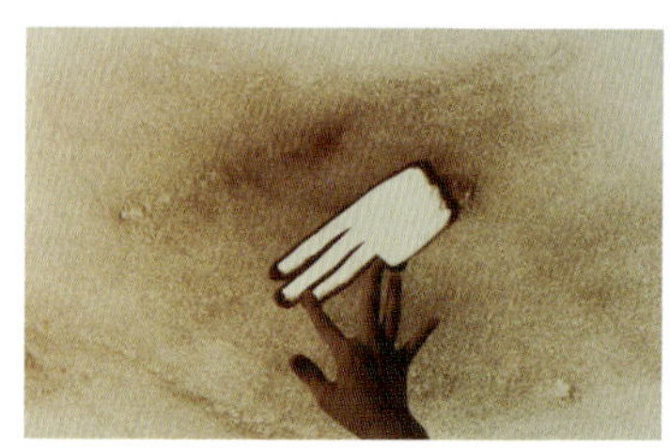

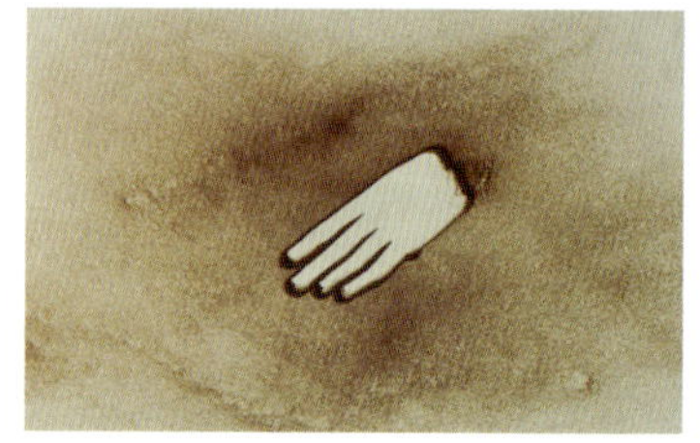

1 손날로 모래를 밀어내 면을 만든다.

2 검지, 중지, 약지를 그린다.

3 새끼손가락은 약지보다 짧게 그린다.

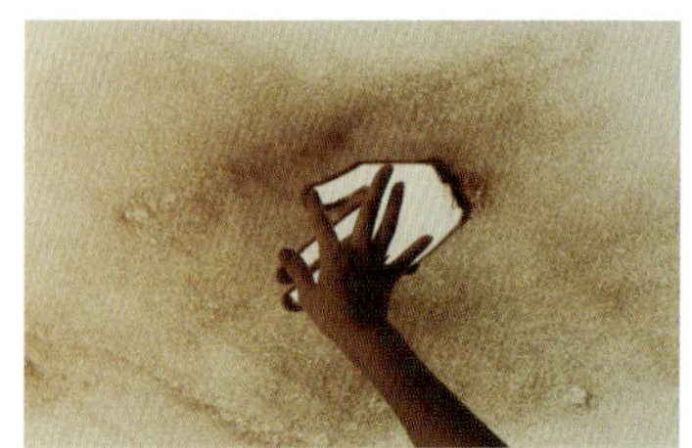

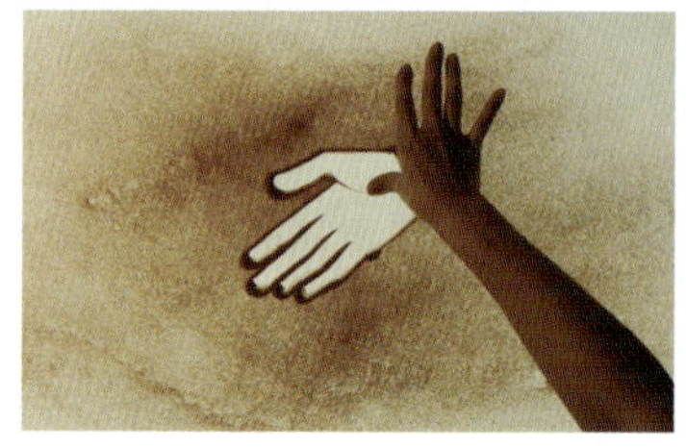

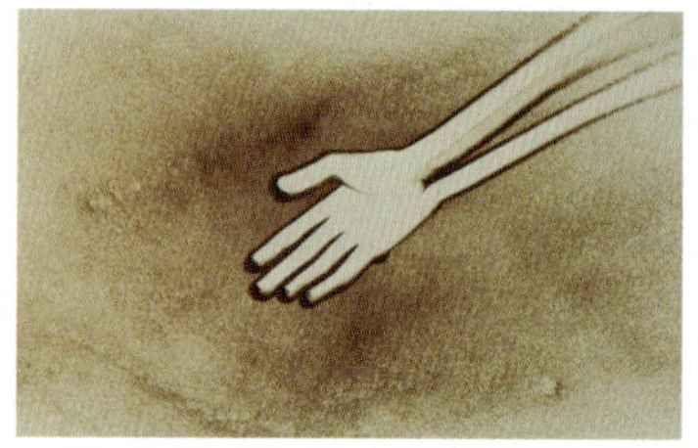

4 손바닥 시작 지점 모래를 옆으로 밀고 사선 아래로 꺾는다.

5 손가락으로 모래를 밀어 주름을 만든다.

6 팔 라인을 그린다.

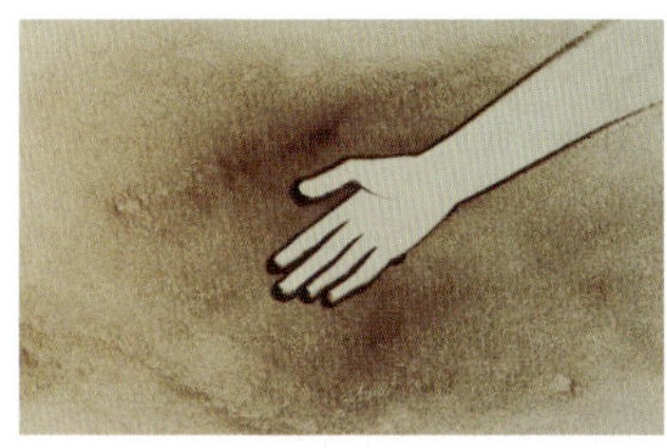

7 팔 라인에 남아 있는 모래를 정리한다.

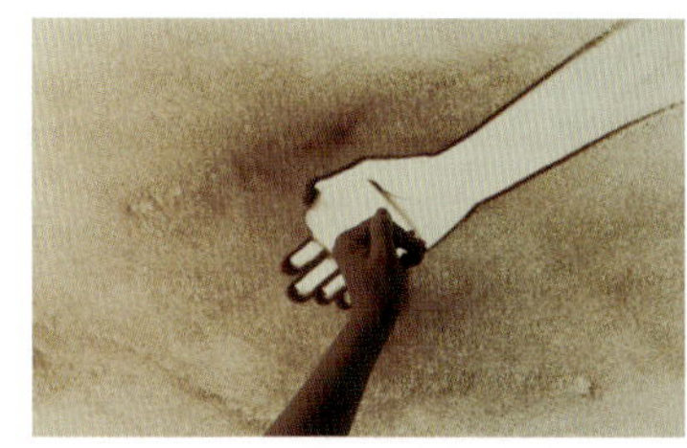

8 손날로 손가락 사이에 있던 모래를 사선 아래로 밀어낸다.

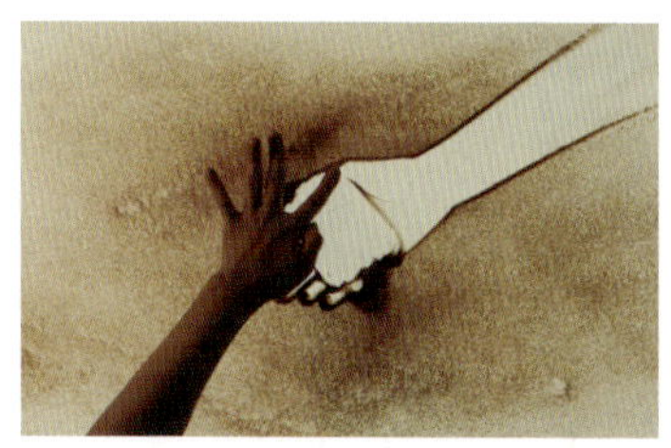

9 선이 끊어져 있으면 이어지도록 보완한다.

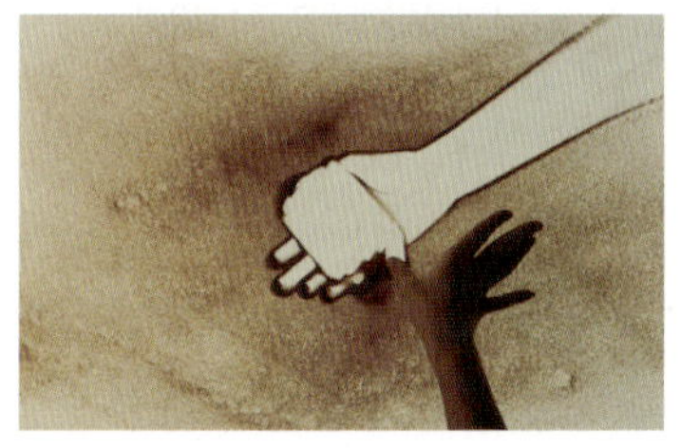

10 잡은 검지를 손가락 한 마디 정도 길이로 내린다.

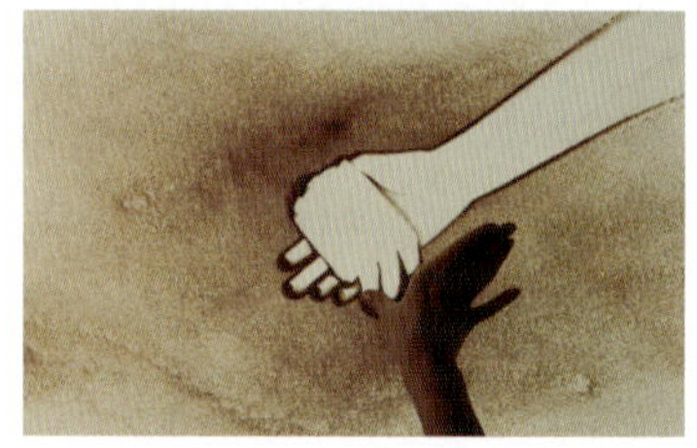

11 잡은 중지와 약지를 그린다.

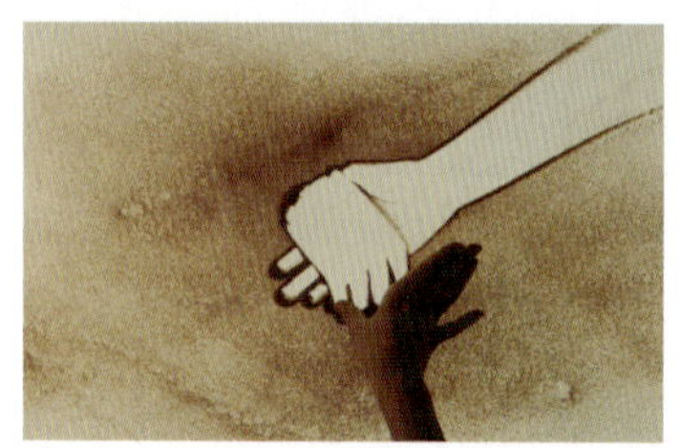

12 새끼손가락을 그린다.

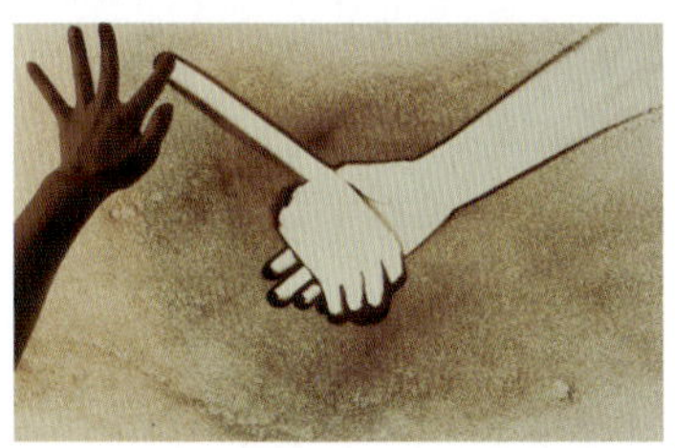

13 잡은 손의 팔 라인을 그린다.

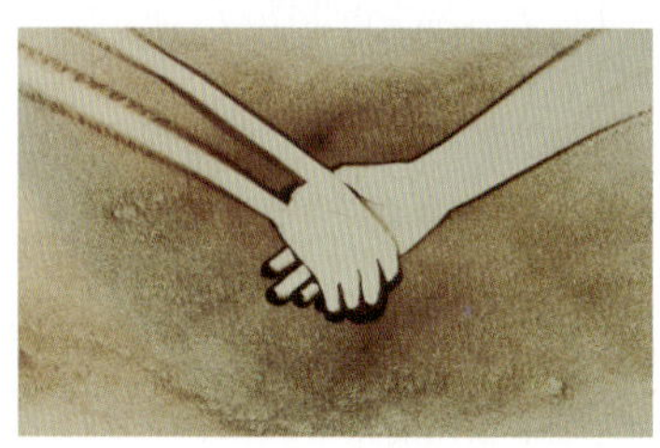

14 잡은 손 팔 라인을 하나 더 그린다.

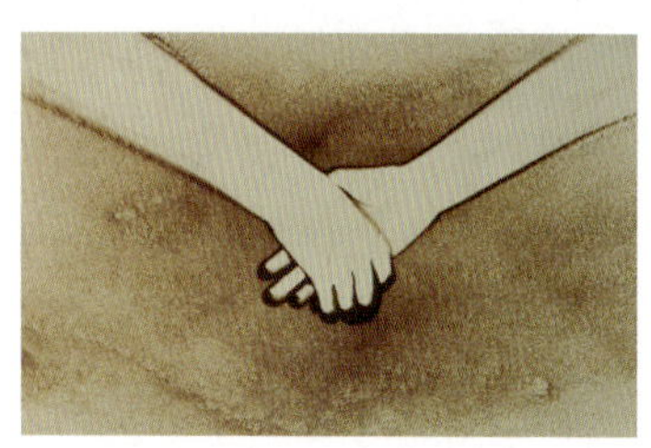

15 잡은 손 팔 라인에 남은 모래를 정리한다.

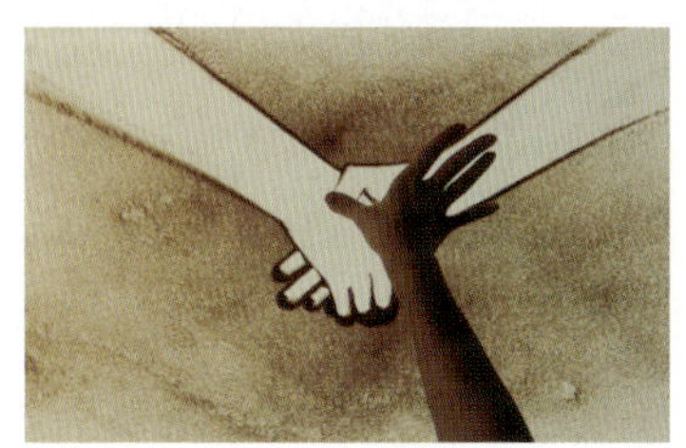

16 내민 손 엄지에서 모래를 살짝 당긴다.

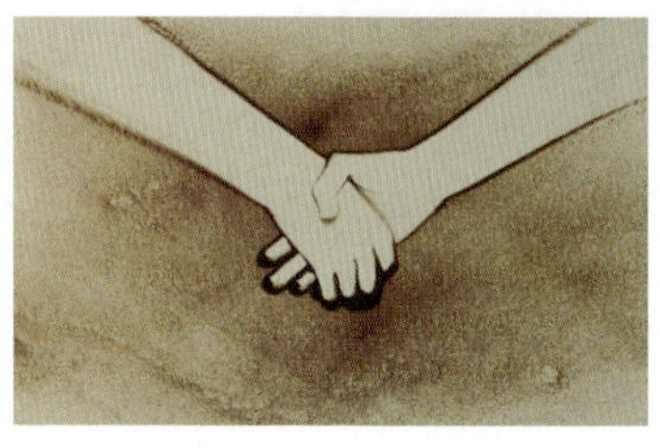

17 밑으로 꺾어 마무리하면 두 손이 악수하는 모습이 된다.

연인이 잡은 손, 반가워 인사하는 손, 잘해 보자는 의지의 손 표현 등으로 활용하기 좋은 그림이다.

약속하는 손

새끼손가락을 걸고 약속하는 손은 완성된 그림만 보면 복잡해 보이지만 주먹표현과 별 차이가 없다. 그려지는 순서대로 몇 번만 따라서 그려 보면 혼자서도 충분히 그리기 쉬운 손 모양이다.

how to make!

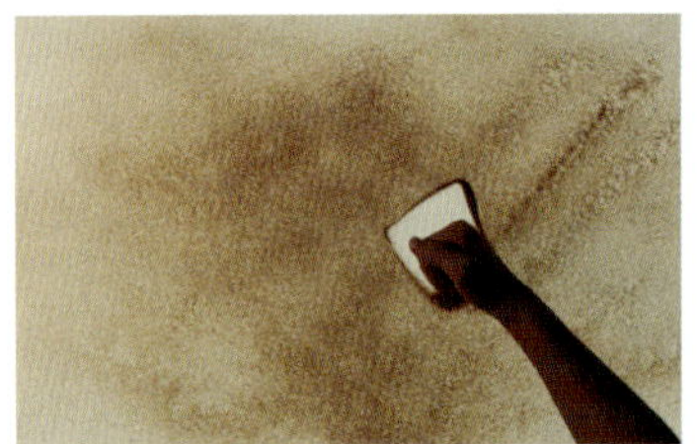

1 손날로 모래를 밀어내 손바닥 면을 만든다.

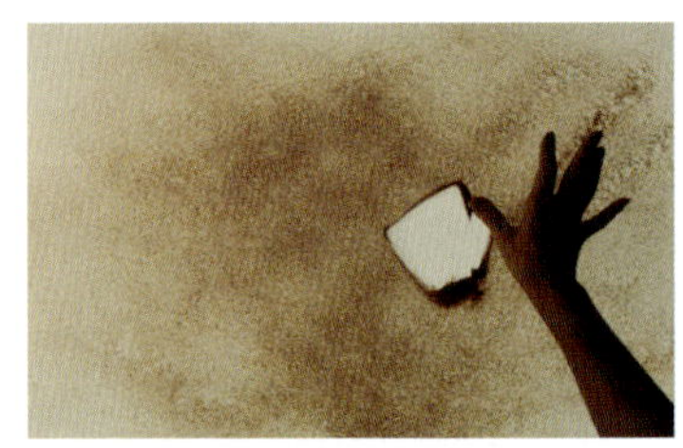

2 손바닥 면 아래에서 선을 위로 밀어 올린다.

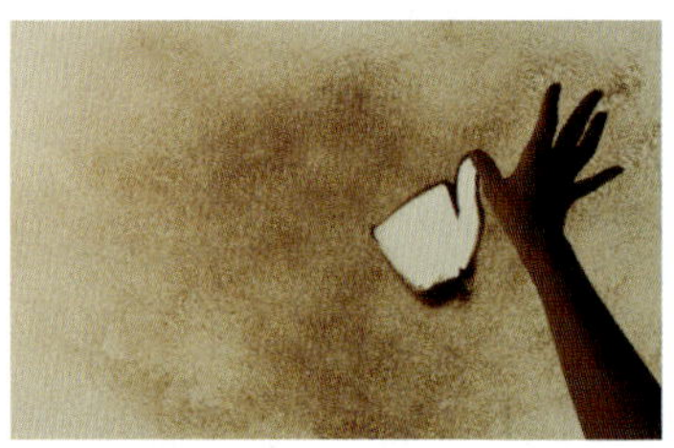

3 살짝 곡선으로 그려 올리면 엄지가 된다.

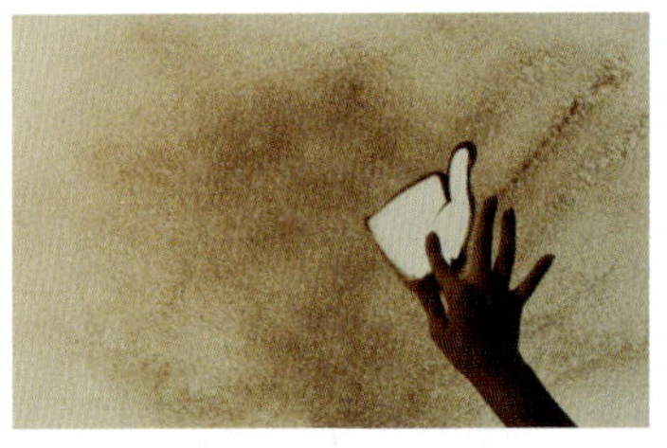

4 모래를 당겨 손바닥주름을 만든다.

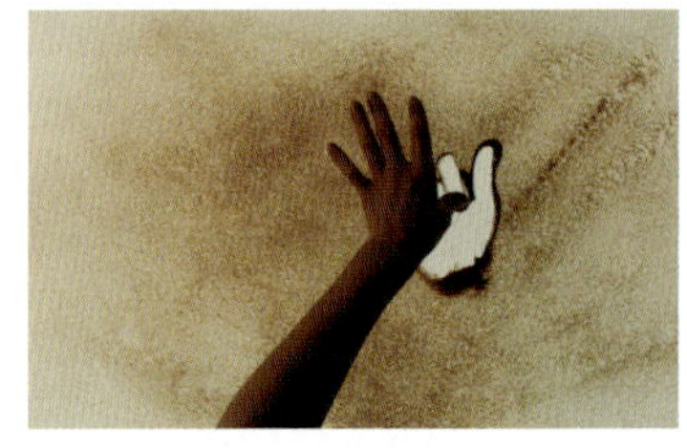

5 접은 검지를 그린다.

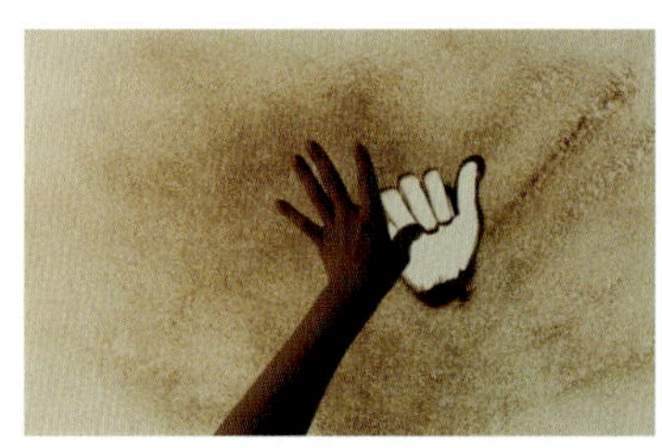

6 접은 중지와 약지를 그린다.

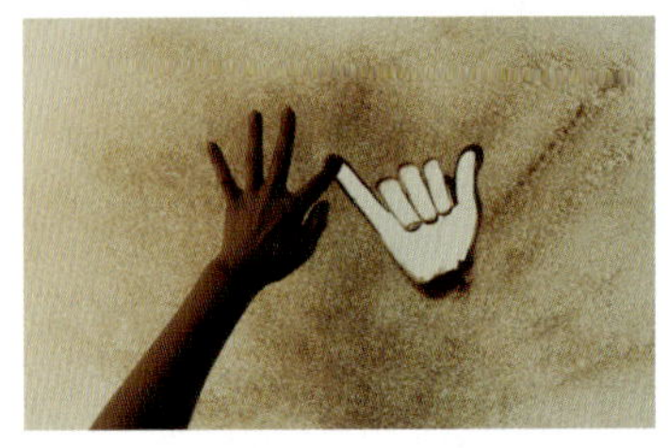

7 새끼손가락은 접은 손가락보다 길게 그린다.

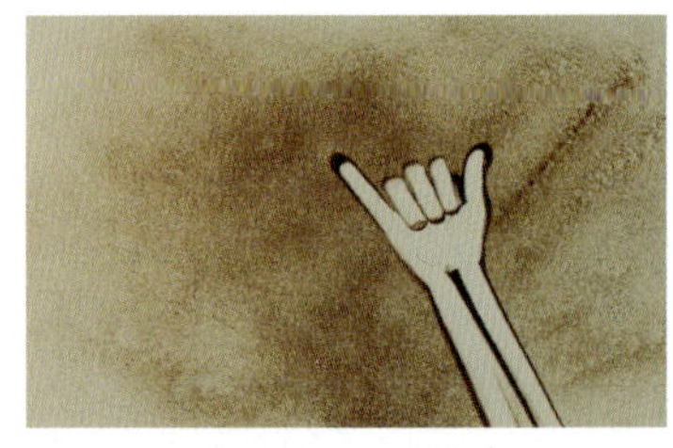

8 팔 라인을 그린다.

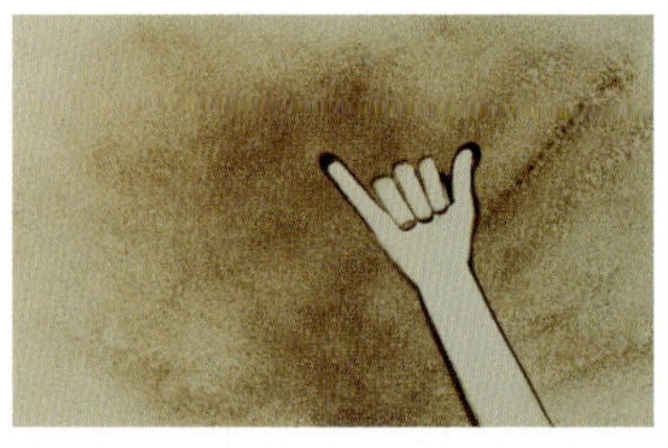

9 팔 라인에 남은 모래를 정리한다.

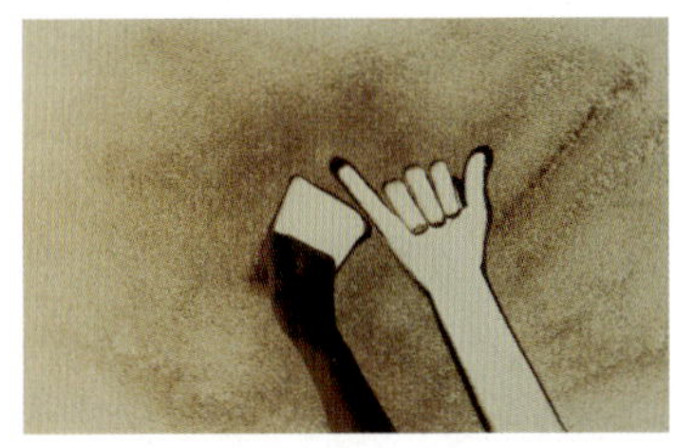

10 바로 옆에 면을 하나 만든다.

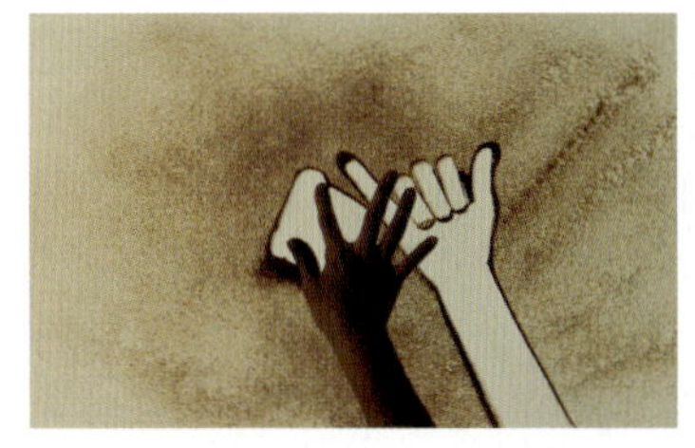

11 주먹을 쥔 손등처럼 곡선을 만든다.

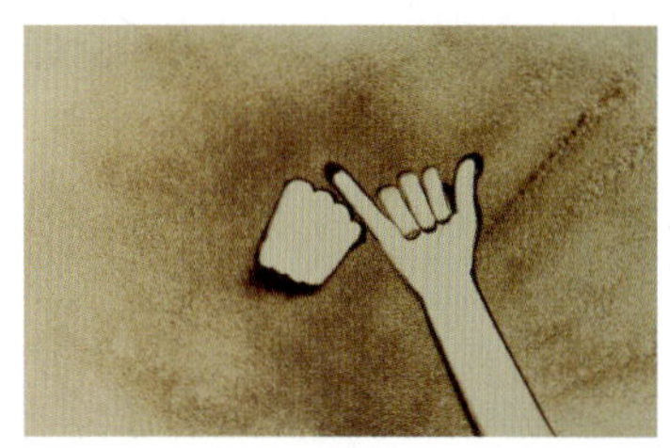

12 손등 하나하나의 작은 곡선까지 만든다.

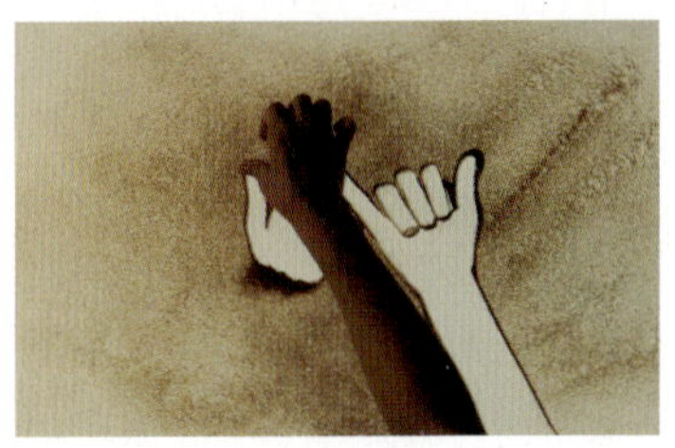

13 모래를 밀어 올려 엄지를 그린다.

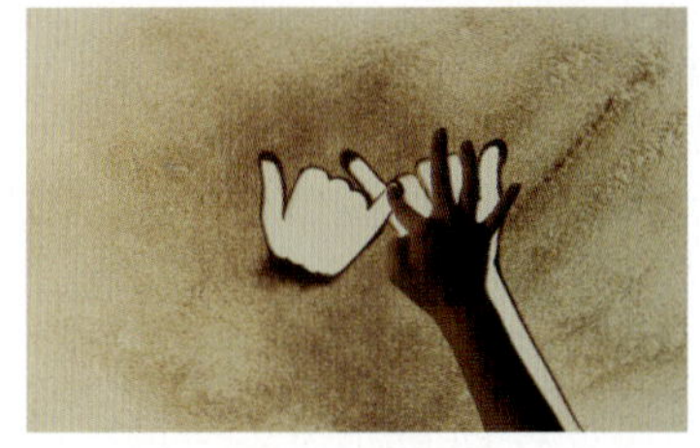

14 접은 새끼손가락의 모래를 사선으로 밀어 올린다.

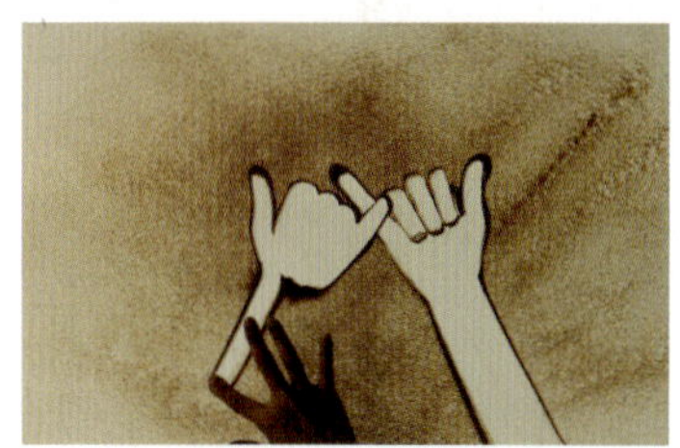

15 팔 라인을 그린다.

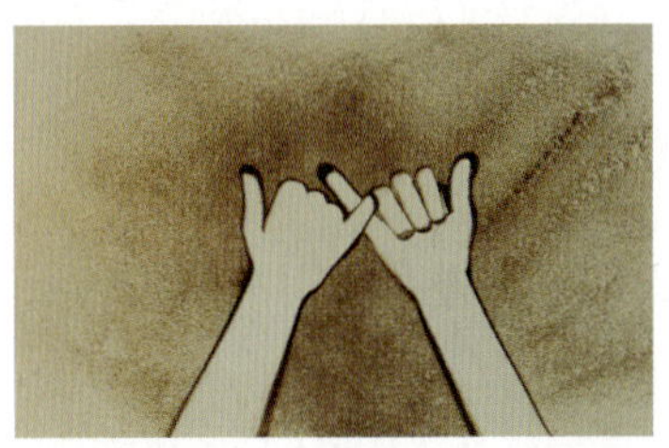

16 팔 라인을 하나 더 그리고 모래를 정리한다.

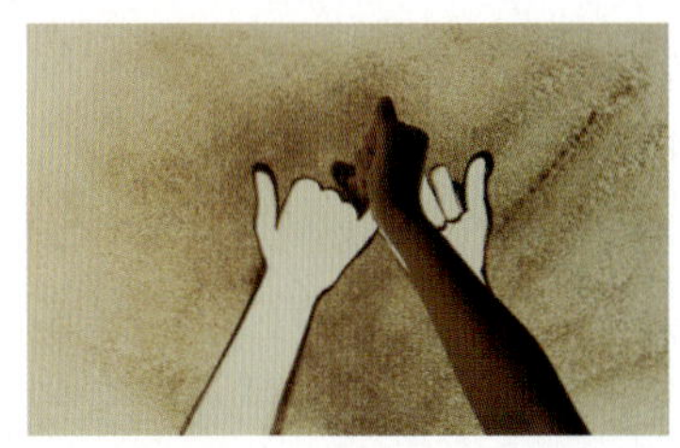

17 내민 손 새끼손가락에 모래를 뿌린다.

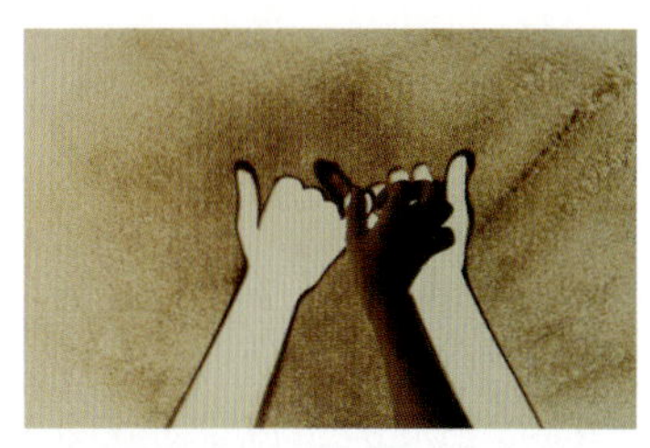

18 새끼손가락 모래를 오른쪽으로 살짝 당긴다.

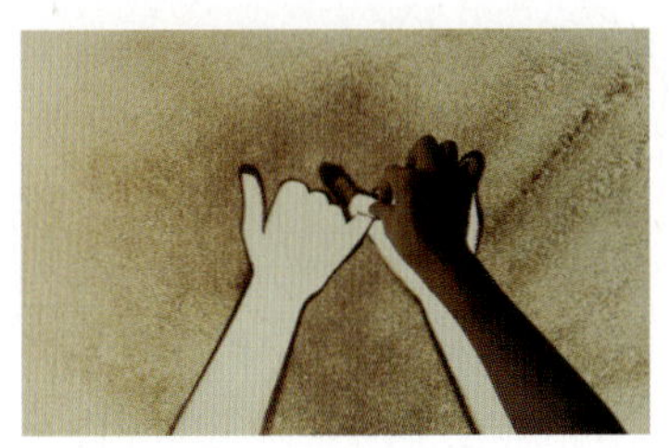

19 접히는 새끼손가락을 아주 작은 각으로 꺾어 그린다.

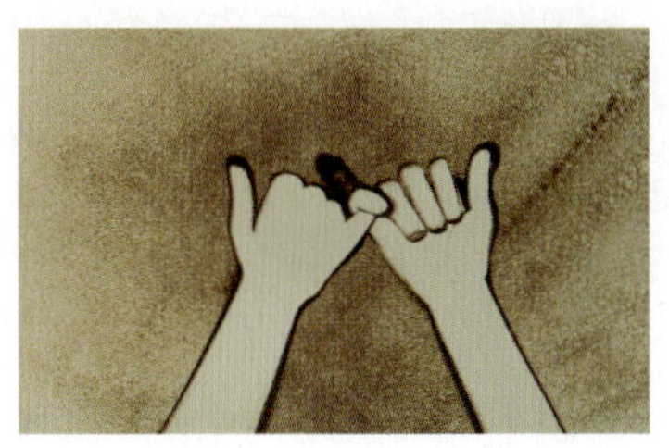

20 손가락을 걸고 약속하는 손이 완성된다.

사랑의 약속, 우정의 약속 등을 표현할 때 사용하면 좋은 그림이다.

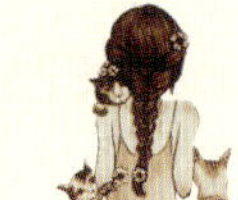

Part 05

샌드아트
작품 구성

인물 컷 구성
스토리텔링 구성

지금까지 배운 것으로도 충분히 한 컷 작품이나 간단한 영상을 제작할 수 있다. 샌드아트는 마지막 한 컷으로 완성하는 작품도 있지만, 이야기를 풀어가며 관객과 소통하고 공감하는 메시지가 있는 장르이다. 관객과 감동을 함께 나누기 위해서는 탄탄한 구성으로 연출할 수 있어야 한다. 완성도 있는 이야기를 구성하는 방법을 배운다.

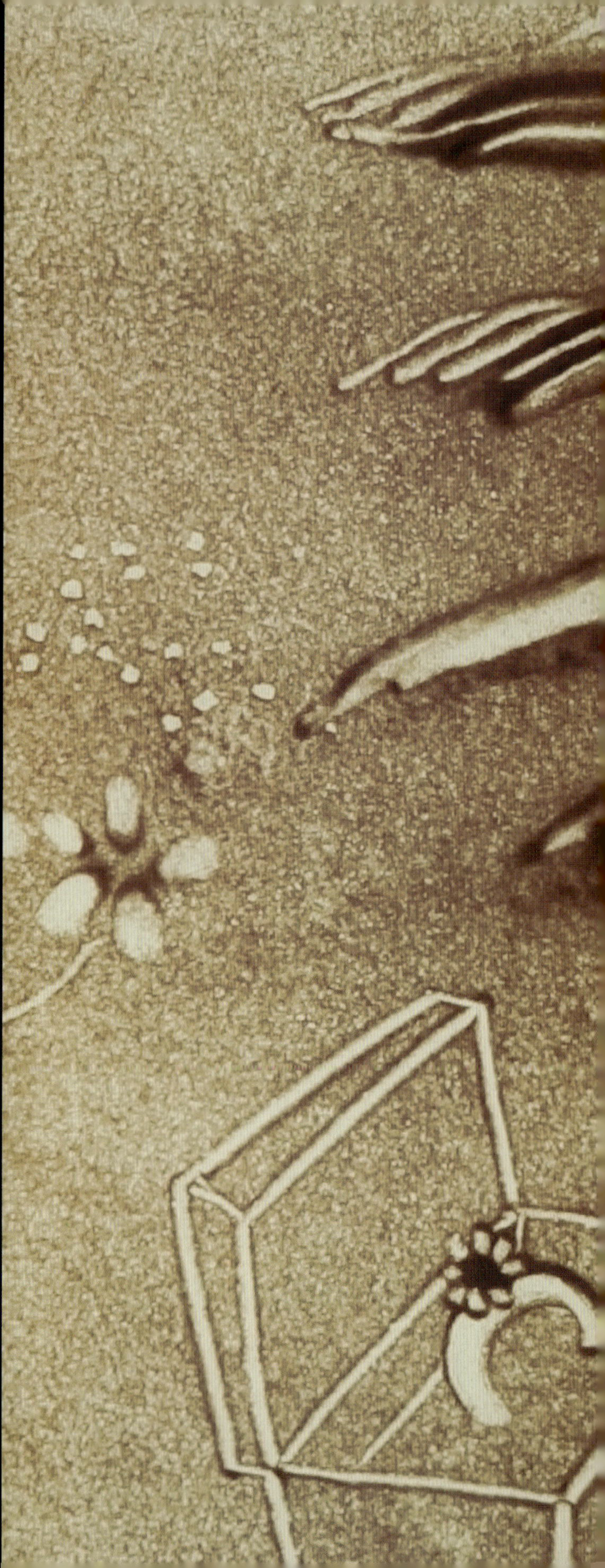

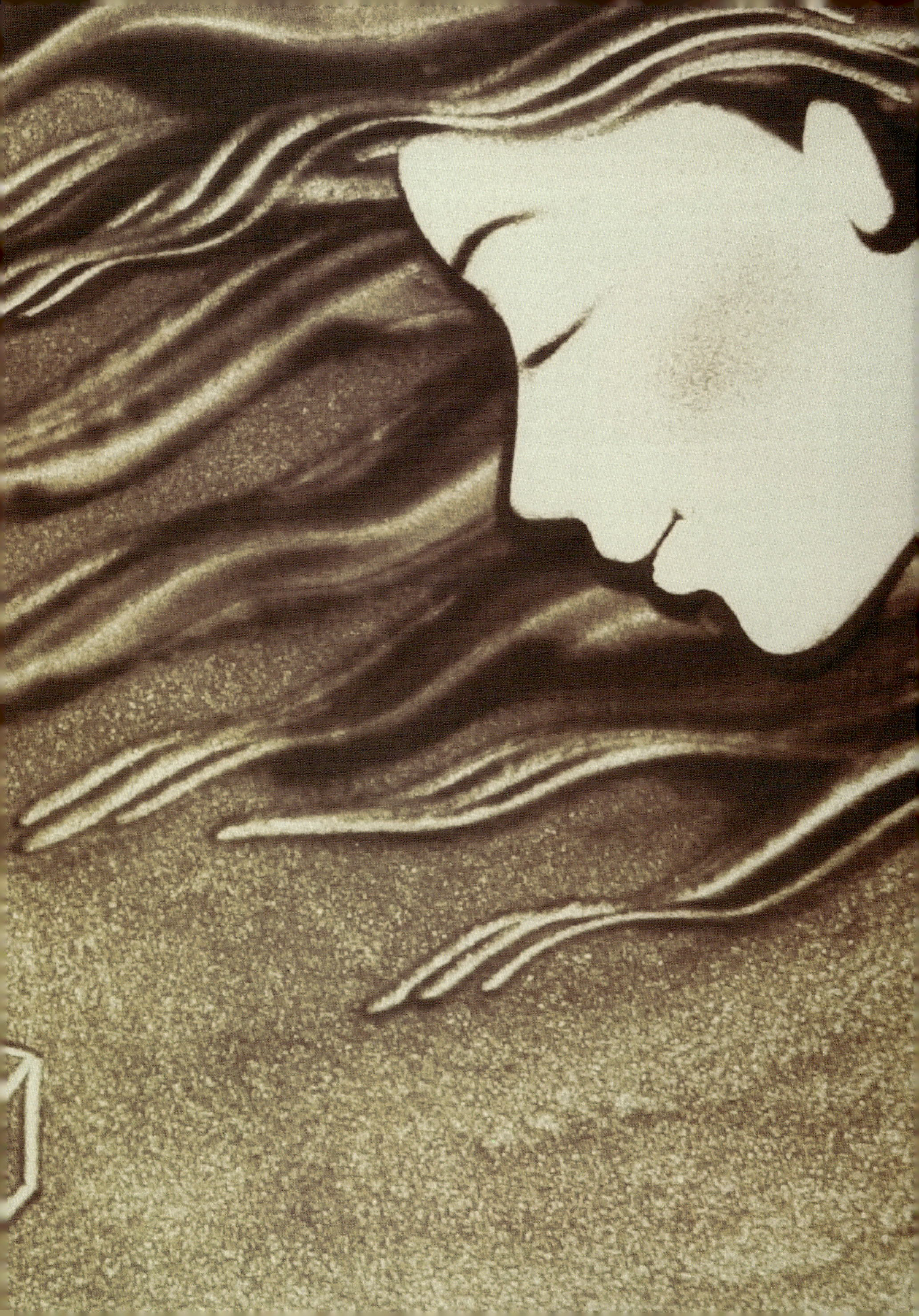

인물 컷 구성

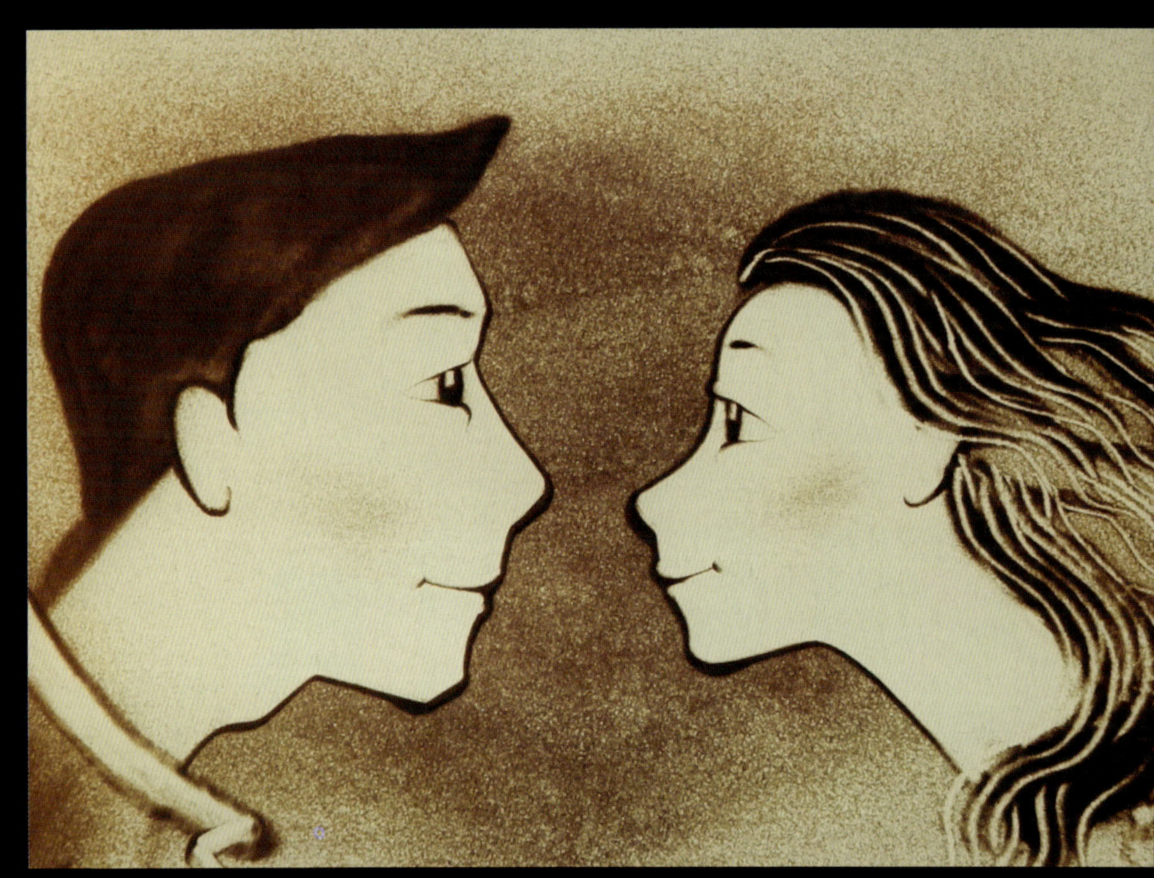

인물 컷은 이야기를 구성할 때 빠지지 않는 감초 같은 컷이다. 단순 얼굴만을 그리는 것은 앞에서 배운 기법을 종합하여 그리

면 충분히 가능하다. 인물 컷은 단순히 한 컷을 그리는 것이 아니라 그 인물이 이야기 속에서 무엇을 하는지, 누구인지를 파악

하고 그려야 감정이 잘 전달된다. 다시 강조하 지만 샌드아트는 소통과 공감이 중요하다. 단순 인물 컷에서 이야기가 있는 인

물 컷까지 다양한 표현법으로 인물을 그려본다.

1. 단순 인물 컷

얼굴 표현이 익숙해지면 간단한 명암효과로 초상화까지 그릴 수 있게 된다. 아이와 어른을 동시에 그리면 아이 얼굴은 조금 작게 그리면 된다. 남자와 여자를 동시에 그리면 여자 얼굴은 곡선으로 남자 얼굴은 주로 직선으로 표현하면 된다. 그리고 시선이 아래를 내려다보는지 위를 바라보는지에 따라 얼굴 표현 방법이 달라진다. 여기서는 샌드아트에서 가장 많이 쓰이는 정면과 옆얼굴을 그리는 기법을 중심으로 소개한다.

정면 얼굴

캐릭터를 그릴 때 얼굴 비율은 중요하지 않지만, 기본 얼굴을 그릴 때는 되도록 이마, 코, 턱 간격의 비율을 1:1:1로 그려 자연스러운 느낌이 나도록 연습한다. 기본 얼굴 그리기가 익숙해지면 다양한 캐릭터를 그려 본다.

how to make!

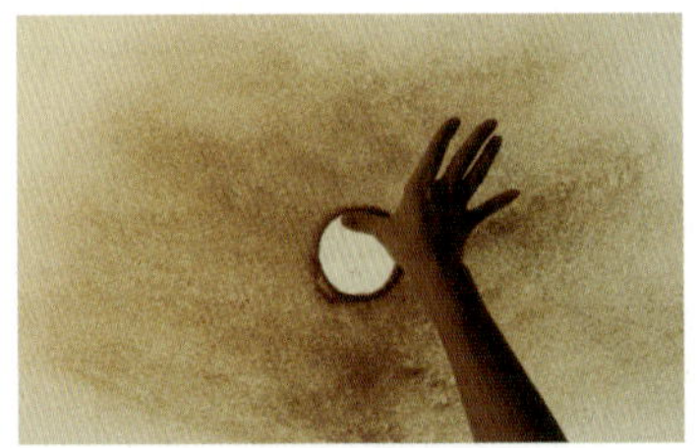

1 손가락으로 원을 그린다.

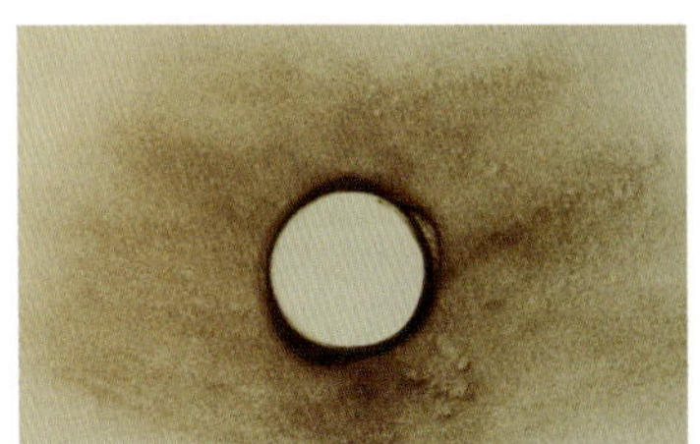

2 원을 점점 크게 그린다.

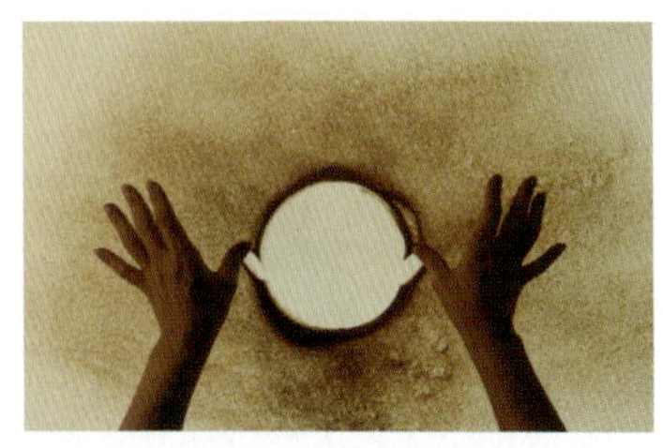

3 손가락을 안에서 밖으로 밀면서 귀를 그린다.

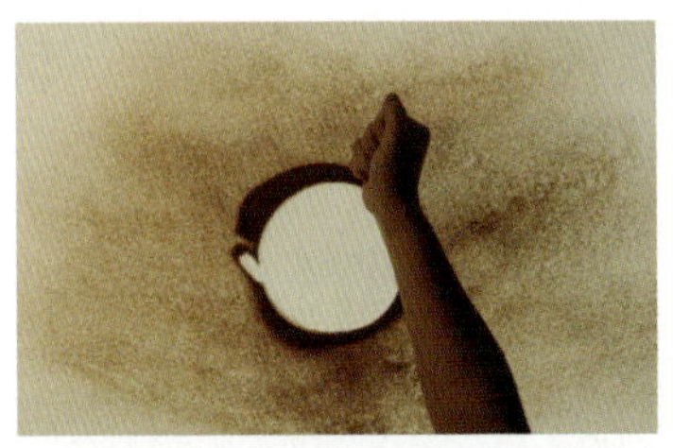

4 머리를 선 뿌리기로 조금씩 채운다.

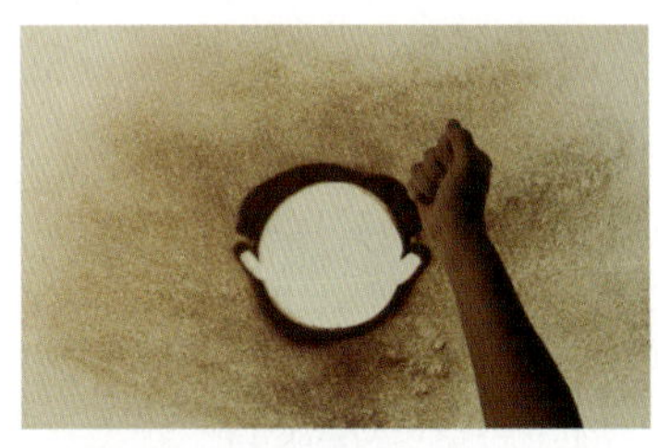

5 머리카락 일부분이 그려진다.

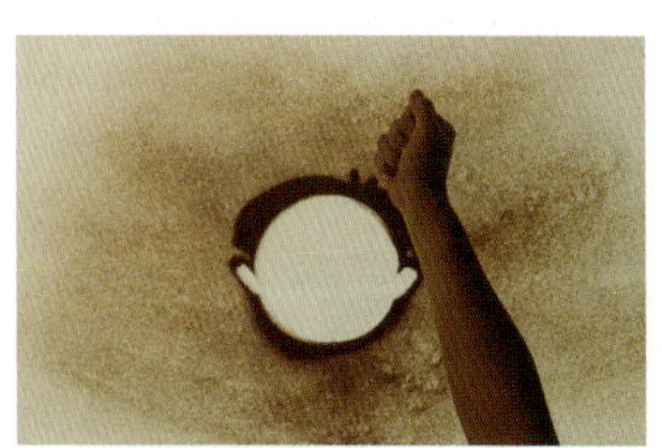

6 선을 살짝 밖으로 나오게 뿌리면 가르마를 탄 머리 모양이 된다.

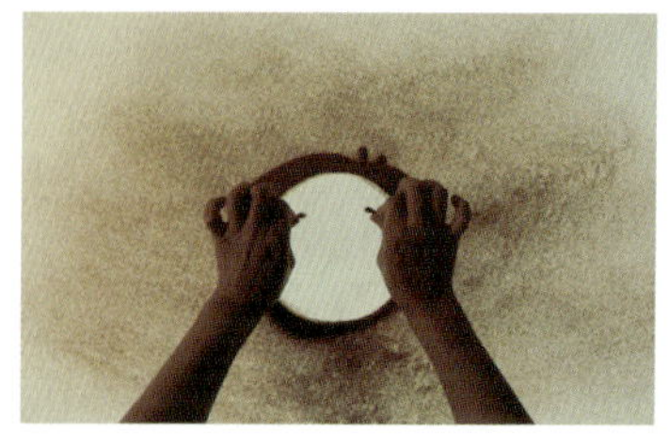

7 이마에 양손으로 모래를 한 꼬집 놓는다.

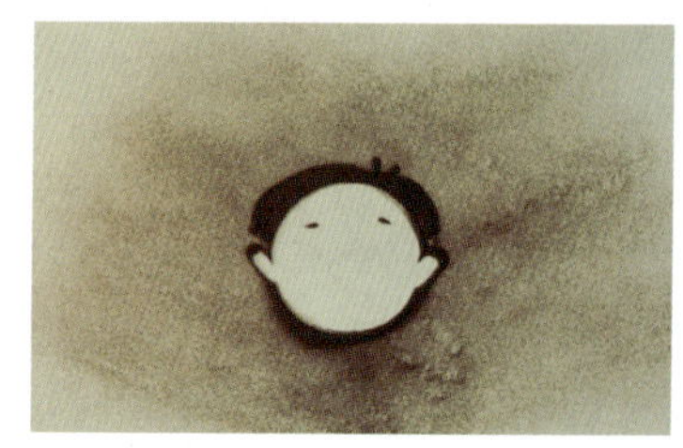

8 눈썹이 만들어 진다.

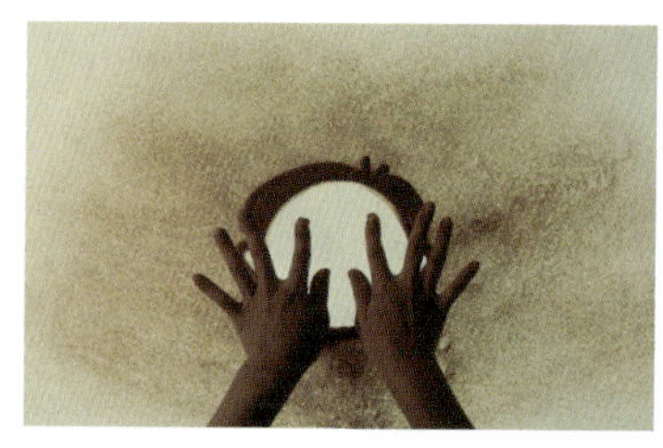

9 눈썹을 손가락으로 살짝 밀어 올린다.

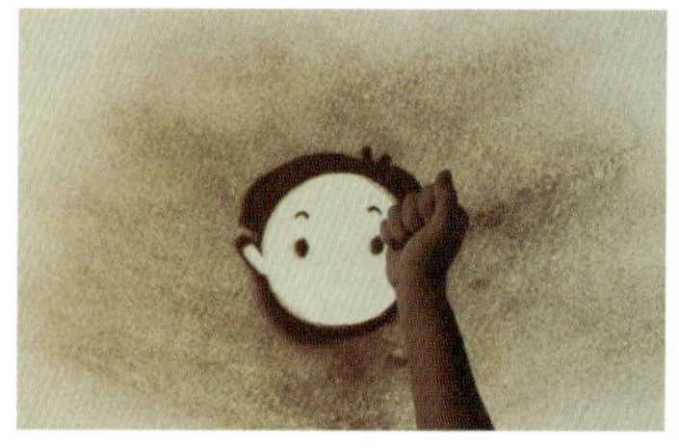

10 놓기로 눈동자를 만든다.

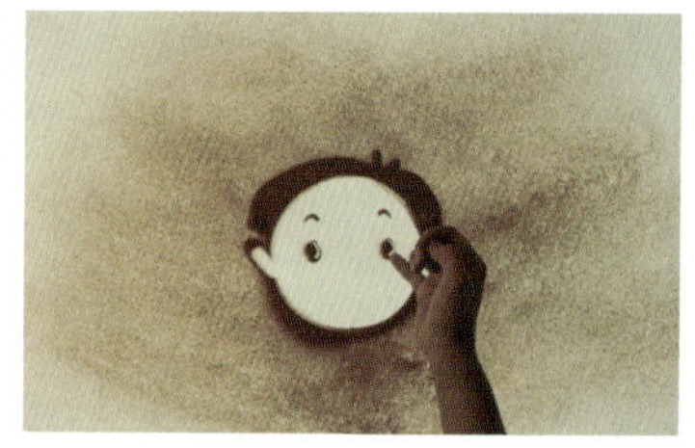

11 눈동자를 세끼손가락 손톱으로 찍는다.

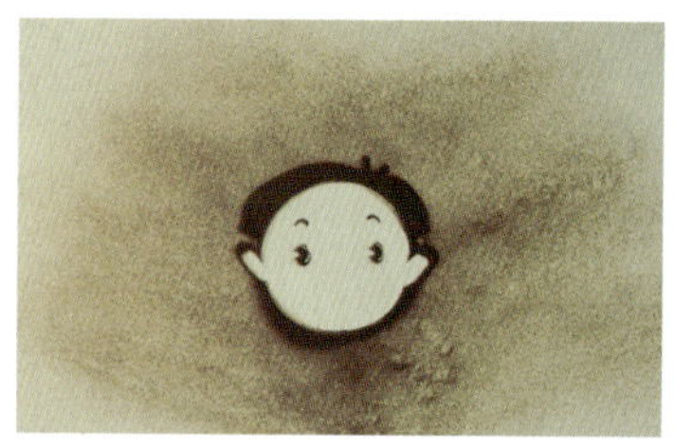

12 눈동자가 완성된다.

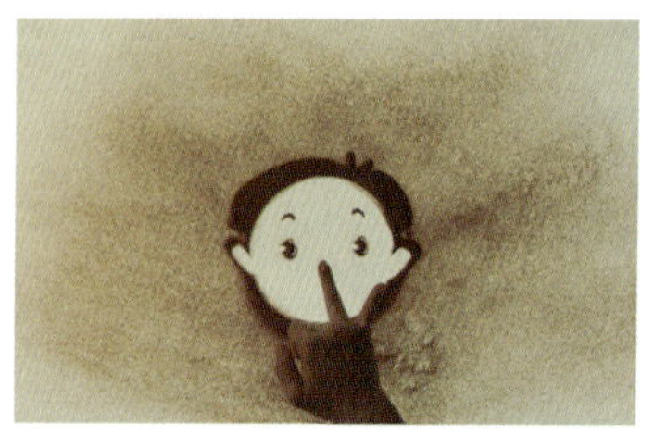

13 모래를 한 꼬집 놓아 코를 만들고 손가락으로 살짝 밀어 올린다.

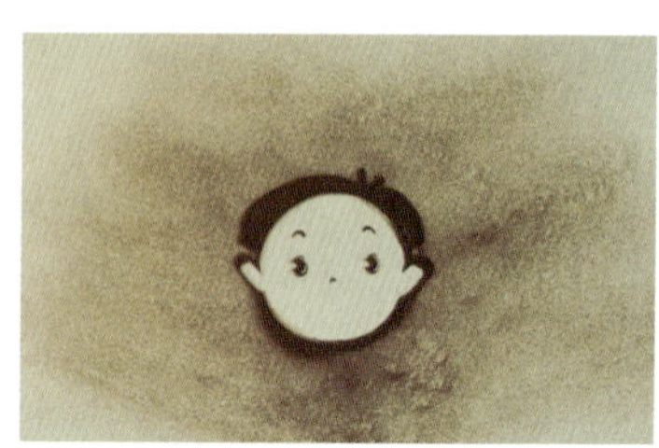

14 귀여운 아이 코가 된다.

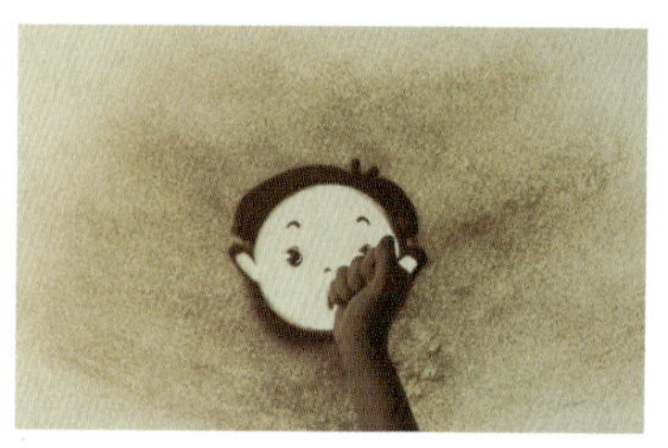

15 모래를 세로로 갖다 놓아 입을 만든다.

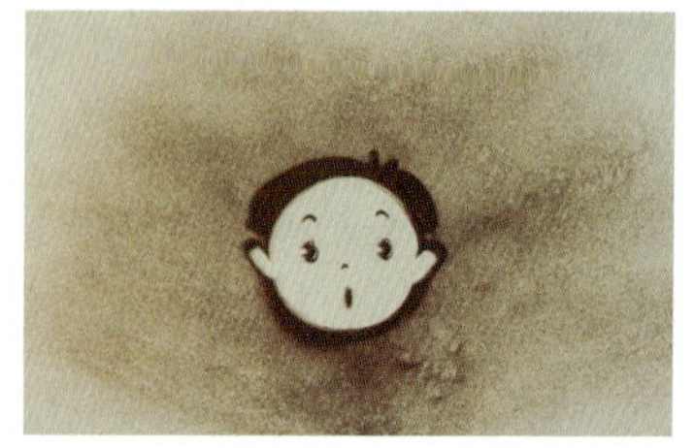

16 '오'하는 입 모양이 된다.

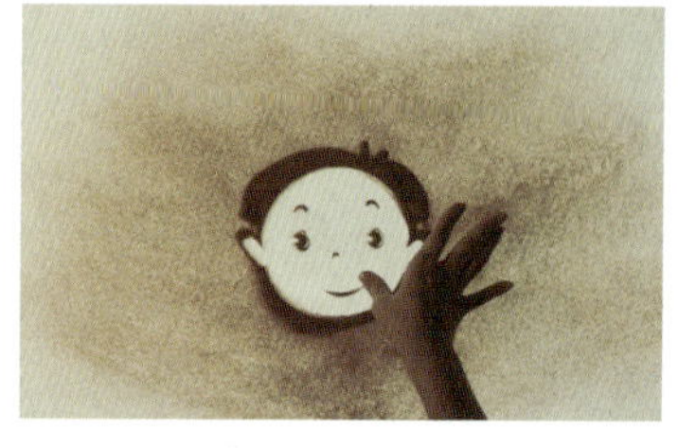

17 손가락으로 입을 아래로 문지르면 '음'하는 입 모양이 된다.

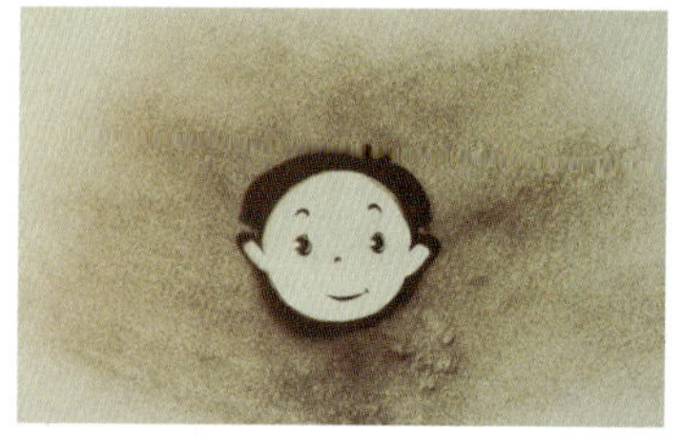

18 입 라인 끝을 안쪽으로 살짝 밀면 야무진 입 모양이 된다.

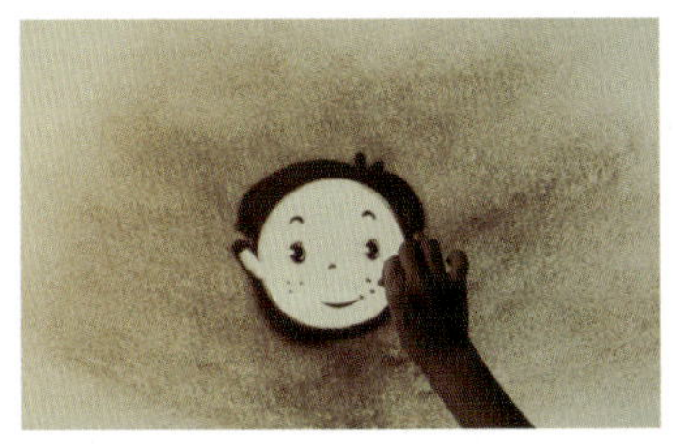

19 볼에 작게 한 꼬집씩 놓으면 주근깨가 된다.

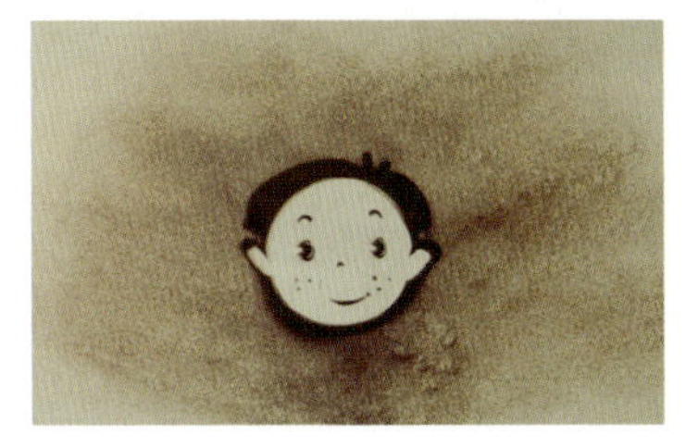

20 호기심 많은 귀여운 아이의 정면 얼굴이 완성된다.

머리카락 모양이나 그려지는 옷에 따라 여자아이, 남자아이로 그릴 수 있다. 아이의 표정 변화로 감정을 드러내는 그림도 연습해 본다.

옆얼굴

옆얼굴의 폭은 정면을 그렸을 때와 같은 폭으로 그리면 자연스럽다. 옆얼굴 폭을 예상할 때 코는 예상 폭에서 제외한다. 여자의 옆얼굴을 그려본다.

how to make!

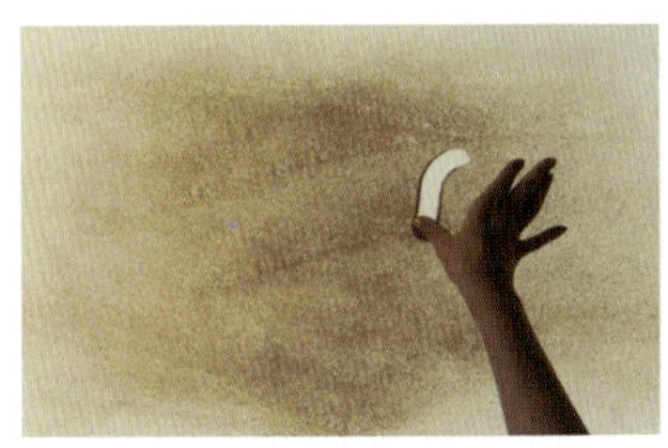

1 엄지를 곡선을 그리며 아래로 내린다.

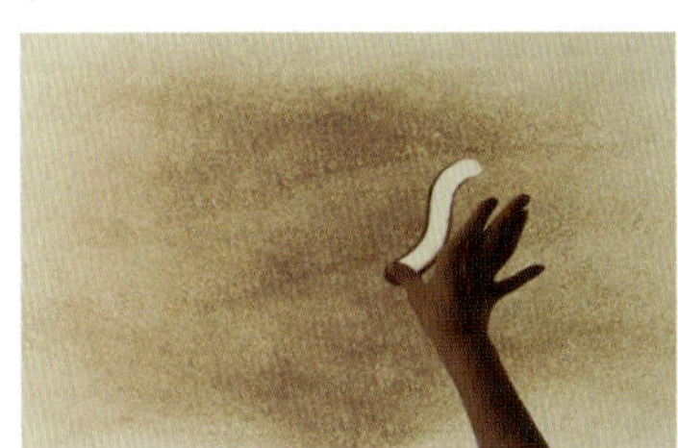

2 콧등 부분을 사선으로 내려 긋는다.

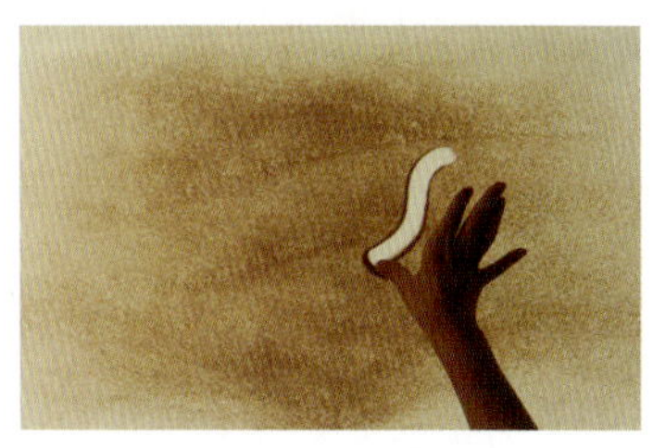

3 코에서 안쪽으로 살짝 꺾는다. 코부터는 꺾이는 부분을 세밀하게 그린다.

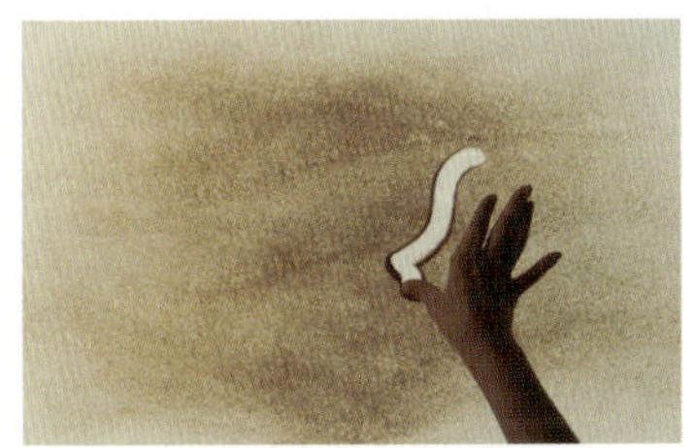

4 옆모습 입술 부분의 곡선을 생각하며 그린다.

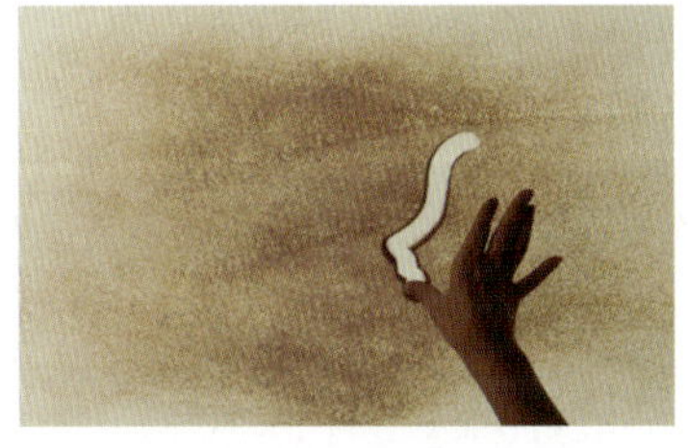

5 오른쪽으로 살짝 들어갔다가 나오며 입술을 그린다.

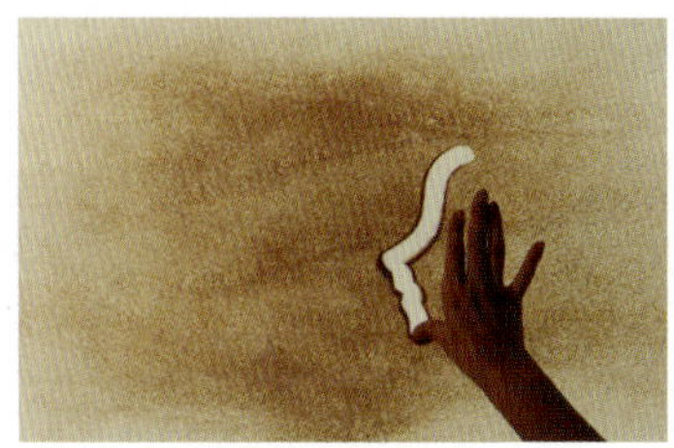

6 사선으로 꺾어 내린다.

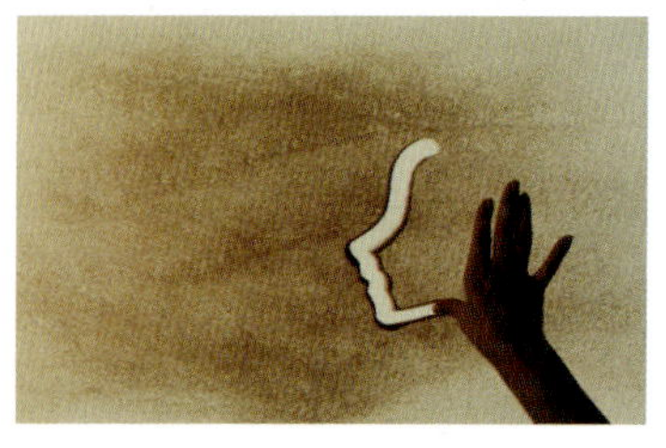

7　왼쪽으로 살짝 나왔다가 사선으로 올리면서 턱선을 만든다.

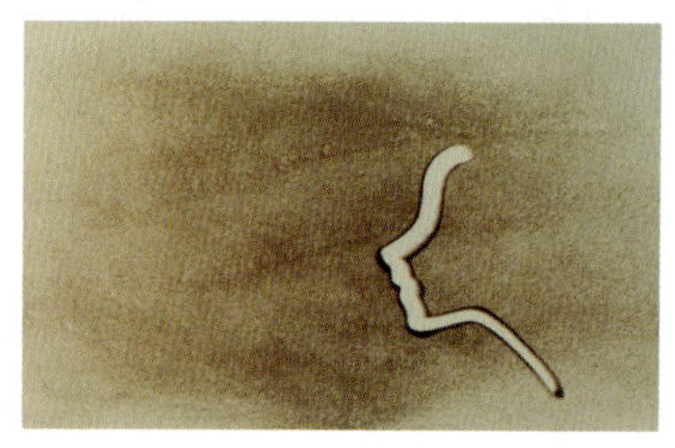

8　턱선에서 살짝 곡선을 그리며 사선으로 내리면 목선이 된다.

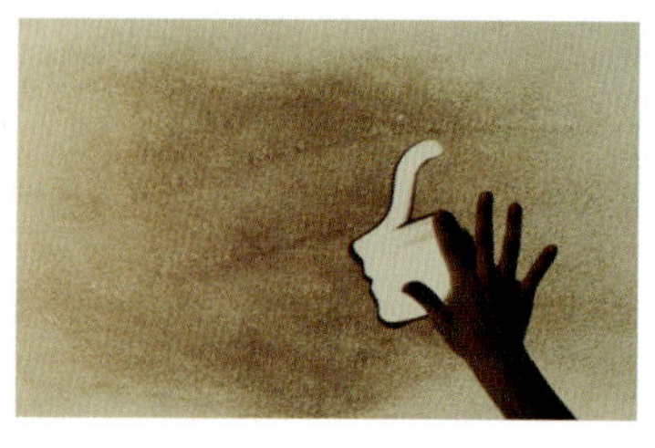

9　얼굴 라인 안쪽의 모래를 옆으로 밀어낸다.

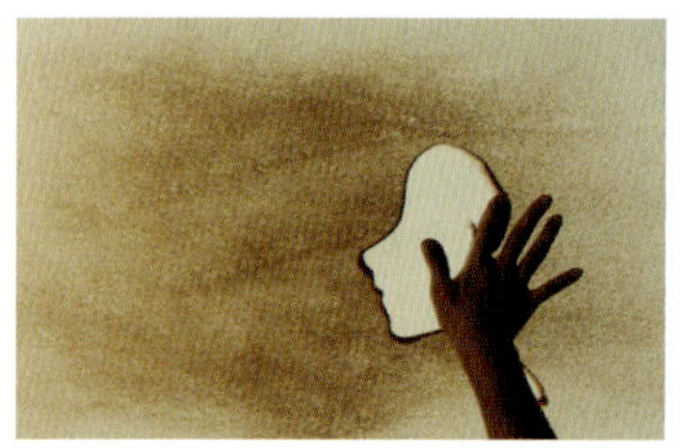

10　이마 부분은 둥글게 밀어 내린다.

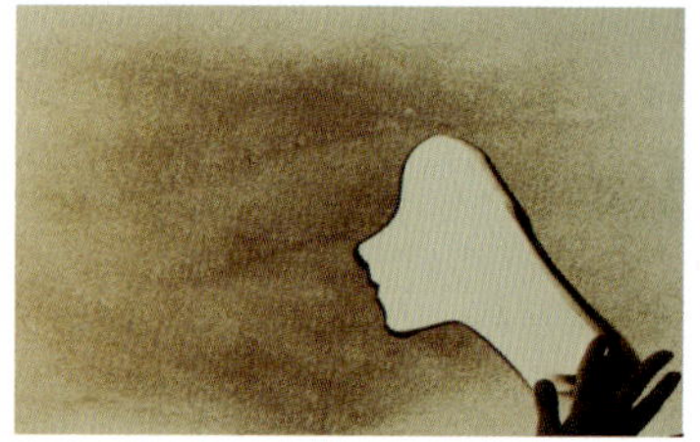

11　목 라인과 같이 사선으로 밀어 내린다.

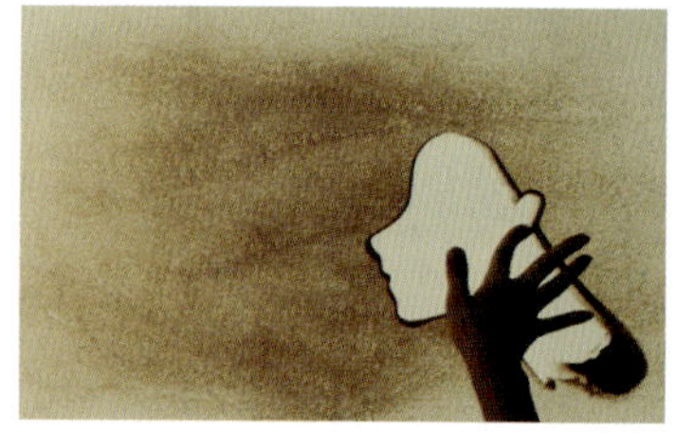

12　콧날 위치와 비슷한 지점에서 모래를 밀어 올리면 귀가 된다.

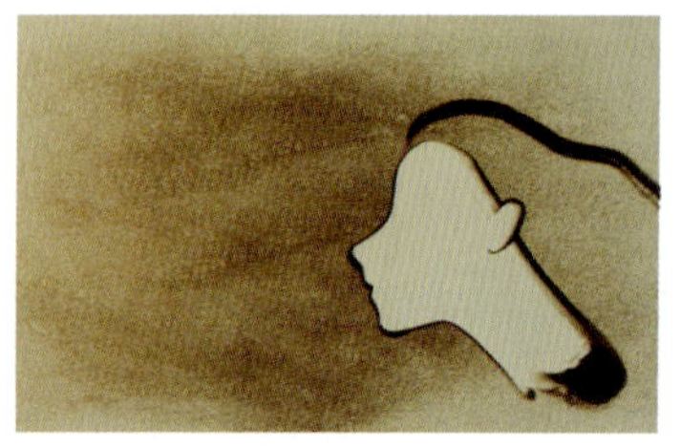

13　굵은 선 뿌리기로 머리카락 라인을 만든다.

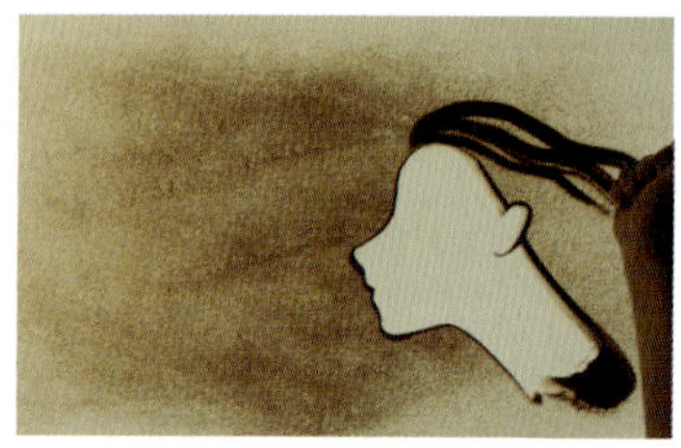

14　굵은 선 뿌리기로 라인을 몇 개 더 만든다.

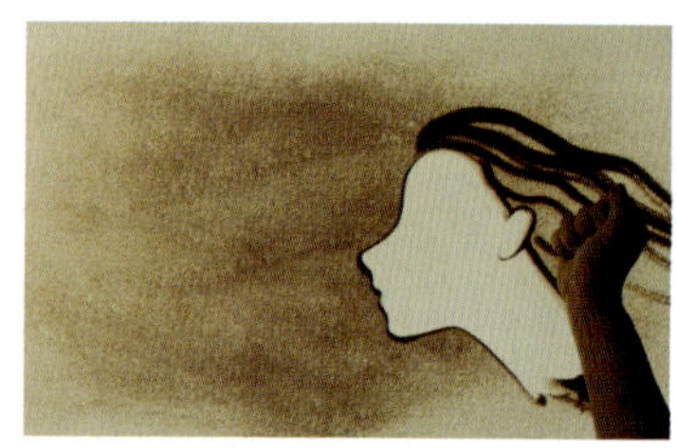

15　머리카락 라인을 고루고루 그려야 한다.

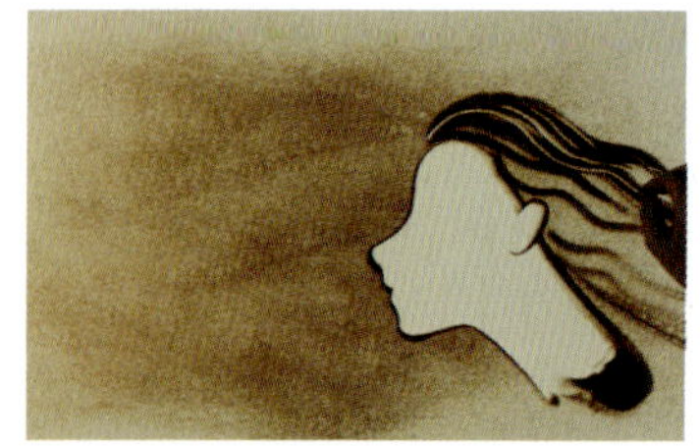

16　손가락을 모아 손톱으로 라인을 따라 긁어내린다.

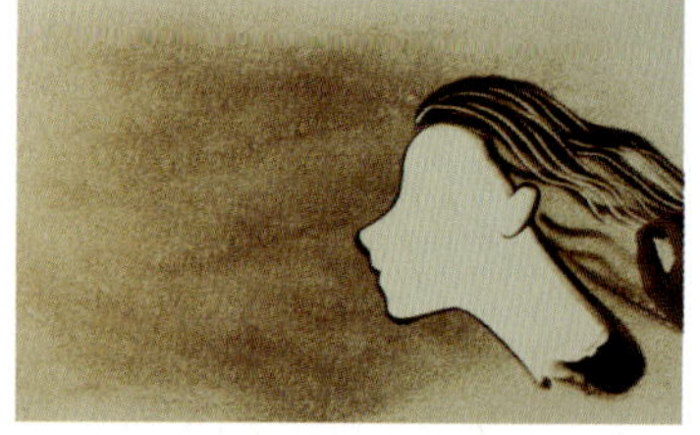

17　물결무늬를 주면서 내리면 머리카락에 생동감이 생긴다.

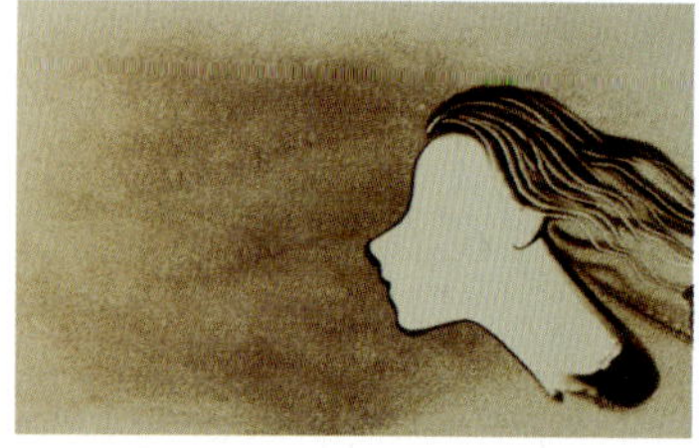

18　머리카락이 날리는 느낌이 나도록 귀를 살짝 가리며 내린다.

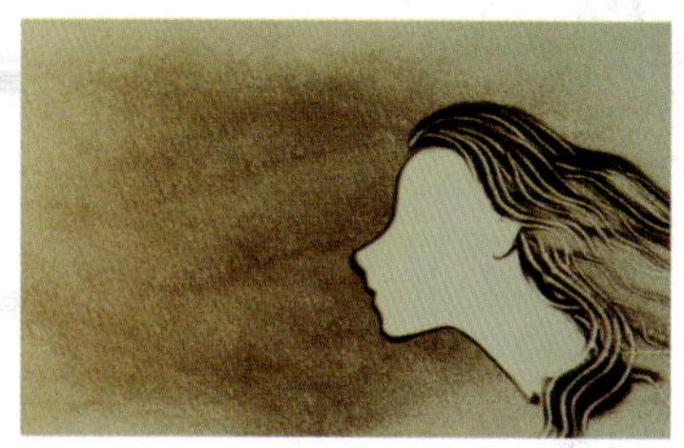

19 목 아래에 정리가 안 된 부분은 머리카락으로 감싸 내린다.

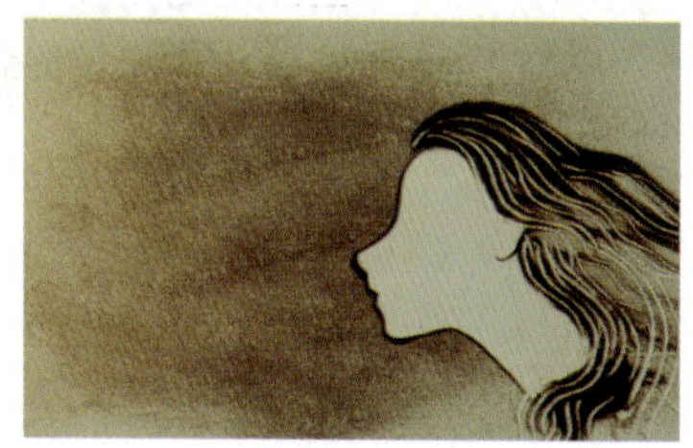

20 목 아래로 머리카락을 한 번 더 감싸 내린다.

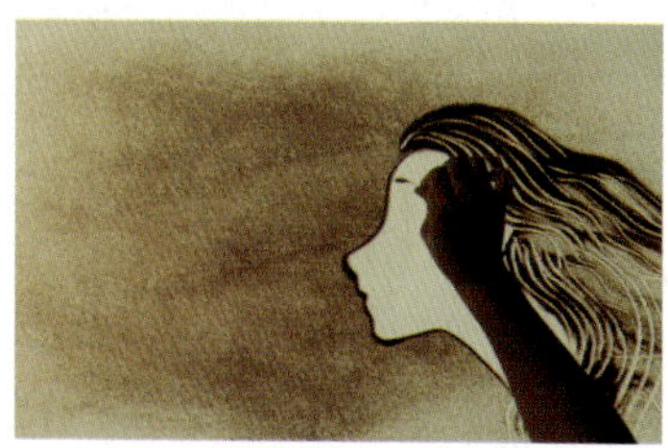

21 한 꼬집 옆으로 밀어 놓으며 눈썹을 만든다.

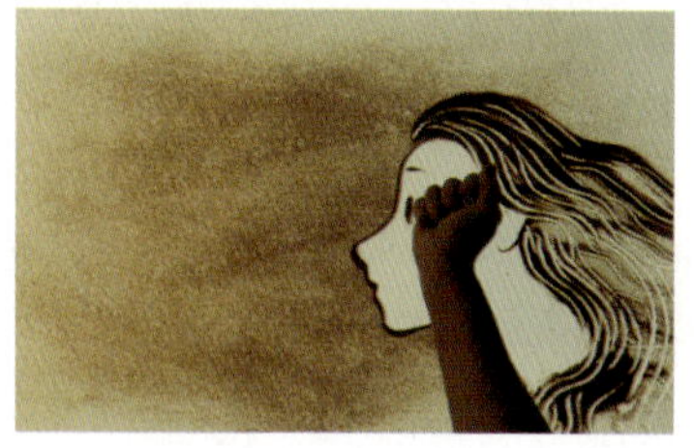

22 모래를 갖다 놓아 눈동자를 만든다.

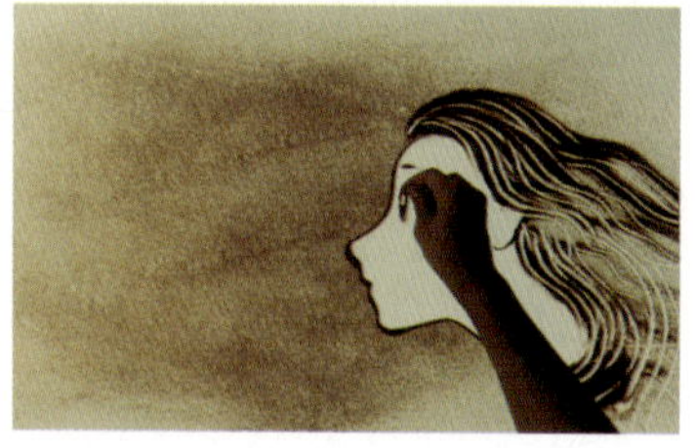

23 손톱 끝으로 눈동자를 콕 찍는다.

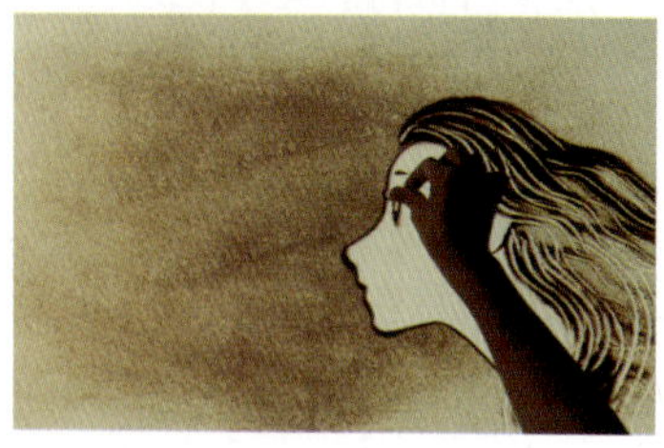

24 눈동자 윗부분에 손가락을 갖다 댄다.

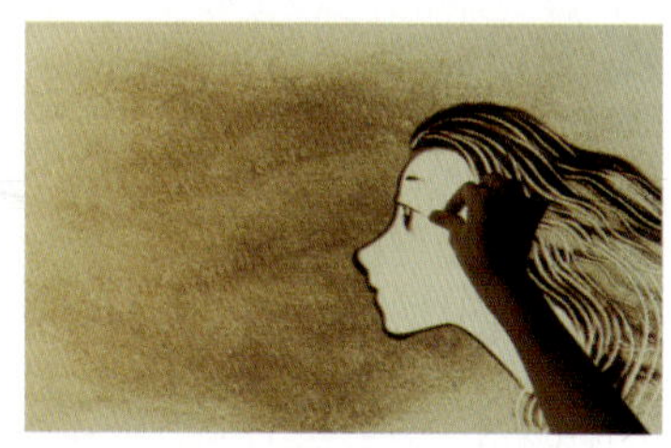

25 모래를 왼쪽으로 밀었다가 오른쪽으로 밀어내면 눈꺼풀 라인이 된다.

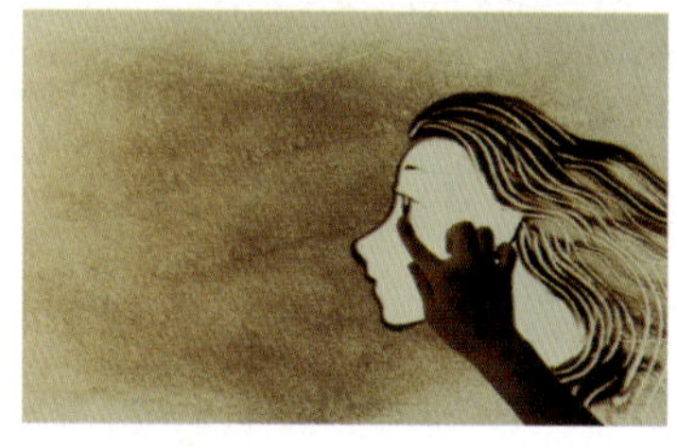

26 눈동자 아랫부분도 좌우로 살짝 밀어낸다.

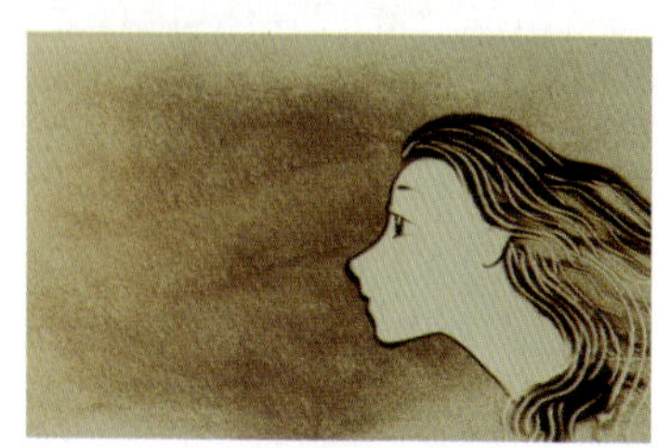

27 여자 옆얼굴이 된다.

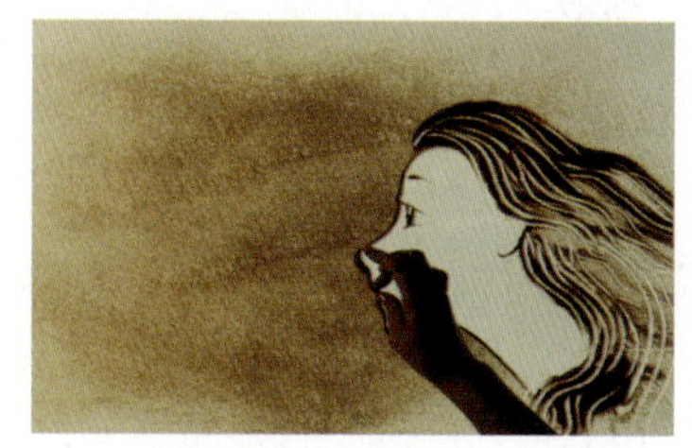

28 집게손을 입라인 모래에 갖다 댄다.

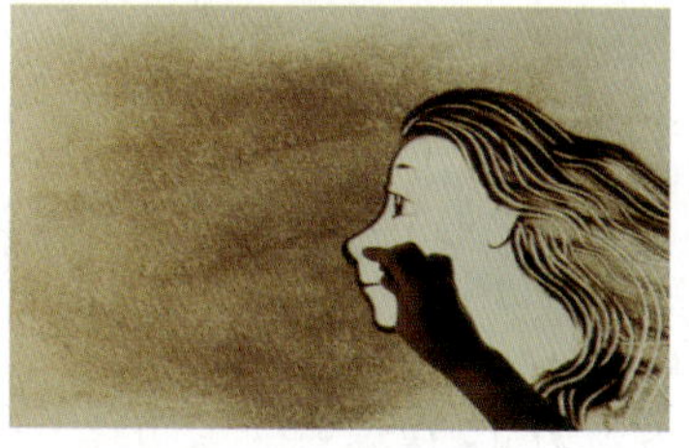

29 입술 라인 모래를 꼬집어 안으로 당긴다.

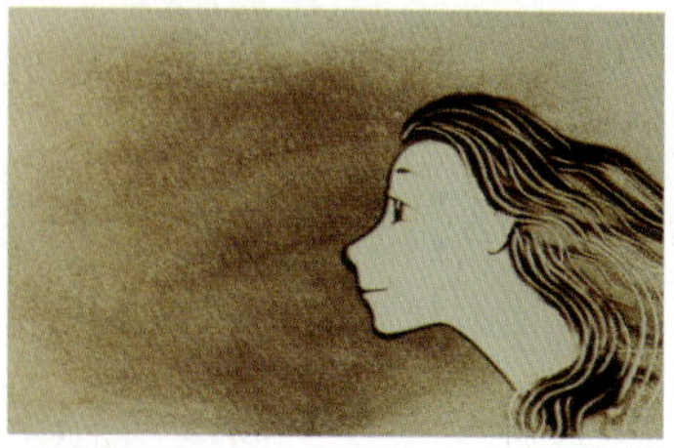

30 아름다운 여인의 옆얼굴이 완성된다.

마주 보는 얼굴

왼손잡이가 아니더라도 마주 본 왼쪽 얼굴을 그릴 때는 되도록 왼손을 사용하면 좋다. 한 컷만 그릴 때는 상관없지만, 무리하게 오른손을 사용하면 라이브 공연이나 영상 제작을 할 때 그리는 동선이 자연스럽지 않아 그려지는 과정이 어수선해 보일 수 있기 때문이다.

<u>how to make!</u>

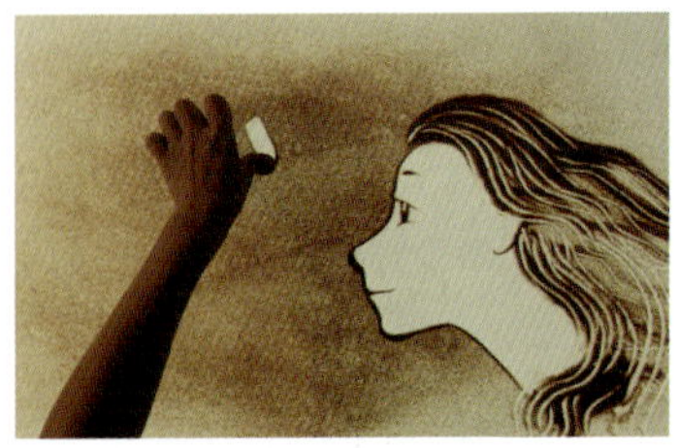

1 여자 얼굴 높이에서 사선으로 내린다.

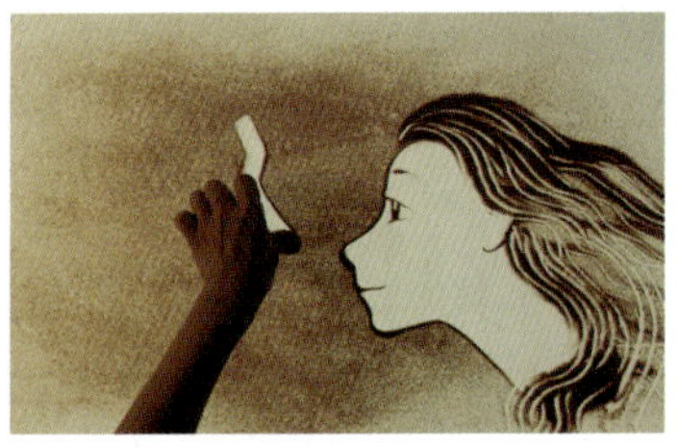

2 살짝 꺽은 다음 사선으로 길게 내린다.

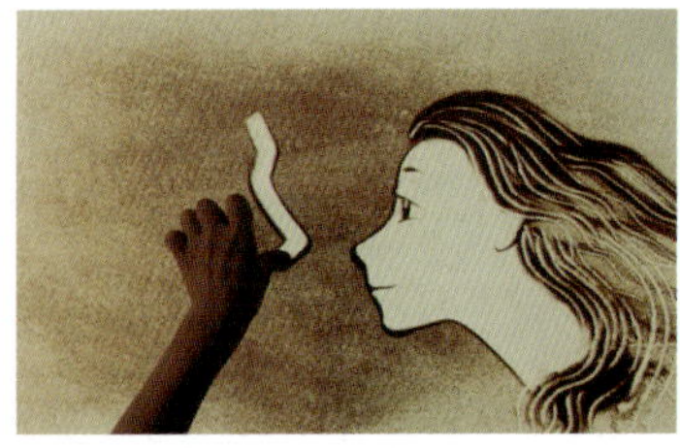

3 살짝 꺾어 코를 그린다.

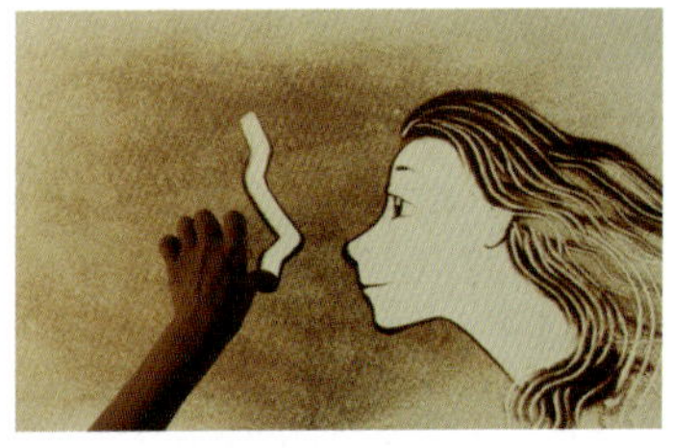

4 아래로 내리며 옆모습 입 라인을 그린다.

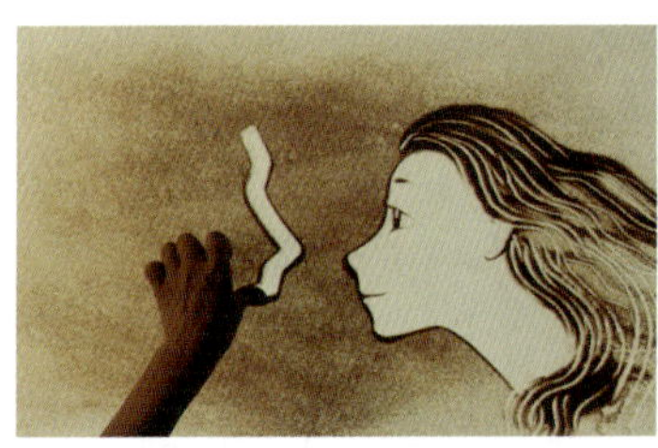

5 왼쪽으로 살짝 밀어낸다.

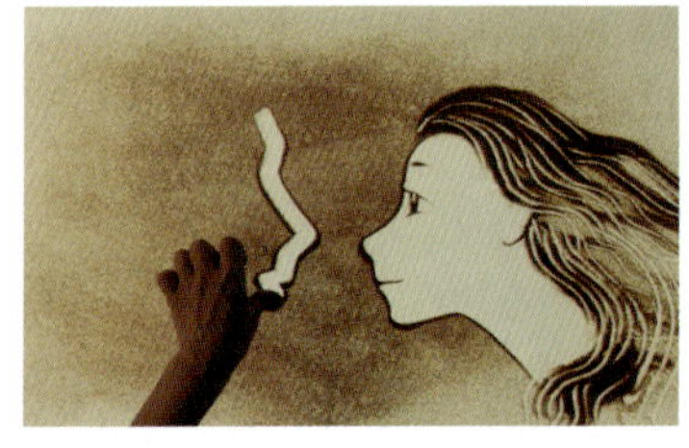

6 오른쪽으로 살짝 밀어내다가 아래로 꺾는다.

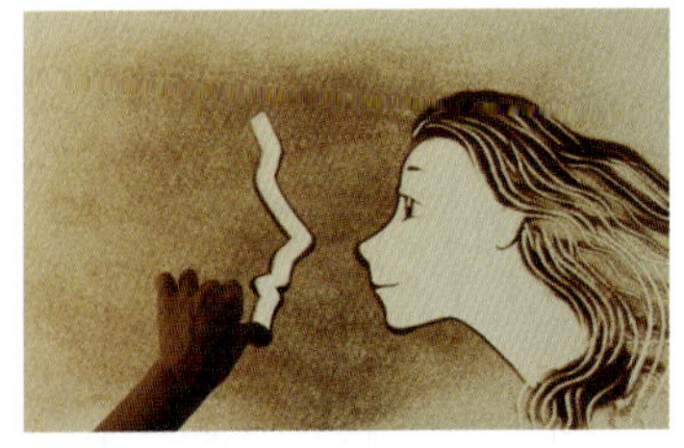

7 약간 사선으로 내리면 턱이 그려진다.

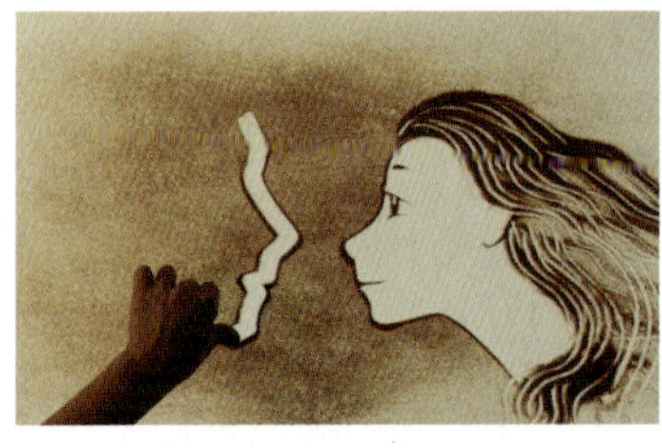

8 왼쪽으로 살짝 각이 생기도록 꺾는다.

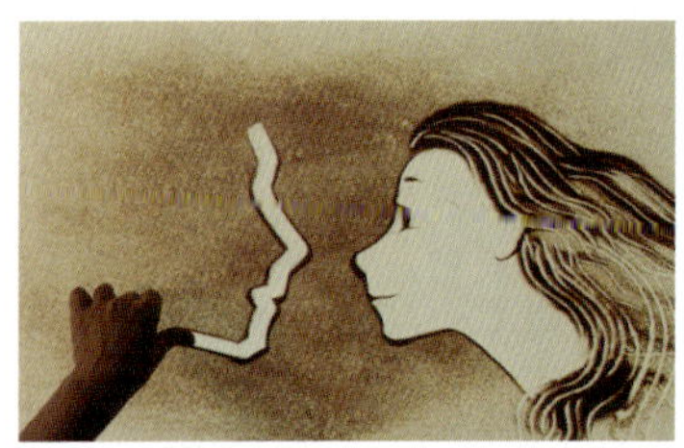

9 사선으로 밀어 올리면 턱 선이 된다.

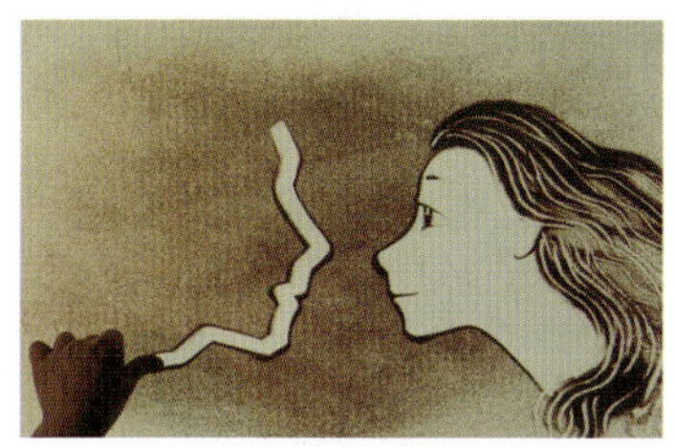

10 목젖 부분을 살짝 나오게 그려 남녀를 구분한다.

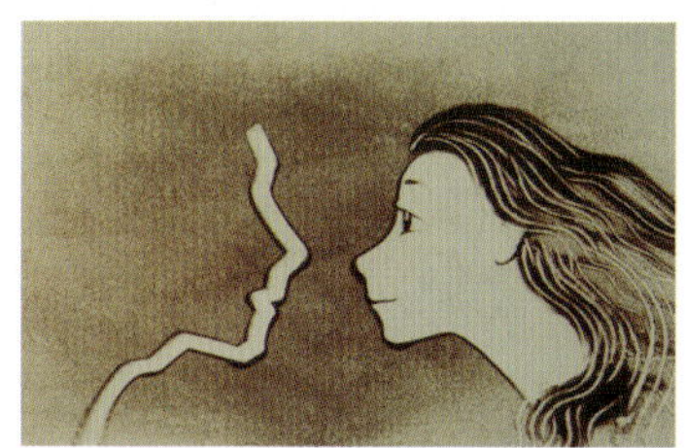

11 아래로 내려 목선을 만든다.

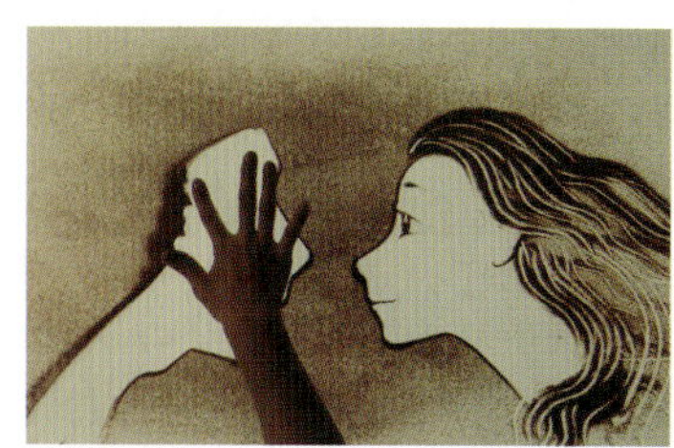

12 비우기를 하고 이마 부분을 옆으로 약간 비스듬히 밀어낸다.

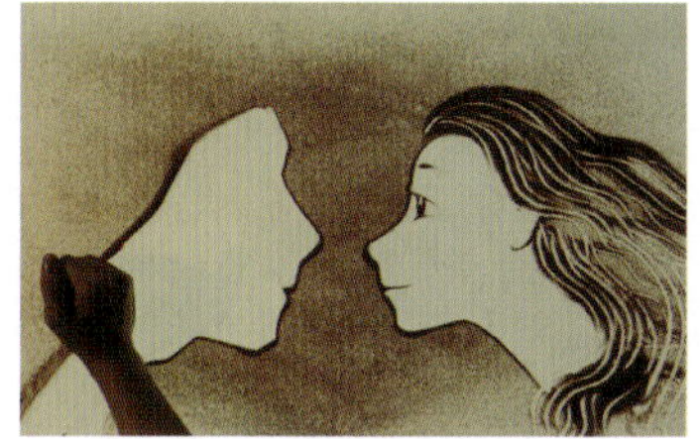

13 아래로 밀어 내렸다가 목 라인을 따라 사선으로 밀어낸다.

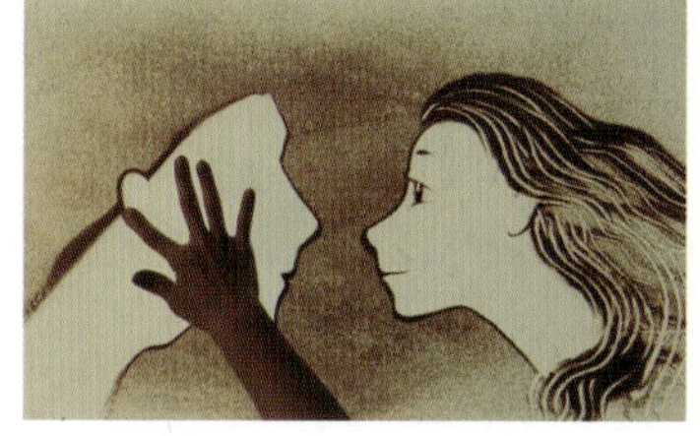

14 콧날 높이에서 손가락을 문지르며 귀를 만든다.

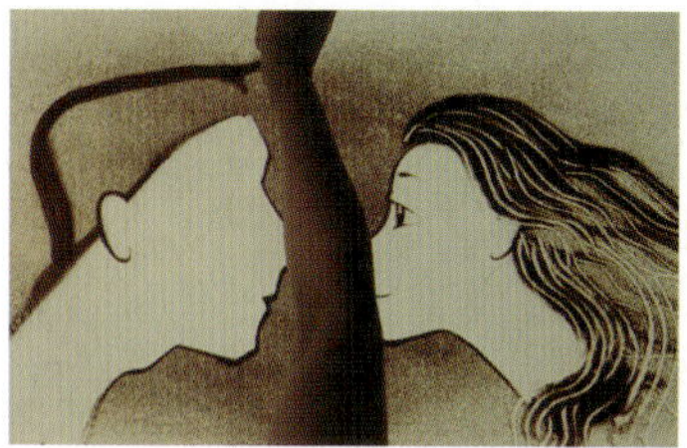

15 굵은 선 뿌리기로 머리 모양을 만든다.

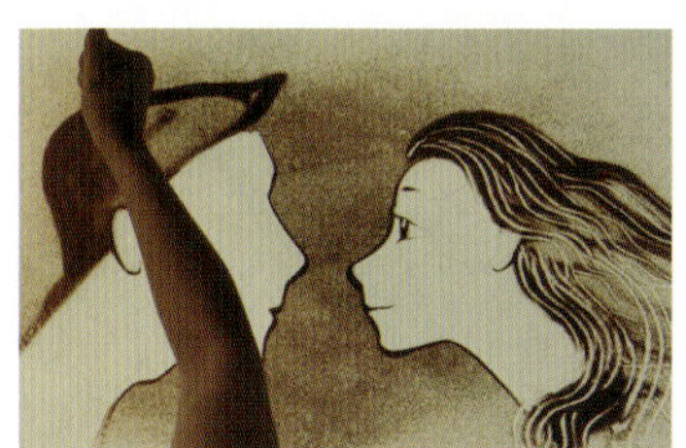

16 짙은 흩뿌리기로 채운다.

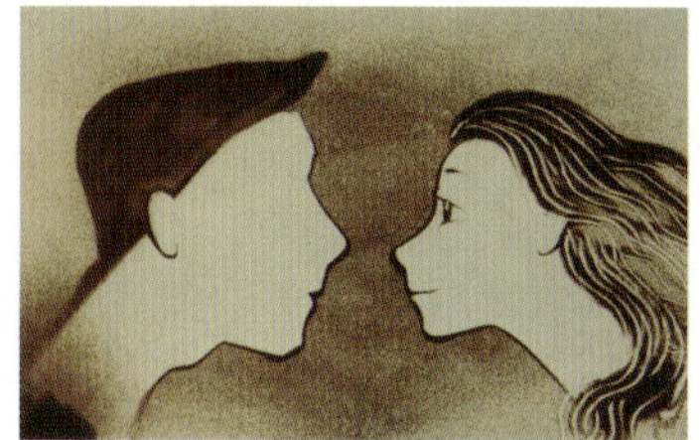

17 목 라인 아래에 중간 흩뿌리기를 한다.

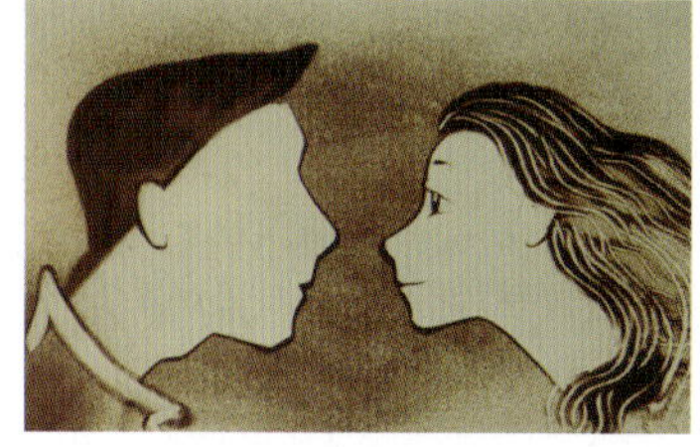

18 선을 그려 옷깃을 만든다.

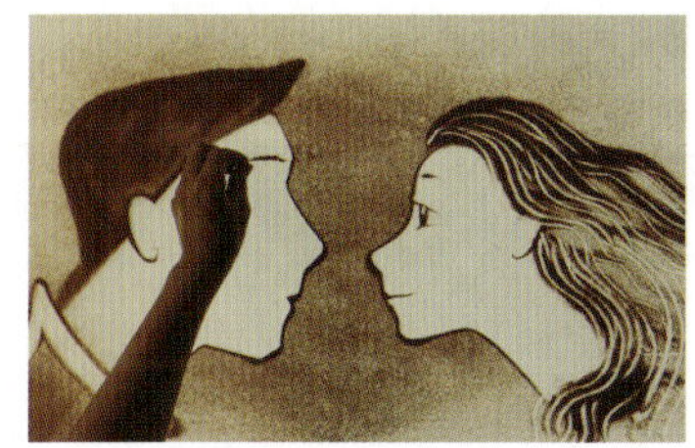

19 모래를 옆으로 길게 놓으면 눈썹이 된다.

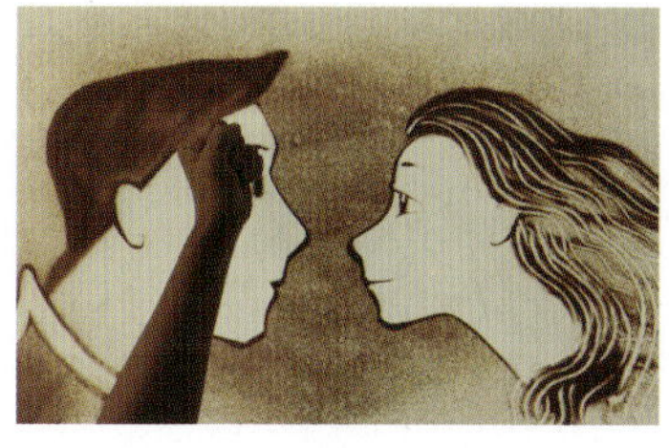

20 놓기로 눈동자를 만든다.

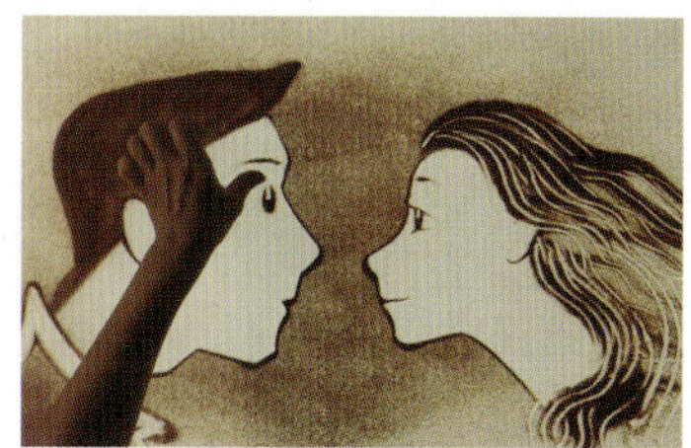

21 손톱으로 콕 찍어 눈동자를 만든다.

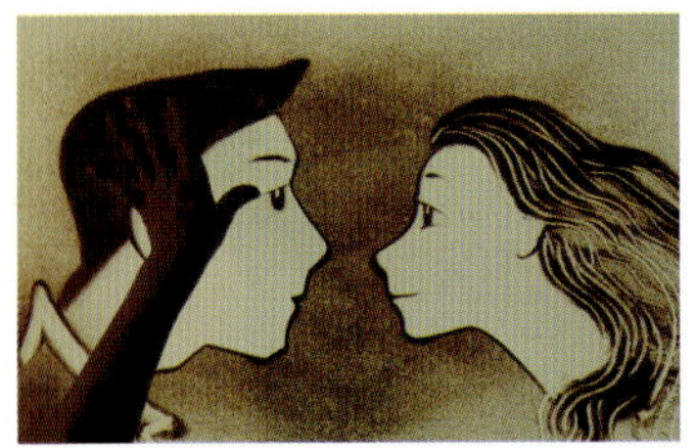

22 눈동자 윗부분을 밀어 눈꺼풀을 만든다.

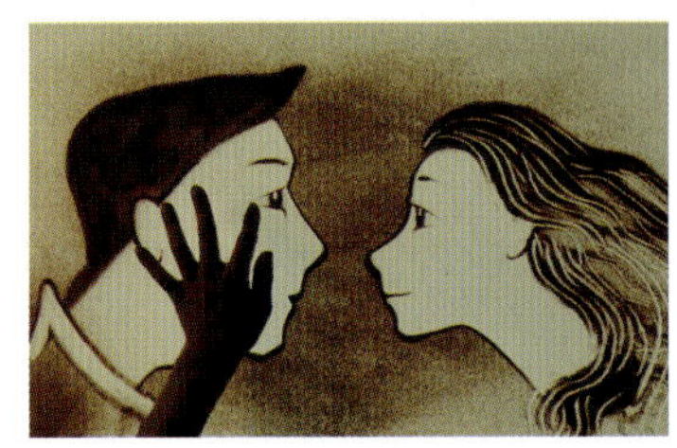

23 눈동자 아랫부분도 눈꺼풀을 만든다.

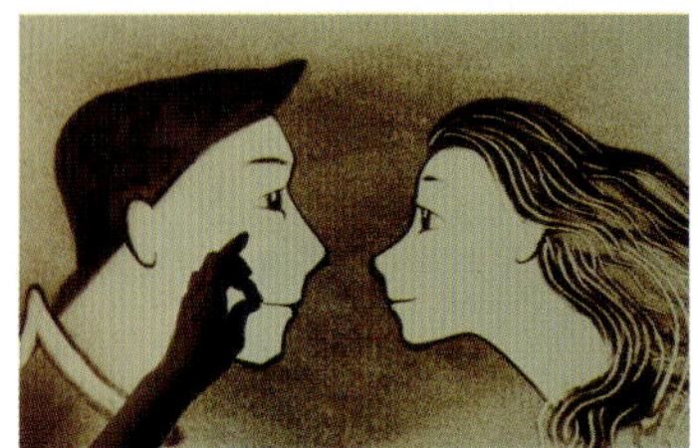

24 집게손을 입 라인에 갖다 대고 입 라인 모래를 꼬집어 안으로 당긴다.

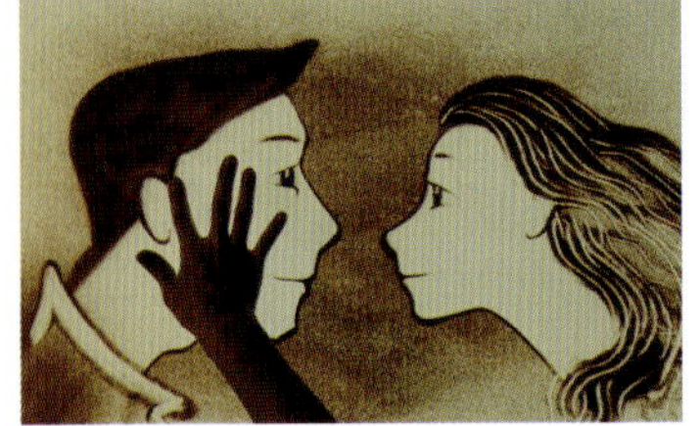

25 모래를 밀어 내리면서 구레나룻을 정리한다.

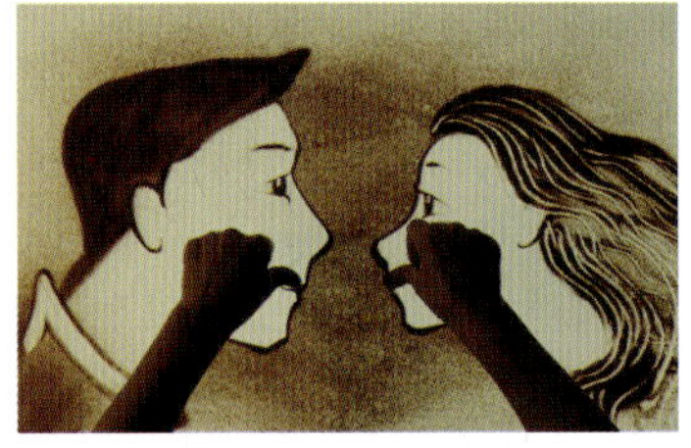

26 입 라인을 둥글게 내렸다가 올린다.

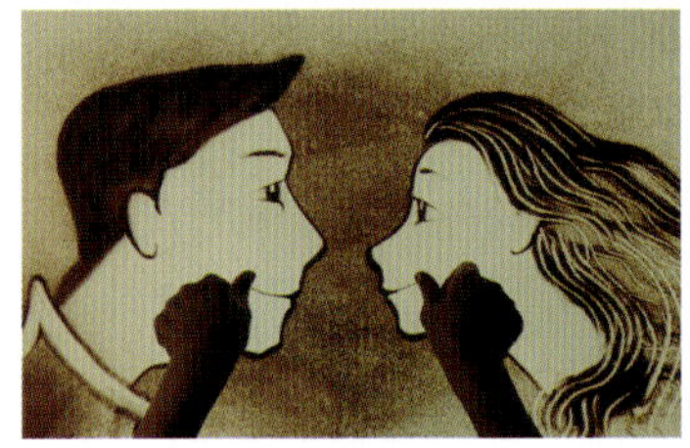

27 입 라인 끝에 손가락을 대고 안으로 민다.

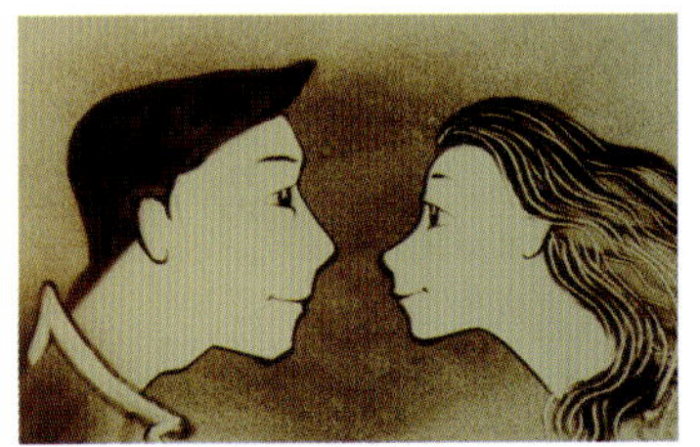

28 남녀가 미소 짓는 입이 된다.

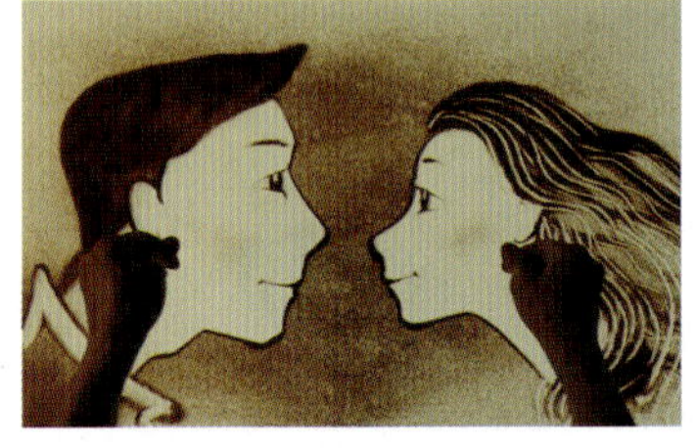

29 집게손으로 옆은 흩뿌리기를 한다.

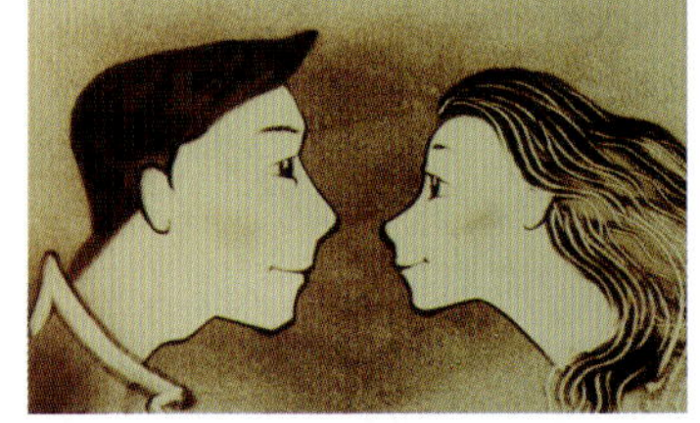

30 마주보며 수줍게 미소 짓는 남녀의 얼굴이 완성된다.

성별 구분은 머리 모양이나 옷차림으로도 쉽게 구분되지만, 얼굴만 클로즈업된 그림은 성별 구분이 어렵다. 얼굴 크기와 각으로 남녀를 표현하면 된다.

2. 이야기가 있는 인물 컷

손과 얼굴이 함께 있는 작품은 완성도 높은 한 컷이 된다. 이야기를 구성할 때는 손과 얼굴 중 어느 부분을 먼저 그릴지 생각하며 구성해야 한다. 얼굴과 손이 함께 그려지면 표정 변화로 컷을 세분화할 수 있고 손동작 변화로 이야기를 더 이어갈 수 있다. 인물 한 컷으로도 장면 하나가 완성되기 때문에 마지막 컷에 약간의 이야기를 가미해 본다.

생각하는 아이

얼굴을 그릴 때는 얼굴 각도에 따라 눈, 코, 입 기울기도 달라짐을 생각하며 그려야 한다. 기울어진 얼굴은 입문자가 자주 실수하는 그림이다. 기울어진 얼굴을 쉽고 간단하게 그리는 방법은 얼굴선에서 기울기를 알 수 있도록 가는 선으로 코를 표시해 두고 그 축을 기준으로 기울어진 눈과 입을 그리면 된다. 팔에 얼굴을 기댄 인물을 그려본다.

how to make!

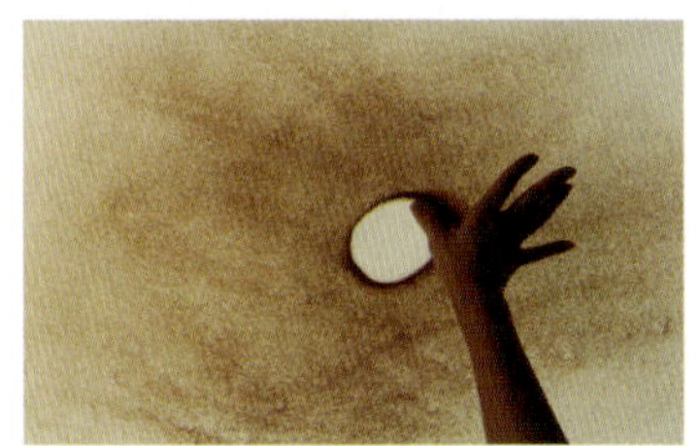

1 손가락으로 원을 그린다.

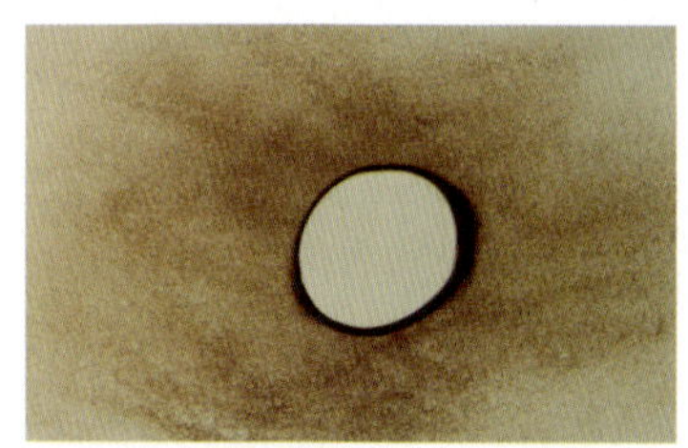

2 약간 오른쪽으로 기울어진 타원으로 점점 크게 그린다.

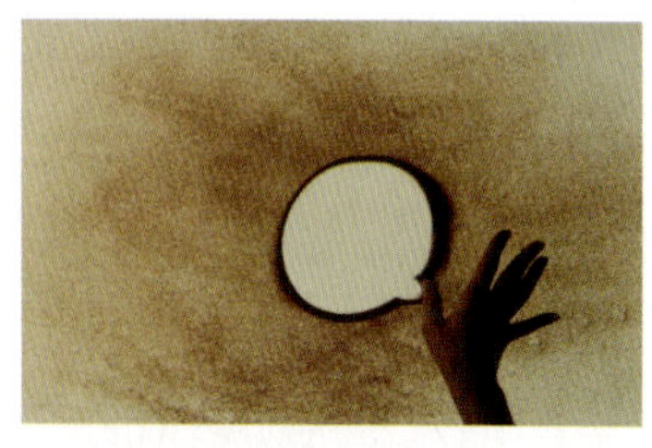

3 손가락을 안에서 밖으로 밀면서 귀를 그린다.

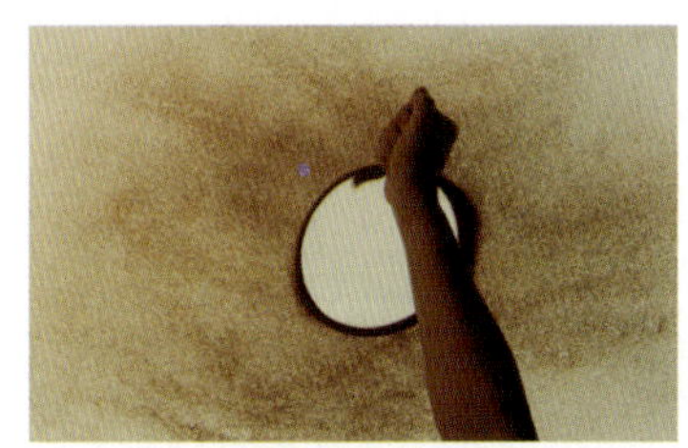

4 중간 선 뿌리기로 머리카락을 그린다.

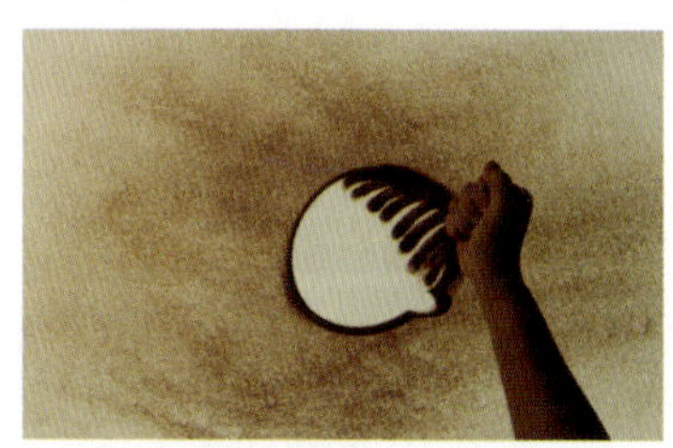

5 앞머리를 내린 모습이 된다.

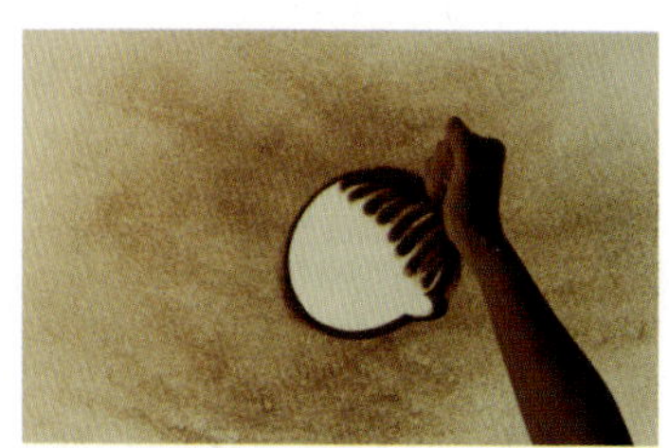

6 앞머리와 만나는 머리 윗부분을 채운다.

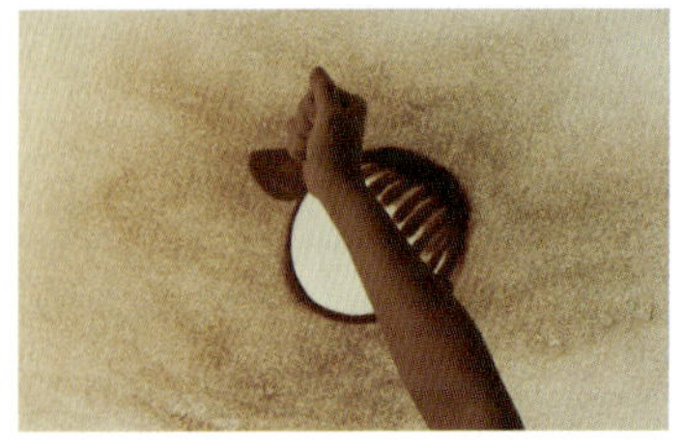

7 얼굴라인에 가려진 묶은 머리를 만든다.

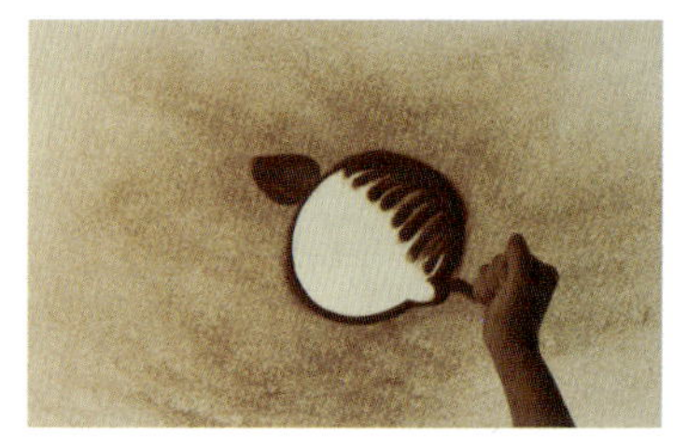

8 오른쪽 귀에 하나 더 묶은 머리를 만든다.

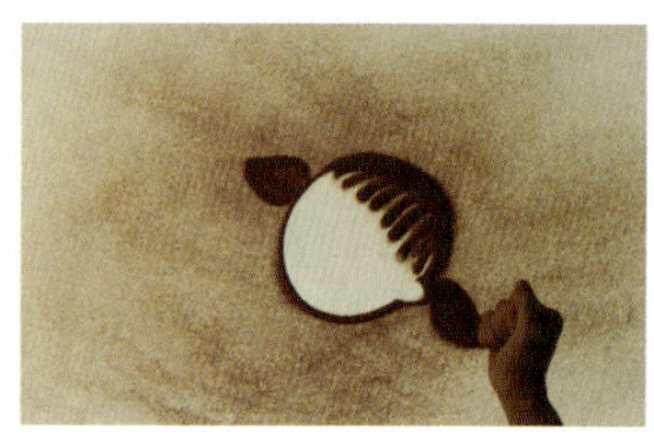

9 얼굴라인과 겹쳐지지 않는 묶은 머리를 만든다.

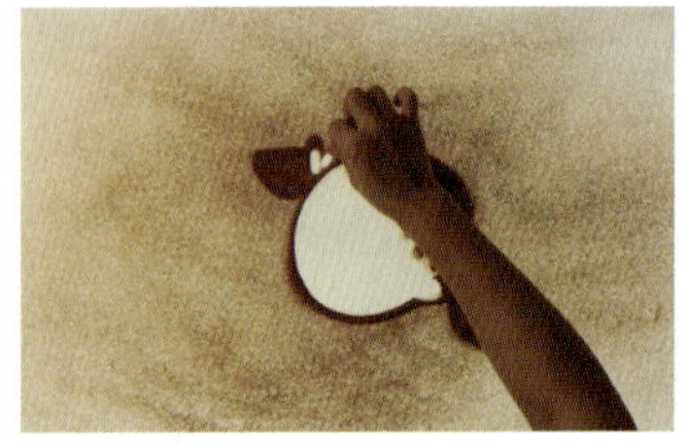

10 작은 터치로 왼쪽 머리 방울을 만든다.

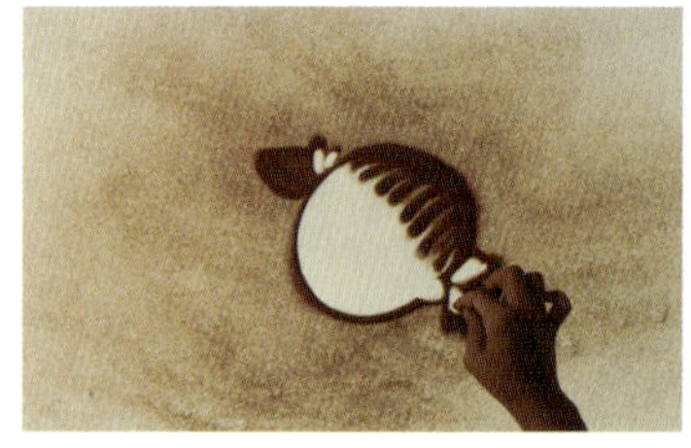

11 큰 터치로 오른쪽 머리 방울을 만든다.

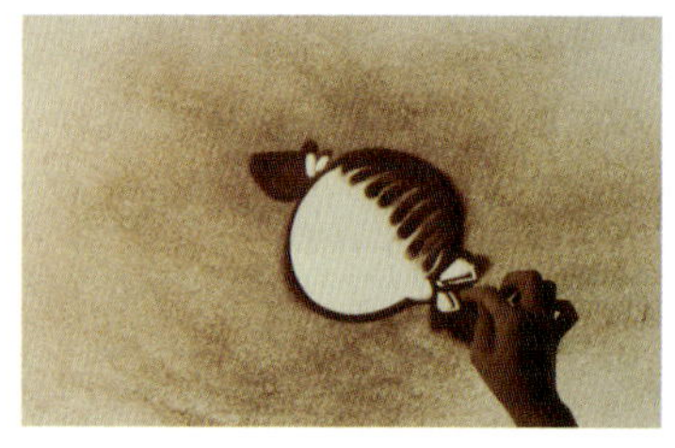

12 손톱으로 선을 그어 입체감 있는 머리 방울을 만든다.

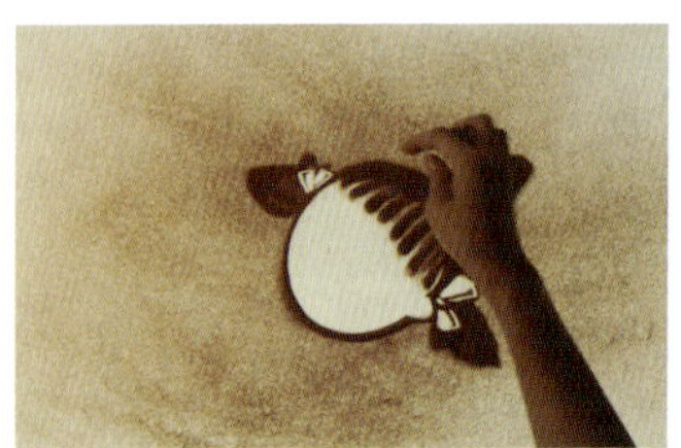

13 반대쪽 머리 방울도 손톱으로 입체감을 준다.

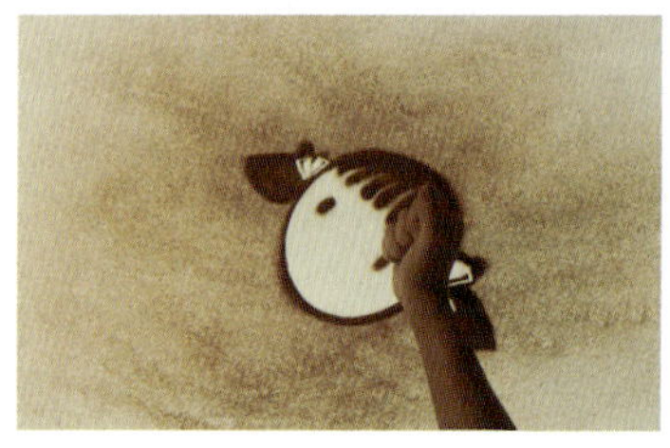

14 모래를 갖다 놓으면 눈동자가 된다.

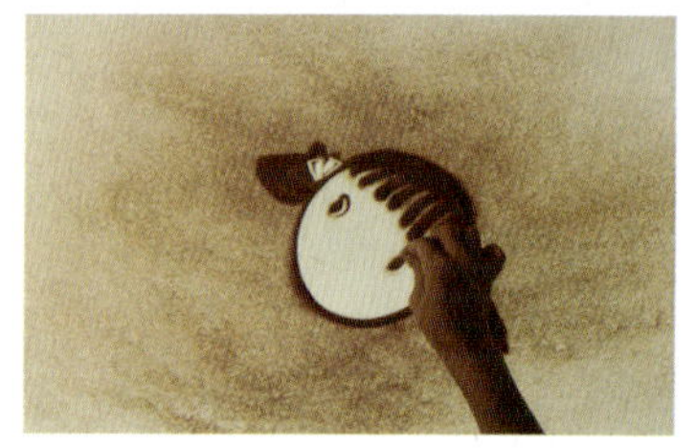

15 눈동자를 따라 손톱으로 선을 긋는다.

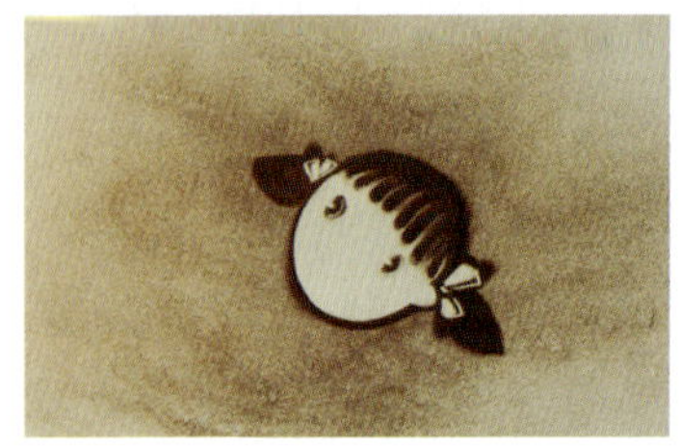

16 손톱으로 점을 찍으면 반짝이는 눈망울이 된다.

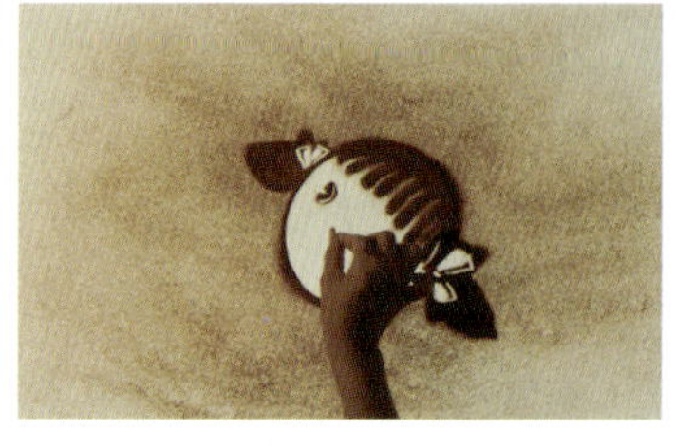

17 모래를 한 꼬집 놓아 코를 만든다.

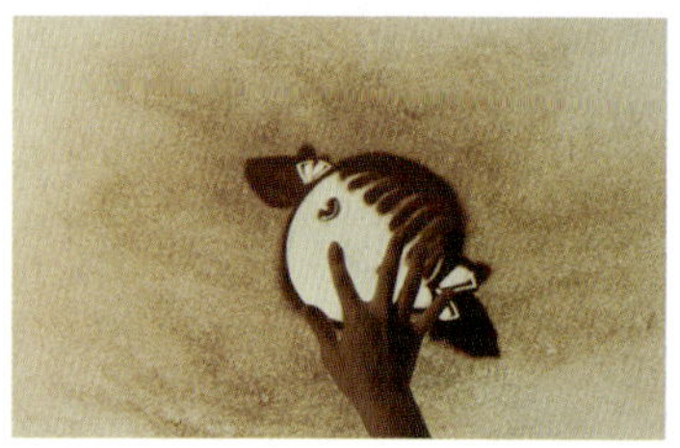

18 코를 손가락을 살짝 밀어 올린다.

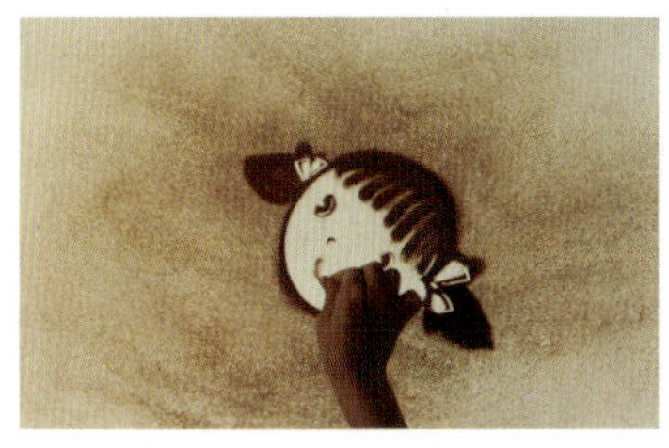

19 모래를 한 꼬집 놓아 세로로 입 라인을 만든다.

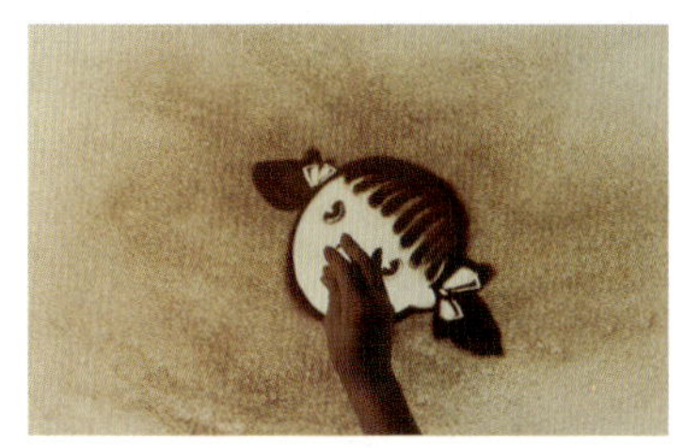

20 집게손으로 입 라인을 왼쪽 으로 밀었다 당긴다.

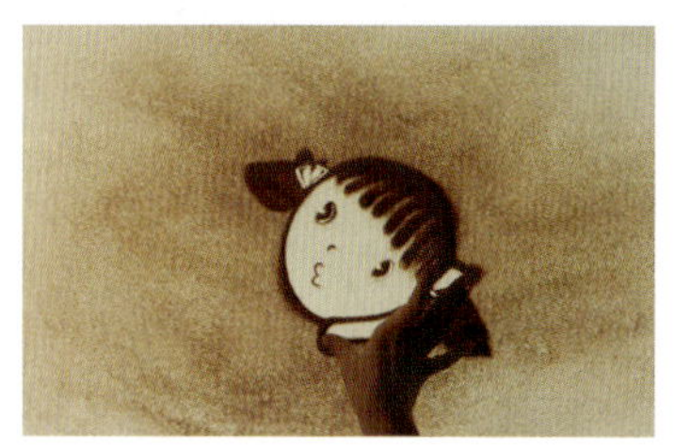

21 뽀로통한 입이 된다. 얼굴 아 래 모래를 손가락으로 밀어낸다.

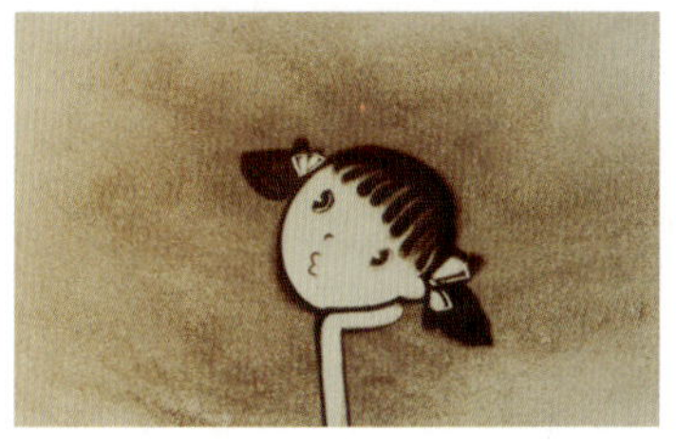

22 곡선을 만들며 아래로 밀어 내린다.

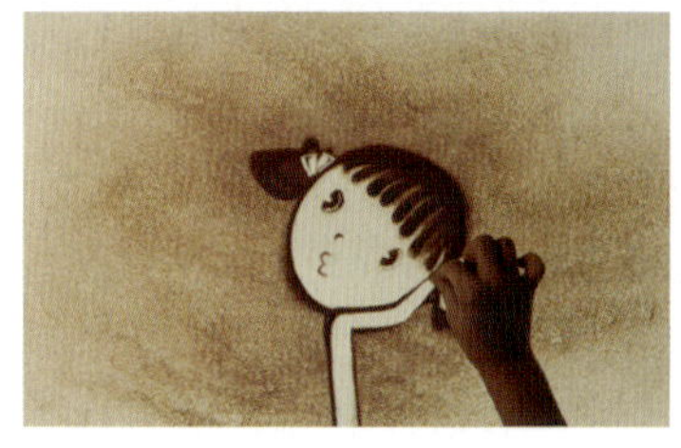

23 얼굴아래 라인 시작점에서 사선으로 밀어 올린다.

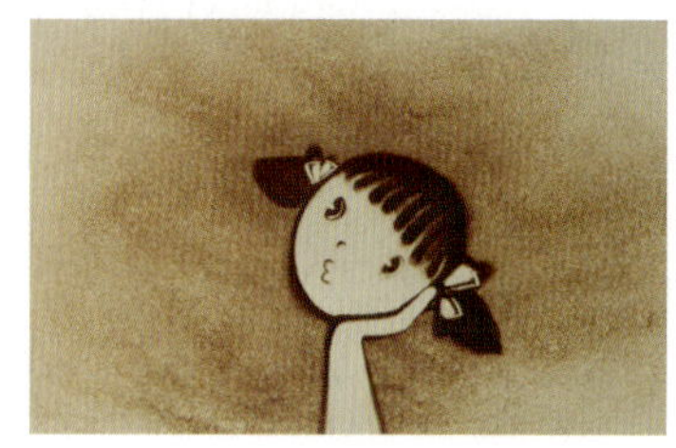

24 팔이 아래로 내려올수록 약 간 넓어지도록 밀어 내린다.

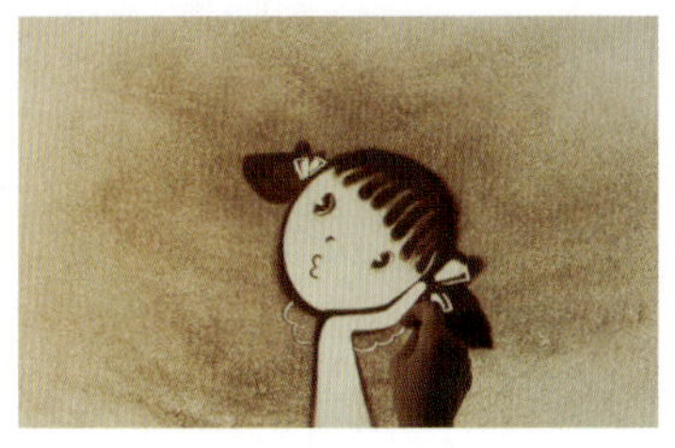

25 턱 아래에 손톱으로 스케치 하듯 옷을 그려 넣는다.

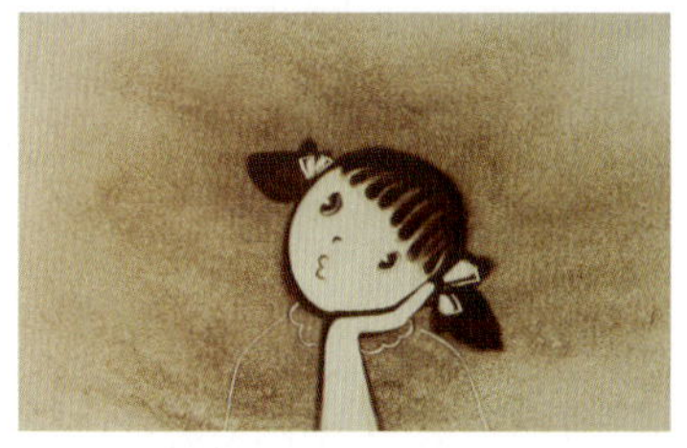

26 생각에 잠겨 입술이 뽀로통 해진 아이가 완성된다.

아이 시선이 닿는 왼쪽 위에 아이 스크림을 그려 넣으면 아이스크 림을 먹고 싶은 간절함이 느껴지 는 재미있는 그림이 만들어진다. 이야기가 있는 그림은 오브제의 선택에 따라 또 다른 이야기로 전 개된다.

고민하는 여자

고민한다는 것은 집중하고 있다는 것이다. 눈썹과 손동작만으로 고민하는 느낌을 표현할 수 있다. 얼굴 앞 모습은 정면을 응시하는 그림으로, 얼굴 옆모습은 고개를 살짝 뒤로 젖힌 그림으로 표현하는 것이 고민하는 인물을 표현하는 포인트이다.

how to make!

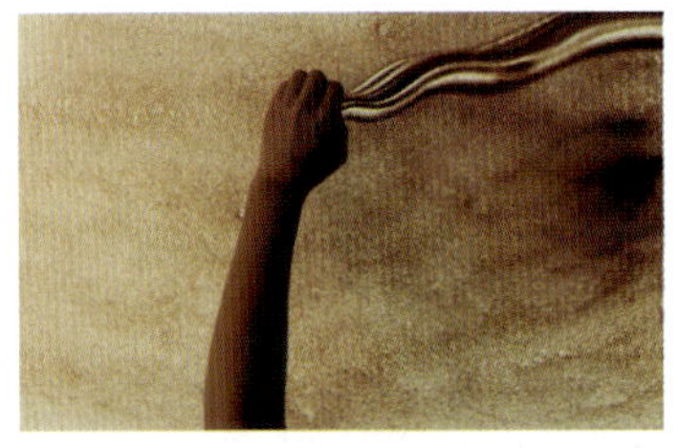

1 손가락을 모아 손톱으로 물결을 만들며 긁는다.

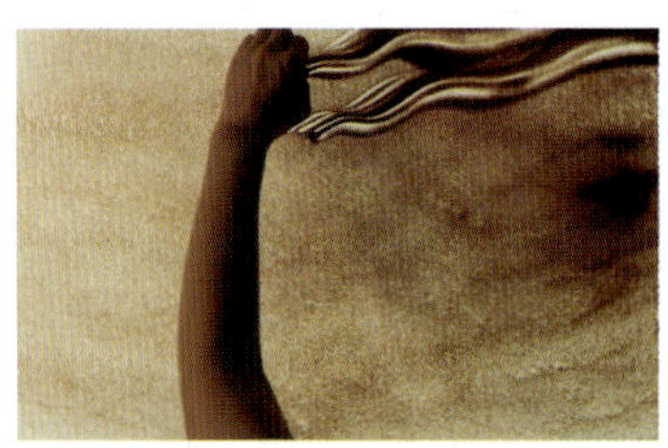

2 다른 라인과 너무 겹치지 않게 긁는다.

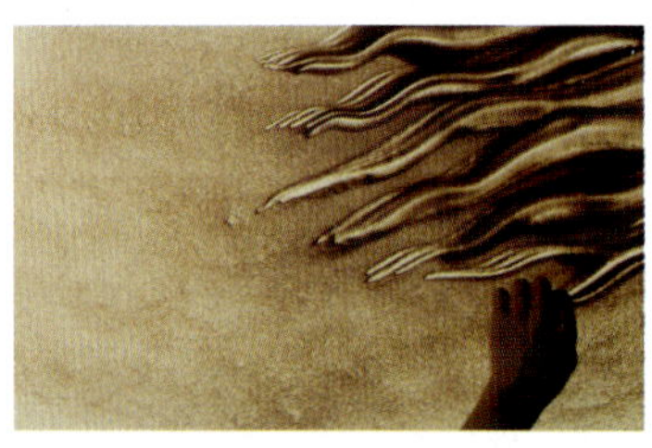

3 몇 개 더 긁으면 머리카락이 된다.

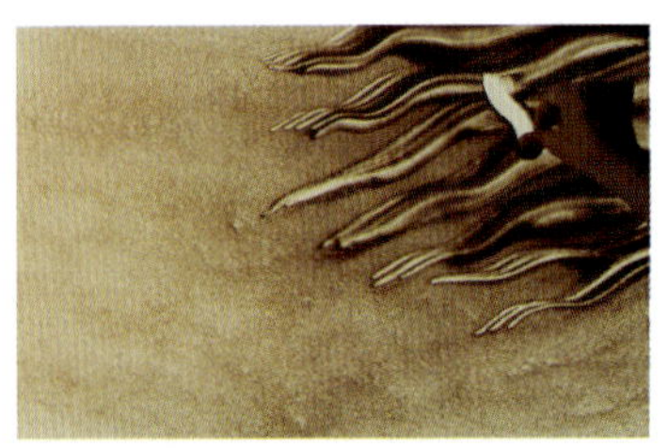

4 곡선을 만들며 사선으로 내려 이마를 그린다.

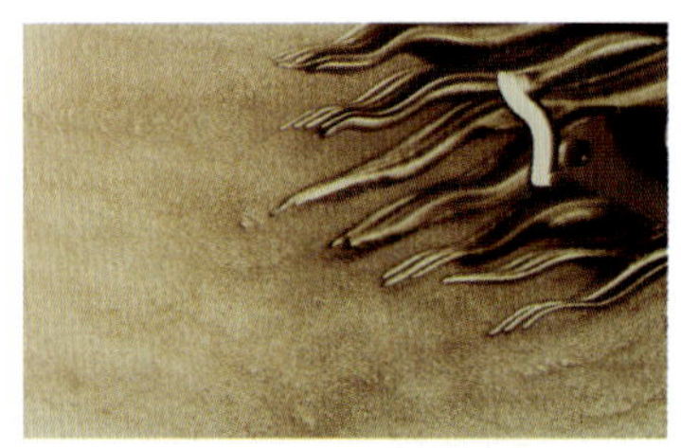

5 아래로 내리고 살짝 꺾어 코를 그린다.

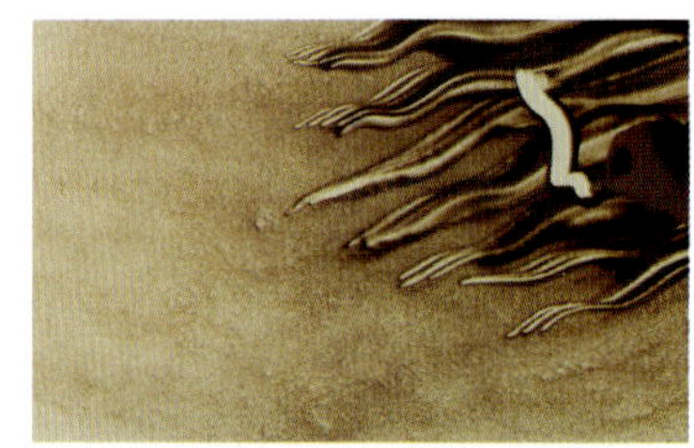

6 가로로 밀었다가 아래로 내려 인중을 그린다.

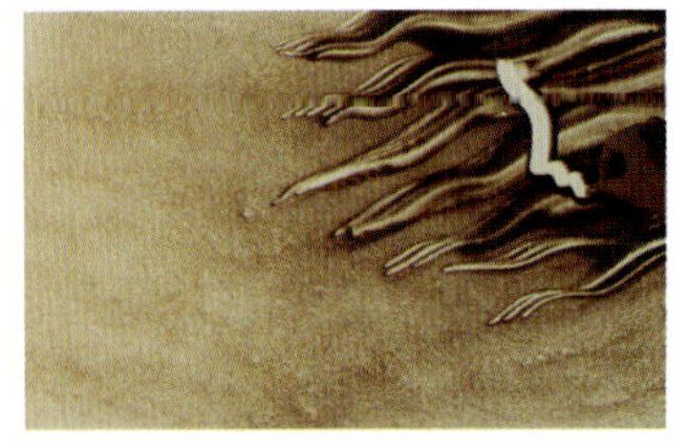

7 오른쪽으로 살짝 꺾었다가 아래로 내려 입술을 그린다.

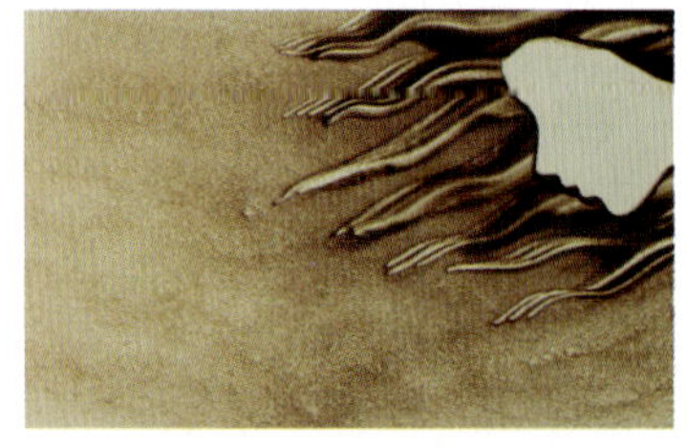

8 턱 선을 그리고 얼굴선 안쪽 모래를 밖으로 밀어낸다.

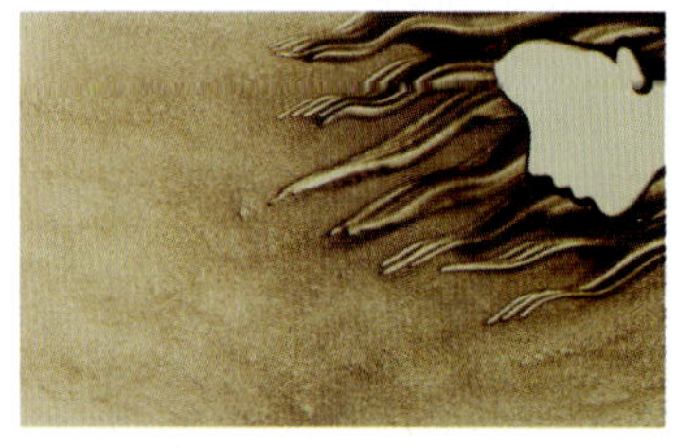

9 코를 기준으로 손가락을 문질러 귀를 만든다.

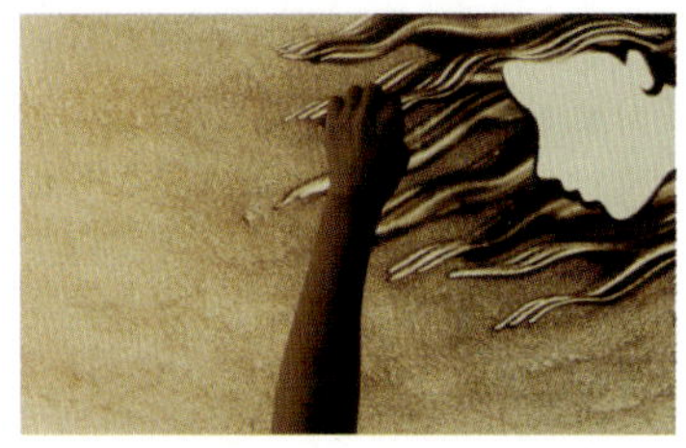

10 이마가 살짝 가려지게 손가락을 모아 물결을 하나 더 긁는다.

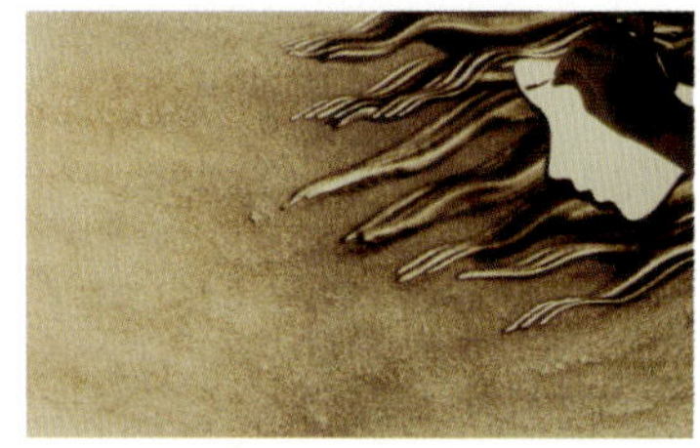

11 모래를 한 꼬집 가로로 놓아 눈썹을 만든다.

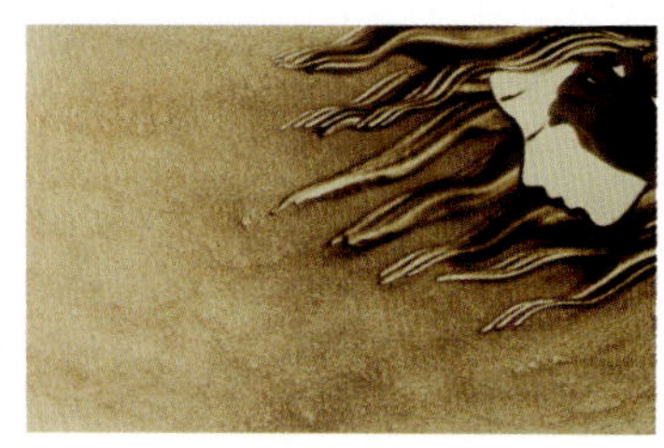

12 모래를 한 꼬집 가로로 약간 올라가게 놓아 눈을 만든다.

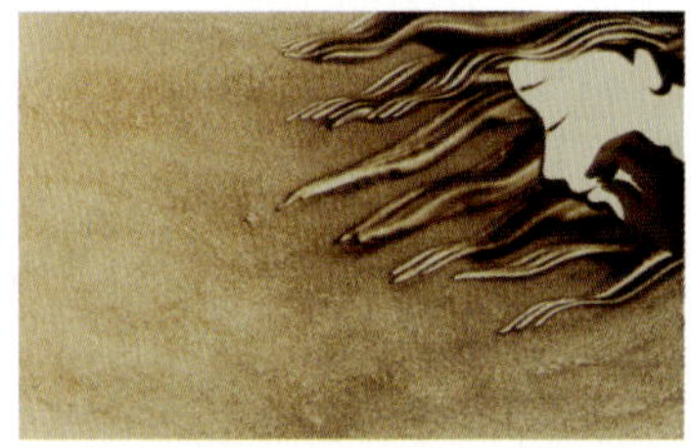

13 입 라인 모래를 집게손으로 당긴다.

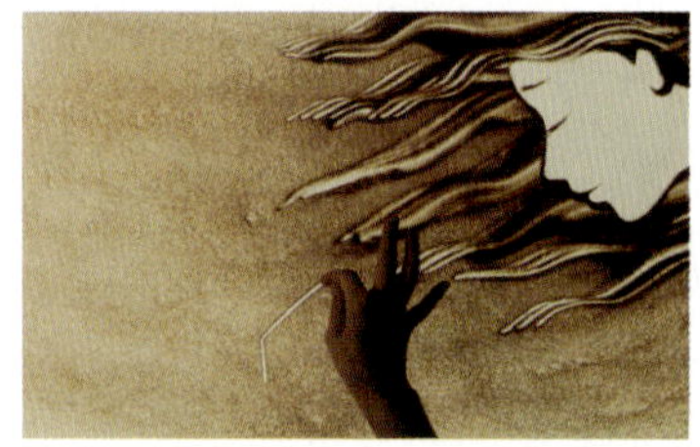

14 각진 선을 긋는다.

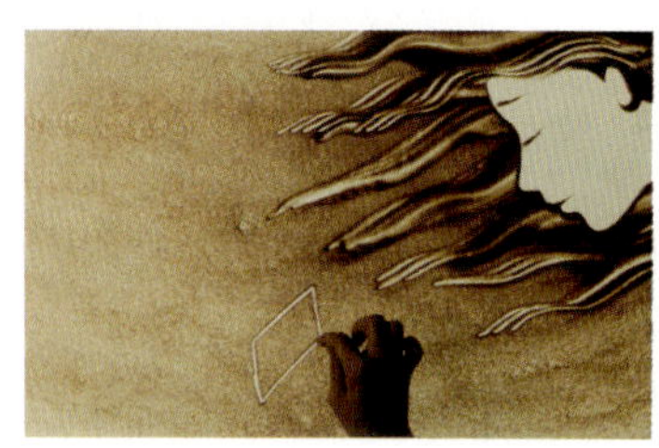

15 마름모 모양을 만든다.

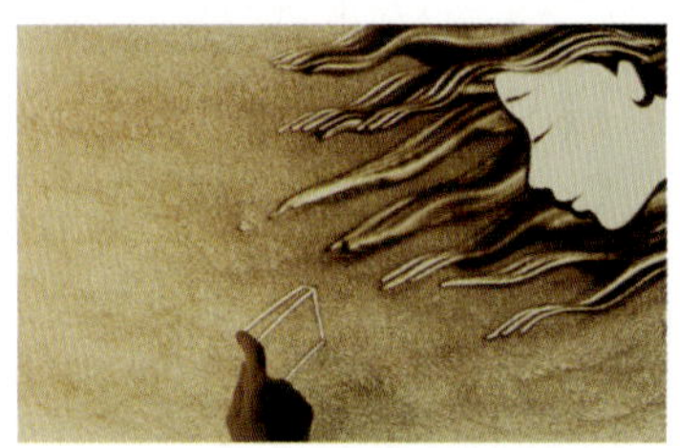

16 먼저 그은 선을 따라 각진 선을 하나 더 그린다.

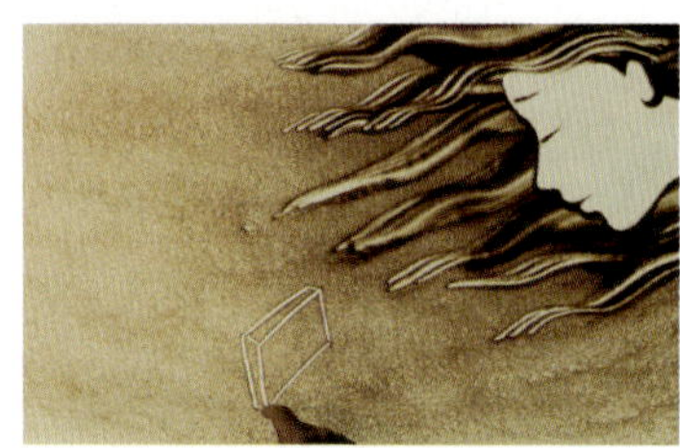

17 상자 덮개가 그려진다.

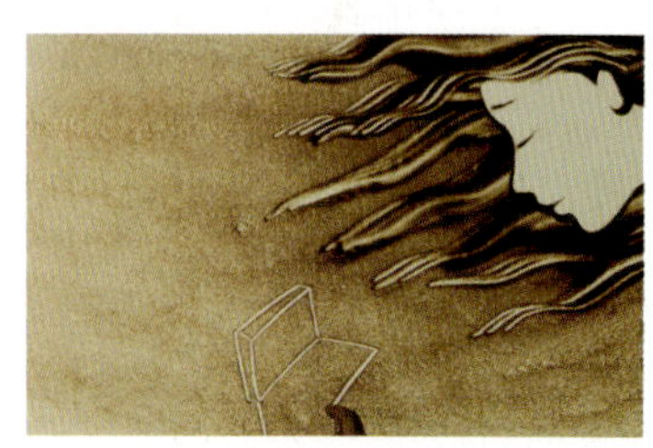

18 각진 선을 더 그려 상자를 만든다.

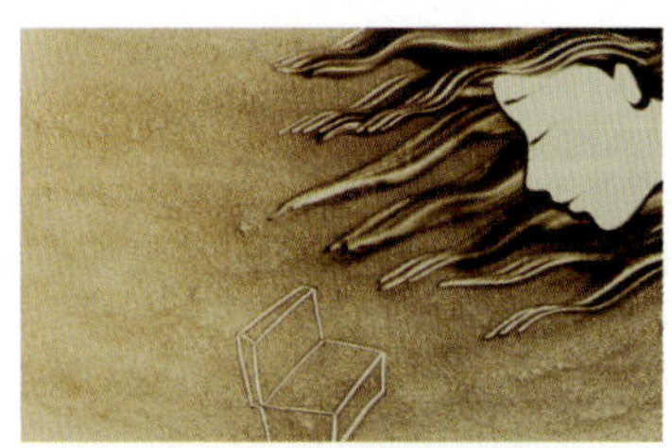

19 먼저 그은 선을 따라 각진 선을 하나 더 그린다.

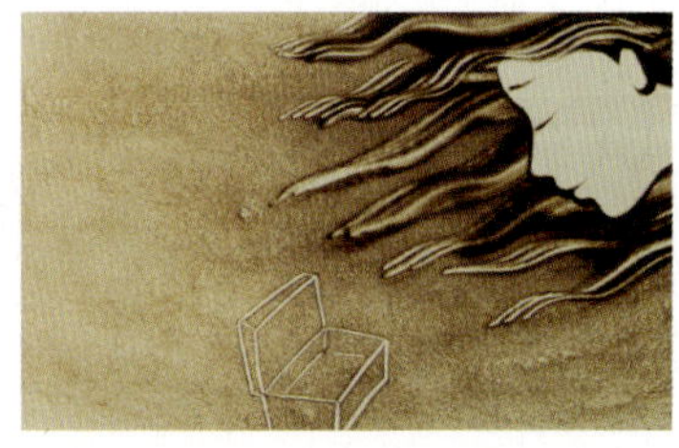

20 뚜껑이 열린 작은 상자가 완성되었다.

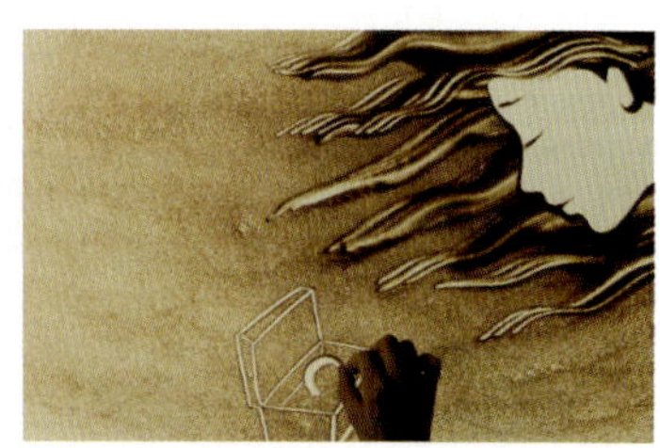

21 상자 안에 반원을 그린다.

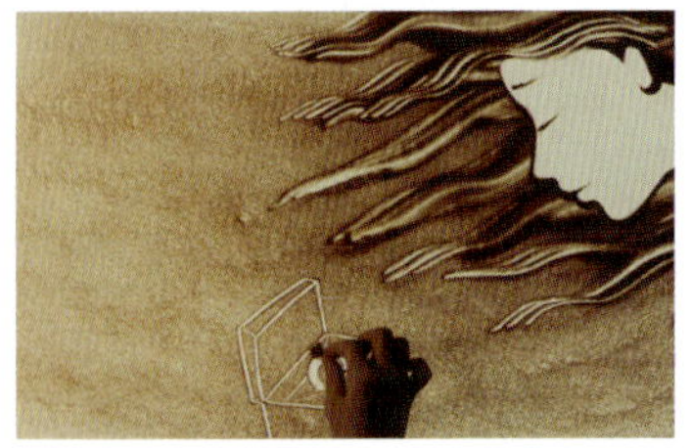

22 반원 가운데에 모래를 놓아 점을 만든다.

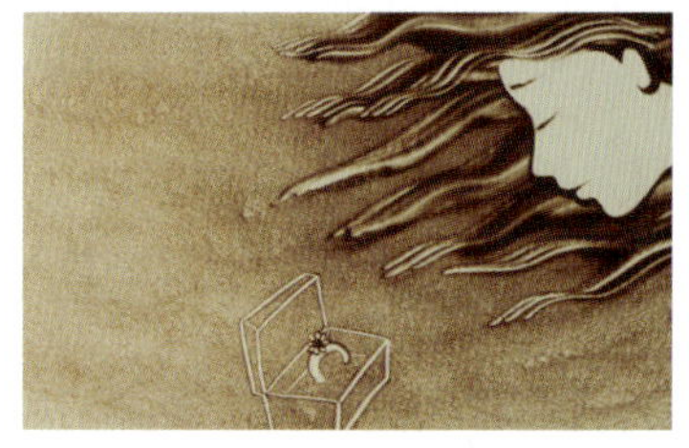

23 점 주변을 손톱으로 찍으면 반지가 된다.

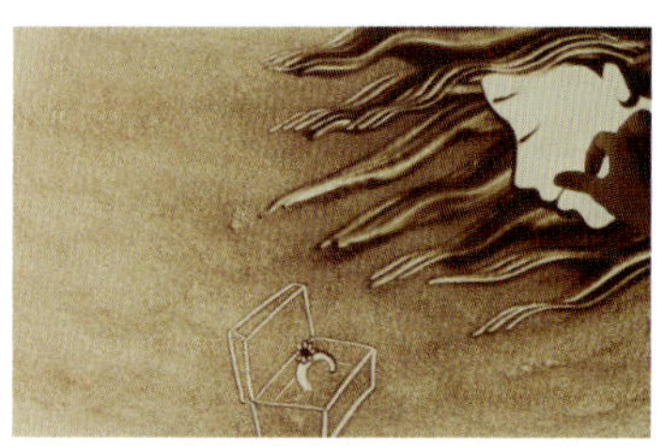

24 입 라인을 밀어 올린다.

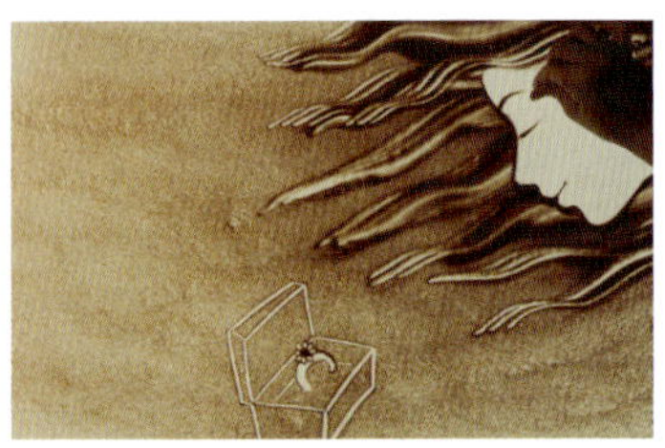

25 눈썹도 둥글게 만들어 표정 변화를 표현한다.

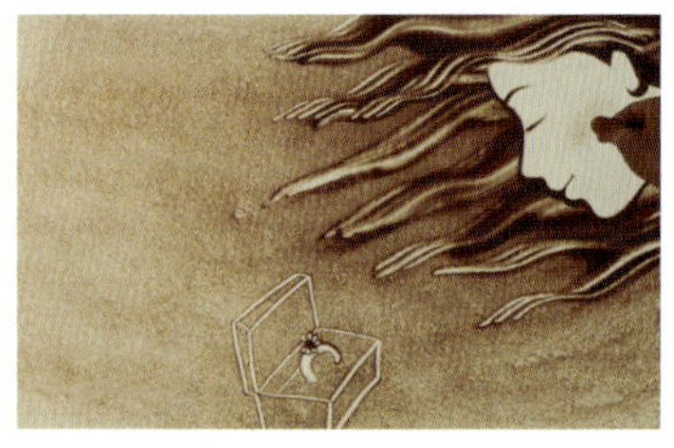

26 얼굴 볼에 집게손으로 옅은 흩뿌리기를 한다.

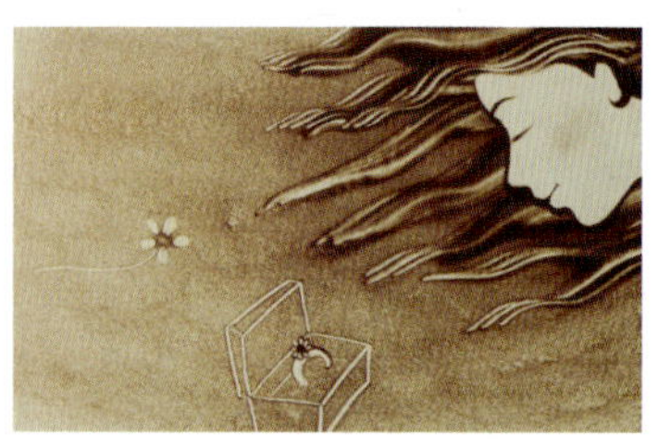

27 흩날리는 꽃을 그린다.

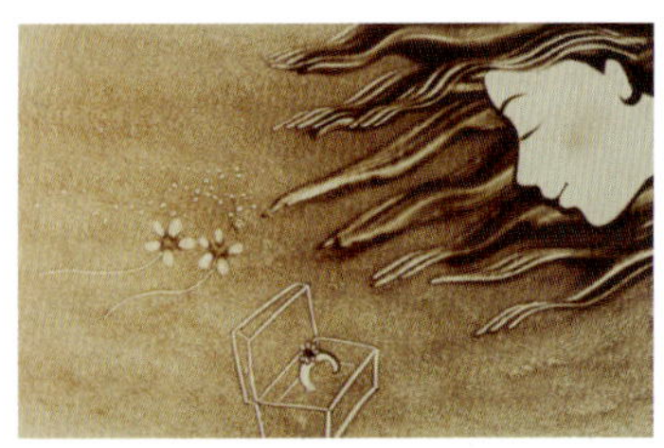

28 프러포즈를 받고 미소 짓는 여인이 완성된다.

여인의 표정을 슬프게 그리거나, 다른 오브제를 그려 넣으면 새로운 그림이 된다. 다양한 장면을 연출해 보자.

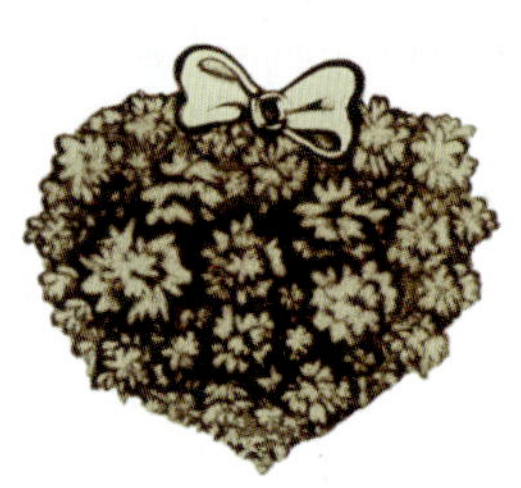

책 읽는 남자

이야기를 구성할 때 표정을 먼저 그리고 난 후 감정 변화나 이야기 흐름에 따라 오브제를 그려 넣어야 컷이 세분화되고 이야기가 자연스럽게 이어진다. 얼굴이 가려진다고 눈과 책만 그리면 그림 완성도가 떨어진다.

<u>how to make!</u>

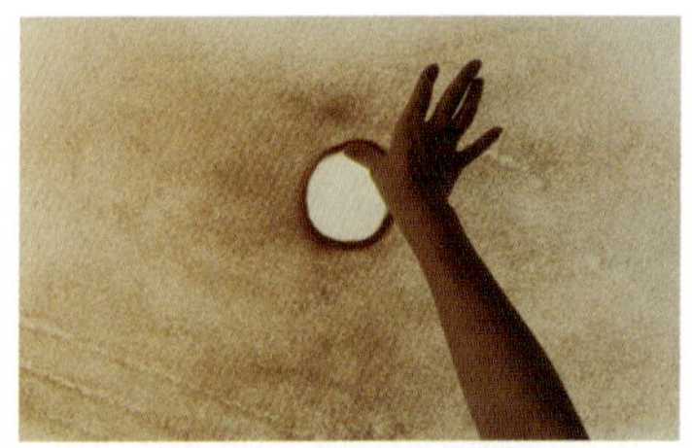

1 손가락으로 원을 그린다.

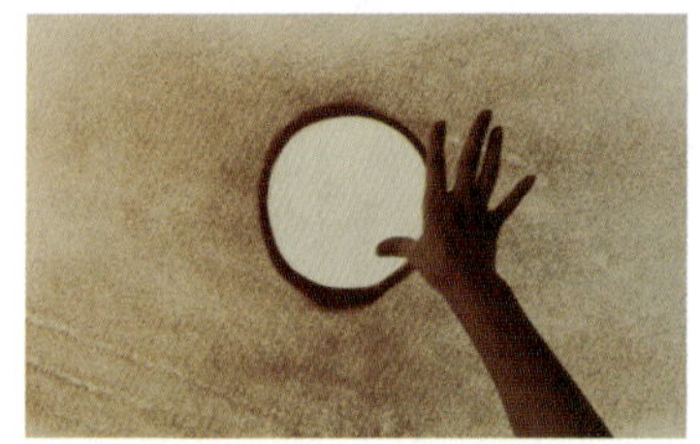

2 원을 점점 크게 그린다.

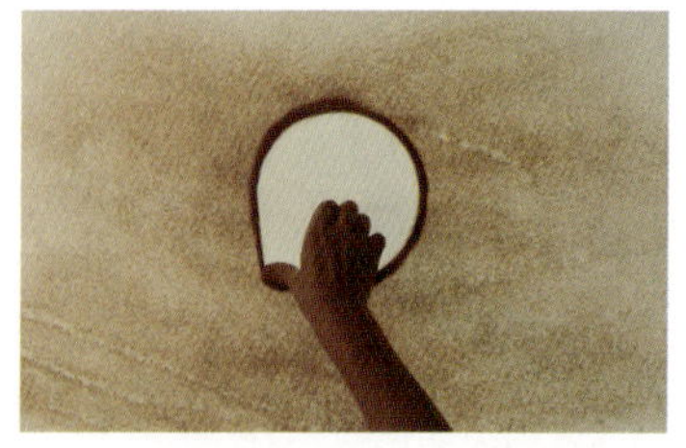

3 원 절반 위치에서 아래로 길게 내려 긋는다.

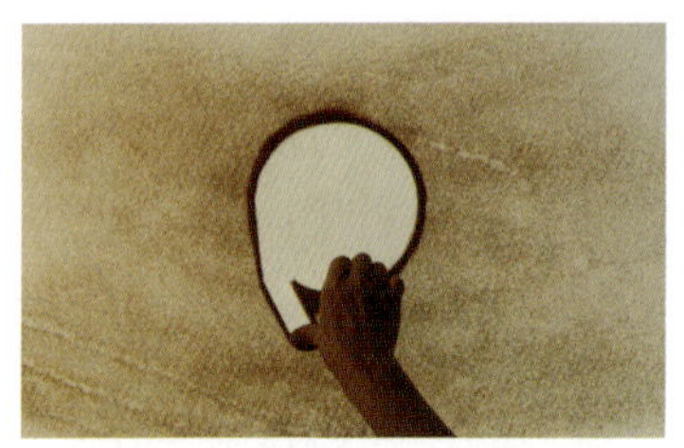

4 남자 얼굴은 살짝 작지게 그리면 된다.

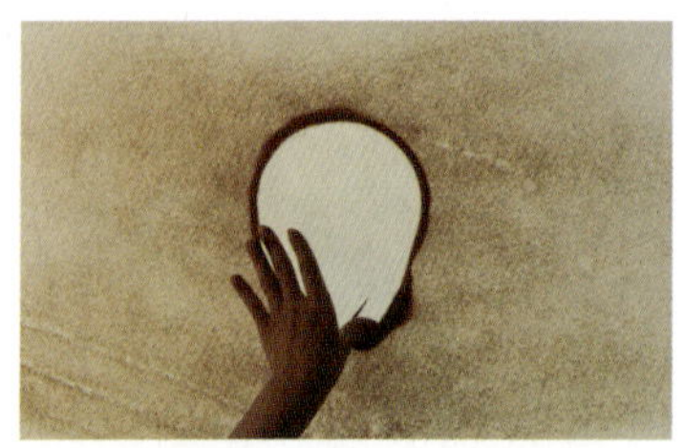

5 오른쪽도 균형을 맞춰 살짝 각지게 얼굴을 그린다.

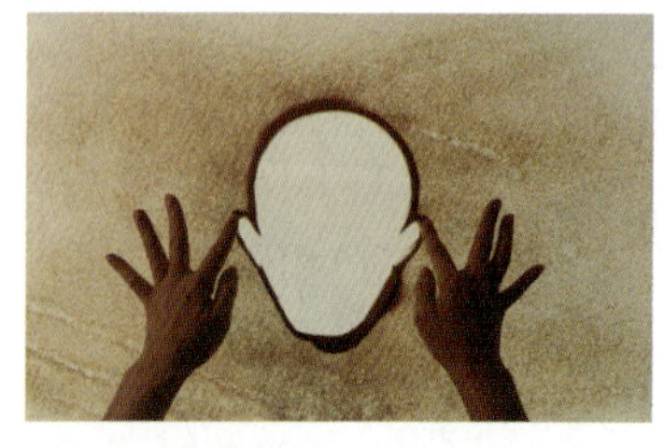

6 모래를 밀어내 턱 라인을 만들고 귀를 그린다.

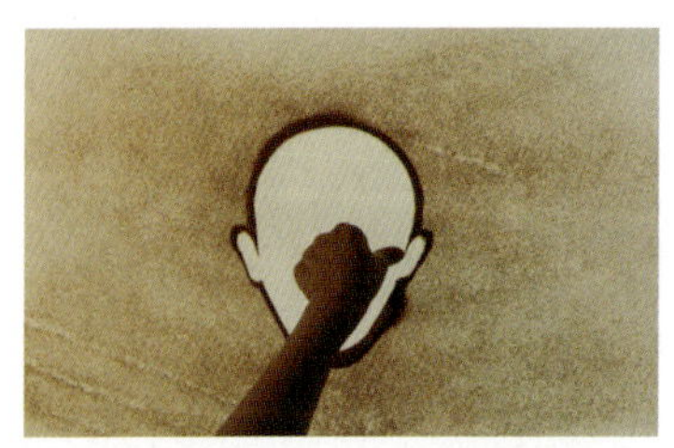

7 귀 위에 있는 모래를 아래로 밀어 정리한다.

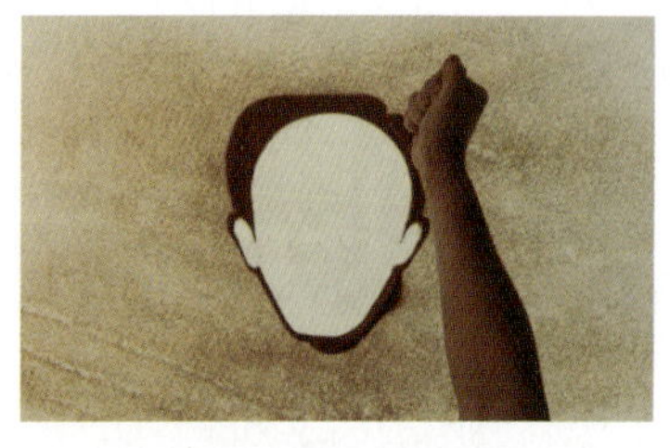

8 굵은 선 뿌리기로 머리 모양을 만든다.

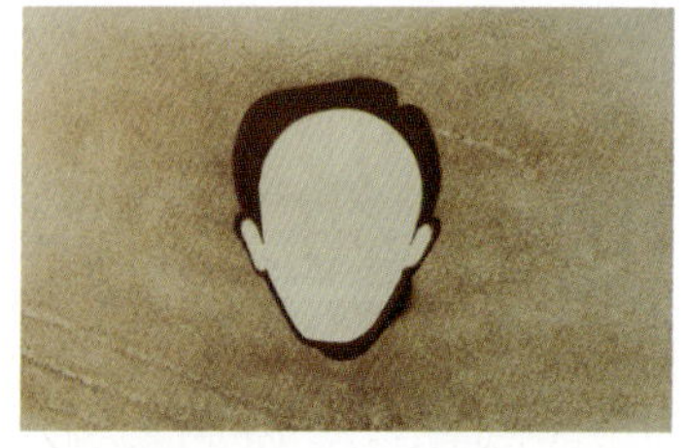

9 가르마를 탄 남자의 얼굴선이 된다.

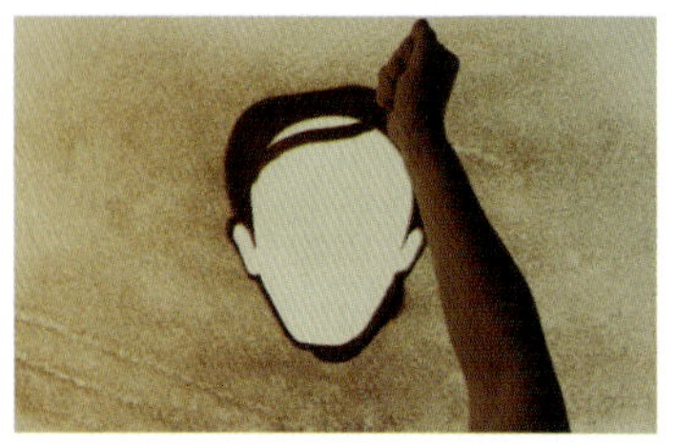

10 굵은 선 뿌리기로 앞머리 선을 만든다.

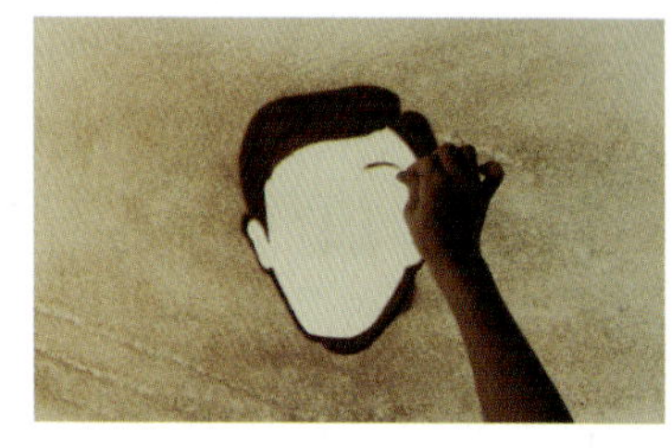

11 머리카락을 채우고 한 꼬집 놓기로 곡선을 만든다.

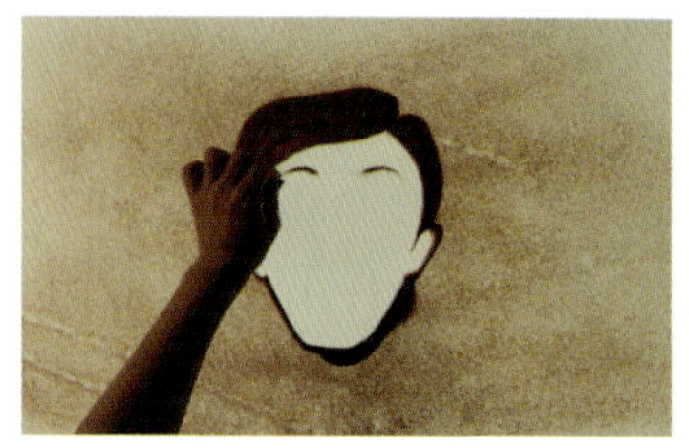

12 왼쪽에 하나 더 갖다 놓으면 눈썹이 된다.

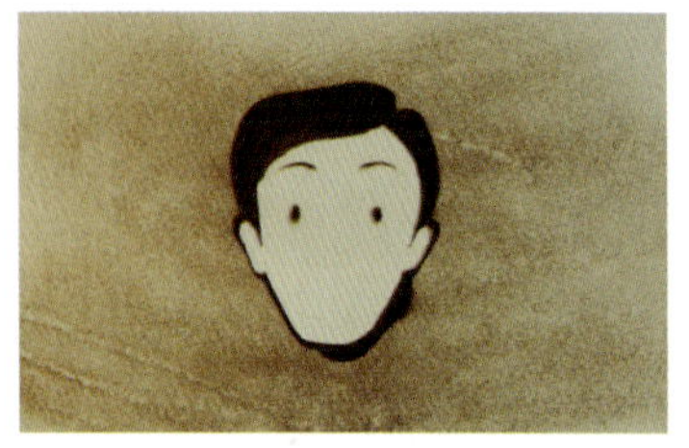

13 놓기로 눈동자를 만든다.

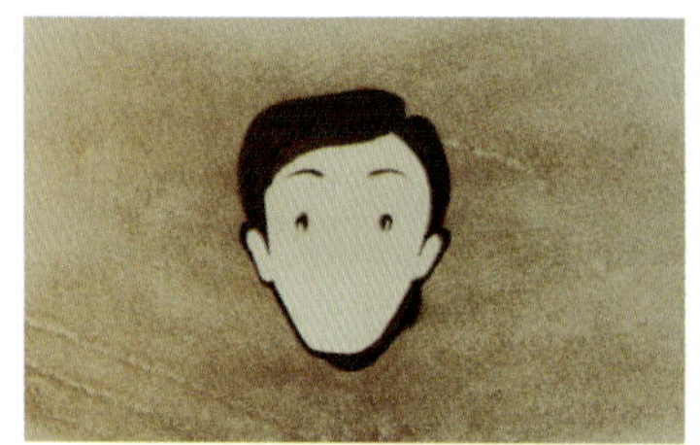

14 눈동자를 손톱으로 찍는다.

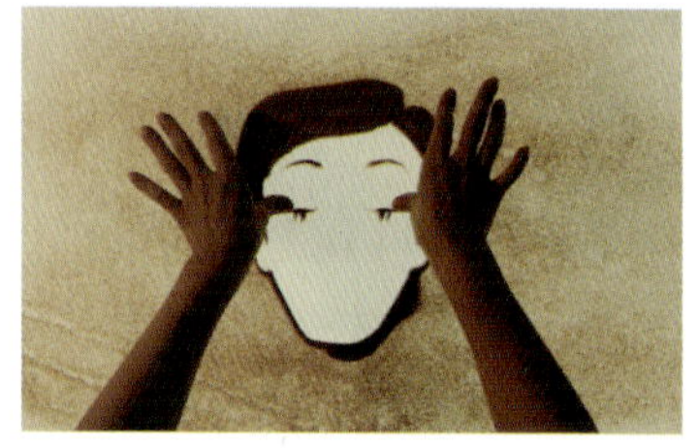

15 눈동자 위를 밀어 눈꺼풀을 만든다.

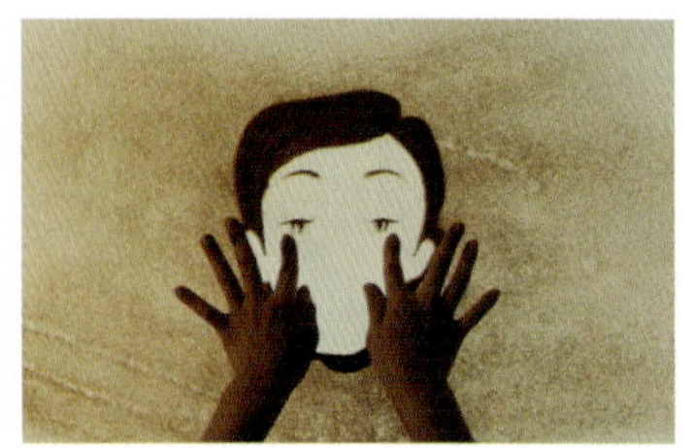

16 눈동자 아래를 밀어 눈꺼풀을 만든다.

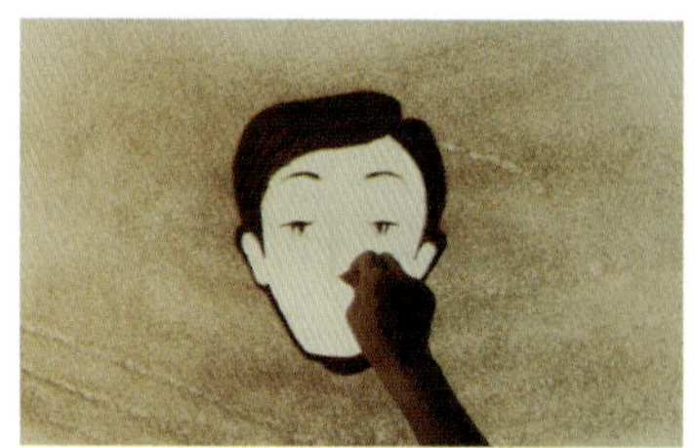

17 모래를 세로로 살짝 뿌리고 손가락으로 밀어 내린다.

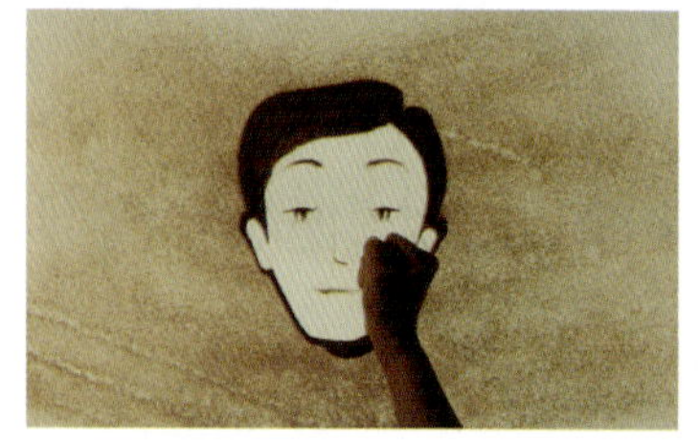

18 가는 선 뿌리기로 입 라인을 만든다.

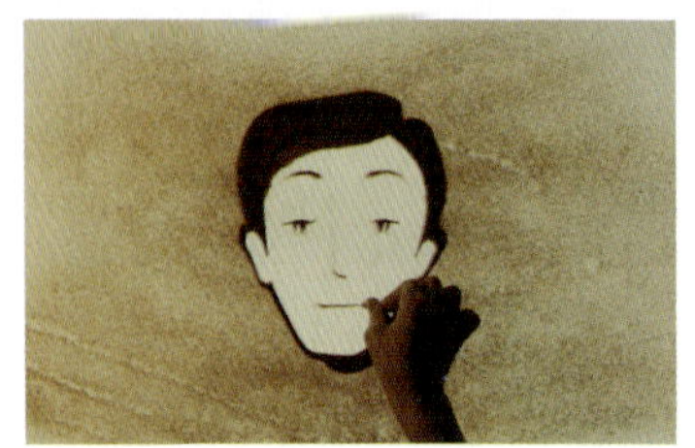

19 손가락을 눌러 입 라인 끝을 정리한다.

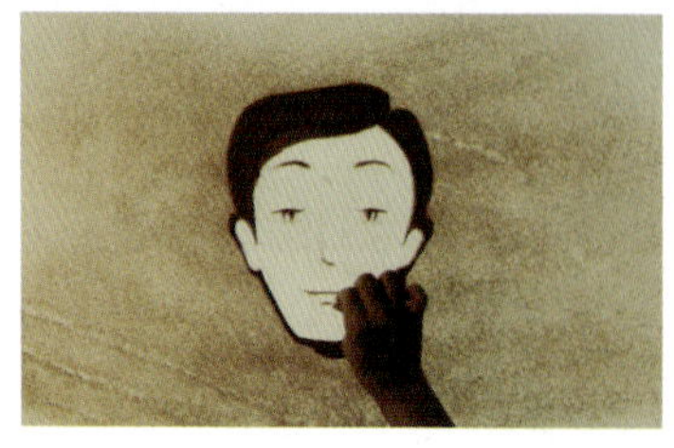

20 입 아래에 짧은 선 하나를 더 그린다.

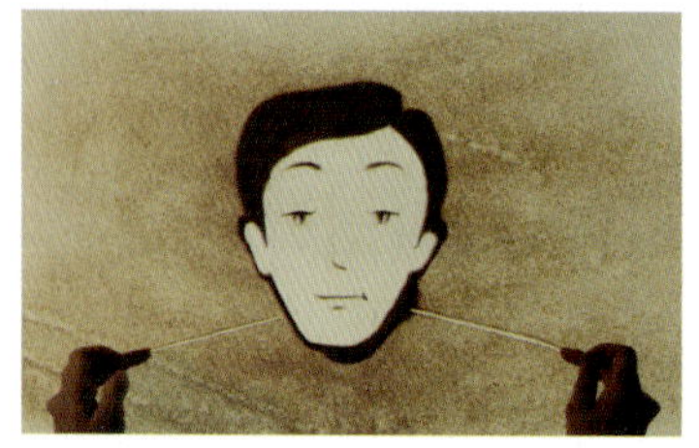

21 손톱으로 어깨선을 긋는다.

1. 주제 정하기

샌드아트로 표현할 수 있는 주제는 무궁무진하다. 초보자 경우 표현하기 쉬운 주제부터 접근하는 것이 좋다. 샌드 아트는 모래의 색감이 있어 감성적인 컷에 잘 어울린다. 샌드아트에서 사랑 이야기가 자주 등장하는 이유도 바로 이 때문이다. 모두가 공감할 수 있는 사랑이라는 주제로 구성을 잡아 본다.

어떤 내용을 담을까? 세부 주제 선정

사랑을 주제로 하면 가족 간의 사랑부터 사제, 친구, 연인, 반려동물과의 사랑까지 너무 광범위하다. 사랑의 기본 공식인 남녀 간의 사랑을 예로 들어보면 한 쌍의 연인이 지고지순한 사랑을 하고 세월이 흘러 백발이 된다는 사랑, 만남에서 데이트까지 현재진행형인 사랑 등 연인의 사랑 변화를 어떻게 구성할지 생각하고 몇 개의 세부 주제를 노트에 적어본다. 여러 가지 사랑 중 20대 청춘남녀의 사랑을 주제로 구성해 본다.

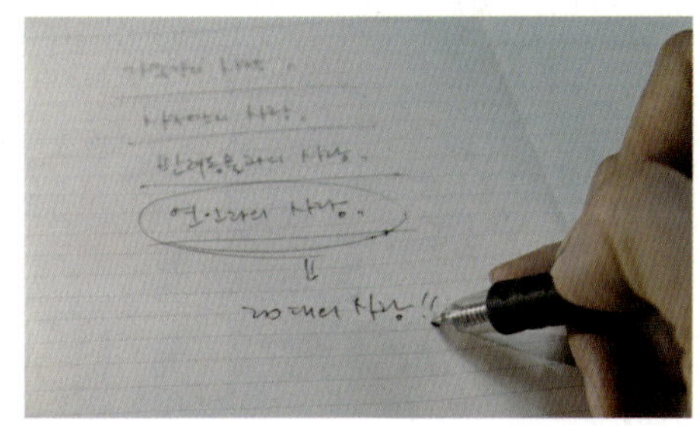

주제에 어울리는 한 컷 그리기

주제를 정하고 처음 떠오르는 한 컷이 자신이 가장 하고 싶은 이야기인 경우가 많다. 한 컷을 그려 놓고 이야기를 구성하면 주제가 더 뚜렷해져 스토리텔링이 쉬워진다. 주제를 정하고 선택한 첫 컷은 한국영화 '클래식' 중 두 남녀가 캠퍼스에서 빗길을 달리는 모습이다. 사이좋게 우산을 쓰고 걷는 단순한 컷으로 바꾸어 보았다. 초보자는 옷차림이나 배경이 복잡한 그림보다는 선이나 면이 단순한 그림체로 시작하면 좋다.

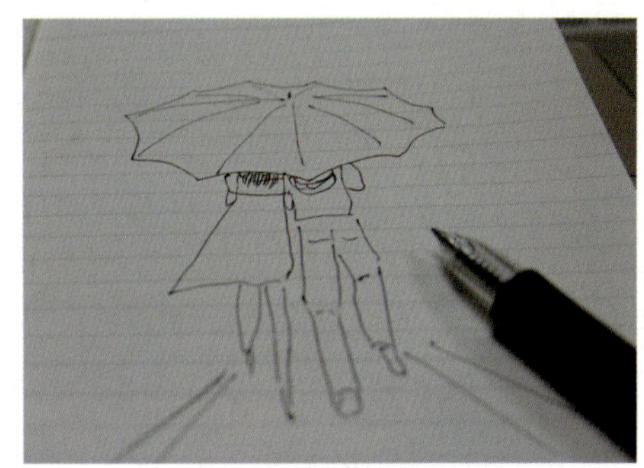

제목 정하기

처음 그렸던 컷에서 제목을 생각해본다. 두 남녀의 행복한 뒷모습이 보인다. 어울릴만한 제목을 노트에 몇 개 적어본다. 두 사람의 모습이 풋풋한 봄 같아서 '사랑은 봄비처럼'으로 정한다. 노래 제목과 비슷해도 좋다. 날씨, 계절, 소품, 감정, 풍경, 인물 등 키워드를 노트에 적어가며 전체 구성과 어울리는 제목을 정하면 된다.

2. 오브제 스케치

먼저 주제에 맞는 단어를 나열하고, 단어 간에 연결고리를 찾아 문장을 만들고 문장에 어울리는 장면을 스케치한다. 이런 방법으로 큰 고리에서 시작해 점차 작은 고리로 구체화하다 보면 스토리텔링이 완성된다.

오브제 나열

장미, 영화, 팝콘, 커피, 캠퍼스, 입영열차는 '20대의 사랑'이라는 주제에 연상되는 오브제이다. 일반적이고 쉬운 오브제를 스케치 없이 단어로 적어 나열한다. 초보자는 단순하고 그리기 쉬운 오브제 위주로 접근하는 것이 좋다.

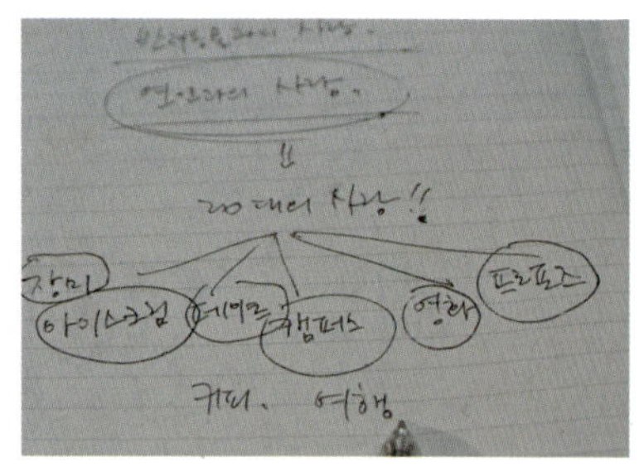

오브제 연결고리 문장 만들기

연결하면 좋은 관련 단어들끼리 모아 본다. 단어 욕심을 내서 다 그리면 내용이 지루해지거나 이야기가 복잡해질 수 있다. 연결고리를 찾을 수 없는 단어는 과감하게 버리고 남은 단어로 연결고리를 생각하면서 문장을 만든다. 오브제가 연결된 문장이 완성되면 스케치 구성이 쉽다.

1. 커피, 장미 - 연결고리 '고백'

   문장 만들기 - 커피와 장미로 고백을 했다.

2. 영화, 팝콘 - 연결고리 '데이트'

   문장 만들기 - 영화를 보고 팝콘을 먹으며 데이트를 했다.

3. 비, 잡은 손 - 연결고리 '고비'

   문장 만들기 - 비가 오면 손을 잡아 주었다.

4. 커플티, 커플 운동화 - 연결고리 '연인'

   문장 만들기 - 커플티와 커플 운동화는 연인의 상징이다.

5. 일출, 바다. - 연결고리 '약속'

   문장 만들기 - 바닷가에서 일출을 보며 약속했다.

오브제 스케치

스케치를 시작하면 막상 표현이 쉽지 않은 오브제도 있다. 이럴 때는 디자인 아이콘이나 애니메이션, 일러스트 등을 웹에서 검색하여 단순한 이미지를 찾아 대체하면 좀 더 쉽게 표현할 수 있다. 연결된 문장에 어울릴 오브제를 노트에 스케치한다.

고백의 순간으로 적절해 보인다.

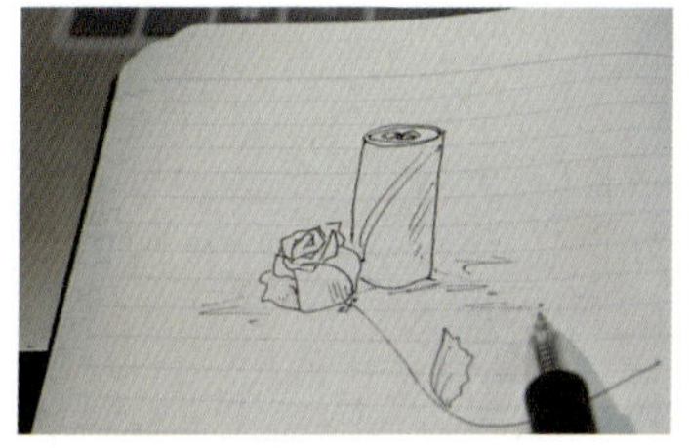

1. 커피와 장미로 고백을 했다.

첫 데이트의 느낌이 물씬 난다.

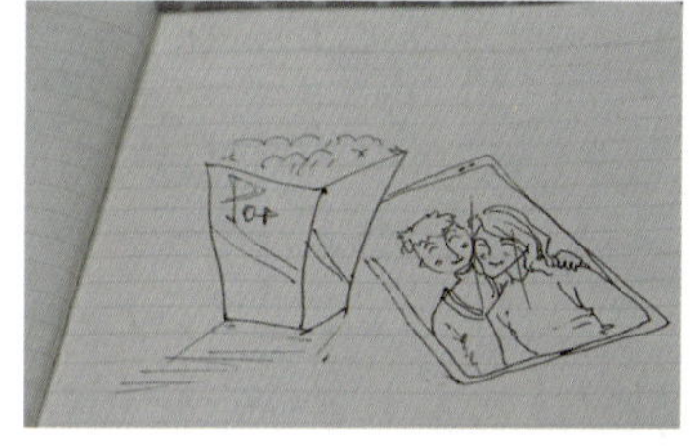

2. 영화를 보고 팝콘로 먹으며 데이트를 했다.

처음 연상되었던 장면과 비슷하다.

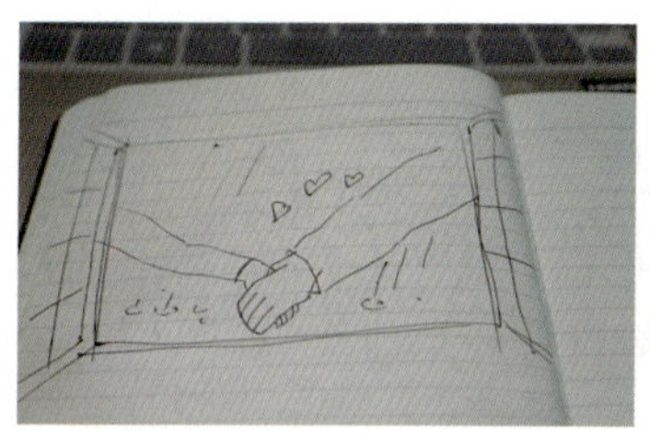

3. 비가 오면 손을 잡아 주었다.

여행으로 추억을 쌓아 발전된 연인의 느낌이 난다.

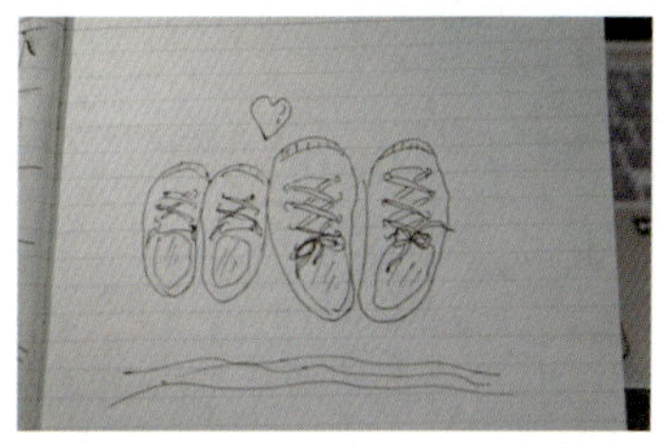

4. 커플티와 커플 운동화는 연인들의 상징이다.

엔딩 컷으로 적절하다.

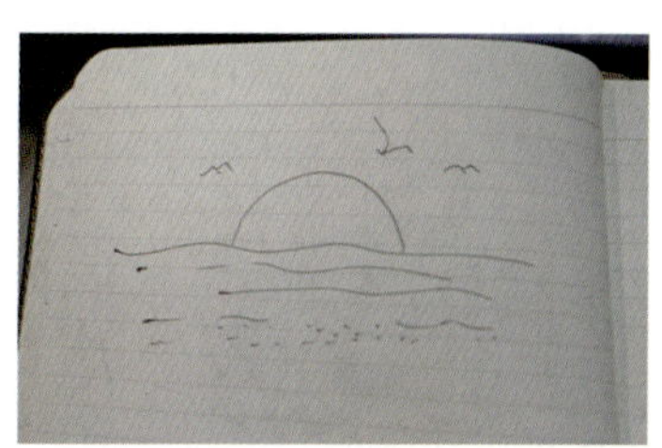

5. 바닷가에서 일출을 보며 약속했다.

3. 콘티 구성

콘티는 굳이 잘 그릴 필요가 없다. 이야기 순서를 잡는 것이 중요하기 때문이다. 메모하듯 글이나 화살표로 표시해도 되고 자기만 알아볼 수 있는 낙서 같은 그림 등 편한 방법으로 이야기 순서를 정하면 된다. 스케치를 활용해 문장을 다듬고, 장면과 장면 사이에 연결고리를 찾아 전체 콘티를 완성한다.

문장 구성 다듬기

오브제 스케치를 보면서 딱딱한 서술형 문장을 좀 더 시적인 문장으로 다듬는다. 다섯 개의 이미지가 하나의 연결된 이야기가 되도록 하는 게 목적이다.

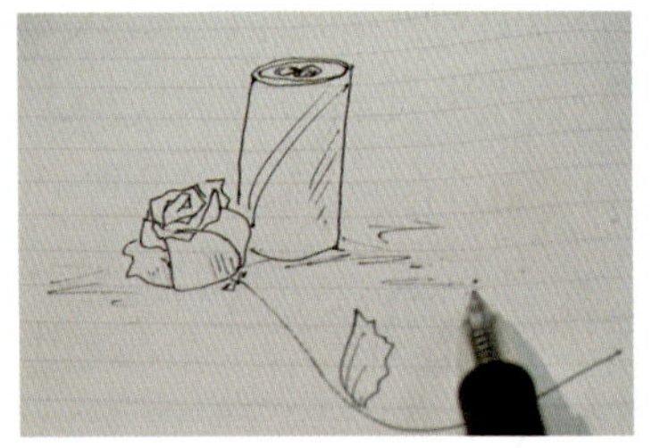

1. **고백** 어느 여름, 수줍은 너의 고백으로 시작된 우리의 인연

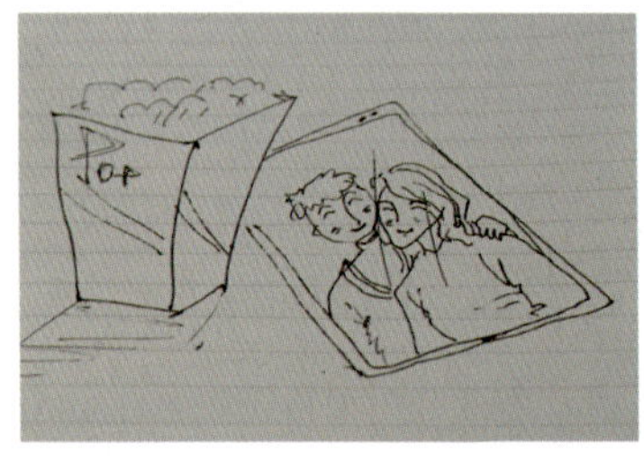

2. **데이트** 첫 데이트 때 보았던 영화 속 한 장면처럼

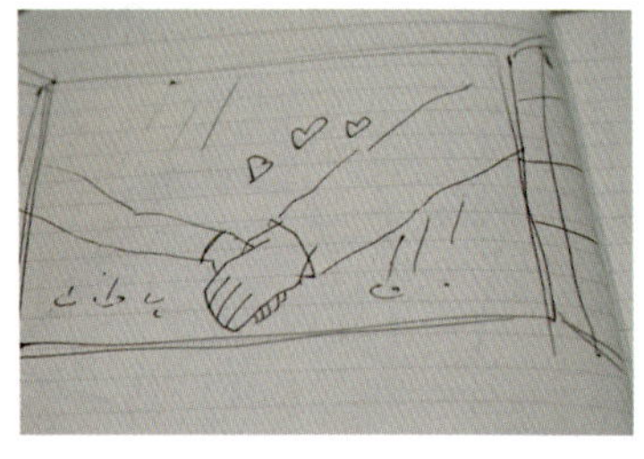

3. **고비** 우리에게도 힘든 시기는 있었지만, 그때마다 먼저 손잡아준 너

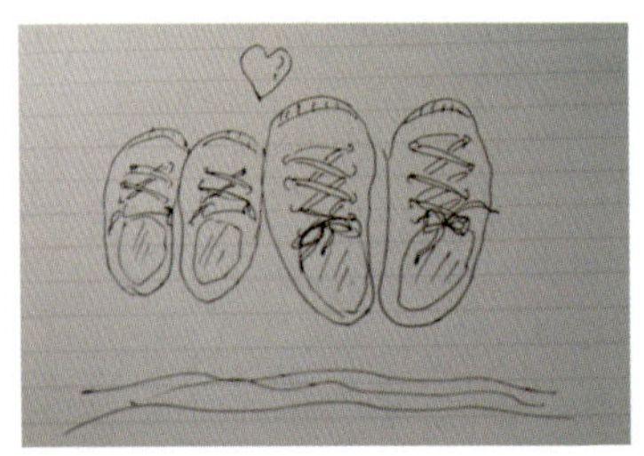

4. **연인** 다른 연인들처럼 커플티는 안 입겠다고 했지만 내가 사준 커플 운동화는 곧잘 신던 너

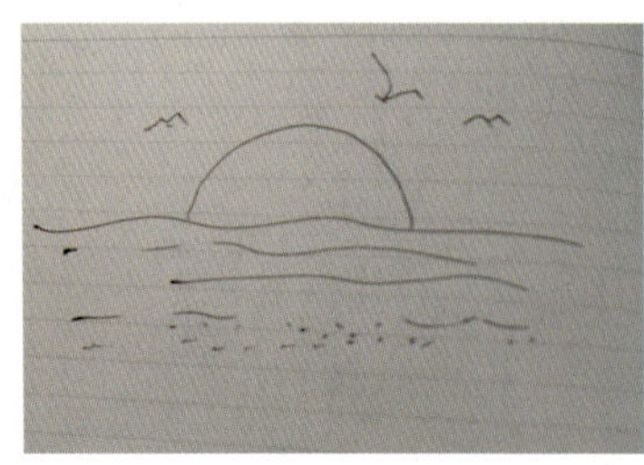

5. **약속** 일출을 품은 바다처럼 변함없는 사랑을 약속한 고마운 너, 나의 첫 설렘

장면 연결고리 구성

오브제 스케치에서 장면과 장면 사이 연결고리로 새로운 장면을 추가하면 자연스러운 장면 변환이 이루어지면서 좀 더 완성도 있는 구성이 된다.

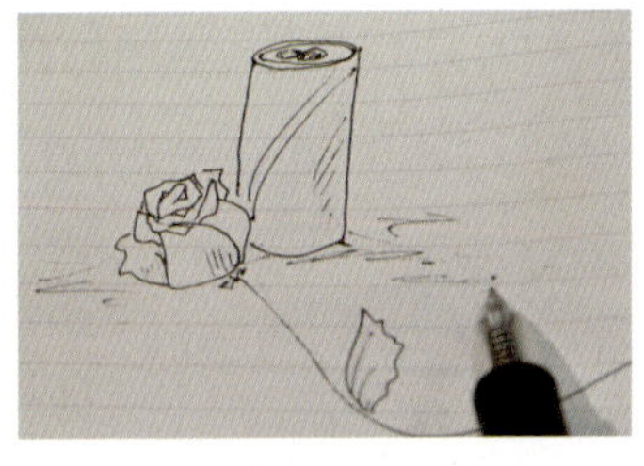

1.

장면과 장면 사이에 고백을 받고 수줍어하는 여자의 얼굴을 추가해 볼 수 있다.

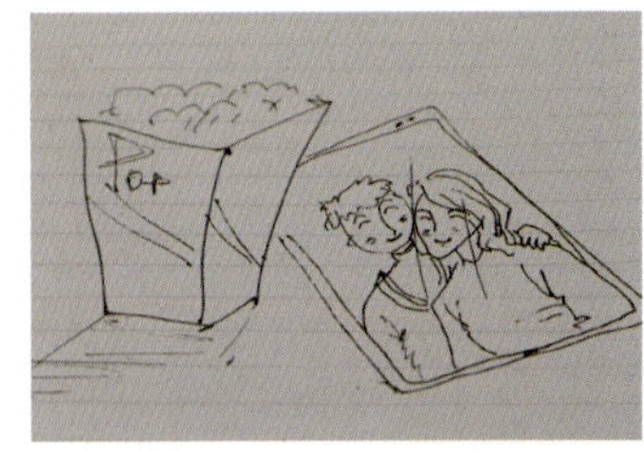

2.

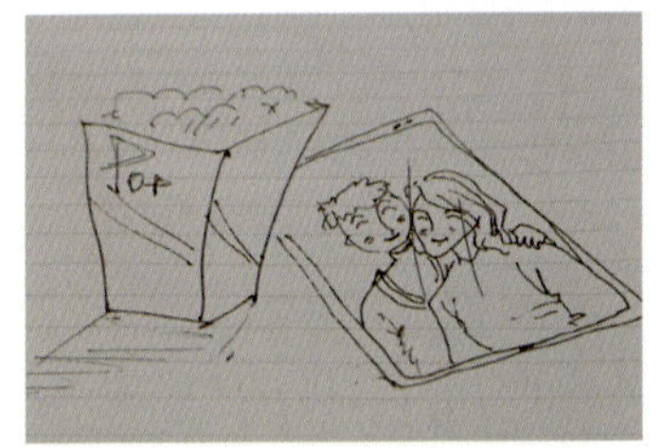

2.

장면과 장면 사이에 영화관에서 마주보는 남녀의 얼굴을 추가해 볼 수 있다.

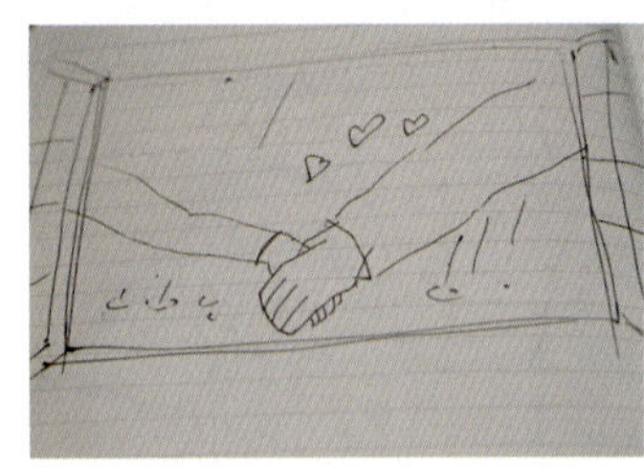

3.

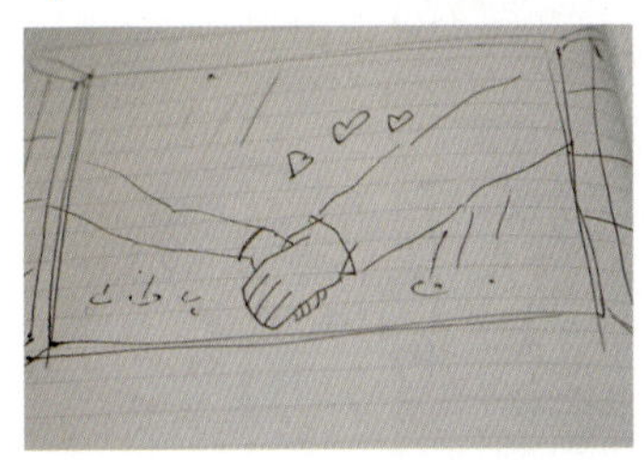

3.

장면과 장면 사이에 잡은 두 손 곁에 창문을 추가하면 창가에 기댄 젖은 운동화의 모습을 연출할 수 있다.

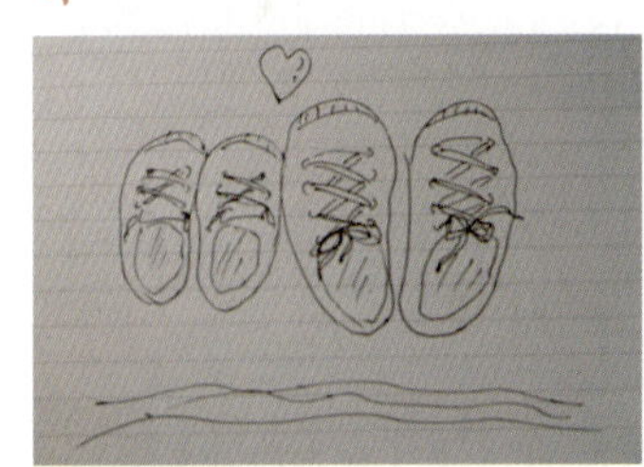

4.

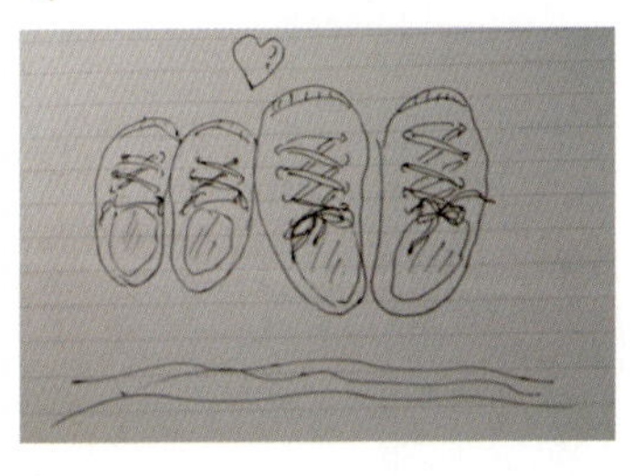

4.

장면과 장면 사이에 밑에서 위로 물결이 차오르는 바다를 그려 넣을 수 있다.

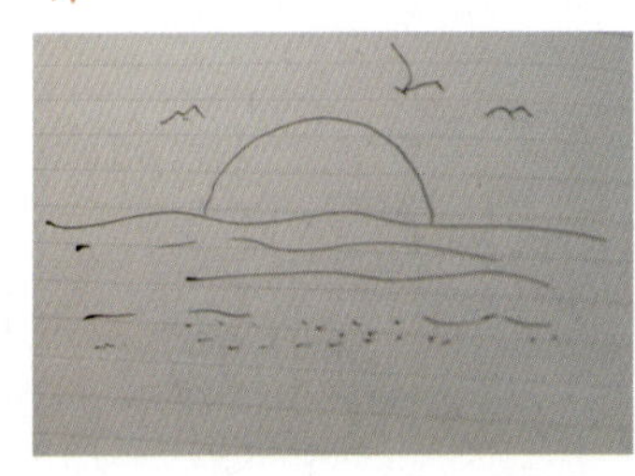

5.

콘티 완성

처음 스케치에 연결고리 스케치를 추가하면 콘티가 완성된다. 샌드아트는 세밀화 작품이 아닌 이상 아주 구체적으로 그림을 그리지 않는다. 콘티도 아주 구체적일 필요는 없다. 단순한 스케치에 화살표나 메모로 콘티를 완성해도 충분히 샌드아트로 표현할 수 있다.

4. 샌드아트 작품 그리기

구체화한 샌드아트 이미지를 쭉 이어 그리면 샌드아트로 표현하는 이야기가 된다. 연상되는 컷을 그대로 표현할 수 있다면 콘티 구성은 생략해도 된다. 그러나 처음에 설명했듯이 초보자는 차근차근 과정을 따라 작품을 만들어가는 방법을 배워야 한다. 잘 그려지다가도 이상하게, 꼭 중요한 시점에서 막히곤 한다. 구성을 따라 차분히 그려야 한다.

샌드아트 이미지

장면과 장면 사이에 연결고리로 구상한 이미지를 샌드아트에 적용하여 작품을 만들면 이야기가 훨씬 풍부해진다. 콘티와 구상한 연결고리를 적용하여 그림을 그려본다.

<u>how to make!</u>

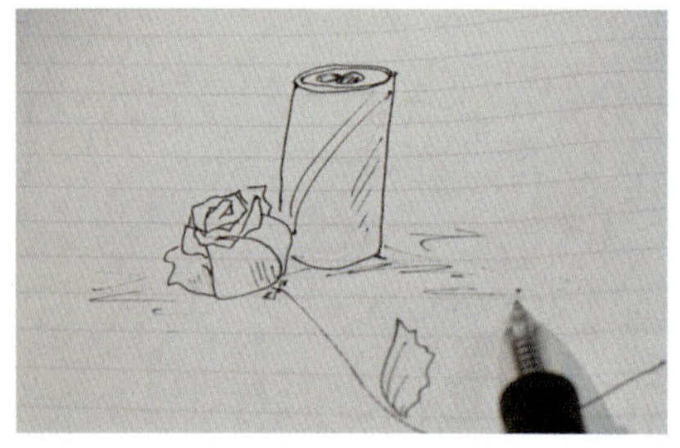
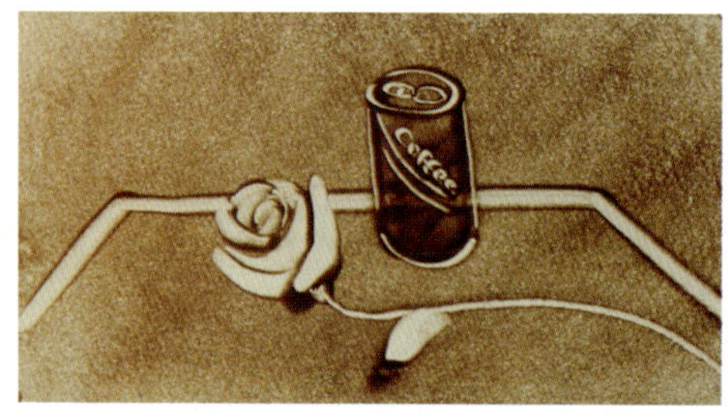

1. 고백

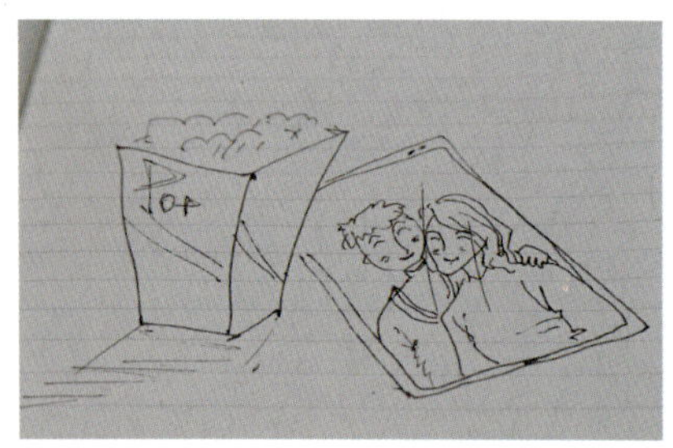
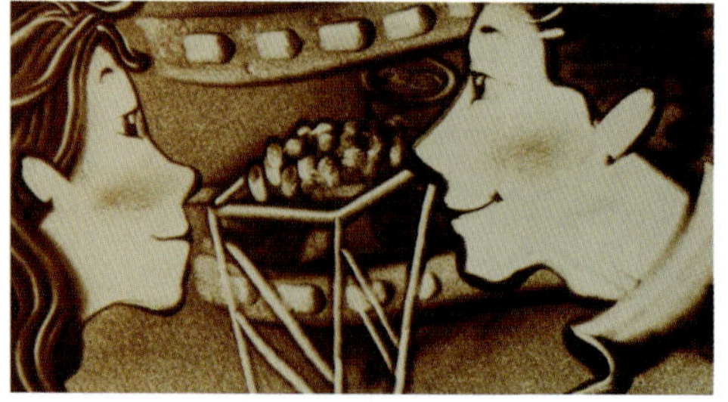

2. 데이트

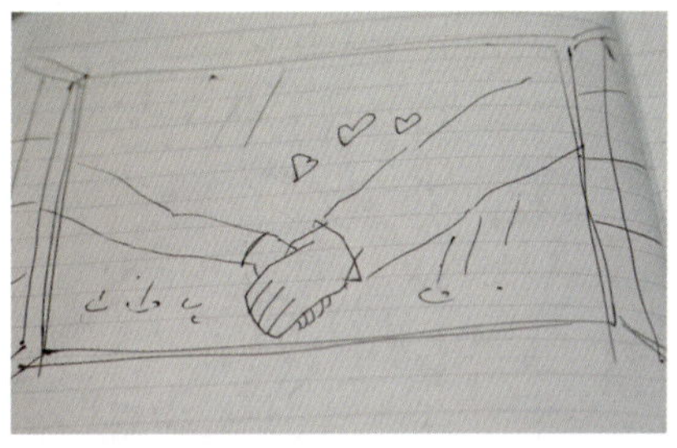 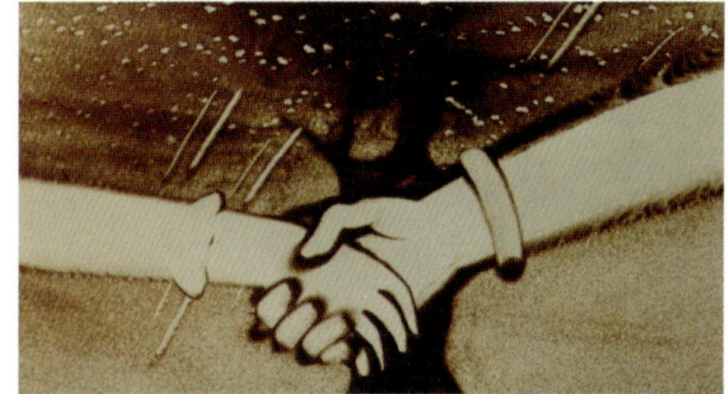

3. 고비

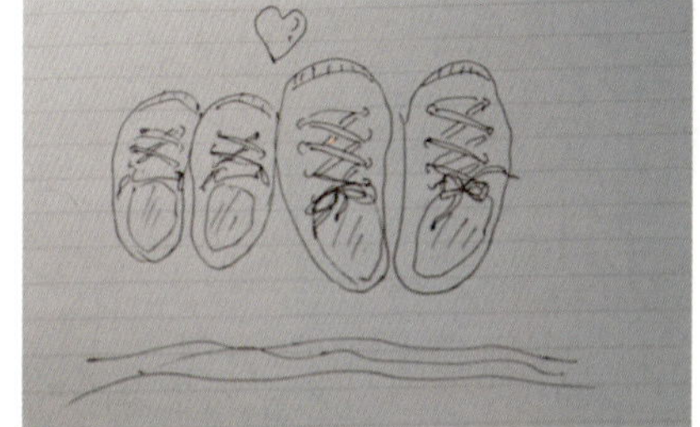 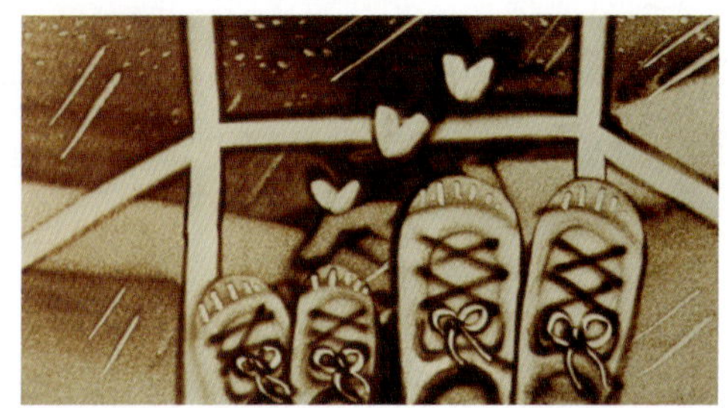

4. 연인

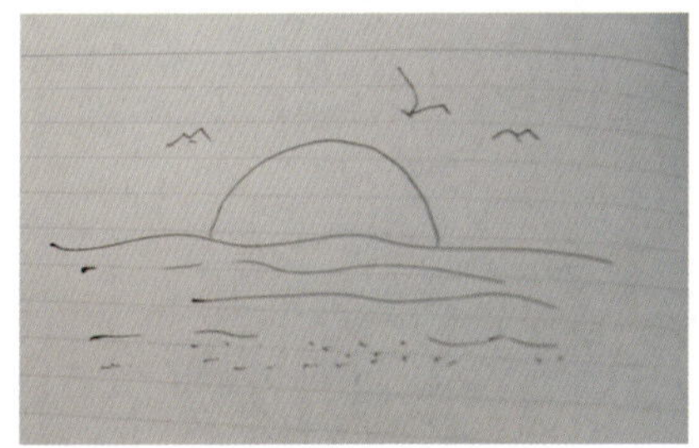 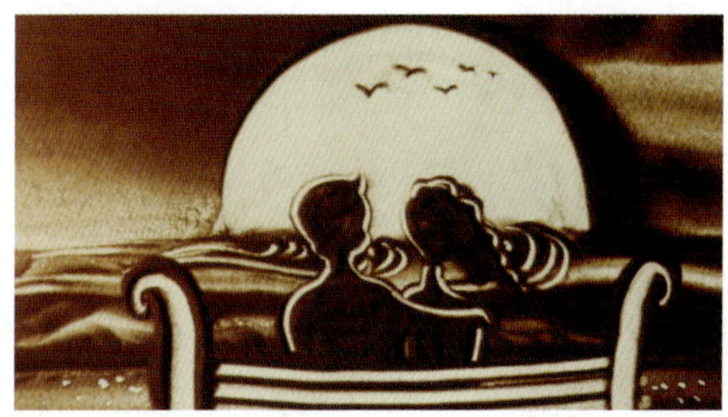

5. 약속

콘티와 비슷하거나 조금 달라진 그림이 있다. 주제를 벗어나지만 않으면 그때그때 작가의 감정에 따라 바꿔 보는 것도 좋다. 다섯 개의 컷이 연결고리로 인해 하나의 이야기처럼 느껴지지만, 완전한 이야기가 된 건 아니다. 그려지는 과정이 일부 생략되었기 때문이다. '사랑은 봄비처럼'을 주제로 그린 샌드아트 완성 작품을 감상해 본다.

샌드아트 이야기 감상

샌드아트 완성 작품 '사랑은 봄비처럼'을 감상할 시간이다. 작품 주제에 어울리는 사랑스러운 분위기의 배경음악을 켜고 샌드아트가 들려주는 이야기를 감상하면 더 아름답고 로맨틱한 분위기의 작품이 된다.

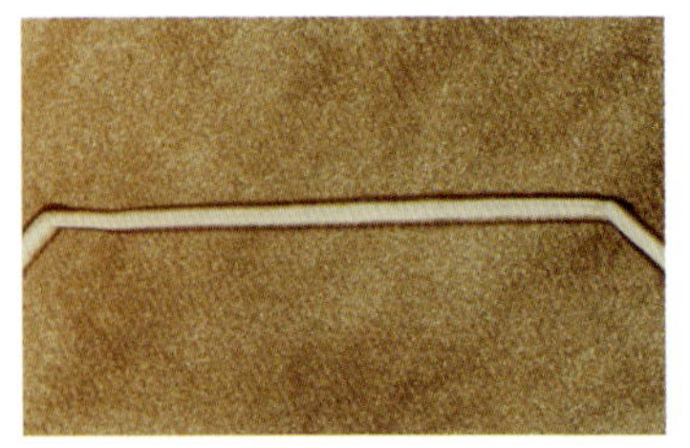
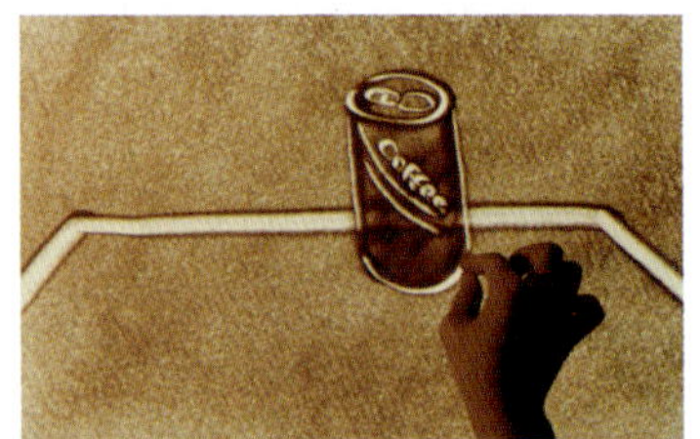
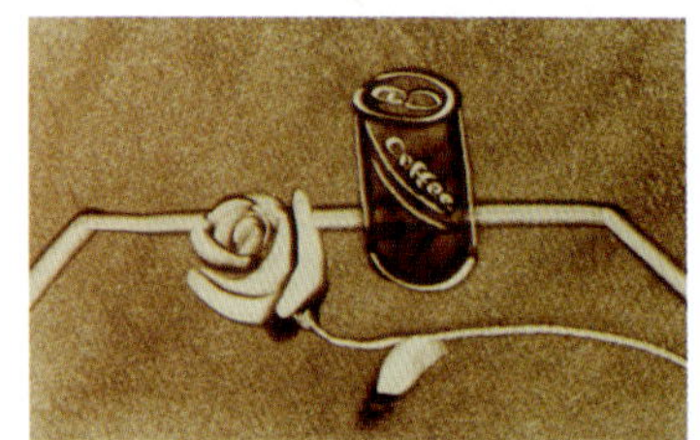
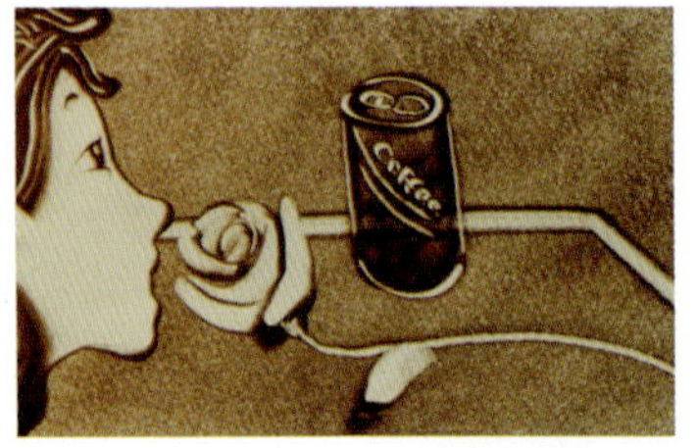
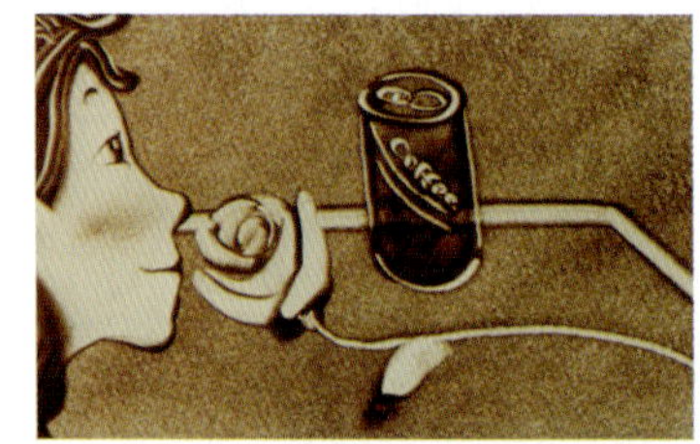
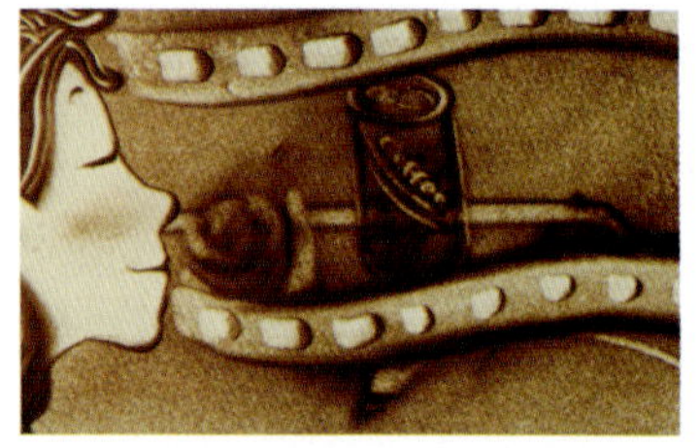
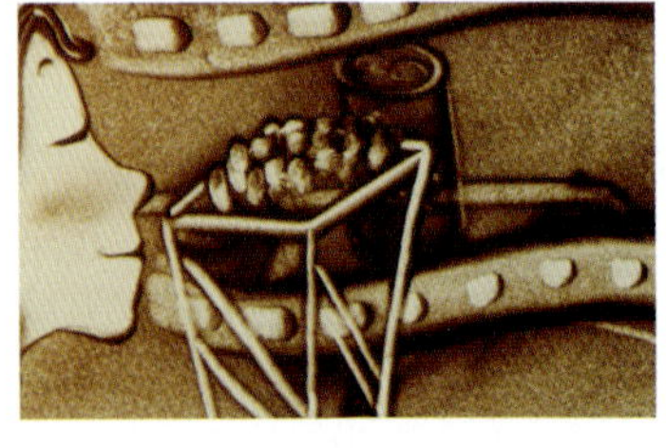
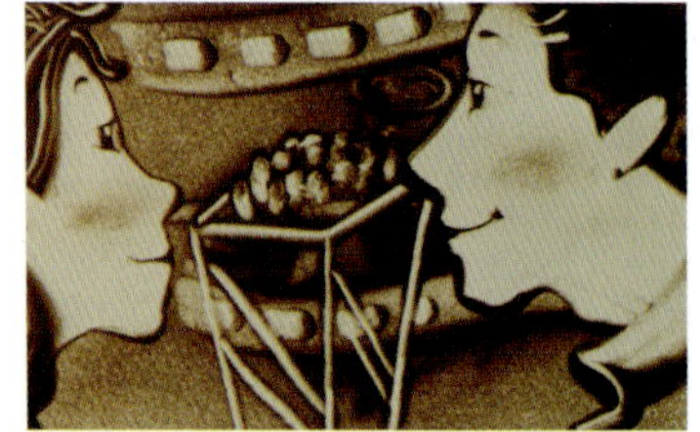
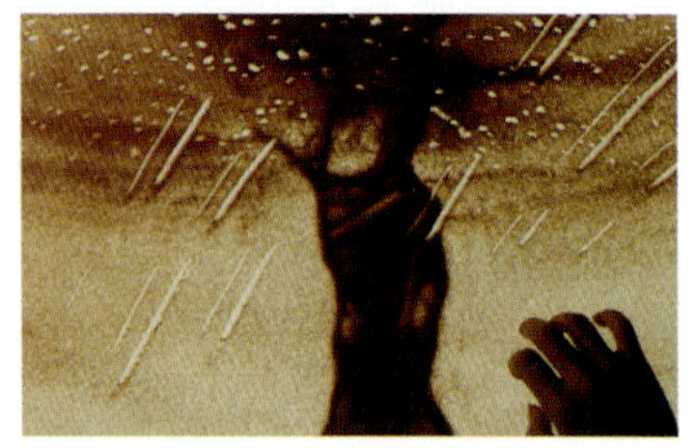
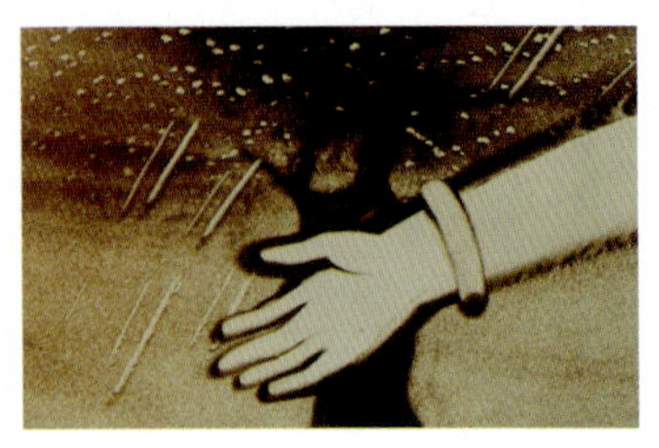
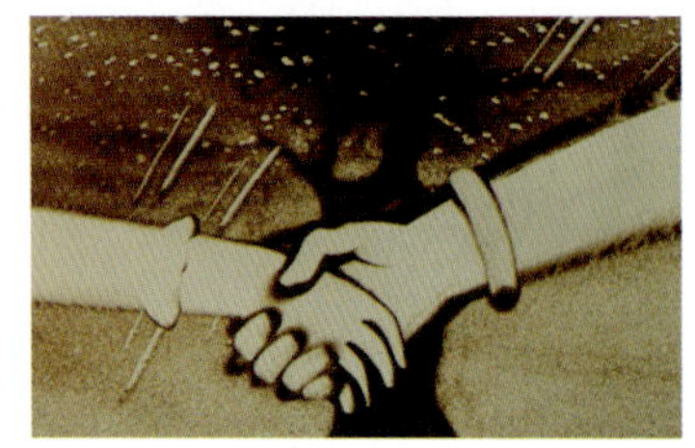
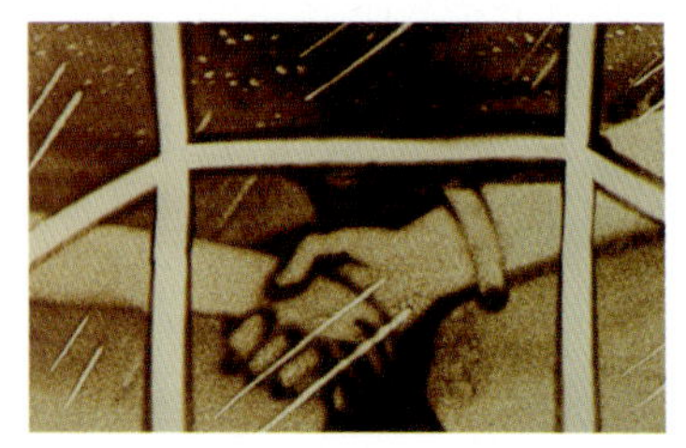

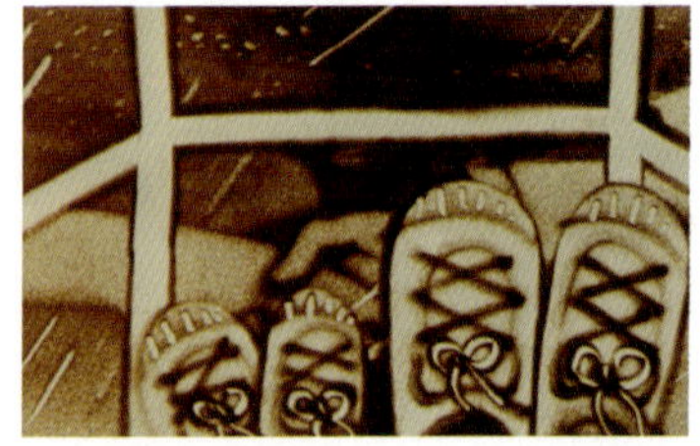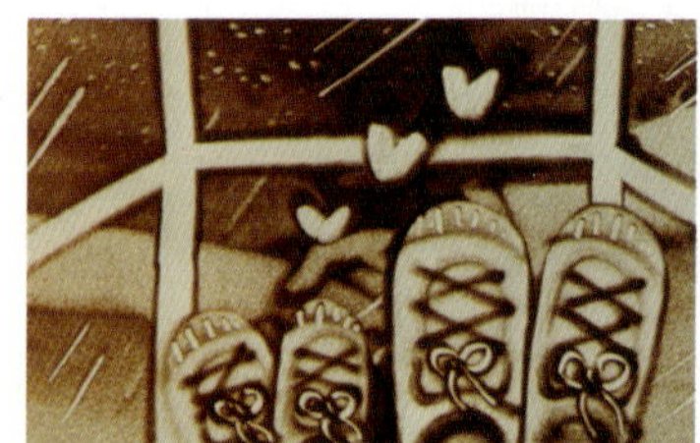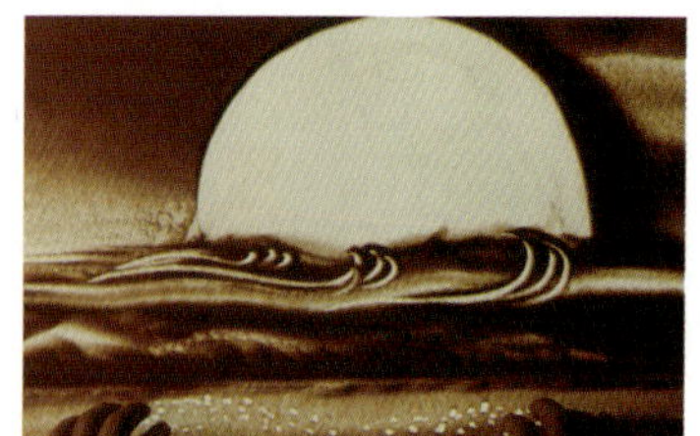

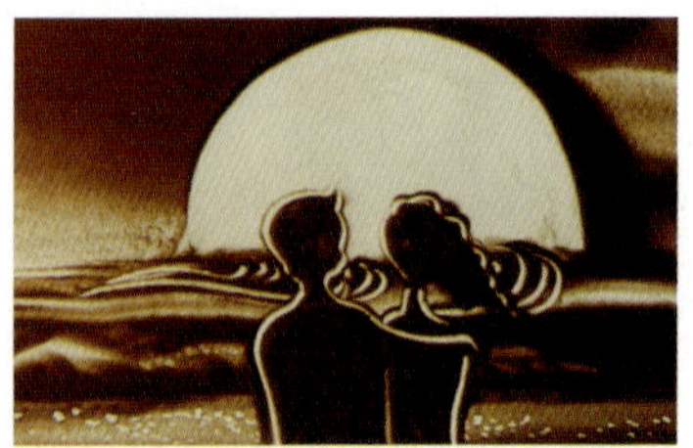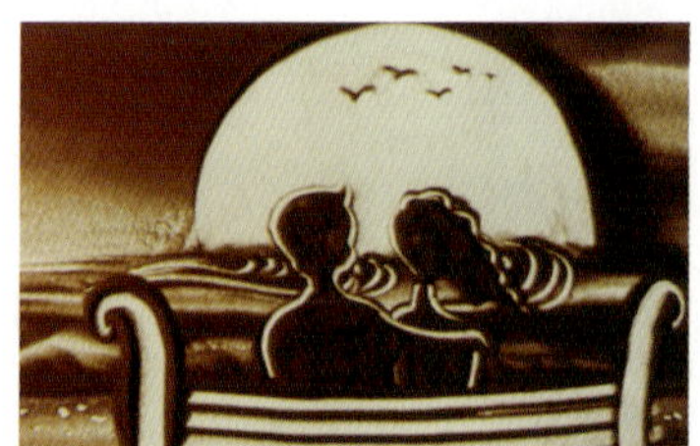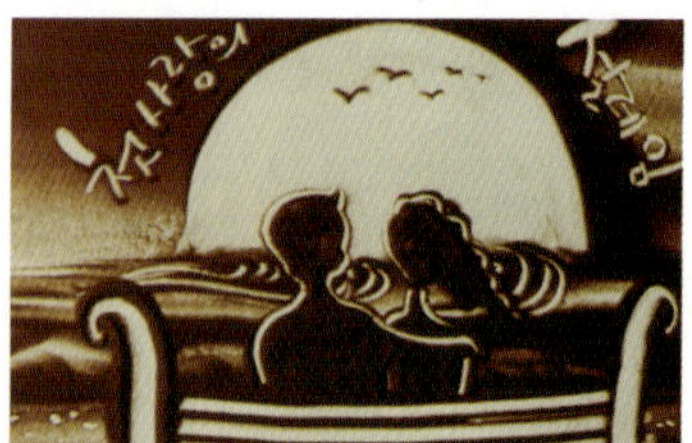

멋진 라이브 공연 한 편이 완성되었다. 샌드아트로 소중한 추억이나 사랑을 그려 선물하면 큰 감동이 전해진다. 영상 장면 여백에 자막을 삽입할 수도 있으니, 캠코더로 녹화하고 자막이나 배경음악을 삽입해 감동적인 영상을 만들어 선물하면 좋다.

전문가용 영상 편집 프로그램이 없어도 손쉽게 영상을 편집할 수 있는 스마트폰 애플리케이션이 있으니 나만의 영상작품에 과감하게 도전해 보기를 권한다.

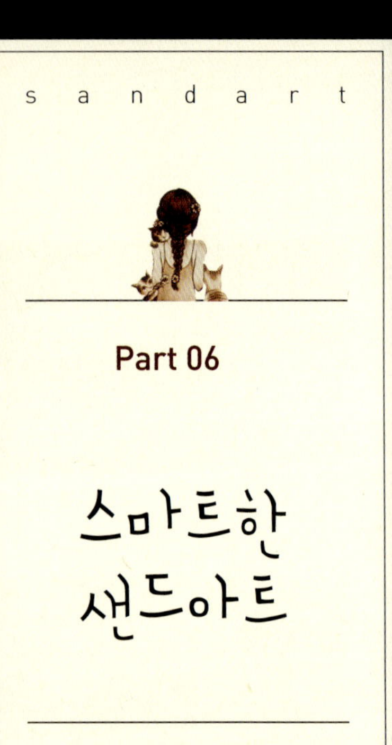

Part 06

스마트한
샌드아트

샌드아트의 아날로그적 감성
샌드아트 정밀묘사
샌드일러스트

디지털제품 중에 우리 실생활과 가장 밀접한 것은 스마트폰이다. 커뮤니티 공간 스마트폰 세상에서도 이야기로 감성을 나누고자 하는 목적이 크다. 삐뚤빼뚤한 손 그림체 애플리케이션이 등장했을 때 그 사용자 수가 급속히 늘어난 사례가 있다. 아날로그적 감성이 디지털 세상의 틈새를 비집고 들어온 신선한 일이었다. 방법은 달라도 앞으로도 아날로그적 감성을 찾는 일은 계속될 것이다.

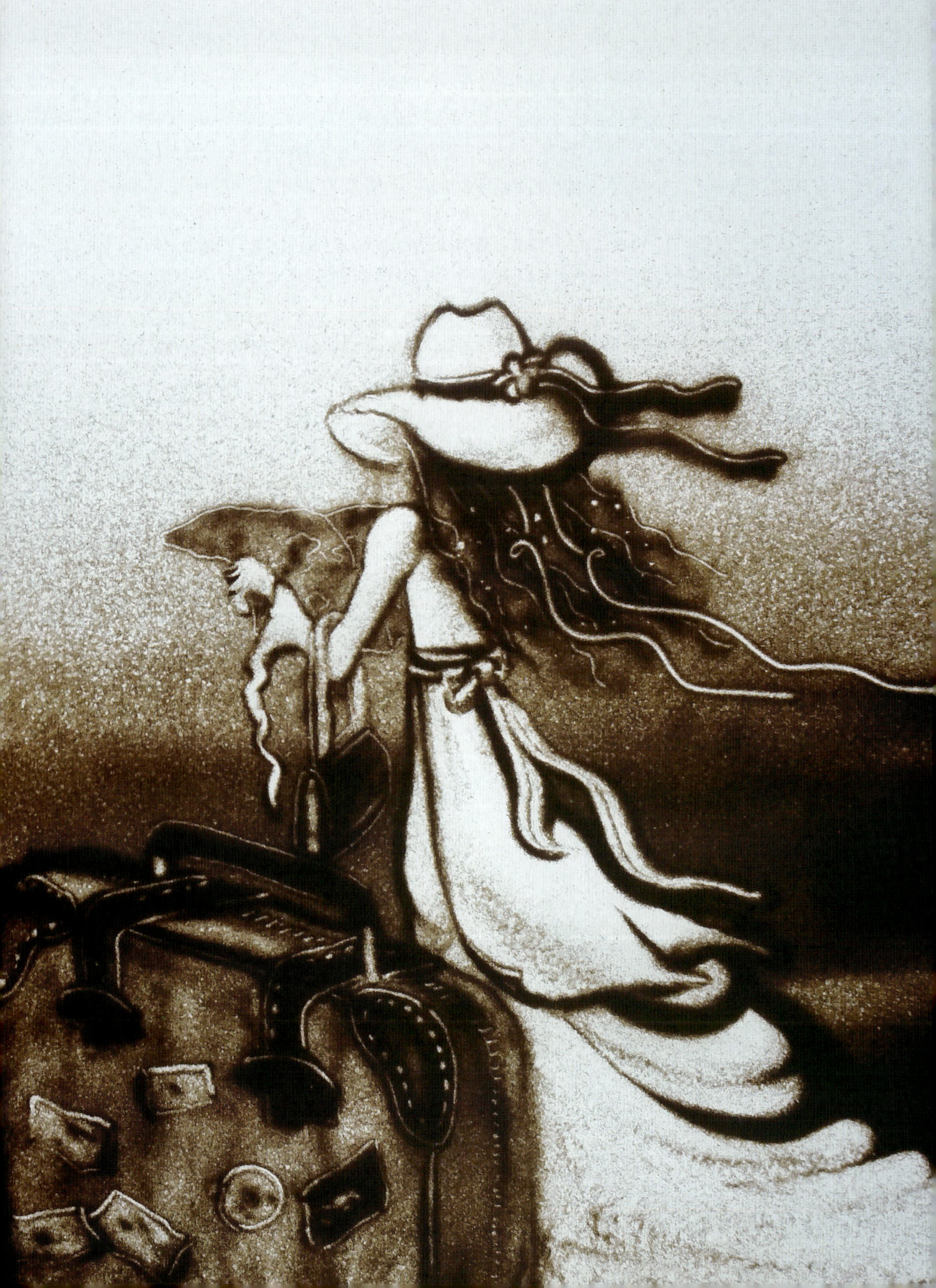

1. 샌드아트의 아날로그적 감성

아직 손편지는 존재한다. 크리스마스카드나 생일카드를 받아볼 때가 있다. 때때로 간단한 메모로 마음을 전하는 포스트잇도 짧은 손편지이다. TV를 보면 '마음을 보내세요. 또는 마음으로 전하세요.' 등 마음을 이야기하는 CF가 많다. 아마도 워낙 바쁘게 살다 보니 시간도 부족하고, 때를 놓치거나 뭔가 말로 하기 부끄럽고 어려운 이야기가 많기 때문일 거라 본다. 그럴 때 스마트폰 대화창을 열어 몰래 고민의 흔적을 남겨놓으면 훨씬 편하다. 그리고 그 흔적을 상대방이 조금 더 따뜻하게 받아주길 바란다면 샌드아트를 이용하는 것도 좋다. 모래 색감이나 손가락 흔적을 보고 있으면 마음이 따뜻해진다.

샌드아트 손편지

간단한 아이콘이나 글씨로 마음을 전해보는 건 어떨까요? 샌드아트 손편지는 매우 단순하다. 그럼에도 참 부끄럽고 쉽지 않아 망설여지기도 한다. '샌드아트 손편지로 마음을 전하세요. 마음이 뿌듯해집니다.' 그림을 전공하지 않았던 분들이 쓴 샌드아트 손편지이다.

자신의 생일이 되자 어머니께 낳아주셔서 감사하다는 인사를 전하고 싶다며 샌드아트로 어머니에 대한 사랑을 표현한 글이다. 그냥 문자나 대화창으로 전해도 되지만 샌드아트를 사용하니 더 따뜻한 마음이 느껴진다.

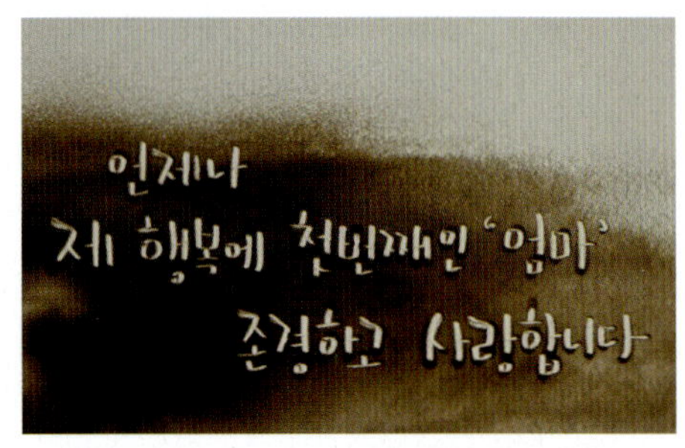

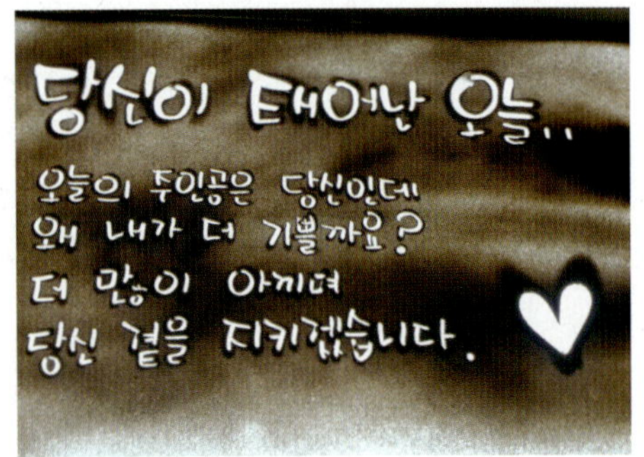

사랑하는 사람에게 보내는 생일 축하 메시지로 잘 어울리는 편지글이다. 글씨는 나중이고 하트가 먼저 눈에 들어오는 걸 보니, 이미 모든 마음은 다 전한 것 같다.

편지를 써 보라고 하면 다들 사랑이 먼저 떠오르나 보다. 내민 손에 짙은 하트가 그려져 있는 걸 보니 누군가의 마음의 상처를 보듬어주고 싶을 때 보내면 좋을 편지이다.

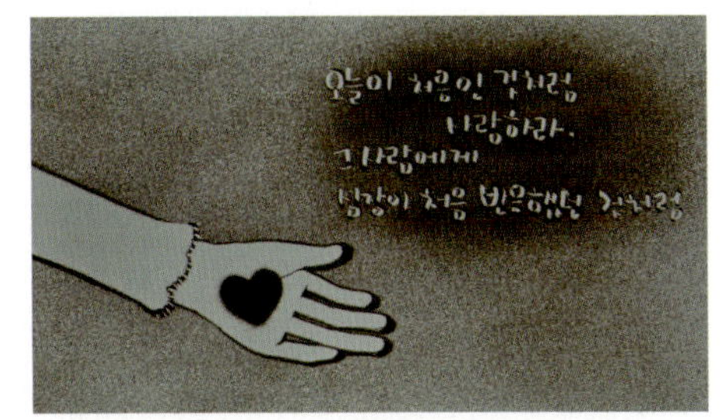

빨랫줄에 편지가 걸려있다. 빨래가 펄럭이고 걸린 옷은 반팔이다. 어느 여름 살랑살랑 솔바람이 불어 불현듯 생각난 그 사람에게 마음을 전하는 샌드아트 손편지이다.

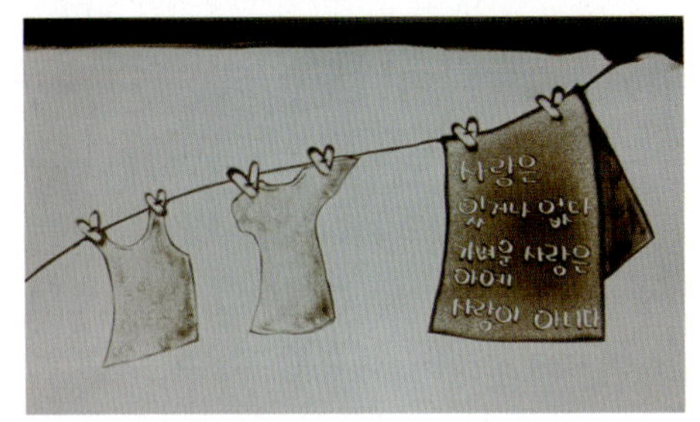

샌드아트 프러포즈

샌드아트로 프러포즈를 하는 분들이 많다. 샌드아트 프러포즈는 손편지를 쓰기도 하지만 영상이 더 감동적이다.

프러포즈 영상 중 일부이다. 스포츠를 즐기던 두 사람은 스포츠 동아리에서 처음 만났다. 점차 가까워진 두 사람은 마음을 확인하고 연애를 시작했다. 이 영상을 보고 당연히 마음이 움직였고 표정은 무척 사랑스러웠다.

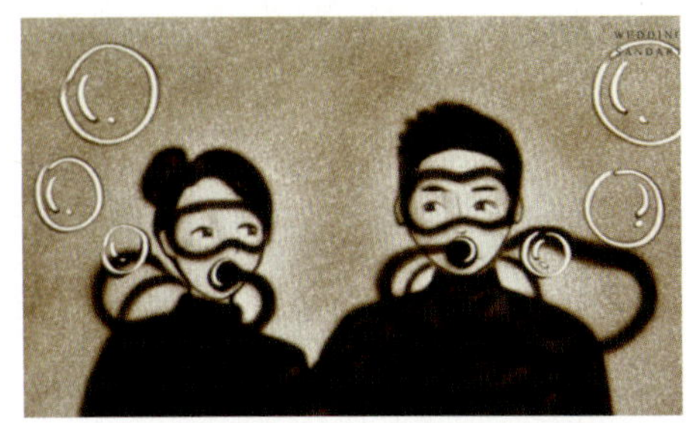

연인이 함께 바닷가 여행 중이었고, 장난을 주고받다 얼떨결에 고백을 받아 그 순간에 대답을 못해주었다는 사연이다. 이 영상을 통해 이제야 그 고백을 받아주고 싶다는 내용이 담겨있다.

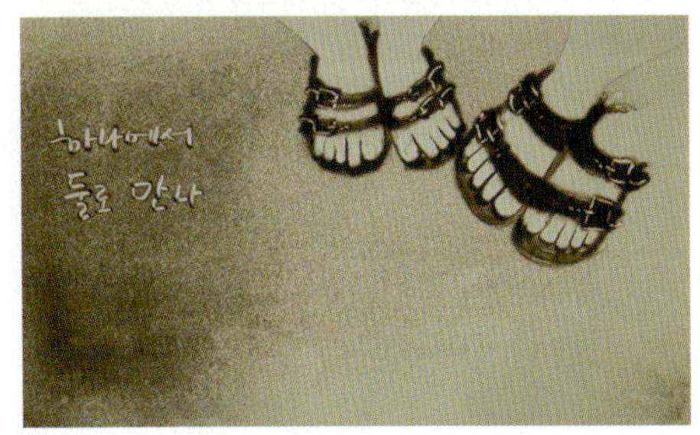

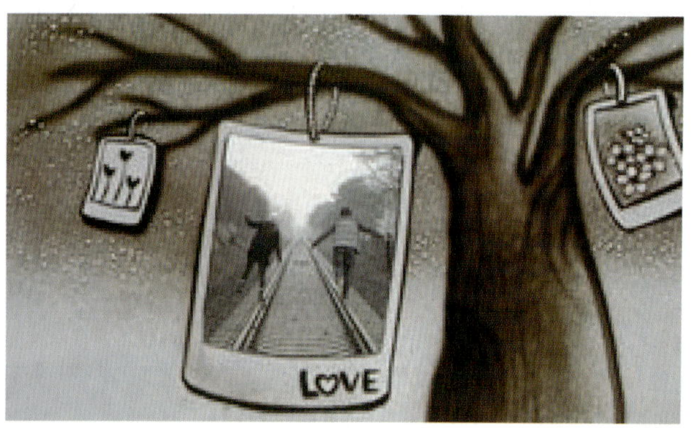

또 다른 프러포즈 이미지이다. 추억의 사진을 샌드아트 이미지에 담은 것으로, 샌드아트 이미지에 실사 이미지를 넣어 만든 색다른 느낌의 포로포즈 작품이다.

아버지 생신날 보여드린 영상 중 일부이다. 부모님의 뒷모습을 찍어두었다가 샌드아트 액자에 삽입해 선물해도 좋고, 영상으로 만들어 결혼기념일을 축복해드려도 좋다. 부모님께 사랑의 마음을 전하기 좋은 영상이다.

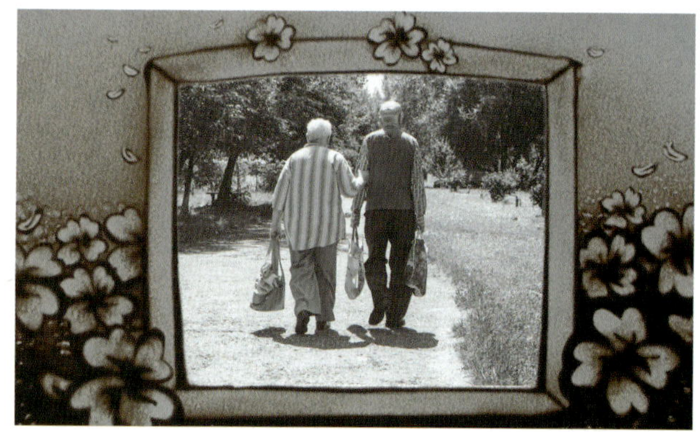

샌드아트 웨딩

샌드아트 웨딩 영상 중 일부이다. 어려운 시기를 넘기고 결혼을 마음먹은 만큼 더 잘 살아가자는 굳은 의지가 담겨있다. 샌드아트 영상 덕분에 더욱 축복받는 결혼식이 되었다. 도입부는 즐거운 데이트 장면으로 연출하고 엔딩은 차분한 분위기로 연출한 이봄 작가의 샌드아트 웨딩 영상이다.

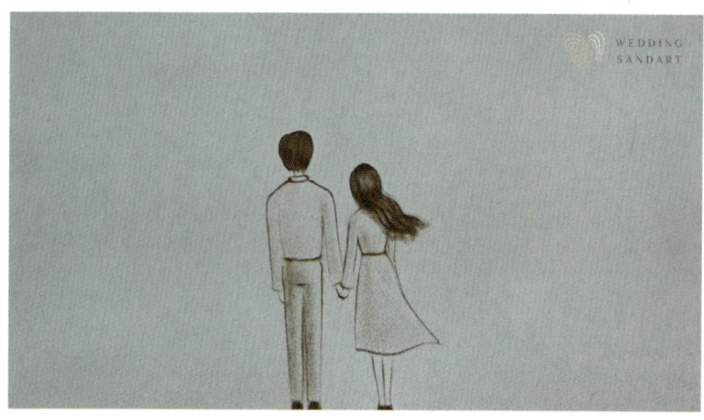

두 손 꼭 잡은 우리에게 펼쳐질 이 길

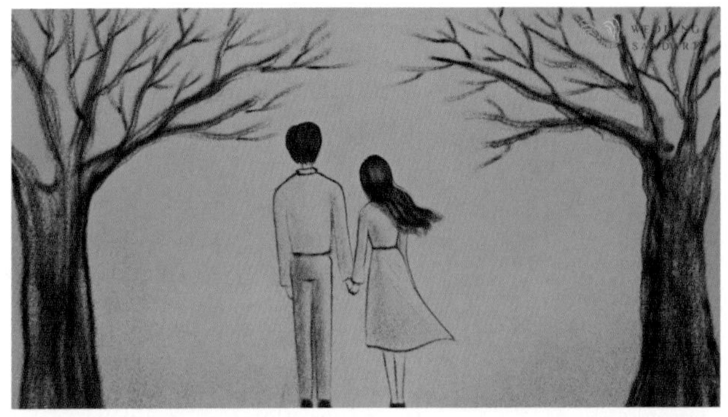

시작은 앙상한 겨울나무지만

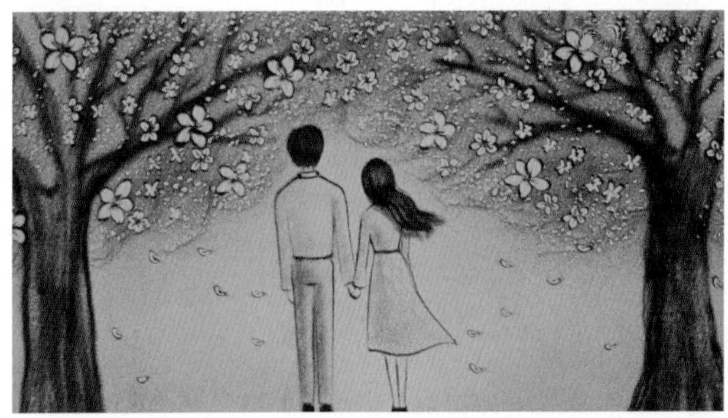

노력할게. 꽃나무가 되도록

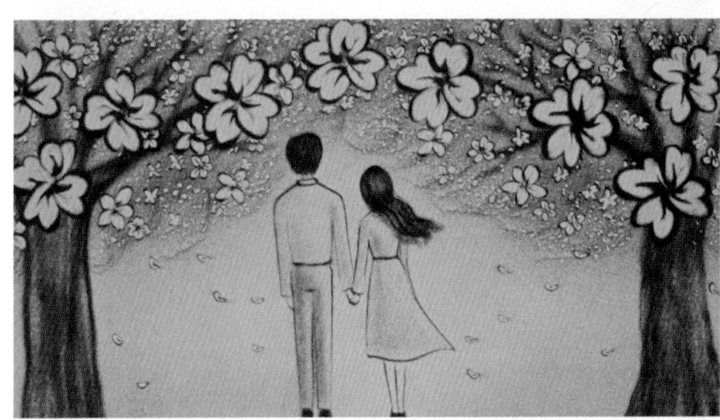

행복한 꽃길로 만들어 줄게

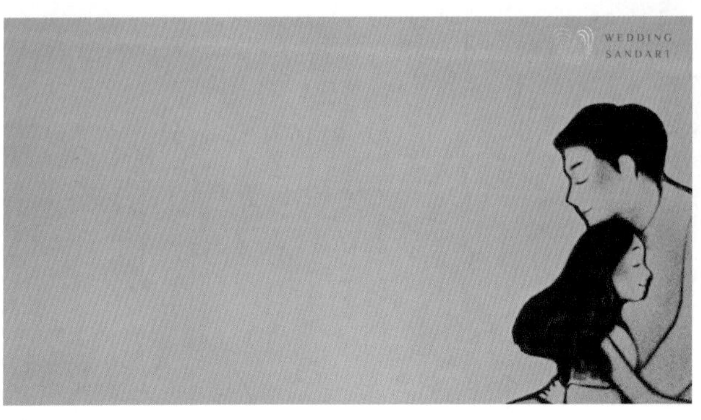

아낌없는 나무가 될게

2. 샌드아트 정밀묘사

샌드아트 정밀묘사는 손과 모래만으로도 세밀한 작업이 가능하다. 그대로 모작을 해 보는 것도 좋지만 자기만의 색깔을 가지고 새로운 그림을 탄생시키는 것도 의미가 있다. 흑경을 사용할 때처럼 모래 색을 바꾸어 작업해도 재미있다.

명화

시대의 걸작을 그대로 모작하려면 상당한 시간이 소요된다. 그래도 샌드아트로 그려진 나만의 명화를 가지고 싶다면 한 번쯤 도전해 볼 만한 가치가 있다.

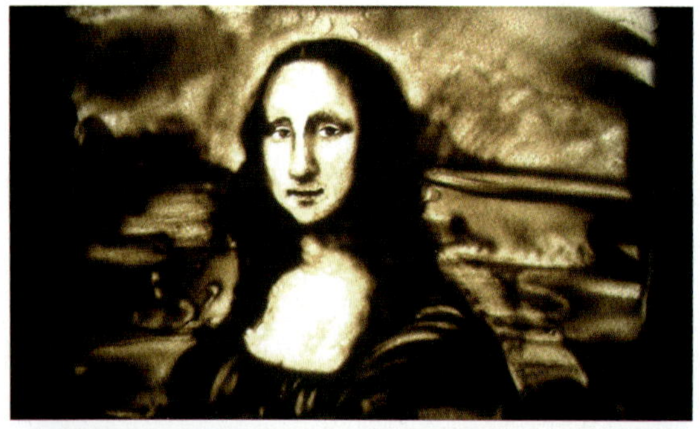

레오나르도 다빈치의 '모나리자'

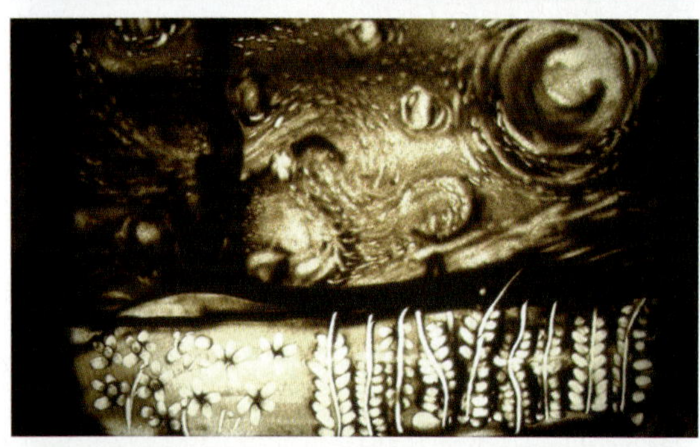

빈센트 반 고흐의 '별이 빛나는 밤에'

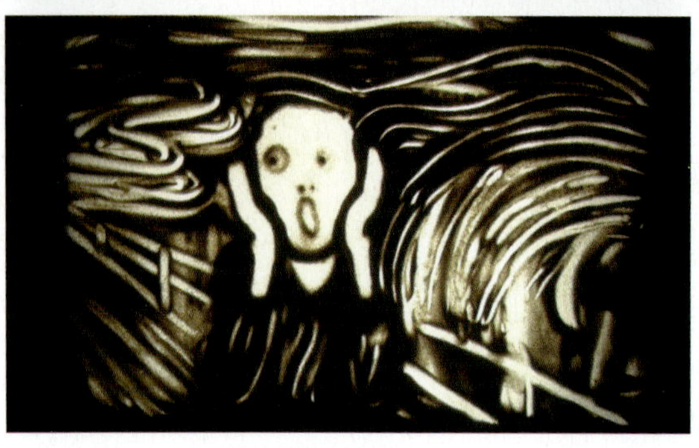

샌드아트의 터치와도 잘 어울리는 뭉크의 '절규'

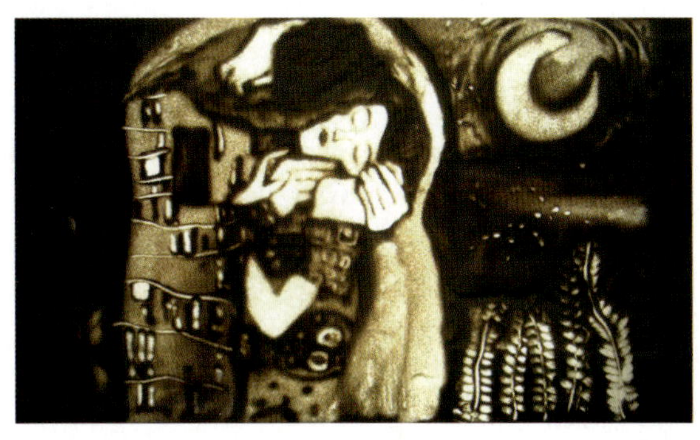

원본의 화려한 금빛 색감과
모래의 색감이 비슷한 클림트의 '키스'

샌드아트로 작업한 이미지를 액자로 만
들어 인테리어 소품으로 활용하면 좋다.

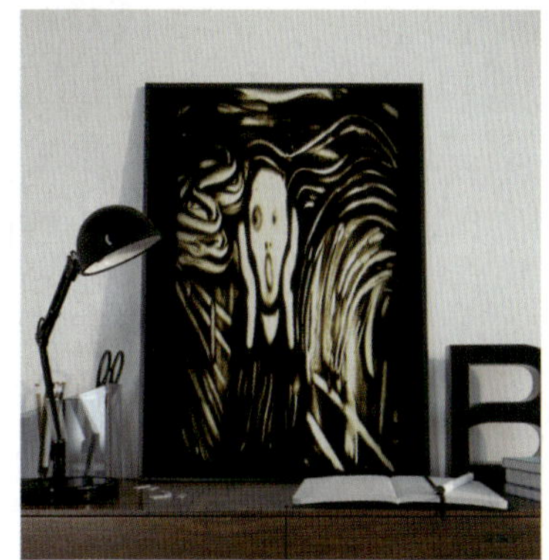

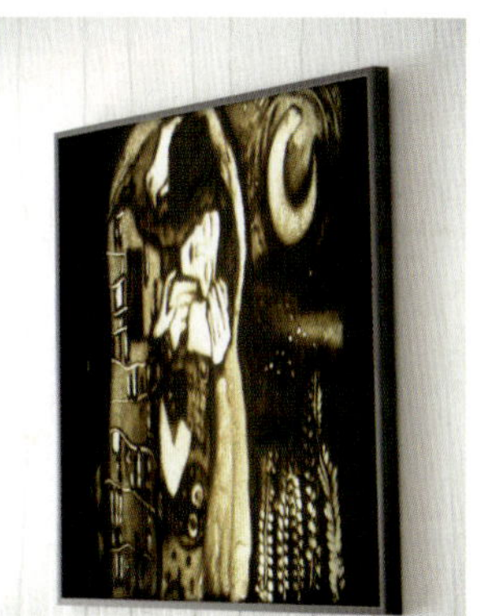

인물

인물을 그대로 그리는 것도 좋지만, 눈매나 머리 모양, 얼굴형이나 안경 등 인물의 특징에 초점을 맞춰 개성
있는 그림을 그리는 것도 좋다. 똑같은 그림은 사진으로도 얼마든지 가능하니까 말이다.

눈웃음만 짓고 입술은 야무지게 다물고 있는 원본
사진과는 다르게 미소 짓는 얼굴로 바꿔 그린 인물
이다.

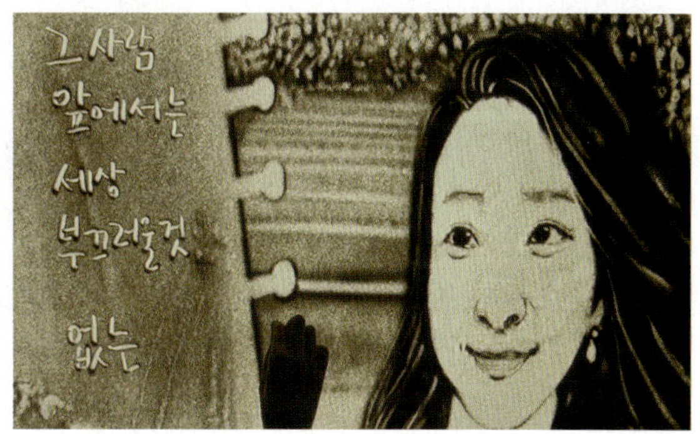

예비 신랑신부의 스마트폰 사진을 샌드아트로 그
려 프러포즈 영상으로 활용하고, 웨딩 때는 예식장
입구에 스튜디오 사진 대신 전시한 그림이다.

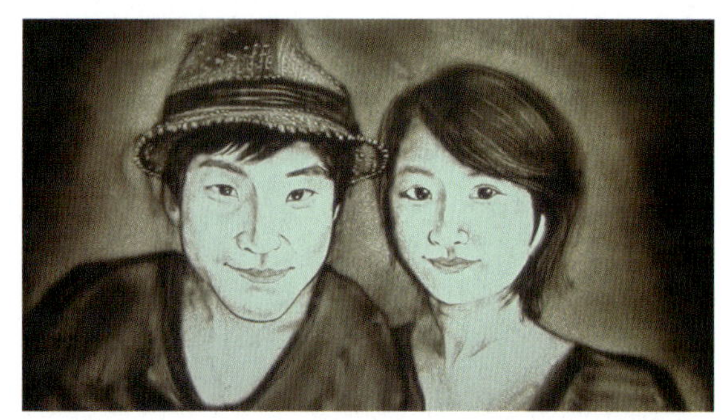

국립민속박물관 전시프로젝트 중 하나인 '종가'의
엔딩 컷이다. 종가 며느리인 종부의 이야기를 샌드
아트로 전기처럼 풀어낸 영상으로, 기와집 형태의
전시장에서 영상을 본 관람객은 크게 감동하였다.

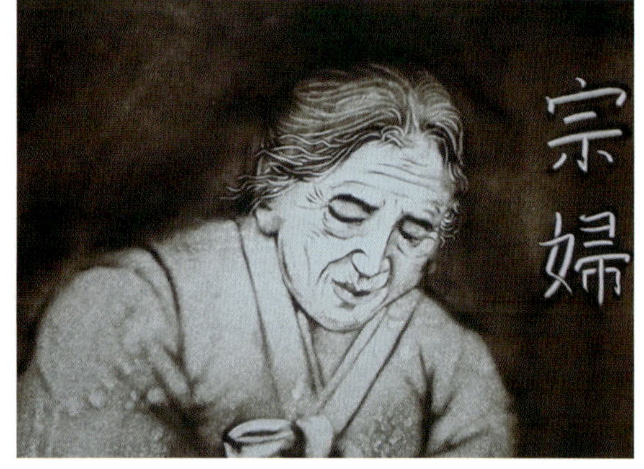

한성백제박물관 전시프로젝트 중 하나인 '유물 초대전'에서 선보인 샌드아트 영상이다. 과거 댕기 머리 아이
에서 노인이 된 현재까지 상상의 스토리텔링으로 담아내며 유물과 시대적 배경을 샌드아트로 풀어낸 회고
영상인 동시에 유물에 대한 새로운 시각을 갖게 한 샌드아트 영상 작품이다.

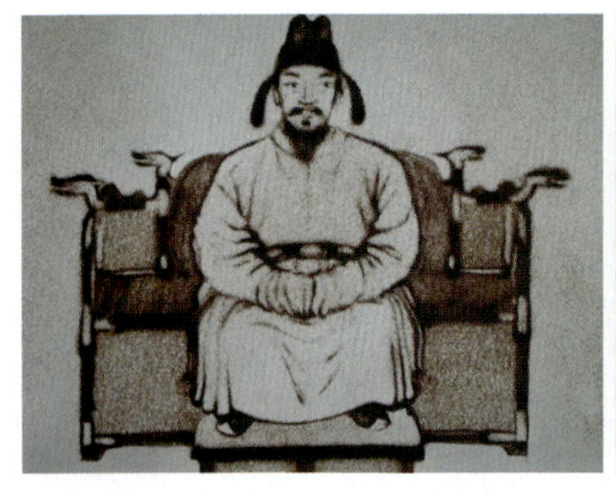
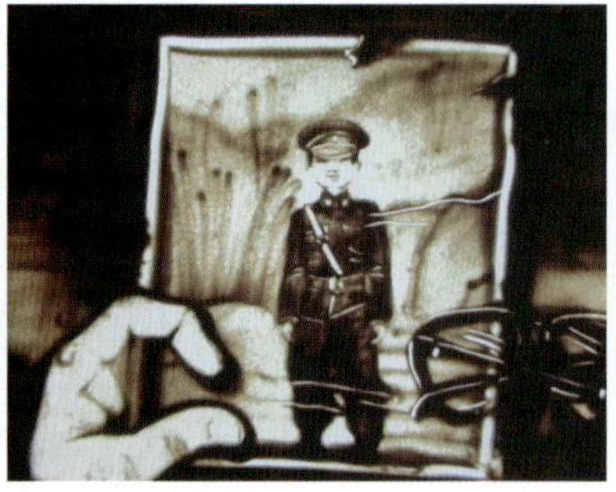
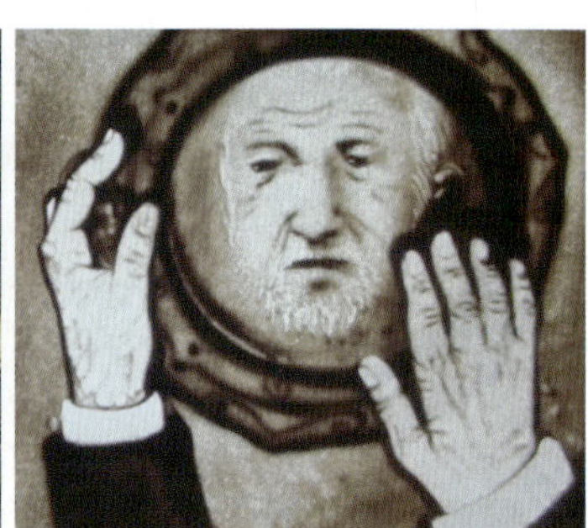

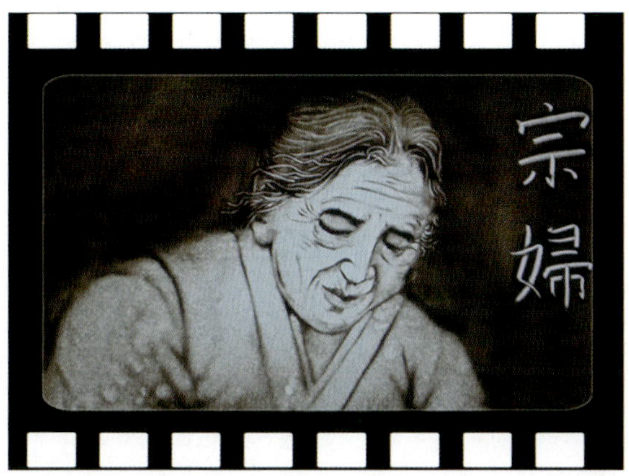

'종부' 영상을 영화필름 형식으로 작업해 본 컷

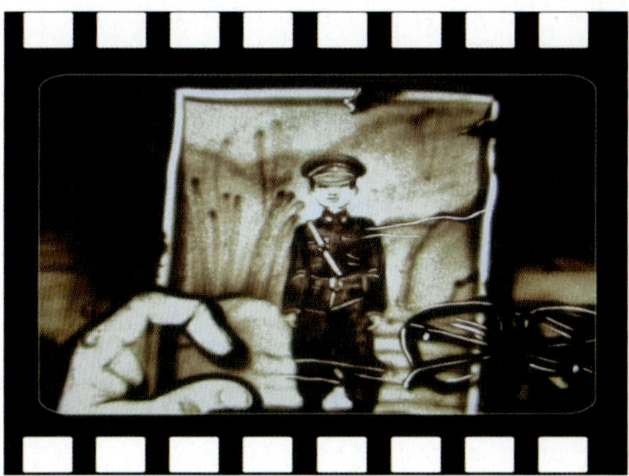

'DMZ' 영상을 영화필름 형식으로 작업해 본 컷

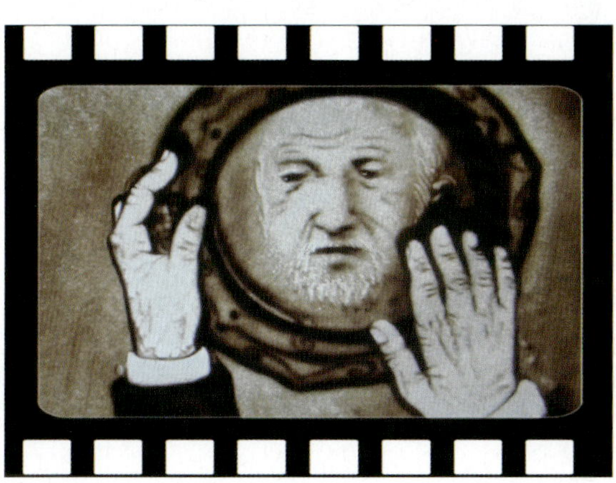

'유물초대전' 영상을 영화필름 형식으로 작업해 본 컷

٤. 샌드일러스트

샌드일러스트는 한 컷으로도 충분히 작품으로 인정받을 수 있다. 샌드일러스트는 다양한 장르에서 활용할 수 있다. 그림에 따라 어떤 용도에 적합한지 소개한다.

엽서

샌드일러스트는 편지보다는 간단하면서 메모보다는 더 많은 내용을 담을 수 있는 엽서에 활용할 수 있다.

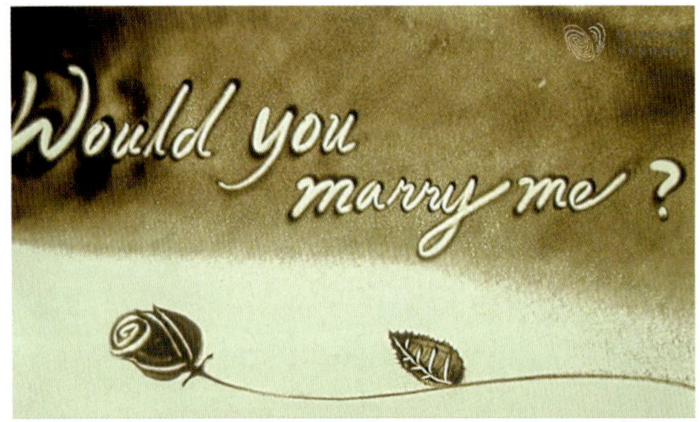

프러포즈 엽서

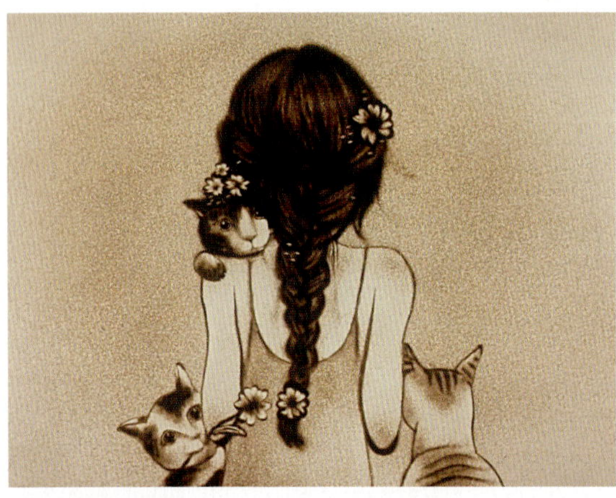

길고양이들의 아픔을 공유하고자 그린 이미지

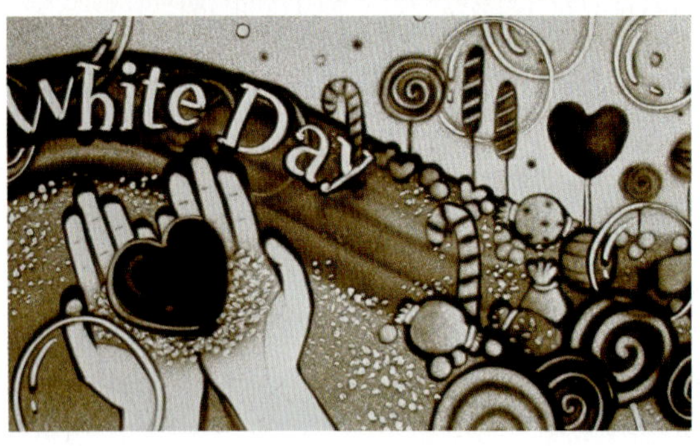

화이트데이 이미지

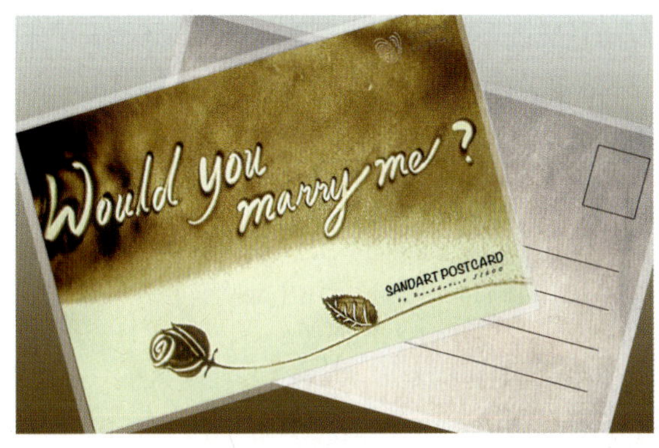

프러포즈를 할 때 전하면 좋은 엽서

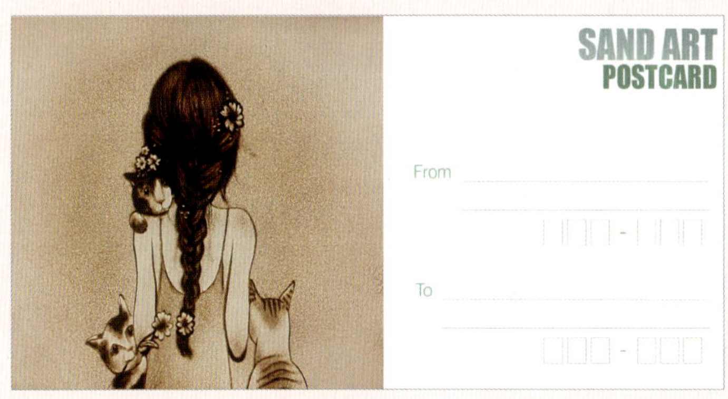

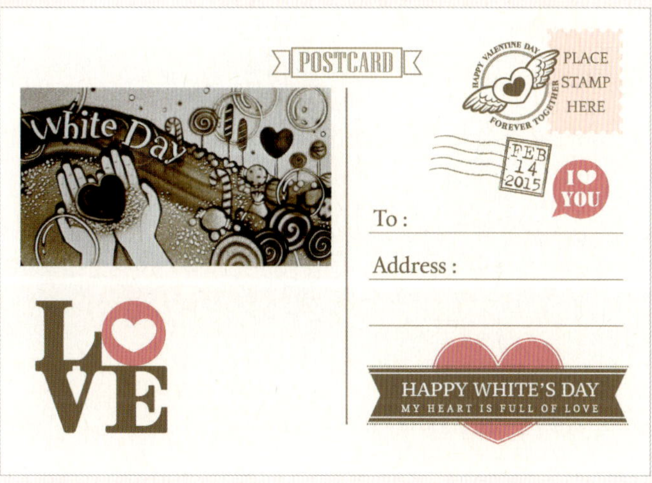

캐리커처

관광지에 가면 캐리커처 작가들을 만날 수 있다. 펜이나 연필, 파스텔 등으로 인물의 특징이 잘 드러난 그림을 선사한다. 어쩌다 실제 인물과 좀 다른 그림도 있는데 이런 경우는 그 인물의 일반적인 생김새보다는 다른 특징이 작가의 눈에 크게 비치기 때문이다. 샌드아트는 캐리커처에도 많이 활용된다.

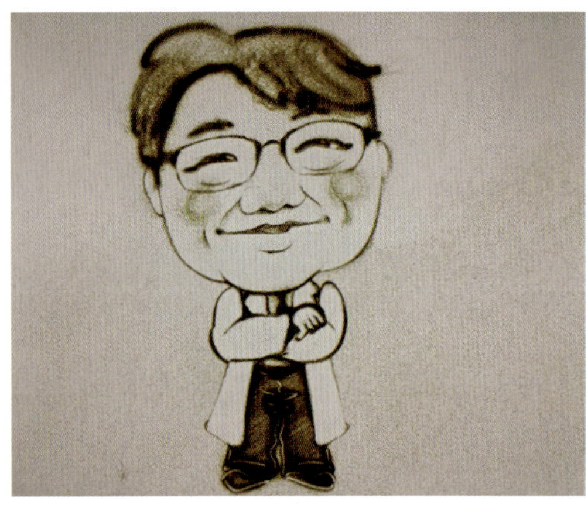

인물의 눈웃음이 가장 큰 포인트

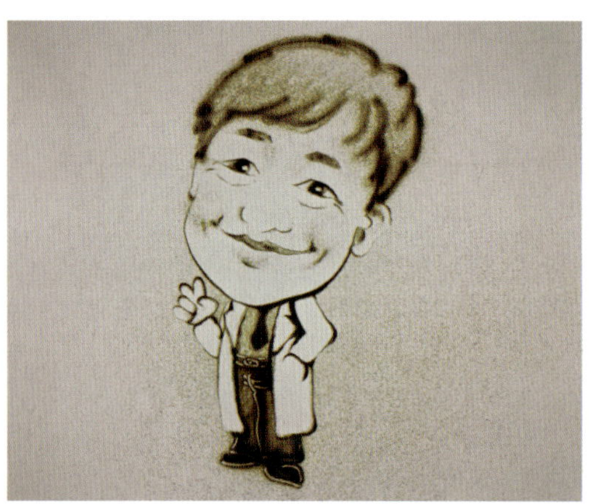

다소 소극적인 성격을 특징으로 한 그림

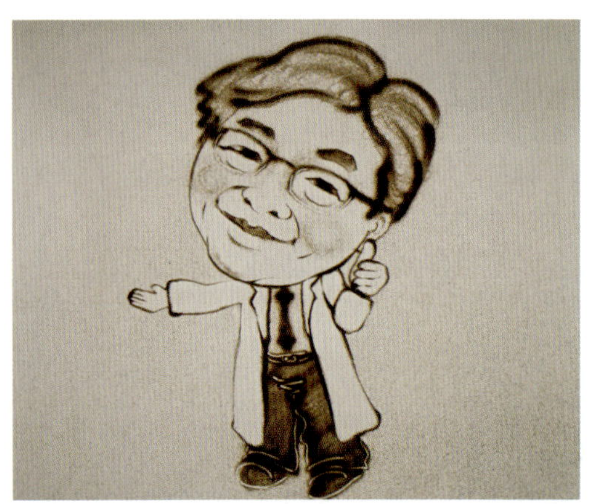

인물이 후덕한 미소를 머금고 있는 것이 특징

동화

샌드아트의 따뜻한 감성은 동화에서 가장 빛난다. 어린 왕자를 로봇에 비유한 작품인 샌드아트동화 '로봇 어린 왕자' 작품이다. 자기만의 상상으로 동화를 그려보는 것도 좋다.

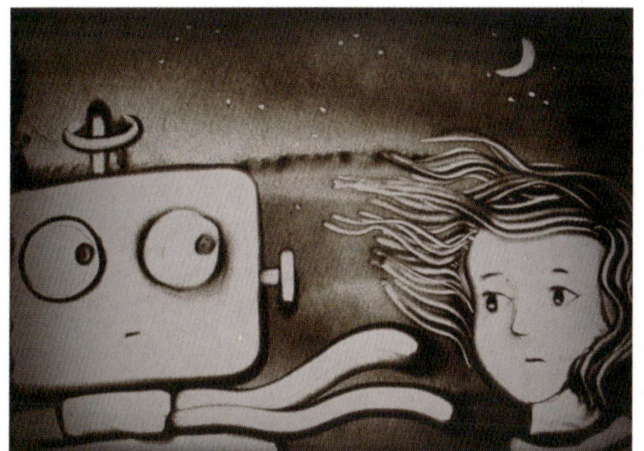

창작동화 '로봇 어린 왕자' 중

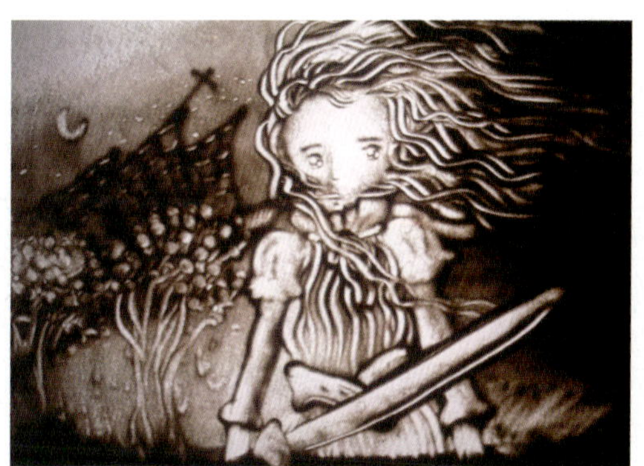

게임캐릭터의 콘셉트 회의에서 나온 이미지

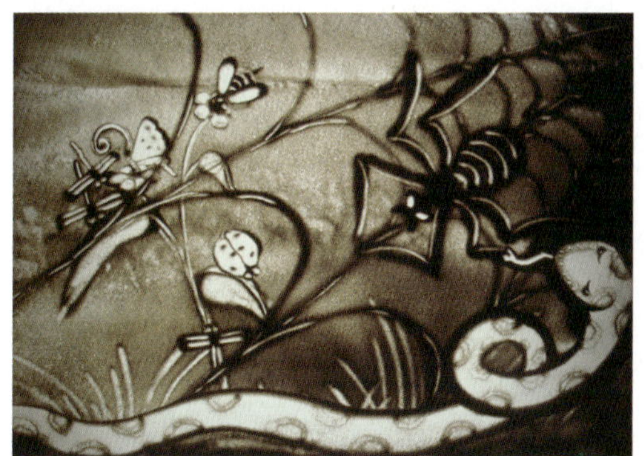

창작동화 '비단뱀의 하루' 중

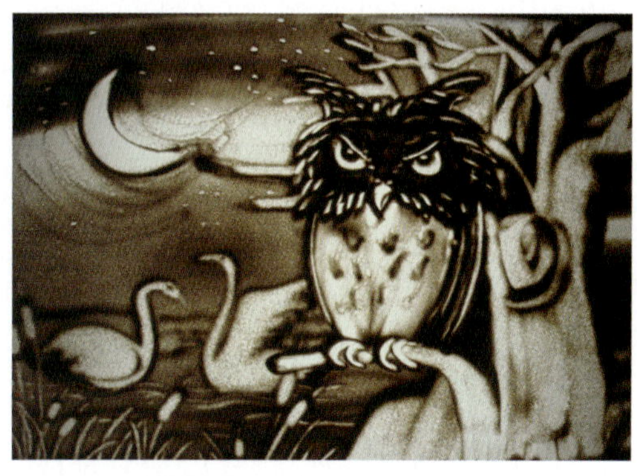

창작동화 '꾸벅꾸벅' 중

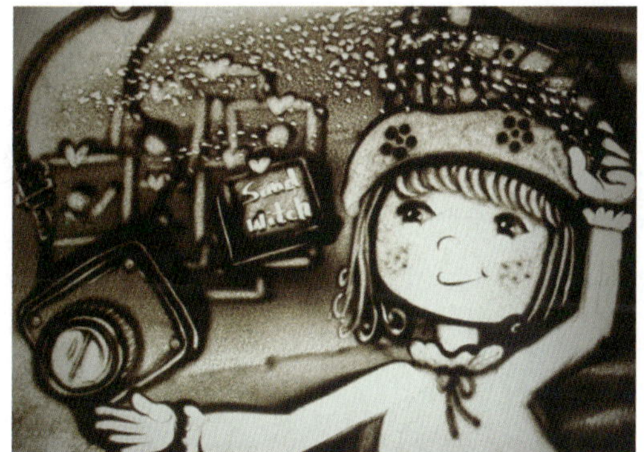

창작동화 '나는 나는 될 거야' 중

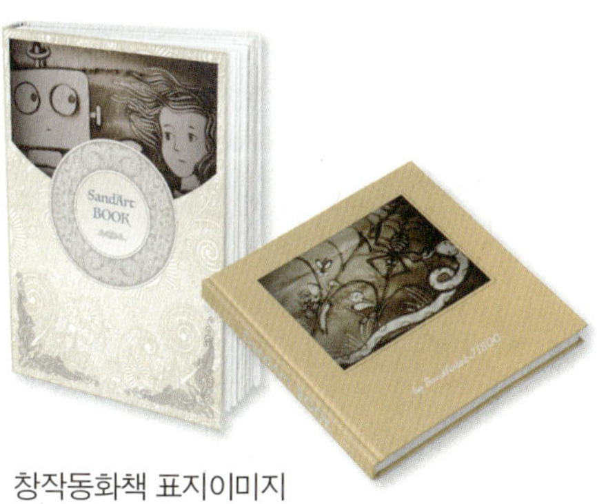

창작동화책 표지이미지

전기

책을 읽는 것을 즐기지 않으면 글보다는 그림을 먼저 보게 된다. 만화책처럼 출간된 전기도 많다. 전기를 샌드아트 그림으로 만들어 책을 낸다면 모든 표현이 가능할 것이다.

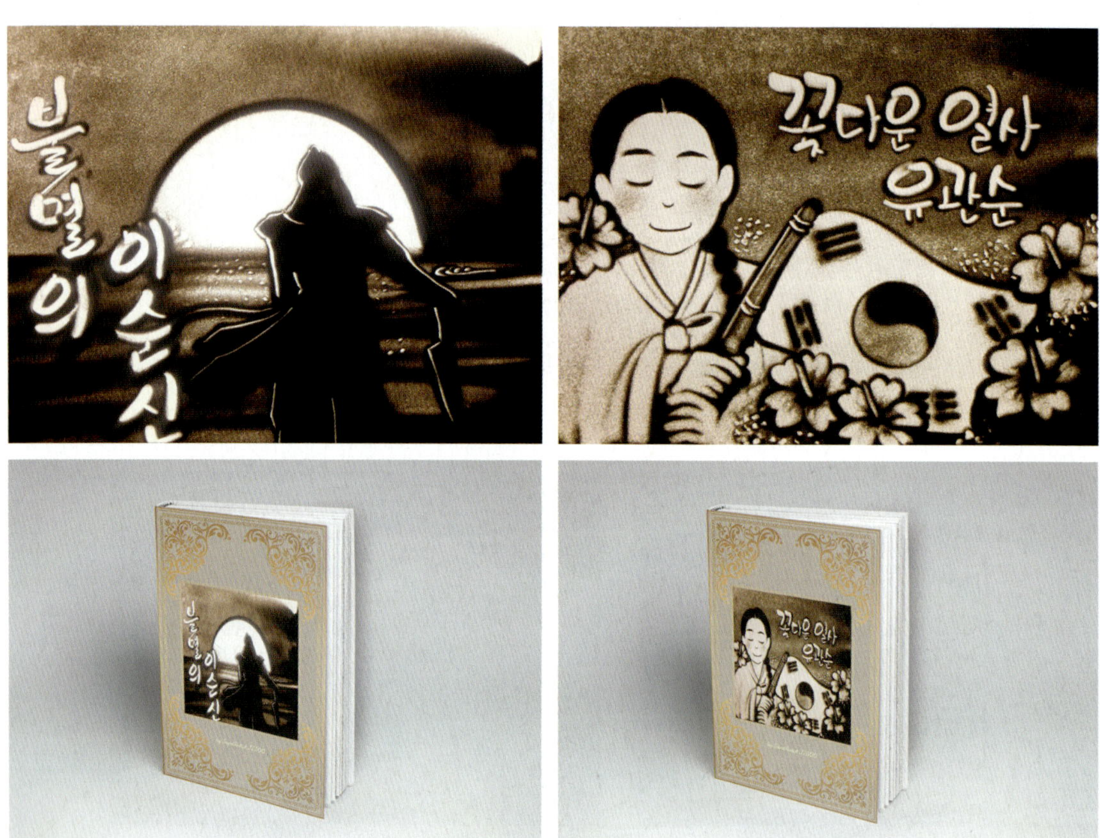

전기를 샌드아트 그림책으로 출간했을 때의 예상 표지이미지

달력

달력은 날짜나 요일을 확인하는 것 외에도 벽이나 탁자 등 공간을 장식하는 인테리어 효과도 있다. 벽걸이용 달력은 특히 더 그림이 눈에 띈다. 요즘은 계절별 사진이나 산수화 외에도 낙서 같은 그림이나 추상화도 달력 이미지로 많이 사용된다. 옛 느낌을 살린 계절달력부터 일러스트가 그려진 탁상용 달력까지 샌드아트 달력을 감상해 본다.

계절 달력

사군자를 주제로 계절을 표현한 샌드아트 달력이다.

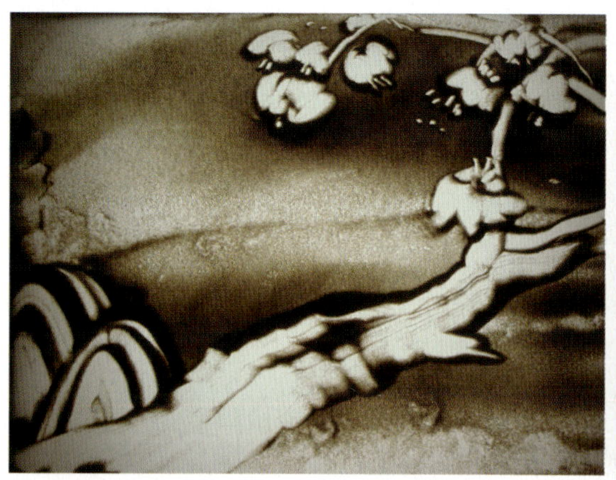

춘 - 매화

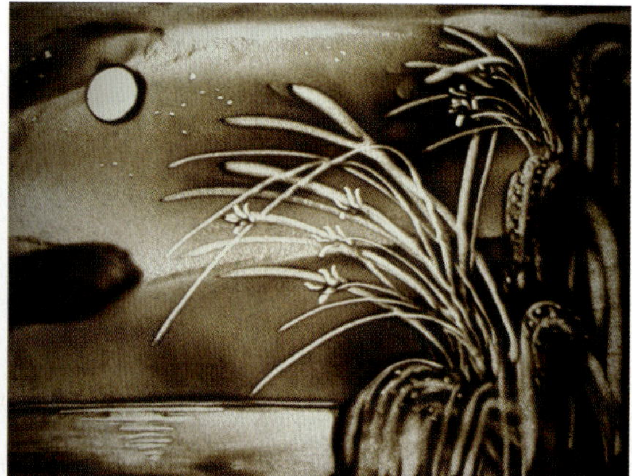

하 - 난

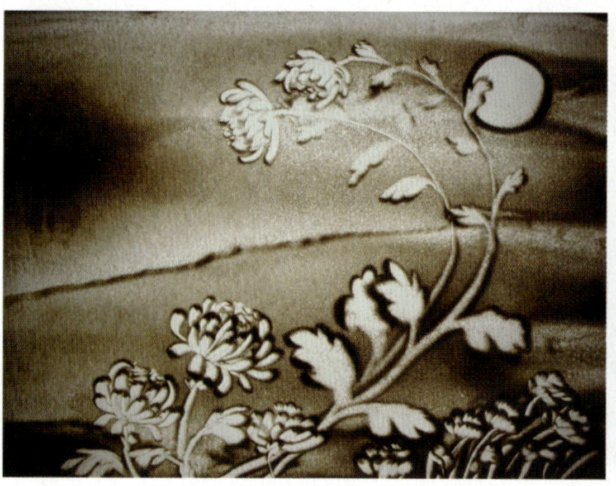

추 - 국화

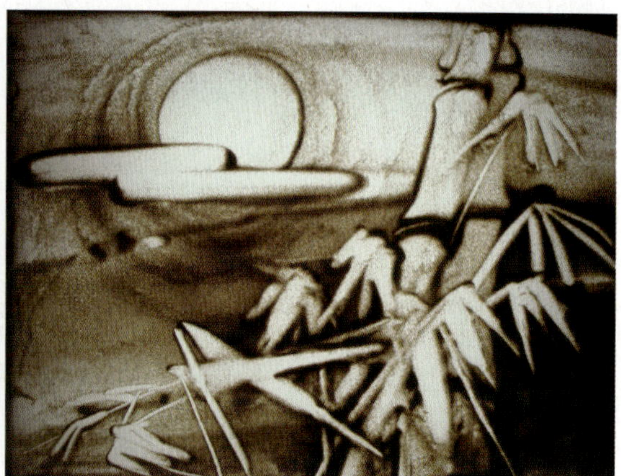

동 - 대나무

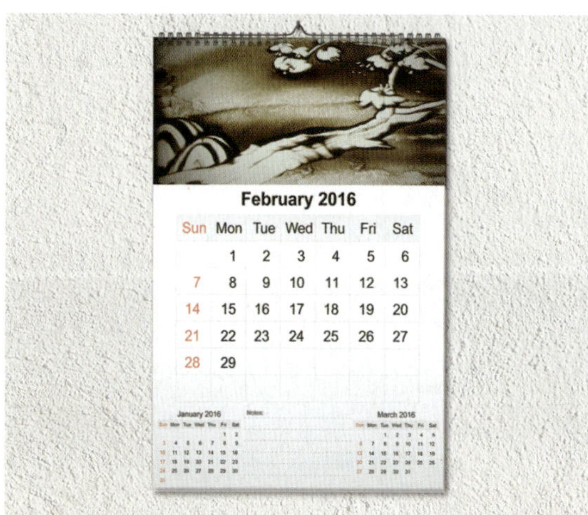

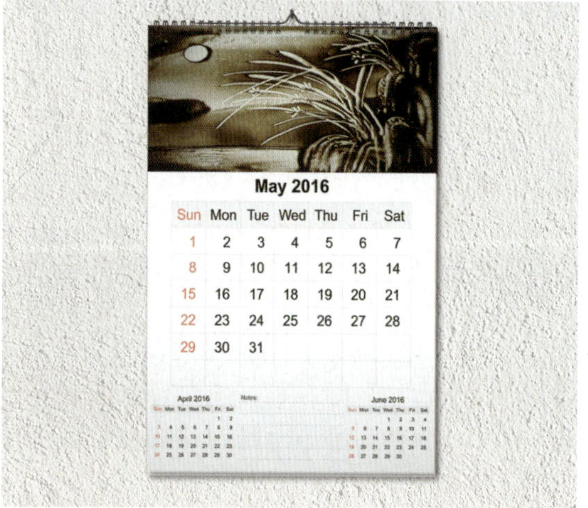

사군자 중 매화를 이미지로 삽입한 달력

월별 달력 샌드아트로 그린 달력 작품이다.

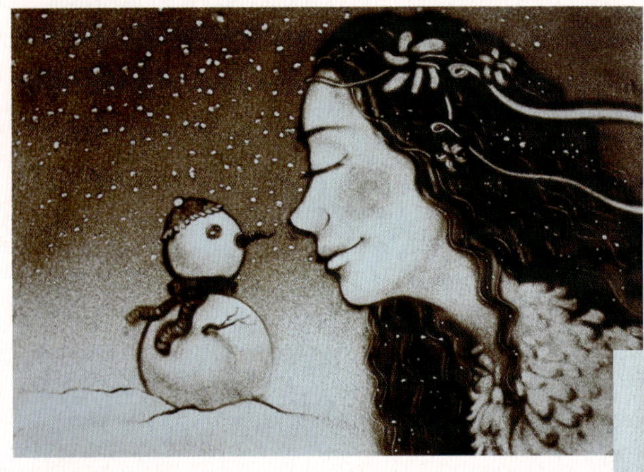

1월

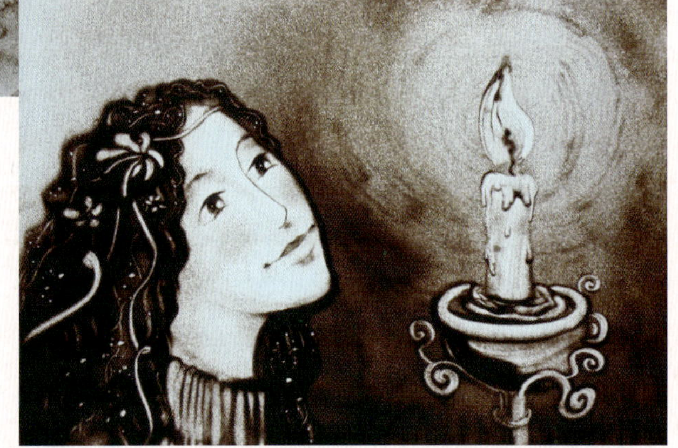

2월

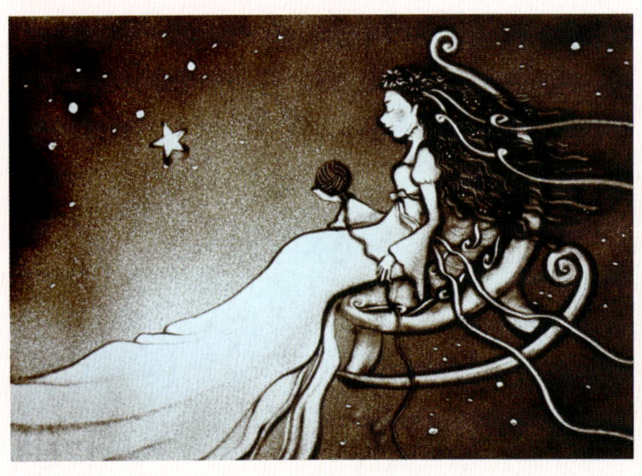

3월

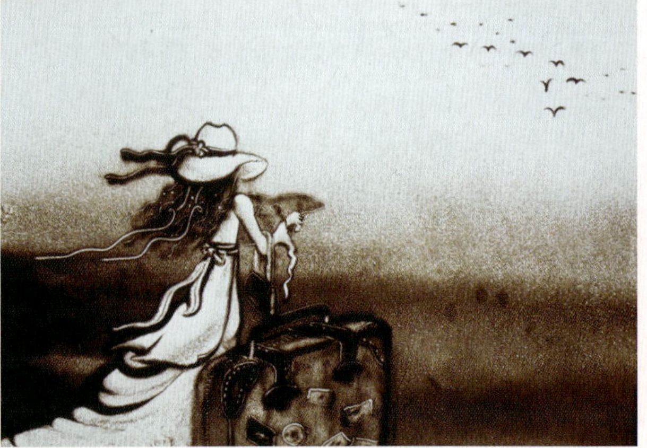

4월

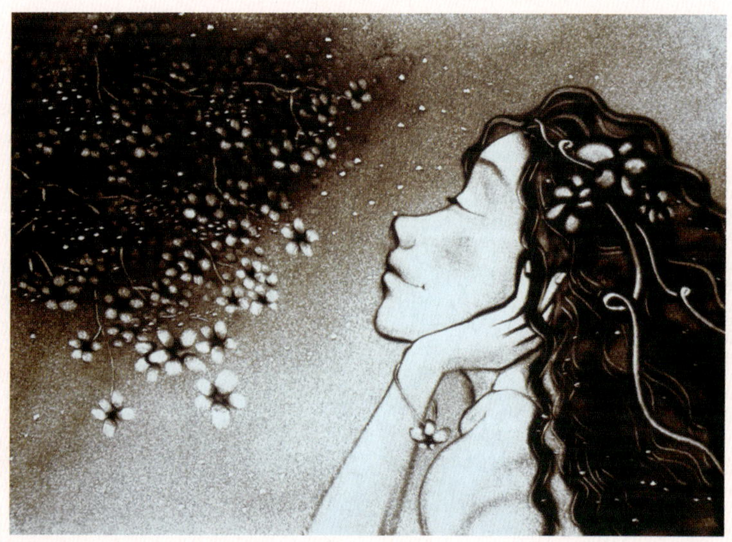

5월

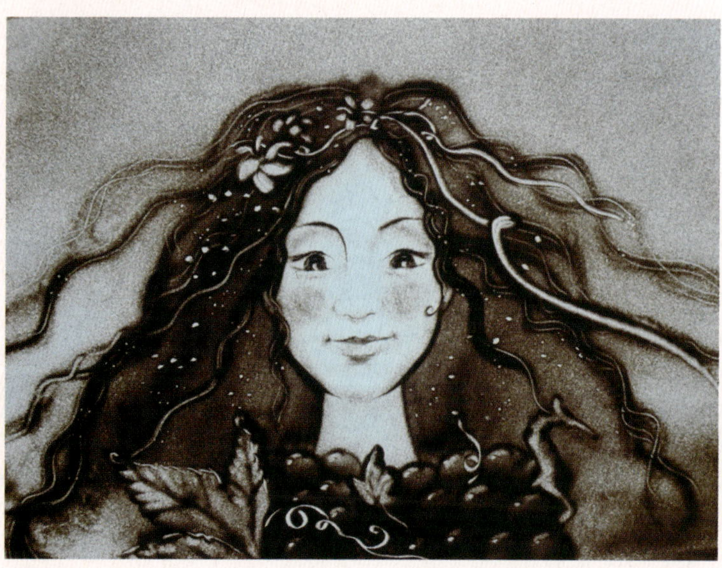

6월

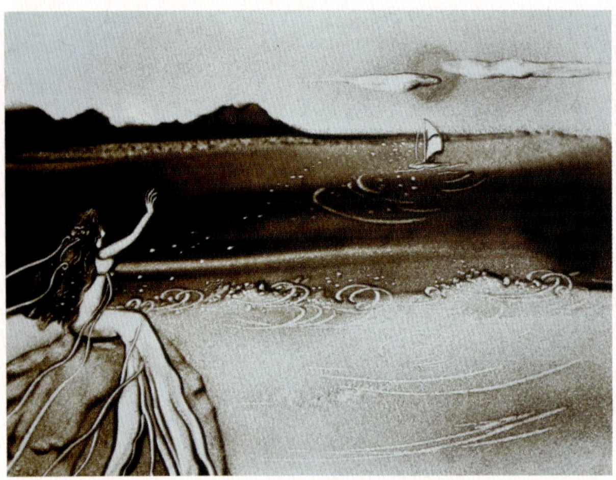

7월

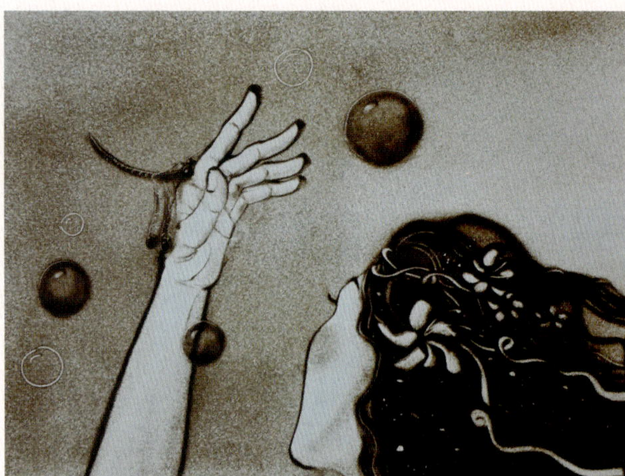

8월

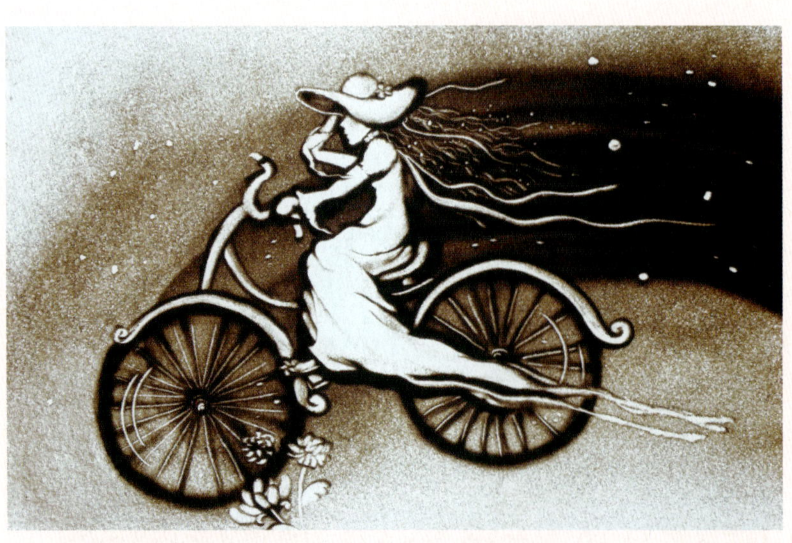

9월

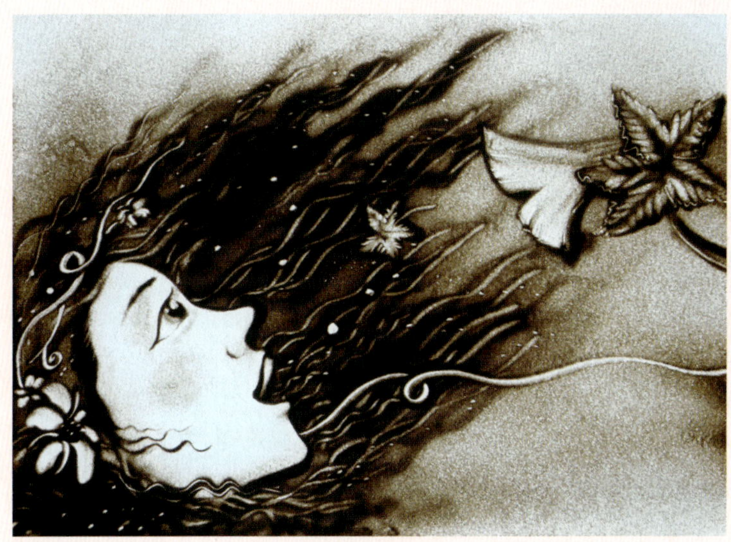

10월

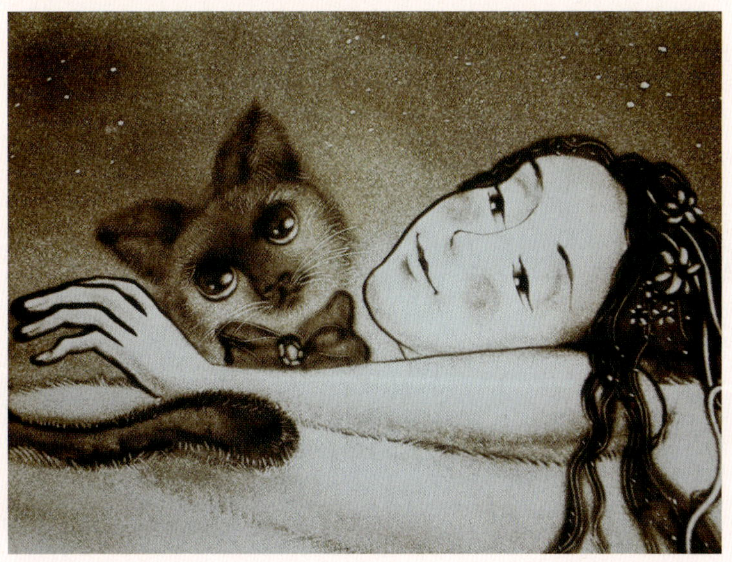

11월

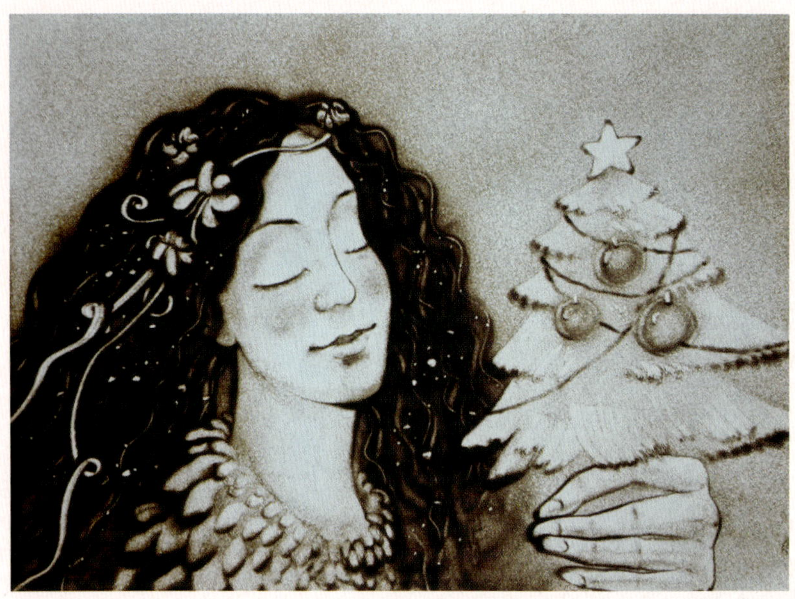

12월

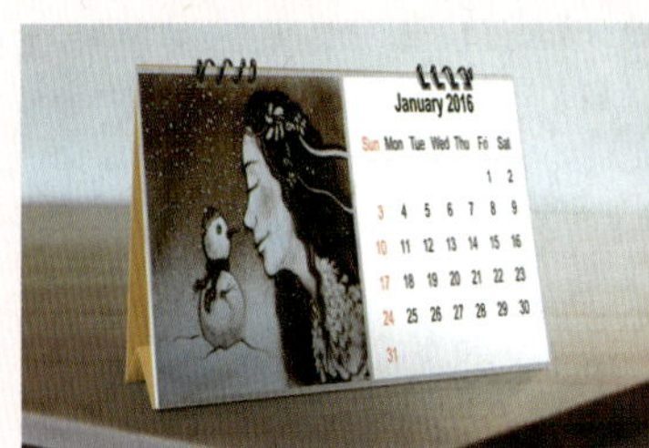

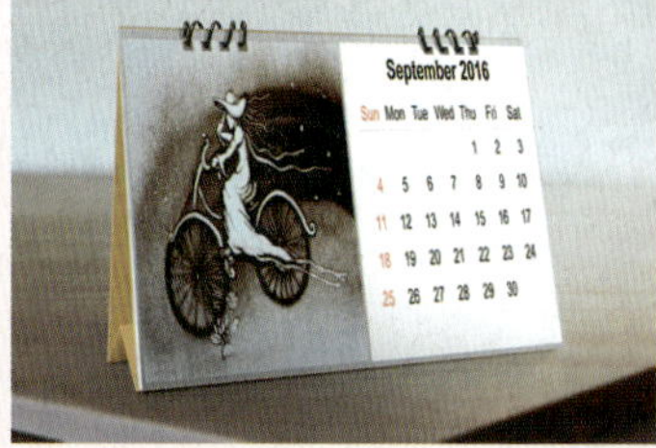

샌드아트 이미지로 만든 달력

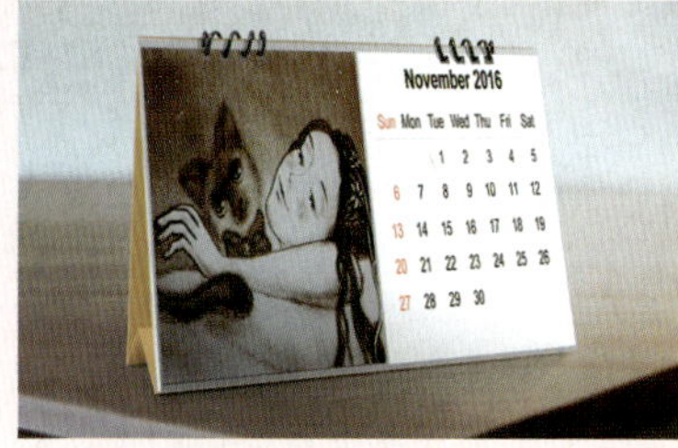

기타

샌드아트의 활용 영역은 무수히 많다. 미처 소개하지 못한 기타 샌드아트 작품을 소개한다.

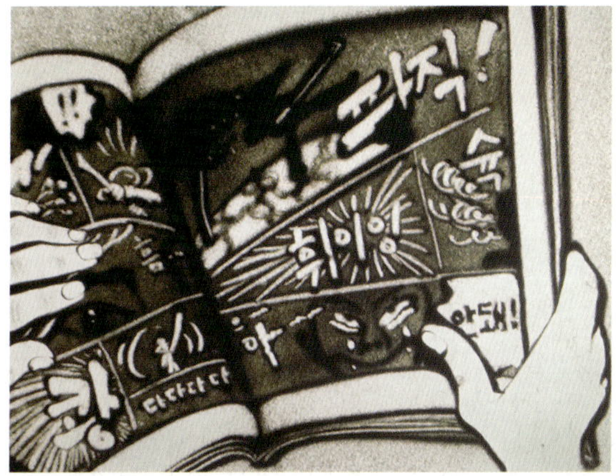

영화 '션샤인 러브'에 삽입된 컷으로 주인공이 무협지를 보다가 판타지 소설로 넘어가기 전 컷

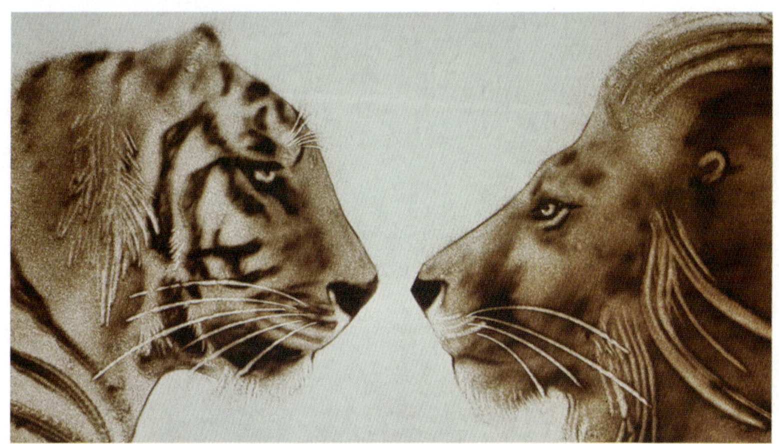

제약회사의 고혈압 관련 영상 중 엔딩 컷으로, 호랑이와 사자처럼 강력한 치료제임을 어필하는 한 컷

마치며...

샌드아트는 알면 알수록 매력 있고 더 없이 발전 가능성이 크다. 작가로서 아직도 파고들어야 할 샌드아트 영역이 더 많다고 느낀다. 여러분도 샌드아트에 더 많은 관심을 가지고 연습하기를 바라며, 필자 또한 끊임 없이 연구하고 노력할 것을 약속한다. 언젠가 여러분들과 샌드아트 교본이 아닌 샌드아트 일러스트 북으로 만날 수 있기를 희망하며, 여러분 모두 개성 있는 멋진 작품을 만드는 샌드아티스트가 되기를 바랍니다.

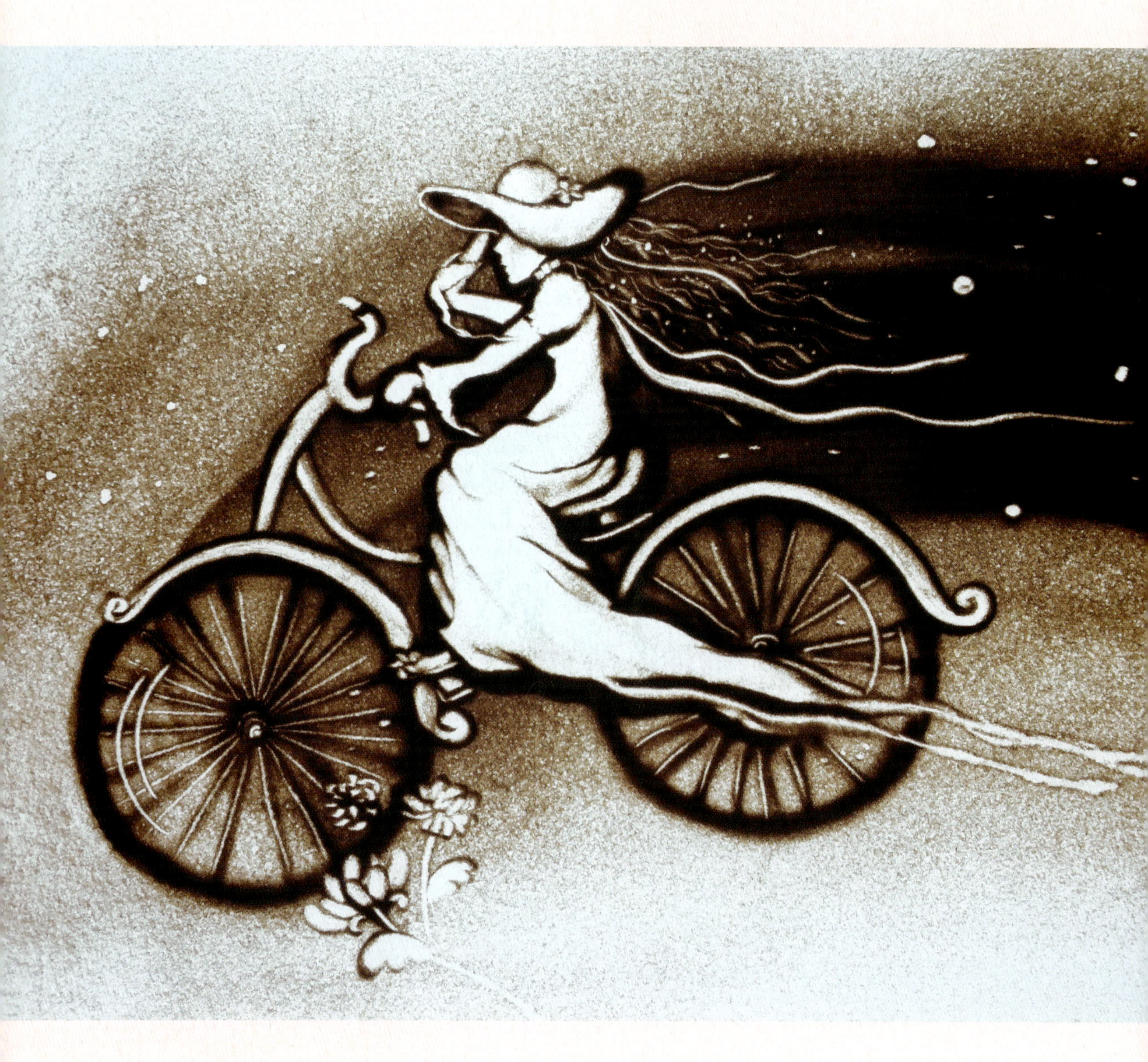